Entstehung und staatsrechtliche Theorie der italienischen *Carta del Lavoro*

Rechtshistorische Reihe

Band 316

Peter Lang
Frankfurt am Main · Berlin · Bern · Bruxelles · New York · Oxford · Wien

Julius F. Reiter

Entstehung und staatsrechtliche Theorie der italienischen *Carta del Lavoro*

Peter Lang
Europäischer Verlag der Wissenschaften

Bibliografische Information Der Deutschen Bibliothek
Die Deutsche Bibliothek verzeichnet diese Publikation in der Deutschen Nationalbibliografie; detaillierte bibliografische Daten sind im Internet über <http://dnb.ddb.de> abrufbar.

Zugl.: Berlin, Humboldt-Univ., Diss., 2005

Die vorliegende Arbeit wurde von
Prof. Dr. Hans Hattenhauer zur Aufnahme
in die Reihe empfohlen.

ISSN 0344-290X
ISBN 3-631-54340-9

www.peterlang.de

Meinen Eltern,
Beate, Maximilian und Leopold
in Dankbarkeit gewidmet

I deboli vogliono le leggi;
i potenti le ricusano;
gli ambiziosi, per farsi séguito, le promuovono;
i prìncipi, per uguagliar i potenti co' deboli, le proteggono.

Die Machtlosen hungern nach Gesetzlichkeit.
Die Machtbewußten mißachten sie.
Die Machthungrigen treiben die Legislation voran,
um sich fügsame Parteigänger heranzuziehen.
Die Fürsten aber achten das Gesetz,
welches Machtbewußte wie Machtlose
gleich behandelt.

Giambattista Vico (1668-1744)
(*Principij di una Scienza Nuova intorno*
alla comune natura delle nazioni, 1725, S. 214.)

Molto spesso il fatto reagisce sul diritto.
E in certi periodi storici, come nel nostro,
il fatto tende anzi ad affermare il suo primato sul diritto.

Sehr oft rebelliert die Tat gegen das Recht.
Ja, die Tat erstrebt sogar in manchem Geschichtsabschnitt wie dem unseren
die Bestätigung ihres Vorrangs vor dem Recht.

Marco T. Zanzucchi (1884-1948)
(Istituzioni di diritto pubblico, Milano 1943, S. 5)

Vorwort

Mein aufrichtiger Dank gilt meinem Doktorvater Herrn Prof. Dr. Horst Schröder von der Humboldt-Universität zu Berlin für die Vergabe und Förderung dieser Dissertation. Ich danke ihm in besonderer Weise, weil er mich stets zuverlässig und freundschaftlich begleitete und meine Dissertationszeit mit interessanten, lehrreichen sowie äußerst lebendigen rechtsgeschichtlichen und politischen Diskussionen füllte. Seinem Berliner Kollegen, Herrn Prof. Dr. Hans-Peter Benoehr, gilt als Zweitgutachter selbstverständlich ebenso mein großer persönlicher Dank.

Ein besonderer Dank gilt gleichfalls Herrn Prof. Dr. Hartmut Schiedermair von der Albertus-Magnus-Universität zu Köln, der mich nach meiner Ersten Juristischen Staatsprüfung dazu ermuntert hat, eine Dissertation mit deutsch-italienischem Bezug zu wählen. Der Umstand, dass ich als Sohn eines deutschen Vaters und einer italienischen Mutter zwischen zwei Kulturen aufwuchs, spielt in diesem Zusammenhang eine entscheidende Rolle.

Mein Dank gilt sodann in besonderem Maße Herrn Prof. Dr. Hans Hattenhauer von der Christian-Albrechts-Universität zu Kiel, der die Idee zu diesem Dissertationsthema geboren hatte und mir dankenswerterweise bereits während meines Studiums in Kiel ein Stipendium an der Université de Paris V (René Descartes) ermöglichte. Außerdem verdanke ich ihm durch seine Empfehlung die Aufnahme in die „Rechtshistorische Reihe" dieses Verlages. Mein Dank gilt ferner dem zwischenzeitlich leider verstorbenen Herrn Prof. Dr. Karl Bönninger von der Universität Leipzig, der mich als erster auf die rechtswissenschaftliche DDR-Forschungsarbeit des Interdisziplinären Zentrums für vergleichende Revolutionsforschung an der damaligen Karl-Marx-Universität Leipzig zu dem vorliegenden Thema aufmerksam gemacht hat und mir interessante Quellenhinweise gab, die ich in der Dissertation verarbeitet habe. Außerdem gilt mein Dank Herrn Dr. Jens Petersen, dem ehemaligen Stellvertretenden Direktor des Deutschen Historischen Instituts in Rom, dafür, dass er mir wichtige Anregungen zu wichtigen Werken der italienischen Nachkriegsliteratur gab.

Ferner danke ich selbstverständlich meiner Ehefrau und meiner gesamten Familie, die in verständnisvoller Weise während der Promotion trotz mancher Entbehrungen stets zur Seite standen.

Düsseldorf, im Mai 2005 Julius F. Reiter

Inhaltsverzeichnis

L'Italia fascista vuole fascisti gl'italiani. Ecco, il diritto fascista: sono ancora nati i giuristi fascisti?
Ecco, la scuola fascista: ma sono ancora nati i maestri fascisti?
Ecco, l'economia corporativa:
ma sono ancora nati, nel mondo della produzione, gli schietti spiriti corporativi?

Das faschistische Italien verlangt Faschismusitaliener.
Sieh das Faschismusrecht! Ja, sind denn die Faschismusrechtsgelehrten schon geboren?
Da ist die Faschistenschule: Doch sind die Faschistenlehrer bereits geboren?
Dort ist die Korporativwirtschaft:
Aber sind die echten Korporativgeister wirklich bereits in der Produktionswelt geboren?

Giuseppe Bottai (1895-1959)
Critica Fascista, 1.I.1929, sottosegretario del Ministero delle Corporazioni (1929)
(Zitiert nach: De Felice, Mussolini fascista, S. 353/354)

A. Vorbemerkung

I. Rechtshistorische Einlassung: Die Behandlung des übergeordneten Themas betrifft ein juristisches wie geschichtliches Phänomen in Italien. Gerade auf Grund der zunehmenden zeitlichen Distanz fällt es dem deutschen Betrachter der jüngeren Generation a priori leichter, sich der vorliegenden thematischen Aufgabe zuzuwenden, obwohl das ideopolitisch hoch sensible Thema der im April 1927 von der faschistischen Regierung Italiens verkündeten *Carta del Lavoro* sogleich Assoziationen zum nationalsozialistischen *Gesetz zur Ordnung der nationalen Arbeit* aus dem Jahre 1934 freisetzt. Der mögliche Einwand, dass dieser heikle Gegenstand aus der faschistischen Ära vor allem der italienischen Geschichtsaufarbeitung vorbehalten bleiben sollte, überzeugt nicht. Tatsächlich weichen auch heutzutage Mussolinis noch lebende Zeitgenossen oft vor einem Gespräch über den "accidente" bzw. „infortunio di lavoro" (dt. geschichtlicher Verkehrs-, Arbeitsunfall) oder die lieber ‚auszuklammernde' "*parèntesi*"[1] zurück, als gäbe es ein Tabu zu wahren. Die ehemaligen Angehörigen der Resistenza hüllen sich nach anfänglicher Offenheit gegenüber der speziellen Thematik heute lieber in Schweigen. In Deutschland hat seit Werner Rößlers Dissertation über *Faschismus und Nationalsozialismus* (1938) keine Monographie mehr die sozialen und politischen Wesensunterschiede der *Carta del Lavoro* und des *Gesetzes zur Ordnung der nationalen Arbeit* untersucht, geschweige denn den historischen Bezug im juristischen Sinne. Im Nachkriegsitalien wurde die *Carta del Lavoro* kein Gegenstand monographischer Analyse.

II. Epochenkritischer Ansatz: Gegen die Zurückweisung dieses Themas in die Tabuzone ist angesichts des auffälligen Parallelismus der Ereignisse einzuwenden, daß Italien und Deutschland im 20. Jahrhundert historischen Kräften bis in die Aktualität hinein unterworfen waren, die beiden Völkern Schicksale ähnlichen Inhaltes bereiteten und an deren Ablauf sie als zusammengeschmiedete Volksmassen befehlsgemäß und führungskonform bei den geschichtlichen Aktionen mitwirkten. Zudem wurde in Deutschland die kritische Verarbeitung des ‚artverwandten' Faschismus vor und während der nationalsozialistischen Ära nach dem Zusammenbruch beider Diktaturen nur zögernd wieder aufgenommen. Weiter scheint der einer Besinnung günstige Zeitabstand von einem halben Jahrhundert ohne nennenswerte deutsche Veröffentlichungen des Gegenstandes neuer Betrachtungsweise eine gewisse Berechtigung zu verleihen. Heterogen mag bei erster Überlegung das Bemühen sein, die *Carta del Lavoro*, scheinbar nur Arbeitsordnung, an die Entstehung der faschistischen Staatstheorie zu knüpfen. Diese und die *Carta del Lavoro* haben historische Wurzeln, die parallel laufen. Der Dissertationstitel macht die interpretatorische Verknüpfung zur Aufgabe. Im

---

[1] De Felice, Fascismo, S. 44/45: so bereits bei I. Bonomi 1924 (ebd., S. 44, 45) und B. Croce u.a. (ebd., S. 205, 236, 237).

folgenden soll jedoch die Symbiose der beiden Doktrinen erkennbar werden. Die zeitliche Distanz zur Faschismusepoche hat in Italien die Interpreten ihres ideologischen Aspekts nicht ruhen lassen, und dort wie später in Deutschland hat sich mit zahlreichen Beiträgen die Kritik der Faschismustheorie entwickelt. Vor diesem umfangreichen Material aus acht Jahrzehnten, das bisher nicht als Monographie der *Carta del Lavoro* in solcher zeitgeschichtlicher Perspektive verarbeitet wurde, will die vorliegende Arbeit nicht auf einen sich daraus ergebenden Umfang verzichten, sondern in der gebotenen Ausführlichkeit berichten.

Das faschistische Imperium (1922-1943) ‚vollendete' zwei eigens mit römischen Zahlen ausgezeichnete Jahrzehnte (I-XXI). Das nationalsozialistische Regime währte nur zwölf Jahre, degradierte seinen Avantgardisten schließlich zum Satelliten und zog ihn, die Arbeitstheorien ähnlich und anders entwickelnd, mit in den Untergang. Die *Disciplina dei rapporti collettivi del lavoro* und ihre *Normen* als juristische ‚Vorarbeiten', deshalb auch thematisch in die vorliegende Untersuchung einbezogen, und die *Carta del Lavoro* als deren Krönung liefern das Ergebnis spannungsreicher wirtschaftlicher, sozialer und politischer Entwicklung. Der vorliegende Versuch berücksichtigt die geschichtlichen Faktoren, die auf den Entstehungsprozeß der Gesetzgebung einwirkten. Ihre Aufzeichnung trägt zum juristischen Verständnis der Thematik bei. Die Jahrzehnte der ersten Hälfte des 20. Jahrhunderts zeichnen sich durch das Ringen der extremen politischen Systeme untereinander aus. In der vorliegenden Studie schlägt sich dieser Kampf als Auseinandersetzung um die Neuordnung der nationalen Arbeit in Italien und vergleichshalber im Deutschen Reich nieder. Der faschistische Korporativismus der *Disciplina* und der *Carta del Lavoro* bahnt sich staatsökonomisch seine Straße in Abgrenzung zum liberalen Kapitalismus wie dem nach internationaler Expansion trachtenden bolschewistischen Staatskollektivismus. Die nationalsozialistische Parallele zum italienischen Wirtschaftsmodell haben die damaligen Zeitgenossen sogleich untersucht.

III. Zielsetzung der Interpretation: Die *Carta del Lavoro* war ein wichtiges soziales Element in jenem ersten römisch numerierten Jahrzehnt des faschistischen Aufbaus und der Einbindung des handwerklich tätigen Volkes in die Masse der Besitzenden dank der Corporazioni. Diese erfahren eine gleichberechtigte Behandlung zusammen mit der Aufgabe, die *Entstehung und staatsrechtliche Theorie* zu untersuchen. Vorauszuschicken ist, daß sich der Faschismus als revolutionäre Kraft betrachtete, die ihren Aktionismus im vorhinein zum Gesetz erhob. Die legislative Begründung der zum neuen Staat gewordenen voluntaristischen Bewegung formulierte sich der Faschismus im nachhinein selektiv aus den juristischen, historischen und ‚völkischen' Traditionen. Deshalb weisen die *Carta del Lavoro* und ihre Vorläuferinnen, die *Disciplina dei rapporti collettivi di lavoro* und die erläuternden *Normen*, auf ihre Verknüpfung mit dem historisch-sozialen Kontext und die philosophische Herleitung zur moralischen Rechtfertigung des Regimes hin. Hinter den scheinbar nüchternen legislativen

Artikeln der drei Gesetzestexte verbirgt sich die Absicht des Faschismus, einen neuen Staatsbürger im Volksgefüge des Corporativismo zu erschaffen. Dieser soll den rechtlichen Aspekt des 'Inquadramento' (dt. Eingliederung, Einordnung) bestimmen und in der daraus erfolgenden Problematik einer verordneten Zusammengehörigkeit von 'Stato' und arbeitendem 'individuo' entscheiden, welcher von beiden dem anderen zu seinen Zwecken dient.

IV. Ideengeschichtlich-philosophische Analyse: Im Streit mit den im 19. Jahrhundert entwickelten Ideologien konfrontiert der Faschismus die daraus erwachsenden Divergenzen zu seinem Programm. Sie tauchen in den ‚Rechtfertigungstexten' mit eigenen Wertvorstellungen wie Schlaglichter auf und stempeln die zu bekämpfenden Parolen der Gegenströmungen als Unwörter ab. Gegen den 'liberalismo' steht die 'socialità' (dt. Gemeinschaftssinn). Den 'individualismo' versucht der 'corporativismo' zu ‚disziplinieren'. Der 'antistatalismo' wird in 'statalismo' umgekehrt. Den 'atomismo' formt er zum 'organismo'. Das heißt: Das Produkt des 'liberalismo', das 'individuo-àtomo', muß zum ‚neuen Menschen' werden. Darum ist der nackt-nüchterne Gesetzestext nicht allein der Gegenstand der folgenden Überlegungen, sondern der Mensch, welcher ihn formuliert. Oder prägt der neue Kodex zur Organisation der Arbeit den Menschen? Die vorliegende Untersuchung soll Verlauf, Erfolg und Mißerfolg des bis dahin nicht dagewesenen legislativen Versuchs darlegen. Sinngebende Leitwörter führen durch die Materie.

V. Gesellschaftliche Evolution kraft Legislation: Wie unterschiedlich das Verhältnis Mensch-Gesetz ist, belehrte die Dialektik des der Dissertation vorangestellten Vicoschen Mottos. Der Faschismus versucht einen Menschen, der an sich schon ein Zóon politikòn, d.h ein geselliges Wesen, ist, in einen zeitlich und edukativ parallel laufenden Prozeß der Gemeinschaftsgestaltung fügsam einzuprogrammieren und ihn einer nationalökonomischen Idee zu unterwerfen. Deshalb sind "disciplina" und "lavoro"[2] unübersehbare Bestandteile seines juristischen wie gesellschaftspolitischen Vokabulars. Es ist demnach ein wichtiges analytisches Anliegen, nicht nur die Entstehung von Texten positiven Rechts vorzustellen, sondern auch deren Wirkung auf die Italiener der 20er und 30er Jahre nachzuvollziehen. Die Korporationen brauchen den zunächst abstrakten ‚Homo corporativus', der sie gestaltet und prägt. Die lebensphilosophisch wie praktische Auseinandersetzung um die Schaffung des neuen Menschenbildes läuft wie ein roter Faden durch den legislativen Werdegang der *Normen* und weist die ideologischen Stationen während der Auseinandersetzung um den ‚Homo ethicus', ‚oeconomicus', ‚religiosus', ‚sanctus' auf, um schließlich den 'Uomo artistico', 'guerriero', 'politico' im Bewußtsein einer traditionsverknüpften

---

[2] De Luna, Mussolini; S. 50; Mussolini am 16. November 1922 in seiner Regierungserklärung vor der Kammer: „Die Richtlinien der Innenpolitik lassen sich in diesen Worten zusammenfassen: Ökonomie, Arbeit, Disziplin."

und doch jungen 'Italianità' (dt. italienisches Wesen) zu formen. Den neuen 'Uomo integrale' und ‚Homo corporativus' mit der Arbeit als Daseinsinhalt will die *Carta del Lavoro* erschaffen, um nicht nur Gesetz zu bleiben, sondern als Charta auch auf ein ganzes Volk erzieherisch auszustrahlen.

VI. Staatsrechtliche Untersuchung: Die Wandlung des Menschenbildes läuft mit der *Trasformazione dello Stato dallo Stato Liberale allo Stato Fascista* einher, wie der damalige Justizminister Alfredo Rocco (1875-1935) seine Kammerreden zur Legislation umschreibt. Die Französische Revolution hatte aus faschistischer Sicht die Freisetzung des Individuums von der Bindung an eine übergeordnete Institution ständischer Gesellschaftsstruktur ausgelöst und dank der Freiheit multipler Egoismen zur Gestaltung des 'Stato liberale' und 'parlamentario' in seinem 'agnosticismo', d.h. der ‚Gleichgültigkeit' vor den negativen Einflüssen des Industriejahrhunderts sowie dem wachsenden Konflikt zwischen Kapital und Lohnarbeit wie dem syndikalen Aufbegehren geführt. Nach dem Gesetz von 'challenge and response' entstand daraufhin gegenpolig zum staatlichen Liberalismus kraft ‚Disziplinierung der kollektiven Arbeitsbeziehungen' und eines Modells institutioneller, ‚nicht mechanischer' ‚Gewaltenteilung' der 'Stato corporativo'. Ein früher Interpret weist ihm konstitutionelle ‚Gezweitheit' oder besser Zwittertum nach. Die zu seiner juristischen Bestätigung eingesetzten Staatsrechtler jener Epoche beriefen sich auf das antike organische Modell des Menenius Agrippa. Sie räumen diesem Organismus jedoch gleichzeitig die ‚Totalität' des nun von einer Ideologie getragenen ‚revolutionär-konservativen' Staates dank Erfassung einer ganzen Nation in hierarchisch-pyramidaler Struktur ‚fascismi generis' ein. Auch zogen ihre juristischen Befürworter selektiv aus der großen Tradition abendländischer Philosophie und Ökonomielehre diejenigen Denkschulen zur Bestätigung des Systems heran, die ihnen nach der staatlichen Erneuerung den Anschluß an europäische Überlieferung sichern mochten. Bedeutsamkeit erfahren in der folgenden Untersuchung die historisch-ideologische Entwicklung sowie die politische Auseinandersetzung um die Legislation, ferner der Gesetzfindungsprozeß bis zur endgültigen Formulierung der Gesetze und tabellarische Übersichten des Korporationssystems.

VII. Konkretes Zahlenmaterial über die der *Carta del Lavoro* vorausgehende wirtschaftliche Entwicklung und übersichtliche Schemata dienen der Anschaulichkeit in der Evolutionsgeschichte der Arbeitsverfassung. Die Gliederung dieser Exegese geht von der historischen Anschauung früherer Epochen bis zum Faschismus mit besonderer Berücksichtigung der Wirtschaft und ihrer sich verändernden Formen und Gliederungen aus (B). Damit sind die Ereignisse, gesellschaftlichen Inhalte und Begriffsentwicklungen (C) der folgenden spezifischen Darstellung der Arbeitsordnungen (C I, D I/II, E I), ihrer legislativen Analyse (D III/IV; E II/III) und normativen Effizienz in Italien (F I, II) sowie der Ausstrahlung auf den deutschen Nachbarn (F III) dem Leser bereits verfügbar. Im Verein damit läuft die Analyse ihrer zwingenden staatsrechtlichen Begründung und der traditionellen metaphysischen Einbindungen einher. Die nachträgliche Besinnung des Faschismus auf die Ursprünge seines Gedankensystems sucht vor allem den voluntaristischen Aktivismus als Charaktermerkmal (F I/II) in der philosophischen Rückschau zu rechtfertigen, soweit diese das Ansehen seiner Produktions- und Werkideologie als einer Wesenskomponente erhöht. Gleichwohl gilt ihm die Tat mehr als Erkenntnis und Lehre, welche ein Kapitel über den Stato corporativo darlegt (F III). Es folgen die rückblickende Schlußbetrachtung (G) und die Literaturangaben (H).

B. Historische und soziokritische Betrachtung der Arbeitsverhältnisse in Italien

I. Mythos und Realität als historische Herausforderung zweier Völker

Italien und Deutschland haben als zwei kulturell ganz unterschiedliche Nationen seit unendlichen Generationen ihre Ansprüche an die Geschichte in tragischer Verkettung erfahren. Seit andertalb Jahrtausenden erfahren beide Völker trotz der Alpen als geographischer Barriere eine Parallelentwicklung, ohne daß sie dabei ihre Eigenarten verlieren; im Gegenteil: Sie entwickeln in langwierigem Prozeß ihre Nationalcharaktere. Italien erlebt seit der Endphase des Weströmischen Reiches die Durchdringung und Symbiose mit den Barbarenstämmen aus dem Norden, die dort eigene Staaten gründen. Die Karolinger erheben den Gedanken des ‚Heiligen Römischen Reiches' zum politischen Postulat, das nunmehr tausend Jahre lang mit wechselndem Erfolg immer wieder eingefordert wird. Der Staufer Friedrich I. (1125; 1152-90) bleibt den Italienern in seinem Kampf mit dem Papst um Kaiserkrone und Investitur als Barbarossa im Gedächtnis, den Deutschen als Allegorie der Reichseinheit im Kyffhäuser. Seit seinem Enkel Friedrich II. (1194; 1212-50), den der Mythos bald mit jenem verwebt, scheiden sich nach der dynastischen Vorlage des Zwistes zwischen Waiblingern und Welfen im gespaltenen Reich die beiden ständig wechselnden politischen Konstellationen Italiens jahrhundertelang in Ghibellini als Kaiseranhänger und republikanische, dem Papst angenäherte Guelfi. In langwierigem Kampf mit dem aufstrebenden Feudalismus erschöpft sich die Kaisermacht zum Vorteil aufstrebender Fürstentümer. Neben diesen bildet sich aus aufblühenden Handelsstädten von den Alpen bei ihrem merkantilen Vorstoß bis in den Nord- und Ostseeraum die Hanse. Jenseits des Gebirges blühen die italienischen Comuni, Signorìe und Repubbliche mit ihren territorialen und über das Mittel- und Schwarze Meer ausgreifenden maritimen Ansprüchen zur Schaffung eigener Handelssysteme im Spätmittelalter und in der Renaissance (it. Rinascimento) auf. Selbstbewußtes Bürgertum entwickelt früh ein funktionierendes Bankwesen. Der Gewerbefleiß findet seinen Ordnungsfaktor in den aus den Artes erwachsenen Corporazioni. Ihre Faktionen ("fazioni") werden mit wachsendem Einfluß auf das politische Leben das Schicksal der Stadtstaaten bestimmen und als traditionelle Vorlage der hier zum Thema erhobenen *Carta del Lavoro* dienen. In Deutschland schließen sich die standesbewußten Handwerker in Zünften und Gilden zusammen. Im Gegensatz zum übrigen Europa wirken Zünfte und Korporationen bis weit in die Neuzeit. Aber alles Gesellschaftsleben und alle Gesellschaftslehre des Mittelalters bleiben trotz fortschreitender gesellschaftlicher Emanzipation in die große Mutterwissenschaft der Theologie eingefügt.

Der Einbruch der Neuzeit in die Welt erweiterter geographischer Horizonte unter den Zeichen von Humanismus, Renaissance, Reformation und Gegenreformation erfaßt beide Völker noch stärker als die Nachbarn. An den Flanken des Habsburger Reiches stabilisieren sich im Jahrhundert der Aufklärung zwei junge Staaten mit Führungsanspruch gegen die Zentralmacht und in ständiger Auseinandersetzung mit dem französischen Anrainer im Westen: Im Norden erhält Preußen den Rang einer Großmacht. Jenseits der Alpen erstrebt das Königreich Sardinien die Vormacht. Aufklärerisches Gedankengut, zunächst auch die Französische Revolution (1789), begeistert beide Völker. Gemeinsam erfahren Deutschland wie Italien die Napoleonische Fremdherrschaft mit territorialer und juristischer Neuorganisation über einen Großteil der Gebiete hin und die Zwangsaushebungen für den Rußlandfeldzug der ,Grande Armée' (1812). Der Wiener Kongreß erstickt den demokratischen und nationalen Aufbruch beider Völker unter der Heiligen Allianz. Die Einzelschicksale der vom Metternichschen System verfolgten liberalen Jungdeutschen wie der Carbonari und Demokraten der *Giovine Italia*[3] ähneln einander. Das *Deutschlandlied* (1841) von Heinrich Hoffmann von Fallersleben (1798-1874) und Goffredo Mamelis (1827-49) *Fratelli d'Italia* (1847) werden Nationalhymnen. Sie bezeugen wie Vincenzo Giobertis Anspruch an die 'Italianità', *Del primato civile e morale degli Italiani* (1843), in synchronistischer Harmonie zwischen zwei Völkern die Sehnsucht nach nationaler Einigung. Die bewegten Revolutionsjahre 1848/9 versprechen parlamentarische Regierungsformen. Sie erfüllen den Wunsch der Deutschen nach einem ,gemeinsamen Vaterland' nicht und machen auch die ins Risorgimento gelegten Hoffnungen der Italiener zunichte. Aber die Machtpolitik des preußischen Junkers Otto von Bismarck und die gewiefte Taktik des Piemonteser Grafen Cavour schweißen zwei Nationen im konstitutionellen Ringen mit den divergierenden liberalen, konservativen und klerikalen Kräften zusammen. Sie brechen im Kriege von 1866 die habsburgische Suprematie. 1870/71 ist für ein aus feudalistischer Vielfalt vereintes Königreich Italien, das sich bald auf das „Sacro Impero Romano"[4] mit Anspruch auf den Dominatus[5] beruft, sowie ein einiges, wenn auch noch dynastisch gegliedertes Deutsches Reich abermals das für beide entscheidende Datum, mit dem sie in den Kreis der Großmächte eintreten. Als Neulinge in der Kolonialpolitik suchen sie sich seit 1882/4 noch einen Anteil an Schutzgebieten und "Protettorati", im Konflikt mit den traditionellen Alteigentümern in Übersee zu sichern. Trotz der Erfolge expandierender Industrie dank zukunftsweisender Erfindungen und Konstruktionen erleiden sie ihre Wirtschaftskrisen, welche in beiden Ländern, deren Bevölkerung sich in einem Jahrhundert verdoppelt hat, viele Millionen Verarmter zur Auswanderung in die Neue Welt treibt. Um die Jahrhundertwende ermorden italienische Anarchisten die habsburgische Kaiserin und den italienischen König. Der Eintritt der Deutschen in den Ersten Weltkrieg aus ,Nibelungentreue' zu Österreich und derjenige Italiens aus "Sacro Egoismo"[6] zur Wiedergewinnung der 'Irredenta' von Österreich-Ungarn bringt beiden Völ-

---

[3] Schumann, Geschichte Italiens, S. 201.
[4] Costamagna, Diritto pubblico, S. 219.
[5] Georges, Lt.-dt. Handwörterbuch, S. 916: dominatus = Alleinherrschaft.
[6] Der Große Brockhaus, Bd. X, S. 196, S. 215; Brockhaus Enzyklopädie, Bd. XI, S. 22.

kern das Unheil, das die vorhergehende Siegeseuphorie, in welche die Sozialisten der verfeindeten Lager wortbrüchig einstimmen, nicht erwartet hatte.

Die Tage der russischen Oktoberrevolution von 1917, die italienische Niederlage bei Karfreit/Caporetto (C II 1) am 28.X.1917, dann der 28.X.1918 mit Italiens "Vittoria romana"[7] über die Mittelmächte bei Vittorio Veneto und am 28.X.1922 mit Garibaldis Ruf "O Roma o morte!"[8] (B V) der faschistische „Sternmarsch" auf die Hauptstadt zur eigenen „Oktoberrevolution"[9] gelten der neuen faschistischen Bewegung als „mystische"[10] Daten in der Geschichte der Halbinsel. Die Gefolgsleute hatten Mussolini gerade den „frozzelnde[n] Kosename[n]" der Jugendzeit "grande duce" als Titel verliehen.[11] Er bricht aus der Wagneropernaufführung von *Parsifals* „mystischer" Gralssuche in der Scala nach Rom auf.[12] Als „Probemobilmachung" hatten einige der „Führer" „gleichzeitig einen Marsch auf Bozen" angetreten, um in dieser ethnischen Reibungszone den „Bürgermeister Perathoner" „zur Abdankung" zu zwingen.[13] Die Faschisten vollziehen erneut symbolisch Cäsars Schritt über den Rubicon vor fast zwei Jahrtausenden (49 v. Chr.) und demonstrieren damit ihren als historisch legitimiert verstandenen Anspruch auf die imperiale „Potestas"; Oswald Spengler (1880-1936) bewundert dies;[14] Jacques Maritain (1882-1973) tut es als "umanesimo idolatrico di Cesare" ab.[15] Giovanni Gentile (1875-1952) preist die "marcia su Roma" als "continuatrice" des Risorgimento.[16] Das altrömische Liktorenbündel der „Fasces" war 1915 von Mussolini als "fascio" zum Symbol der „Interventisten" und 1926 zum

---

[7] Stübler, Italien, S. 104.

[8] Montanelli/Nozza, Garibaldi, S. 463; Mack Smith, Garibaldi, S. 153; Diel, Duce, S. 55.

[9] Zur nachträglichen Legalisierung ausführlich bei: Panunzio, Allgemeine Theorie, S. 70/71.

[10] Ludwig, Gespräche, S. 190: „Aber das Datum des 28. wählte ich plötzlich, weil ich fühlte: ein einziger Tag Verzögerung kann alles unmöglich machen. Der Marsch auf Rom war nur an diesem Tage möglich." - Mannhardt, Faschismus, S. 227: „Mit 300000 vollständig bewaffneten jungen Männern, die zu allem entschlossen und gleichsam mystisch meines Befehls gewärtig waren, hätte ich alle jene bestrafen können, die versucht hatten, den Faschismus zu verleumden und zu beschmutzen."; ebd., S. 190: „Reglement...vor dem Marsch auf Rom... Der faschistische Soldat hat Italien in Reinheit zu dienen, überzeugt von einem tiefen Mystizismus." Ludwig, Gespräche, S. 123/124: „Die Masse ist nichts für mich als eine Herde Schafe, solange sie nicht organisiert ist...Führt man sie aber, so muß man sie an zwei Zügeln führen: Enthusiasmus und Interesse. Wer nur eins von beiden verwendet, kommt in Gefahr. Die mystische und die politische Seite bedingen einander. Das eine ohne das andere ist trocken, das andere ohne das eine zerblättert im Winde der Fahnen." Ebd., S. 135: „Man geht vom Mystischen zum Politischen, von der Epopöe zur Prosa."

[11] Widmann, Europas Verführer, S. 144. Mussolini, Citazioni, S. 25: In *Il popolo d'Italia*: "o sono ‹duce› per modo di dire. Ho lasciato correre questa parola, perché se non piaceva a me, che detesto le parole e le arie solenni, piaceva agli altri. Ma io sono un duce ligio (= getreuer Führer) al più scrupoloso pedantesco costituzionalismo."

[12] Diel, Duce, S. 57/58.

[13] Mannhardt, Faschismus, S. 211/212.

[14] Cäsarenkult und Spengler bei: Seibt, Hegelianer, S. N5.

[15] De Felice, Interpretazioni, S. 86.

[16] Cordova, Sindacati fascisti, S. 305.

"emblema dello Stato" erhoben worden.[17] In Datenparallelen ereignen sich die Berliner Doppelrevolution am 9.XI.1918, der Hitlerputsch als imitierter Marsch statt nach Berlin nur auf die Feldherrnhalle in München genau fünf Jahre danach, 1938 die Synagogenverbrennung in der Reichspogromnacht und ein Jahr später das erste Attentat auf Hitler, wieder am deutschen Schicksalstag des 9. November. - Sowohl das besiegte Deutschland wie auch das über die geringen Ergebnisse der "vittoria mutilata"[18] und den ‚verlorenen Frieden' unzufriedene Italien streben nach Revision des Versailler Vertrages.

Aus den Parteikämpfen, sozialen Unruhen und der Wirtschaftskrise erwächst die faschistische Diktatur. Im Mittelpunkt steht zur Ordnung des Beschäftigungswesens und der Einführung des offiziellen Arbeitsethos im „Heilsjahr 1927", wie es Mussolini nennt,[19] die *Carta del Lavoro* vom 27.IV.1927. Sie erfährt ihre Feier als "Bell'arte" durch Pietro Mascagnis *Canto del lavoro.*[20] Das erste Jahrzehnt (I-X Era Fascista: 1922-1932) dient der Konsolidierung der Wirtschaft und dem Beschäftigungsmarkt mit der sogenannten „Erzeugungsschlacht". Die Arbeit wird für den Faschismus in gelehriger Gefolgschaft des Anarchosyndikalisten Georges Sorel (1847-1922) zum nationalen Mythos,[21] für die Nationalsozialisten dann mit der zynisch selektierenden Inschrift ‚Jedem das Seine' über dem KZ-Tor zu ‚volkseigener' Prägung. Ideologisch treffen sie sich im gleichen bolschewistischen Feindbild: der Führer mit der Rückversicherung auf die „Vorsehung",[22] welche Pius XI. seinerseits dem Duce sogar als dem "uomo della provvidenza" bestätigt.[23] Hitler ergreift ein Jahrzehnt später die Macht, auch nicht auf Grund einer Wahl, sondern - wie vorher die Faschisten durch den König - vom Reichspräsidenten eingesetzt. Das lyrische Ideal vom erwachten Selbstbewußtsein und der ‚Ehre' des Arbeiters zu Jahrhundertbeginn prägt Mussolini mit seinen Worten: "Lavoro è uguale a libertà".[24] Die Nationalsozialisten unterwerfen diese Vorstellung sieben Jahre später dem *Gesetz zur Ordnung der nationalen Arbeit* nach Führerprinzip. Wenn bis dahin „Arbeit adelt"[25] ("nobile è veramente

---

[17] Pergolesi, Diritto costituzionale, S. 174: R.D.L.12.XII.1926-V, n.2061-2336.
[18] De Luna, Mussolini, S. 49: Abbildung des Proclama vom 28.X.1922.
[19] Arias pp., Mussolini, S. 406.
[20] Diel, Duce, S. 110.
[21] Vgl. Sorel, Réflexions, S. 119: „Il faut juger les mythes comme des moyens d'agir sur présent; toute discussion sur la manière de les appliquer matériellement sur le cours de l'histoire est dépourvue de sens. C'est l'ensemble du mythe qui importe seul." - Laut De Luna (Mussolini, S.72) wehrt sich Mussolini für seine demonstrative Mitarbeit als Kumpel (S.74) und Drescher auf der Abbildung (S. 70) im Angesicht des Volkes nur scheinbar dagegen, selbst zum Mythos erhoben zu werden; Abbildung bei Diel, Duce, S. 112/113; scheinbar gegen den „Mythus" auch bei Arias pp., Mussolini, S. 34.
[22] Rauscher, Hitler und Mussolini, S. 563, 576, 577.
[23] Candeloro, Storia IX, S. 246.
[24] Mussolini, Citazioni, S. 141: "8 gennaio 1921" in *Il Popolo d'Italia.*
[25] Schenkendorf, Staat der Arbeit, S. 32: „Motto des Arbeitsdienstes."

colui che lavora“),[26] so erfährt dieser ‚Pomp' in der Inschrift zum Tor der ‚Endlösung' seinen makabren Ausklang: „Arbeit macht frei.“

Ähnlichkeiten der beiden Einparteiensysteme und mythisierten Volksgemeinschaften zeichnen sich so deutlich ab, daß die einstigen Kriegsgegner in den nächsten Jahren aufeinander zukommen. Gemeinsam ist der römische Gruß als mythischer Ausdruck des Herrschaftsbewußtseins.[27] Schon in der Weimarer Zeit begeistern sich „Monarchisten und Deutschnationale wie der Frontkämpferverband ‚Stahlhelm' für den Duce, weil er autoritär, soldatisch und antidemokratisch war.“[28] Spengler entdeckt im Faschismus „italienisches Preußentum“.[29] Beide Völker werden in uniformierende Farben der entindivualisierenden Massenmystifikation gekleidet: das letale Schwarz der Todesbereitschaft und das chthonische Braun der Erdverbundenheit. Auch die NS-Bewegung hatte sich mit einem jahrtausendealten Symbol bedacht und die altindische Swastika, die den Römern als Mäanderornament diente, zum Hakenkreuz erhoben. Ideologisch schließen sich die aus dem Sozialismus hervorgegangenen Faschisten und die Nationalsozialisten in gemeinsamer Front gegen Freimaurer und international ausgerichteten, die Weltrevolution erstrebenden, vermeintlich jüdischen Bolschewismus zusammen. Sie betonen das Völkisch-Soziale und regieren mit entmachteten Parlamenten. Sogar die Rassengesetze übernehmen die Faschisten, die germanischen Nachahmer nun selbst kopierend. Aus der Unbefriedigtheit angesichts des Versailler Vertrages erwachsen die Revisionsansprüche. Sie führen zur Aufrüstung unter der ökonomischen Prävalenz „Kanonen statt Butter“; in Deutschland noch forcierter als in Italien, welches im neuen “clima del Littorio“[30] das “dilemma burro o cannoni“ mit Berufung auf Niccolò Machiavelli (1469-1527) für die Kanonen entscheidet.[31] Die Jahre 1936 bis 1939 zeitigen fortan Parallelaktionen auf militärischem Gebiet: Intervention im spanischen Bürgerkrieg und Münchener Abkommen in Gemeinsamkeit, Okkupation von Äthiopien, dessen Zugewinn Vittorio Emanuele III (1869; 1900-46; 1947) den Kaisertitel einbringt, und Albanien einerseits wie nach der Rheinlandbesetzung der Einmarsch in Österreich, Böhmen-Mähren und Memel andererseits.

---

[26] Mussolini, Citazioni, S. 144: “al popolo di Ferrara (22.IX.1924)”.

[27] De Luna, Mussolini, S. 81: Abbildung „Der Mythos vom Römertum“ mit Statue eines Römers; ebd., S. 85: „Auch die Wiederaufpolierung des <Römertums> bezog sich auf ein archaisches, oberflächliches Kultursubstrat und diente hauptsächllich Propagandazwecken. <Römisch> war der Regierungsstil.“

[28] Seibt, Hegelianer, S. N5: Direkte Übernahme des Faschistengrußes.

[29] Ebd.

[30] Mussolini, Citazioni, S.195: “Agli operai di Milano (6 ottobre 1934)”.

[31] Ebd., S.204: Am 03.XII.1937 schreibt Mussolini in *Il Popolo d'Italia*: “Tra l'oro e il ferro, Machiavelli aveva scelto il ferro e noi stiamo con lui. Nel dilemma burro o cannoni, dilemma superlativamente idiota, noi abbiamo già fatto la nostra scelta: i cannoni.“

In den Sog des Zweiten Weltkrieges gerät - abermals ein Jahr später - auch Italien, "forzata da imperiose, incoercibili necessità di vita",[32] um dem ‚verpflichtenden' Mythos vom ‚Lebensraum' seines wachsenden Volkes ebenfalls Gestalt zu verleihen. Aufschlußreich ist die Gewißheit der *Critica fascista* am 1.V.1940: Der korporative Mythos, Schöpfer und Geschöpf der korporativen Wirklichkeit, aber in gewissem Sinne davon unabhängig, lebendiger als je zuvor. *Jenseits des Krieges die Korporation*: Das ist eine spontan diesen Zeilen erwachsene Formel. Der korporative Mythos...allein kann dem Kriege einen Sinn verleihen. Er allein vermag in seiner Verwirklichung der Nachkriegszeit eine Ordnung zu geben.[33] Auch die NS-Herrschaft entwickelt im anfänglichen Siegeszuge ihre Ideen von der ‚arteigenen' Gestaltung und rücksichtslosen Besiedlung nach der Osterweiterung.[34] Selbst wenn manche Parallelen – etwa die Rivalität zwischen Heinrich Himmlers SS-Orden und der anfänglich traditionsgebundenen Wehrmacht sowie diejenige der parteiergebenen, in "mistica purità di spirito"[35] dienenden Milizia Volontaria per la Sicurezza Nazionale mit dem königstreuen Esercito – ins Auge treten, so versteigt sich Mussolinis ‚Übermenschen'-Ideal während seiner ‚Gesellschaftsumwandlung' nicht in die menschenverachtenden Exzesse des nationalsozialistischen Verbündeten.

Die 2. Kriegshälfte überschatten die gemeinsamen Niederlagen im Unternehmen Barbarossa, in Afrika, vor Stalingrad und auf dem Balkan. Im Endkampf auf der Halbinsel verblendet der Mythos noch einmal das Oberhaupt des Faschismus: den Gefangenen Mussolini befreit ein deutsches Einsatzkommando 1943 auf dem "Campo dell'Imperatore del Gran Sasso"[36] aus den Händen seiner eigenen aufständischen ‚Armata'. Eine mythisch belastete ‚Gotenlinie', jene von der Wehrmacht 1943 nördlich von Rom errichte Verteidigungsfront, halbiert in der Endphase das Land und scheidet die Ideologien. Die "unità morale, politica ed economica" der "Nazione italiana", welche die erste Dichiarazione (dt. Erklärung) der *Carta del Lavoro* vom 21.IV.1927 beschworen hatte, zerfällt. Der Sinn des einstigen Kampfrufes 'O Roma o morte!' verkehrt sich in sein Gegenteil: Mussolini und der geflüchtete König werden die Hauptstadt Rom nie wiedersehen. In dem von den kommunistischen Partisanen und Antifaschisten umkämpften Norden gründen die Sozialfaschisten die 'Repubblica di Salò' (1943-45) un-

---

32 Mussolini, Citazioni, S. 117: "al popolo italiano (Roma, Palazzo Venezia: 9.V.1936)".

33 Wörtliche Übersetzung aus: Aquarone, Stato totalitario, S. 221 (FN 2).

34 Himmler, Rede vom 04.X.1943, S. 70, 106, 110-115.

35 Aquarone, Stato totalitario, S. 333/334 – Vgl. zur Ordensgründung: Himmler, Rede vom 04.X.1943, S. 71, 74, 85, 99; ebd., S. 104: „e i n Block, e i n Körper, e i n Orden" – im „mystischen Vergleich."

36 Brockhaus Enzyklopädie, Bd. XV, S. 245. - Vgl. Arias pp., Mussolini, S. 134: B. Giuliano schreibt 1927: „Das zu verwirklichende Ideal musste jetzt seine Tauglichkeit erweisen durch sein Vermögen, die besten Geister zu enthusiasmieren und ihnen die wundertätige Kraft des Glaubens zu verleihen, welche jedes Hindernis niederwirft und das Reich der göttlichen Wahrheit aufrichtet. Dazu sollte ihnen nach Sorel das <mythische Bewusstsein> verhelfen."

ter der Ägide der „Naziokkupanten“ [37] (laut Stüblers marxistischer Geschichtsbetrachtung) oder “nazifascisti“, [38] wie die Italiener des von den Alliierten besetzten und Königreich verbliebenen Südens sagen. In den letzten Tagen ihres eigenen Krieges finden beide Diktatoren in dramatischer Synopsis den gewaltsamen Tod: der Cäsarepigone und Duce eines neu erstandenen “Impero Romano” am 28.IV.1945/XXIII, 18 Jahre nach der Einführung der *Carta del Lavoro* als “previdenza“ und “alta manifestazione del principio di collaborazione“[39] durch das ’Comando Militare della Resistenza’. Bei der Gefangennahme in einen „deutschen Militärmantel“ gehüllt, „hockte“ er „versteckt ganz hinten in einem Lastwagen der deutschen Wehrmacht“.[40] Zwei Tage nach Mussolinis und seiner Geliebten gewaltsamem Tode endete - ebenfalls in ‚Wagnerscher Treue’ von der Gefährtin begleitet – der sogenannte ‚Führer des Großdeutschen Reiches’ durch eigene Hand. In Anlehnung an chiliastische Mystik hatte es „1000 Jahre“ im „Gleichschritt“, dem “passo dell’oca germanico“ (dt. Gleichschritt) und “passo romano“ währen sollen.[41] XXIII bzw. 12 Jahre vorher waren beide Diktatoren, ehe sie von ihren Völkern mehrheitlich gewählt wurden, wie kraft geschichtsverfremdeter mittelalterlicher Investitur vom König bzw. Reichspräsidenten an die Macht berufen worden. So endet der imperiale Mythos diesseits und jenseits der alpinen Barriere im ‚Secolo del Fascismo’. Der Gefreite und der Caporale des 1. Weltkriegs hatten als selbsternannter Oberbefehlshaber[42] der eine, der andere mit Gesetzeskraft als “Primo maresciallo dell’Impero“[43] den 2. Weltkrieg ausgelöst. Die Ideologie eines *Mythus des 20. Jahrhunderts* und des 2200jährigen römisch-italischen *Mito di Predappio*[44] griff als verheerende Feuersbrunst über die Kontinente, ohne ganz zu erlöschen. Denn sie schwelt als Dauerbrenner eifrig lehrender Faschismustheoretiker und unbelehrbar eifernder Rechtsextremisten.[45]

---

[37] Stübler, Italien, S. 185.

[38] Enciclopedia Italiana, S. 527.

[39] Dich. XXVI der CDL v. 21.IV.1927.

[40] De Luna, Mussolini, S. 141ff. - Mussolini ahnt noch nicht ein derartiges Ende. Deswegen schließt er seinen Dialog mit E. Ludwig am 04. IV.1932 mit den Worten: „Niemand darf das Schicksal zweimal herausfordern. Übrigens stirbt jeder den Tod, der seinem Charakter entspricht.“ (Ludwig, Gespräche, S. 232.)

[41] Candeloro, Storia IX, S. 455.

[42] Hofer, Nationalsozialismus, S. 109: Erlaß Hitlers vom 04.II.1938.

[43] Montanelli/Cervi, Disfatta, S. 110. – Pergolesi, Diritto costituzionale, S. 58; ebd., S. 58/FN 2: am “2 apr. 1938 L.n.240.“

[44] Predappio Ufficio, S. 9-22: “Il Mito di Predappio”; S. 17/18; 31: 204 v. Christus Niederlage des Konsuls C. Appius durch die Bojer; S. 11: „Ipsum genuit“ (= gerade Ihn gebar es; ‘genuit’: Vgl. Genesis IV 18; 20; 22): „meta di pellegrinaggi continui“ = ständiges Pilgerziel; S. 12: ”vedere la casa dove nacque un Figlio (= wo ein Kind geboren ward)...Tutta una mistica sua propria avvolge questa terra.“ S. 92: Gedenkstein für den Nachweis der ”Generazioni dei Mussolini“ ”dal 1600 al 1900“ in Predappio.

[45] Im Mussolinimausoleum des Friedhofs von Predappio liest man rechts von seinem Sarkophag die Worte aus dem Buch ‘Vita di Arnaldo’ von 1931: ”Sarei grandemente ingenuo se chiedessi di essere lasciato in pace dopo morto. Attorno alle tombe dei capi di quelle grandi trasformazioni, che si chiamano rivoluzioni, non ci può essere pace; ma tutto quello che fu

Die Nachkriegsentwicklung hat in Deutschland wie Italien auf politisch-sozial-wirtschaftlichem Gebiet abermaligen unverkennbaren Gleichlauf gezeitigt. Der Demokratisierungsprozeß führt weg von der Vergötterung des Staates als imperialer Machtstruktur hinüber zur langersehnten Verteidigung des Menschen mit seinen natürlichen Rechten. Der Wiederaufbau der Städte in zwei Trümmerlandschaften, das Wirtschaftswunder beziehungsweise „Miracolo economico"[46] dank Marshals *Economic Recovery Program* beiderseits der Alpen mündet in die soziale Marktwirtschaft. Keine „Achse Berlin-Rom" bedroht mit ihrem „Stahlpakt" den Kontinent. Vielmehr fördern die Römischen Verträge über den Schumanplan mit gemeinsamer Nutzung von Kohle und Stahl das Hineinwachsen in eine größere Europäische Gemeinschaft. Sie drängen die beiden Völker erneut zusammen, jetzt unter human-ökonomischen Aspekten. Gerade die Ähnlichkeiten in der politischen Regeneration, dem gesellschaftlichen Strukturwandel - so die Studentenrevolte von 1968 - und der gewerkschaftlichen Entwicklung geben wie die vorher aufgereihten symbiotischen Parallelen einen Ansporn, aus 70jährigem Abstand die Problematik der faschistischen *Carta del Lavoro* neu zu erschließen und sie im Vergleich mit dem nationalsozialistischen *Gesetz zur Ordnung der nationalen Arbeit* zu betrachten.

II. Divergierende Wirtschafts- und Staatsrechtsbeurteilungen

Die mittelalterliche Darstellung des Korporationswesens und seiner Problematik folgt außer den Nachschlagewerken Reinhold Schumanns *Geschichte Italiens* von der Boston University aus dem Jahre 1983. Walter Markov begleitet im Vorwort zu Stüblers *Italien* dieselben Geschehnisse mit den Augen eines Professors am ‚Interdisziplinären Zentrum für Revolutionsforschung' der damaligen Leipziger Karl-Marx-Universität. Die Faktionswirren des 13. und 14. Jahrhunderts (it. Dugento und Trecento) behandelt der Zeitzeuge Giovanni Villani (1280-1348), ein Zeitgenosse von Dante (1265-1325), in seiner 1990 neu herausgegebenen *Nuova Cronica*. Der Beurteilung der Zünfte durch einen "guelfo nero, di tendenza moderata",[47] steht Arnaldo Altomontes Darstellung der ‚Arti' aus der Sicht des Ghibellinen in der Biographie *Dante. Una vita per l'imperatore* (1985) entgegen. Ein einschneidendes, die Corporazioni erschütterndes Ereignis am Ende

---

fatto non potrà essere cancellato. Mentre il mio spirito, ormai liberato dalla materia, vivrá, dopo la piccola vita terrena, la vita immortale e universale di Dio, non ho che un desiderio: quello di essere sepolto accanto ai miei nel cimitero di S. Cassiano."(= Ich wäre höchst einfältig, wenn ich verlangte, nach dem Tode in Frieden gelassen zu werden. Im Umfeld der Führer solcher ‚Revolutionen' genannter Wandlungen soll kein Frieden walten – es kann doch nicht alles Geleistete vergänglich sein. Während mein nunmehr die stoffliche Hülle lediger Geist nach kurzem Erdenlauf Gottes allumfassende Unsterblichkeit erleben darf, hege ich nur den Wunsch, neben den Meinen auf dem San-Cassiano-Friedhof bestattet zu werden.)

[46] Schumann, Geschichte Italiens, S. 242.

[47] Villani, Nuova Cronica, S. XIX: "guelfo nero".

des 14. Jahrhunderts hebt Ernst Pipers Wagenbach-Monographie von 1981 im Sinne von Markov hervor: *Der Aufstand der Ciompi. Über den »Tumult«, den die Wollarbeiter im Florenz der Frührenaissance anzettelten*, wird hier zum Klassenkampf (B II 2; VI 3).

Beiträge zum Zunftwesen liefert Georg Wilhelm Friedrich Hegel (1770-1831). Auf ihn beruft sich der Faschismus häufig in seiner Staats- und Wirtschaftstheorie und zitiert die Texte der in den 30er Jahren des 20. Jahrhunderts gängigen Ausgaben. Diese erscheinen in der Analyse. Die auf der Grundlage der Werke von 1832-1845 neu edierte 21bändige Ausgabe von 1994 weicht stellenweise erheblich ab. Sie dient umgekehrt zitatunabhängigen Interpretationen. Vom materialistischen Standpunkt des Industriejahrhunderts her behandeln Hegelschüler Karl Marx (1818-83) und Weggefährte Friedrich Engels (1830-95) die ökonomischen Phänomene gemäß den Werkausgaben der ehemaligen DDR. Außer dem genannten Schumannschen Geschichtswerk sieht sich von der Französischen Revolution an Dietmar Stübler mit *Italien. 1789 bis zur Gegenwart* von 1983 als Markov-Schüler und von Prof. Armando Saitta „engagierter“ Stipendiat des „Istituto per la storia del Risorgimento in Rom“ zuständig. Er stand unter der Ägide des obigen „Interdisziplinären Zentrums für Revolutionsforschung“.[48]

Die kommentierende Begleitung der wirtschaftlich-staatspolitischen Ereignisse auf der Halbinsel bis zum Marsch auf Rom und der legislativen Entwicklung erfährt bereits zeitparallel zum Regime ihre Bewertung durch die Faschisten und den Rückblick wie Aufbauprogramme vermittelnden Duce selber bis zum jähen Ende jener zwei Jahrzehnte. In Deutschland und Österreich betrachteten die Kommentatoren seit der Mitte der 20er Jahre bis zu Hitlers Machtergreifung die Entwicklung jenseits des Brenners vornehmlich mit kritischem Interesse, zumal nördlich der Alpen Ökonomie und Politik unter der Last der Niederlage bis 1933 keine derartige Umwälzung erlauben. Johann Wilhelm Mannhardt (*Der Faschismus*, München MCMXXV) beschreibt wohl als erster im deutschsprachigen Raum das System und sagt, „daß Italien [...] bisher das einzige Land ist, in dem das ungeheuerliche Ereignis des Weltkrieges schöpferisch eine Umgestaltung heraufführt“.[49] Da der Autor die Analyse des Systems im November 1924 mit der Matteottikrise abschließt, zieht er seine Schlußfolgerungen - auch am Ort selbst - aus den vielen Einzelbegebenheiten, die er aus den ersten zwei faschistischen Regierungsjahren zusammengetragen hat. Hier trifft sich der Reiz des Zeitzeugnisses, der erlebnisverhafteten Interpretation von Ereignissen, deren Wirksamkeit noch nicht konkret abzuschätzen ist, und von Bestrebungen, die nicht alle realisiert werden, mit der noch unausgereiften Morphogenese (ex tunc) eines Faschismus, der nicht mehr politische Opposition, sondern in Zugzwang ist, seine wirtschaftlichen Optionen zu entwickeln.

---

[48] Stübler; Italien, S. IX/X: Markov; Saitta.
[49] Mannhardt, Faschismus, S. V.

Die „erste ‚wirkliche Analyse des Fascismus'" und der „treibenden Kräfte (geistige und politische)" leistet 1927 nach den Worten des neuhumanistischen Volkswirtschaftlers Edgar Salin (1892-1974)[50] sein Kollege, der „Liberaldemokrat"[51] Erwin von Beckerath, mit der kritischen Darstellung vom *Wesen und Werden des fascistischen Staates*. Seinen weit „übergreifenden Querschnittsanalysen" der „gesellschaftlichen Entwicklungen" und der Präsentation der „politischen Denker" von Marx bis Vilfredo Pareto (1848-1923) und dessen „Grenznutzenschule" entsprechend „waren" „Bolschewismus und Faschismus" „die treibenden Kräfte in der allgemeinen Desorganisation der Nachkriegszeit". „Sach- und Materialkenntnis" sowie „humaner bon sens" verhelfen 1979 dem Buch zu einem „Neudruck" mit einem Vorwort von Norbert Kloten.[52] Dieser kommentarlose Reprint mit unkritischer Einführung veranlaßt Marco Cotza 1996 zu einigen Erläuterungen unter dem Titel *Ein Wirtschaftstheoretiker zwischen kritischer Analyse und Bewunderung des italienischen Faschismus: Erwin von Beckerath (1889-1964)* und räumt dessen historische Zwangslage ein: „Nicht wenige Deutsche" der damaligen „parlamentarischen Demokratie" spähten über ichren nationalen Tellerrand, um die Sowjetunion als abschreckendes Beispiel zu beschwören und den Faschismus als Alternative zur Weimarer Republik zu erwägen."[53] In seinen weiteren Werken versteht er „den Korporativismus gewissermaßen als Gegenstück zur deutschen Politik" unter dem „Diktator".[54] Beckerath wagt 1943 im Essay *Korporative Wirtschaftstheorie* bereits kritische „Bemerkungen zu einem Buche" der faschistischen Ökonomieprofessorenelite. Von diesem Zeitpunkt an aber „begann er" „vorsichtig, sich vom Korporativismus abzuwenden und im Rahmen der 'Arbeitsgemeinschaft Erwin von Beckerath' das Konzept für eine Marktwirtschaft auszuarbeiten", mit dem er später „als Vorsitzender des wissenschaftlichen Beirats im von Ludwig Erhard (1897-1977) geführten Bundeswirtschaftsministerium" zur „Etablierung der sozialen Marktwirtschaft" beiträgt.[55] „Was Italien angeht, fragte er sich allerdings auch in seinem Todesjahr 1964 noch, ob nicht der Faschismus die diesem Land angemessene Staatsform sei", resümiert Cotza.[56]

„Bei der gegenwärtigen Krise des Staatsgedankens in ganz Europa erwartet" Ulrich Heinersdorff (1929) „von dieser Bewegung etwas grundlegend Neues" und untersucht *Das Arbeitsverhältnis im fascistischen Recht.* [57] Von Ernst Wilhelm Eschmann, Schüler Alfred Webers (1868-1958), wird 1930 *Der faschistische Staat in Italien* und damit der „starke rationale Instinkt" beim Aufbau einer

---

[50] Beckerath, Fascistischer Staat, S. VII.
[51] Bracher, Il Novecento, S. 233: Beckerath gilt dort als "liberaldemocratico".
[52] Beckerath, Fascistischer Staat, S. VIII.
[53] Cotza, Beckerath, S. 35/36.
[54] Ebd., S. 48.
[55] Ebd.
[56] Ebd., S. 48/49.
[57] Heinersdorff, Arbeitsverhältnis, S. V.

„wirtschaftliche[n] und soziale[n] Struktur" „in einem vorrevolutionären System" ideologiefrei bewertend besprochen, wie es *Jedermanns Bücherei* bei Hirt voraussetzt.[58] Der in Wien und Rom ansässige Walter Heinrich bemerkt 1932 nach seiner 1.Auflage von 1929 bei aller kritischen Bewunderung für den dortigen ökonomischen Erfolg und die Abwehr des liberalen und bolschewistischen Kollektivismus in seinem „streng wissenschaftlich[en]"[59] Essay *Der Faschismus. Staat und Wirtschaft im neuen Italien*, daß nicht von dort „der Zauberspruch" komme, „jenes Wort, das [...] ganz Europa retten würde", d.h. vor „Verdunkelung" und „Chaos".[60] Ein Jahr vor Hitlers Machtergreifung schreibt der Wiener Privatdozent Heinrich: „Wir glauben, daß deutsch gesprochen werden muß."[61] 1927 porträtiert Curt Sigmar Gutkind, Florentiner Dozent und Übersetzer des Sammelbandes *Mussolini und sein Fascismus* am Anfang *Die Persönlichkeit des Duce* mit zahlreichen Zitaten. Mussolini hebt die „Herausgabe" „dieses Buch[es]" dank „der einsichtigen und edlen Bemühung" des „deutschen Gelehrten" in der Einleitung hervor,[62] während es für Eschmann ein „schlecht übersetzter Sammelband" bleibt.[63] – Kurz nach seinem Interview mit Stalin[64] (1879-1953) gibt der psychoanalytisch, kulturhistorisch und ideologisch hinterfragende Biograph Emil Ludwig (1881-1948) seine Dialoge mit dem Duce vom 23. März bis zum 4. April 1932, fast täglich etwa eine Stunde lang, im Palazzo Venezia zu Rom in italienischer Sprache,[65] deutsch in Buchform heraus. Mussolini habe die deutsche wie die italienische Fassung durchgesehen und nur geringfügig verändert, versichert der Autor und nennt sie unter dem Titel *Mussolinis Gespräche mit Emil Ludwig „Das Dokument"*.[66] Sogleich in 13 Sprachen – darunter nach Mussolinis Worten die „lingua" „tedesca, croata, greca, giudaica, ostrogota"[67] – übersetzt, findet die italienische Ausgabe erst in der 2. Fassung die Billigung des Duce. Zu Indro Montanellis Vorwort erscheinen 2001 *Colloqui con Mussolini* mit den wieder eingefügten Streichungen von Tomaso Gnoli übersetzt.[68]

Nach Hitlers Machtergreifung beginnt in Deutschland zunächst der wissenschaftliche Vergleich mit dem ideologischen Verwandten im Süden. Da die Nationalsozialisten in weit kürzerer Zeit Produktion und Einflußnahme in Europa aufzuholen imstande sind, beherrschen nun Wertmessung und Abgrenzung der beiden Systeme thematisch das Schrifttum. Da führt Lea Meriggi schon nach Ablauf eines Jahres vor der Akademie für Deutsches Recht einen Vortrag über *Faschis-*

[58] Eschmann, Faschistischer Staat, S. 2; 5.
[59] Heinrich, Faschismus, S. V/VI.
[60] Ebd., S. 182.
[61] Ebd.
[62] Arias pp., Mussolini, S. V; 1-35.
[63] Eschmann, Faschistischer Staat, S. 125.
[64] Ludwig, Colloqui, S. XV.
[65] Vgl. ebd., S. 3.
[66] Ludwig, Gespräche, S. 13.
[67] Ebd., Colloqui, S. XXV.
[68] Ebd., S. XVII/XVIII.

mus und Recht. Conrad Bornhak (1861-1944) sieht den Aufbruch zum „aufgeklärten Despotismus" dem „Staatsdenker" „Machiavelli" getreu und - ein zweites Mal nach „der Verwüstung des Parlamentarismus, der den Staat mit dem Untergange bedrohte", - die konstitutionelle Entwicklung in Italien als „bahnbrechend" für Europa an.[69] Unter dieser Prämisse verfaßt er 1934 *Das italienische Staatsrecht des Faschismus.* Der Wiener Adolf Menzel (1857-1938) aus der noch unabhängigen Alpenrepublik (damals Ständestaat, C II 2) greift 1935 zur Realisierung seines thematischen Vorsatzes (*Der Staatsgedanke des Faschismus. Eine geistesgeschichtliche Untersuchung)* weit in die Vergangenheit aus, um von der Antike her die „Quellflüsse" und Elemente zu sichten, aus welchen „der autoritäre Staatsgedanke" in Italien „emporgewachsen ist"; „auf dem Boden einer idealistischen Philosophie" gilt es, eine neue „Weltanschauung" zu entwerfen.[70] Er beruft sich zuweilen auf Emil Ludwigs „Dokument".[71] Carl Hiller leitet 1935 *Die Grundlagen des faschistischen Staates* mit dem „Wort Albert Schweitzers" (1875-1965) ein:[72] „Jede Zeit lebt bewußt oder unbewußt von dem, was die Denker, unter deren Einfluß sie steht, hervorgebracht haben." Das Schwergewicht der Explikationen gilt den „drei Strukturelementen": „dem hierarchischen Aufbau des Staatswesens, der korporativ gegliederten Wirtschaft und der einen leitenden Bestandteil des Staates bildenden Partei". Von seiner Einführung her gesehen, muß sich Hillers Schlußwort euphorisch auf eine einzige „Autorität" beziehen: „Dieses glückliche Zusammenwirken aller Elemente miteinander aber verdankt Italien vor allem der persönlichen Kraft des Schöpfers dieser ganzen neuen Ordnung selbst: Mussolini."[73] Von Hermann Raschhofer wird 1936 *Der politische Volksbegriff im modernen Italien*, vom Mittelalter und den übrigen europäischen Denkern ausgehend, die „Anfänge der modernen italienischen Bewußtseinsbildung" vor allem dem „Risorgimento" zuordnend,[74] akribisch untersucht.

Legislativen Werdegang und Gesetzestexte im Großdeutschen Reich liefert bis Ende 1942 der *Grundlehrgang für Beamte* in der *Berufsförderungsschriftenreihe für Soldaten.* Den Faschismus bringt unter Horst Wagenführs *Lesestücken zur Politischen Ökonomie* 1934, wenn der „syndikal-korporative Staat bis zum 13. Jahrestag des Marsches auf Rom...im Prinzip vollendet sein / soll", den deutschen Studenten nahe. Das Lehrbuch *Korporative Wirtschaft in Italien* vermittelt „Terminologie", „einleitende Abhandlungen", „grundlegende Gesetze" sowie „Korporationsabkommen" und kommentiert sie.[75] Dieselbe Thematik übernehmen zwei Dissertationen. Die Untersuchung *Der soziale Gedanke in der Ar-*

[69] Bornhak, Staatsrecht, S. III.
[70] Menzel, Staatsgedanke, S. V/VI, 1, 16, 19, 20, 23, 35, 36, 45/46, 83, 96, 117, 127/128.
[71] Ebd., S. 16, 19, 20, 23, 35, 36, 45/46, 83, 96, 117, 127/128; Ludwig, Colloqui, S. XXV.
[72] Hiller, Faschistischer Staat, S. 10.
[73] Ebd., S. 86.
[74] Raschhhofer, Politischer Volksbegriff, S. 9.
[75] Wagenführ, Korporative Wirtschaft, S. 2, 7/8.

beitsorganisation des faschistischen und des national-sozialistischen Staates von Werner Müller vollzieht 1936 die Entwicklung der unterschiedlichen „Sozialauffassung" nach und folgt „dem Fortschreiten des faschistischen sozialen Aufbaus vom syndikalistischen zum korporativen System".[76] Eine „weltanschauliche Begründung des Arbeitsrechtes" erfährt 1937 mit Hervorkehrung der neuen ‚arteigenen' Ideologie 1937 Anton Riedlers *Politische Arbeitslehre* (E 2). Seine „in der rassischen Bedingtheit der Erkenntnis" „weltanschaulich tief verwurzelt[e]" „deutsche Arbeitslehre" verdammt „materialistische" (= „Arbeitswarenlehre"), „pandektenrechtliche" wie „kirchenpolitische" Ideologie (= „Arbeitsfluchlehre") zu sozialen Feindbildern und „kämpft" „um die neue Arbeitswertung".[77] Die Doktorarbeit des Austauschstudenten Werner Rößler, *Faschismus und Nationalsozialismus. Eine Untersuchung sozialer und politischer Wesensunterschiede an Hand eines Vergleichs der Carta del Lavoro mit dem Gesetz zur Ordnung der nationalen Arbeit*, will 1938, „da kritiklos alles verherrlicht wird, was jenseits der Alpen geschieht", „Wesensunterschiede klar werden [...] lassen", damit „Mißverständnisse vermieden" bzw. „aus dem Wege geräumt werden".[78] Die neue Ideologie erfaßt rasch die juristische Fakultät. Schon 1934 promoviert der „Führer des Sturmbanns II/236" Jakob Westrich über den *Treuhänder der Arbeit.*[79] Louise Diel liefert 1937/9 mit ihrer Biographie *Mussolini, Duce des Faschismus. Nach Dokumenten und Gesprächen* in enthusiastischer Bewunderung, die den Nietzscheschen Machtmenschen verherrlicht, neben dem Zeitgeschmack eigenen Details dienliche, in den Zitaten zuverlässige Angaben.[80] Zeitgenössische Geschichtsrezeption ist den späteren Historikern, die im nachhinein urteilen, weil sie die Folgen mit einzubeziehen vermögen, in der Bewertung der Fakten unterlegen. Aber den Nachgeborenen fehlt wiederum, da sie bereits das Finale kennen, die reizvolle oder schaurige Spontaneität der Darstellung zeitgeschichtlichen Erlebnisses und der atmosphärischen Zeichnung.

In Italien wurde die satirische Zeitschrift *L'Asino* (*è il popolo utile, paziente e bastonato*) wegen ihrer Ducekarikaturen (von denen ein Duo das Deckblatt von De Felices "Intervista sul fascismo" zieren wird) und ob der kaustischen Attacken auf die Politik schon in der Matteottikrise verboten. Weithin zu vernehmen war dagegen am 15.V.1931 die Beurteilung von Mussolinis Sozialsystem in der Enzyklika *Quadragesimo Anno* (F I 1) von Papst Pius XI. (1857; 1922/39). Den parlamentarischen Werdegang der Staatsschutzverordnung, der 'Riforma costituzionale', der Strafrechtsreform und der Sozialgesetzgebung des Zeitraumes 1925/6 bis zur Verabschiedung zeichnet der Justizminister und Gestalter des *Codice penale* Alfredo Rocco (1875-1935) (über ihn dann 1963 in positiver Wertung Paolo Ùngari: *Alfredo Rocco e l'ideologia giuridica del Fascismo*;

[76] Müller, AOG, S. 5.
[77] Riedler, Arbeitslehre, S. 19, 13, 100, 11.
[78] Rößler, CDL und AOG, S. 5.
[79] Westrich, AOG, S. II.
[80] Diel, Duce, S. 15.

C III 3). Als dem maßgeblichen Gesetzgeber erteilt ihm Gian Carlo Jocteau in seiner Fachmonographie *La magistratura e i conflitti del lavoro durante il fascismo 1926/34* sogar den ideologischen Primat in der „Disziplinierung" der Gewerkschaften gegenüber Edmondo Rossonis Einfluß.[81] Die *Carta del Lavoro* wird zum 10. Jahrestag ("nel primo decennale dell'Era Fascista") auf italienisch, französisch, englisch, deutsch und spanisch von der ‚Confederazione Nazionale Sindacati Fascisti dell'Industria' herausgegeben. Mussolinis *Citazioni* hat Massimo di Massimo 1969 im *Manuale delle Guardie Nere* gesammelt. Für die *Enciclopedia Italiana* verfaßt Mussolini die *Dottrina del Fascismo*. Unter dem Titel *Die politische und soziale Doktrin des Faschismus* erscheint sie 1933 auf deutsch. Vier Autoren, jeweils vom Staatschef selbst vorgestellt, vereinigen sich in einem Sammelband, der 1927 unter dem Titel *Mussolini und sein Faschismus* in Deutschland erscheint. Darin stammt *Der historische Werdegang des fascistiscen Gedankens* aus der Feder des Florentiner Philosophen und Staatssekretärs Balbino Giuliano. Der Staatsrechtsprofessor Gino Àrias aus Florenz untersucht in seinem Werk *Die fascistische Staatsrechtsreform,* darunter die Kapitel *Die Syndikatsreform, Die Körperschaftsordnung, Die Arbeitsgerichtsbarkeit.*[82] Der Pädagogikprofessor und Vorsitzende des Obersten Schulrats in Rom Ernesto Codignola referiert über *Die Schul- und Universitaetsreform.*[83] Der damalige Finanzminister Alberto De'Stèfani (1879-1969) diskutiert über *Die Finanzreform.*[84]

Den Korporativismus behandelt in zahlreichen aufschlußreichen Essays zwischen 1926 und 1935 der Pisaner 'professore di politica ed economia corporativa', später ‚ordinario di filosofia teoretica' in Rom, Ugo Spirito (1896-1970). 1934 faßt Carlo Costamagna die *Elementi di diritto pubblico* zusammen. Der Turiner Ordinarius der Rechtswissenschaften Pietro Bodda gibt 1940 in überschaubarer Darstellung die *Istituzioni di diritto pubblico - Dottrina generale dello Stato - Ordinamento costituzionale, amministrativo, sindacale e corporativo dello Stato Italiano - Legislazione sociale* heraus. Im gleichen Jahr erscheinen die inhaltsgedrängten *Istituzioni di diritto pubblico* des Mailänder Rechtsprofessors Marco T. Zanzucchi, deren letzter Druck noch im Jahr des Niedergangs, 1943-XXI, unbeschadet der einschneidenden Veränderungen erfolgt, sowie in der Übersetzung von Harald Fick die *Allgemeine Theorie des faschistischen Staates* des römischen Juristen Sergio Panunzio. Er stellt 1934 fest, daß es in Amerika „nicht an guten Darstellungen" über „die korporative Arbeitsverfassung" fehle, die Franzosen „meist polemisch und kritisch" schrieben, in Deutschland „die Erörterungen über den italienischen Faschismus - merkwürdige Tatsache!" jedoch „zahlreicher" seien; nach dem synthetisch vorgehenden Abriß der „fa-

---

[81] Jocteau, Magistratura, S. 16-22.

[82] Arias pp., Mussolini, S. XI/II, 55, 189, 367; B. Giuliano: S. 57-187; G. Arias: S.189-269; 271-336.

[83] Ebd., S. 271-365 (F. Codignola).

[84] Ebd., S. 369-401 (De' Stèfani).

schistischen" „allgemeinen Staatslehre" trifft er „im Lichte des positiven" „öffentlichen Rechts" seine methodisch durchgeführte anschauliche Analyse: *Die politische oder korporative Gewalt des Staates* und *Die Korporationen.*[85] 1941 trifft der Bologneser Universitätsprofessor Ferruccio Pergolesi im *Manuale di diritto costituzionale italiano* eine Auswahl der wichtigsten Gesetze als *Raccolta di testi legislativi con introduzione*. - Im Gegensatz zu den ausländischen Autoren neigen die genannten italienischen Juristen, im Hegelianismus geschult, dazu, ihren Korporativstaat bei der Interpretation nicht nur zu idealisieren, sondern ihn auch zu ‚vergeistigen' ('spiritualizzare') und ins zu Metaphysische zu erheben.

Der Zusammenbruch im Zweiten Weltkrieg bringt für Italien die große Zäsur bei der Betrachtung faschistischer Erscheinungen, in Deutschland sogar den zweiten Einschnitt in der theoretischen Auseinandersetzung. Italiens "dottrina giuridica del dopoguerra" „wollte sich nicht die 20jährige unkritische, nur von wenigen Frondeuren gezügelte Lobhudelei des Regimes verzeihen" und schlug in eine "retorica anatemizzante"[86] um: sie belegte die vorausgehende Rechtswissenschaft mit dem Bann. In beiden Ländern mußte zeitlicher Abstand den verstellten Blick öffnen und eine neue Generation heranwachsen, die dank später Geburt in der Lage war, unvoreingenommen, kritisch und abstandsgerecht, also ex nunc, die historischen Elemente jener Epoche zu sichten, welche die damaligen Zeitgenossen, d.h. ex tunc, als unmittelbares Erlebnis und dem Augenblick verhaftet wahrgenommen und ohne die ‚Erkenntnis danach' gewertet hatten. Benedetto Croce (1866-1952) weist einseitige Geschichtsbetrachter auf die Gefahren ihrer Theorien hin: "Una storia negativa è una non-storia."[87] Renzo De Felice (1929-96) warnt in den zwischen 1969 und 2001 aufgelegten *Interpretazioni del fascismo* davor, den Faschismus nur „in unserer" und nicht in seiner damaligen „*forma mentis*" wertgerecht zu beurteilen; was heute „absurd" erscheint, war damals akzeptierte "realtà" und "buona fede", in welcher die Menschen handel[t]en.[88] Die monographisch sehr ausführlich darstellende *Enciclopedia Italiana* liefert im Neudruck von 1949 die Ereignisse bis zum Vorabend des Zweiten Weltkrieges noch in faschistischer Ideologisierung. Ihre *Seconda Appendìce 1938-1948* kritisiert nun aus der Sicht der Nachkriegsära den historischen Verlauf. Den Übergang *Dallo Stato liberale allo Stato fascista*: *Problemi e ricerche* skizziert 1963 der Linksliberale Nicola Tranfaglia und versucht 1989 seine Wertungen zu treffen: *Labirinto italiano*: *Il fascismo, l'antifascismo, gli storici.*

Die im linken Spektrum angesiedelten Resistenza- und Antifaschismusforscher stellen Italiens „zwei schwarzen Jahrzehnte" unter den übergreifenden Totalitarismusbegriff eines allgemeinen Faschismus und tabuisieren das 'ventennio ne-

---

[85] Panunzio, Allgemeine Theorie, S. 3, 4, 86-107, 130-150.
[86] Aquarone, Stato totalitario, S. XI.
[87] Bei: De Felice, Interpretazioni, S. 228/229.
[88] Ebd., S. XXIV-XXV.

ro". Alberto Aquarone analysiert dagegen 1965 unvoreingenommen *L'organizzazione dello Stato totalitario.* Die bewußte Nichthervorhebung des italienischen Faschismus innerhalb des Jahrhunderts bezeugen jedoch Titel wie *Fascismo, fascismi.*[89] De Felice schreibt in den 1990er Jahren: „Der italienische Faschismus steht außerhalb des Lichtkegels des Holocaust."[90] Dies ist die Leitlinie der italienischen Interpreten. In diesem Sinne bettet Giorgio Candeloro 1982 *Il fascismo e le sue guerre* wie eine zeitlich begrenzte Episode als *9.Band* von zehn in seiner *Storia dell'Italia moderna* ein. Unter dem Hinweis auf dieses Kernproblem gebotener Enttabuisierung des 'Ventennio fascista' führt beispielsweise ein Verlag in die Neuauflage eines Werkes von De Felice mit den Worten ein: *„Was Renzo De Felice angeht, dürfte* [= doveva] *er die Einladung vor allem in der Hoffnung angenommen haben, daß ein derartiger Band dazu beisteuere, jene Diskussion über sein Werk zu eröffnen, die, wie er meinte, in Italien gefehlt habe, vor allem der ideopolitisch vorgebrachten Gründe und Präjudizien halber. Auch deswegen wählte er einen amerikanischen Akademiker und jungen Schüler George Mosses, Michael Ledeen, als Befrager aus. Derselben Natur eines Anreizes ist gleichermaßen die vorsätzlich herausfordernde Tonart bestimmter Behauptungen im Interview zuzuweisen – darauf gerichtet, eine Antwort zu erzwingen, die italienische Geschichtsschreibung zu einer Auseinandersetzung zu nötigen.*"[91] De Felice wird 1995 wegen seiner umfangreichen faschismustheoretischen Studien auf Vorschlag der 'Alleanza Nazionale' zum Präsidenten der 'Giunta Centrale degli studi Storici' ernannt. Da er als „ordentlicher Professor an der Fakultät für Politische Wissenschaften der Universität 'La Sapienza' immer wieder Proteste gegen seine konservative, von Linksintellektuellen als faschismusfreundlich eingestufte Deutung der italienischen Geschichte provoziert" hat, wird 1996 sogar „ein Brandanschlag auf" seine „Wohnung" verübt.[92] De Felice verarbeitet seine Themen in immer wieder differenzierender Produktivität, so 1968 *Mussolini il fascista II. L'organizzazione dello Stato fascista 1925-1929* und 1969 *Le interpretazioni del Fascismo.*

Die *Carta del Lavoro* war als praktische Lösung zur Beendigung einer jahrzehntelangen Kette von sozialen Unruhen und Arbeitskämpfen konzipiert worden, die lange vor den Anfängen des Faschismus das geeinte Königreich erschütterten. Um eine neutralisierende und wertfreie Darstellung der Geschehnisse zu gewährleisten, mögen der Ausschöpfung der Sachverhalte eine italienische, eine amerikanische und eine marxistische Quelle aus dem Abstand eines halben Jahrhunderts nach den Ereignissen dienen. Die Historiographien dieser Epoche sind einmal Giovanni De Lunas *Benito Mussolini mit Selbstzeugnissen und Bilddokumenten* von 1978 in der Übersetzung durch Liselotte Giannachi-Mangels, zum andern Schumanns erwähnte *Geschichte Italiens* und drittens *Italien. 1789 bis*

---

[89] Petersen/Schieder, Das faschistische Italien, S. 12.
[90] Ebd., S. 11.
[91] Eigene Übersetzung aus: De Felice, Intervista, S. V.
[92] Petersen, Stumme Institutionen, S. 5.

zur Gegenwart von Stübler. Letztere dient auch deshalb als Interpretations- und Orientierungshilfe aus entgegengesetzter Blickrichtung, weil Mussolini selbst, vom Vater ideologisch beeinflußt, seine politische Karriere als Sozialist der äußersten Linken begann. Als vierte Betrachtungsvariante gerade des Entstehungsprozesses sei noch einmal Beckeraths *Wesen und Werden des Faschismus* zwischen dem Ersten Weltkrieg und 1927 ins Gedächtnis gerufen. 2001 unterzog sich Walter Rauscher der Aufgabe, *Hitler und Mussolini*, die Personifizierung von *Macht, Krieg und Terror,* im Sinne einer stilvollen Geschichtsschreibung als Kunstwerk so darzustellen, daß ihre „Handlungen" nicht „ausschließlich auf ihre ureigenste Gedankenwelt zurückzuführen" und „die beiden lediglich auf demagogische Galionsfiguren ihrer Bewegungen zu reduzieren" „waren": „Bei allen Unterschieden verfügten beide Männer über einen überaus wirksamen dämonischen Charme, dessen sie sich vollauf bewusst waren und je nach Bedarf einsetzten".[93]

Sieht man im Geschichtsablauf den jeweiligen aktuellen Stand als letztes Glied einer logischen Kausalkette nach dem Satz vom zureichenden Grunde[94] oder, rational gesehen, als letzte Konsequenz, dann erscheint die Verkündung der *Carta del Lavoro* realiter als ein solches Ergebnis, nämlich einander bedingender sozialpolitischer Faktoren, die sich gegenseitig ablösten und schließlich an besagtes Resultat gesellschaftlicher Gesetzgebung heranführten. Betrachtet man dagegen im teleologischen Sinne die divergierenden Kräfte der Klassengegensätze als reale Voraussetzungen, so wäre die *Carta del Lavoro* die endgültige juristische Form; in sie mündeten die materiellen sichtbaren wie immanenten Elemente aus dem gesellschaflichen Chaos der zurückgelegten innenpolitischen Jahrzehnte ein, um eine ‚völkische' Harmonie im Arbeitsprozeß als finalistische Endstation zu erreichen; deshalb begann der Faschismus auch in mythischer Anlehnung an römische Vergangenheit seine Epoche neu zu zählen. Der faschistische Metaphysiker Balbino Giuliano erkennt in „Nationalismus" und „Faschismus" die Gegenwirkung des „wirtschaftliche[n] Materialismus" sowie im „italienischen Spiritualismus" von Croce und Gentile die Opposition zum Naturalismus und philosophischen Materialismus.[95]

Der marxistische Beobachter Dietmar Stübler indessen spricht der gesellschaftlichen Entwicklung vor der Entstehung der *Carta del Lavoro* die Logik ab und hält sie für ein Produkt klassenfeindlicher Willkür nach fortgesetzten Sozialkrisen. Für ihn geht die ideologische Entwicklungslinie wohl gleichfalls vom Gesellschaftsumbruch in der 2. Hälfte des 19. Jahrhunderts aus, aber auf dem Pfade

[93] Vgl. Rauscher, Hitler und Mussolini, S. 7/8.
[94] Vgl. Mannhardt, Faschismus, S. 257: Er sieht im „Faschismus eine Gegenbewegung gegen diese Zustände" („Verwirrung und Chaos im Lande" unter „Giolitti"); ebd.: Er bezieht sich auf "The historical causes of the present state of affairs in Italy" von G. M. Trevelyan; vgl. Windelband, Geschichte der Philosophie, S. 335/336.
[95] Mannhardt, Faschismus, S. 262.

antifaschistischer Opposition. Die Flugblätter der „kleinbürgerlich-radikalen Bewegung Giustizia e Libertà“, mit dem Motto „Für eine Erhebung im Interesse der Wiedergeburt Italiens!“ 1930 über Mailand abgeworfen, nehmen für sich die historische Idee des „Risorgimento“ in Anspruch und zwängen sie in den folgenden Umkehrschluß: „Insorgere per risorgere!“[96] Im Juli 1930, betont Stübler, vereinigen sich die beiden sozialistischen Parteien auf der *Grundlage einer reformistischen Charta der Arbeit (Carta del Lavoro)*, um sich 1934 mit den Kommunisten 1934 „auf den Positionen des unversöhnlichen Klassenkampfes gegen Faschismus und Krieg mit der Kommunistischen Partei“ zu „begegne[n]“. Sie bekennen sich unter anderem dazu, „für die Verteidigung und Verbesserung der Lebensbedingungen der Werktätigen,...für die Überwindung des Korporativsystems und die Wiederherstellung der demokratischen Grundrechte (Koalitionsrecht, Streikrecht, Pressefreiheit, Wählbarkeit der Gewerkschaftsfunktionäre usw.) zu kämpfen“. Diese Vorausschau soll nur zeigen, daß die Evolution zu einer humanen Organisation der Arbeit in der Gesellschaft nicht einzig ein Anliegen des hier zu behandelnden Faschismus war. Aus diesem Blickwinkel beleuchten italienische Kritiker das Phänomen der Arbeit; z.B. 1978 Ferdinando Cordova. Er zeichnet die Frontstellung zwischen Gewerkschaften und Industrie in *Le Origini dei sindacati fascisti 1918-1926* als historischen Werdegang vor der *Carta del Lavoro.* Der „Semimarxist“[97] Timothy W. Mason zieht 1980 die deutsche Parallele: *La politica sociale del terzo Reich* und liefert die italienischen Entsprechungen für die deutschen Arbeitsordnungstermini.

Vom Arbeitsrechtlichen her gesehen erstreben „die zwanzig Monate von Salò“ der „Sozial-Faschistischen Republik“ einen kurzlebigen Neuanfang mit Rückgriff auf ‚ursozialistische' Ideologie. Mino Monicelli beruft sich, um sich einer Polemik zu entäußern, auf das faschistische Phänomen als rein „äußerliche“, „lokalkulturell geprägte“ Einkleidung eines jeden Nationalismus und zitiert George Orwell, den Autor von *1948*: „I vari fascismi si presentano rivestiti dalle simbologie nazionali di ciascun paese.“[98] Monicelli schätzt deshalb den letzten Versuch des Duce als heterogen-ideologische Mischung von „Liberismus, Anarcho-Syndikalismus, Populismus, Ultranationalismus, Elitarismus und Kollektivismus“ ein. Zwischen beiden Völkern steht der Südtiroler Karl Mittermaier aus Brixen, wenn er *Mussolinis Ende. Die Republik von Salò 1943-1945* als „letzten furchtbaren Überlebenskampf“ zwischen „der deutschen Patronanz“ „und dem unaufhaltsamen Untergang des Hitlerregimes in einem direkten Zusammenhang“[99] darstellt und zur hier thematisch bedeutsamen Frage „Zurück zum Sozialismus?“[100] wichtige Überlegungen liefert. Angemerkt sei die Feststellung von Claudio Natoli (*Il ruolo del antifascismo e della Resistenza nella storia*

---

[96] Stübler, Italien, S. 142f.

[97] Ebd., S. 147; vgl. Bracher, Il Novecento, S. 222.

[98] Monicelli, Salò, S. 15ff.; ebd., S. 11: George Orwell wird zitiert.

[99] Mittermaier, Mussolinis Ende, S.7/8.

[100] Ebd., S. 127-140.

d'Italia nel Ventesimo Secolo), in einer ersten Phase von 1945 bis Anfang der sechziger Jahre sei der „Faschismus" als „Parenthese in der internationalen Entwicklung begriffen" worden: „In der zweiten Forschungsphase wurde die Totalitarismustheorie überwunden und [] diskutiert, inwieweit der Faschismus in den 30er Jahren [] Massenwirkung und [] Konsens entfalten konnte."[101] Über ungerechtfertigtes Lob, gerechte Kritik und Verdammung in den angeführten Essays entscheidet schon der Kontext selbst.

Die folgenden Abschnitte besprechen die ständische, wirtschaftliche und gesellschaftliche Entwicklung in Italien, soweit sie zum 'Stato corporativo' hinführen, der die Traditionen selektiv[102] wiederaufnimmt oder bewußt verwirft. Die einzelnen Abschnitte lassen die unterschiedlichen Meinungen der Betrachter und Interpreten zur Sprache kommen, welche besonders in der Mussolini- und der postfaschistischen Epoche mit ihren Urteilen unversöhnt aufeinanderprallen. Die genannten untereinander überhaupt nicht konformen ‚Zensoren' melden sich in den Kapiteln B III-VIII jeweils mit ihrem Zeugnis zu Wort. Aus methodischen Erwägungen und um den historischen Verlauf der Darstellung nicht zu unterbrechen, ist diese Vorschau der kritischen Schriften, die dem Verfasser zur Hand waren, bewußt hier und nicht an anderen Orten, wie ursprünglich vorgesehen, angesetzt worden. Sie hat deshalb die jeweils zu Wort kommenden Beurteiler im voraus den bibliographischen Zusammenhängen zugeordnet.

III. Gilden und Stände in der Antike und im Mittelalter

Die folgenden historischen Abrisse dienen der epochalen Eingliederung von Ereignissen und geistigen Phänomenen wie staatspolitischen Akten, welche in weitestem Zusammenhang miteinander stehen und kausal auf die Entwicklung der Konzeption einer faschistischen Arbeitsordnung einwirken. Sie sollen die Kausalität der Entstehung der *Carta del Lavoro* begründen helfen. Von den Korporationen des Imperium Romanum zieht sich eine durch historische Einschnitte bis in die Neuzeit kaum gestörte Entwicklungslinie. Bewußt knüpfte der Faschismus an die Traditionen an, wenn sich seine Propaganda mythischer Elemente aus der Vergangenheit bediente. Da sich der korporative Staat auf seine ständische Verflechtung mit den historischen Wurzeln berief, erscheint der Rückblick über zwei Jahrtausende gerechtfertigt. Vorweggenommen sei folgendes zum Verständnis der "arti" als eines echten Erscheinungsbildes des Homo faber. Das späte Altertum wertete die einem freien Manne gebührenden „grundsätzlich nur unentgeltlich[en]" Tätigkeiten als „Artes liberales". Als „Artes inge-

---

[101] Klinkhammer/Nützenadel, Sozialgeschichtliche Probleme, S. 2.

[102] Arias pp., Mussolini, S. 25: Mussolini am 3. Jahrestag des Marsches auf Rom (28.X.1925): „Die Kraft des Faschismus besteht darin: er entnimmt allen Programmen den lebenskräftigen Teil und hat die Kraft ihn zu verwirklichen." = De Luna: Mussolini, S. 52.

nuae“ und in sozialer Abgrenzung „Artes bonae“ standen sie den „Artes illiberales“ oder - bei Thomas von Aquin (1225-74) - „artes serviles“ entgegen. Das „Pandektenrecht“ unterschied „operae liberales“ und „illiberales“. Die „Dienstleistungen freier Taglöhner und Handwerker“ wurden nach der *locatio conductio operarum*, die „Sachmiete“ gewöhnlich mechanisch arbeitender, zeitlich verdingbarer Sklaven nach der „*locatio conducto rei*“ entlohnt. Der Lehrauftrag der mittelalterlichen Gesellschaft erhebt die „Septem artes liberales“ zum „Trivium“ der „Grammatica“, „Arithmetica“ und „Geometria“ in den danach benannten „Trivial- oder Elementarschulen“. Den Unterricht in den höheren Lehranstalten füllte das „Quadrivium“ mit „Musica“, „Astronomia“, „Dialectica“ und „Rhetorica“ aus.[103]

Nach römischem Recht sind die Corpora, Collegia und Artes[104] freiwillige Zusammenschlüsse von Personen gleicher Berufe und Tätigkeiten, so der Priester (collegia pontificum, collegia augurum),[105] Beamten und Handwerker (collegia opìficum;[106] B VI 3). Deren Sodalitates oder Fratriae verbietet Sulla 81 v. Chr. wegen ihrer ausartenden Festgelage. Die damaligen Handwerkerkorporationen haben Arbeitsschutz und gegenseitige Hilfeleistung zum Ziel gehabt. Daraus erwachsen Beerdigungskassen (funeraticii), Hilfswerke (collegia tenuiorum;[107] B II 2; VI 3) und Zöllnergilden (societates publicanorum). Letztere ziehen als Staatspachtgesellschaften die Fiskaleinkünfte ein, verwalten die Staatsländereien sowie ihre Erträge und übernehmen die öffentlichen Arbeiten. In der späten Republik erlangen die Artes immer größere Bedeutung. Ihre Vereinigungen werden aber 64 v. Chr. außer denjenigen der „fullones“ (Walker) und „fabri“ (Schmiede; Heereshandwerker „zur Herstellung von Brücken, Belagerungs- und Verteidigungswerken wie Geschützen“)[108] durch Senatusconsultum aufgelöst.[109] Die Korporationen unterdrückt wegen zahlreicher Mißbräuche eine Lex Iulia unter Cäsar (oder Augustus) bis auf die Handwerker-, Zöllner- und Priestervereinigungen und läßt in der Kaiserzeit vor allem neue Handwerkerverbände gleichförmiger Strukturen mit eigenen „defensores“, priores“ und Patronatsherren sowie

---

[103] Honsell, Römisches Recht, S. 327; Brockhaus 1882, Bd. VII, S. 265; Der Große Brockhaus, Bd. IV, S. 272; San Tommaso d'Aquino, Somma teologica, 1,2,q.57,1. 3 bei Riedler, Arbeitslehre, S. 68; 112, 114, 48.

[104] Lt. Ars = it. arte (Geschicklichkeit, Kunst, Handwerk) findet ihr ablautendes Negativ in lt. ĭnertĭa (Ungeschicktheit, Träghheit, Arbeitsunlust) = it. inerzia (Trägheit, Untätigkeit); vgl. Georges, Lt.-dt. Handwörterbuch, S. 250/251, 1412/1423; Lessico Universale 1970, II, S. 235.

[105] Georges, Lt.-dt. Handwörterbuch, S. 500.

[106] Costamagna, Diritto pubblico, S. 331.

[107] Ebd.

[108] Marx/Engels, Werke 29, S. 192/686: Marx an Engels in einem Brief vom 25.09.1857.

[109] Lessico Universale 1970 V, S. 486; Pareto, Manuel, S. 476: wirft als Befürworter gesellschaftlichen Umbruchs dem damaligen „Rome lors de l'avènement de l'empire“ vor, die „organisation sociale“ aus „crainte de trop heurter les préjugés dominants“ nicht entscheidend „gewandelt“ zu haben.

„statuta" und „capitula", einer „arca" als gemeinsamer Kasse und interner durch die „priores" ausgeübter Rechtsprechung entstehen. 79 n. Chr. nimmt in Pompeji das großartige von der Zunftpriesterin und Schutzpatronin Eumachia errichtete Gebäude mit Marmorportal den Sitz der Textil- und Färberzünfte ein.[110] Die „fullones" üben das Gewerbe der „Wollweber, -färber und -wäscher" aus.[111] Im gleichen Ausgrabungsbezirk findet sich das „stadio saliniensum" der Salzgärtenarbeiterkorporation.[112] Unter Justinian (483; 527/56) wird die „personalità giuridica" in den Digesten auf „alle Korporationen" („universitates") einschließlich Erblassung ausgedehnt.[113]

Die kaiserliche Behörde wird mit der Zeit die weitgefächerten „corpora"[114] der eigentlichen „artes" so eingehend und regelmäßig kontrollieren, daß sich ein Korporationssystem ausbildet,[115] welches allen Arbeitskräften feste Aufgaben gegenüber dem Staate zuweist, so den „navicularii" die Lieferung des Getreides in die Urbs, den „pistores" die Versorgung mit Brot, den „suarii" den Vertrieb des Schweinefleisches. Ihre Kameradschaften nennen sich „collegia".[116] Zur Abwehr allgemeiner Teuerung und Inflation an der Wende vom 3. zum 4. Jahrhundert greift Diokletian (243; 284-305; 313) entscheidend in den Wirtschafts- und Produktionsbereich, also der „Artes illiberales", ein. Der Geldentwertung tritt er mit der Prägung von Qualitätsmünzen und einer Höchstpreisordnung (301) entgegen. Da aber in der Folge viele Waren zurückgehalten und trotz Androhung der Todesstrafe heimlich teurer verkauft werden, andererseits die Handwerker nicht zu staatlich angesetzten Niedriglöhnen arbeiten mögen, ihren Betrieb aufgeben und keine Lehrlinge mehr bei ihnen lernen wollen, führt der Kaiser (vielleicht nach dem ägyptischen Vorbild der vererbten Handwerkskünste) den Berufszwang ein.[117] So durfte z.B. der Sohn des Bäckers oder Schiffers nur noch

---

[110] Carpiceci, Pompeji, S.2.

[111] Ebd., S.16.

[112] Ebd., S. 31.

[113] Enciclopedia, Bd. IX, S. 206: Digesto III, 4, Quod cuiuscumque, 7, 1/2: "si quid universitati debetur singulis."

[114] Lessico Universale, Bd. II, S. 235.

[115] Ebd., Bd. V; S. 486.

[116] Ebd., S. 235.

[117] Vgl. Diodoro Siculo, Biliotheca; l.I.c.74; 1. Jh. v. Chr.: „Auch die Künste sind...in Ägypten zu dem gehörigen Grad von Vollkommenheit gediehn. Denn in diesem Land allein dürfen die Handwerker durchaus nicht in die Geschäfte einer anderen Bürgerklasse eingreifen, sondern bloß den nach dem Gesetz ihrem Stamme erblich zugehörigen Beruf treiben...In Ägypten dagegen verfällt jeder Handwerker in schwere Strafen, wenn er sich in Staatsgeschäfte mischt oder mehrere Künste zugleich treibt. So kann nichts ihren Gewerbefleiß stören...Zudem, wie sie von ihren Vorfahren viele Regeln haben, sind sie eifrig darauf bedacht, noch neue Vorteile aufzufinden." Zitiert bei Marx/Engels, Werke, Bd. 23, S. 360/FN 29 (Marx, K., Das Kapital, Bd. 1, IV.12: Die Produktion des relativen Mehrwerts) = Diodoro libro I 64: "il popolo egiziano coltiva...il desiderio di maggiori guadagni." Diodoro 5,44/6 beschreibt auch die gesellschaftliche Arbeitsteilung zwischen den Ständen der "sacerdoti", "agricoltori", "soldati" und

den Beruf des Vaters ergreifen. Diese autokratische Maßnahme hat langzeitig das spätrömische Wirtschaftsleben stabilisiert, gleichermaßen mit der Steuereintreibung in Erzeugnissen die Naturalienwirtschaft wieder eingeführt und zum ersten Male innerhalb des Bereichs der Tätigkeiten mit der Hand einen Zwang zu kontinuierlicher ständischer Ordnung ausgeübt. Das italienische und deutsche Mittelalter wird dagegen in Berufszulassung, Preisbildung, Handwerkslehre und -entlohnung einen Primat der Zünfte sehen, natürlich unter Billigung der Obrigkeit.[118] Die „soziale, wirtschaftliche und politische Funktion der römischen Collegia und der" noch zu behandelnden „oberitalienischen Zünfte des Mittelalters" schlagen sich später in der faschistischen „Gesellschaftstheorie" nieder.[119] In die spätrömischen „artes" werden auch freie Bürger anderer Tätigkeiten als „vacui" aufgenommen und zum 5. Jahrhundert hin sogar die Verurteilten.[120] Die neuen nachdiokletianischen Zwangskorporationen der Tätigkeiten in Salinen, Bergwerken, Münzprägestätten, Waffenschmieden und Färbereien einerseits, der städtischen Dienstleistung sowie Lebensmittelversorgung andererseits und schließlich derjenigen „freien", nicht unbedingt notwendigen Handwerke entwickeln wie in der Augustuszeit Verbände mit einer „arca comunis" unter von einer Versammlung gewählten „actores", „syndici", „curatores" und „quaestores". Die aus der Gesamtheit der einzelnen hervorgehende und doch von diesen gesonderte Einheit ist im juristischen Sinne als Corpus anzusehen ("che dà giuridicamente il senso di *corpus,* entità risultante dal complesso dei singoli e pur da essi distinta").[121]

Die Corporazioni verschwinden zu einem Teil mit den Barbareneinfällen. Die Zwänge lockern sich in den verarmten Verbänden. Sie bleiben aber Berufsvereinigungen wie diejenigen der „magistri comacini" oder Maurer von Comacchio, der Piacentiner Seifensieder, der Handwerker aus Pavia und der Veroneser „schola".[122] Überlebende korporative Gliederungen, so die „schola tinctorum", die „schola hortolanorum" und die „schola piscatorum" der Ravennaten, sind selten. „Navicularii"-, „pistores"-, „corarii"- (Lederfabrikanten) und „monetarii"-Verbände hängen als „ministeria" vom Königshof, einem Grafen oder Bischof wie von der römischen Stadtverwaltung, dem „Municipium", ab.[123] Im italischen Langobardenreich des 7. und 8. Jahrhunderts mußten neben den „Frondiensten der römischen Bevölkerung" und dem Einzug von „Geld oder Naturalien" „die gesamthaftenden spätrömischen Gewerbeverbände, die *scholae*, ihre Pauschal-

---

"pastori" der Insel „Panchea". Erinnert sei an Platons „Politeia" mit „Lehr-, Wehr- und Nährstand".

[118] Brockhaus Enzyklopädie, Bd. XXIV, S. 622.

[119] Beckerath, Fascistischer Staat, S. 94.

[120] Lessico Universale 1970, Bd. II, S. 235,

[121] Ebd., Bd. V, S. 486.

[122] Ebd., Bd. II, S. 235,

[123] Ebd., Bd. V, S. 486.

beträge an den Hof in Pavia entrichten".[124] Dieser Einbezug wertet die handwerklich Erzeugenden mit ihrer Gesellschaftsintegration auf. Im Übergang von der Spätantike zum Frühmittelalter gelingt es Benedikt von Nursia (480-543) kraft seiner „Regula" (F II 1), „röm. Rechtssinn mit christlicher Frömmigkeit" durch „geistliche Übungen" und „körperliche Arbeit" zu vereinen. Unter der Benediktinerdevise „Ora et labora" fördern die Nachfolgeorden „Handwerk" und „Schule". Richtungweisend für künftige Jahrhunderte stellen sie die „Artes illiberales" aufgewertet und gleichberechtigt neben die „Artes liberales".[125]

Das 11. Jahrhundert vermeldet „eine Gilde von Geldwechslern...in Rom".[126] Das 12. Jahrhundert bringt eine neuartige Corporazione freiheitlichen Fortschrittsgeistes hervor, dessen die antiken Verbände ermangelten. Das neue Autonomieprinzip hatte schon die römische Stadtgemeinde konzipiert. Im weiteren Verlauf entstehen neben den italienischen "Arti" (F I 3) und "Capitudini" in Frankreich die „confraternitates" („confréries") der Kaufleute, die „g(u)ildes", „Maîtrises" und „Jurandes" der Handwerker und die „Collegia" der "professionisti" (Freiberufler), in England, den Niederlanden und Schweden religiöse, Kaufmanns- und Handwerker-„Gilden" („Guilds"), in Spanien die „Gremios", auf Sardinien die „gremi".[127] Auf Sizilien übernehmen arabische und normannische Eroberer die römischen Handwerker-„magisteria" und die „ministeria".[128] Deutschland entwickelt in wachsendem Umfange eidgenössische Innungen ("associazioni giurate"; C I), Gilden und Zünfte. Mittelhochdeutsch *zumft* (tiefstufig von *zëman* 'zusammenfügen, [ge]ziemen') wird von der Grundbedeutung ‚Schicklichkeit, Gesetzmäßigkeit' über die ‚Regel, nach der eine Genossenschaft lebt' (was inhaltlich der *Disciplina dei rapporti collettivi* entspricht) zum ‚Verband von Handwerkern'. In mittellateinischen Urkunden bezeichnet er sich als *zunfta 'monopolium, collegium'.*[129] Italiens Freiberufler und Kaufleute schließen sich in „collegia" und „societates" - z.B. „collegia notariorum", „societas mercatorum" = „mercatantia" - und die Handwerker in Bruderschaften zusammen.

Die zunächst aus religiösen und ökonomischen Beweggründen entstandenen unabhängigen Vereinigungen haben freigewählte Vorsteher („capi", „gastaldiones", „ministri", „decani", „massarii", „consules") mit eigenem Sitz, oft dazugehöriger Kirche. Sie diskutieren und beschließen über "brevi", "statuti" und "matricole". Die "maestri" leiten die Werktätigkeit, welche die "laboranti" mit jenen leisten. Die "garzoni" dienen ihnen als Helfer. Die gleichermaßen sozial wirksame Aufgabe der "arti minori" (teilweise auch der "arti maggiori") und die korporativ überwachten Tätigkeiten gewissenhafter Ausbildung auf den „Stufen von

124 Schumann, Geschichte Italiens, S. 20.
125 Brockhaus 1882, Bd. II, S. 758/759; Der Große Brockhaus, Bd. I, S. 745; Bd. VIII, S. 577.
126 Schumann, Geschichte Italiens, S. 69.
127 Costamagna, Diritto pubblico, S. 219; Lessico Universale 1970, Bd. V, S. 486.
128 Lessico Universale 1970, Bd. II, S. 235.
129 Kluge, Deutsche Sprache, S. 894. Gegenteil altsäschsisch missetumft 'Uneinigkeit, Zwist'.

Lehrling, Gesell und Meister"[130] sieht Goethe zu Beginn des industriellen Jahrhunderts „strengen Forderungen"[131] unterworfen und stellt sie als „strenge Künste" „in ihren vollkommensten Zuständen" mit uneingeschränkter Anerkennung den „freien Künsten"[132] zur Seite. Friedrich Engels hebt dagegen beim „Zunftbürger der mittelalterlichen Städte" „die ihn schützenden Privilegien, die verklausulierten Zunftordnungen, die verkünstelten Grenzlinien, die ihn gesetzlich schieden", hervor, „hier von den andern Zünften, dort von seinen eigenen Zunftgenossen, da von seinen Gesellen und Lehrlingen".[133] Deshalb definiert Marx die „Ausschließlichkeit der Zünfte als gesellschaftliches Gesetz" - „dekretiert" nach dem „Naturgesetz" der „Sonderung von Pflanzen und Tieren in Arten und Unterarten".[134] Hegel nannte die Handwerksgenossenschaften „eine Gesellschaft im Staat, an welche ihre Mitglieder gewisse Rechte abtreten und durch den Eintritt in dieselbe gewisse Pflichten übernehmen".[135] „In der Hegelschen Auffassung erlangt", so Giuseppe Lo Verde, „die einzelne Zunft ethische Würde."[136] Alfredo Rocco glaubt die mittelalterliche gesellschaftliche Geborgenheit der Arti minori unter Arbeitgebern (Meister) und Arbeitnehmern (Gesellen), dazu Auszubildende (Lehrlinge), in dieser Zeit, ja bis zur Französischen Revolution, noch unangetastet.[137] Der Thomas-von-Aquin-Experte Emmanuel Mounier (1905-50) fügt diesem Bild den Aspekt vom „mittelalterlichen kleinen" "artigiano" hinzu. Er stellt sein Erzeugnis mit selbsterworbenen Instrumenten her und veräußert es „jemandem in seinem Viertel, den er gut kennt". So „bezahlt er auch bei Versagen des Objekts" die Instandsetzung „aus eigener Tasche". "Ideazione", "lavoro", "consumo" des Käufers und weiterhin verbürgte "responsabilità" des Handwerkers sind wirtschaftsräumlich noch nicht getrennt.[138] Vor allem der kleinräumige "Stato comunale"[139] gewährt den Corporazioni den Ort zur freien Entfaltung.

Im Florenz des 13. Jahrhunderts erfaßt die nach der gleichnamigen Straße der Händler in dieser Stadt benannte "Arte di Calimala" die sieben "Arti maggiori" oder "principali".[140] Die "Giudici e notai" sowie die "Medici e speziali" (Ärzte

[130] Goethe, Wanderjahre, S. 324 (III 12).
[131] Ebd., S. 210 (II 9).
[132] Ebd., S. 324 (III 12).
[133] Engels, F., Der Ursprung der Familie, des Privateigentums und des Staates", in: Marx/Engels, Werke 21, S. 79.
[134] Ebd., Werke 23, S. 360/FN 29 (Marx, K., Das Kapital, Bd. 1, IV.12.1: Die Produktion des relativen Mehrwerts).
[135] Hegel, Werke 1, S.150 (= Die Positivität der christlichen Religion; 1795/6; D. Zum-Staat-Werden einer moralischen oder religiösen Gesellschaft).
[136] Menzel, Staatsgedanke, S. 199/200.
[137] Rocco, Stato, S. 327/328.
[138] Mounier, Proprietà capitalista, S. 108.
[139] Bodda, Diritto pubblico, S. 189.
[140] Altomonte, Dante, S. 209; Villani, Nuova Cronica I, S. 432.

und Apotheker, darunter auch Dante) bilden die „intellektuelle“ Gruppe.[141] Die “Merca(ta)nti di Calimala“ handeln mit “panni forestieri“ aus “Lana“ und “Seta“, also Tuchen aus dem Ausland. Hinzu treten die “Cambiatori“ (Wechsler), die “Setai(u)oli e mercia(r)i“[142] (Seidenspinner und Kurzwarenhändler, unter ihnen Dantes Freund, der Dichter und Historiker Dino Compagni[143] [1246-1324]); ferner die “Vaiai e pilliciai“ (= pellicciai) der Kürschnerei. Die fünf “Arti medie“ gliederten sich in die “Linaioli“ (Flachskämmer), “Becca(r)i“ (Fleischer), “Calzolai“ (Schuhmacher), “Maestri di pietre e legname“ (Steinmetzen und Zimmerleute) sowie die “Fabbri e ferraiuoli“ oder Schmiede.[144] Jede ”Corporazione di Arte“ hat ihre ”Capitùdine“, “Capitani“ oder „Ratsvertretung“.[145] 1290 bilden sie zusammen die zwölf “Arti maggiori“.[146] Mit den “Arti minori“, darunter “Ceramica", “Glittica“ (Steinschneidekunst) und “Oreficeria“ (Goldschmiede),[147] “galigai“ (Kürschner), “vinattieri“ (Weinhändler), “fornai“ (Bäcker), “oliandoli“ (Ölhändler), “chiavaioli“ (Schlosser), “legnaioli“ (Tischler), “corazzai“ (Panzerschmiede), “correggiai“ (Sattler), “albergatori“[148] (Herbergsväter) finden sich 1295 “ventuno Arti“ vereint,[149] wobei die Differenz in der Zählung auf unterschiedliche Quellen zurückzuführen ist. 1934 werden 22 Korporationen aus Produzenten und Syndikaten die Wirtschaft des faschistischen Staates bestimmen. Nach sieben Jahrhunderten technischen Fortschritts decken sich diese noch großenteils mit den mittelalterlichen (F III 2: Skala 8).[150]

An der Schwelle des Trecento „traten die Vorsteher der Gilden, die *priori*, an die Stelle der Konsuln und des *podestà*...in der Regierung der Städte“.[151] In Florenz ziehen neben dem “Consiglio dei Quattordici“ der “Nobili“[152] drei „Priori“ als “Consiglio delle corporazioni“[153] (F I 3; F III 2), 1282 schon „sechs Prioren als Vertreter der sieben höheren Gilden, der *Arti maggiori*; welche die Geschäftswelt von Florenz darstellten, in die Regierung“[154] ein: “tre grandi“ und “tre popolani“; darunter Münzaufsicht, Siegelbewahrer und der „ghibellinische Ankläger“ als “sindaco accusatore“.[155] Dem “popolo grasso“ der „oberen Zünfte“ müs-

---

[141] Altomonte, Dante, S. 191/192; Villani, Nuova Cronica I, S. 432.
[142] Villani, Nuova Cronica I, S. 432.
[143] Altomonte: Dante, S.150.
[144] Villani, Nuova Cronica I, S. 432; Altomonte, Dante, S. 104, Russo, Classici italiani I 1, S. 127.
[145] Altomonte, Dante, S. 205, 208; Villani, Nuova Cronica I, S. 432; Zingarelli, S. 90, 187.
[146] Altomonte, Dante, S. 188.
[147] Zingarelli, S. 187.
[148] Lessico Universale 1970, Bd. II, S. 235.
[149] Altomonte, Dante, S. 205.
[150] Panunzio, Allgemeine Theorie, S. 143/144.
[151] Schumann, Geschichte Italiens, S. 98.
[152] Altomonte, Dante, S. 187.
[153] Ebd., S. 104; zeitweilig auch Dante Prior: S. 205, 208, 210.
[154] Ebd., S. 98.
[155] Villani, Nuova Cronica I, S. 441.

sen die "Quattordici buoni uomini" (C I) gleichen Rang einräumen.[156] Die Zahl Sechs ergibt sich aus der Anzahl der Stadtviertel, den "Sestieri".[157] Der ghibellinische Florentiner Kaufmann und Chronist Giovanni Villani,[158] 1316/7, 1321/2 und 1328 selbst Prior wie 1300 sein Vater,[159] führt Berufung und Machtanspruch der Gildemeister zur Selbstbestätigung auf Jesu Wort an seine Jünger im „Santo Vangelo" zurück: „Vos estis prior(es)"[160] (C III 2). Der Stolz der Zünfte findet seinen Ausdruck in prunkvollen Festaufzügen wie dem "Corteo delle corporazioni" am 24.VI.1300, dem Tage Johannis des Täufers, mit von den "Magnati" kopiertem "stemma" (dt. Wappen) vor den Augen der entmachteten "Magnati" hin zum Florentiner Battistero.[161] Die deutschen Gilden des Mittelalters tragen gleiches Selbstbewußtsein öffentlich zur Schau.[162]

Ein "Capitano e difensore delle Arti" steht dem „Comune" und dem "Podestade" oder "Podestà" vor.[163] (Diesen Titel, der vorher in der österreichischen Irredenta und einzelnen "Stati preunitari" vor der Einigung gegolten hatte, verleihen die Faschisten - augenscheinlich, um den Titel vom sprachlichen Gleichklang mit den "sindacati" oder Gewerkschaften zu distanzieren - 1926 allen Bürgermeistern[164] auf Vorschlag der den "associazioni sindacali" zugeordneten "consultive comunali".[165] (Heute sind sie wieder wie vorher "sìndaci" <sìndici <gr.sýndakoi = „Sachwalter, Vertreter",[166] d.h.: die zusammen Recht sprechen.) Jede der "dodici corporazioni" erhält ein Wappen und ihren "Gonfaloniere" als Fahnenträger.[167] Obwohl sie das arbeitende, Werte schaffende „Volk" als "popolani" gegen die "nobili" vertreten, erwerben sie sich doch bald gegenüber diesen "grandi" mit wachsender politischer und materieller Macht das qualitative Prädikat der

---

[156] Ebd.; Altomonte, Dante, S. 105; Der Große Brockhaus, Bd. IV, S. 145;

[157] Altomonte, Dante, S. 104; Zingarelli, S. 1441; Villani, Nuova Cronica I, S. 441. Der Große Brockhaus, Bd. IV, S. 145; entsprechend über den „populus crassus" in Hegel, Werke 12, S. 463/464 = Philosophie der Geschichte II 1: Feudalität und Hierarchie.

[158] Brockhaus 1882, Bd. XVI, S. 267.

[159] Villani, Nuova Cronica I, S. XIX.

[160] Ebd., S. 441; Altomonte, Dante, S. 104; das in der Vulgata nicht enthaltene, vom Herausgeber der Nuova Cronica bestrittene Christuswort entstammt nach Auskunft ita- lienischer Geistlicher einer lateinischen Evangelienapokryphe des Dugento.

[161] Altomonte, Dante, S. 261.

[162] Brockhaus Enzyklopädie, Bd. XXIV, S. 622.

[163] Villani, Nuova Cronica I, S. 431.

[164] Arias pp., Mussolini, S. 258/259; Heinrich, Faschismus, S. 42, 61: 1. Legge 4.II.1926, n. 237: Istituzione del Podestà e della consulta municipale; decreti-legge; 2. D.l.n. 910.

[165] Candeloro, Storia IX, S. 139.

[166] Zingarelli, S. 1161, 1461; Benseler, Griechisch-deutsches Schulwörterbuch, S. 795.

[167] Altomonte, Dante, S. 122; Brockhaus Enzyklopädie, Bd. XXIV, S. 622: Zünfte; Piper. Ciompi, S. 13, zeigt 21 Zunftwappen, die das Gewerbe typisieren: Herrscheradler der Mercatanti di Calimala, Notarssiegel, Wechslermünzen, Schaf, Porta della Seta, Maria und Jesuskind der Medici und Speziali, Schafe, Rüstung und Schwert, Schlüssel, Schmiedezange, Beil und Baum, Hammel der Beccai, Weinglas, Löwe mit Ölzweig.

Fetten oder "grassi".[168] Die halbjährig aus den Gilden gewählten "Consigli maggiori" oder "Opportuni" bestimmen die Geschicke der Stadt mit. Ihre Mitglieder, die "Savi", genießen als unverzichtbare "Richiesti" - unter ihnen zeitweise Dante - hohes Ansehen.[169] Im Zuge dieser gesellschaftlichen, dem erwachten Selbstbewußtsein der Zünfte zu verdankenden Umwälzungen erleben 1289, 7 Jahrhunderte vor der Französischen Revolution, die "Servi della gleba" (Knechte der Scholle) nach vorausgehenden vereinzelten Freilassungen allgemein ihre naturrechtliche Aufwertung,[170] nicht aber die von den Venezianern und Genuesen aus dem Vorderen Orient wie Afrika ‚gelieferten' Sklaven.[171] In diesem Jahrzehnt tritt der „zweite Stand",[172] der als "comune del popolo" aus den "corporazioni delle arti" erwuchs, gleichberechtigt neben den ersten Stand der „Klassenfeinde",[173] d.h. der "Nobili" oder "Magnati", im "Comune podestarile".[174] Der eigens ernannte "Gonfaloniere di giustizia" enteignet 1293 kraft der "Ordinamenti di giustizia", bei deren Durchführung sich der "Beccaio" (Fleischer) Pècora (= Schaf) besonders hervortut und dem Gesetz den Namen gibt,[175] den Grundbesitz der Vornehmen.[176] - In Pisa kontrollieren die "arti maggiori" die Reichtümer der Stadt und setzen sich gegen den mittleren und Kleinadel, die den Comune geschaffen hatten, politisch durch und ergreifen die Regierungsmacht.[177]

Im Gegensatz zum neuen Patriziat der *Arti maggiori* organisiert sich das „einfache Volk" „in den Handwerksgilden, den *Arti minori* ". Villani beschreibt einen vergeblichen Aufruhr der "artigiani e' popolani minuti" gegen das Florentiner "Governo dei popolani grassi e potenti" im Januar 1295.[178] Seit dem Streik der Färber 1370 finden zahlreiche Revolten zeitgleich mit denen in Krakau, Ypern, Brügge, London, dem deutschen, französischen und südenglischen Sprachraum statt.[179] Der „beschränkten Beteiligung" an der Regierung „nach dem Niederschlagen einer Revolte der unorganisierten Textilarbeiter, der *Ciompi,* 1378" folgt „die schroffe Ausschließung der unteren Klassen von der Regierung".[180] Die Revolution rief die sozial diskriminierende „doppelspurige Währung" hervor.[181] Diese vergütete die Arbeiter mit „Kupfer" als „moneta salarii" oder "spiccioli" (heute: Kleingeld) und die Kaufleute und den Fernhandel mit

[168] Altomonte, Dante, S. 270.
[169] Ebd., S. 210.
[170] Ebd., S. 149-151.
[171] Lessico Universale 1970, Bd. V, S. 286.
[172] Brockhaus 1882, Bd. XI, S. 562.
[173] Altomonte, Dante, S. 188/189
[174] Lessico Universale 1970, Bd. II, S. 235.
[175] Altomonte, Dante, S. 188/189; vgl. Lessico Universale 1970, Bd. II, S. 235.
[176] Altomonte, Dante, S. 189; ebd., S. 210: auch D. Compagni bekleidet dieses Amt.
[177] Lessico Universale 1970, Bd. II, S. 235.
[178] Altomonte, Dante, S. 201f., 203.
[179] Piper, Ciompi, S. 31/32, 116.
[180] Schumann, Geschichte Italiens, S. 108, 98f.
[181] Ebd., S. 108.

Edelmetall. Das 19. Jahrhundert wertete jene Erhebung der „niederen Zünfte“ des “popolo minuto“,[182] also den „wüsten Aufstand der untersten Volksklasse“, als „Pöbelherrschaft“[183] ab. Für Walter Markov „setzte“ „die Erhebung der...Wollschläger“ „als erster großer und vorübergehend sogar erfolgreicher Arbeiteraufstand ein Zeichen“.[184] Sie ist ein herausragendes Ereignis in der Zeit der Faktionskämpfe (B VII; F I 3), die auch schon Hegel hervorhebt,[185] und der sozialen Auseinandersetzungen des Tre- und Quattrocento mit Fremdherrschaft und staatlicher Zersplitterung. Während jene ihre Zünfte als “corporazioni di mestiere“ (B VI 3) bezeichneten, entstand das Wort für “ciompo“, den Florentiner Wollkrempler (= “scardassatore di lana“), über schweizerisches „chomffe“ aus mittelhochdeutsch „zumft“.[186] Mit der Geringschätzung der unteren Volksschichten und ihrer Tätigkeiten zum Allgemeinwohl muß der Niedergang des Patriziats, das sein „Kapital[] vom Handel und Gewerbe in den Grundbesitz“ abzieht, logischerweise einhergehen. Leon Battista Alberti (1404-74) war als Kirchenarchitekt des Quattrocento auf die Zuarbeit der Bauhandwerker angewiesen. Aber er stuft dank dem durch Septem-artes-liberales-Studium errungenen Selbstbewußtsein der Gleichrangigkeit mit Adel und Klerus die Tagelöhner mit unmißverständlichem Zynismus als reine Produktionsmaschinen zu reinem Nutzvieh herab: „Das[jenige] Landgut hat den Vorzug, das Arbeit ohne Investitionen erfordert...Dulde nie den Müßiggang, weder des Hörigen noch des Ochsen.“[187] Die Verachtung der Artes illiberales erklärt die ursprünglich unsoziale Einstellung der universalen Geister des frühen Humanismus in merkwürdiger Parallele zur mittelalterlichen Polarisierung von Vita contemplativa und Vita activa.

Der Strafrechtler Alfredo Rocco stellt 1925 bei der Neuordnung des Gewerkschaftswesens neben das negative Beispiel der durch das “sistema corporativo“ in Florenz ausgelösten staatszerrüttenden Disharmonien und Kämpfe gerade Venedigs positives „Korporationssystem“ als „wirtschaftlichen Garanten allgemeinen uneingeschränkten Friedens“ in einem „starken Staat“.[188] Er sieht das „Wiederauftauchen“ (rivelazione) dieser Phänomene im jungen Faschismus „zwi-

---

[182] Der Große Brockhaus, Bd. IV, S. 145.

[183] Brockhaus 1882, Bd. XI, S. 562.

[184] Stübler, Italien, S. 6.

[185] Hegel, Werke 12, S. 463/464 (= Philosophie der Geschichte II 1: Feudalität und Hierarchie).

[186] Kluge, Deutsche Sprache, S. 894; Zingarelli, S. 237, 1389; Piper, Ciompi, S. 16; ebd., S. 118 führt die Deutung aus der Cronaca des damaligen Priors Angelo Acciaioli († 1357) “ciompo = schmutzig“ an; laut G. Rezascos *Dizionario del linguaggio italiano storico ed amministrativo* (1881) wird in Anbiederung an die Signorie des französischen Titularherzogs von Athen, Walter von Brienne (1342/3; S. 116), „compère = Gevatter“ zu “ciompo“.Vgl. Brockhaus 1882, Bd. I, S. 92.

[187] Schumann, Geschichte Italiens, S. 108; vgl. Giuliano in Arias pp., Mussolini, S. 70: „Und so wird der humanistische Gedanke zunächst mit dem Charakter einer antisozialen Einstellung bekleidet.“

[188] Rocco, Stato, S. 358.

schen Anarchie und Absolutismus“ bereits 1921 voraus. 1928 formuliert er den „Gegensatz“ der späteren faschistischen, dem Staatskörper einverleibten „zu den einstigen Korporationen des Mittelalters“ damit, daß sie „außerhalb des Staates entstanden waren und außerhalb des Staates lebten“. Menzel seinerseits hält die „mittelalterlichen Korporationen“, „das Gildenwesen“ und „selbst die Kommunalverfassung mit ihren ‘Podestà’ an der Spitze“ für „ein Vorbild des ‘stato corporativo’“,[189] d.h. von Mussolinis staatsrechtlicher Konstruktion ein halbes Jahrtausend später. Dieses eigenschöpferische Konzept des noch zu behandelnden ”Stato corporativo“,[190] entstanden ohne fremdländischen Anstoß, wertet Giuseppe Prezzolini als ”concetto della vita nazionale italiana, fatto da italiani (non da stranieri, o da moralmente ammalati, come diceva Croce)“. In seiner Rezension von De Felices kritischer Aufarbeitung *Le interpretazioni del Fascismo* spricht er 1969 ein derartiges ‘Verdienst’, das in der italienischen Geschichte nur selten vorkommt, lediglich dem Faschismus zu: “*una delle poche invenzioni politiche italiane* nella storia d’Italia“ (E 3). Wenn Prezzolini hier mit Roccos Bewertung übereinstimmt, so findet er aber positiv Vergleichbares nur im städtischen Spätmittelalter: “Bisogna risalire ai Comuni e alle Signorie per trovare una forma politica che abbia fatto impressione nel mondo.“[191] Denn wenn zur Mitte des 14. Jahrhunderts leistungsorientierte Woll-, Baumwoll- und „mit eigener Raupenzucht gekoppelte Seidenweberei“ ihren Höhepunkt auf der nördlichen Halbinsel erreichen, können auch „einzelne Städte“, da sie „sich...auf gewisse Erzeugnisse spezialisierten“, „durch das breitere Angebot der Unterlieferanten und die größere Zahl gelernter Arbeiter zu Preisen liefern“, welche, „wenn auch gemeinsam durch die Zunft (be)stimmt“, ermöglichen, daß sie „sich auch gegen die spätere deutsche und englische Konkurrenz behaupten“.[192] „Im Mittelalter ist“ der Kaufmann nach Marx „bloß ‘Verleger’...der sei es von den Zünftlern, sei es von den Bauern produzierten Waren.“ Den „Übergang“ zum „Kaufmannskapital“ sieht er so: „*Erstens,* der Kaufmann wird direkt Industrieller; dies ist der Fall bei den auf den Handel gegründeten Gewerben, namentlich bei Luxusindustrien, welche von den Kaufleuten mitsamt den Rohstoffen und den Arbeitern aus der Fremde eingeführt werden, wie im fünfzehnten Jahrhundert in Italien aus Konstantinopel. *Zweitens,* der Kaufmann macht die kleinen Meister zu seinen Zwischenschiebern (middlemen) oder kauft auch direkt vom Selbstproduzenten; er läßt ihn nominell selbständig und läßt seine Produktionsweise unverändert. *Drittens,* der Industrielle wird Kaufmann und produziert direkt im großen für den Handel.“[193]

Die Historie belegt vielfältig, daß eine aufwärts drängende Gruppe die etablierte Herrschaftsschicht ablöst. Aus dem „zweiten Stand“, d.h. den „Grassi“ der Kor-

---

[189] Menzel, Staatsgedanke, S. 72.
[190] Ebd., S. 95.
[191] Mussolini, Citazioni, Premessa: S. 8/9.
[192] Schumann; Geschichte Italiens, S. 90f.
[193] Marx/Engels, Werke 25, S. 348 (Das Kapital, Bd. 3, IV.20: Geschichtliches über das Kaufmannkapitel).

porationen, steigen die Mediceer als herausragendes Beispiel für den Machttrieb einzelner Vertreter der "Arti maggiori" dank günstiger Handelsgeschäfte und des Einsatzes aller verfügbaren politischen Mittel auf. Im Widerspruch zu Rocco wurden sie sogar selbst „Staat". Schon Salvestro de'Medici zeichnete sich als Gonfaloniere im "Tumulto de'Ciompi" aus.[194] Giovanni di Bicci de'Medici (1360-1439) galt als reichster Bürger der Stadt.[195] Während des Quattrocento erringen sie in der Florentiner Stadtrepublik die Macht, die sie den "Grandi" streitig gemacht hatten. Nun selbst "Nobili", gründen sie das Herzogtum Toskana (Cosimo der Alte; 1389; 1434-64; Lorenzo il Magnifico; 1449; 1469-92). Sie bringen Päpste (Leo X., 1475; 1513-21; Clemens VII.; 1478; 1523-34) und eine deutsche Kurfürstin (Anna Luisa von der Pfalz; †1743) hervor.[196] Herzog Alessandro (1531-37) heiratet Kaiser Karls V. Tochter Margarete.[197] Catarina dei Medici (1519-89) ist als Gemahlin von Henri II (1519; 1547-59) Mutter der französischen Könige François II (1544; 1559-60) und Charles IX (1550; 1560-74), ferner des polnischen und späteren französischen Königs Henri III (1553; 1574-89). Ihre Tochter Margot (1553-1615) wird Königin von Navarra und erste Frau von Henri IV (1553, 1589-1610). Dessen zweite Gemahlin Maria dei Medici (1573-1642) übt als Witwe die Regentschaft für Louis XIII (1601; 1610-43) aus. Neben den freien Künsten der Musik und Malerei „exportieren" sie dorthin auch die "Arte maggiore" des Bankwesens, d.h. der „Cambiatori"-Zunft.

IV. Gewerbe und Handel von der Renaissance bis zur Aufklärung

Im Übergang vom Mittelalter zur Renaissance, der sich später der Faschismus ideologisch eng verbunden fühlt,[198] fördert der Geist des Humanismus zunächst den Aufstieg der Corporazioni in die wichtigsten Positionen der Stadtverwaltung. Wie im Ausland Rouen und Brügge bietet außer dem obenerwähnten Florenz die Hafenstadt Genua ein hervorragendes Beispiel hierfür. Auf diesem Entwicklungshöhepunkt erhalten die ‚Universitas', das ‚Collegium' und das ‚Cor-

---

[194] Brockhaus 1882, Bd. XI, S. 563.

[195] Der Große Brockhaus, Bd. VII, S. 630.

[196] Brockhaus 1882, Bd. XI, S. 563; Der Große Brockhaus, Bd. VII, S. 630.

[197] Der Große Brockhaus, Bd. VII, S. 630.

[198] Begeisterte Zeitgenossen erblickten in Mussolini die Wiederkehr des „römischen Volkstribuns" „Rienzi" oder den „Renaissancemenschen" und "Condottiere" des "Cinquecento" ins „neue Italien"; Arias pp., Mussolini, S.29/30, 134; Diel, Duce, S. 14; ebd., S. 27: Die "Fasci di combattimento" nennen Mussolini ihren "Condottiere"; ebd., S. 159, 176: Und ich rufe euch zu wie der alte Condottiere: Se avanzo, seguitemi; tötet mich, wenn ich zurückweiche (was sich in Dongo bestätigen soll); rächt mich, wenn ich falle! -Wie auf Diels Umschlagbild erscheint mit dieser Unterschrift und dem „cäsarischen Reiter mit fliegendem Mantel auf rassigem Pferde" („Gesicht und Züge sind unverkennbar") am 27.XII.1923 zum "Decennale della Marcia su Roma" die "50-c.-violetto"-Marke: Catàlogo Unificato 1998, S. 81; Diel, Duce, S. 220: „Die Benediktiner-Mönche auf dem Monte Vergine / begrüßen/ ihn mit 'Ave Dux!'"; vgl. Mannhardt, Faschismus, S. 156.

pus' die Anerkennung als juristische Personen mit 'comune'-unabhängigen Statuten und eigener Gerichtsbarkeit, woraus später im kommunalen Bereich die 'camere di commercio' oder Handelskammern hervorgehen. In Mailand verschmelzen Korporationen und Stadtverwaltung miteinander. Dieser Prozeß bestimmte den Aufstieg der Florentiner Medici (B III). Die absolutistische Machterweiterung drängt die Korporationsprivilegien zurück, stuft sie auf Positionen mit beschränkter Gerichtsbarkeit ohne politischen Einfluß herab. Die Statuten werden der Billigung des Fürsten unterworfen sowie Industrie und Handel von ihm reguliert. Niccolò Machiavelli rät trotzdem seinem *Principe*, den Gruppen ("università") der Zünfte ("arte") und Gilden ("tribù") Rechnung zu tragen ("tenere conto"; C II 1).[199]

Die Entdeckung der Neuen Welt lenkt zum Leidwesen etwa der „venezianischen Handelskammer", der *Savi della Mercanzia*, als deren Vorbild die 1599 in Marseille gegründete private „Chambre de Commerce" gelten mag,[200] die Waren- und Gewerbeströme in die Zentren westeuropäischer Konkurrenz um (C III 1).[201] Marx betrachtet „seit Ende des 15. Jahrhunderts die Handelssuprematie Norditaliens" als „vernichtet". Wohl gleicht zum Beispiel den Rückgang der „Wolltuchindustrie" ein Aufschwung der „Seidenwirkerei" in Neapel und Genua aus. Aber deren vorher zahlreiche „Mitgliedschaft in der Zunft" schrumpft, als im 17. Jahrhundert der spanische Staatsbankrott erfolgt (1627), Epidemien wüten (1630, 1656/7) und seit 1640 „die Silbereinfuhren aus Peru" in die spanisch beherrschten Länder „nachlassen":[202] „Es fehlte der wirtschaftliche Auftrieb, und die Habsburgerkriege nahmen durch die Überbesteuerung und die Steuerpacht gerade den mittleren und unteren Schichten die Wirtschaftskraft, die den Umbau des gewerblichen Lebens in Italien auf die neuen Markt- und Produktionsverhältnisse ermöglicht hätte."[203] Im 16. und 17. Jahrhundert (it. Cinque- und Seicento) erfahren die Corporazioni auch deshalb ihren Niedergang, weil ihre altertümlichen Strukturen den Traditionen verpflichtet bleiben und sich neuen Erfordernissen in Industrie und Handel nicht anpassen. Michel de Montaigne (1533-92) karikiert diese Eigenbrötelei: „jeder Handwerkszunft ihr Gott",[204] stellt er sarkastisch fest. Aber seit dem 17. Jahrhundert verschwinden die religiösen und fast alle Handwerkerkorporationen, die aus Marxscher Sicht „in Zünfte [...] verknöchern".[205] Ihre Vereinigungen und diejenigen der Arbeiter stehen dem Prinzip der freien Betätigung als Hindernis entgegen. *Das Manifest der Kommunistischen Partei* (1848) skizziert den Umbruch: „Die bisherige feudale oder zünftige

---

199 Machiavelli, Principe XXI = S. 45.
200 Lessico Universale 1970, Bd. IV, S. 18.
201 Schumann, Geschichte Italiens, S. 156.
202 Ebd., S. 157.
203 Ebd.
204 Montaigne, Essais, S.453: Buch XII Raimund Sebundus.
205 Marx/Engels, Werke 23, S. 359 (Das Kapital, Bd. 1, IV.12.2: Teilung der Arbeit und Manufaktur).

Betriebsweise der Industrie reichte nicht mehr aus für den mit neuen Märkten anwachsenden Bedarf. Die Manufaktur trat an ihre Stelle. Die Zunftmeister wurden verdrängt durch den industriellen Mittelstand; die Teilung der Arbeit zwischen den verschiedenen Korporationen verschwand vor der Teilung der Arbeit in der einzelnen Werkstatt selbst."[206] Deshalb verteidigt Tommaso Campanella (1568-1639), der bei Ludwig XIII. (1601-43) letztes Asyl fand, in seiner *Città del Sole* von 1602 mit einer „gewaltenteiligen Mischverfassung" des „Gleichgewichts demokratischer, aristokratischer und monarchischer Elemente"[207] die „edle" Beschäftigung mit den „Handwerkerkünsten": "e quello è tenuto di più gran nobiltà, che più arti impara, e meglio le fa."[208]

Die italienische Aufklärung (illuminismo) eröffnet der durch seinen juristischen Leitsatz bereits bekannte Giambattista Vico mit den *Principi di Scienza nova d'intorno alla comune natura delle nazioni* von 1725/44. Pietro Verri (1728-91) tritt mit den *Elementi del Commercio* des Jahres 1760 zur Preis-Wert-Theorie wie der Besteuerung, dem Essay über *Le cause della grandezza e decadenza del commercio di Milano* [209] und mit den vor Jeremy Benthams (1748-1832) Entwicklung eines eudämonistischen Utilitarismussystems zur Erreichung des Glükkes möglichst aller Menschen ("the greatest happiness of the greatest number') dargelegten *Meditazioni sulla Felicità* von 1763 in die Reihe der peninsularen Aufklärer. Er verlangt einschneidende Veränderungen - "cose non parole"[210] - und bringt westliches Gedankengut ein. Er ist wie der Marchese Cesare (de) Beccaria (1738-94)[211] Anhänger der Naturrechtsphilosophie. Beccaria fordert in seiner revolutionären Schrift *Dei delitti e delle pene* "*la massima felicità divisa nel maggior numero*" und beruft sich auf „Ulpiano", „Montesqieu" [sic!] und „Rosseaux" [sic!]. (Diese ‚Orthographie' spiegelt den nur vagen Bezug zu den *Lumières* in Frankreich wider.) Beccaria bezieht sich weiter auf den gerechten "patto sociale" in der "sociabilità" (C III 3) und wird vom Klerus als "socialista"

---

[206] Ebd., Werke 4, S. 463 (Manifest der Kommunistischen Partei); vgl. Rocco, Stato, S. 127/128.
[207] Lieber, Politisches Denken, S. 193.
[208] Campanella, Città del Sole, S. 27: „Weshalb die Sonnenstadtbewohner über uns" (d.h. in Italien und im Widerspruch zu L.B. Albertis Zynismus) „spotten, da wir die Handwerker unedel nennen": "Onde si ridono di noi che gli artefici appellamo ignobili, e diciamo nobili quelli che null'arte imparano" - gleichsam als Entgegnung auf den „Müßiggang" des Humanisten, der „sich zum Schaden des Staates schamlos so viele Sklaven hält" - "e stanno oziosi e tengono in ozio e lascivia tanti servitori con roina della republica." Daraus folgt im Gegensatz zu solchem sittlichem Niedergang das „Lob" der "Arti medie": "L'arti fatigose ed utili son di piú laude, come il ferraro, il fabbricatore" (= Schmied). Damit geht er Lockes "Thougts concerning education" (1693) von der Charakterbildung durch handwerkliche Erfahrung voraus; vgl. Campanella, Città del Sole, S. 27/28, 42; Brockhaus 1882, Bd. XI, S. 141. Der Große Brockhaus, Bd. VII, S. 292.
[209] Enciclopedia, Bd. XXXVI, S. 190.
[210] Ebd., Beccaria, Delitti, S. 11.
[211] Ludwig, Gespräche, S. 60: Mussolini war ein aufmerksamer Leser von Beccaria.

unter den *philosophes* eingestuft.[212] Der faschistische Jurist Àrias betrachtet als Vertreter des positiven Rechts „das goldene Buch *Dei delitti e delle pene* von 1763/4 zur Abschaffung von „Tortur“ und „Todesstrafe“[213] in seinem Kapitel über *Die Gesetze zur Verteidigung des Staates* von 1926 „garnicht ohne Vorbehalt“.[214] Mussolini lehnt Beccaria ab, beruft sich zur Eindämmung todeswürdiger Verbrechen auf Thomas von Aquin[215] und verkündet dem Volke 1926 nach dem dritten Anschlag: “intendiamo frenare la serie degli attentati ricorrendo anche alla pena capitale.“[216] Der obengenannte Verri veröffentlicht 1771 zugunsten der Staatswirtschaft die *Meditazioni sulla economia politica* und tritt mit Entschiedenheit für die Befreiung der Ökonomie von Standes- und Zunftprivilegien ein. Er wie Beccaria sagen sich von ihren adligen Familien los und finden sich in Verris Hause als *Accademia dei Pugni* zusammen, als wollten sie zum Antrieb der fortschrittsfeindlichen Gesellschaft ‚Faustschläge' austeilen. Beccaria, zuletzt „Wirtschaftsrat“, schreibt, die *Elementi di economia pubblica*.[217] Beide Naturrechtler setzen große Hoffnung auf die Änderung der Verhältnisse durch die Französische Revolution.

Andere Denker wie der Vicoschüler und historistische Rechtsgelehrte Vincenzo Cuoco (1770-1825) als Gegner „der französischen Zeitmode“ kritisieren am Beispiel der “rivoluzione napolitana nel 1799“ die kompromißlose Übernahme der neuen Ideen, da „jedes Volk seine, den eigenen Traditionen und der eigenen Sonderphysiognomie angepasste Konstitution haben müsse“.[218] Seine „antiilluministischen“, die kreative Schulbildung mit besonderer Berücksichtigung der Mädchen entwickelten Vorstellungen finden keinen Anklang.[219] So wie Cuoco „den abstrakten Rationalismus der französischen Revolution kritisierte“,[220] wird diese auch von der Rivoluzione Fascista nicht als Vorläuferin anerkannt, da sie „die Gesellschaft [...] in Einzelindividuen zerstäubte, indem sie

---

[212] Beccaria, Delittti, S. 15, 32: auch im Original Kursivdruck.; 10, 39, 65, 97, 98; Brockhaus Enzyklopädie, Bd. XXIII, S. 15: Der anglikanische Bischof Richard Cumberland (1631-1718) formulierte in >De legibus naturae< (1672) erstmals als obersten Handlungsgrundsatz die Maxime >greatest happiness of all< (>größtes Glück für alle<).

[213] Beccaria, Delitti, S. 54-59, § XVI: Della tortura; S. 72-79, § XXVIII: Della pena di morte; 32.

[214] Arias pp., Mussolini, S. 261/262.

[215] Ludwig, Gespräche, S. 60/61:„War es nicht der heilige Thomas, der sagte, man solle einen brandigen Arm abschneiden, damit der ganze Körper gesunde? Dabei verfahre ich mit der größten Vorsicht und Nachsicht: nur eingestandene Fälle werden de facto zum Tode verurteilt.“

[216] Mussolini, Citazioni, S. 183.

[217] Beccaria, Delitti edizione originale, S. 9: Elementi; S. 19/20.

[218] Arias pp., Mussolini, S. 250, 251; Brockhaus 1882, Bd. IV, S. 717.

[219] Enciclopedia, Bd. XII, S.128/129.

[220] Panunzio, Allgemeine Theorie, S. 18; Mussolini, Citazioni, S. 211: Mussolini steckt klare Fronten zwischen den ”fascisti, imbevuti di dottrine spiritualistiche“ einerseits und den ”formiconi del razionalismo e dell'anticlericalismo“ sowie der ”pseudo-filosofia del positivismo“ andererseits ab.

die Ordnungen und Körperschaften, aus denen sie gebildet war, abschaffte".[221] Rocco bedauert 1925 als Mitgestalter der neuen Korporationen, daß die italienische "borghesia" der Aufklärung unter dem Einfluß der Französischen Revolution und deren *Legge Le Chapelier* vom 14.VIII.1791[222] kraft eines "formale divieto ai cittadini di qualunque stato o condizione di accordarsi per «i loro pretesi interessi comuni»" mit der Abschaffung der Korporationen auch die Zusammenarbeit zwischen "operai" und "padroni" unterband: «spetta alla libera concorrenza da individuo a individuo fissare la giornata di lavoro, spetta poi all' operaio mantenere la convenzione conclusa col suo imprenditore.»[223] Dem Beispiel folgen auch andere europäische Staaten.[224] Die Zeit, da die mittelalterliche Ordnung der Artes illiberales das Berufsbild der manuell produzierenden Tätigkeiten bestimmte, ist abgelaufen.

Während sich die Manufakturen[225] der westlichen und nördlichen Anrainerstaaten dank der aufklärerischen Erkenntnisse in Physik und Mechanik eines Aufschwungs erfreuen, erleben sie in Italien zunächst keinen Auftrieb. Die Ackerwirtschaft dagegen produziert mittels neuer Methoden der Eindeichung und Dränage bei intensiver Nutzung des letzten Fleckchens Erde und rücksichtslosem Kahlschlag im Gebirge (F II 1) doch so viel, daß sie auch die wachsende Importnachfrage aus Österreich und Großbritannien, durch günstige Preisentwicklung ermutigt, zufriedenzustellen vermag. Die Kulturlandschaft von heute weist noch den Rationalismus damaliger Umweltgestaltung auf. Unter der Herrschaft aufgeklärter Fürsten geht in langen Friedensperioden auch die Sterblichkeit zurück. Die Bevölkerung steigt, wie der amerikanische Betrachter Reinhold Schumann hervorhebt, von 11 Mio. um 1700 auf 17 Mio. 1770 an. In Norditalien nutzen der Landadel und bald auch Bürger den aus dem Export erzielten Kapitalüberfluß „zum erneuten Ausbau der Textilindustrie unter Verwendung importierter Maschinen und der Entwicklung anderer Industriezweige zur Weiterverarbeitung landwirtschaftlicher Produkte".[226] Rocco beobachtet im 18. Jahrhundert den Übergang von der „Hausindustrie" zur „mittleren Industrie" sowie den Zerfall der Einheit von Geldgeber und Lohnabeitern im Erzeugungsvorgang und damit die wichtige Voraussetzung der industriellen Revolution.[227] Der absolutistische Agrar-, Manufaktur- und Warenverkehrsmerkantilismus des 17. und 18. Jahr-

---

[221] Arias pp., Mussolini, S. 255.
[222] Rocco, Stato, S. 359.
[223] Costamagna, Diritto pubblico, S. 306; Larousse, Bd. 6, S. 6186, Bd. 10, S. 10381; ebd., Bd. 6, S. 6186: Isaac René Guy Le Chapelier (1754-94); Brockhaus 1882, Bd. XV, S. 407: 17. Juni 1791.
[224] Costamagna, Diritto pubblico, S. 306.
[225] Marx/Engels, Werke 23, S. 341 (Das Kapital IV.11: Kooperation): Danach „ist" durch „die Manufaktur" „die Werkstatt des Zunftmeisters" „nur erweitert"; (ebd., IV 12, S. 384/385): „Teilung der Arbeit und Manufaktur"; (ebd. IV 14, S. 533): Der „Geselle eines Zunftmeisters" ist „nun Lohnarbeiter unter...Kontrolle des Kapitalisten".
[226] Schumann, Geschichte Italiens, S. 166.
[227] Rocco, Stato, S. 328.

hunderts wird der staatlich gelenkten korporativ-berufsständischen Wirtschaftsverfassung des Faschismus Modell stehen.[228]

Im konservativ-agrarischen Süden verläuft die Entwicklung entgegengesetzt. Ausländische Unternehmer besorgen den Zwischenhandel. Wie diese profitieren auch die mit den „Anforderungen der modernen Erzeugung“[229] vertrauten Verwalter der Latifundien ihrer zahlreichen sich meist in der Hauptstadt aufhaltenden fürstlichen Besitzer, denen sie jährlich eine pauschale Pachtsumme zukommen lassen. Als ‘gabellotti’ unterverpachten sie alle Jahre neu an die Bauern und machen sie sich gerade im Säkulum der Befreiung des Individuums existentiell abhängig und menschlich sogar hörig. Hier wird eine neue staats- und insbesondere demokratiefeindliche Führungsschicht als ‘Cosa Nostra’ und ‚Camorra’ zum noch heute spürbaren Verhängnis des Mezzogiorno. Dieser Klientelismus ist wie eine üble Kopie „des altrömischen Rechts, nach dem Plebejer, die rechtlich oder sozial von einem Patron abhängen, dessen Klientel, d.h. Gefolgschaft bildeten, der den Mächtigen eine Gefolgschaft sicherte und der Klientel selbst Vergünstigungen verschaffte“;[230] erinnert sei auch an die ‚publicani’ als imperiale Eintreiber (B III). Das Königreich Sardinien dagegen hat 1771 die Leibeigenschaft endgültig aufgehoben. Die „Welschen Confinen“,[231] der habsburgische Anteil Oberitaliens, erfreuen sich seit der Regentschaft von Maria Theresias (1715; 1740-80) Sohn Joseph II. (1741; 1765-90) „mit der Bildung des Höchsten Wirtschaftsrates in Mailand“[232] fortschrittlicher Reformen. „Zwischen 1769 und 1774 büßten die Handwerksgilden“, während der vergangenen Jahrhunderte innerhalb der Gesellschaft „eine geschlossene Kaste“[233] geworden - darunter auch „der alte Stolz von Florenz“ - „viele ihrer Industrie und Handel hemmenden Vorrechte ein“;[234] so in der Lombardei.[235] „Binnenzölle und sonstige Beschränkungen des Handels und Verkehrs wurden beseitigt.“[236] Diese Maßnahmen übernimmt auch das Königreich beider Sizilien.[237] Die „steigenden europäischen Preise[] durch die Aufhebung der Exportrestriktionen“ bringen den Landwirten Gewinne, benachteiligen aber Landarbeiter und einfaches Volk auf Grund hoher Brotpreise. „Eine Landreform, die den Besitz zugunsten der abhängigen Bauernschaft neu verteilte, sollte hier die Nachteile mildern“, stößt aber auf den Widerstand der Kirche und des Adels.[238] In der 2. Jahrhunderthälfte ohne Kriege vermögen die habsburgischen und bourbonischen Staaten Italiens im Gegensatz

---

[228] Vgl. Beckerath, Fascistischer Staat, S. IX.
[229] Schumann, Geschichte Italiens, S. 168.
[230] Italien Informationen, S. 4, 8.
[231] Brockhaus 1882, Bd. X, S. 911: Sardinien.
[232] Schumann, Geschichte Italiens, S. 169.
[233] Menzel, Staatsgedanke, S. 120.
[234] Ebd.
[235] Lessico Universale 1970, Bd. II, S. 235.
[236] Schumann, Geschichte Italiens, S. 170.
[237] Ebd., S. 171f.
[238] Ebd., S.170.

zu Sardinien-Piemont bis zum Ausbruch der Französischen Revolution ihre Rechts-, Wirtschafts-, Schul- und Verwaltungsreformen dem Geiste des aufgeklärten oder reifen Absolutismus entsprechend einen guten Schritt voranzutreiben und schaffen die Grundlage zur Industrialisierung Norditaliens.[239] Aber 1791 geben progressive Toskaner Landwirte als 'Georgòfili' die *Atti della società economica di Firenze* heraus. Costamagna weist auf die „zahlreichen" "ordinanze e regolamenti di produzione" hin, welche der „Merkantilismus" der "Monarchia amministrativa" zum wirtschaftlichen Aufschwung erläßt.[240] Die ökonomische Lage skizziert Paul Kennedy. Laut seiner Statistik beträgt der Anteil an der Welt-Industrieproduktion 1750 in den italienischen Staaten 2,4% gegenüber dem Habsburger Reich und den Deutschen Staaten mit je 2,9%, in Frankreich 4% und Großbritannien 1,9%, in den Vereinigten Staaten nur 0,1%, aber in der dritten Welt 73%. Im Jahre 1800 gelten 2,5% für die italienischen Staaten, 3,2% für das Habsburger Reich, 2,5% in den deutschen Staaten, 4,2% in Frankreich und 4.3% in Großbritannien, 0,8% in den Vereinigten Staaten und 67,7% in der dritten Welt. Auf die damaligen Einwohnerzahlen mit dem Index Großbritannien 1900 = 100 umgerechnet, beträgt das Industrialisierungsniveau pro Kopf 1750-1800 in den italienischen und deutschen Staaten 8, im Habsburger Reich 7, in Frankreich 9, in Großbritannien 10 im Jahre 1750 sowie 16 zur Jahrhundertwende, in den Vereinigten Staaten 6 und 9, dagegen 1750 in der dritten Welt 7 und 6 im Jahre 1800.[241]

Rocco betrachtet das 18. Jahrhundert als eine Zeit, die noch „von der organischen Gesellschaftsstruktur, von der naturnotwendigen menschlichen Ungleichheit, dem unterschiedlichen Wert der Menschen und der Mannigfaltigkeit ihrer Funktionen" wußte, „die einem jeden einzelnen im komplexen und vielgestaltigen Getriebe des Gesellschaftslebens anvertraut waren", während das „alle Menschen unter den gemeinsamen Nenner ‚Bürger' herabstufende atomistisch-demokratische System" ebendiese "organizzazione sociale e politica, come era quella del secolo XVIII", „zerstörte".[242] Dazu Hegel: „Solche atomistische Prinzipien sind wie in der Wissenschaft so im Politischen das Tötende für allen vernünftigen Begriff, Gliederung und Lebendigkeit."[243] Rocco verkennt dabei nicht die Gründe für den Niedergang dieser Epoche, über welche die umwälzende sozioökonomische Entwicklung hinwegflutet: "sorpassata dalla evoluzione sociale ed economica del tempo".[244] Die Aufklärung hat aber gerade im von Rocco als noch so 'intakt' gewerteten 18. Jahrhundert (it. Settecento) an dessen Ausgang den einzelnen mündig gemacht, damit gleichermaßen zur Auflösung des Zunftwesens beigetragen, das seit dem Mittelalter über die Renaissance hin in Blüte

---

239 Italien Informationen, S. 4.
240 Costamagna, Diritto pubblico, S. 306.
241 Kennedy, Aufstieg und Fall, S. 237.
242 Rocco, Stato, S. 405.
243 Hegel Werke IV, S. 483 = Versammlung. Landstände. Württemberg. 1815/1816.
244 Rocco, Stato, S. 405.

stand, und dem korporativen Produktionswesen auch die wirtschaftliche Berechtigung abgesprochen, wenn sie mit ihrem alle bisherigen Bindungen der Stände sprengenden "atomismo individualistico" andere menschliche Akzente setzte und geistig den Unternehmerinitiativen den Weg ins anbrechende Industriezeitalter ebnete. Beccaria weist (mit Kursivdruck) auf den tätigen adelsunabhängigen Menschen einer neuen Zeit voraus: "*chi sarà più industrioso abbia maggiori onori, e la fama di lui risplenda ne'suoi successori.*"[245] Ein Vergleich dieser Maxime mit der verächtlichen Formel des Humanisten Alberti zur uneingeschränkten Ausnutzung der „artes illiberales" und Campanellas Rückbesinnung auf handwerkliche Tugenden in seiner barocken Utopie verdeutlicht die gesellschaftliche Wiederaufwertung des Begriffes ‚Arbeit'.

Der absolutistische Charakter des Staates mit ständischem Aufbau im 18. Jahrhundert wird daher den Faschisten eher Modell zu ihrem Stato corporativo als das historisch sich anschließende Exempel der liberal-individualistischen Freiheiten stehen. Gerade im staatstragenden Adel unter einem aufgeklärt absolutistisch regierenden und merkantilistisch verwaltenden Monarchen werden die 'gregari fascisti' (bei Vico "sèguito") als Verächter der individuellen Freiheiten liberaler 'Borghesia' anderthalb Jahrhunderte nach der Grande Révolution diejenige pädagogische Funktion wiedererkennen, die sie kraft Ausleseprinzip der Einheitspartei zuweisen, damit sie im korporativen Wirtschaftssystem mit der Gleichung "il fascismo [...] è una corporazione" auf das arbeitende Volk erzieherisch einwirkt. Um mit hierarchisch gebietender Geste einen neuen Menschen zu bilden und sein 'Impero' monarchischer Tradition getreu zu konstituieren, verzichtet der Duce bei solchem Versuch ökonomischer und sozialer Konsolidierung nicht auf Muster aus der Staatskunst der Renaissance und deren Charaktergestaltung: "Ci debbono essere gli italiani del fascismo, come ci sono, a caratteri inconfondibili, gli italiani della Rinascenza e gli italiani della latinità."[246]

V. Wirtschaftliche Aspekte des Risorgimento

Die Ideen der Französischen Revolution erreichen auch die Intellektuellen der italienischen Halbinsel. (Ihren Vorstellungen von "liberalismo", "democrazia" und "suffragio universale indifferenziato" vermögen die faschistischen Theoretiker ein Jahrhundert später nichts Positives abzugewinnen.)[247] Der Umstand einer Namensverwechslung trägt zur Verbreitung der neuen Volksrechte bei: Der Pisaner Filippo Buonarrotti (1761-1835) war 1791 wegen seiner Agitation zugunsten des Anschlusses der Insel an Frankreich von der korsischen Unabhängig-

---

245 Beccaria, Delitti, S. 64.
246 Mussolini, Citazioni, S.34: 22.VI.1925.
247 Rocco, Stato, S. 405.

keitsbewegung aus Bastia vertrieben worden und hatte dann auf Sardinien für den Anschluß des piemontesischen Königreiches vergeblich bis 1793 agiert, weshalb er nach Paris entweichen mußte.[248] Robespierre (1758-94) sandte ihn mit Nationalkonventstruppen nach Savona, damit er von dort aus Italien ohne weiteren militärischen Einsatz für die Große Revolution gewönne. Dieses Unternehmen scheiterte. Als 1796 der korsische General Napoleone Buonaparte (1769-1821) in Oberitalien einfiel, glaubte man, der Nachfahr Michelangelo Buonarrotis (1475-1564) sei zurückgekehrt.[249] Er traf auf weiten frankophilen Zuspruch. Die von Napoleon - wenn auch ephemer - realisierten republikanischen und Empire-Staatengründungen auf der Apenninenhalbinsel wirken als bürokratisches Zentralisierungssystem dank der Modernisierung des Bildungswesens, der Einführung des *Code Napoléon* und Infraktursturverbesserungen, darunter die neuen "camere di commercio",[250] auch nach der Schlacht von Waterloo (1815) langfristig weiter. Schon 1811 richten im napoleonischen „Königreich Italien" interessierte Bürger Handelskammern ein.[251] Gebildete Bourgeoisie und fortschrittliche Adlige sprechen nun den Wunsch nach dem Recht politischer Mitwirkung und nationaler Selbständigkeit aus. Der Begriff der „Wiedergeburt" entsteht schon, ehe er zum Zeitungstitel und Kampfruf wird. Vor Joachim Murats (1767; 1808/15) Regime in Neapel flüchten sich die Republikaner, die gleichzeitig die Herrschaft des exilierten Königs Ferdinand I. (1751; 1767-1825) ablehnen, zu den von diesem verfolgten Köhlern in die Abruzzen. Das „Kohlenbrennen" thematisieren sie zur „Reinigung des Waldes von den Wölfen" im „Kampf gegen die Tyrannei":"una triplice protesta; contro l'influsso francese, contro il larvato ateismo ed il volgare materialismo, contro la prevalenza aristocratica e le forme oligarchiche proprie della Massoneria", wie Rocco formuliert.[252] Der Tätigkeitsbereich wird symbolisiert und die Tradition der Handwerksverbände in politische Formen umgegossen: Die "baracca" ist der Versammlungsort, das Hütteninnere die "vendita" (Kohlenverkauf), das Umfeld der „Wald", die "alta vendita" die den Freimaurergraden entlehnte, ordensstrukturell übergeordnete „Oberhütte". Parallel dazu gründen die Frauen die Loge der „Gärtnerinnen".[253] Aus den "Carbonari" geht unter Buonarrottis Einfluß nach den „kommunistischen"[254] Grundsätzen „einer absoluten Gleichheit"[255] die französische „Charbonnerie démocratique" hervor. Als Angehöriger dieser Gruppe gründet der "Carbonaro" Giuseppe Mazzini (1805-72) 1831 in Paris das „Junge Italien".[256]

---

[248] Brockhaus 1882, Bd. III, S. 729f.
[249] Schumann, Geschichte Italiens, S. 175.
[250] Lessico Universale 1970, Bd. IV, S. 18.
[251] Schumann, Geschichte Italiens, S. 198.
[252] Rocco, Stato, S. 53.
[253] Brockhaus 1882, Bd. III, S. 938.
[254] Ebd., S. 730.
[255] Ebd., S. 639.
[256] Stübler, Italien, S. 23.

Mit dem Sturz des korsischen „Imperatore“ fällt die Kontinentalsperre. Das Königreich Beider Sizilien exportiert seine Agrarprodukte wieder nach England. Der Anbau von Rohseide steigt von 2.200.000 kg 1815 auf 3.500.000 kg 1841.[257] Die niedrigen Baumwoll-, Woll- und Seidenpreise ermuntern ausländische Unternehmer, in Campanien Textilfabriken mit „1000 bzw. 2000 Arbeitern“[258] zu gründen. Norditalien sendet statt nach Frankreich seine landwirtschaftlichen Erzeugnisse abermals nach Österreich. Piemonts Textilindustrie zeigt sich im Gegensatz zum Süden der britischen Konkurrenz gewachsen und beschäftigt 10.000 Arbeiter. Handwerk und Heimarbeit übernehmen Dampf- und Wasserantrieb. Es entstehen zentralisierte Werkstätten und Fabriken. Allerdings sind im Schicksalsjahr 1848 erst 200 km Schienen gelegt;[259] 1861 schon 1623 km,[260] 1865 dagegen 3500 km[261] (in Großbritannien 1850 bereits über 11.000 km).[262] 1862 regelt ein Gesetz erstmalig die Funktion der “camere di commercio“.[263] Nach dem Urteil des Kommunisten Antonio Gramsci (1891-1937) in seinen *Notizen zum Risorgimento* spaltet sich im Königreich Savoyen-Piemont die Einigungsbewegung in die „Gemäßigten“ des liberalen Bürgertums mit einem Teil des Adels unter Camillo Benso Conte di Cavour (1810-61), der die Zeitschrift *Il Risorgimento* herausgibt, und die „Aktionspartei“ des Republikaners Mazzini: „Die Gemäßigten vertraten [die] relativ homogene Gruppe [der] große[n] und mittleren Grundeigentümer, Großpächter, Großhändler, Bankiers, Reeder und die wenig zahlreichen Industriellen des Nordens“. Der „Aktionspartei“ „hingen die kleine Handelsbourgeosie, städtische Handwerker, Teile des Militärs, Angestellte, Studenten, niederer Klerus, Arbeiter und nichtqualifizierte Werktätige an“.[264] Vincenzo Gioberti (1801-51) sieht sich eingedenk der Tragweite der mittelalterlichen Auseinandersetzung zwischen Kaisertum und „Liga“ als Führer der „Neoguelfi“ und erblickt in der sabaudischen Dynastie und einem reformierten Papsttum die Garanten der italienischen Einigungsbestrebungen.

Die Bostoner “Tea Party“ von 1773 brachte vordergründig den Unwillen der Bevölkerung in den Dreizehn Kolonien über Besteuerung zum Ausdruck: “No taxation without representation.“[265] Aber sie wurde der Auftakt zur amerikanischen Unabhängigkeitsbewegung. Als Parallele wirtschaftlicher Unzufriedenheit bricht 1848 in der Lombardei der Aufstand der “Cinque Giornate di Milano“ aus.[266] Er ist scheinbar gegen das Tabaksmonopol gerichtet, tatsächlich aber gegen die

[257] Ebd., S. 22.
[258] Schumann, Geschichte Italiens, S. 198.
[259] Stübler, Italien, S. 22.
[260] Schumann, Geschichte Italiens, S. 215.
[261] Brockhaus 1882, Bd. IX, S. 704.
[262] Stübler, Italien, S. 22f.
[263] Lessico Universale 1970, Bd. IV, S. 18.
[264] Stübler, Italien, S. 25.
[265] Brockhaus Enzyklopädie, Bd. XVI, S. 189.
[266] Bartoccini, Risorgimento, S. 29.

österreichische Besatzung. In Rom steht während der folgenden Monate der einstige Gründer des Geheimbundes "La Giovine Italia" von 1832 und Leiter des Organs *L'Italia del popolo* (B VI), Giuseppe Mazzini, einem Triumvirat der kurzlebigen „Römischen Republik" vor, muß darauf jedoch erneut ins Exil gehen. Cavours liberal-konstitutionelles *Statuto albertino* „schnitt[] als Kompromiß von oben [] der revolutionär-demokratischen Alternative [] den Weg ab", wie Stübler betont.[267] Als eigentlicher Nutznießer der Kriege mit Österreich 1848/9, 1859 und 1866 aber wächst das "Regno di Sardegna"[268] über das Königreich "Alta Italia"[269] unter der neuen Verfassung mit Senat und nach dem "Sistema uninominale" (B VII) gewählter Abgeordnetenkammer in die "Unità nazionale" des "Regno d'Italia"[270] hinein, wobei die neuen Landesteile für den Anschluß stimmen. Der Kirchenstaat nördlich des Apennins und Umbrien werden 1859 in das piemontesische Königreich eingefügt. Gerade am 15.VIII.1867, dem Fest von Mariä Himmelfahrt, wird „recht gehässig" (so Schumann) die Verstaatlichung des Landbesitzes der kirchlichen Korporationen verkündet. Der mystische Ruf nach der angestammten Hauptstadt, "Roma Capitale!" (B I), findet 1871 seine Erfüllung, als das Heer Viktor Emanuels II. (1821; 1849-78), von Frankreichs Truppenabzug aus Rom auf Grund seines Krieges mit den Deutschen profitierend, die nun ungeschützte Stadt am Tiber besetzt. Den seitdem zwischen dem Vatikan und dem italienischen Staat fast sechs Jahrzehnte schwelenden Konflikt beenden erst 1929 die „Lateranverträge" (B VII) mit dem fiskalischen, politischen und religiös-schulpädagogischen Ausgleich - ein Jahr, nachdem die *Carta del Lavoro* Gesetzesnorm "per la completa attuazione" des Arbeitgeber-Arbeitnehmer-Ausgleichs geworden ist.[271]

Cavours Nachfolger, der „Neuwelfe" (B I) Massimo D'Azeglio (1798-1866), führt dessen vom englischen Freihandel geprägte liberale Modernisierungspolitik zugunsten des Eisenbahnbaues, des Bankwesens wie der Agrarwirtschaft fort. Sogar Klöster werden säkularisiert. Mit dem Wegfall der Binnengrenzen strömt das Proletariat des wegen ausbleibender Landreform ökonomisch stagnierenden "Mezzogiorno" in den industrialisierten Norden zum Tagelohn auf die Großgüter der Poebene und zur Fabrikarbeit in das Industriestädtedreieck Mailand-Turin-Genua.[272] Um die Entwurzelten bemühen sich kirchliche Sozialvereine; so Don Bosco (1815-88; B VI) und seine Salesianer, welche die Jugendlichen ihren Neigungen entsprechend beruflich ausbilden.[273] Das Regio Decreto vom 6.IX.1848 „schafft die Artikel 483-486 des sardinischen *Codice penale* ab und garantiert den religiösen, literarischen und politischen Gesellschaften", „nicht aber den

---

[267] Stübler, Italien, S. 44.
[268] Bartoccini, Risorgimento, S. 89-94.
[269] Schumann, Geschichte Italiens, S. 205.
[270] Bartoccini, Risorgimento, S. 80.
[271] Rößler, CDL und AOG, S. 12.
[272] Italien Informationen, S. 4.
[273] Enciclopedia, Bd. VII, S. 546.

wirtschaftlichen und beruflichen Vereinigungen" „volle Freiheit". „Wenn sich" letztere „ausschließlich dem vermögensteigernden Ziel zuwenden, überschreiten sie die Grenzen des Verfassungsrechts". „Zusammenschluß", „Streik und Aussperrung", die im "concerto" „auf die Freiheit wirtschaftlicher Unternehmung Einfluß zu nehmen trachten", gelten als "reato di coalizione", weil sie dem durch "diritto positivo" und "contratto di società" im "sistema liberale" verbürgten „individuellen Gewinnstreben" entgegenstehen.[274] Andererseits ist auch die „Erste Internationale" unter dem Anarchisten Michail Bakunin (1814-76; B VI) seit 1864 in Italien aktiv.[275] Die angesprochenen konservativen wie revolutionären politischen Strömungen werden nach der Erfüllung des "Risorgimento" das neue Königreich ins technische Zeitalter des letzten Jahrhundertdrittels tragen und es den gleichen sozialen Spannungen aussetzen, die das neugegründete Bismarckreich erfährt.

Schumann gibt für 1800 in ganz Italien 18.125.000 Einwohner an.[276] 1861 zählt es, noch ohne Venetien und Rom, 22 Mio. Einwohner.[277] Das neue Königreich hat 1871 auf 288.540 qkm Staatsfläche innerhalb der Vorweltkriegsgrenzen 27.700.000 Bewohner.[278] Um die wirtschaftliche Position der Staaten auf der Halbinsel zu veranschaulichen, dient wieder Kennedys Statistik. Er berechnet die relativen Anteile an der Welt-Industrieproduktion für 1830 bzw. 1860 so: die Italienischen Staaten 2,3% bzw., 2,5%, das Habsburger Reich 3,2% bzw. 4,2%, die deutschen Staaten 3,5% bzw. 4,9%, Frankreich 5,2% bzw. 7,9%. Großbritannien verdoppelt 9,5% auf 19,9%. Die Vereinigten Staaten treten bereits mit 2,4% zu 7% in Erscheinung. Die dritte Welt fällt von 60,5% auf 36,6%. Das Industrialisierungsniveau pro Kopf im Vergleich zu Großbritannien: 1900 = 100 beträgt 1830 bzw. 1860 in den italienischen Staaten 8 bzw. 10, ähnlich im Habsburger Reich 8 bzw. 11, in den deutschen Staaten 9 bzw. 15, in Frankreich 12 bzw. 20. Großbritannien verbessert seinen Anteil von 25 auf 64 und die Vereinigten Staaten von 14 auf 21. In der dritten Welt sinkt der Index von 6 auf 4.[279] Mussolini bezeichnet „die erste Periode" „des Kapitalismus" „von 1830 bis 1870" unter dem „Liberalismus", dem damaligen Lenker „der Wirtschaftspolitik", als die „dynamische".[280] Gleichzeitig bleibt die ökonomische Lage der mit der Hand Schaffenden im Jahrhundert der „borghesia" „miserabel". Die bourgeoisen „Freiheiten" kehren sich nun gegen das „Bürgertum" selbst. Seit der Zäsur im Revolutionsjahr 1848 mit seinen Manifesten vereinigen sich die Arbeiter „in anschwellender Zahl": "organizzazioni potenti...in regime di libertà e di suffra-

---

[274] Costamagna, Diritto pubblico, S. 307.
[275] Schumann, Geschichte Italiens, S. 213.
[276] Ebd.
[277] Ebd., S. 211.
[278] Italien Informationen, S. 16a.
[279] Kennedy, Aufstieg und Fall, S. 237.
[280] Wagenführ, Korporative Wirtschaft, S. 14: 14.XI.1933 vor dem Nationalrat der Korporationen in Rom.

gio universale...Fu questo / il fenomeno sindacale / che si determinò nella prima metà del secolo XIX.“[281] Die industrielle Entwicklung schafft den *sindacalismo di lavoro* - so 1868 die erste Arbeitergewerkschaft der “tipògrafi-compositori torinesi“ - wie andererseits den *sindacalismo economico* des Kapitals. Rocco führt später, am 10.XII.1925, der Camera dei Deputati diesen Bruch des “equilibrio tra le classi“ „seit der Französischen Revolution“ dank „unverhältnismäßigem Aufschwung der Großindustrie“ (“sviluppo smisurato della grande industria“) und „gewerkschaftlichem Widerstand gegen Unternehmerwillkür“ vor Augen, um sie auf den faschistischen Entwurf einer *Juristischen Disziplin der kollektiven Arbeitsbeziehungen* einzuschwören. Er klagt den vor diesen Ereignissen „gleichgültigen, sich der Erkenntnis verschließenden Staat“ und das solche Wandlungen „nicht wahrhaben wollende Bürgertum“ an: “La borghesia...volle ignorare il fenomeno sindacale...L'agnosticismo dello Stato, che restava indifferente davanti alle miserie dei lavoratori, doveva indurre fatalmente, e condusse alla unione dei lavoratori e alla loro resistenza diretta all'oppressione padronale.“[282] Dies zeigt die soziale Kehrseite des nationalen Risorgimento.

VI. Die Kontrastgesellschaft vor dem Ersten Weltkrieg

Ein halbes Jahrhundert vor dem Ausbruch des Ersten Weltkrieges erscheinen die großen gesellschaftlichen Gegensätze im vereinten Königreich keineswegs überwunden. Sie verschärfen sich vielmehr angesichts einer antizyklischen Entwicklung. Einerseits nimmt Italien am Aufschwung der westlichen Industriemächte teil. Andererseits vermögen die kontinuierlichen Regierungen der Ministerpräsidenten Francesco Crispi (1818-1901; 1887-91/93/96) und Giovanni Giolitti (1842-1928; 1903-14) die soziale Frage wegen des fehlenden Ausgleichs unterschiedlicher Einkünfte aus der Produktion bei immer weiter auseinanderklaffender Schere zwischen wachsender Erzeugung und nicht damit Schritt haltender Entlohnung kaum zu lösen, auch wenn 1890 ein Gesetz dem „Streik“ und der „Koalition“ angesichts der “prepotenza espansiva dell'economia industriale“, der „Ausweitung des Wahlrechts“ und der „wachsenden ideologischen Rechtsnachteile“ (“pregiudiziali“) „des liberalen Systems“ „den kriminellen Charakter“ (“figura criminosa“) „nimmt“[283] und obwohl die “Era Giolitti“ die Problematik aufgreift und 1902 ein Fabrikgesetz, 1906 ein Gesetz über Frauen- und Kinderarbeit, 1911 ein Erziehungsgesetz sowie 1912 das Männerwahlrecht einführt.[284]
In den 1880er Jahren werden die großen Monopolunternehmen Pirelli, Edison, Terni, Ilva und Montecatini gegründet,[285] Fiat am Jahrhundertende.[286] 1902 ver-

[281] Rocco, Stato, S. 359.
[282] Ebd.
[283] Costamagna, Diritto pubblico, S. 308.
[284] Schumann, Geschichte Italiens, S. 218.
[285] Stübler, Italien, S. 261.
[286] Ebd., S. 75.

bindet der Physiker Guglielmo Marconi (1874-1937) dank seiner Hohlspiegelrichtantennen telegraphisch Alte und Neue Welt.[287] Seit 1910 besteht „als Reaktion gegen die Gewerkschaften“ ein „Arbeitgeberverband der Industrie“, der „erst 1925 das Beiwort ‘fascista’ in seinen Namen“ aufnehmen wird.[288] Im Jahrzehnt vor Kriegsausbruch ist die Regierung kraft diktatorischer Maßnahmen bei der Streikbrechung und mit der Haushaltssanierung[289] wie der Verkehrserschließung erfolgreich. Einen unterschiedlichen Trend zeigt das Wachstum der Einwohnerzahl im neuen Königreich auf 288.540 qkm Fläche innerhalb der Vorkriegsgrenzen von 27.700.000 Einwohnern 1871, 1875 nur 27.500.000,[290] 28.500.000 1881,[291] 29.600.000 1885 (100 auf 1 qkm),[292] 30 Mio. 1890, 32.200.000 1910,[293] 34.700.000 1911[294] auf 35.100.000 1913[295] und 37 Mio. 1914.[296] Das Schienennetz erstreckt sich 1873 auf 1623 km,[297] 1876 auf 7704 km,[298] 1884 auf 9916 km,[299] 1905 auf 17.078 km Länge.[300] Der wirtschaftliche Aufschwung ist ohne Berücksichtigung der ökonomischen Lage des Proletariats aus Kennedys Daten für die Industrialisierung zu ersehen. Die relativen Anteile an der Welt-Industrieproduktion gibt er für Italien 1880 sowie 1900 mit 2,5% und 1913 mit 2,4% an, das Habsburger Reich in denselben Jahren 4,4%, 4,7% und 4,4%, Deutschland 8,5%, 13,2% und 14,8%. Frankreich fällt von 7,8% auf 6,8% und 6,1%, Großbritannien von 22,9% auf 18,5% und 13,6%. Die Vereinigten Staaten steigen von 14,7% auf 23,6% und 32%. Die dritte Welt sinkt von 20,9% 1880 auf 11% 1900. Das Industrialisierungsniveau pro Kopf - im Vergleich zu Großbritannien: 1900 = 100 - beträgt 1880 in Italien 12, im Jahre 1900 dann 17, 1913 sogar 26. Für Österreich gelten 15, 23 und 32, für Deutschland 25, 52 und 85, für Frankreich 28, 39 und 59, für Großbritannien 87, 100 und 115, für die Vereinigten Staaten 38, 69 und 126.[301]

Stübler betont im Halbjahrhundert vor dem Ersten Weltkrieg vor allem den Klassenkampf, registriert die „intensive Ausbeutung“ und skizziert den italienischen Pauperismus: „*Ein 12- bis 16stündiger Arbeitstag für Männer, Frauen und Kin-*

---

287 Ebd., S. 74.
288 Heinersdorff, Arbeitsverhältnis, S. 17.
289 Mannhardt, Faschismus, S. 68; ebd., S. 68/FN 2: 1898/1899-1912/1913: Staatseinnahmen von 1684 Mio. Lire auf 3252 Mio., Ausgaben für Heer und Flotte von 403 Mio Lire auf 1107 Mio. Lire; Kohleneinfuhr von 4.432.000 t auf 10.057.000 t gestiegen.
290 Brockhaus 1875, Bd. VIII, S. 660/661.
291 Ebd., Bd. IX, S. 701.
292 Ebd., Bd. XVII, S. 445.
293 Kennedy, Aufstieg und Fall, S. 308.
294 Schumann, Geschichte Italiens, S. 218.
295 Kennedy, Aufstieg und Fall, S. 308.
296 Ebd., S. 370.
297 Schumann, Geschichte Italiens, S. 215.
298 Brockhaus 1875, Bd. VIII, S. 663.
299 Brockhaus 1882, Bd. XVII, S. 445.
300 Schumann, Geschichte Italiens, S. 215.
301 Kennedy, Aufstieg und Fall, S.236; 309.

der, tags und nachts, übertage und untertage, blieb die Regel. Die Löhne hielten sich auf einem extrem niedrigen Niveau. Anfang der siebziger Jahre verdienten die Männer 1,5 bis 2 L. pro Schicht, wofür sie 4 bis 5 kg Brot kaufen konnten. Frauen bekamen die Hälfte, Kinder ein Drittel dieses Satzes. Die 382 000 Fabrikarbeiter setzten sich zur Hälfte aus Frauen (188 000), zu einem weiteren Viertel aus Kindern (90 000) zusammen."[302] Während die Industrie mit einem Index von 100 für 1900, 152 für 1907 und 184 für 1913 floriert,[303] suchen Erd- und Seebeben (Messina, Reggio Calabria 1908), Vulkanausbrüche sowie Malaria in den Sumpfgebieten den Mezzogiorno heim. Im selben Jahrzehnt aber gerät die süditalienische Landwirtschaft auch auf Grund der Entwaldungen (F II 1) in eine ausweglose Krise, weil sie der Konkurrenz des billigen amerikanischen Getreides nicht gewachsen ist, welches zum ersten Mal auf die europäischen Märkte strömt. In der Folge bricht die extensive Getreideproduktion des Südens, von der die Masse der Bevölkerung bis dahin recht und schlecht gelebt hatte, zusammen. Dort beginnt der bis heute anhaltende wirtschaftliche Niedergang, aus dem schon vor dem Ersten Weltkrieg 3.600.000 Italiener nur den Ausweg der Emigration fanden. Allein aus Kalabrien sind seit der Nationalstaatsbildung ca. 2 Mio. Menschen ausgewandert, aus Italien überhaupt im Jahre 1876 z.B. 19.610, 1886 82.166, im folgenden Jahre 129.463 und 204.264 im Jahre 1888.[304]

Im letzten Viertel des Ottocento ist die mit der Hand arbeitende Bevölkerung nicht mehr in Gilden, Zünften oder berufsgegliederten Corporazioni gruppiert, sondern formiert sich der Arbeiter in politischen, berufsübergreifenden Parteien oder klerikalen Organisationen. Im Norden, besonders im Veneto, unterstützen gemeinnützige Kassen die katholischen Bauernkooperativen zur gleichen Zeit wie die ländlichen „Raiffeisenschen Darlehnskassenvereine" des deutschen Kaiserreiches.[305] Die Vinzenzvereine[306] (auch nach dem seines Kirchenstaates beraubten „Gefangenen im Vatikan" [B VI],[307] dem Papst Pius IX. [1792; 1846-78], benannt und im Bismarckreich den Kulturkampf gegen den Kanzler unterstützend)[308] sorgen sich vornehmlich um das Seelenheil der Menschen. Die "Società Salesiana di S. Giovanni Bosco" (B V) kümmert sich um Erziehung und Unterricht der Jugend,[309] vornehmlich in den Großstädten,[310] zeitlich parallel zur deutschen „Kolpingsfamilie" der katholischen Gesellenvereine.[311] Die „Salesianerinnen" sorgen sich speziell „ohne viele geistliche Übungen" um Kranken-

---

[302] Stübler, Italien, S. 56.
[303] Ebd., S. 74.
[304] Italien Informationen, S. 10.
[305] Brockhaus 1882, Bd. IV, S. 884.
[306] Schumann, Geschichte Italiens, S. 213.
[307] Ebd., S. 276; Bornhak, Staatsrecht, S. 168: „Encyclica Respicient ea omnia."
[308] Brockhaus 1882, Bd. XIII, S. 56.
[309] Schumann, Geschichte Italiens, S. 213; Der Große Brockhaus, Bd. X, S. 218.
[310] Schumann, Geschichte Italiens, S. 213; Der Große Brockhaus, Bd. X, S. 139.
[311] Der Große Brockhaus, Bd. VI, S. 493f.

pflege und Erziehung der jungen Mädchen.[312] 1874 bis 1904 besteht die katholische Selbsthilfe als "Opera dei Congressi". Ihre Zeitschrift *L'Armonia* betrachtet im Sinne des Ausgleichs „die Kirche als Mutter aller Klassen".[313] Die Jesuitenzeitschrift *Civiltà cattolica* vertritt das Gewissen gegenüber dem liberalen Staat.[314] Papst Leo XIII. (1810; 1878-1903) „favorisiert" die "società artigiane ed operaie" (*Quod apostolici muneris*, 1878) und präzisiert 1891 das "modello corporativo" und die soziale Verantwortung durch „berufständische Ordnung" als Mittel zur moralischen wie materiellen Hebung der Arbeit und zur Abschwächung der Klassengegensätze" in der Enzyklika *Rerum novarum*.[315]

Beim statistischen Vergleich hält das Königreich nun dank ökonomischen Aufschwungs mit der Welt Schritt. Aber Stübler hebt bei der Darstellung der politischen Landschaft die ideologische Spaltung des linken, das Proletariat vertretenden Lagers in die „Marxisten" des „Diktators von London", die „Mazzinisten" des „Diktators von Rom", der dort 1849 die kurzlebige Republik ausgerufen hatte, und die „Bakunisten" (B V) hervor. Letztere leugnen „jede politische Macht" und „Organisation des Proletariats", dulden nur „Berufsorganisationen"[316] und trennen sich von Marx' Londoner Doktrinen. Die „Mazzinisten" ziehen 1865 ihre Anhänger aus dem „gott- und vaterlandslosen" Londoner Generalrat zurück. Vor allem unter der Mitwirkung von Filippo Turati (1857-1932; später Mussolinis erbitterter Gegenspieler im Nachkriegsparlament; B VII; F I 2) vereinigen sich die Linksparteien bei engem Kontakt mit Marx und Engels, der für die „I. Internationale" „Korrespondierender Sekretär des Generalrats für Italien"[317] ist (nach dem Vorbild der SPD im Kaiserreich) 1881 in der „Sozialistischen Partei".[318] Sie verlangen die Befreiung der Werktätigen kraft Verwaltung der Produktion in eigenen Händen.[319] Der liberale Staat „gibt Schritt für Schritt" einer „syndikalen Polykratie" „nach", überspitzt Pareto: „Es ist wirklich eine Rückkehr zur feudalen Anarchie des Mittelalters."[320] Zu dieser Zeit finden sich „Gruppierungen" zu einem „nach außen hin legalen Zweck", tatsächlich aber „zur Durchsetzung bestimmter wirtschaftlicher oder politischer Zwecke" „mit Gewalt"; so die "Società dei mulini" (= Müller) und die "Società della Posa" (= Grundeinstellung) der Fuhrleute.[321] Bauern, Landarbeiter, Tagelöhner und Arbeiter der Schwefelgruben organisieren sich seit 1889 in historischer Parallele zu den "Ciompi" des Trecento (B III) als "Fasci dei Lavoratori". Auf Sizilien

---

[312] Ebd., Bd. X, S. 218; Brockhaus 1882, Bd. XIV, S. 139.
[313] Schumann, Geschichte Italiens, S. 213.
[314] Ebd.
[315] Beckerath, Fascistischer Staat, S. 95; Dizionario di Politica, S. 258: 1892.
[316] Stübler, Italien, S. 50.
[317] Ebd., S. 49.
[318] Ebd., S. 65f.
[319] Ebd., S. 66.
[320] Panunzio, Allgemeine Theorie, S. 33.
[321] Hartmann, Mafia, S. 645.

schließen sie sich 1893 in ebendiesen „Bünden der Werktätigen" „zur Sizilianischen Sozialistischen Föderation zusammen". Sie besetzen Land, stürmen Finanzämter und verlangen Mindestlohn sowie begrenzte Arbeitszeit.[322] „Die Regierung Crispi" ist als Verfechterin des imperialistischen Gedankens für Stübler der „Garant einer Klasse". Sie repräsentiert mit überwältigender Mehrheit den „Industrie-Agrar-Block" im Parlament. Sie schlägt 1894 den Aufstand auf der Insel und in der Lombardei blutig nieder[323] und verbietet nach dem Vorbild von Bismarcks Vorgehen gegen die „vaterlandslosen Gesellen" der Sozialdemokratie[324] für zwei Jahre die Sozialistische Partei wegen begangenen „Hochverrats",[325] d.h. ausländische Mächte für die Organisation der „Bewegung auf Sizilien" engagiert zu haben.[326] Nach ihrer Wiederzulassung gibt sie ihre Tageszeitung *Avanti!* heraus. Zwei Jahre nach Erstickung des Mailänder Aufstandes von 1898 fällt der „reaktionäre" König Umberto I. (1844, 1878-1900) einem anarchistischen Attentat zum Opfer.[327] Seit der II. Internationale in Paris 1900 stehen die Sozialisten angesichts des einseitigen industriellen Aufschwungs und der Not in den unteren Schichten vor der Zerreißprobe. Die „Anarcho-Syndikalisten", wie sie Stübler nennt, halten es unter Enrico Ferri (1856-1929) nur mit dem Proletariat und lehnen jede Teilnahme an einer bürgerlich-liberalen Regierung ab.[328] Der Parteitag des PSI, der 1900 bereits wieder 19.000 Mitglieder in 546 Zellen umfaßt, entwirft zu Beginn der neuen parlamentarischen Ära in Rom „ein Maximalprogramm für seine klassenkämpferischen Extremisten und ein Minimalprogramm für seine parlamentarischen Gemäßigten".[329] Die Maximalisten (so Schumann) unter dem neuen Redakteur des *Avanti!*, Enrico Ferri, verweigern die Mitarbeit im Parlament.[330] Die Minimalisten (laut Schumann) unter Turati und Leònida Bissolati (1854-1920) nähern sich im anbrechenden „goldene[n] Jahrzehnt des Reformismus" (so sarkastisch Stübler für die sozialistische Parallele im Parlament der „Giolitti-Ära") dem bürgerlich-liberalen Kurs der Regierung,[331] die später auch die katholischen Stimmen hinzugewinnt,[332] und wiegeln die Streiks 1904 ab.[333]

Schumann verfolgt die katholischen Strömungen im sozialpolitischen Bereich. Seit dem Verlust seines Kirchenstaates hatte der „Gefangene im Vatikan"[334]

---

[322] Stübler, Italien, S. 68f.
[323] Schumann, Geschichte Italiens, S. 217.
[324] Der Große Brockhaus, Bd. II, S. 752f; Koepke, Sozialismus, S. 44/45.
[325] Stübler, Italien, S. 217.
[326] Ebd., S. 67ff.
[327] Ebd., S. 70f.
[328] Ebd., S. 78.
[329] Schumann, Geschichte Italiens, S. 217.
[330] Ebd., S. 218.
[331] Stübler, Italien, S. 73, 78, 88.
[332] Ebd., S. 89.
[333] Ebd., S. 80; Schumann, Geschichte Italiens, S. 218.
[334] Schumann, Geschichte Italiens, S. 210.

(B V), „Pio Nono“,[335] 1868 mit der Erklärung *Non expedit* den Gläubigen die passive wie aktive Mitarbeit an den Wahlen verboten.[336] Damit aber die Christen den gesellschaftlichen Prozeß trotzdem mitgestalten, „stellt“ die Enzyklika *Rerum novarum* (F I 1; 4) Leos XIII. 1891 „die Teilnahme an den Gemeinderatwahlen frei“.[337] Die Kirche ruft zu einer demokratischen Lösung der Arbeiterfrage nach dem Modell der “volontarie *formazioni miste* di datori di lavoro e di lavoratori per ogni singola categoria di mestieri“ „mit dem Recht auf persönliches Eigentum“ auf, „ohne auf Einhilfe des Staates“ und die “disciplina della stessa organizzazione corporativa“ „zu verzichten“.[338] In den Marken organisiert der Priester Romolo Murri die Gutsarbeiter und agitiert für Sozialreformen. Politisch aktive Katholiken stellen 1899 das Turiner Programm auf, Don Luigi Sturzo (1871-1959; B VII), der spätere Begründer der antifaschistischen „Popolari“,[339] das sizilianische “Programma di Caltanissetta“ zur Beteiligung der Katholiken an der Gemeindearbeit.[340] Costamagna sieht in diesem ”*solidarismo* confessionale“ die Parallele zum ”*solidarismo* social-democratico“.[341] Die Enzyklika *Il fermo proposito* des Papstes Pius X. (1835, 1903-14) entkräftet 1905 den Inhalt von *Non expedit* und gestattet den Katholiken Wahlbeteilung.[342] Mit Hilfe ihrer Stimmen vermag Giolitti seine “Era“ bis zum Kriegsbeginn zu verlängern. Ein Gesetz reorganisiert 1910 die „camere di commercio“.[343] In dieser Zeit (1905) schließt sich streikbereit auch „die Klasse der Lehrer an die berufsständischen“, staatsfeindlichen „Vereinigungen an“.[344] Angesichts des Wechsels parlamentarischer Machtverhältnisse spalten sich die Sozialisten 1912 in eine rechte Gruppe unter Bissolati und Ivanoe Bonomi (1873-1951), die eine „Reformistische Sozialistische Partei“ gründen, und die linke Gruppe unter Filippo Turati und Claudio Treves (1869-1933).[345] Hier übernimmt die „revolutionäre Fraktion“ die Führung. Ihr Sprecher wird der dem Partito Socialista Italiano als militantes Mitglied 1904 beigetretene[346] Mussolini, der Treves 1912 in der Chefredaktion des *Avanti!* ablöst.[347]

Das erste Jahrzehnt des Novecento erschüttern vornehmlich im Süden der Halbinsel durch die Anarcho-Syndikalisten geschürte Unruhen. Die rein verbale Dro-

---

[335] Ebd., S. 203; Stübler, Italien, S. 78.
[336] Mannhardt, Faschismus, S. 432: 29.II.1868; Schumann, Geschichte Italiens, S. 213; ebd., S. 276: 1874: ”Né eletti, né elettori“.
[337] Beckerath, Fascistischer Staat, S. 120; Dizionario di Politica, S. 258: 1892.
[338] Costamagna, Diritto pubblico, S. 313; Der Große Brockhaus, Bd. VII, S. 180/181.
[339] De Luna, Mussolini, S. 52.
[340] Schumann, Geschichte Italiens, S. 217.
[341] Costamagna, Diritto pubblico, S. 313.
[342] Schumann, Geschichte Italiens, S. 217; Mannhardt, Faschismus, S. 43.
[343] Lessico Universale 1970, Bd. IV, S. 18.
[344] Arias pp., Mussolini, S. 289.
[345] Stübler, Italien, S. 88.
[346] De Luna, Mussolini, S. 11, 30.
[347] Stübler, Italien, S. 88.

hung Wilhelms II. anläßlich einer Rekrutenvereidigung: „Wenn euer Kaiser es euch befiehlt, müßt ihr *auf Vater und Mutter schießen*“,[348] wird unter Vittorio Emanuele III (1869, 1900-46, 1947) vor allem 1901-1904 in die blutige Tat umgesetzt: 32 Tote und 204 Verletzte zählt Stübler auf.[349] Wie die Anarcho-Syndikalisten ruft seit 1906 die “Confederazione Generale del Lavoro“ zwecks Durchsetzung sozialer Forderungen zu Generalstreiks parallel zu solchen in anderen Ländern auf. Stübler gibt für 1906 1649 Streiks mit 381624 Streikenden, für 1907 sogar 2168 Streiks mit 581244 Streikenden an.[350] 1911 sind 20% der Arbeiter in der Industrie und 10% in der Landwirtschaft gewerkschaftlich organisiert.[351] Bei solchen sozio-chaotischen Zuständen wandern laut Stübler zwischen 1900 und 1913 jährlich 600.000 Italiener aus.[352] Gemäß Schumann sind zwischen 1876 und 1910 11.300.000 Menschen emigriert.[353] Diese Turbulenzen in ihren mannigfaltigen Facetten stellen die Kontrastgesellschaft der Fin du siècle dar: Streiks, blutige Unruhen, Massenemigration. Ihre fatalen Phänomene bestimmen Mussolinis Weg zum Berufspolitiker.

Mussolini wird 1883 als Sohn eines als Bakuninanhänger[354](B V), Sozialist und Internationalist unter Polizeiaufsicht stehenden Dorfschmiedes in Predappio-Dovìa 12 km südlich Forlì geboren.[355] Der Vater Alessandro gibt ihm die Vornamen des mexikanischen Präsidenten Benito Juárez (1806-72), der Kaiser Maximilian (1832; 1864/7) aus dem Hause Habsburg erschießen ließ, ferner des garibaldinischen Kommunarden von 1870 in Paris, Amìlcare Cipriani (1844-1918),[356] und schließlich Andrea Costas (1851-1910), der 1882 als einziger Sozialist ins Parlament einzog.[357] Der Bruder Arnaldo (1885-1931) erhält den Namen Arnolds von Brescia (1110-1155),[358] des in Rom hingerichteten Rebellen gegen Kaiser Friedrich I. Barbarossa und Papst Hadrian IV. (1154/9). Aus dem Salesianerkolleg wird Benito 1894 nach zwei Jahren wegen gewaltsamer Auflehnung gegen die Internatsdisziplin und Körperverletzung verwiesen. Humani-

---

348 Eyck, Wilhelm II., S. 62.
349 Stübler, Italien, S. 79f.
350 Ebd., S. 81.
351 Heinersdorff, Arbeitsverhältnis, S. 211.
352 Stübler, Italien, S. 76.
353 Schumann, Geschichte Italiens, S. 218.
354 Mannhardt, Faschismus, S. 282/FN 2.
355 Arias pp., Mussolini, S. 11 (5.XII.1922): „Denn ich stamme nicht von erlauchten aristokratischen Ahnen ab. Meine Vorfahren waren Bauern (F II 2), die das Land beackerten, und mein Vater ein Schmied, der das glühende Eisen auf den Ambos bog. Manchmal half ich als kleiner Kerl meinem Vater in seiner harten, demütigenden Arbeit.“; Mussolini, Citazioni, S. 154: ”Tutti i miei nonni, bisnonni, arcibisnonni erano dei lavoratori della terra, e perché non ci fosse più alcun dubbio al riguardo, ho piantato una lapide sulla casa colonica dalla quale risulta che tutte le generazioni dei Mussolini precedenti la mia hanno sempre lavorato con le loro proprie mani la terra.“
356 Stübler, Italien, S. 47, 62, 64; Diel, Duce, S. 14.
357 Stübler, Italien, S. 62, 71.
358 Ludwig, Gespräche, S. 72.

stische Bildung vermittelt ihm das konfessionslos ausgerichtete Institut eines Bruders des Dichters Giosuè Carducci (1835-1907). Die Protestrede des „Genossen-Studenten Mussolini" zu Garibaldis Ehren im sozialistischen Zirkel erwähnt der *Avanti!* 1901 „beifällig". Im gleichen Jahr erwirbt er das Lehrerdiplom[359] in Forlimpòpoli.[360] Erfolglose Unterrichtstätigkeit treibt ihn zur Emigration in die Schweiz. Maurer- und Ladengehilfentätigkeit befriedigen ihn als „Intellektuellen" nur kurz. De Luna urteilt, wie folgt: „*Er betätigte sich als sozialistischer Propagandist und traf damit eine eindeutig 'berufliche' Entscheidung, um seine schriftstellerischen und rhetorischen Gaben auszuwerten. Seine Antipathie gegen manuelle Tätigkeit war instinktiv.*"[361] Dem Vater aber wird in der Glanzzeit des Faschismus, wie um die ideologischen Kontraste zu überdecken, in Predappio eine „Bronzeskulptur" (F II 2) mit nacktem massigem Oberkörper am Amboß, in der Faust den Schmiedehammer, errichtet.[362]

Mussolini schreibt für das sozialistische *Avvenire del lavoratore* und wird als Redner zum „Sekretär der italienischen Gewerkschaft der Maurer und Hilfsarbeiter in Lausanne" ernannt. Wegen seiner „aktive[n] Solidarität mit dem lokalen Tischlerstreik" in Bern verhaftet ihn 1903 die Polizei und verweist ihn des Kantons.[363] Den Sozialismus definiert er nun als „Ziel und Bewegung (Kollektivierung des Eigentums, Klassenkampf) der Masse der Ausgebeuteten (Proletarier), die der gegenwärtigen besitzenden Klasse (Kapitalisten) durch Expropriation das zu nehmen streben, was den menschlichen Wohlstand ausmacht".[364] Als Delegierter der italo-sozialistischen Sektion auf dem VIII. Kongreß der Unione Socialista Italiana in Zürich lernt er den orthodoxen Marxismus kennen. Diesen bindet er in seine eklektische Ideologie ein und formuliert seine antireformistische Polemik gegen Parteilinie, Monarchie und Militär sowie einen militantem Antiklerikalismus gegen das „Opium der Völker": „Christi Moral führt zu Vertierung, zu Feigheit." Er spricht bereits die voluntaristische Annäherung (C I) an den revolutionären Syndikalismus aus: „*Die sozialistische Partei macht niemand mehr Angst, seit sie sich auf die schiefe Ebene der Kompromisse begeben hat. In höchsten konservativen Kreisen betrachtet man sie seelenruhig und beinahe liebäugelnd, denn die große Kranke wird ja stets legaler, harmloser und friedlicher, die Waffen des Kampfes werden immer höflicher. Oh, der Straßen-Sozialismus hat sich überlebt: Die Genossen stinken nicht mehr nach Petroleum...Das anmaßende Verhalten der herrschenden Klassen verdeutlicht, daß sie den Tod unter Trümmern einer langen, langsamen und ruhmlosen Agonie vorziehen. Dann*

---

[359] De Luna, Mussolini, S. 7ff.
[360] Mannhardt, Faschismus, S. 110.
[361] De Luna, Mussolini, S. 12.
[362] Ebd., S. 9; Predappio Ufficio, S. 12. Nach Auskunft der "Villa Càrpena", als Elternhaus "Casa dei Ricordi Mussoliniani" in Mèldola benannt, ist die Büste verschwunden.
[363] De Luna, Mussolini, S. 12f.
[364] Ebd., S. 12.

wird Gewalt nützlich, fruchtbar, entscheidend sein.“[365] Der letzte Satz verrät die Lektion Sorels, welcher in Frankreich der revolutionären Richtung des syndikalistischen „Antietatismus“ im Gegensatz zur reformistischen angehörte.[366]

Nach zweijährigem Militärdienst und ebensolangem Schuldienst kehrt Mussolini, schon als *Vero Eretico*[367] geprägt, 1908 in die Heimat zurück. In Predappio streiken die Tagelöhner gegen den „alten Brauch“ des „Arbeitsaustausches“ unter Pächtern und Halbpächtern der Romagna bei traditionsgemäß den Tagelöhnern vorbehaltenen Arbeiten. Er bewundert die „Schärfe der Kampfformen“ und sucht die Mentalität der Kontrahenten mit Hilfe seiner Ideologie zu ergründen (B VII 2): „*Nur ungern fügten sich die Bauern der List von Gutsherren und Priestern, als sie die Tagelöhner auf ihre Dreschplätze ließen, Eindringlinge, die sie um die Gelegenheit zu einem zweiten Karneval brachten. Diese rückständige Psychologie macht uns den verbissenen Widerstand der Tagelöhner und die Grausamkeit ihres Verhaltens verständlich.*“[368] Der hier psychologisch deutende sozialistische Agitator[369] Mussolini wird „wegen ‘Bedrohung’“ „während des Tagelöhnerstreiks“[370] zu drei Monaten Gefängnis verurteilt.[371] In den folgenden zwei Jahren geht er als „Sekretär der lokalen Arbeitskammer und Direktor der Zeitung *L'Avvenire del lavoratore* in das damals österreichische Trient“ und „wird wegen extremistischer Agitationen ausgewiesen“.[372] Zunächst Sekretär der Provinz-Föderation von Forlì und Direktor der Wochenschrift *La Lotta di Classe*, [373] wird Mussolini nach seiner antireformistischen Intervention auf dem Sozialistenkongreß in Reggio Emilia als Sprecher der gegen Militarismus und Kolonialismus agierenden „revolutionären Fraktion“,[374] wie oben erwähnt, Direktor des Parteiorgans *Avanti!*[375] 1911 ruft der PSI seiner pazifistischen Ausrichtung getreu „zum würdigen Protest der gekreuzten Arme, der sich von jeder Gewalttat fernhält“, über das soziale Anliegen hinaus gegen den Libyenfeldzug auf.[376] Mussolini hatte 1904 nach Verurteilung „wegen einfacher Fahnenflucht“

---

[365] Predappio Ufficio, S. 12; De Luna, Mussolini, S. 9-15.
[366] Sorel, Réflexions, S. 47-65: I. Lutte de classe et violence; ebd., S. 66-87: La décadence bourgeoise et la violence; ebd., S. 86: „Tout peut être sauvé, si, par la violence, (le prolétariat) parvient à reconsolider la division en classes et à rendre à la bourgeoisie quelque chose de son énergie; c'est le grand but vers lequel doit être dirigée toute la pensée des hommes qui ne sont pas hypnotisés par les événements du jour, mais qui songent aux conditions du lendemain.“ Vgl. Müller, AOG, S. 16/7.
[367] De Luna, Mussolini, S. 16: Pseudonym in den La-Lima-Artikeln.
[368] Ebd., S. 16f.
[369] Ebd., S. 16.
[370] Ebd., S. 147.
[371] Ebd., S. 16/17 = 147.
[372] Ebd., S. 19.
[373] Ebd., S. 20.
[374] Stübler, Italien, S. 88.
[375] Ebd.
[376] Ebd., S. 87.

seinen Militärdienst ableisten müssen[377] und 1910 geschrieben: „*Wir werden im Kriegsfall nicht an die Grenze eilen, sondern den Kampf im Innern entfesseln.*“ Jetzt sieht er „eine gute Chance, seinen alten Antimilitarismus mit einer Volksmobilmachung für den *antipatriotischen Kampf* zu verbinden“.[378] De Luna betont jedoch, daß dieser Streik „nur in wenigen Zonen“ trotz „der revolutionären Syndikalisten lebhafte Beteiligung“ erfuhr.[379] Mussolini wird wegen dieser Agitation mit Republikanern, so auch Pietro Nenni (1891-1980),[380] verhaftet und zu Gefängnis verurteilt.[381] Er zieht zukunftsweisende Bilanz: „*Zwei Tage und zwei Nächte lang war das anonyme, ausgebeutete, verachtete Volk unumschränkter Herrscher auf Straßen und Plätzen der Stadt. Die sozialistischen Arbeiter haben genug vom Pazifismus. Noch ein paar Jahre guter Propaganda, und diese Menge wird zu großem Heroismus und fruchtbaren* (sic!) *Opfern bereit sein.*“[382]

Angesichts bevorstehender territorialer Ausdehnungsperspektiven und industrieller Entfaltungsmöglichkeiten formieren sich 1910 die Irredentisten als künftige „Erben des antiken Rom“ und auch Konservative zur “Associazione Nazionalista Italiana“ unter Enrico Corradini (1865- 1931; C I):[383] Die „proletarische Nation“ Italien soll den internationalen Kampf so führen, als wäre er „unser nationaler Sozialismus“.[384] *Il volere d'Italia* von 1911 ist der voluntaristische Ausdruck seines Rechtsextremismus. Dieser fordert zur Erreichung „höchster Staatsziele“ „Disziplin und Gehorsam der unterdrückten Masse“ in den “Sindacati nazionali“.[385] Die Zeitungstitel *Il Regno*, *Mare Nostrum* und *La Grande Italia* weisen Ziele an, welche die Sozialisten des PSI nicht zu erreichen gesonnen sind.[386] Die Anhänger der „auf die Zukunft gerichteten Kunst“ preisen „das technische Zeitalter und damit den Imperialismus“. Als Futuristen (C I) verherrlichen sie das Automobil und den Krieg, “la sola igiene del mondo“,[387] „diese einzige Hygiene der Welt, den Militarismus, den Patriotismus, die Vernichtungstat der Freien“.[388] Corradini schwört 1914 in seiner Schrift *Il Nazionalismo italiano* den “patriottismo altruista“ und mit ihm den “spirito di corpo“ des „klassenbewußten Arbeiters“ auf den „egoistischen“, aber „moralischen Nationalismus“ ein.[389] Er predigt, das menschliche Dasein gehe nicht vom Einzel-, son-

[377] De Luna, Mussolini, S. 15.
[378] Ebd., S. 22.
[379] Ebd.
[380] Brockhaus Enzyklopädie, Bd. XV, S. 425: Nenni 1919 vorübergehend Faschist.
[381] De Luna, Mussolini, S. 23.
[382] Ebd., S. 23.
[383] Mannhardt, Faschismus, S. 114.
[384] Stübler, Italien, S. 84/85; Enciclopedia, Bd. XI, S. 468.
[385] Enciclopedia, Bd. XI, S. 468.
[386] Stübler, Italien, S. 84/85; Enciclopedia, Bd. XI, S. 468.
[387] D'Annunzio, Poesie II: Laudi, S. 519.
[388] Stübler, Italien, S. 76.
[389] Corradini, Nazionalismo italiano, S. 29, 45.

dern dem Kollektivleben aus“, und bringt ein Gleichnis: “Il mare della vita collettiva è un’entità rispetto agli individui come il mare proprio è un’entità rispetto alle onde.“[390]

Eine Woche nach dem 3. Kongreß der “Associazione nazionalista“ in Mailand, auf dem Rocco und Filippo Carli ein nationales Wirtschaftsprogramm vortragen,[391] wertet Rocco im “settimanale“ *L'Idea Nazionale* vom 23.V.1914 den Begriff “corporazione“ dem traditionellen Sinne der „Produktions- und Klassenbruderschaft“ „für alle an der Erzeugung Beteiligten“ gemäß wieder auf. Das 19. Jahrhundert hatte nämlich mit „auf den Individualismus“ eingeschworener „Naturrechtsphilosophie“ und „widersinniger Gleichmacherei“ dem sich von Frankreich her entwickelnden „Syndikalismus“ Auftrieb zum „Schaden“ der „korporative Unterschiede betonenden Standesordnungen“ gegeben. Die Bezeichnung der tatsächlich nicht mehr bestehenden “corporazione“ wurde „oft“ inhaltswidrig den „Gewerkschaften verliehen“. Rocco sieht sich als ersten diese „idea della corporazione integrale“ oder des „Zusammenfügens der herrschenden Differenzen“ vortragen: «*e noi proponiamo addirittura di sostituire il nome nostro a quello straniero* (sindacalismo) *e di parlare addirittura di corporazioni. Le corporazioni, che furono travolte* (= überrannt) *dall'individualismo della filosofia giusnaturalistisca e dell'egualitarismo della rivoluzione francese, possono ben vivere nella concezione sociale del nazionalismo italiano. Nelle corporazioni dunque, non l'assurda eguaglianza, ma la disciplina delle differenze, nelle corporazioni tutti i partecipi della produzione affratellati in una vera, opportuna e feconda fraternità di classe.*»[392] Die semantische Korrektur des Begriffes “corporazione“ als Rückbesinnung auf die Tradition (“il nome nostro“) und die inhaltliche Erweiterung als „disciplina delle differenze“ geben die Stichwörter für die Kapitel der späteren Gesetzgebungsanalyse (D und E).

Am Vorabend des Ersten Weltkrieges rufen der PSI, der Allgemeine Gewerkschaftsbund, die Unabhängigen Republikaner, Radikalsozialisten und Anarchisten zum „antimilitaristischen“ Generalstreik auf. Soldaten unterdrücken in dieser „Roten Woche“ vom 7. bis 14.VI.1914 die führungslose Volksbewegung.[393] Als der Krieg ausbricht, sind die folgenden Stationen des Umdenkens in Mussolinis Einstellung zu bewaffneten Auseinandersetzungen zu erkennen. Am 25.VII.1914 schreibt er: „*Für das italienische Proletariat ist der Tag gekommen, der alten Losung 'Keinen einzigen Mann und keinen Pfennig Geld!' die Treue zu beweisen.*“[394] Er hält nur die Sozialistische Partei für „immun gegen die allgemeine Ansteckung“[395] durch die Interventionisten und die Diskussion über „ge-

---

[390] Ebd., S. 7.
[391] Wagenführ, Korporative Wirtschaft, S. 157.
[392] Rocco, Stato, S. 410; vgl. S. 409.
[393] Stübler, Italien, S. 90f.; Beckerath, Fascistischer Staat, S. 5.
[394] De Luna, Mussolini, S. 28.
[395] Ebd., S. 29.

rechte“ und „ungerechte Kriege“.[396] Mussolinis Artikel *Dalla neutralità assoluta alla neutralità attiva ed operante* erklärt am 14.X.1914: „*Um einen Krieg zu vermeiden, muß man den Staat - revolutionär - stürzen.*“ Nach der Rechtfertigung vor dem Direktorium in Bologna schreibt er am 27.X.1914 im *Avanti!*: „*Daß ich mit dem festen Vorsatz nach Bologna gegangen bin, eine Situation auf die Spitze zu treiben, die mir immer unhaltbarer zu werden schien, ist völlig richtig.*“[397] Der PSI mißbilligt die Haltung der sozialistischen Interventionisten[398] und schließt ihn aus der Partei aus.[399] Mussolini dagegen sieht sich getreu dem Pseudonym seiner *Avanti!*-Aufsätze von 1910 bis 1914 in Selbstinterpretation als „L'homme qui cherche“[400] und sagt ein Jahrzehnt später: „*Ich war schon Fascist, als ich noch Sozialist war.*“[401]

In der Hoffnung auf die große Chance einer Revolution durch Krieg gründet Mussolini am 15. XI.1914 seine persönliche *Gazzetta socialista*[402] und nennt sie, den Titel von Mazzinis Nationalgesellschaftsorgan *L'Italia del Popolo* (B V) umkehrend, *Il Popolo d'Italia*: "Il grido è...una parola paurosa e fascinatrice: guerra!“[403] Er wendet sich vom Proletariat ab und hin „an die «Jungen» aus den Reihen der kleinbürgerlichen Klassenkollaboration und fand überraschend lobende Worte für“ die sonst gering eingeschätzte “piccola borghesia italiana“,[404] während seine Verachtung für die Massen wuchs: „*Vom Volk, das den Spaten verlassen und das Gewehr geschultert hat, verlangen wir einfach, daß es gehorcht.*“[405] Eine Äußerung in anderem Zusammenhang unterstreicht diese psychologische Einschätzung: „*Die niedrigen Klassen, die mit der Erde verwurzelt und noch barbarisch genug sind, um nicht alle Vorteile des sogenannten Komforts zu schätzen, haften dem eigenen Vaterland am verzweifeltsten an.*“[406] In solchem Spannungsfeld divergierender politischer Doktrinen hat Mussolini dank diesem neuen Mythos vom willenlosen lenkbaren Volk, den die „nationalen Sozialisten“ für die „proletarische Nation“ Italien geschaffen hatten, den ideologischen Sprung vom klassenkämpferischen Pol zu demjenigen der Bourgeosie vollzogen - in einer Kontrastgesellschaft, welcher im letzten Friedensjahr 800.000 wirtschaftlich Benachteiligte auf der Suche nach sozialem Aufstieg in Übersee den Rücken kehren.[407] Emil Ludwig gegenüber resümiert er: „*Die Strömungen waren verschieden, flossen aber zusammen. Die Nationalisten wollten*

---

396 Ebd., S. 28.
397 Ebd., S. 29.
398 Stübler, Italien, S. 92.
399 De Luna, Mussolini, S. 29f.
400 Diel, Duce, S. 16-19.
401 Arias pp., Mussolini, S. 142.
402 Stübler, Italien, S. 92; De Luna, Mussolini, S. 32; Diel, Duce, S. 18, 26.
403 De Luna, Mussolini, S. 30; Beckerath, Fascistischer Staat, S. 19.
404 Mussolini, Citazioni, S. 32.
405 De Luna, Mussolini, S. 31.
406 Ebd., S. 64.
407 Diel, Duce, S. 235.

Vergrößerung des Landes, die Demokraten wollten Trient, die Syndikalisten wollten den Krieg, um aus ihm die Revolution zu entwickeln, bei diesen stand ich."[408] Erstere kommen aus den mittleren Schichten, den "ceti medi"; letztere waren Arbeiterführer wie Alceste De Ambris (1874-1934; C I) und Filippo Corridoni.[409]

Ohne diese politische Umkehr wäre Mussolinis Konzeption der korporativen Gemeinsamkeit von Arbeitgebern und -nehmern in der *Carta del Lavoro* nicht denkbar gewesen. Im Februar 1915 verfügt der von ihm gegründete "Fascio interventista" über 9000 Mitglieder in 105 "Fasci rivoluzionari di azione".[410] Er zieht, ideologisch nun neu ausgerichtet, im August 1915 an die Front und resümiert angesichts der Schrecken, Soldaten seien für ihn „*einfache und lautere Seelen, die den Krieg als eine Notwendigkeit akzeptierten, die man nicht diskutiert*".[411] Aus derartigen inneren Erschütterungen und geistig-sozialen Auseinandersetzungen zwischen Wohlstand und Armut heraus tritt Italien, in politisch indoktrinierte Lager unversöhnlich gespalten, in den Ersten Weltkrieg. In diesem ideologischen Konglomerat von Sozialismus international-pazifistischer Prägung und Italianità-Enthusiasmus findet sich Italien am Vorabend des Völkerringens. Derartige Divergenzen überdeckt vier Jahre lang ein patriotisches Zusammengehörigkeitsgefühl. (Der Friedensschluß wird später die latenten Gewalten folgenschwer entfesseln.) Mit Beginn des I. Weltkrieges geht das zählebige bürgerliche Jahrhundert, welches die Französische Revolution zur Liberalisierung der Gesellschaftsstrukturen eingeleitet hatte, jäh zu Ende. Den von Sorel „mythisierten" Arbeiterverbänden waren die Unternehmerkonsortien mit eigenen Kampfmaßnahmen entgegengetreten: „Der Syndikalismus der Arbeiter löst einen universalen Syndikalismus aller gesellschaftlichen Schichten aus...Der Staat [] gibt Schritt für Schritt ihrer Souveränität nach."[412] Der Korporativismustheoretiker Luigi Amoroso nennt die „letzten Dezennien des 19. Jahrhunderts", „die industrielle Zusammenballung und die Herrschaft des Reichtums" ohne Rücksicht auf „das Gesamtinteresse" als Vicoanhänger „Die heroische Periode des Kapitalismus".[413] Im „Vorgefühl" bevorstehender Umwälzung der Gesellschaft mit „antirationalistischer Tendenz" gegen „Klassenherrschaft", „Liberalismus und Sozialismus" weist Adolf Menzels Rektoratsrede *Zur Psychologie des Staates* 1915 auch von deutscher Seite her auf die „in der Natur der politischen Gemeinschaft tief begründet[e]" „Zusammenfassung der im Volke schlummernden Energien" hin; „Gefühle und Willensregungen kollektiver Natur

---

[408] Ludwig, Gespräche, S. 86.
[409] Beckerath, Fascistischer Staat, S. 12.
[410] Mannhardt, Faschismus, S. 164.
[411] De Luna, Mussolini, S. 65.
[412] Panunzio, Allgemeine Theorie, S. 33.
[413] Beckerath, Korporative Wirtschaftstheorie, S. 11; ebd., S. 11/FN 1.

als die Träger der staatlichen Oranisationsprinzipien“ und nicht „Utilitätsgründe“ gäben den Anstoß dazu.[414]

Das nicht kalendarisch, sondern dank seiner gesellschaftsformenden Spann- und Prägekraft erst mit historischer Verzögerung auslaufende 19. Jahrhundert hatte expandierende Nationalismen und Imperialismen ausgelöst sowie enorme industrielle Energien freigegeben, jedoch auch den Antagonismus zwischen den aus dem Pauperismus erwachsenen Massenbewegungen des vierten Standes, wirtschaftlicher Atomisierung und uneingedämmtem Hedonismus (“I godimenti individuali!“)[415] des profitorientierten Kapitalismus heraufbeschworen. Wohl hatten nun alle Einwohner die Bürgerrechte, aber sie wurden ohne gebührende Aufwertung des „Schaffenden“ zu „gemeinsamen Nennern“ „planiert“, wie sich Rocco, der die naturgewollte Ungleichheit der Menschen des 18. Jahrhunderts rühmt, weil sie auch unterschiedliche ‚Zähler’ hervorbringt, mit einem Bild aus der Bruchrechnung zu verstehen gibt: „In verità il sistema democratico dell'atomismo suffragistico...ignorava il produttore e conosceva solo il cittadino, attribuendo a ciascun uomo come tale tutti i diritti, e livellando perciò tutti gli uomini sotto il comun denominatore del cittadino.“[416] Zwei Jahrzehnte später stellt Mussolini in seiner grundsätzlichen Abrechnung mit dem Kapitalismus die „Ermüdung der Lebenskraft“ besagter „Wirtschaftspolitik“ des „Liberalismus“ während der „Ära der Kartelle, der Syndikate, der Konsortien und der Truste“ fest. Er bezeichnet diese Phase als die zweite „statische“ „Periode“ des „Kapitalismus“ von 1870 bis zum Weltkrieg“. Ihr folgt unweigerlich die „dritte[] Phase“, d.h. „die Verfallsperiode“ des „monströsen, babylonischen“ „Superkapitalismus“ in „der Utopie des unbeschränkten Konsums“ (F III 3; 5).[417] Der eifrige Leser von Sorels Gedanken über die *Dégénérescence de la bourgeoisie par la paix*[418] erkennt an der sozialen Bruchstelle zweier Zeitalter in Europa unter dem Aspekt “capitale e lavoro in antagonismo“[419] den fruchtbaren Nährboden, auf dem sie die indoktrinationsbereiten „korporativ“ zu programmierenden Menschen für die Realisierung ihrer machtpolitischen Ansprüche einzuspannen und in eine neue ökonomische Organisation einzugliedern versuchen. Diese nun anbrechende schnell-lebige Epoche „einer neuen Lebensanschauung und ganz frischwüchsigen Geisteshaltung“, großartiger, aber verhängnisvoller technischer Errungenschaften, militärischer Katastrophen wie unendlicher menschlicher Leiden, der raumübergreifenden Ideologien, des gnadenlosen Gewerkschaftskampfes und wirtschaftlichen Kollapses erzeugt ein demagogisches Klima, das sich in

---

414 Menzel, Staatsgedanke, S. 130/1; ebd., S. 131/FN 3.

415 Rocco, Stato, S. 396: ”godimenti“ ein Terminus von Mussolini;

416 Ebd., S. 405.

417 Wagenführ, Korporative Wirtschaft, S. 14/15: 14.XI.1933 vor dem Nationalrat der Korporationen in Rom.

418 Sorel, Réflexions, S. 66-80.

419 Rocco, Stato, S. 397: 1926 resümiert Mussolini: ”Capitale e lavoro non sono due termini in antagonismo, sono due termini che si completano.“

Italien der verwegene Mut einer „kühnen“ Minderheit des Volkes zunutze macht, um dort nach Paretos Lektion „à l'assaut de l'ancienne société“ ohne Bedenken in der Wahl der Mittel[420] die Alleinherrschaft an sich zu reißen.

VII. Vom Generalstreik zur Organisation der Arbeit

Die ideologische Stimmenvielfalt, die während des Krieges weitgehend verstummte, ertönt nach dem Waffenstillstand in unerhörter Weise erneut und heftiger als zuvor. Stübler hebt aber die sozialistischen Tagungen in der Schweiz 1915 und 1916[421] sowie den „Turiner Aufstand“ vom 22.-26.VIII.1917 mit 50 Toten und 200 Verwundeten als „bedeutendste Aktion der italienischen Arbeiterklasse während des Weltkrieges“ hervor, aus der Gramsci als Generalsekretär der Kommunistischen Partei aufsteigt.[422] Stübler erwähnt den Rückfall der Seiden-, Woll-, Glas- und Papierfabrikation, die geringere Auslastung der Schwerindustrie, den Rückgang der Saatfläche um 25 % und den Ausfall der Getreideernte um 20 bis 25 % im Vergleich zum Vorkriegsdurchschnitt seit dem Beginn des totalen U-Boot-Krieges am 1.II.1917. Andererseits erhöht sich bei Ansaldo dank der Kriegsaufträge zwischen 1914 und 1918 das Eigenkapital von 30 Mio. auf 5 Mrd. L., die Zahl der Arbeitskräfte entsprechend von 4.000 auf 56.000. Die Lebenshaltungskosten klettern von 1913 (= 100) auf 264,1 bis Kriegsende im Gegensatz zum Fall der Reallöhne von 1913 (= 100) auf 64,6 und der Erhöhung der Arbeitszeit auf 16 Stunden. Gleichzeitig herrscht „Zuchthausdisziplin in den militarisierten Betrieben“ und in der Bevölkerung „regelrechte Hungersnot“.[423] - Der Dienst an der Front von August 1915 bis zu seiner schweren Verwundung am 23.II.1917 und die militärische Niederlage von Caporetto zur selben Zeit wie die bolschewistische Oktoberrevolution tilgen Mussolinis Begeisterung für den „revolutionären Krieg“. Damit wird für Mussolini die Ideologie von „Vladimiro Uljanov Lenin“ (1870-1924)[424] zu einer Chimäre. Ab 1.VIII.1918 trägt Mussolinis *Popolo d'Italia* nicht mehr den Untertitel *sozialistische Zeitung*,[425] „vielmehr“ seit 1919 *Tageszeitung der Kriegsteilnehmer und Produzenten*; dies „aus einem Bedürfnis nach Aktion“ als „Ausdruck einer geistigen Richtung“ hin zur Neugestaltung der Arbeitstheorie.[426] Noch unabhängig hiervon hatten sich am 1.V.1918 unter Leitung des sozialistischen Italoamerikaners Edmondo Rossoni (1884-1965) die völkischen Arbeitervereine zusammengeschlossen und seine

---

[420] Arias pp., Mussolini, S. 274: So sieht Codignola die „wirr durcheinandergehenden und oft trüben Bestrebungen“ des „aufgewühlten Jahrzehnts von 1905-1915“; Pareto, Manuel, S. 475, 477.
[421] Stübler, Italien, S. 262, 191f.
[422] Ebd., S. 98/99.
[423] Ebd., S. 97.
[424] Mussolini, Citazioni, S. 248.
[425] De Luna, Mussolini, S. 31/32.
[426] Mussolini, Dottrina, S. 848 = Doktrin, S. 16.

New Yorker Zeitung *L'Italia Nostra* zum Verbandsorgan erhoben: „Das Vaterland verleugnet man nicht, man erobert es."[427] (C II 1) Dieser Leitsatz wird Ritornell des *Canto del Lavoro* (B VII 2).

Schumann weist den bisherigen Parteien des PSI mit 200.000 meist maximalistischen Mitgliedern 1919 und der Confederazione del Lavoro mit 2 Mio. Gewerkschaftlern, dazu 156 Abgeordneten einerseits und den 100 katholischen Abgeordneten des Partito Popolare unter Don Luigi Sturzo[428] (B VI) andererseits die Schuld daran zu, daß die Verfassung ausgehöhlt wurde, weil sie keine gemeinsame zur Gesetzgebung fähige Mehrheit zu bilden bereit waren.[429] Als im Herbst 1920 im Sinne von Lenins Diktatur des Proletariats die Metallindustrie durch „Fabrikräte zur Ausübung der Kontrolle" im Norden besetzt wird und aus der Hochburg des Proletariats im FIAT-CENTRO eine kommunistische Parteizelle entsteht,[430] rufen die neugegründeten "Confederazione Generale dell'Industria" und "Confederazione Generale dell'Agricoltura"[431] Giolittis Militär zur Hilfe. Dieses streckt den Widerstand der „Roten Garden" blutig nieder.[432] So erfährt der Monat September 1920 „Höhe und Wende des Industriebolschewismus" mit 600.000 Streikenden in Italien.[433] Giolitti veranlaßt Gewerkschaft und Unternehmer unter der Schirmherrschaft zweier Präfekten zum Kompromiß über Lohnerhöhung und sechstägigen Jahresurlaub.[434] 1919 bis 1921 halten die "Magistrati" (= Amtsrichter) vielfach eigene Truppen. Gegen die „roten Stadtbarone" und die „syndikalistische Propaganda" zur *„action directe"* des landbesetzenden „radikalen Sozialismus" Mittelitaliens ist die Regierung völlig machtlos.[435] „Dies war keine Zeit für Furchtsame," leitet Schumann[436] in der Epoche „des Vorwaltens der 'Individualwillen'"[437] den Beginn des für Stübler „systematische[n] faschistische[n] Terror[s]" gegen die „Gewaltherrschaften" und „Tyrannis" der "baronie rosse" als „Neuauflage" der "settimana rossa" (so Beckerath) ein.[438] Denn am 23.III.1919 ruft Mussolini 43[439] „kühne" ehemalige Frontkämpfer, die "Fasci italiani di combattimento", „im Gebäude der Industrie- und Handelskammer der Mailänder Großbourgeoisie" (so Stübler)[440] auf der Piazza San Sepolcro zusam-

---

427 Mannhardt, Faschismus, S. 198.
428 De Luna, Mussolini, S. 31/32.
429 Schumann, Geschichte Italiens, S. 222.
430 Stübler, Italien, S. 110/111.
431 Ebd., S. 263.
432 Ebd., S. 109.
433 Beckerath, Fascistischer Staat, S. 3/4.
434 Ebd.
435 Heinrich, Faschismus, S. 44; Eschmann, Faschistischer Staat, S. 54; Beckerath, Fascistischer Staat, S. 3/4.
436 Schumann, Geschichte Italiens, S. 223.
437 Arias pp., Mussolini, S. 251.
438 Stübler, Italien, S. 110/111; Beckerath, Fascistischer Staat, S. 5, 19.
439 Heinrich, Faschismus, S. 2; Beckerath, Fascistischer Staat, S. 19: 145 Leute.
440 Stübler, Italien, S. 113.

men. Hier propagiert er mit der „Rückkehr zum alten Korporationssystem [...] die Idee des nationalen Syndikalismus vom ökonomischen Gesichtspunkte aus“.[441] Die “aristocrazia trincerista“ (aus dem Schützengraben) bildet „keine Parteiorganisationen nach alter Schablone“, sondern die „Zellkerne“ (so Beckerath).[442] Die “San-Sepolcristi“ zerschlagen die Druckerei von Mussolinis einstigem sozialistischen Blatte *Avanti!*[443] (Fünf Jahre später gibt er der *New York Times* zu Protokoll, Nietzsches Wort „Lebe gefährlich“ habe „ihn vom Sozialismus geheilt und mit dem Willen zur Macht erfüllt“.)[444] Bereits im Juli 1919 fordert der faschistische Bund „Intesa ed azione“ „mit liberalen, republikanischen und syndikalistischen Sondergruppen“ bei seiner Gründung den „volkswirtschaftlichen Organismus“.[445]

Zwei Wochen nach der faschistischen Programmverkündung am 28.VIII.1919 und einen Monat vor dem ersten Florentiner Faschistenkongreß am 9.X.1919 verwirklicht ein anderer Nietzscheanhänger, Gabriele Rapagnetta mit dem Adoptivnamen D’Annunzio (1863-1938), in seiner “bruciante passione“ den langersehnten “adriaticismo“, d.h. die „Nostrifizierung“ der Adria,[446] und besetzt als “poeta armato“ und Rinascimento-Condottiere am 12.IX.1919 mit Legionären die Stadt Fiume.[447] Eschmann kommentiert: Er „brachte etwas Licht in das Chaos und erweckte einen neuen Willen“.[448] Im Dezember folgt Mussolini „als einfacher Mitläufer“, notiert De Luna.[449] In seinem Freistaat sucht der Baron Italien ein Modell vorzuführen und Übermenschenalleingang mit Gemeinschaftsgeist zu vereinen: “combinare individualismo superomistico e sentimento comunitario“.[450] Nach seiner *Carta della Reggenza Italiana del Carnaro* ist das ganze in Berufsverbände gegliederte Volk zu gemeinsamer Arbeit in der Lage, höchste wirtschaftliche Produktivität der Nation zu entfalten (C I). Hierin ist die unmittelbare Vorgängerin der *Carta del Lavoro* zu sehen,[451] was De Luna, Schumann und Stübler verschweigen. Mussolini rät dem Dichter, der auf Mussolinis Geheiß anläßlich der tatsächlichen Annexion von Fiume 1924 vom König zum Principe

---

441 Eschmann, Faschistischer Staat, S. 68.
442 Beckerath, Fascistischer Staat, S.16.
443 Schumann, Geschichte Italiens, S. 223; De Luna, Mussolini, S. 36.
444 Wirtz, Ewige Wiederkehr, S. 6.
445 Eschmann, Faschistischer Staat, S.13.
446 Mannhardt, Faschismus, S. 309.
447 D’Annunzio, Poesie II, S. VIII.
448 Eschmann, Faschistischer Staat, S. 13.
449 De Luna, Mussolini, S. 37.
450 D’Annunzio, Poesie II, S. IX. Die Canzone del Quarnaro vom 18.II.1918 beschreibt Istrien zwschen dem Golfo di Venezia und dem Carnaro, dazu San Marcos Anspruch auf die Hafenstadt: "Fiume fa le luminarie / nuziali“ (zündet die Hochzeitslampen an). S. 570-573 nimmt den „Korsarenhandstreich“ auf die Stadt vorweg: "nozze (= Hochzeit) di corsaro...siamo trenta su tre gusci“(= auf drei Nußschalen).
451 Rößler, CDL und AOG, S. 12.

erhoben wird,[452] angesichts zum 16.XI.1919 anstehender Parlamentswahlen aus politischem Oppurtunismus vor dem direkten Zusammenstoß mit der Staatsmacht. Die Regierung Giolitti vertreibt die Legionäre Weihnachten 1920 durch Militär.[453]

Mussolinis San-Sepolcristi erheben am 23.III.1919 in Mailand nationalistische Ansprüche auf territoriale Entschädigung und fordern „Besitzsteuer für Kriegsgewinnler, Achtstundentag und Arbeitsverbot für Kinder unter 16 Jahren, Mitbestimmungsrecht der Werktätigen und Gewinnbeteiligung aller Arbeiter, Ausrufung der Republik, Abschaffung des Senats, Wahlrecht für beide Geschlechter".[454] Die Programmpunkte für die Neugestaltung der Wirtschaft erscheinen hier zum ersten Male (B VIII). Stübler aber kommentiert: „Die Faschisten tarnten sich als radikale, ja, revolutionäre Interessenvertreter der Arbeiterklasse."[455] Da „zu Beginn der zwanziger Jahre" „überwiegend mittelständische Kräfte" die Reihen der faschistischen Bewegung für ihre Aktionen füllen, bezeichnet die Linke diesen marxistischer Strategie entgegengesetzten „Klassenkampf à rebours" (C III 3; VII 2) als „agrare Reaktion".[456] Mobil machen die Squadristen mit Einverständnis des Präfekten gegen den General- und Solidaritätsstreik vom 20./21.VII.1919[457] „gegen (so Stübler) die imperialistische Intervention in Sowjetrußland und Räteungarn".[458] In den „beiden roten Jahren" ("*biennio rosso*")[459] hat sich Ministerpräsident Francesco Nitti (1868-1953; 23.VI.1919-15.VI.1920)[460] des "bolscevismo nullista di Stato"[461] (dt. Staatsverneiner) zu erwehren. Mussolini wirft dem liberalen Regime des "Socialismo cattolico" "di fronte ai nuovi vangeli[462] abwehrschwachen "Panglossismo" vor.[463] Das Selbstbewußtsein des Faschisten prägt den negativen Begriff in Ablehnung der Theodizee von *Candides* „optimistischem" Lehrer, diese sei immer noch die beste aller möglichen Welten; der Duce werde die agnostische Kabinettspolitik bald ins Positive verkehren.[464] Schon bei den Wahlen am 16.XI.1919 verlieren die Liberalen die absolute Mehrheit unter 508 Parlamentssitzen. Der PSI gewinnt

---

[452] D'Annunzio, Tutte le poesie II, S. XXIX.
[453] Stübler, Italien, S. 117.
[454] Ebd., S. 113; De Luna. Mussolini, S. 36.
[455] Stübler, Italien, S. 113.
[456] Robert Michels bei Beckerath, Korporative Wirtschaftstheorie, S. 3, 3/FN 1; ebd., S. 35.
[457] De Luna, Mussolini, S. 37.
[458] Stübler, Italien, S. 261.
[459] De Felice, Interpretazioni, S. 170.
[460] Brockhaus Handbuch, Bd. III, S. 384.
[461] Mussolini, Citazioni, S. 241, S. 170.
[462] Ebd., S. 238.
[463] Ebd., S. 241.
[464] Ebd., S. 241; Voltaire, Candide, S. 180: Pangloss: «dans ce meilleur des mondes possibles...Il est démontré...que les choses ne peuvent être autrement: car tout étant fait pour une fin, tout est nécessairement pour la meilleure fin.»

156 Sitze, der von Don Luigi Sturzo neugegründete[465] Partito Popolare Italiano, von ländlichen Mittelschichten, Handwerkern und Kleinindustriellen aus Furcht vor der sozialistischen Bedrohung ihres Besitzes gewählt, 100, ohne eine Regierung zu bilden.[466] Die Faschisten erringen in Mailand 4.657 von 270.000 Stimmen und ziehen nicht ins Parlament.[467]

Die Krise der kapitalistischen Weltwirtschaft im Herbst 1920 wirkt sich auch auf Italien aus. 410.000 Menschen wandern aus.[468] 1921 belagern die „bodenhungrigen Bauern" „im Verhältnis der Halbpacht (mezzadria)" „die Schlösser der Großgrundbesitzer" Süditaliens. „Im industriellen Norden herrscht [] der syndikalistische Marxismus". Diese soziale Krise weiß die „Regierung", „strengstens an den liberalen Doktrinen festhaltend",[469] nicht zu meistern. Angesichts des von den Faschisten verkündeten ökonomischen Radikalprogramms, das sie, wenn erst an der Macht, gegen Arbeitsniederlegungen verwirklichen wollen, gehen die 189 Streiks in der Landwirtschaft 1920 mit über einer Million Teilnehmern auf 89 Streiks mit 80.000 Teilnehmern 1921, in der Industrie die Streiks von 1881 auf 1045 und die Teilnehmer von 1.300.000 auf 645.000[470] zurück (1922: 552 Streiks mit 422.773, 1923: 200 mit 66.102 Streikenden).[471] Seit 1920 wenden sich die Faschisten von den traditionellen Gewerkschaften ab, um in Frontstellung gegen sie einen korporativen „nationalen Syndikalismus" ins Leben zu rufen.[472] Grund für den Rückgang des sozialistischen Widerstandes ist der bewaffnete Einsatz der von Mussolini „mit feinstem Gefühl" für „die Kräfte" der Zukunft gerade in den „Mittelschichten"[473] geworbenen "Squadre d'azione fascista": 1920/1 beispielsweise gegen die von der Polizei ungeschützten sozialistischen Stadtverwaltungen in Bologna und Ferrara; hier in den ersten drei Monaten von 1921 allein 130 antisozialistische „Strafexpeditionen".[474] Diese sollen einer „revolutionäre[n] Sturzflut in Italien" zuvorkommen.[475] Tatsächlich war das Ergebnis der Kommunalwahlen vom 31.X.1920 allgemein ähnlich demjenigen in Bologna: 18.170 sozialistische Stimmen, Nationaler Block 7.985, Popolari 4.694.[476] Auf dem XVII. Parteitag der Sozialistischen Partei vom 15. bis 21.I.1921 in Livorno verwerfen Serratis 98.128 Zentristen, die ihre „Bandiera Rossa vincerà" erschallen lassen, und 14.696 Reformisten unter Filippo Turati (B VI; F I 2), welche die „Arbeiterhymne" anstimmen, die Revolution mit „so-

---

[465] Stübler, Italien, S. 107/108.
[466] Ebd., S. 117; Schumann, Geschichte Italiens, S. 276/277.
[467] De Luna, Mussolini, S. 38.
[468] Diel, Duce, S. 234.
[469] Heinrich, Faschismus, S. 1.
[470] Stübler, Italien, S. 114.
[471] Candeloro, Storia IX, S. 54.
[472] De Luna, Mussolini, S. 42.
[473] Beckerath, Fascistischer Staat, S. 16.
[474] Ebd., S. 40; Stübler, Italien, S. 15/16; Mannhardt, Faschismus, S. 183-185.
[475] De Luna, Mussolini, S. 40.
[476] Stübler, Italien, S. 114/115.

fortige[r...] Einführung der Sowjetordnung“ in Italien. 58.783 von der sozialistischen Führungsschwäche während der Fabrikbesetzung enttäuschte[477] Kommunisten unter Bordiga und Gramsci gründen, die „Internationale“ singend, den Partito Comunista Italiano als Sektion der III. Internationale.[478] Stübler hebt hervor, daß sich von den 41.000 Mitgliedern des sozialistischen Jugendverbandes 35.000 für die Kommunistische Partei aussprechen.[479] Er kommentiert: „Ebenso wie die meisten anderen Bruderparteien, bildete sich auch die Kommunistische Partei Italiens durch die revolutionäre Tat einer Minderheit in der sozialistischen Partei.[480]

Die Wahlkampagne vom 8.IV.-14.V.1921 hinterläßt 105 Tote.[481] Nach einer Zählung bis zum 1.IX.1921 sind 726 Parteisitze verwüstet, 166 linke Militante umgebracht und 500 verletzt worden.[482] Am 15.V.1921 erhält die Sozialistische Partei bei den Wahlen 122 Sitze, die neue Kommunistische Partei 16, die katholische Volkspartei 107.[483] Unter 275 Abgeordneten der Nationalen Blöcke ziehen 45[484] (Schumann: 25)[485] Faschisten, davon 10 Nationalisten, ins Parlament ein.[486] Am 4.VII.1921 löst der Reformsozialist Bonomi den Liberalen Giolitti in der Regierung ab.[487] Im selben Monat bewaffnen sich auch die antifaschistischen Kampfbünde als ‘Arditi del popolo’ und ‘Squadre comuniste’.[488] Im August schließen deshalb die Faschisten ein Befriedungsabkommen mit den Sozialisten ab.[489] Auf dem 3. Fasci-di-combattimento-Kongreß im November 1921 wird der Partito Nazionale Fascista (PNF) gegründet. In 2200 Fasci verfügt er über 320.000 Mitglieder.[490] Der neue ‚Duce’ überwindet mit dem „dialektischen Gebrauch der Institutionen“ die Kritik an seinen „philo-republikanischen Äußerungen“ und kündigt das Befriedungsabkommen wegen der kommunistischen Gefahr wenige Tage danach.[491] Er forciert „die strukturelle Verwandlung der Bewegung in eine Partei“.[492] Das Programm sieht „die Idee der Nation als moderne gesellschaftliche Organisationsform“ anstelle der „Klassen“ und den „Staat“ un-

---

477 Schumann, Geschichte Italiens, S. 222.
478 Ebd.; Stübler, Italien, S. 111-113.
479 Stübler, Italien, S. 223.
480 Ebd., S. 113.
481 De Luna, Mussolini, S. 42.
482 Ebd., S.40.
483 Ebd., S. 42.
484 Ebd.
485 Schumann, Geschichte Italiens, S. 223.
486 De Luna, Mussolini, S. 42.
487 Stübler, Italien, S. 263.
488 Ebd., S. 118, 264.
489 Ebd., S. 263.
490 De Luna, Mussolini, S. 42.
491 Stübler, Italien, S. 119.
492 De Luna, Mussolini, S. 44.

ter dem Zeichen des “mito-Nazione“[493] als „Verwirklichung der Nation“ an.[494] Im selben Jahr beurteilt der „süditalienische Reformkonservative Giustino Fortunato“ (1848-1932) den „Faschismus“ als „ein >Wiederauftauchen< (rivelazione) alter, durch die Jahrhunderte der Fremdherrschaft und der staatlichen Zersplitterung hervorgerufener Übel und Schwächen Italiens, eine Rückkehr in die Zeit der Faktionskämpfe (B III; F I 3) des 14. und 15. Jahrhunderts; es sei das Schicksal Italiens“, „zwischen >Anarchie und Autokratie<, zwischen >Anarchie und Absolutismus< hin und her zu schwanken.“[495] Ein späterer „Faschisten-Film ‘Zu uns!’“ wertet den konkurrierenden Parallellauf staatlicher und außerstaatlicher Gewalt der „Jahre von 1915 bis 1922“ im umgekehrten Sinne als geschichtliche Kausalität, nach welcher „das italienische Volk sich eine Regierung außerhalb des Parlaments gegeben hat“.[496]

Der am 2.I.1922 gewählte Papst Pius XI. bekennt sich mit dem Kardinalstaatssekretär Pietro Gasparri (1852-1934)[497] offen zu den Faschisten.[498] Am 24.I.1922 verschmilzt unter Rossoni nach Mussolinis Einverständnis „die national-syndikalistische Arbeiterbewegung mit bestehenden fascistischen Organisationen“ zur “Confederazione (nazionale) delle Corporazioni Sindacali“,[499] seit dem 16.XII.1922 mit dem Zusatz “fasciste“.[500] Im Juni zählen sie „bereits 483 Abgeordnete“ und „eine halbe Million Mitglieder“. Nachdem sie im November 1922 unter staatlichen Schutz gestellt waren, erhöht sich die Mitgliederzahl bis Juni 1923 auf 1.500.000. Im August erklärt eine Zweidrittelmehrheit Loslösung von der sozialistischen Partei und Absage an den Klassenkampf. Die nichtfaschistischen Gewerkschaften hatten sich seit 1921 um 3.375.000 vermindert.[501] Am 3.III.1922 besetzen die Squadristen den gegenwärtigen Freistaat Fiume erneut.[502] Nach dem Sturz des Reformisten Bonomi bildet der Liberale Luigi Facta (*1861) am 26.II.1922 sein „rechtslastiges“ Kabinett.[503] Obwohl Mussolini den Squadre-Chefs befohlen hatte, sich an den Waffenstillstand zu halten,[504] dehnen die Faschistischen Aktionsgruppen 1922, bereits „Staat im Staate“,[505] mit Zehntausenden von Arbeitslosen von Bologna und Ferrara aus die „zweite Woge“ des Terrors mit „Strafexpeditionen“ nach Trient und Bozen[506] über die ganze Halbin-

[493] De Felice, Intervista, S. IX.
[494] Stübler, Italien, S. 119.
[495] Petersen, Totalitarismusbegriff, S. 101.
[496] Diel, Duce, S. 160.
[497] Stübler, Italien, S. 120.
[498] Ebd.
[499] Mannhardt, Faschismus, S. 198/199.
[500] Candeloro, Storia IX, S. 56.
[501] Mannhardt, Der Faschismus, S. 198/199.
[502] Beckerath, Fascistischer Staat, S. 23.
[503] Ebd.
[504] Ebd., S. 118/119.
[505] Heinrich, Der Faschismus, S. 2.
[506] Ebd., S. 211/212; De Luna, Mussolini, S. 45.

sel aus.[507] Daraufhin ruft die reformistisch geführte "Alleanza del Lavoro" am 1.VIII.1922 zum Generalstreik auf.[508] Regierungstruppen und die Squadristen des ehemaligen Verfechters der „grève prolétarienne" wie der „grève générale politique"[509] stürmen die Barrikaden der Arbeiter: Mussolini hat sich von Sorels Umsturzideologie distanziert. In der Folge dieser Niederlage[510] spaltet sich, am 1.X.1922 mit 32.000 gegen 29.000 Stimmen auf dem sozialistischen Parteitag in Rom ausgeschlossen, der reformistische „Partito Socialista Unitario Italiano" unter Filippo Turati (B VI; F I 2) und dessen Sekretär Giacomo Matteotti (1885-1924) vom PSI ab.[511]

Mussolini sucht im zweiten Halbjahr solide parlamentarische Allianzen; er gewinnt dank seiner antideutschen Einstellung die Nationalisten und mit seinem wirtschaftsliberalen Programm seinen „schwierigsten Gegner",[512] die aus „korporativ"-„genossenschaftlicher" Tradition und „organisch-ständischer Staatsauffassung der Kirche" erwachsenden und politisch konkurrierenden Popolari, die „den Senat berufständisch umzubilden" gedachten,[513] als Bündnispartner. Am 11.VIII.1922 macht er Zugeständnisse hinsichtlich der „Konstitutionalisierung": *„Daß der Faschismus Staat werden will, ist ganz klar. Nicht ebenso klar ist aber, daß er einen Staatsstreich auf sich nimmt, um dieses Ziel zu erreichen. Auf der anderen Seite ist der faschistische Marsch auf Rom schon im Gang, jedenfalls in historischem Sinn, wenn nicht in eigentlich revolutionärer Beziehung."*[514] Bei seiner Rede in Udine am 20.IX.1922 gibt Mussolini auch den Unternehmern und der Monarchie direkte Zusicherungen.[515] Am 11.X.1922 findet ein „letztes Gespräch mit Gabriele d'Annunzio" statt.[516] Für die Notwendigkeit eines „bewaffneten konterrevolutionären Schlages" werden auf dem Parteitag in Neapel die Kräfte am 24.X.1922 zusammengezogen. Dort umreißt Mussolini seiner Ideologie gemäß das künftige Verhältnis der Regierenden zum produzierenden Volk: *„Wir wollen die Grösse der Nation materiell und geistig. Darum gerade schaffen wir den Syndikalismus. Wir schaffen ihn nicht, weil wir glauben, die Masse als Zahl, als Vielheit, könne in der Geschichte etwas Dauerndes gestalten. Diese Mythologie der sozialistischen Dunkelmännerliteratur weisen wir von uns. Aber die arbeitsamen Massen sind vorhanden in der Nation, sind ein grosser Teil der Nation, sind notwendig für das Leben der Nation, so im Krieg wie im Frieden.*

---

507 Stübler, Italien, S. 120/121.
508 Ebd., S. 121.
509 Sorel, Réflexions: IV, S. 111-145; V, S. 146-177.
510 Schumann, Geschichte Italiens, S. 122.
511 Stübler, Italien, S. 121/122, Cordova, Sindacati fascisti, S. 107.
512 Raschhofer, Politischer Volksbegriff, S. 190/FN 272.
513 Beckerath, Fascistischer Staat, S. 48/9.
514 De Luna, Mussolini, S. 46.
515 Ebd.
516 Ebd., S. 48.

Zurückweisen darf und kann man sie nicht. Erziehen aber kann und darf man sie: ihre gerechten Belange kann und muss man schützen.“[517]

Das *Proclama* des „Quadrumvirato“ (Emilio de Bono, 1866—1944; Cesare Maria de Vecchi, Conte di Valcismon, 1884-1959; Leonardo Bianchi; Italo Balbo, 1896-1940) erinnert am 28.X.1922 an die Entscheidungsschlacht von Vittorio Veneto und fordert “Fascisti!“ sowie “Italiani!“ gemeinsam zum Marsch auf Rom auf, um nach vier Jahren „den verstümmelten Sieg wieder an sich zu reißen und glorreich aufs Campidoglio zu tragen“: “riafferra la vittoria mutilata“, “la riconduce alla gloria del Campidoglio“. Dem nicht eingreifenden Militär zollt der Faschismus seinen Respekt: ”Il Fascismo rinnova la sua altissima ammirazione all’Esercito di Vittorio Veneto.“ Den vier Jahre lang regierungsunfähig Gebliebenen versagt jedoch das Quadrumvirat die Hochachtung. Nach der Aufbietung der mythischen Elemente an die Nation aber spricht es, den Inhalt der *Carta del Lavoro* vorwegnehmend, die produktiv arbeitende Bevölkerung an, welcher der Faschismus eine die Nation einigende Disziplin auferlegt, damit gemeinsame Kraftanstrengung wirtschaftliches Wachstum und Wohlstand fördere: “Le classi che compongono la borghesia produttiva, sappiano che il Fascismo vuole imporre una disciplina sola alla Nazione e aiutare tutte le forze che ne aumentino l’espansione economica e il benessere.“ ”Le genti del lavoro, quelli dei campi e delle officine, quelli dei trasporti e dell’impiego nulla hanno da temere (= fürchten) dal potere fascista. I loro giusti diritti saranno lealmente tutelati. Saremo generosi con gli avversari inermi (= wehrlos). Inesorabili (= erbarmungslos) con gli altri.“[518]

Mussolini hat indessen am 27.X.1922 in Mailand vom Industriellenverband unter dem Versprechen, die Wirtschaft zu liberalisieren,[519] die Zusicherung erlangt, auf den König einzuwirken.[520] Dieser im Weltkrieg wegen seiner Unerschrockenheit ‘Re soldato’ genannte Monarch lehnt bei Anrücken des faschistischen Marsches auf Rom am 28.X.1922 Ministerpräsident Factas Ersuchen um Verhängung des Ausnahmezustandes ab, so daß dieser ohne Mißtrauensvotum des Parlaments abtritt.[521] Vom Monarchen zum neuen Ministerpräsidenten ernannt, legt Mussolini eine faschistisch-liberal-populistische Kabinettsliste vor.[522] Stübler hebt hervor, daß sich die „faschistische Meute [...] tobend und grölend, plündernd und mordend durch Roms Arbeiterviertel San Lorenzo...wälzte“, um „am gleichen Tag mit einem Vorbeimarsch am König und danach am neu-

---

[517] Arias pp., Mussolini, S. 200.

[518] De Luna, Mussolini, S. 49: Abbildung des Proclama; Panunzio, Allgemeine. Theorie, S. 83/84; vgl. *Nostro proclama* vom 8.II.1848 als Vorankündigung des *Statuto Albertino* vom 4.III.1848 bei: Bartoccini, Risorgimento, S. 89.

[519] Schumann, Geschichte Italiens, S. 225.

[520] Stübler, Italien, S. 122.

[521] Ebd.

[522] Ebd.

ernannten Ministerpräsidenten Benito Mussolini „die ersehnte Genugtuung" zu erreichen.[523] So schließt laut faschistischer Selbsteinschätzung die "prima fase" «insurrezionale». Ihr folgt die "seconda fase" mit der «conquista dello Stato», d.h. die «costituente».[524] Die neue Regierung wird im weiterbestehenden Parlament von den Gegnern zunächst gebilligt. Für Stübler beginnt die „Parlamentarische Phase des Faschismus".[525] Sie endet abrupt mit dem Attentat auf den Duce am 31.X.1926 durch einen Fünfzehnjährigen, welchen „die Faschisten an Ort und Stelle lynchten".[526] Am 7.X.1922 sagt der Liberale Giovanni Amèndola als Oppositionsführer (für De Luna ein „Antifaschist"): „Wir proklamieren die Pflicht aller, die Bemühungen der neuen Regierung zu unterstützen, soweit sie darauf abzielt, Ordnung, Disziplin, Finanzen und Wirtschaft wiederherzustellen."[527] Rossonis "Confederazione nazionale delle Corporazioni sindacali" verkündet im "proclama ai lavoratori" ihre Verbundenheit mit Staat und Faschismus. Der Finanzminister Alberto De'Stefani liberalisiert am 10.XI.1922 die industriellen Kapitalanlagen und duldet die Nichtversteuerung der Dividenden.[528] Die Staatsmonopole für Streichholzfabrikation, Telephonnetz und Versicherungen werden privatisiert,[529] Erbfolge-, Dividenden- und Vermögenssteuern abgeschafft, hohe Einkommenssteuersätze ermäßigt[530] und Kriegsgewinnler-Untersuchungsverfahren im Widerspruch zur Forderung von 1919 (B VIII) eingestellt.[531] Mussolini betont am 16.XI.1922 in der Regierungserklärung: *„Die Richtlinien der Innenpolitik lassen sich in diesen Worten zusammenfassen: Ökonomie, Arbeit, Disziplin. Wesentlich ist das finanzielle Problem. Wir müssen mit größter Dringlichkeit die Staatsbilanzen ausgleichen. Sparsames Regime. Kluges Disponieren der Ausgaben. Hilfe für die produktiven Kräfte der Nation. Schluß mit allen übriggebliebenen Kriegslasten."*[532]

De Luna registriert für das Jahr 1923 Massenentlassungen, so von 36.000 Eisenbahnern.[533] Stübler vermerkt das Sinken der Löhne um 13%.[534] Die Einkommensteuer wird auf die Arbeitslöhne der öffentlichen und halbstaatlichen Körperschaften ausgedehnt, ferner die landwirtschaftlichen Einkommen, auch der Kleinbauern und Halbpächter, besteuert.[535] Die Grundbesitzer dehnen dank Ge-

---

[523] Ebd., S. 123.
[524] Costamagna, Diritto pubblico, S. 289.
[525] Stübler, Italien, S. 264.
[526] Ebd., S. 132; De Luna, Mussolini, S. 63.
[527] De Luna, Mussolini, S. 50.
[528] Cordova, Sindacati fascisti, S.106;110; Schumann, Geschichte Italiens, S. 225; Stübler, Italien, S. 264.
[529] De Luna, Mussolini, S. 50.
[530] Ebd.
[531] Ebd.
[532] Ebd.
[533] Ebd., S. 51/52.
[534] Stübler, Italien, S. 125.
[535] De Luna, Mussolini, S. 51.

setz vom März 1923 die Arbeitszeit gegen die Forderung von 1919 (B VIII) auf 10-12 Stunden aus und verpflichten sich nicht mehr zur Weiterbeschäftigung im Winter.[536] Entsprechend werden die ländlichen Kooperativen, vorher bereits durch die Squadristi terrorisiert,[537] ganz abgeschafft.[538] Nach Widerruf des von den Popolari erreichten Visocchi-Dekrets dürfen landlose Bauern keine unbebauten Latifundien mehr besetzen.[539] Mussolini betont die (nach De Luna „antiproletarischen") Austeritätsmaßnahmen am 8.VI.1923 auf demagogische Weise: *„Sie ist eine Regierung, die harte Politik macht, grausame Politik, wenn man so will. Sie muß ihre Funktionäre zu Tausenden entlassen: es sind Richter, Offiziere, Eisenbahner, Werftarbeiter. Und jede Entlassung ist Anlaß zur Beunruhigung, zu Schmerz und Unbehagen Tausender von Familien. Ich habe Steuern auferlegen müssen, die sicher weite Kreise der italienischen Bevölkerung verwunden werden. Dieses italienische Volk hat noch nicht das gehabt, was man materielle Vorteile nennen könnte; es hat sie nicht gehabt!*"[540] Gleichzeitig bewahren öffentliche Mittel den „Spitzenverdiener des Weltkrieges", die Ansaldo-Schwerindustrie,[541] und den "Banco di Roma" (von Stübler „Bank der Freunde des Vatikans" genannt)[542] nach Geheimverhandlungen mit dem Kardinalstaatssekretär Gasparri vor dem Bankrott.[543] Kirchliche Hierarchien sehen sich so verpflichtet, aktiv am Fall des Parteisekretärs der Popolari Giovanni Sturzo mitzuwirken, während die Squadre die katholischen Parteibüros im Juli 1923 verwüsten.[544] Die staatspolitische Entwicklung zeitigt trotz des anfänglichen parlamentarischen Charakters rasch die Einbringung faschistischer Formen in den Gewaltenapparat. Schon der am 15.XII.1922 exklusiv ernannte Gran Consiglio del Fascismo beschneidet das Gesetzgebungsrecht des Parlaments.[545] Die Fasci di combattimento und Squadristi verüben vom 18. bis 20.XII.1922 in Turin ein Blutbad unter politischen Gegnern.[546] Am 12.I.1923 gehen sie ohne Verantwortung vor König und Parlament, nur dem Duce verpflichtet, in der staatlich besoldeten "Milizia Volontaria per la Sicurezza Nazionale dello Stato" auf.[547]

Mussolini hatte am 30.X.1922 ein Kabinett von drei Faschisten, zwei Popolari, zwei Demokraten, einem Nationalisten, einem Demo-Sozialen (Zentrum), einem Liberalen, einem Unabhängigen und zwei Militärs vorgestellt.[548] Mit dieser

[536] Stübler, Italien, S. 125.
[537] Ebd., S. 120/121.
[538] De Luna, Mussolini, S. 52.
[539] Ebd., S. 51; Stübler, Italien, S. 124.
[540] De Luna, Mussolini, S. 52.
[541] Stübler, Italien, S. 124.
[542] Ebd.
[543] De Luna, Mussolini, S. 52.
[544] Ebd., S. 53.
[545] Stübler, Italien, S. 125.
[546] Ebd., S. 246.
[547] Ebd., S. 125; Schumann, Geschichte Italiens, S. 223.
[548] De Luna, Mussolini, S. 48.

Mehrheit in beiden Kammern erreicht er die Bewilligung von Ausnahmevollmachten für 12 Monate.[549] Der Duce schafft so das Vorbild zum „Ermächtigungsgesetz“[550] (C II 1; VIII 1;3), das Hitler 11 Jahre später seinerseits einbringt. Die “legge Acerbo“ vom 21.VII.1923[551] (vom 23.VII.1923 laut Stübler[552] und laut Schumann[553] vom November 1923) ändert bereits den Parlamentarismus erheblich: Die Partei mit einfacher Mehrheit erhält zwei Drittel der Sitze.[554] 25% der Stimmen einer Partei gegen 75% der Opposition genügten, um ⅔ der Sitze zu erhalten.[555] Deshalb sagt Stübler lapidar: „Abgeordnetenkammer billigt ein Wahlbetrugsgesetz.“[556] In die „Einheitsliste“ der Faschisten ziehen berühmte Liberale[557] und die Blauhemden von D'Annunzios Associazione Nazionalista Italiana ein.[558] Mussolinis Definition der “forza“ in einer „konsolidierten Gesellschaft“[559] kennzeichnet das Klima bei einer Wiederaufnahme der squadristischen Gewalt im großen Stil“[560] vor den Wahlen: *„Ich erkläre, daß ich, wo das möglich ist, mit Zustimmung der Mehrzahl aller Bürger regieren will; aber in der Erwartung, daß diese Zustimmung sich ausbildet, größer und stärker wird, halte ich ein Maximum an verfügbarer Gewalt in Reserve.*“[561] Die Wahlen am 6.IV.1924 bringen den Faschisten 65%[562] oder 4.884.000 Stimmen mit 260 plus 114 Sitzen auf der Einheitsliste ein, den Gegnern 2.373.000.[563] Das Acerbo-Gesetz war demnach nicht notwendig gewesen, nur eine Vorsichtsmaßnahme. Am 30.V.1924 entlarvt Giacomo Matteotti den Wahlkampfterror und fordert die Ungültigkeitserklärung der Wahlen.[564] Einige Tage später entführt ihn eine Squadra, was Mussolini zunächst vor der Kammer abstreitet. Aber der Leichnam wird bald entdeckt.[565] Mussolini rechtfertigt die Untat mit dem „Beweggrund“ von Machiavellis *Fürsten*, d.h. der „Notwendigkeit“, und lobt im “Elogio ai gregari“ vom Februar 1925 seine „Gefolgsleute“ (bei Vico “seguaci“): “Il terrore può essere una necessità.“[566] Der Senat aber spricht Mussolini mit 235 gegen 21 Stimmen sein Vertrauen aus. Die Opposition verläßt aus Protest das Parlament, grün-

---

549 Schumann, Geschichte Italiens, S. 223.
550 Mannhardt, Faschismus, S. 114.
551 De Luna, Mussolini, S. 54.
552 Stübler, Italien, S. 264.
553 Schumann, Geschichte Italiens, S. 224.
554 Ebd.
555 De Luna, Mussolini, S. 54.
556 Stübler, Italien, S. 264.
557 De Luna, Mussolini, S. 54.
558 Stübler, Italien, S. 126.
559 De Luna, Mussolini, S. 53.
560 Ebd., S. 54/55.
561 Ebd., S. 53.
562 Schumann, Geschichte Italiens, S. 224.
563 De Luna, Mussolini, S. 55.
564 Ebd.; Schumann, Geschichte Italiens, S. 224; Stübler, Italien, S. 127.
565 Stübler, Italien, S. 126/7, 264.
566 Mussolini, Citazioni, S. 52; Machiavelli, Principe, S. 5, 6 = II, III.

det mit 123 Abgeordneten die "secessione"[567] und nennt sich „Aventinblock"[568] nach dem Heiligen Hügel, auf den die entrechteten Plebejer 496 v. Chr. aus Protest gegen Roms herrschendes Patriziat in mythischer Zeit ausgewandert waren. Die politische Satire *L'Asino* (F II 1; 2) nennt den Aventin den „Gipfel" der „Freiheit", auf den "sette uomini" "dei partiti di opposizione" am „Kreuz"[569] der "*Libertà di associazione*"[570] vorbeiziehen, die „Denkkastrierten"[571] hinter sich lassend.[572] Für Mussolini dagegen „bringt" der Hügel „allen Unglück", „die hinaufgehen".[573] Denn damals hatte Menenius Agrippa (C I; VIII 3) die plebejischen Separatisten dank seiner verführerischen Fabel vom alle gleichmachenden korporativen Staat mit dem nur scheinbar die ganze Nahrung für sich verschlingenden und allein für sich verdauenden Arbeitgeber Bauch und seinen ständig ohne greifbaren Lohn unentwegt heranschaffen müssenden Gliedern zur Rückkehr in die Urbs bewegen können. Der König duldet die Verschleppung der gerichtlichen Untersuchung, zumal am 12.IX.1924 mit der Ermordung gerade des Vizepräsidenten der faschistischen Syndikate, Armando Casalini (D I), durch einen linkssozialistischen Arbeiter in Rom die Antwort auf die geschichtliche Herausforderung erfolgt. „Damit war also dem Rachebedürfnis des Volkes Genüge geschehen."[574] Am 20.XII.1924 legte Mussolini dem Parlament das Gesetz zum „Einmann-Wahlkreisrecht" ("collegio uninominale"; B V) vor.[575] An den vorangegangenen Metallarbeiterstreiks vom April bis Juli 1925 in Norditalien hatten sich auch die faschistischen Gewerkschaften unter Mißbilligung des Gran Consiglio beteiligt[576] und bei der Industrie den Anstoß zur sogenannten "scala mobile"[577] der Löhne gegeben.[578] Umgekehrt war der 47tägige Marmorarbeiterstreik gegen die "esportatori" von Carrara Ende Dezember zum Nachteil der Gewerkschaften unter Rossoni und der Partei gescheitert;[579] die Confederazione Generale del Lavoro (für Rossoni das "spettro di un organismo laburista")[580] hatte 450.000 Mitglieder erreicht[581] und bis März 1925 gehalten, dem Monat von 30.000 Arbeitsniederlegungen in der Lombardei, welche die faschistischen Ge-

---

567 "secessione" und "ostruzionismo [] col veto" als Rechtsgegenstand in: Rivista di diritto pubblico 1925, S. 95.

568 Schumann, Geschichte Italiens, S. 224.

569 L'Asino, S. 424: tre croci di Ferro.

570 Ebd., auch: libertà di voto, di riunione.

571 Ebd., Fra i castrati; il Pensiero.

572 Ebd.

573 Ludwig, Gespräche, S. 101: Mussolinis Kommentar.

574 De Luna, Mussolini, S. 56; Mannhardt, Faschismus, S. 382; Eschmann, Faschistischer Staat, S. 121.

575 Cordova, Sindacati fascisti, S. 321/322.

576 Schumann, Geschichte Italiens, S. 226; Stübler, Italien, S. 265; vgl. Jocteau, Magistratura, S. 11.

577 Jocteau, Magistratura, S. 12.

578 Cordova, Sindacati fascisti, S. 296/297.

579 Ebd., S. 317-324: Carrara.

580 Ebd., S. 401.

581 Ebd., S. 354.

werkschaften beenden.[582] In dieser Lage richtet Mussolini am 3.I.1925 keine einschmeichelnden Worte an das Parlament, sondern bekennt sich zum Hauptverantwortlichen an den Verbrechen des Faschismus[583] und zur „Gewalt" als politischer „Lösung".[584] Drei Tage später werden politische Zirkel aufgelöst, Häuser durchsucht und 111 Oppositionelle verhaftet.[585] Der Duce stellt fest: „Die Lage im Innern ist eindeutig unter Kontrolle der faschistischen Partei, alles übrige zählt höchstens als Material für die Archäologie."[586] Mussolini darf nämlich nicht gleichzeitig während dieser ‚Aventinianer-Krise'[587] die Unterstützung der Wirtschaft verlieren, zumal die Zeitschrift des Unternehmerverbandes *Confindustria* im September 1924 gewarnt hatte: *„Solange der Faschismus ein Element der Ordnung, der Ruhe, der Möglichkeit zu ausgeglichener, gewinnbringender Arbeit ist, wird die Industrie auf Seiten der Regierung stehen. Sollte der Faschismus aber zu einem - wenn auch indirekten - Element der Unordnung werden und sollte es zu Erschütterungen, tumultuarischen Manifestationen und unbesonnenen Streiks kommen, würde sie unsere Zustimmung nicht länger finden."*[588]

Trotz Metallarbeiterstreik mit Beteiligung faschistischer Gerwerkschaften unter Mißbilligung des Gran Consiglio[589] stabilisiert sich das Regime. Die Parteimitgliederzahl steigt auf 599.988 im Jahre 1925 und unüberschreitet zwei Jahre später die Millionengrenze.[590] Dazu trägt 1926 die amerikanische Bewilligung eines Kredits bei. Sie ermöglicht, Italien in das westliche Notenbanksystem und die internationale Finanzgemeinschaft einzubeziehen.[591] Im Gegensatz zu De Lunas negativem Rückblick auf das Wirtschaftsjahr 1923 und Stüblers Hinweis auf das Absinken der Löhne um 13% bei Mussolinis Regierungsantritt[592] steigen laut Schumann jährlich zwischen 1921 und 1925 das Volkseinkommen um 4% und die Exporte um 15%.[593] Zu solchem Aufschwung verhelfen im Kriege entwikkelte, neue Verfahren. Die Kunstfasererzeugung nimmt von jährlich 1480 t auf 320.000 t in den ersten zehn Nachkriegsjahren zu. Der italienische Anteil an der europäischen Industrieproduktion steigt von 6,7% 1912 auf 8,2% 1929.[594] Der Finanzminister Alberto De'Stefani (*1879) hebt die „Dollaranleihe" von „100000000 $"[595] „durch das Bankhaus Morgan" hervor, „die neue Arbeitslei-

---

[582] Ebd., S. 357-389.
[583] Schumann, Geschichte Italiens, S. 224; Stübler, Italien, S. 128.
[584] De Luna, Mussolini, S. 57-59.
[585] Ebd., S. 59.
[586] Ebd., S. 60.
[587] Ebd., S. 64.
[588] Ebd., S. 55.
[589] Ebd., S. 64; Schumann, Geschichte Italiens, S. 226; Stübler, Italien, S. 265.
[590] De Luna, Mussolini, S. 60.
[591] Ebd., S. 51/52.
[592] Stübler, Italien, S. 125.
[593] Schumannn, Geschichte Italiens, S. 225/226.
[594] Ebd.
[595] Eschmann, Faschistischer Staat, S. 58.

stung und den übergrossen Bevölkerungszuwachs" („Nettovermehrung im Jahr 400.000 Menschen"), „zu denen die Armseligkeit unserer kapitalistischen Rüstung und der Verfügbarkeit unseres Sparsystems im schärfsten Gegensatz stehen".[596] Er weist auf Auslandsschuldentilgung[597] und den Rückgang des Arbeitslosen-Monatsdurchschnitts hin; 1922: 399.000, 1923: 264.000, 1924: 165.000, 1925: 110.000.[598] Auch die Einwohnerzahl steigt. 1918 hat Italien auf 286.682 qkm 36.700.000 Einwohner, in den Grenzen nach dem Vertrag von Saint-Germain mit 315.000 qkm[599] 1920 37.700.000,[600] 1921 38.500.000,[601] 1922 40 Mio.[602]

Die Normalisierung der Wirtschaft ermöglicht Mussolini die Fühlungnahme mit den sozialistischen und katholischen Gewerkschaften. Rossonis Konzept, daß Gewerkschaften und Arbeitgeberverbände übergeordnete ‚Korporationen' zur Schlichtung anrufen,[603] hatte Mussolini veranlaßt, den Chef der Squadre Dino Grandi (1895-1988), einst Anarchist, 1943 Initiator der Duce-Absetzung, und Italo Balbo (1896-1940), Quadrùnviro des Marsches auf Rom und später Luftmarschall, am 20.XII.1923 mit Rossoni zusammenzubringen. Sie gründen unter dessen Leitung die Unione Italiana del Lavoro. Rossoni trägt mit dem Syndikat als der „Vereinigung von gleichartigen Interessen" den „nationalen Gedanken zu den unteren, schwer arbeitenden [...] Schichten". Er will somit „die geistige Gesundheit des Volkes sichern". Ein halbes Jahr später zählt sie 2 Mio. Die Wochenzeitung *Lavoro d'Italia* und die Monatsschrift *Stirpe* (= Geschlecht; B II 2) sind die Verbandsblätter.[604] Schumann betont hier den amerikanischen Ursprung der Konzeption, bedauert aber, daß mit dem „Korporativen Staat" ein „Zwangsgebilde" (F III 5) entstand, „das von dem auf reiner Vereinbarung ruhenden 'Korporativen Syndikalismus' Rossonis lediglich einen Teil des Namens und der Grundgedanken borgte".[605] Am 21.XII.1923 unterschreiben die Faschistischen Gewerkschaften mit der Confederazione generale dell'industria den "patto di Palazzo Chigi" (E 2) mit einer Fünferkommission zur ständigen Zusammenarbeit.[606] Um die faschistische und die regimefeindlichen Gewerkschaften einander anzunähern, beruft Mussolini den bekannten Streikführer der Brescianer Metallarbeiter Augusto Turati (1888-1955) zum Sekretär des Partito Nazionale Fascista.[607] Während am 1.V.1925 die Antifaschisten das Manifest italienischer Intel-

---

[596] Arias pp., Mussolini, S. 376.
[597] Ebd., S. 388/389.
[598] Ebd., S. 376; Mannhardt, Faschismus, S. 270, 270/FN 3.
[599] Brockhaus Handbuch, Bd. II, S. 511.
[600] Kennedy, Aufstieg und Fall, S. 308.
[601] Italien Informationen, S. 16a.
[602] Brockhaus Handuch, Bd. II, S. 511.
[603] Eschmann, Faschistischer Staat, S. 14.
[604] Mannhardt, Faschismus, S. 198/199.
[605] Schumann, Geschichte Italiens, S. 226.
[606] Jocteau, Magistratura, S. 11; Aquarone, Stato totalitario, S. 116.
[607] Schumann, Geschichte Italiens, S. 226.

lektueller veröffentlichen, wird die "Opera Nazionale del Lavoro" gebildet.[608] Im Mai 1925 schreibt Mussolini unmißverständlich: „*Der faschistische Syndikalismus betrachtet das Element des Kapitals nicht als ein Element, das zu unterdrücken ist, denn das ist praktisch und historisch absurd, sondern als ein freier zu gestaltendes, auszubauendes Element.*"[609] Er weist auf die eigene „Kompetenz in dieser Materie" aus seiner Vergangenheit als Gewerkschaftler hin: „*Es hat überhaupt keine Frage von größerem gewerkschaftlichem Interesse gegeben, die ich nicht geprüft und bisweilen auch gelöst hätte.*"[610]

Am 2.X.1925, dem Vorabend faschistischer Ausschreitungen in Florenz,[611] treffen sich Gewerkschaftler und Arbeitgeber mit dem Spitzenverband der Industriellen, der Confindustria, im Palazzo Vidoni (C II 1; V 1; VIII 3). Sie einigen sich darauf, den Nationalen Bund der Faschistischen Gewerkschaften als einzigen Vertreter der Arbeiterschaft und „alleinige Gegenseite" anzuerkennen.[612] Gleichzeitig hebt der Palazzo-Vidoni-Pakt die Einrichtung der Fabrikräte, der „Inneren Kommissionen"[613] aus der "Era Giolitti", auf[614] und leitet vom alten Gewerkschaftswesen zum Korporativen Staat über, der von Rossonis auf freier Vereinbarung gründendem „Korporativem Syndikalismus" lediglich das fundamentale Bestimmungswort angenommen hatte. Deshalb prangert das "Comitato sindacale comunista nazionale" in einem „Manifest" "questo incorporamento schiavista" an.[615] Am 6.X.1925[616] überträgt der Faschistische Großrat die Schiedsgerichtsbarkeit für gewerkschaftliche Konflikte auf ein besonderes Arbeitsgericht.[617] Am 11.XII.1925 verkündet Mussolini vor der Kammer "sulla disciplina giuridica dei rapporti collettivi di lavoro": „*Vor Allem steht die Leistung, das schöpferische Tun, die Tat. Und Tat entsteht nur durch Bewältigung, Ueberwältigung einer widerspenstigen Materie. Tat ist Kampf.*"[618] Es ist die Korrektur des im Ausland verbreiteten Vorurteils einer Wirtschaft von „Katzlmachern" und „Maccaroni".[619] Der III. Parteitag der KP vom 20. bis 26.I.1926 in Lyon erscheint wie eine

---

[608] Stübler, Italien, S. 265.
[609] De Luna, Mussolini, S. 65.
[610] Ebd.
[611] Stübler, Italien, S. 265.
[612] Schumann, Geschichte Italiens, S. 228; De Luna, Mussolini, S. 64.
[613] De Luna, Mussolini, S. 65.
[614] Schumann, Geschichte Italiens, S. 226.
[615] De Felice, Mussolini fascista, S. 100, 101/FN 1: "nel medio evo le Corporazioni affidavano (= vertrauten an) i mandati di rappresentanza per libera elezione."
[616] De Felice, Mussolini fascista, S. 100/FN 1: 8.X.1925.
[617] De Luna, Mussolini, S. 65.
[618] Arias pp., Mussolini, S. 25; vgl. Ley bei Riedler, Arbeitslehre, S. 89, 114/FN 151: Arbeit heißt Kampf mit der Materie. Das Bild des Baedekeritaliens und der „psychologischen Auswirkungen der Fremdenindustrie" zerreißt Mussolinis populistische Formulierung bei: Eschmann, Faschistischer Staat, S.7;ebd., S. 11: „Wir haben es satt, alte Gipsbüsten abzustauben; wir wollen eine Nation von Produzenten sein."
[619] Mannhardt, Faschismus, S. 110.

Replik zu Mussolinis Berufung auf Heraklits voluntaristische Maxime (C I) und Aristoteles' vitalistisches Formprinzip der Entelechie. Gramsci und Palmiro Togliatti (1893-1964) erkennen, daß Arbeiterklasse, Landproletariat sowie Süd- und Inselitaliens Bauern die Triebkräfte der Revolution wohl mitbestimmen, daß sich der Faschismus aber gleichzeitig der ökonomischen Grundlagen im Besitz der Industrie- und Agraroligarchie bediene und seine Klassenbasis differenziert zu untersuchen sei, zumal er *„ein Werkzeug in den Händen einer der imperialistischen Gruppen sein wird, die um die Weltherrschaft ringen“*[620] - was wie eine Vorausschau auf den Gang der Geschichte erscheint. Renzo De Felice fügt hinzu, die “tesi di Lione“ hätten in dem sich um den Faschismus scharenden aufsteigenden Mittelstand die geistige Gemeinsamkeit eines anbrechenden Kapitalismus entdeckt (“avevano individuato nei ceti medi emergenti raccòltisi intorno al fascismo <una comune mentalità di 'capitalismo nascente'>“).[621]

Wie eine zeitlich darauf abgestimmte Antwort wird am 3.IV.1926 das von Professor Alfredo Rocco vorbereitete Gesetz über die Korporationen verabschiedet[622] (D). Die Erlasse vom April und Juli 1926 setzen die tägliche Arbeitszeit auf neun Stunden herauf. Die Lohnerhöhungen bleiben „im Verhältnis zu den Lebenskosten [sic!] 100 Punkte unter dem Vorkriegsniveau“.[623] Anläßlich der Gehaltserhöhung für die Beamten und Angestellten des Staates kommentiert Mussolini: *„Das Verhalten der Staatsdiener ist zufriedenstellend, sowohl vor- wie nachher, denn die Staatsdiener wissen und müssen wissen, und ich wiederhole es hier noch einmal: ein sicheres Mittel, um keinen einzigen Pfennig zu bekommen, ist Agitation. Die Zeit der Agitierenden, Agitatoren, der ständig wiederkehrenden Agitationen ist vorbei.“*[624] Im Juli 1926 richtet Mussolini das Ministerium der Korporationen (E 1; F III 1) ein und leitet es bis 1929.[625] Das Attentat vom 31.X.1926 auf Mussolini beendet die parlamentarische Epoche. 123 Abgeordnete der Opposition verlieren das Mandat, die Kommunisten und ihr Führer Gramsci werden sogar verhaftet.[626] Ab November 1926 urteilt ein Sondergericht staatsfeindliche Verbrechen und politische Ausschreitungen ab.[627] Unter dem Druck der Ereignisse löst sich der Allgemeine Italienische Gewerkschaftsbund (CGL) am 4.I.1927 auf:[628] *„Der Faschismus ist eine Tatsache. Wir können gegen eine Tatsache nicht ankämpfen.“*[629] Am 20.II.1927 gründen die

---

620 Stübler, Italien, S. 131/132.
621 De Felice, Intervista, S. X.
622 Schumann, Geschichte Italiens, S. 226.
623 De Luna, Mussolini, S. 65.
624 Ebd.
625 Schumann, Geschichte Italiens, S. 226.
626 Stübler, Italien, S. 132.
627 Ebd., S. 265; Schumann, Geschichte Italiens, S. 224,
628 Jocteau, Magistratura, S. 11.
629 Stübler, Italien, S. 132/133.

Kommunisten mit Reformisten, Zentristen und Anarchisten in einer Geheimkonferenz den Gewerkschaftsbund neu.[630]

Das faschistische Regime erstrebt nach der weitausgreifenden Unterdrückung seiner Gegner in Konsequenz der Ereignisse den sozialen Ausgleich und verabschiedet am 21.IV.1927 die *Carta del Lavoro* (E 2). De Luna bezeichnet das ideologische Dokument des faschistischen Korporativismus als die „doppelte Negation von <Liberalismus> und <Sozialismus>."[631] Schumann sieht darin nicht so sehr die „Knebelung der Arbeitnehmer", sondern „das Ende der im Mailänder Gespräch erhofften Liberalisierung der Wirtschaft",[632] die Mussolini am Vorabend des Marsches auf Rom zugesagt[633] und durch Gesetz vom 10.XI.1922 eingeleitet hatte.[634] Schumann resümiert: „Der Einbau der Arbeitnehmer- und Arbeitgeberverbände in die Diarchie (Dyarchie = Zweimännerherrschaft) mag durch eine Rezession beschleunigt worden sein."[635] In der Folge ordnet Mussolini den festen Kurs von 90 L. zum £ (Sterling; bisher 153 L.) und 19 L. zum US-$ an.[636] Mit dieser Aufwertung gehen die Exporte zurück. Die Arbeitslosigkeit steigt von 181.439 auf 414.283.[637] Die Senkung der Inlandskosten und der Exportpreise schafft Abhilfe. In dieser Zeit entwickeln sich die militärischen Gesamtausgaben von 1924/5 mit 3.288.600.000 Lire = 16,29% des Gesamtetats über 3.114.900.000 Lire = 18,38% 1925/6 zu 4.231.700.000 L. = 21,85% 1926/7.[638] Meuccio Ruini setzt 1924 den „Reallohn in London" mit 100 an. Im Vergleich betragen die Arbeitsentgelte in den USA 214 (vgl. F III 1: salari, alla Ford), Kanada 173, Holland 89, Skandinavien 81 bis 72; Paris 73, Brüssel 64, Madrid 57, Prag 56, Wien 47, Rom 46, Lisbona 32.[639] Die Deflation wird durch eine allgemeine über die Verbände durchgeführte Lohn- und Gehaltssenkung erreicht.[640] Aber im Vergleich zu 1913 mit dem Index 100 steigen die Lebensmittelpreise von 584,45 im November 1924 auf 639,39 im Februar 1925.[641] Das kommunistische Auslandsblatt *L'Unità* ruft im Titel vom 15.III.1927 auf: Resistere alla seconda ondata di riduzione dei salari! S C I O P E R A T E ! A salario di merda, lavoro di merda! L'ORO DI MUSSOLINI: I SALARI DEGLI OPERAI PAGATI IN ASSEGNI; IN CARTA QUALUNQUE !!"[642] (Widerstand gegen die 2. Lohnkürzungswelle! Streikt! Nach solchem Lohnbeschiß scheißt

---

[630] Schumann, Geschichte Italiens, S. 224-226.
[631] De Luna, Mussolini, S. 65.
[632] Schumann, Geschichte Italiens, S. 227.
[633] Ebd., S. 225.
[634] Ebd.; Stübler, Italien, S. 122.
[635] Stübler, Italien, S.122.
[636] Schumann, Geschichte Italiens, S. 227; De Luna, Mussolini, S. 86/87.
[637] Schumann, Geschichte Italiens, S. 227.
[638] Eschmann, Faschistischer Staat, S. 43.
[639] Cordova, Sindacati fascisti, S. 244/245.
[640] Schumann, Geschichte Italiens, S. 227.
[641] Cordova, Sindacati fascisti, S. 354.
[642] Levi, Storia d'Italia, S. 250/251; vgl. Schumann, Geschichte Italiens, S. 227.

auf die Arbeit! Das ist Mussolinis Gold: Arbeiterlöhne in Gutscheinen, schäbigen Papierfetzen ausgezahlt!!) Mussolini hebt dagegen den Erfolg hervor: *„Die italienischen Arbeiter und Bauern haben eine Kürzung ihrer Löhne akzeptiert, die man rühmlich mit einigen Milliarden beziffern darf; sie haben also für ihr Teil aufs beste zu den Notwendigkeiten der Schlacht um die Lira beigetragen.“*[643] - Die Parlamentsreform vom 9.XII.1928 verabschiedet die Konstitutionalisierung des Faschistischen Großrats neben der parlamentarischen in der *Constitutio Albertina* verankerten Monarchie und schafft den konstitutionellen Schwebe- oder Zwitterzustand einer Dyarchie (= „Diarchie“)[644] (F III 5). Sie überträgt dem neuen Staatsorgan die Auswahl der 400 Kandidaten für die Einheitsliste.[645] Dafür haben die Arbeiter- und Unternehmerverbände 800 Namen vorgeschlagen.[646] Der politisch dadurch unangetastet gebliebene Monarch zündet zur gleichen Zeit zum Gedächtnis der Schwarzhemden eine Votivlampe in der Kapelle des ‘Fascio’ von Bologna an.[647] Im Zuge des Ausgleichs mit den divergierenden Kräften schließt der Faschismus am 11.II.1929 die Lateranverträge mit Pius XI. ab[648] (B V), der Mussolini als „Mann“ der „Vorsehung“ würdigt (B 1).[649] Das Abkommen mit dem Vatikan findet zusammen mit der Entscheidung über die Abgeordneteneinheitsliste mit 8.517.838 Ja- gegen 135.773 Neinstimmen seine Billigung.[650]

VIII. Die Erzeugungsschlacht und ihr Finale

Bis zum Jahre 1929 sind folgende Zahlen aufschlußreich: Italien hat 1927 40.500.000,[651] 1928 40.300.000,[652] 1933 aber 42 Mio.[653] Einwohner. Das Industrialisierungsniveau pro Kopf (im Vergleich zu Großbritannien: 1900 = 100) beträgt 1928 in Italien 44. Für Deutschland gilt 128, für Frankreich 82, für Großbritannien 122 und die Vereinigten Staaten 182.[654] Die relativen Anteile an der Welt-Industrieproduktion betragen 1928 für Italien 2,7%, für Deutschland 11,6%, für Frankreich 6%, für Großbritannien 9,9% und die Vereinigten Staaten

---

643 De Luna, Mussolini, S. 90.
644 Ebd., S. 68
645 Ebd., S. 69.
646 Schumann, Geschichte Italiens, S. 227.
647 De Luna, Mussolini, S. 69.
648 Ebd., S. 65/66; Stübler, Italien, S. 137.
649 Stübler, Italien, S. 138; Seibt, Hegelianer, S. N5: OB Adenauer telegraphierte damals Mussolini und Nuntius Pacelli seine Glückwünsche; Candeloro, Storia IX, S. 244/245.
650 De Luna, Mussolini, S.67/68; Schumann, Geschichte Italiens, S. 227; vgl. Eschmann, Faschistischer Staat, S. 39.
651 Taschenatlas, S. 36.
652 Kennedy, Aufstieg und Fall, S. 308.
653 Seydlitz, Geographie, S. 29.
654 Kennedy, Aufstieg und Fall, S. 309.

39,3%.[655] Das Industriegesamtpotential mit dem Index Großbritannien 1900 = 100 lautet 1928 für Italien 37, Deutschland 158, Frankreich 82, Großbritannien 135 und die Vereinigten Staaten 533.[656] Die Kunstfasererzeugung steigt von 1.480 t 1919 auf 32.300 t 1929 und erringt den zweiten Platz in der Weltproduktion. Der italienische Anteil an der europäischen Industrieproduktion steigt von 6,7% 1913 auf 8,2% 1929.[657] und erringt den zweiten Platz in der Welt.[658] Die italienischen Anteile an der Welt-Industrieproduktion belaufen sich 1928 auf 2,7%, 1929 auf 3,3% und 1932 auf 3,1%. Die deutschen betragen 11,6%, 11,1% und 10,6%, die französischen 6,0%, 6,6% und 6,9%, die britischen 9,9%, 9,4% und 10,9% und die US-amerikanischen 39,3%, 43,3% und 31,8%.[659] Die Eisen-/Stahlindustrie erzeugt 1920 in Italien 730.000 t, 1930 1.700.000 t, in Deutschland 7.600.000 t bzw. 11.300.000 t, in Frankreich 2.700.000 t bzw. 9.400.000 t, in Großbritannien 9.200.000 t bzw. 7.400.000 t und den Vereinigten Staaten 42.300.000 t bzw. 41.300.000 t.[660] 1920 beträgt der Energieverbrauch in Mio.-t Kohleäquivalent in Italien 14,3 und 1930 24, in Deutschland 159 und 177, in Frankreich 65 und 97,5, in Großbritannien 212 und 184 und in den Vereinigten Staaten 694 und 762 Mio t.[661] Der Schwarze Freitag vom 4.X.1929 leitet mit dem New Yorker Börsenkrach[662] die Weltwirtschaftskrise ein. In Italien und Frankreich fällt die Industrieproduktion um 31,2% zurück, in Deutschland um 46,7%, in Großbritannien um 6,5% und den Vereinigten Staaten um 46,2%.[663] Zwischen 1929 und 1933 gehen die italienischen Exporte um zwei Drittel zurück. Die Arbeitslosigkeit verdreifacht sich 1929 auf 1.200.000,[664] davon 715.000 in der Industrie.[665] In der „kapitalistischen" Welt finden 27 bis 30 Mio. Menschen keine Arbeit.[666] Viele Betriebe gehen zur 3- bis 4-Tage-Woche über.[667] Laut Wagenführ gibt es in den Wintermonaten von 1929 489.000 Arbeitslose, 1930 642.000, 1931 982.000, 1932 1.148.000 und 1933 1.229.000.[668] Die Löhne werden 1930 und 1934 der Kaufkraft der Währung entsprechend gesenkt, 1935 und 1936 dank korporativer Initiative aber erhöht.[669]

---

[655] Ebd., S. 311.
[656] Ebd.
[657] Schumann, Geschichte Italiens, S. 226.
[658] Stübler, Italien, S. 124/125.
[659] Kennedy, Aufstieg und Fall, S. 496.
[660] Ebd., S. 312.
[661] Ebd.
[662] Stübler, Italien, S. 137.
[663] Ebd.
[664] Schumann, Geschichte Italiens, S. 227.
[665] Stübler, Italien, S. 137.
[666] Ebd.
[667] Ebd.
[668] Wagenführ, Korportive Wirtschaft, S. 42; laut De Felice, Mussolini fascista, S. 247: "216 mila disoccupati"; Stübler, Italien, S. 137: in dieser Periode 1.019.000 Arbeitslose.
[669] Diel, Duce, S. 209.

Während der Staat „in der ersten Zeit nach der Machtergreifung" „den Ballast aller wirtschaftlichen Betätigung und seiner 'ökonomischen Attribute' zu entledigen" versucht hatte, lenkt er nun „einzelne Abschnitte des wirtschaftlichen Lebens" und „breite Teile der italienischen Erwerbswirtschaft" „durch Übernahme von Aktienpaketen" und Ausdehnung des Kreditnetzes dank „parastataler" Kreditinstitute.[670] Einher geht die "battaglia della lira"[671] mit dem Ziel der Parität zum £ ("quota novanta"; 90 L. > 1£).[672] Mussolini gleicht den Zusammenbruch der internationalen Wirtschaft zum Teil durch schon vorher begonnene Autarkiebestrebungen aus. Landgewinnung wird jetzt rentabel und schafft Arbeitsplätze. Um die Importe zu drosseln, eröffnet der Duce die „Getreideschlacht".[673] Er wendet sich an die „Kameraden vom Stande der Ackerbauern",[674] "vincitori della battaglia del grano",[675] und verkündet „totale Urbarmachung" gemäß der "economia corporativa" und "politica della ruralizzazione"[676] dank Ausweitung des Finanzkapitals „aufs Land".[677] Alberto De' Stefanis „'Komplementärentwicklung' von Landwirtschaft und Industrie" nennt Mussolini „Mischökonomie".[678] Bei der Einweihung der neuen Provinz Littoria weist Mussolini auf den Zusammenhang von Agrar- und Rüstungspolitik hin: "Poiché è l'aratro che traccia il solco (= Furche), ma è la spada che lo difende."[679] "Chi ha del ferro ha del pane."[680] Ein Propagandaplakat aus den Jahren der „Mystik der Autarkie"[681] entspricht einem Aufruf des *Popolo d'Italia* vom 8.XII.1920, damals in Konkurrenz mit den katholischen Landreformern. Es zeigt einen Jungen, der einen Laib Brot an sich drückt: NON TOGLIETE IL PANE AI FIGLI DEI NOSTRI LAVORATORI. ACQUISTATE PRODOTTI ITALIANI.[682] (Nehmt den Kindern unserer Arbeiter nicht das Brot weg! Kauft italienische Erzeugnisse!) Manche Historiker sehen in Mussolinis ökonomischer Politik wirtschaftliche Stagnation oder ein Instrument der „Agrartransformation", da es die Zunahme des Stadtproletariats bremste.[683]

Schwache Industrieunternehmen werden durch staatliche Finanzgesellschaften, das 1931 geschaffene Istituto Mobiliare Italiano (IMI) und das 1933 gegründete

---

[670] Beckerath, Korporative Wirtschaftstheorie, S. 2, 2/FN 1.
[671] De Felice, Mussolini fascista, S. 71.
[672] Ebd., S. 247.
[673] Stübler, Italien, S. 139; Diel, Duce, S. 111; Mussolini, Citazioni, S. 149.
[674] Stübler, Italien, S. 139.
[675] Mussolini, Citazioni, S. 154.
[676] Spirito, Il corporativismo, S. 447/448.
[677] De Luna, Mussolini, S. 87.
[678] Alexander Nützenadel bei Klinkhammer/Nützenadel, Sozialgeschichtliche Probleme, S. 6.
[679] Mussolini, Citazioni, S. 153.
[680] Ebd., S. 154.
[681] De Luna, Mussolini, S. 109.
[682] Ebd., S. 102: Abbildung: symbolische weiße Lettern unterstrichen; Rest grau auf schwarzem Grund; vgl. Diel, Duce, S. 187-189.
[683] Vgl. De Luna, Mussolini, S. 89/90; Cordova, Sindacati fascisti, S. 40.

Istituto per la Ricostruzione industriale (IRI), gestützt oder übernommen.[684] Weitere Lohn- und Gehaltssenkungen folgen. Die Unternehmerseite muß sich mit der „Unkonvertierbarkeit" der Lira abfinden.[685] Im großen und ganzen funktioniert auf diese Weise die Inlandswirtschaft auf einem stark reduzierten Niveau weiter. Mussolini verteidigt die „natürliche Selektion" der Betriebe: *„Nicht alle können gerettet werden. Einige verdienen sogar, auf Grund zu laufen. Die meisten davon gehören zur Kategorie der geschäftlichen Kurpfuscher...Männer, die eher tollkühn sind als Unternehmernaturen, Industrie- und Finanzakrobaten, die bei ihren Vorhaben aufs Äußerste gehen und keinerlei Hemmungen besitzen. Ihre Palette reicht vom Zement bis zur Schokolade, vom Schwersten wie Blei bis zum Leichtesten wie Kunstseide."*[686] Das Hauptaugenmerk fällt bei der Industrieförderung auf Siderurgie, Maschinenbau und Chemie.[687] Bei der Bewältigung der Weltwirtschaftskrise schneidet der korporative Staat in mancher Hinsicht besser ab als die anderen Länder.[688] Die Verelendung der Massen kann vermieden werden. Schumann nennt dies „immerhin ein Verdienst des Duce".[689] Für seine Regierung bezeichnet Mussolini diesen (3.) Zeitabschnitt (bis 1934) als denjenigen des „Aufbaus".[690] Am 20.IV.1930 erfolgen die Reorganisation des Nationalrates der Korporationen (Generalstab für die Wirtschaft)[691] wie die Bildung der ersten Korporationen mit den traditionellen „produktiven Zyklen" Landwirtschaft, Industrie, und Dienstleistungssektor. 1930 wird dem Korporationenministerium der Nationalrat der Korporationen angeschlossen. Das Ministerium ist die Hauptschlichtungsstelle für die einzelnen Berufssparten sowie ihre Arbeiter- und Unternehmerverbände. 1934 sind im Korporationenministerium 22 Korporationen vertreten.[692] Sie sind nach Produkten gegliedert (F III 2, Skala 8). Stübler bemerkt: *„Die Organisation auf der Grundlage von Produkten sollte das Verschwinden der Klassen vortäuschen."*[693] Die Führungsgremien werden vom Duce auf Vorschlag der faschistischen Partei, des zuständigen Ministeriums, der faschistischen Gewerkschaft und des Gesamtverbandes der Industrie ernannt.[694] Stübler schreibt: *„Für die Perspektive verhieß er, den Nationalrat der Korporationen in den Rang eines 'Generalstabs für die Wirtschaft' zu erheben und ihn sogar an die Stelle der Abgeordnetenkammer zu setzen."*[695] In der Praxis übernehmen die Korporationen keine Aufgabe staatlicher Organe.[696]

---

[684] De Luna, Mussolini, S. 89; Schumann, Geschichte Italiens, S. 227.
[685] Schumann, Geschichte Italiens, S. 227.
[686] De Luna, Mussolini, S. 89.
[687] Ebd.
[688] Schumann, Geschichte Italiens, S. 227.
[689] Ebd.
[690] Diel, Duce, S. 121.
[691] Stübler, Italien, S. 139, 265.
[692] Ebd., S. 138.
[693] Ebd.
[694] Ebd.
[695] Ebd., S. 139; vgl. Diel, Duce, S. 106.
[696] Stübler, Italien, S. 139.

Wegen seiner Konzeption der „Eigentümerkorporationen" (“*corporazione proprietaria*“)[697] warfen die rechten Parteigegner dem linken Philosophen Spirito “tendenze «bolscevizzanti»“[698] vor.[699] Am 5./8.V.1932 trägt er sie auf dem ”Secondo Convegno di studi sindacali e corporativi“ in Ferrara (F I 3) vor.[700] Er fordert für die “corporati azionisti“[701] im Sinne der “cointeressenza“[702] „Eigentum und Leitung des gesamten Produktionsapparats“.[703] Dies wird 1933 verworfen.[704] Da Mussolini im neuen Element der faschistischen Ideologie dem Etatismus zuneigt,[705] negiert er die dirigistischen Ansprüche des linken Korporativismus, obwohl er in dieser ‚Systemkrise' (F III 5) ideologischer Auseinandersetzung Konzessionen gemacht hatte. Vor der Generalversammlung des „Nationalkonzils der Korporationen“ sagt er am 14.XI.1933:[706] *„Die Krise ist so tief in das System eingedrungen, daß sie zu einer Krise des Systems wurde...Das ist schon kein Trauma mehr, das ist eine konstitutionelle Krankheit. Wir können heute versichern, daß die kapitalistische Produktionsweise überholt ist und mit ihr die Theorie des Wirtschaftsliberalismus, die sie illustrierte und verherrlichte...Der Korporativismus ist die disziplinierte und also auch kontrollierte Wirtschaft, weil man nicht an eine Disziplin ohne Kontrolle denken kann. Der Korporativismus überholt den Sozialismus und Liberalismus, er schafft eine neue Synthese. Eine Tatsache ist symptomatisch: eine Tatsache, über die vielleicht noch nicht genügend nachgedacht worden ist, daß nämlich der Verfall des Kapitalismus mit dem Verfall des Sozialismus zusammentrifft.*“[707] (F III 5)

1933 hat Italien 42 Mio. Einwohner,[708] 1938 43.800.000, Deutschland 68.500.000, Frankreich 41.900.000, Großbritannien 47.600.000 und die Vereinigen Staaten 138.300.000.[709] Das Industrialisierungsniveau pro Kopf (im Vergleich zu Großbritannien: 1900 = 100) beträgt 1938 in Italien 61. Für Deutschland gilt 144, für Frankreich 73, für Großbritannien 157 und die Vereinigten Staaten 167.[710] Die relativen Anteile an der Welt-Industrieproduktion betragen 1938 für Italien 2,8%, für Deutschland 12,7%, für Frankreich 4,4%, für Großbri-

---

697 Candeloro, Storia IX, S. 289; entsprechend Aquarone, Stato totalitario, S. 200.
698 Aquarone, Stato totalitario, S. 200.
699 De Luna, Mussolini, S. 88.
700 Candeloro, Storia IX, S. 289, 289/FN 38.
701 Ebd., S. 289; vgl. Spirito, Il corporativismo, S. 357 = Beckerath, Korporative Wirtschaft, S. 6.
702 Candeloro, Storia IX, S. 289.
703 Vgl. Aquarone, Stato totalitario, S. 200; vgl. Candeloro, Storia IX, S. 289.
704 De Luna, Mussolini, S. 88.
705 Ebd., S. 89.
706 Ebd., S. 88.
707 Ebd.
708 Seydlitz, Geographie, S. 29.
709 Kennedy, Aufstieg und Fall, S. 308.
710 Ebd., S. 309.

tannien 10,7% und die Vereinigten Staaten 31,4%.[711] Mit dem Index Großbritannien: 1900 = 100 ist das Industriegesamtpotential 1938 in Italien 46, in Deutschland 214, in Frankreich 74, in Großbritannien 181 und den Vereinigten Staaten 528.[712] Die relativen Anteile an der Welt-Industrieproduktion" betragen 1938 für Italien 2,8, Deutschland 12,7, Frankreich 4,4, Großbritannien 10,7 und die Vereinigten Staaten 31,4.[713] Dank seiner strengen Währungsmaßnahmen erzielt Italien im November 1936 einen Ausfuhrüberschuß von 55 Mio. L., 1938 das eigens eingerichtete Valutenministerium den Ausgleich zwischen Im- und Export.[714] Die Elektrifizierung der Eisenbahn steigt von 1.300 km 1922 auf 4.800 km 1938.[715] Die italienische Eisen-/Stahlindustrie produziert im gleichen Jahr 2.300.000 t,[716] Deutschland 23.200.000 t,[717] Frankreich 6.100.000 t,[718] Großbritannien 10.500.000 t und die Vereinigten Staaten 28.800.000 t.[719] Italien stellt 1938 70.000 Autos her, Großbritannien 445.000.[720] 1938 beträgt der italienische Energieverbrauch in Mio t Kohleäquivalent 27,8 Mio., in Deutschland 228 Mio., in Frankreich 84 Mio., in Großbritannien 196 Mio. und den Vereinigten Staaten 697 Mio-t Kohleäquivalent.[721] Die Anteile Italiens an der Welt-Industrieproduktion betragen 1937 2,7% und 1938 2,9%, Deutschlands 11,4% und 13,2%, Frankreichs 4,5% in beiden Jahren, Großbritanniens 9,4% und 9,2% und der Vereinigen Staaten 35,1% und 28,7%.[722] Die italienische Kohleförderung beträgt 1938 1.500.000 t, die französische 46.500.000 t und die britische 231 Mio. t.[723] Italiens relatives Kriegspotential beläuft sich 1937 auf 2,5%, das deutsche auf 14,4%, das französische auf 4,2%, das britische auf 10,2% und das US-amerikanische auf 41,7%.[724] Die Statistiken zeigen einerseits die ökonomischen Anstrengungen des faschistischen Regimes, andererseits das potentielle Mißverhältnis zu den künftigen Rivalen in der weltweiten Auseinandersetzung, in die es sich, auch rein rechnerisch gesehen, nicht hätte einlassen sollen. Die vom Völkerbund anläßlich des Abessinienkrieges verhängten Sanktionen veranlassen die Schaffung des Commissariato generale fabbricazione di guerra (COGEFAG). Die vom Stato maggiore geforderten Mindestmaterialreserven kann Italien mangels hinreichender Zahlungsmittel nicht einkaufen.[725] Angesichts der statistisch ersichtli-

[711] Ebd., S. 311.
[712] Ebd.
[713] Ebd.
[714] Diel, Duce, S. 213.
[715] Ebd., S. 225.
[716] Kennedy, Aufstieg und Fall, S. 310; Schumann, Geschiche Italiens, S. 231: 6,2 Mio. t.
[717] Kennedy, Aufstieg und Fall, S. 310.
[718] Ebd., S. 310; Schumann, Geschichte Italiens, S. 231: 6,2 Mio. Tonnen.
[719] Kennedy, Aufstieg und Fall, S. 310.
[720] Schumann, Geschichte Italiens, S. 231.
[721] Kennedy, Aufstieg und Fall, S. 310.
[722] Ebd., S. 496.
[723] Schumann, Geschichte Italiens, S. 231.
[724] Kennedy, Aufstieg und Fall, S. 500.
[725] Schumann, Geschiche Italiens, S. 231.

chen Disproportionalität verwehren 1935 mit Beginn des bis 1945 nicht mehr abbrechenden militärischen Engagements die *Norme per limitare la pubblicità di atti e documenti riflettenti la vita economica e finanziaria dello Stato* zum Schutz der "esigenze nazionali" "in eccezionali circostanze" den unverstellten Einblick in die korporative Wirtschaftsentwicklung.[726] Aber Louise Diel verhehlt nicht, daß 1936 600.000 Arbeitslose gezählt werden,[727] und vom dreijährigen Einsatz im spanischen Bürgerkrieg ist der 14-Mrd.-L.-Militärhaushalt bekannt.[728] Vor solcher ökonomischen Disproportionalität sieht der „Aufbauplan für die neue italienische Ökonomie" vom 23.III.1936 „maximale Autonomie bei den Rohstoffen und Übergang der Schlüsselindustrien für die Verteidigung in den Staatsbereich" vor.[729] Im Zuge dieser Neugestaltung wird die seit 1925 geforderte "trasformazione della Camera in una «rappresentanza delle categorie»"[730] am 14.XII.1938 mit Auflösung des Abgeordnetenhauses kraft L.n.129[731] am 19.I.1939 als „Camera dei Fasci e delle Corporazioni" verwirklicht (F III 3).[732] Seine Mitglieder werden nicht mehr formell zur Wahl gestellt, sondern laut Regolamento, Artikel 1-10, von den einzelnen Abteilungen des Korporativen Staats entsandt.[733]

Die Problematik aus der Konkurrenz zur gleichzeitigen „Erzeugungsschlacht" (F III 2; 4) hatte Spirito bereits 1930 in der Streitschrift *Ruralizzazione o industrializzazione?*[734] („Verländlichung" oder Industrieausbau) aufgedeckt.[735] 1937 sagt Mussolini: *„In einer Welt wie der jetzigen, die bis an die Zähne bewaffnet ist, die Waffe der Autarkie niederzulegen, würde im Kriegsfalle bedeuten, denjenigen ausgeliefert zu sein, die haben, was sie brauchen, um ohne Einschränkungen an Zeit oder Mitteln Krieg zu führen.*"[736] Mussolini bevorzugt eine „Mischökonomie", De'Stèfani die „'Komplementärentwicklung' von Landwirtschaft und Industrie".[737] Plakate und Postkarten dieser Epoche, so mit Spaten und Bajonetten über dem Profil des Duce und der Überschrift AUTARCHIA,[738] kennzeichnen den zukunftszugewandten Voluntarismus (C I) zum Durchhalten des ganzen auf Bedürfnislosigkeit ausgerichteten Volkes: LA DONNA ITALIANA / COLLE SUE RINUNCE / E COI SUOI SACRIFICI / MARCIA INSIEME AI / COM-

---

[726] Pergolesi, Diritto costituzionale, S. 167: r. d. l. 28 ott. 1935-XIV, n. 1844.
[727] Diel, Duce, S. 208.
[728] De Luna, Mussolini, S. 104.
[729] Ebd., S. 109.
[730] De Felice, Mussolini fascista, S. 39.
[731] Pergolesi, Diritto costituzionale, S. 18.
[732] Ebd., S. 234-248; Stübler, Italien, S. 267; Schumann, Geschichte Italiens, S. 227.
[733] Schumann, Geschichte Italiens, S. 227.
[734] Spirito, Il corporativismo, S. 447-461.
[735] Eschmann, Faschistischer Staat, S. 109.
[736] De Luna, Mussolini, S. 109; vgl. Diel, Duce, S. 189.
[737] Jürgen Charnitzky bei Klinkhammer/Nützenadel, Sozialgeschichtliche Probleme, S. 3.
[738] Sturani, Mussolini, S. 235: Abbildung.

BATTENTI.[739] (Die italienische Frau marschiert mit ihren Verzichtleistungen und Opfern an der Seite der Kämpfer.) Das 'Inquadramento' umfaßt pädagogisch alle Bereiche. "Vogliamo fascistizzare la nazione", erklärte der Duce 1925, so auch in der Sprache.[740] Sobald Mussolini vom Gran Consiglio del Fascismo zum"Fondatore dell'Impero" ernannt worden ist,[741] fordert er wortgewaltig die „stahlharte Konjugation" nicht nur von "combattere", sondern "in tutti i modi e tempi" des „in allen Religionen heiligen Verbs: obbedire".[742] Bereits in den Anfängen wurden die mit "Fascio"[743] und "Partito" zusammenhängenden Substantive und Adjektive dank Großschreibung zunehmend aufgewertet.[744] Nachdem manche Gazetten den Duce bereits in den zwanziger Jahren die auf „ihn" als Einzelmenschen bezogenen Fürwörter und Eigenschaften[745] "Egli", "Colui", "Suo", "Genio" etc. im Gegensatz zu den Minuskeln der Pronomina Gottes (= "Iddio") in der *Sacra Bibbia*[746] durch Großschreibung herausgestellt hatten, erfährt parallel zu solcher Apotheose der korporative Geist unter dem Parteisekretär Achille Staràce (1889-1945)[747] seine semasiologische Aufwertung. Das nach der Renaissance in der Hochsprache untergegangene höfliche "Voi" zur Anrede der Einzelperson gleich einem Gesamtcorpus wird 1936-43 den Parteimitgliedern zum Ausdruck der Männlichkeit an Stelle des ‚weibischen' Sie[748] vorgeschrieben. Mussolini qualifiziert das "*lei*" als "servile e straniero", um damit in seiner „campagna antiborghese" dem „Bürgertum" einen „Tiefschlag" ("cazzotti nello stomaco") zu verabreichen.[749] In der gültigen Handelskorrespondenz erhebt das Mehrheitspronomen die angeschriebene physische Person aus ihrem singulären Status auf einen unpersönlichen, aber ökonomisch bedeutenderen firmengleichen Plan. Das italienische Volk, dessen „Lebensstandard" „kontinuierlich sank", und die Arbeiterschaft, deren Zugehörigkeit zur Partei „um vieles geringer als ihr Anteil im Bevölkerungsdurchschnitt" war,[750] sind Staràces die Sprache funktionalisierender ‚Korporativierung' kraft „<Siez>-Verbot" durch den „PNF"

---

739 De Luna, Mussolini, S. 83: 2 Abbildungen.

740 Mussolini, Citazioni, S. 101: „22.V.1925." Zur Sprachreinigung gehört „in dem großen Prozeß gegen die sizilianische Maffia von 1924 bis 1925" das Verbot des Wortes "Mezzogiorno"; Eschmann, Faschistischer Staat, S. 112, 113.

741 Predappio Ufficio, S. 184; vgl. Monicelli, Salò, S. 29.

742 Predappio Ufficio, S. 198.

743 Mussolini, Citazioni, S. 41: "23 marzo 1919: Fasci".

744 Ebd., S. 66/67: 13 novembre 1921: Partito fascista; ebd., S. 71: 12 novembre 24: Partito Fascista.

745 Predappio Ufficiio, S. 11-16; Eschmann, Faschistischer Staat, S. 291.

746 Sacra Bibbia; z.B.: Gènesi 2.2: "Iddio...si riposò...da ogni sua opera ch'egli avea fatta".

747 Monicelli, Salò, S. 29: "Achille Starace, che per 10 anni aveva strillato dai palchi e dai balconi: <Salutate nel Duce il Fondatore dell'Impero!> = S. 94; Aquarone, Stato totalitario, S. 187/FN 1: Entsprechend druckt *Il Popolo d'Italia* "Duce" in "grassetto" (= fett).

748 Fiori, Stile fascista, S. 42: Achille Staràce ist der "Teorico del più virile «voi» contro il femmineo «lei»." Als Echo zum Voi ertönt die Bereitschaftsformel der Schwarzhemden:"A noi!" (vgl. F II 2: Wir!)

749 Candeloro, Storia X, S. 455: Discorso al Consiglio nazionale del PNF am 25.X.1938.

750 Cotza, Beckerath, S.39, 39/FN 12, 43, 43/FN 22.

mit Berufung auf ständische Tradition nicht gefolgt.[751] Für die Einzahl gilt weiterhin statt des „Voi“ das höfliche „Lei“.

Die Industrieproduktion steigt von 1938 (= 100) auf 110 bis 1940.[752] Dennoch wird Mussolini den Stabschefs der drei Waffengattungen im Geheimschreiben vom 31.III.1940 die wirtschaftlichen Unzulänglichkeiten hierfür einräumen, nämlich daß *„Italien keinen langen Krieg führen kann, d.h. daß es nicht Hundert Milliarden ausgeben kann, wie das die gegenwärtig kriegführenden Mächte gezwungen sind zu tun*“.[753] 1941 fällt die Industrieproduktion auf 103, 1942 auf 89 und 1943 auf 69,[754] während FIAT-Chef Giovanni Agnelli (1866-1945) am 14.III.1942 in der Rede vor den Aktionären des Rüstungskonzerns seine Hoffnung auf „gerechtere Verteilung der Rohstoffe, höhere Produktion und größere Märkte“ in den von den Achsenmächten eroberten russischen und ostasiatischen Gebieten setzt.[755] 1943/4 drosselt derselbe Agnelli die Produktion und unterstützt die Partisanen[756] in den “repubbliche <libere>“.[757] Die landwirtschaftliche Erzeugung verringert sich zwischen 1938 und 1943 um ein Viertel.[758] Von 1938 bis 1941 verdoppeln sich die Lebenshaltungskosten. Damit sie nicht außer Kontrolle geraten, werden die Lebensmittel rationiert: pro Kopf und Tag 150 g Brot, 20 g Fleisch. 1 kg Brot zu 2,6 L. kostet auf dem Schwarzmarkt 23 L. Der Spitzenverdiener unter den Arbeitern in Turin bringt es pro Stunde auf 2,95 bis 4,6 L.[759] 230 L. erhält er für 48 Wochenstunden. Für 10 L. kauft er 1 kg Brot, für 11 L. 1 kg Reis, für 170 L. 1 kg Fleisch, für 200 L. 1 kg Butter, für 600 L. 1 kg Öl, für 20 L. 1 Liter Wein.[760] Im Industriedreieck Turin-Mailand-Genua stehen angesichts dieser Not und der anhaltenden Luftangriffe[761] am 5.III.1943 100.000 Arbeiter ohne faschistische Gewerkschaft im Ausstand und verlangen entgegen der „Festlegung durch das Ministerium für Kooperationen“ (sic!) „ein 13. Monatsgehalt“, das nach Niederschlagung der Kämpfe allen Arbeitern bewilligt wird.[762] Weitere Fabrikarbeiterstreiks folgen Ende 1943.[763] Die Lebenshaltungskosten klettern

---

[751] Lessico Universale 1970, Bd. XXIV, S. 442; De Luna, Mussolini, S. 108. - Laut Bertoldi, Salò, S. 98, „übten“die “oppositori del regime“ als „kulturbewußte bürgerliche Elemente, auch Croce und der Herausgeber Laterza, trotz „Polizeierfassung“ zum Zeichen des Widerstandes den “uso del lei“- in Parallele zum deutschen „Grüß Gott!“ statt „Heil Hitler!“.
[752] Stübler, Italien, S. 169.
[753] Ebd., S. 161/162.
[754] Ebd., S. 169.
[755] Ebd.
[756] Monicelli, Salò, S. 65.
[757] Ebd., S. 66.
[758] Stübler, Italien, S. 169.
[759] Ebd., S. 169/170.
[760] Monicelli, Salò, S. 54.
[761] Stübler, Italien, S.169/170; Schumann, Geschichte Italiens, S. 232.
[762] Stübler, Italien, S. 172/173.
[763] Schumann, Geschichte Italiens, S. 234.

von 624 im September 1943 auf 2300 im April 1945.[764] Mussolini selbst nennt diese letzte Periode seines politischen Einflusses *Il tempo del bastone e della carota*;[765] mit anderen Worten: Knüppel und allenfalls Steckrüben. Wenn die Abwehr der 241tägigen Völkerbundssanktionen, des „assedio economico", während des Abessinienfeldzuges 1935/6 und die ökonomischen Autarkiebestrebungen bei 3jähriger militärischer Beteiligung am spanischen Bürgerkrieg bis 1939 positiv erschienen, so zeitigte der Zweite Weltkrieg nicht den Erfolg ebendesselben Wirtschaftssystems. Im Gegensatz zu den anläßlich der Mobilmachungen in Großbritannien und Deutschland eingeführten Rationierungen der Nahrungs- und Gebrauchsgüter „wollte der Duce den Italienern allzulange solche Opfer ersparen". Als sie 1941 angeordnet wurden, versagte die systematische Verteilung: Diese "privazioni" trugen erheblich zur Kriegsmüdigkeit bei.[766]

Nach der Kapitulation der italienischen Streitkräfte und der Konsolidierung der deutsch-amerikanischen Front in Mittelitalien gründet der Duce aus Enttäuschung über die Monarchie die Soziale Republik Italien,[767] nach seinem Sitz am Gardasee von den Kritikern auch Repubblica di Salò (1943-45) genannt. Er besinnt sich auf das Programm der 'Fasci di combattimento' vom 23.III.1919 (B VII), erläßt das Gesetz zur Nationalisierung der Industrie und Neustrukturierung der Wirtschaft.[768] Mit der Verfügung der „Sozialisierung der Betriebe" nähert er sich in „46 Artikeln"[769] seinen marxistischen Ursprüngen, als ihn die kommunistischen Genossen und Anarchistenfreunde noch „Benituschka" nannten.[770] Doch wenn die Invasion in der Normandie schon begonnen hat, meldet der Leiter des faschistischen Verbandes der kaufmännischen Angestellten dem Duce: „Die Ar-beiter betrachten die Nationalisierung als einen Köder...und halten sich uns und den Köder hübsch vom Leibe."[771] Während der Märzstreiks 1944 gibt die zum Teil aus Kommunisten rekrutierte Resistenza als Antwort auf die Zwangsabstellung vieler Arbeitskräfte die Parole aus: „Kein Arbeiter, kein Jugendlicher, keine Maschine nach Deutschland!"[772] Die Bauern unterstützen die Partisanenverbände, in den Industriegebieten vor allem die Fabrikanten. „Agnelli von der FIAT setzte hier ein Beispiel", sagt Schumann.[773] Seit dem Sommer desselben Jahres gründet der Widerstand in den "Zone libere" der Berge seine „Partisanenrepubliken" nach eigenen, zum Teil kommunistischen Gesetzen.[774] Unter

---

[764] Monicelli, Salò, S. 54.
[765] Enciclopedia Italiana, S. 373. - Diese 1944 im *Corriere della Sera* veröffentlichten Aufsätze erscheinen 1949 als 'Storia di un anno'; vgl. Municelli, Salò, S. 51.
[766] Montanelli, Disfatta, S. 185, 272/273, 275.
[767] Stübler, Italien, S. 172.
[768] Ebd., S. 179.
[769] De Luna, Mussolini, S. 134.
[770] Widmann, Europas Verführer, S. 144.
[771] Stübler, Italien, S.179/180.
[772] Ebd., S. 182.
[773] Schumann, Geschichte Italiens, S. 234.
[774] Stübler, Italien, S. 290.

dem aus der Emigration zurückgekehrten Togliatti wächst der Partito Comunista Italiano auf 1 Mio. Mitglieder an.[775] Die Industrie sackt von 1938 (= 100) nach den Zerstörungen auf 29 Punkte bei Kriegsende ab, die Landwirtschaft von 1938 (= 100) auf 64,1 Punkte.[776] Die Heimkehr vieler Millionen Menschen verursacht hohe Arbeitslosigkeit. Der Staatsbankrott und die Betätigung der Notenpresse durch die Militärregierung ließen den Umlauf von 19 Mrd. L. 1938 auf 361 Mrd. L. anschwellen. Der Preisindex klettert im gleichen Zeitraum von 100 auf 10.000 Punkte.[777] Dies ist das Nachkriegserbe der PNF-Ökonomie (Partito Nazionale Fascista). Ihr hatten *Carta del Lavoro* und Corporativismo als Grundlage zur Planwirtschaft auch der kritischen Phase gedient. Für den hier abschließenden historischen Überblick und die nicht mehr zu behandelnde Nachkriegsepoche spricht die *Information zur politischen Bildung* ein treffendes Urteil über die Fähigkeit der Italiener, solche Katastrophen zu bewältigen: *„Aufgrund seiner geschichtlichen Erfahrungen und dank des Weiterlebens traditioneller Mentalität gehört Italien zu den Ländern mit psychischem Gleichgewicht und fundamentaler Lebensfreiheit, in denen auch Terrorismus vom Ausmaß der letzten Jahre weder Hysterie noch staatliche Überreaktion hervorbringt. Trotz Krise lebt es sich freier als in manch einem gut funktionierenden Staat.“*[778]

Staats- und gesellschaftspolitisch mit neuer, parteigebundener Aristokratie sowie korporativ-wirtschaftlicher Strukturierung ließe sich die faschistische Epoche in Ablehnung des von der Französischen Revolution geförderten agnostischen Liberalismus als Rückgriff auf die Renaissance der Condottieri, Signorìe und Corporazioni sowie den Merkantilismus der Aufklärung interpretieren. Die Nachkriegsdemokratie steigt aus dem Wiederaufbau-Wirtschaftswunder zum italienischen Welfare State[779] auf und greift umgekehrt, als folgte sie zyklisch dem Gesetz von Herausforderung und Antwort, wieder die kapital-ökonomischen Ideen des untergegangenen bürgerlichen Jahrhunderts auf. Gesellschaftsfunktionen lassen sich ohne den vitalistischen Imperativ *Credere, ubbidire, combattere*[780] im aktualistischen Sinne Gentiles, dem konkretes Denken zugleich Handeln war, gleichwohl erfüllen.[781] Allerdings leben im neofaschistischen MOVIMENTO SOCIALE ITALIANO FIAMMA TRICOLORE (MSI) die Vorstellungen der

---

[775] Schumann, Geschichte Italiens, S. 235.

[776] Stübler, Italien, S. 197.

[777] Ebd.

[778] Italien Informationen, S. 5.

[779] Am Ende des 20. Jahrhunderts ist dieser Terminus für den Wohlfahrtsstaat zum festen Begriff der italienischen Innenpolitik geworden; z.B. Il Resto del Carlino, Bologna 8.X.2000, S. 11: ol.po: Fazio rinnova il suo appello «Riforma del welfare un dovere morale».

[780] Mussolini, Citazioni, S. 10, 281-284; Bodda, Diritto pubblico, S. 87: Comandamento del Duce: «Credere, Obbedire, Combattere» = "giuramento" „fascista“: «Nel nome di Dio e dell'Italia, giuro di eseguire gli ordini del Duce e di servire con tutte le mie forze e, se è necessario, col mio sangue, la causa della Rivoluzione fascista.»; Aquarone, Stato totalitario, S. 581: Statuto del PNF, Art. 4.

[781] Ausführlich bei: Menzel, Staatsgedanke, S. 28.

Repubblica di Salò parlamentarisch erneut auf. Der ideologische ‚Wiedergänger' beruft sich gleich der Losung der SS-Koppelschlösser auf die „Ehre" der „Treue": ‚IL MIO ONORE SI CHIAMA FEDELTA', Es verspricht mit dem Slogan ‚FASCISMO E LIBERTA' auf den Plakaten zu den "Elezioni provinciali ed europee" am 13.VI.1999 unter dem Bild des Duce mit Stahlhelm eine REPUBBLICA PRESIDENZIALE zwischen einwärtsgerichteten Liktorenbündeln. Während sich die Leistungsgesellschaft zur „società del profitto" wandelt, greift die Propaganda der DEMOCRAZIA CORPORATIVA auf die ständische Gliederung des Volkes und die SOCIALIZZAZIONE der *letzten 110 Tage* zurück. Unternehmer, Arbeiter der Faust und der Stirn sollen sich die Macht teilen. Dazu ruft das *Proclama* auf: IL POTERE / A CHI PRODUCE / CON I CAPITALI / CON IL CERVELLO / CON LE BRACCIA.[782]

---

[782] Abbildung der Wahlplakate aus dem sizilianischen Rometta, Provinz Messina: s. S. 106.

Neofaschistische Wahlplakate vom Europa-Wahlkampf 1999
im sizilianischen Rometta (Provinz Messina)

C. Die neuen legislativen und sozialen Strukturen im faschistischen Wirtschaftsaufbau

I. Das voluntaristische Vorbild: D'Annunzios "Fiumanesimo"

Futuristen und Nationalisten hatten zu Beginn des 20. Jahrhunderts der in ihren Augen statisch verharrenden Gesellschaft auf der Halbinsel ihre technischen und volkspolitischen Utopien in Wort und Schrift entgegengehalten. In Italien wandelt der Erste Weltkrieg Tendenzen zu Energien um, die bisher nicht für möglich gehalten wurden. Zwei scheinbar aussichtslose Zukunftsvisionen verwirklichen sich in Italien jedoch schon nach dem Waffenstillstand. Drei Jahre vor dem Marsch auf Rom erfolgt der erste Handstreich aus diesem ideologischen Lager des „Arditismus"[1] auf die zu veränderndenden Gegebenheiten. Am 11./ 12.IX.1919 besetzt der "poeta soldato" Gabriele d'Annunzio, Fliegeroffizier und Bonaparteverehrer,[2] als Vorkämpfer der "Nazione di Dante"[3] getreu dem Schlachtruf "Fiume o morte!"[4] mit seinen 'Garibaldinern', die er selbst "I nuovi Mille",[5] Eschmann „eine Matrosenfreischar",[6] Stübler „meuternde italienische Legionäre"[7] und Gramsci "socialmente «vagabondi», disancorati, àvidi di sensazioni non piú imposte dalla disciplina statale" nennt,[8] die dalmatinische Stadt Fiume (slaw. Rijeka).[9] In solchem ochlokratischen Ambiente (F I 4) „verkündet" der Dichter am 13.IX.1919 „seine Vision eines neuen Italiens".[10] Zum Ende seines "Anno I", am 1.IX.1920, gibt das *Bollettino ufficiale No.31* des 'Comando di Fiume d'Italia' die schriftlich fixierte Verfassung der *Reggenza italiana del Carnaro* nach abgehaltener Volksversammlung bekannt. Dort demonstrieren die Arditi mystische Unerschrockenheit[11] und dokumentieren ihre "Sagra di tutte le Fiamme",[12] um ihr Utopia als "Stato libero" zu realisieren. Das kämpferische Element verrät das Motto unter der *Bollettino*-Überschrift: „Si Spiritus pro nobis, quis contra nos?"[13] Entsprechend kündigt die folgende

---

[1] Mannhardt, Faschismus, S. 361.
[2] D'Annunzio, Prose scelte, S. 305-333, 480-482 (Il libro segreto).
[3] Ebd., Poesie II, S. 248 (Nel primo centenario della nascita di Vittore Hugo).
[4] Ebd., Poesie III, S. 217 (Altri motti).
[5] Ebd., S. 150 (La Canzone di Fiume liberata).
[6] Eschmann, Faschistischer Staat, S. 13.
[7] Stübler, Italien, S. 263.
[8] Laut Gramsci „zogen die durch 4 Kriegsjahre erhitzten Frauen viele an", in: Gramsci, Le idee 125, S. 15. - Aber diese Freistatt der „Libertins" wiederholt nicht Campanellas staatsutopisches Experiment einer „generazione" (= Zuchtwahl) unter Aufsicht von "Amore, Prèncipe offiziale", "mastri" und "maestre": Campanella, Città del Sole, S. 31-34.
[9] De Luna, Mussolini, S. 147.
[10] Rößler, CDL und AOG, S. 12.
[11] Carta del Carnaro, S. 9: "Ardore-Ardire è una parola sola, è una essenza mistica come Roma-Amor." - Die römischen Ziffern beziehen sich im folgenden auf die entsprechenden Gesetzesartikel.
[12] Ebd., S. 3.
[13] Ebd., S. 1-3.

Präambel “della perpetua volontà popolare“ die voluntaristische[14] “Costituzione“[15] an und weist gemäß antiker Definition ochlokratische, aus heutiger Sicht volksdemokratische Züge auf: “è un governo schietto (= echt) di popolo“ (III). 2000jährige „cultura latina“ (F III 4) erhebt im *Bollettino* Anspruch auf den “Carnaro di Dante“ in den von „Gott“ und „Rom“ gezogenen Grenzen. Unter der ungarischen Krone 400 Jahre ein politisches „corpus separatum“,[16] ist er schon vorab der “italianità“ zugesprochen und wird deshalb vom Dichter als *Fiume liberata* besungen.[17] Der Nietzschekenner D'Annunzio[18] verbindet in dieser abenteuerlichen Aktion den “individualismo superomistico“ mit dem “sentimento comunitario“, d.h. dem Geist des mittelalterlichen Comune. Er läßt mythischen Symbolismus in ein Dokument zur Verwaltungspraxis mit juristischem Anspruch einfließen. Hier ist er ideeller Vorläufer des staatsbildenden Faschismus: ”in una quasi mistica comunione di letteratura e azione, un nuovo modo di fare e gestire politica, attraverso l'uso di riti di massa in un contesto laico.“[19] Das elitäre Bewußtsein teilt der Adelssproß D'Annunzio mit dem Marcheseenkel Pareto (C III 1), der die Freistaatsbürgerschaft erwirbt.[20]

Das zwölfseitige *Bollettino ufficiale* organisiert mit seiner „heroisch stilisierten Verfassung“[21] in ausgewählt feierlicher, bewußt ältere poetische Formen bevorzugender Diktion die neue Herrschaft in der Kvarnerbucht. Sie gewährt der Arbeitswelt der Artes illiberales einerseits und den Artes liberales andererseits in ihrem Verhältnis zum Staate einen bedeutenden inhaltlichen Anteil. Staatsrechtlich schafft die *Reggenza del Carnaro*[22] eine ”Costituzione“ (XXII ff.), welche unter anderem *POTERE LEGISLATIVO* (XXVIII-XXXIV), *POTERE ESECUTIVO* (XXXV/VI), *POTERE GIUDIZIARIO* (XXXVII-XXXXII), *DIFESA NAZIONALE* (XXXXVII/IX), *RIFORMA STATUARIA* (LV) und *DIRITTO D'INIZIATIVA* (LVI) festlegt. Am 30.VIII.1919 kündigt der ‘Comandante’ D'Annunzio der frenetisch applaudierenden Volksversammlung im „Teatro Fenice“ den Erlaß des *Statuto* als ”Disegno di un nuovo ordinamento dello Stato Libero di Fiume“ an. Im Geiste der Pfingstbotschaft des *Johannesevangeliums* (20, 22: “Ricevete lo Spirito“; “Santo“ entfällt!)[23] „ist“ jetzt „Pfingsten für die Freie Stadt Fiume“: „Freimut, Disziplin, Würde, Anmut der menschlichen Arbeit gingen aus dem Rechtsgebilde unserer Korporation hervor.“ (”la grazia del lavoro umano sorse[] dall'istituto della nostra corpora-

[14] Vgl. die Stichwörter ”tema della volontà e dell'azione“ und ”superomismo ‘fisico’“ in: D'Annunzio, Trionfo, S. 290: “Nota introduttiva a Le Vergini delle rocce”.
[15] Carta del Carnaro, S. 3.
[16] Ebd.
[17] D'Annunzio, Poesie III, S. 150: “La canzone di Fiume liberata”.
[18] Menzel, Staatsgedanke, S. 33/FN 2, 34/FN 3.
[19] D'Annunzio, Poesie III, S. IX: Introduzione di Antonucci e G. Oliva.
[20] Koesters, Wirtschaftstheorien, S. 156, 164.
[21] Beckerath, Fascistischer Staat, S. 96.
[22] Carta del Carnaro, S. 3-7.
[23] La Sacra Bibbia, S. 870.

zione.")[24] Dieser Geist mündet in die Harmonie und Einstimmigkeit des „Chores" aller ein, weshalb die „Musik", „religiöse und soziale Institution", als „letzte Rubrik dieses Entwurfes" steht. D'Annunzio unterstreicht mit seiner „schönen, hellklingenden Stimme" ("bella voce limpida e squillante") die soziale Verpflichtung, wenn er seine Begegnung mit einem "Poverello" (auch Beiname des Franz von Assisi) erzählt, der vor ihm auf die Knie fällt und er vor jenem. Darauf sinkt unter dem Eindruck dieses Gleichnisses der ganze "Arengo" (Volksversammlung) ebenfalls zu Boden. D'Annunzio liest der Menge, die sich wieder aufgerichtet hat, die *Carta* vor und leistet den Schwur: "Io giuro." Er betont unter den Klängen der Garibaldihymne mit "Eja eja eja alalà!"[25] die politische Annexion der Stadt[26] im Geiste eines Humanismus sui generis, den das *Bollettino* zum "fiumanesimo" stilisiert.[27] Am Tag darauf wiederholt D'Annunzio den unanimistischen[28] Gedanken der Freistaatskonstitution "Uno per tutti, tutti per uno!" vor der bewaffneten Menge bei der Ordensverleihung an verdienstvolle „*volentes* : volenti"[29] zum Ausdruck seines Voluntarismus im Tone einer feierlichen Messe und erinnert an den verschenkten Sieg von Vittorio Veneto. Die Legionäre bestätigen den Redner als Comandante und nehmen das Statut an.[30] In der Rede fallen die wichtigsten Stichworte für die ideologischen Bezüge des Fiumanesimo, so das voluntaristische Element: "la lunga volontà eroica del popolo".[31] Der Vitalismus gibt der Stadt ihren Elan: "Domando alla città di vita un atto di vita."[32] Darin ist die prometheische Komponente des Schaffenden zu erkennen: "Anche il dio, quando crea, trema addentro; anche l'artefice, quando foggia, trema addentro, se bene la mano sia ferma, se bene il pollice sia sicuro."[33] (Auch die Gottheit erzittert beim Schaffen im Innern; auch der Handwerker erzittert beim Gestalten im Innern, wenn gleich seine Hand ruhig, seine Finger sicher führen.) Das Volk wird zu höherer Lebensform wieder-

---

[24] Carta del Carnaro, S. 8.
[25] D'Annunzios Fliegerkampfruf aus griechisch-lateinisch (H)eia = Heda! Wohlan! Auf zum Sieg! – Vgl. Georges, Lt.-dt. Handwörterbuch, S. 960; Benseler, Griechisch-deutsches Schulwörterbuch, S. 29, 215; Zingarelli, S. 38, 437. Beckerath, Fascistischer Staat, S. 35. - "Eja, eja, alalà!" übernimmt der vom Studenten- zum Frontkämpferlied und durch Gesetz zum ‚Inno nazionale' erhobene Schwertgesang der Jugend "Giovinezza, giovinezza, / primavera di bellezza." - Vgl. Carta del Carnaro, S. 11r; vgl. Diel, Duce, S. 144; Arias pp., Mussolini, S. 6; Meriggi: Faschismus, S. 8; Pergolesi, Diritto costituzionale, S. 175: legge 13.I.1930-IX, n. 3-125; ebd., S. 175/FN 2.
[26] Vgl. Carta del Carnaro, S. 8.
[27] Ebd., S. 9.
[28] Ebd., S. 8: "la pienezza (= Volltonigkeit) e l'unanimità del coro"; ebd., S. 9: "Non è possibile imaginare una materia umana più accesa" (= in Flammen); "Sollevati da un balzo (= Ruck) unanime."
[29] Ebd., S. 8.
[30] Ebd., S. 11.
[31] Ebd., S. 8.
[32] Ebd.
[33] Ebd.

geboren: "rinascita in una più alta forma di vita".[34] Die historische Einführung in die Thematik (B III) legte dar, daß seit der Antike Arbeitsordnungen und -organisationen wirksam wurden, sobald die Artes illiberales freiwillig oder unter Zwang Standesverbänden unterlagen. Arbeitsordnungen regeln von jeher zwischenmenschlichen Verkehr produktiven Zusammenwirkens, ob im Büro, in Fabriken oder - Lagern. Ihre Phänomene treten in gewandelter Form wieder auf. Da D'Annunzio selbst eher "poeta soldato" und Abenteurer als Organisator ist, trägt der unter dem Pseudonoym Luciano D'Ariella schreibende linkssozialistische Gewerkschaftler und Interventionist von 1914[35] Alceste de Ambris (1874-1934; A VI) den Hauptanteil an der Federführung des *Bollettino*.[36] Gegen eine "ricostruzione nazionale sulla base della produzione organizzata sindacalmente"[37] eingestellt und in der "necessità della disiciplina"[38] mit Mussolini übereinstimmend, dankte er am 28.X.1919 ab, nur 7 Monate lang Rossonis Nachfolger als Sekretär der Unione Italiana del Lavoro.[39] Während er die freie Einbindung der Syndikate in den Staat erstrebt, denkt Rossoni „nach dem Modell der britischen *Trades Unions*" [sic!] „an eine graduelle Entleerung der wirtschaftlich-politischen Funktionen des Staates"[40] (C III 1; IV 3;VII 1). Vom Faschismus, der „Kehrseite der ‚medaglia bolscevica'",[41] distanziert sich De Ambris und vertritt vom französischen Exil aus, „in contumacia" kraft *Legge n.2008 per la difesa dello Stato, art.5*, vom 25.XI.1926 „proskribiert", seine eigene Ideologie mit Wort und Schrift.[42]

Grundlage der „res populi" ist die Arbeitskraft: "ha per fondamento la potenza del lavoro produttivo" (III). Sie erhält damit den Charakter eines „munus publicum".[43] In der klassenlosen Bürgerschaft erhalten die Erzeuger „zur Mehrung des gemeinschaftlichen Reichtums und Wohlergehens" (V) einen rechtlichen Vorrang: "Ma amplia ed inalza e sostiene sopra ogni altro diritto i diritti dei produttori." (IV) Auch der Ausländer kann die wie einst unter römischem Gesetz ehrenvolle Staatsbürgerschaft erwerben (V). Die "statuti" garantieren unter Berufung auf das „habeas corpus"[44] (F I 1) "inviolabilità del domicilio" und

---

[34] Ebd.
[35] Cordova, Sindacati fascisti, S. 58.
[36] Vgl. De Luna, Mussolini, S. 29; Beckerath, Fascistischer Staat, S. 108; Enciclopedia Italiana, S. 758.
[37] Cordova, Sindacati fascisti, S. 24.
[38] Ebd., S. 5.
[39] Beckerath, Fascistischer Staat, S. 99.
[40] Cordova, Sindacati fascisti, S. 4.
[41] De Felice, Interpretazioni, S. 162/F 10.
[42] Enciclopedia Italiana, S. 758.
[43] Beckerath, Fascistischer Staat, S. 99.
[44] Brockhaus 1882, Bd. VIII, S. 681/682: „Das Habeas corpus ad subjiciendum gilt als das wirksamste Schutzmittel der persönlichen Freiheit gegen ungesetzliche, auf bloß administrative Entschließung oder Anordnung des Ministerrats (cabinet) verfügte Verhaftung". - Der Große Brockhaus, Bd. V, S. 169: Das von der Magna Charta (1215) über die Petitions of

„Entschädigung bei Justizirrtum oder Machtmißbrauch“ ("risarcimento dei danni in caso di errore giudiziario o di abusato potere“; VIII). Ferner bieten sie neben öffentlicher Erziehung, Kranken-, Invaliden- und Altersversorgung sowie Unterstützung bei unverschuldeter Erwerbsloigkeit ("assistenza nelle infermità, nella invaliditudine, nella disoccupazione involuntaria“) das Recht auf „entlohnte Arbeit“: "il lavoro remunerato con un minimo di salario bastevole a ben vivere“ (VIII). Hier wird die Handschrift des sozialistischen Gewerkschaftlers De Ambris deutlich. Die an marxistische Theorien des 19. Jahrhunderts und Praktiken des 20. Jahrhunderts gemahnende Formulierung des Bezuges zwischen persönlichem Eigentum und Arbeit definiert Abschn.IX der *FONDAMENTI*: „Der Staat erkennt das Eigentum nicht als uneingeschränkte Verfügung der Person über die Sache an, sondern betrachtet es als nützlichste unter den gesellschaftlichen Obliegenheiten. Kein Besitz darf der Einzelperson vorbehalten werden, als wäre er ein Teil von ihr.“ (Der stets hochverschuldete, praktisch besitzlose, liberal-rechtskonservative Dichter und der linke Gewerkschaftler begegnen sich hier.) Ein „arbeitsscheuer Eigentümer (“proprietario infingardo“) darf den Besitz nicht ungenutzt lassen oder ohne Beteiligung irgendeines anderen unzweckmäßig darüber verfügen.“[45] Sowjetisch formuliert erscheint folgender Satz: „Einziger rechtmäßiger Besitzanspruch auf Produktions- und Warenverkehrsmittel jeder Art ist die Arbeit.“ (IX) „Einzig die Arbeit gebietet über die Sache zum höchsten Nutzen und Ertrag der Allgemeinwirtschaft.“ (IX) Mussolini formuliert 1923 sinngemäß: "Noi siamo la generazione...la quale sarà la nazione di tutti i produttori e non dei parassìti.“[46] Ein Jahr später „legt er die große Pflicht auf“, im „Gemeinschaftssinn...das Eigentum...als Treuhänder zu verwalten“ mit der „Verpflichtung zur Weiter- und Höherentwicklung des Besitzes“.[47]

Wie schon die Formel „habeas corpus“ (VIII) erwies, bietet der Freistaat bei Verstaatlichung von Hafen und Eisenbahn einen “Porto franco“ für ausländische Schiffe, Industrie (X) mit Fremdkapital gemäß den “norme in una legge libe-

Rights (1628) mit der garantierten Sicherung persönlicher Freiheit und der Magna Charta (1679) hin entwickelte Recht auf Unbeschadetheit des einzelnen (Bill of Indemmity).

45 Vgl. die Verurteilung des persönlichen Eigentums in Luk.12, 16-27. Matth.26, 6-13 (geht dem Judasverrat unmittelbar voraus); christlicher Kommunismus in der Apostelgeschichte 4, 34-47. Entsprechend gibt S. Tommaso, La Somma Teologica. XVII, S. 223 = Summa theologiae, II-II, q. 66, a.7, im Bedarfsfall dem Gemeingut den Vorzug vor dem Eigentum; „Esurientium panis est quem tu detines; nudorum indumentum est quod tu recludis; miserorum redemptio et absolutio est pecunia quam tu in terram defodis.“ So Luk.19, 20-23 und Matth.13, 12. - Die „tesaurizzazione“ (= Geldhortung; so Mounier; für den verschwenderischen D'Annunzio kein Problem) verurteilte der Aquinate in III. a. q. 117: „Usus autem pecuniae est in emissione ipsius.“ = Geld soll angewendet, ausgegeben werden, zitiert nach: Mounier, Proprietà capitalista, S. 104/105.

46 Mussolini, Citazioni, S. 142; ebd., S. 144 (Al popolo di Ferrara am 22.IX.1924): "E la patria che noi sogniamo è quella dove tutti lavorano e dove i parassìti non esistono più.“ = Diel, Duce, S. 222; vgl. Ùngari, Rocco, S. 80/FN 79.

47 Menzel, Faschismus, S. 126/FN 1.

rale“ und allen EinwohnerInnen die Wahl ihrer Tätigkeiten: “industrie professioni arti e mestieri“ (XII). Geist und Kraft der drei Gliederungen (= “specie“) Bürger, Korporationen und Gemeinden wetteifern in der Förderung der Volksgemeinschaft (= “università“). „Comune“ und “università“ sind im Mittelalter auch „Zünfte“. Der historischen Sprache bedient sich das *Statuto* häufig, um die geschichtlichen Bezüge herzustellen. Zurück auf den Utilitarismus greifen die „drei Glaubenssätze“ (“credenze“) im „eidgenössischen Gemeinwesen“ (“università dei Comuni giurati“). Sie stehen „über allen anderen“: 1. Das eudämonistisch bestimmte Leben soll der durch Freiheit zur Vollkommenheit gebrachte Mensch ernsthaft und prächtig (“magnificamente“) führen. Hier treffen sich Vitalismus und kirchliches Magnifikat, allerdings um den Menschen zu preisen. 2. Der vollkommene Mensch bietet seine Tüchtigkeit (“virtù“) den Mitmenschen (“fratelli“) täglich aufs neue an. 3. Denn auch die einfachste, aber gut ausgeführte Arbeit strebt zur Vollkommenheit [] und ziert die Welt (XIV). Die “vita bella“ und diejenige der Arbeit bedingen sich gegenseitig in diesen vitalistischen Maximen.[48] Zur gleichen Zeit schreibt Mussolini in *Il Popolo d'Italia*: "Adoriamo il lavoro che dà la bellezza e l'armonia alla vita, non solo quello che aumenta la possibilità del nostro benessere materiale.“[49] 1924 versichert Mussolini entsprechend den mit „schwieligen Händen“ in der Landwirtschaftskorporation Arbeitenden: “Io rispetto i calli alle mani. Sono un titolo di nobiltà.“[50] In der Tragödie *La nave* von 1905 gestaltete D'Annunzio als Ausdruck der zeitgenössischen Zukunftsgläubigkeit das magische Zusammenwirken der geistigen und manuellen Kräfte noch auf mystischer Bühne. Der Dichter nimmt mit seinem dramatischen Schauplatz des Jahres 552 und dem “Arengo“ (von germ. [h]ring) der Flüchtlinge vor den Barbareneinfällen auf einer venezianischen Insel,[51] wo sie eine mächtige Seestadt gründen, die Ausrufung des Freistaates von 1919 in der Einleitungshymne auf *Mare Nostro* und *Quarnaro* poetisch vorweg: “costretti a foggiar (= formen) quivi tra i pericoli la vita nuova con l'utensìle e l'arme“.[52] „Das neue Leben mit Werkzeug und Waffe formen“ ist hier Ausdruck des vital-voluntaristischen Prinzips, welches das *Statuto* von 1920 prägen wird, zumal er schon im Prolog auf den künftigen Besitz Istriens hinweist. *La nave* erteilt den speziell dargestellten Zünften, “maestranze“ und “corporazioni“, szenische Spielfunktionen zu[53] und ist deshalb ein Trauerspiel, weil geopfert wird,

---

[48] D'Annunzio, Teatro II, La nave, S. 155.

[49] Mussolini, Citazioni, S. 139.

[50] Ebd., S. 143.

[51] D'Annunzio, Teatro, La nave, S. 155: "Appare il publico Arengo, il cuore operoso della città novella che il popolo libero dei pròfughi - sfuggito al ferro e al fuoco dei Bàrbari, francato (= ledig) dalle leggi della patria illustre.“ – Ebd., S. 155/156: Die verschiedenen Handwerkszünfte errichten im Jahre 552 auf dem Watt des Podeltas in einträchtiger detailliert beschriebener Arbeit eine Stadt.

[52] Ebd., S. 156.

[53] Ebd., S. 250.

wer sich dem großen Elan widersetzt.[54] Mussolini dagegen unterstreicht die damalige Wirkung des Stückes auf den Flottenbau.[55]

Im Freistaat Fiume gehen die der Gemeinschaft zur Last fallenden "parassìti incorreggibili" des Bürgerrechts verlustig (XVII). Nur die um das Gemeinwohl bemühten Schaffenden ("creatori assidui della potenza comune") sind echte Bürger und „bilden mit der Reggenza zusammen" im Sinne der Menenius-Agrippa-Fabel (B VII; C II 1; VI 3;VIII 3) „einen einzigen handelnden Organismus, ein einziges aufsteigendes Ganzes" ("costituiscono" "con la Reggenza" "una sola sostanza operante, una sola pienezza ascendente"; (XVIII). Der D'Annunzio-Herausgeber Giovanni Antonucci verwahrt sich vor Verbindungen des Dramas mit dem Nationalismus eines Enrico Corradini (B VI) und der "filosofia" der "<superfemmina> Basiola" in der "tragedia di sangue e di violenza sadica" mit dem "corporativismo fascismo".[56] Corradinis Buch *Il Nazionalismo italiano* hatte 1914 gefordert: *„Der Volksgenosse muß erwägen, daß er einer Ordnung gehorcht, die von oben kommt. Dann fühlt er in sich etwas Religiöses entstehen; er beginnt zu glauben, er habe etwas Göttlichem zu gehorchen."*[57] „Jede Arbeit mit der Hand, dem Geiste, in Industrie oder Kunst, als Anweisung oder Ausführung", wird einer der 10 Korporationen zugeordnet und erkennt freiwillig Verpflichtung und Fürsorge auf Gegenseitigkeit an (XVIII). Die 1. Korporation umfaßt die Lohnempfänger der Industrie, der Landwirtschaft, des Handels und Verkehrswesens, dazu Handwerker und Kleinbauern, die 2. Techniker und Bürokräfte privater Industrie und Landwirtschaft, ausgenommen die Miteigentümer. Die 3. Korporation rekrutiert die kaufmännischen Angestellten, die weder Arbeiter noch Mitbesitzer sind, die 4. die Arbeitgeber (Industrie, Landwirtschaft, Handel, Verkehr), „wenn sie dem Geist der neuen Satzung gemäß nicht nur Eigentümer", sondern auch „besonnene Betriebsführer und eifrige Mehrer des Unternehmens sind" (XIX). *Das Gesetz zur Ordnung der nationalen Arbeit vom 20. Januar 1934* wird im Dritten Reich diesen Gedanken übernehmen, „wenn dem bisherigen Führer des Betriebes gemäß § 38 A.O.G. die Befähigung zur weiteren Ausübung seines Amtes aberkannt wird" und „nach § 3 Abs. 3 ein anderer Führer des Betriebes zu bestellen...ist"[58] (F III 4). Der 5. Korporation gehört der öffentliche Dienst an. - „Die sechste erfaßt die geistige Blüte des Volkes", Lehrer an öffentlichen Schulen wie Studenten und Lehrkräfte der Akademien, Bildhauer, Maler, Dekorateure, Architekten, Musiker, "le arti belle, le arti sceniche, le arti ornative". Die letzten acht sind im Goetheschen Sinne „freie Künste". Davon unterscheidet sich die 7. Korporation mit den vorher nicht genannten Freiberuflern („professioni libere"). In der 8. Korporation

[54] Ebd., S. 265/266.
[55] Ludwig, Gespräche, S. 89.
[56] D'Annunzio, Teatro II, La nave, S. 153.
[57] Corradini, Nazionalismo italiano, S. 44 = Menzel, Staatsgedanke, S. 104; vgl. Mannhardt, Faschismus, S. 125.
[58] Müller, AOG, S. 79/80.

stehen Vertreter der Produktions-, Arbeits-, Konsum-, Industrie- und Agrargenossenschaften als "Società cooperatrici". In der 9. Korporation befinden sich die Seeleute oder, poetisch gesagt, "tutta la gente di mare" (XIX). Die 10. Korporation, als einzige vor den neun anderen „Muse" genannt, bleibt ‚undefinierbar': "non ha arte né nòvero (= Zahl) né vocabolo". „Sie ist den geheimnisvollen Kräften des sich in seinem Aufstieg schwer mühenden Volkes vorbehalten", „eine dem 'genio ignoto', der Erscheinung des jüngsten Menschen,[59] den Idealverklärungen der Tagewerke (all'apparizione dell'uomo novissimo, alle trasfigurazioni ideali delle opere e del giorno), der vollzogenen Entbindung des Geistes aus beklemmender Schwere und blutigem Schweiß geweihte Votivfigur". Das Tagewerk schwingt sich zum Ideal auf: „Mühe ohne Mühe" („Fatica senza fatica.") So lautete der Wahlspruch der toskanischen "comuni" oder Stadtstaaten des 12. bis 14. Jahrhunderts unter einem "podestà"[60] und „vergeistigte die menschliche Arbeit". Diese allgemeingültige Ermunterung des Schaffenden zur Kreativität pervertiert wenig später der Personenkult von Mussolinis „Freiwilliger Miliz für nationale Sicherheit" zum Kampfruf unter dem „Symbol" eines „Totenschädels mit gekreuzten Knochen": VICINO AL DUCE OGNI FATICA E' GIOIA.[61] Im „Bürgerheiligtum" wird die "decima Musa"[62] mit einer brennenden Lampe dargestellt, welche die genannte „Inschrift" trägt (XIX). Die schwärmerische Sprache in diesem letzten Abschnitt der Korporationen übernimmt mit der "trasfigurazione" die Sprache des *Evangeliums* (*Matt. 17,1/2*: "Gesú...fu trasfigurato" = Mar. 9,2: "La trasfigurazione" = *Luca 9,28/9*: "La trasfigurazione: il sembiante della sua faccia fu mutato".).[63] Den Fluch der Arbeit, "l'ànsito penoso e il sudore di sangue", sprach die *Gènesi 3, 19* zur Buße nach der Erbsünde aus: "Tu mangerai il pane con il sudor del tuo volto."[64] Schon der XIV. Artikel erhob in einer Kehrtwendung vom Gedanken der Sühnefron die 'Schönheit des Lebens und der Arbeit' zum „Glaubenssatz". Die 10. Korporation „spiritualisiert" und „verklärt" die Arbeit (F II 1; 2).

Jede Korporation wählt als juristisch anerkannte Person wie vor einem Jahrtausend ihre "consoli" und vereinbart in Versammlungen mit freier Willenskundgebung Konventionen und Budgets ("capitoli"). Sie bestimmt nach eigenem Ermessen ihre Autonomie und legt den Mitgliedern einen bedarfsangemessenen

---

[59] Raschhofer, Politischer Volksbegriff, S. 86: „l'Ignota" „war für" Mazzini „das Individuum, die Unbekannte der neuen Epoche", die 'Humanità collettiva'; daher die Gemeinschaft, 'l'associazione'." (Mazzini, Scritti politici, Bd. V, S. 21).

[60] Zingarelli, S. 269.

[61] De Luna, Mussolini, S. 51 mit Abbildung; weiße Schrift auf schwarzem Wimpel.

[62] D'Annunzio, Poesie II, S. 11, 87, 90-92: Der 1903 entstandene Zyklus Lavs vitae, mit "O Vita, o Vita, dono terribile del dio" im Nietzscheton beginnend, holt die namenlose "decima Musa" aus dem Gebirge zu den "nove antiche Sorelle"(= Schwestern). Die „überraschend erscheinende Göttin" oder "deità imminente" charakterisiert der Anruf in eigenwilliger Gräzisierung als „Euplete Eurètria Energèia", d.h. Lebensfülle, Erfindergeist und Wirksamkeit.

[63] Vgl. die Darstellung auf Raffaels letztem Gemälde.

[64] La Sacra Bibbia, S. 3: "In sudore vultus..."

Beitrag auf. Sie verteidigt die eigene "classe", mehrt ihr Ansehen, vervollkommnet Handwerk und Technik. Sie regelt den Arbeitsprozeß und nähert ihn modernen Idealvorstellungen an: "volgendolo verso modelli di moderna bellezza". Darin ist die Konzeption „Schönheit der Arbeit" (F III 4) enthalten. Jede Korporation leitet die Arbeiter zu besserer Leistung an. Sie sorgt für die Kranken unter ihnen (XX). Den Fürsorgeauftrag unterstreicht D'Annunzio erneut in der Ansprache an die Legionäre: "Sarò sempre più liberale di soccorsi alle famiglie dei più poveri."[65] Die Korporationen bestimmen ihre Abzeichen und Symbole, Musik, Hymnen, Gebete, Zeremonien, Festbräuche und Jahresveranstaltungen mit Land- und Wasserspielen. Sie ehren ihre Toten, Dekane und Helden (XX; F II 2). Auf den öffentlichen Veranstaltungen gebührt den Zunftzeichen und Konsuln der Ehrenplatz. Gerade der Geist des Zusammenhaltes knüpft an die mittelalterliche Tradition an. Die Beziehungen der Corporazioni zur Reggenza sowie untereinander werden ebenso wie zwischen Reggenza und Comuni giurati geregelt. Die Zunftangehörigen wählen ihren Vertreter in "Consigli dei Provvisori" (= Verwalterkonferenzen; modern: provveditori; XXI). Die Comuni erhalten ihr altes "potere normativo" in „voller Autonomie" zurück. Legislative, Exekutive und Gerichtsbarkeit bleiben der Reggenza vorbehalten (XXII). Sie sind juristisch und verwaltungsmäßig mit eigenen, vom Volk auf Widerruf übertragenen Gesetzen soweit unabhängig (XXIII), als Costituzione und Corte della Ragione (= Obergericht) diese billigen oder aufheben (XXIV). Die Legislative üben der "Consiglio degli Ottimi" und der Consiglio dei Provvisori aus (XXVII). Jener besteht jeweils 3 Jahre aus mindestens 30 gewählten „Ausgezeichneten" im Mindestalter von 21 Jahren. Der Consiglio degli Ottimi übt die "potestà ordinatrice e legislatrice" über Polizei, Verteidigung, höhere Schulbildung, "Arti belle" und Beziehungen zwischen Stato und Comuni aus (XXX).[66] Das Mitwirken der Korporationen schlägt sich im erwähnten 60köpfigen (XXXI) auf 2 Jahre aus den Corporazioni selbst (XXXII) gewählten Consiglio dei Provvisori nieder (XXXI). Diese versammeln sich jährlich im Mai und November und entscheiden nach „kurzer Aussprache" ("dibàttito laconico") regulativ und legislativ über Handels- und Seerecht, feste Arbeitsordnung, Transportwesen, öffentliche Arbeiten, Handels-, Zoll-, Gebühren- und sonstige Vereinbarungen, Technische und Berufsausbildung, Industrien, Banken, Künste und Handwerk (XXXIII). Nach allgemeinem geheimem "suffragio" werden 10 Provvisori von den Industrie- und Landarbeitern benannt. Sie entsprechen der 1. Korporation. 10 Provvisori vertreten die Seeleute der 9. Korporation; die 2. und 3. Korporation 5 Agrar- und Industrietechniker sowie 5 private Bürokräfte. 5 Angestellte des öffentlichen Dienstes kommen aus der 5. Korporation. Die 7. Korporation wählt 5 Freiberufler. Die Angehörigen der (8.) Produktions-, Arbeits- und Konsumkooperativen wählen 5 Consigliomitglieder. Die Arbeitgeber der 4. Korporation entsenden 10 Vertreter in den Consiglio. Die 6. Korporation

---

[65] Carta del Carnaro, S. 11.

[66] „mit geringeren Kompetenzen" laut Beckerath, Fascistischer Staat, S. 96.

wählt 5 Provvisori aus dem pädagogischen, akademischen und künstlerischen Bereich (XXXI). Die 10. Korporation oder „Muse“ entsendet natürlich keinen Vertreter, da sie noch ihren “uomo novissimo“ erwartet (XIX).

Anfang Dezember konstituieren Ottimi und Provvisori jährlich den 'grande Consiglio nazionale' als 'Arengo del Carnaro' und behandeln wie die Stände im Mittelalter auswärtige Angelegenheiten, Finanzen, Staatsschatz, Hochschulstudium, Verfassungsänderung und erweiterte Bürgerfreiheiten (XXXIV). “Assemblea nazionale“ sowie Ottimi- und Provvisori-Consigli wählen paritätisch für ein Jahr 7 Rektoren für die Exekutive, die Assemblea nazionale diejenigen des Äußeren, der Finanzen wie des Staatsschatzes und des öffentlichen Unterrichts, die Ottimi diejenigen des Innern und der Justiz sowie der Verteidigung, die korporativen Provvisori diejenigen für Wirtschaft und Arbeit (XXXV). Im Gerichtswesen entscheiden die vom Volk ernannten “Buoni uomini“ (B III) über geringfügige Zivil- und Strafsachen bis zu einem Jahr (XXXXVIII). Die von den Korporationen ernannten “Giudici del Lavoro“ sind 2 Arbeiter aus Landwirtschaft und Industrie (1. Korporation), 2 Seeleute (9. Korporation), ein Industrie- oder Agrartechniker (2. Korporation), ein Privatangestellter (3. Korporation), einer aus dem öffentlichen Dienst (5. Korporation), ein Mitglied der Kooperativen (8. Korporation), ein Vertreter der 6. Korporation, 2 Arbeitgeber (4. Korporation) und ein Freiberufler (7. Korporation). Eine Aufteilung in Fachgebiete erleichtert die zügige Behandlung der Streitigkeiten zwischen Lohnempfängern und Arbeitgebern. Nach der Urteilsverkündigung ist eine Berufung zugelassen (XXXIX). Als Oberster Gerichtshof entscheidet die “Corte della Ragione“ mit 5 ordentlichen Mitgliedern und 2 Vertretern unter anderem über Konflikte zwischen Reggenza und Comuni, Comune und Comune, Reggenza und Corporazioni, Comuni und Corporazioni wie auch Comuni und Privatpersonen (XXXXII). Das vorliegende *Bollettino* ist vom Comandante herausgegeben worden. Zum “imperio“ in Form einer “dittatura“ wird er im Arengo, darunter die 60 Provvisori der Korporationen, vom “Consiglio nazionale“ wie zwei Jahrtausende vorher in der “Repubblica romana“ auf 6 Monate gewählt (XXXXIII). Zum Kriegsdienst für alle zwischen 18 und 25 Jahren werden auch die Frauen in den entsprechenden sanitären und administrativen Verwendungen wie Arbeiten in den Waffenfabriken eingezogen (XXXXVII). Der Staat trifft Sorge für Opfer, Waisen und Hinterbliebene (XXXXVIII). Den totalitaristischen Aspekt des Freistaates überdeckt indessen derjenige eines kulturellen Humanismus. Mit seinem voluntaristischen Geist beherrscht er in hervorragendem Maße die “coltura“.[67] Sie ist „die glänzendste der weittragenden Waffen“ des „Adriavolkes“ gegen den ständigen “usurpatore incolto“ im “Carnaro di Dante“, “l'aroma contro la corruzione“ und „ein Bollwerk gegen die Entartung“ (“deformazioni“). Sie gründet sich auf der „Moral“: „Die Verherrlichung der schönen Menschheitsideen (“belle idee umane“) entspringt ihrem Siegeswillen“ und muß

---

[67] Zingarelli, S. 257: Veraltet für „cultura“.

"unità", "libertà" und "giustizia" „im Lande des Geistes (nella regione dello spirito) verteidigen" (L). In diesem vom schöpferischen lateinischen Geist bestimmten Staat „formt sich der freie Mensch", „das Reich des Geistes, auch dank der Arbeitskraft und der Schärfe des Wettbewerbs" ("nell'acrèdine del traffico"). Das human-voluntaristische Prinzip bindet den bereits im Artikel XVIII genannten "lavoro fornito di mano o d'ingegno" ins „Reich des Geistes" ein. Mussolini wiederholt dieses Konzept im Jahr darauf: „Wir wollen, daß zwischen Geist und Stoff, zwischen Hirn und Arm sich die Gemeinschaft unseres Stammes verwirkliche." [68] Die "Università libera" erhält wie die „Corporazione" ihre eigenen Statuten mit Begabtenauslese der Studenten, „um die Besten im Selbstverständnis und dem neuen Bezug zwischen schwierigem Stoff und Menschheitsbewußtsein zu fördern". Dies gilt ebenfalls für die Schulen der „Schönen Künste", der "Arti decorative" und der „Musik" (LI). Während die "Scuole medie" mit ihrem mehrsprachigen Unterricht unter der Obhut des Consiglio degli Ottimi stehen, betreut der Consiglio nazionale die "Alti studi", der Consiglio dei Provvisori dagegen die technischen und Berufsschulen (LII). Zwei Vertreter von diesen wirken im "Consiglio scolastico" der Comuni mit (LIII). Chorgesang nach heimischen ländlichen Motiven und lebensbezogenes künstlerisches Werken haben in den Volksschulen Vorrang (LIII). Die laizistischen politikfreien Schulen rufen in den lyrischen Wandinschriften „das ständige Streben und Sehnen der Menschen" wach (LIV). Der Faschismus übernimmt „die volkswüchsige Ueberlieferung" „im Volk", „das noch den süssen Geschmack am Wort der Altvordern verspürt," teilweise mit „den neuen Programmen" „vom 11. November 1923".[69]

Zu einer alle 7 Jahre anstehenden oder außerordentlichen Verfassungsreform können Consiglio nazionale, Comuni, Corte della Ragione und Corporazioni Vorschläge einbringen (LV). Jeder Bürger darf nur einem "Corpo legislativo" angehören (LIX). Alle Amtsinhaber sind für Schaden aus Mißbrauch oder mangelnder Sorgfalt an Staat, Comune und Corporazione verantwortlich (LXI). Im Rückbesinnung auf die "edilità romana" und mehr noch das 15. Jahrhundert mit Musikfesten und Karneval auf Straßen und Plätzen besorgen die Ädilen „zur Zier des Bürgerlebens" öffentliche und private Sicherheit, „Dezenz" und Sauberkeit und verhindern die Verschandelung der Straßen durch Fabriken am unrechten Ort. Sie nehmen den noch unbekannten, heute als „protezione dell'ambiente" getroffenen Umweltschutz des Industriezeitalters voraus. Die Arbeiter gestalten zum Ausdruck ihres "sentimento religioso del mistero umano" ihre Wohnungen mit den traditionellen Motiven aus, welche „Backtrog, Wiege, Webstuhl, Spinnrocken, Schrein und Joch" des Zugtieres schmückten. Denn „der Geist der antiken Gemeindefreiheiten" reflektiert das „Zeichen des Menschen" nicht nur in den Linien, Maßen und Fügungen der Steine, sondern

---

[68] Mannhardt, Faschismus, S. 274/275.

[69] Arias pp., Mussolini, S. 350-352/FN 1: Programm = Codignolas Premessa.

„vor allem im Griff des Menschen zum Werkzeug, der es zu kraftvollem Leben erweckt“ (LXIII). „Eisen, Glas und Zement“ sollen sich in der “vita armoniosa“ mit „den Erfindungen der neuen Architektur“ als Baustoffe vereinen (LXIII). Die Übereinstimmung von Geist, Handwerk und Kunst bestimmt das Antlitz des zukunftszugewandten Staates im Jahre 1919 - zeitgleich mit dem „Bauhaus“ von Walter Gropius (1883-1969), der „die Wiedervereinigung aller werkkünstlerischen Disziplinen zu einer neuen Baukunst...erstrebte“.[70]

Die Musik findet als religiöse und gesellschaftliche Institution Tempo und Vollklang (“movimenti“, “pienezze“) in den Instrumenten der Arbeit, des Gewinns (“lucro“), des Spieles (“gioco“) sowie den dröhnenden Maschinen, die gleich der Poesie dem präzise angeschlagenen Rhythmus gehorchen (LXIV). Hier klingt die Begeisterung der Futuristen für Technik und Mechanik an (B VI). Gleichzeitig aber knüpft der Gedanke an die Erziehungsmaxime an, daß der „schicksalsträchtige römische Rhythmus der Erfüllung diejenigen Abtrünnigen auf die Konsulatsstraßen zurückleitet, welche sich vorspiegeln, die tiefen Spuren verwischen und die große Geschichte fälschen zu können“. (”Il ritmo romano, il ritmo fatale del compimento, deve ricondurre su le vie consolari l’altra stirpe inquieta che s’illude di poter cancellare le grandi vestigia e di poter falsare la grande storia.“) Die Musik „ertönt alle 1000, 2000 Jahre aus der Tiefe eines großen Volkes als Hymnus“, „den es sich erschafft“ - „wie seinen eigenen Gott als seinesgleichen“. „Wiedergeburt eines edlen Stammes“, „Gemeinschaftsgefühl“, „Schaffensgeist“ und „jede neue Ordnung entspringen der lyrischen Quelle“ und „verherrlichen“ Schöpfergeist und „Lebenswerk“ (LXIV). (Hier ist Nietzsches Gedankengut selbständig verarbeitet worden.) Die Musik ist „Rhythmus“, „Antrieb und Erfüllung...im Arbeitswerkzeug“ und „verkündet der erwartungsvollen Menge“ mit seinem Klang „jedesmal erneut das Reich des Geistes“. Die obengenannte geheimnisvolle 10. Muse (XIX) tritt dann in Funktion, wenn die Schaffenden schweigend von der Arbeit ausruhen: “Delle sue pause è formato il silenzio della decima Corporazione.“ (LXIV) Solche Gedanken werden faschistisches Dopolavoro und nazionalsozialistische ‚Kraft durch Freude’ übernehmen (F III 1; 4). Zur orchestralen und choralen Erbauung der Arbeiter soll eine Rotunde für 10.000 Hörer errichtet werden. Der Eintritt ist so frei wie die von den Patres hergesagte „Gnade Gottes“ in der Kirche (LXV). Gleich den eidgenössischen Zünften des Spätmittelalters (B III) beschließt die Reggenzaversammlung ihr „statutum et ordinatum est“ mit dem Schwur „Iuro ego“[71] das konstitutionelle Programm des Freistaats Fiume. Es ist die ”formula statuaria della liberazione popolare“ im ”libero Comune italiano“ von einst. Realiter fügt es ein ganzes Volk in Berufsverbände. Geistig gründet es auf 2000jähriger römischer Reichstradition, korporativen Einflüssen des Mittelalters und wird von mythischen Elementen wie mystischer Verbrämung in eine über-

---

[70] Der Große Brockhaus, Bd. I, S. 666.

[71] Carta del Carnaro, S. 8.

wirkliche Sphäre erhoben. Patriotische und soziale Ansprüche müssen die Welt der Arbeit erfassen, künstlerische Impulse sollen sie schöpferisch gestalten und verschönern. Psychophilosophische Anstöße liefern schöpferisch produktiver Utilitarismus, Eudämonismus einer glücklichen Volksgemeinschaft, Voluntarismus und Vitalismus. Letzterer ist D'Annunzios Werken überall immanent. *Lavs vitae* mit der wiederholten Anapher "o Vita, o Vita" und dem „grausamen Durst" nach Leben gibt davon ein Zeugnis[72] und setzt einen Nietzscheschen Akzent.[73] Die Elemente bestätigen den Voluntarismus: "Tremammo di forza / chiusa e di volontà raccolta."[74] (= Wir zitterten vor geballter Kraft im gemeinsamen Willen; B VI; VII; VIII)

Gabriele d'Annunzio hatte eine humanistische Schulbildung erfahren. Vor allem seine *Poesìe* erfüllen das gymnasiale Erbe mit unzähligen altgriechischen Zitaten. Platons Dialoge sind dem Dichter vertraut. Dem im Stato libero betonten naturzugewandten Kunstunterricht als "insegnamento dell'ornato su gli esempi della più fresca arte rustica" (LIII) zollt der *Politeia*-Gesprächsführer Sokrates als einer „perspektivischen Malerkunst" wenig Lob, da sie in einem üppigen, „sich aufblähenden Staat"[75] nur „Gaukelwerk" zur „Täuschung unseres Gesichtssinnes durch die Farben"[76] hervorbringe. Wenn Musik die geistige Erziehung in der Reggenza mitbestimmt,[77] so drängt sich die Frage auf, ob das platonische Modell der musikalischen Erziehung Pate gestanden habe. So wie auch „das Getöse der Maschinen" dem „Rhythmus" der Arbeit und des Lebens „gehorcht" (LXIV), läßt der Gesprächsführer Sokrates die „Rhythmen...auf den Lebensrhythmus eines ordentlichen und tapferen Mannes" für die Zuordnung in seiner *Politeia* überprüfen.[78] Dort erzieht „die dorische...Tonart" zum „tapferen Mann", „der sich...standhaft des Schicksals erwehrt".[79] „Die phrygische Tonart" erklingt dem „besonnenen" „Mann, der in Frieden lebt..., in freiwilliger Arbeit".[80] Allerdings fehlt ihm der vitalistische Impuls des Fiumehumanismus, wenn oder weil er „klug und maßvoll in alldem vorgeht und zufrieden ist mit dem Erreichten".[81] Mussolini rät dem Comandante angesichts der am

---

[72] D'Annunzio, Poesie II, Laudi del cielo, S. 11.

[73] Vgl. ebd., Trionfo, Le vergini delle rocce, S. 287; vgl. Nietzsche, F., Zarathustra, S. 199 (Dritter Theil: Vom Gesicht und Räthsel): „Muth aber ist der beste Todtschläger, - Muth, der angreift: der schlägt noch den Tod todt, denn er spricht: ‚War d a s das Leben? Wohlan! Noch Ein Mal!'"

[74] D'Annunzio, Poesie II, S. 198.

[75] Platon, Politeia, S. 144 = 372e; S. 144-146 = 373e.

[76] Ebd., S. 442 = 602ed.

[77] D'Annuunzio, Trionfo, nota introduttiva, S. 5: zum Einfluß Wagners.

[78] Platon, Politeia, S. 181 = 399e.

[79] Ebd., S. 179/180 = 399ab.

[80] Ebd.

[81] Ebd., S .180 = 399c. - Die Fiumerepublik aber gestattete Ausschweifungen jeder Art, die D'Annunzios eigener Lebensführung entsprachen und nicht im *Bollettino* stehen. Dies zeigten Dokumentarfilm des Bayerischen Rundfunks vom 28.X.2000 und Gramsci 125, S. 15.

16.XI.1919 bevorstehenden Parlamentswahlen aus politischem Opportunismus vor dem direkten Zusammenstoß mit der Staatsmacht ab. Am 24.XII.1920 vertreiben indessen die Königstruppen zum Ausgleich mit Südslawien, den Giolitti am 12.XI.1920 in Rapallo erwirkte,[82] die Legionäre aus der modernen *Politeia.* De Ambris beklagt dies als „unverzeihliches“ “tradimento della causa fiumana“.[83] Zwei Jahre später wird der Dichter wegen seiner Initiative zu einer “costituente sindacale“[84] von der “marcia su Roma“ „ferngehalten“.[85] Denn überzeugt hatte Mussolini weder der Plan eines „weitgespannten, gottergebenen Bundes *aller Arbeiter*“[86] noch die Erklärung des ehemaligen Comandante, der in die Politik zurückkehren wollte: „Die göttliche Stimme gebot dem Seraphikus, der unzählige Brösel einsammelte: «Aus all diesen Bröckchen mache *eine einzige Hostie*!»“[87] Emil Ludwig fragt wenig später nach den *Colloqui* D'Annunzio am Gardasee, „wie er es ertragen könne, daß plötzlich ein anderer auftauche und seine Ideen anwende“. Der Befragte antwortet „zynisch mit einem einzigen Wort: «Mistero»“.[88] Auf Mussolinis Geheiß erhebt der König anläßlich der Annexion des Freistaates Fiume D'Annunzio 1924 zum Principe.[89] Auch Rossoni lehnt ein ”Comitato laburista“ mit einem “Partito del lavoro” ab.[90]

Trotz seiner Kurzlebigkeit hat das Fiumestatut eine Ausstrahlung auf die 7 Jahre später konzipierte *Carta del Lavoro* nicht verfehlt. Cordova nennt die Gründung des Mailänder “Gruppo di competenza degli ingegneri fascisti“ im Februar 1922 als Beispiel.[91] Aquarone spricht Mussolini „wirklich eigene Ideen“ ab und nennt die *Carta del Carnaro* ”una delle matrici da cui scaturí (= erwuchs) la sua concezione corporativa dello Stato.“[92] Beckerath vermerkt, daß gerade „aus deren[93] Wahl“ durch „die neun autonomen Zwangskorporationen“[94] „eines der wichtigsten Staatsorgane hervorwuchs“[95], denn „die Rolle des Staates war gleich Null“.[96] Gegenüber solcher „Utopie“ einer „res populi“ mit einem “governo schiettamente di popolo“ (III) hat sich „der offizielle Fascismus feindlich verhalten“.[97] Carl Hiller zählt ihn in seinem Kapitel *Das Korporativsystem* zu den

---

[82] Pergolesi, Diritto costituzionale, S. 171/FN 4.
[83] Cordova, Sindacati fascisti, S. 87/FN 208.
[84] Ebd., S. 115.
[85] Ebd., S. 116.
[86] Ebd.
[87] Ebd.
[88] Ludwig, Colloqui, S. XLIII.
[89] D'Annunzio, Poesie II, S. XXIX.
[90] Cordova, Sindacati fascisti, S. 115-117.
[91] Ebd., S. 101.
[92] Aquarone, Stato totalitario, S. 112, 112/FN 1.
[93] Beckerath, Fascistischer Staat, S. 96.
[94] Ebd., S. 95.
[95] Ebd., S. 96.
[96] Ebd., S. 95.
[97] Ebd., S. 96.

Grundlagen des faschistischen Staates (Titel der „staatstheoretischen" „Forschung"):[98] „In dieser Verfassung wurde zum erstenmal mit der Wirtschaftsverfassung des liberalen Systems (Gliederung der Menschen in Parteien auf Grund übereinstimmenender Interessen) gebrochen und an ihre Stelle die Gliederung des Volkes in Berufsverbände gesetzt: Kaufleute, Intellektuelle, Unternehmer usw."[99] Unter den deutschen Bearbeitungen ordnet Wagenführs Anthologie *Korporative Wirtschaft in Italien* die *Carta di Carnaro* in seine *Chronik zur korporativen Wirtschaftsordnung* ein.[100] Nach Beckeraths Abwägungen der „Verfassung" „für Fiume" in seinem *Wesen und Werden des Faschismus* von 1927[101] weisen Menzels „Staatsgedanke des Faschismus"[102] von 1935 ausführlich und Rößlers *Untersuchung sozialer und politischer Wesensunterschiede* von *Faschismus und Nationalsozialismus* 1938 [103] knapp auf den Zusammenhang hin. Müller nennt „diese *Carta di Carnaro* mehr eine dichterische Arbeit als eine modernes Verfassungsgesetz".[104]

II. Die Voraussetzungen zur Umgestaltung der Arbeitswelt

Heute haben viele Orte in Italien ihre Via oder Piazza Matteotti. Diejenige in Parma z.B. gemahnte als "Piazza 28 Ottobre" während der faschistischen Epoche an den Marsch auf Rom. An die staatliche Symbolik des "Littorio" erinnerte in Mailand der gegenwärtige "Corso Matteotti". In Predappio südliche Forlì liegt der Ex Palazzo del Fascio am heutigen Viale Matteotti. Solche Wegemarken ehren mit Beginn der Nachkriegszeit posthum gerade jenen Politiker, der im zweiten faschistischen Regierungsjahr als furchtlose Persönlichkeit der sozialistischen Opposition gegen den Terror des „wiederan[ge]kurbel[te]n" „<Mythos> der <zweiten Welle>"[105] (F III 5) auftrat. Die Krise nach der Ermordung Matteotis im Jahre 1924 (B VII) wird zum Wendepunkt in Mussolinis Innenpolitik, während er „außenpolitisch auf Monate völlig mattgesetzt" wird.[106] Mannhardt erkennt als Zeitzeuge die politische Brisanz der Stunde und widmet dieser „Veraenderung der Lage durch den Fall Matteotti" ein Sonderkapitel.[107] Zielbewußt soll nun aus dem ökonomischen Chaos eine neue aktionistische Wirtschaftsordnung zu ihrer juristischen Absicherung in der *Disciplina dei rapporti*

---

98 Hiller, Faschistischer Staat, S. 2/3.
99 Ebd., S. 69.
100 Wagenführ, Korporative Wirtschaft, S. 157.
101 Beckerath, Fascistischer Staat, S. 95.
102 Menzel, Staatsgedanke, S. 105.
103 Rößler, CDL und AOG, S. 12.
104 Müller, AOG, S. 26.
105 De Luna, Mussolini, S. 55; L'Asino, S. 424: "seconda onda, termine caro a Farinacei".
106 Mannhardt, Faschismus, S. 306.
107 Ebd., S. 316-320; vgl. ebd., S. 272, 272/FN 2; entsprechend Müller, AOG, S. 28.

collettivi del lavoro führen. Den zweiten Ideenschub setzt alte ständische Werktätigentradition frei (B III/IV). Ein drittes Element mündet auf der Entwicklungsfährte der ökonomischen Doktrinen mit ihren theoretischen Lehrsätzen und praktischen Verwirklichungen, welche bei der Fügung des faschistischen Wirtschaftsblockes miteinander in Konkurrenz stehen, ebenfalls in den Transformationsprozeß ein. Aus diesen drei zu untersuchenden Gegebenheiten erklärt sich die selektive, aber konsequente Umsetzung in die Praxis durch das faschistische Regime. Der ihm ideologiegerechte, charaktereigene, von Ernst Jünger[108] bewunderte Aktivismus[109] geht dem gesetzgeberischen Werk voraus. Das Kapitel über die Voraussetzungen zum Austritt aus dem Sozialismus einer konstitutionell-liberalen Monarchie hin zur Syndikatsumgestaltung in ‚völkisch' verstandener „Socialità“ unter den Sonderbedingungen einer Einparteienherrschaft, die aber in konstitutionell-monarchischem Rahmen verbleibt, erlaubt dann die folgende Gliederung: (II.) 1. Konflikt zwischen Gewerkschaften und staatlicher Ordnung; 2. Übernahme oder Bruch der ständischen Traditionen?; III. Konkurrenz der Wirtschaftsdoktrinen: 1.Die ökonomischen Schulen im Widerstreit; 2. Homo oeconomicus[110] und Homo corporativus; 3. "Lotta di classe“ und "Socialità". Die neuerschlossene „Sozialität“ bereitet den Boden für die faschistische Syndikatsgesetzgebung in den Anschlußkapiteln IV und V vor.

1. Konflikt zwischen Gewerkschaften und staatlicher Ordnung

Obwohl das Königreich Italien zu den Siegern des Ersten Weltkrieges gehörte, war es dennoch merklich erfolgloser in der Überwindung der wirtschaftlichen Not, die von 1915 bis 1918 in wachsendem Maße vor allem die arbeitende Bevölkerung zu erdulden hatte. Deshalb war sie faktisch geneigt, sich den neuen ideologischen Anpreisungen eines ‘sozialeren' Systems aus dem Osten aufzuschließen (B VII). Als Gegenkraft zu derartigem “internazionalismo“ und der einflußarmen „katholischen“ “Internazionale bianca“ fordert Mussolini auf der Gründungsversammlung der “Fasci italiani di combattimento“ am 23.III.1919[111] einen „vaterländischen“ „nationalen Syndikalismus“[112] und schreibt vier Tage später im *Popolo d'Italia* unter dem Titel *L'ora del sindacalismo*: „*Collaborazione o lotta di classe? Noi pensiamo che nessuno dei due metodi sia da ripudiare. Collaborazione, in vista di un aumento della produzione, là dove è possibile; lotta di classe, quando è necessario. Collaborazione in modi e forme da stabilire, quando si tratta di produrre, di <rifarsi>; lotta di classe, quando si*

---

[108] Seibt, Hegelianer, S. N5.
[109] Mussolini, Dottrina, S. 848r. = Doktrin, S. 16: Attivismo = nazionalismo, futurismo, fascismo.
[110] Wagenführ, Korporative Wirtschaft, S. 22: „Wirtschaftsmensch“.
[111] Hiller, Faschistischer Staat, S. 69.
[112] Costamagna, Diritto pubblico, S. 317.

tratta della ripartizione.“[113] Der Hegelschüler Mussolini legt damit die Strategie offen, nach der er auf politisch-ökonomischem Gebiet vorzugehen gewillt ist. Mit der Wirtschaft gedenkt er „zusammenzuarbeiten“, „wo es die Erzeugung zu steigern und um die ökonomische <Gesundung> gilt“. „Klassenkampf“ dagegen „ist nötig, sobald es um die Verteilung der Zugewinne geht“.[114] Deshalb begrüßt er „die aufsteigende Arbeiterbewegung“ und „diese großartige *gegenwärtige* unblutige Unwälzung durch die Arbeiter, die sich auch in Italien durchsetzt.“[115] So schreibt er am 18.IV.1919 im selben Blatt unter dem Titel: *Non subiamo violenza!* (= Gewalt wollen wir nicht dulden!): „*Vereint mit der Sozialistenmehrheit der ganzen Welt*“ gilt es, „offen und trutzig jene düstere Erscheinung des Rückfalls (= regressione), der Gegenrevolution und des Unvermögens (= impotenza) zu bekämpfen“. ”Quel fenomeno...si chiama bolscevismo.“[116] Mit dem Negativum “contro-rivoluzione“ verurteilt Mussolini, in den sozialistischen Bewegungen der Jahrhundertwende dialektisch geschult, gerade Lenins damaligen Versuch, das Arbeiterparadies mit dem Anspruch zu verwirklichen, es gleichzeitig, wie die Nachkriegsjahre erbrachten, als weltbeglückendes System über die sowjetischen Grenzen hinweg auszudehnen. Mussolini dagegen erstrebte, jedwedem Internationalismus abhold, für sein Proletariat die nationale Lösung innerhalb einer ständisch gegliederten ‚völkischen’ Gemeinschaft. Schon im April 1919 erblickt er in der „unendlichen Polychromie“ der Parteien die Gefahr, daß sich „Extremisten“, „Syndikalisten“ und „Anarchisten“ in einem sozialismusunabhängigen, eigenständigen “Partito Comunista Unito“ auf einer „fatalen“ “corsa al più rosso“ formieren.[117] Entsprechend beurteilt er am 19.VII.1919 in *Il Popolo d'Italia* die parteigebundenen Gewerkschaften und die kommunistischen insbesondere als die große Gefahr, welche für einen Staat, wenn er sie duldet, dem „Selbstmord“ gleichkäme; daher müßten das „Proletariat“ und „die Arbeiter“ ihre „Emanzipation“ „anstelle der Parteibuch-Aufwiegler“ eigenverantwortlich in die Hand nehmen.[118] Daraus zieht der Machtpolitiker drei Jahre später seine machiavellistische Folgerung, die Syndikalisten für sich zu gewinnen (D). Denn im Mai 1918 hatten sich die Arbeitervereine zu einem Verbande zusammengeschlossen, die New Yorker Gewerkschaftszeitung des Auslandsitalieners Rossoni *L'Italia Nostra* unter dem Wahlspruch: „Das Vaterland verleugnet man

---

[113] Mussolini, Citazioni, S. 119.

[114] Ebd.

[115] Ebd.

[116] Ebd., S. 119/120.

[117] Ebd., S. 238: ”Nel campo socialista, la corsa al più rosso è fatale. Tra questa policromìa, le sfumature vanno all'infinito. Giungono alla pura follìa (= landen im echten Wahnsin). Ma probabilmente estremisti del PSU (= Partito Socialista Unitario), sindacalisti e anarchici, formeranno il Partito <comunista> anche in Italia.“

[118] Ebd., S. 121: ”Un sindacalismo legato a partiti politici è suicida. Nessuno può sostituire il proletariato. L'emancipazione dei lavoratori dev'essere opera dei lavoratori stessi, non già (= nicht jedoch) venire largita (= gespendet) da una congrèga (= Clique) più o meno numerosa di politicanti tesserati (= mit Parteiausweis).“ – Jocteau unterscheidet ”organizzazioni padronali”, ”organizzazioni di classe” und ”sindacati fascisti”, in: Jocteau, Magistratura, S. 12.

nicht, man erobert es“[119] (B VII; F II 2) als Verbandsorgan übernommen und den auch in der Schweiz und Frankreich erfahrenen Syndikalisten zum Leiter bestellt.[120] Mussolini selbst forderte am 30.III.1919[121] nach dem Vorbilde der „associazioni“ von „Kurt Eisner“ (1867-1919), ”il maggior artefice della rivoluzione tedesca“,[122] ”sindacati di operai, mutue, cooperative, associazioni di cultura“ und dazugehörige ”Consigli nazionali“ in der ”Assemblea nazionale”.[123] Auf dem Convegno dei Sindacati vom 17.X.1921 plädierte Rossoni für die „vollständige Freiheit” der „Lohnempfänger“ von der faschistischen Partei, um „nicht den sozialistischen Irrtum“ einer Parteibindung der „Wirtschaftsorganisationen zu wiederholen“;[124] Dino Grandi aber plädiert dafür, die „schon von Mazzini gepredigte ideale Revolution“, d.h. „die Syndikate“ als „politische Bewegung“ in einen „großen nazionalen Organismus“ hineinzuführen. [125] Der Sekretär der Confindustria Gino Olivetti[126] beruft sich am 10.V.1924 ebenfalls auf das arbeitspolitische Risorgimento.[127] Entsprechend „strebte der Korporativismus“ „im Gegensatz zum Sozialismus“ „nach einer tiefen organischen Verwandlung des Staates, um durch moralische Läuterung der einzelnen gesellschaftliche Vervollkommnung zu erreichen“ und „die Bestätigung der menschlichen Persönlichkeit als Verwirklichung einer uneingeschränkten „integralen“ Freiheit, kraft welcher “das Recht mazzinigetreu mit der Pflicht eins wird und sich erfüllt“ (“si confonde e si compènetra mazzinianamente“;[128] F II 1).

Nach der Konferenz vom 24.I.1922 in Bologna faßt Rossoni die Gruppierung gegen die sozialistischen und christlichen Gewerkschaften mit Mussolinis Einverständnis[129] als “Confederazione delle Corporazioni Sindacali“ zusammen, worin schon der Zwittercharakter der „vertikal“ und „hierarchisch“ gegliederten Organisation zu erkennen ist. Sie ist pyramidal aufgebaut. Über den lokalen stehen die provinziellen Fachverbände. Sie umfassen Korporationen gleicher Berufe, sei es der Landwirtschaft oder der Industrie. Die daraus zusammengeschlossenen Spitzenverbände, die gleichwohl andere nichtprovinzielle Fachgruppen enthalten, bilden die „Nationale Korporation“. Am 30.III.1922 „präzisiert“ Rossoni seinen „Lieblingsgedanke[n]“, in der „Total- oder Integralkorporation“ „aller Produktionsträger“ Arbeitnehmer und -geber vereinigt zu sehen.[130]

---

[119] Mannhardt, Faschismus, S. 198.
[120] Ebd., S. 198f.
[121] Aquarone, Stato totalitario, S. 3.
[122] Ebd., S. 3/FN 1.
[123] Ebd., Cordova, Sindacati fascisti, S. 48/49.
[124] Cordova, Sindacati fascisti, S. 48.
[125] Ebd., S. 49.
[126] Ebd., S. 249-251; Eschmann, Faschistischer Staat, S. 12.
[127] Vgl. Tilgher, Homo faber, S. 111.
[128] Cordova, Sindacati fascisti, S. 251.
[129] Mannhardt, Faschismus, S. 198; Heinersdorff, Arbeitsverhältnis, S. 24.
[130] Beckerath, Fascistischer Staat, S. 124/125; Müller, AOG, S. 11, 30, 31; Arias pp., Mussolini, S. 205.

Panunzio befürwortet als „historischen *Niederschlag* des Faschismus" „eine einzige Konföderation" mit „legislativer Gewalt" in „einem *Parlamento* sindacale interprofessionale".[131] Mussolini gliedert die Gewerkschaft unter Rossoni auf Antrag in die faschistische Partei ein.[132] Damit schafft er ein Gegengewicht zu den linken Gewerkschaften. Den „sindacalismo socialista o estremista" lehnt der Duce am 4.VI.1922 in der Einleitungsrede zum 1. Congresso delle Corporazioni von Mailand ab.[133] „Zusammenarbeit der Klassen" schafft die „Harmonie zwischen den drei Elementen"[134] des „faschistischen Syndikalismus": "la nazione, la produzione e gli interessi delle categorie".[135] Angesichts solcher Ziele beobachten Industrie und Kapital die „marcia su Roma" wohlwollend. Der 1. Kongreß zählt 483 Abgeordnete und eine halbe Million Mitglieder, der zweite im Juni 1923 anderthalb Millionen.[136] Im Sommer 1924 sind es 2 Mio., während „sich" „die nichtfaschistischen Gewerkschaften" rapide „verminderten".[137] Rossoni stellt am 12.X.1922 das *Statuto per la Confederazione delle Corporazioni* ("Federazioni dei sindacati nazionali")[138] „im ganzen Land" „unter der Trikolore" von den industriellen „Produzenten" bis zu den „Lohnempfängern" „geistiger und manueller Tätigkeit" „unbeschadet des Bekenntnisses" „für alle Klassen und Kategorien" „beiderlei Geschlechts" auf.[139] Die Arbeitgeber der Confindustria und Confagricoltura werfen Rossonis Syndikatspolitik "«manie» monopolistiche" vor. Ein Ärgernis für Rossoni ist, daß die Confederazione Generale del Lavoro (unter Ludovico D'Aragona)[140] ebenfalls im Bureau International du Travail vertreten war. Er verurteilt am 13.XII.1922 die „zahllosen Kanaillen" und Wendehälse, welche jetzt im Zuge der „für einige «allzu süßen»" „faschistischen Revolution" „«die Stufen des Innen- und Justizministeriums» hinaufstiegen, «um nun nicht mehr zu San Carlo Marx oder San Nicola Lenin zu beten, sondern von San Benito Mussolini die Gnade zu erflehen, welche sie vor Unheil bewahre»".[141] Andererseits bedingen die Lohnkürzungen bald unterschwellige Kritik: "si stava meglio quando si stava peggio!"[142] (Vgl. die deutsche Entsprechung während des 2. Weltkrieges: „Früher ging's uns gut. Heute geht's uns besser. Wenn's uns doch wieder gut ginge!") Mannhardt registriert als Zeitzeuge, daß die faschistische Syndikatsorganisation gleichsam als „private Angelegenheit der Partei"[143] im Gegensatz zu derjenigen der faschistischen Strafex-

---

131 Panunzio bei: Cordova, Sindacati fascisti, S. 56: precipitazioni = chemischer Vorgang.
132 Mannhardt, Faschismus, S. 198.
133 Cordova, Sindacati fascisti, S. 67.
134 Ebd.
135 Ebd.
136 Ebd., S. 119: 856.946 iscritti.
137 Mannhardt, Faschismus, S. 98; die Kommunisten sehen 750.000 als realistisch an.
138 Cordova, Sindacati fascisti, S. 110-115.
139 Ebd.
140 Ebd., S. 114.
141 Ebd., S. 118.
142 Ebd., S. 132.
143 Mannhardt, Faschismus, S. 248.

peditionen zur „Durchsetzung der faschistischen Syndikate“[144] gering entwickelt war. Erst nach der Regierungsübernahme wird Ende Juni 1923 auf dem Kongreß des Generalverbandes „in Rom beschlossen, die Anerkennung als öffentlich-rechtliche Korporation durchzusetzen. Mussolini stimmt sofort zu. Ein entsprechendes Gesetz“ wird „in Angriff genommen“, um „die Verbindung zwischen dem Staate und den Syndikaten noch enger“ zu „gestalten“ und „Arbeitskontrakte“ durch „Strafrichter“ zu schützen“.[145] Der faschistische Verband der landwirtschaftlichen Arbeitgeber hatte die 1918 gegründete “Confederazione dell'Agricoltura“ verdrängt. Aber 1924 trennen sich Arbeitgeber und -nehmer der „Nationalen Korporation der Landwirtschaft“ wieder.[146]

Auf Grund eines politischen Ereignisses mit unvorhergesehener Tragweite gerät Mussolini in Zugzwang, die wirtschaftlich-syndikalistischen Verhältnisse neu zu ordnen. Am 23.VII.1923 billigt das Parlament ein neues Wahlgesetz zugunsten der faschistischen Regierung, deren Duce ohnehin nichts von der “bassa cucina parlamentare“ hält, weil die Stimmenmehrheit in “collaborazione maltusiana“[147] (C III 1) den Ausschlag gibt. Nach erfolglosem kommunistischen Versuch, eine Arbeitereinheitsfront vor den Wahlen im Mai 1924 zu bilden, entlarvt Giacomo Matteotti am Ende desselben Monats die faschistische Mehrheit von 65% als Wahlbetrug. Gleichzeitig hat er Unterlagen über den stellvertretenden Innenminister Aldo Finzi gesammelt, um dessen Finanzbetrug zur persönlichen Bereicherung im Parlament aufzudecken.[148] Eine Squadra entführt den sozialistischen Abgeordneten mit der belastenden Akte und ermordet ihn am 10.VI.1924[149] (B VII). In dieser Zeit droht ein kommunistischer Generalstreik, den die Sozialisten verhindern.[150] Konservative[151] und sozialistische Gegner verlassen das Parlament. Es droht ein Zusammenschluß der gesamten Opposition.[152] Das Ausland reagiert empört. Am 27.X.1924 mahnt der Regierungschef die Arbeiter von Dàlmine (F II 1) bei Bergamo an die Bewahrung der “pace sociale“ und “continuità di lavoro“; allein der “accordo“ von „Kapital“, „Technik“ und „Belegschaft“ gewähre „Einzel- und Gemeinwohl“. (Die Dalminesi gehörten zum interventionistischen „kriegerischen Flügel“ der “Unione Italiana del Lavoro“, hatten am 23.II.1919 „eine Fabrik besetzt und auf ihr die Flagge der syndika-

---

[144] Ebd., S. 240.
[145] Ebd., S. 248.
[146] Heinersdorff, Arbeitsverhältnis, S. 16/17; vgl. Cordova, Sindacati fascisti, S. 148.
[147] Mussolini, Citazioni, S. 273: 1.VI. und 15.VII.1923; vgl. S. 279: “Seppelliamo solennemente la menzogna del suffragio universale democratico (= Wahlrechtsbetrug).“ = “Elezionismo“ („demokratische Wählerei“) bei Heinrich, Faschismus, S. 31, 126 sowie Beckerath, Fascistischer Staat, S. 114; Arias pp., Mussolini, S. 249: „Allgemeintendenz des Fascismus, die Giftpflanze der 'Wählerei' auszureissen, wo immer sie sich festgesetzt haben mag.“
[148] Mannhardt, Faschismus, S. 179; ebd., S. 268, 278: zu Finzis Person.
[149] Ebd., S. 352.
[150] Ebd., S. 355.
[151] Ebd., S. 341.
[152] Ebd., S. 368/369.

listischen Union gehißt", dann jedoch den Fasci-di-combattimento-Gründern ihre Sympathie bekundet,[153] nachdem sie Mussolini bei Streikende aufgesucht[154] hatte. Jene "tre elementi"[155] garantieren das „benessere singolo e collettivo"[156] und sind bereits „die Stichwörter" der noch ausstehenden Arbeitsgesetzgebung: "Fuori di questi termini non vi può essere che rovina e miseria."[157] Trotz solcher Beschwörung legen die norditalienischen Metaller von März bis Juli 1925 ihre Arbeit nieder, während die Intellektuellen ein antifaschistisches Manifest veröffentlichen.[158] Aus der Lektüre[159] der Lehre vom „produktiven Charakter der Gewalt"[160] als Triebkraft,[161] dem Mythos und der «moralité de la violence»,[162] «manifestation pure et simple du sentiment e lutte de classe...très belle et très héroïque»,[163] weiß Mussolini, von Sorel als „Italiener des 15. Jahrhunderts", d.h. "condottiero" bezeichnet,[164] solche Sturmzeichen zu deuten. Neben Finzi werden weitere Funktionäre aus ihren Ämtern entfernt und zum Teil verhaftet.[165]

Nach dem „großen Reinemachen im Sommer 1924" (so Mannhardt)[166] beginnt Mussolini, die sozialen Verhältnisse umzugestalten. Der Zeitzeuge beurteilt die Monate nach diesem „Schlaganfall des Faschismus",[167] der einem „neuen Karfreit"[168] (= Caporetto, slowenisch Kobarid; Oktober 1917: 12. Isonzoschlacht; B I) gleicht: „Das ‚Fortrevoluzzen' ohne Ende ist für ein Volk schlimmer als erst Revolution und dann Aufbau."[169] Um die zur Gewalt bereiten „Radikalen" in der Bewegung wie Roberto Farinacci (1897-1945), den „Führer der Eisenbahner, der Vorhut unserer syndikalistischen Legionen",[170] im Zaum zu halten, entscheidet sich Mussolini für gesetzgeberische Maßnahmen. Zwischen August und September 1924 bildet sich nach vorgehenden „Quadrunvirn" eine Kommission der „Quindici" bald darauf "diciotto" "Soloni" (5 senatori, 5 deputati, 8 pubblicisti e professori universitari; D II) „aus den fähigsten zur Ver-

---

[153] Beckerath, Fascistischer Staat, S. 20.
[154] Cordova, Sindacati fascisti, S. 16.
[155] Ebd., S. 67.
[156] Mussolini, Citazioni, S. 129.
[157] Ebd.
[158] Eschmann, Faschistischer Staat, S. 10.
[159] Diel, Duce, S. 169; Sorel, Réflexions, Préface, S. I: Mussolini hielt das Buch unter seinem Kopfkissen: «un de ses livres de chevet.»
[160] Eschmann, FaschistischerStaat, S. 10.
[161] Sorel, Réflexions, Préface, S. I.
[162] Ebd., S. 177-216 (Kapitel VI: La moralité de la violence).
[163] Ebd., S. 86.
[164] Mannhardt, Faschismus, S. 156; Diel, Duce, S. 169, 173.
[165] Mannhardt, Faschismus , S. 352-356; De Luna, Mussolini, S. 55.
[166] Mannhardt, Faschismus, S. 243.
[167] Ebd., S. 318; ebd., S. 318/FN 3: aus dem Munde eines deutschen Pressevertreters in Rom.
[168] Ebd., S. 166, 366; ebd., S. 366/FN 3: Presseschlagwort in Erinnerung an den Zusammenbruch der Front am 24.-26.X.1917.
[169] Ebd., S. 341.
[170] Ebd., S. 372.

fügung stehenden Männern" (Giacomo Acerbo,[171] der Quadrumvir Leonardo Bianchi,[172] Rossoni als „Führer der fascistischen Syndikate"[173] und "«duce dei lavoratori»,[174] Vizepräsident Corradini), als „Gelehrte" Präsident Gentile; Gioacchino Volpe (*1875),[175] Panunzio,[176] Santi Romano (F III 3); Rocco (der den Hauptanteil an der Legislation trägt), mit „technischen Wirtschaftsräten".[177] Als "consigli tecnici" bereiten sie entsprechend der neuen Thematik in der 6. von Mussolini bestimmten Arbeitsgruppe, *Der Staat und die Nationalökonomie*, die *Rechtliche Anerkennung der Syndikate*, ihre *Vertretung im Rahmen der Staatsmacht* sowie das *Arbeitsgesetzbuch und Gerichtswesen zur Regelung der Arbeitsverträge im Einklang mit der Wirtschaft und* [...] *die Schaffung von Organen zur Schlichtung von Streitigkeiten* vor, damit im sozialen Bereich „die Eroberung der Staatsgewalt durch den Faschismus dauernd sichergestellt würde",[178] aber auch um „Lebendiges rechtlich zu gestalten", selbst wenn daraus „keine ‚ganz neue Verfassung gemacht'" würde.[179] Am 3.I.1925 nimmt Mussolini in der "Camera dei Deputati" als „Oberhaupt" und Schöpfer „eines bestimmten historischen Klimas, einer bestimmten politischen und moralischen Atmosphäre"[180] die politische Verantwortung für die Untat an Matteotti auf sich und appelliert gleichzeitig an die „Auslese der italienischen Jugend": "*Se il fascismo non è stato che olio di rìcino e manganello* (= Prügel), *e non invece una passione superba della migliore gioventù italiana, a me la colpa! Se il fascismo è stato un'associazione a delinquere* (= Verbrecherbande), *io sono il capo di questa associazione a delinquere!*"[181] Aber „alle" in diesem Fall ausgeübte „Gewaltanwendung" diente ausschließlich zur Wiederherstellung der „Ruhe" und des „Friedens auf Italiens Arbeitsmarkt". Sie „ist notwendig, wenn es mit Liebe nicht geht": „*L'Italia vuole la pace, vuole la tranquillità, vuole la calma. Noi, questa tranquillità, questa calma laboriosa gliela daremo con l'amore, se è possibile, e con la forza, se sarà necessario.*"[182] Eine machiavellistische Mischung von "le triste" und "le buone opere" kraft "forza" und "crudeltà" einerseits und "bontà" und "leggi" andererseits im "impero" des *Principe*[183] kennzeichnet dieses legislativ und sozialpolitisch bizarre

---

[171] Acerbo fehlt bei: Candeloro, Storia IX, S. 136.
[172] Bianchi fehlt bei: ebd.
[173] Arias pp., Mussolini, S. 205; Beckerath, Fascistischer Staat, S. 88.
[174] De Felice, Mussolini fascista, S. 168.
[175] Enciclopedia, Bd. XXXV, S. 563.
[176] Mannhardt, Faschismus, S. 380/381; Candeloro, Storia IX, S. 136/FN 34: zusätzlich Àrias, Barone, Còppola, Èrcole, Gini, Greppi, Lanzillo, Leicht, Mazziotti, Melodìa, Oliviero Olivetti, Suvich.
[177] Mannhardt, Faschismus, S. 380-382, 381/FN 1.
[178] Ebd., S. 380/381.
[179] Ebd., S. 381.
[180] Arias pp., Mussolini, S. 1; vgl. ebd., S. 116; Mussolini, Citazioni, S. 52.
[181] Arias pp., Mussolini, S. 1 = Mussolini, Citazioni, S. 52.
[182] Ebd., S. 194.
[183] Machiavelli, Principe, S. 34 (= XVIII); ebd., S. 38 (= XIX).

Regierungsjahr III. Zudem hatte Sorel einst die „violence“, natürlich „conduite convenablement“, empfohlen.[184] Das vom König gebilligte Gesetz vom 3.I.1925 „sanktionierte“ „die Ermächtigung des Regierungschefs“ (B I; F III 1, 5) an der Spitze des “nuovo *regime* fascista“, wie De Felice die neue Herrschaftskonstruktion kennzeichnet.[185] Candeloro kommentiert: ”Sanzionò chiaramente la subordinazione del potere legislativo all’esecutivo.“[186] Manche Faschismustheoretiker setzen zu diesem Zeitpunkt das Ende des “Stato post-risorgimentale” an und den Beginn von Mussolinis “arbitrato *autoritativo*, piú che *autoritario*’, das sich aber zum „Stato totalitario“ entwickelt.[187]

Den Schwangerschaftsurlaub der Angestellten (‚impiegate’) und Privatverträge regelt R.D.L.n. 1825 (13.XI.1924).[188] Zum Beginn des sozialpolitisch schwierigen Jahres 1925 folgt die Arbeitsunfall-Pflichtversicherung[189] und am gleichen Tage eine weitere Stiftung der “Stella al merito del lavoro“. Die “igiene del lavoro“ überwacht das Gesetz vom 17.IV.1925.[190] Am 10.XII.1925 wird die “Opera Nazionale della Maternità e dell’Infanzia“[191] kraft Gesetzes des Innenministers Luigi Federzoni (1878-1967)[192] gegründet.[193] Die „sogenannte soziale Frage“ läßt sich allein „als Magenfrage nicht lösen“[194] (C III 3; F I 3; III 3). Deshalb werden anläßlich des Maifeiertages des gleichen Jahres das „Nationale Werk der Fortbildung“, die “Opera Nazionale del Dopolavoro“,[195] „als selbständige Körperschaft, aber doch in engem Zusammenhang mit den gewerkschaftlichen Organisationen“, mit eigenen Institutionen für die rasch anwachsende Zahl ihrer “Tesserati“, der „ordentlichen Mitglieder“,[196] durch Gesetz vom 18.III.1926 ins Leben gerufen,[197] um laut Mussolini „den standard of life“ der „Arbeiter möglichst hoch zu halten“.[198] Wenn die Zunftordnungen dafür gesorgt hatten, „daß der Geselle von heute in den Meister von morgen überging“, so war er mit Engels’ Worten vom Kapitalismus zum „lebenslänglichen Lohnarbeiter“

---

184 Sorel, Réflexions, S. 80.
185 De Felice, Mussolini fascista, S. 3.
186 Candeloro, Storia IX, S. 138.
187 Aquarone, Stato totalitario, S. XII, XIX.
188 Bodda, Diritto pubblico, S. 254.
189 Pergolesi, Diritto costituzionale, S. 156/FN 8: 25.I.1925 r.d.l.n.20.
190 Bodda, Diritto pubblico, S. 249.
191 Wagenführ, Korporative Wirtschaft, S. 40/41.
192 Diel, Duce, S. 65: Blauhemdenführer, dann Innenminister.
193 Arias pp., Mussolini, S. 233: „10.XII.1925“. - Dagegen Wagenführ, Korporative Wirtschaft, S. 41: „10.III.1925.“
194 Mannhardt, Faschismus, S. 274.
195 Diel, Duce, S. 101-105; ebd., S. 101: „die etwa unserer ‚Kraft durch Freude’ entspricht“; tatsächlich nur zum Teil.
196 Ebd., S. 103/104.
197 Stübler, Italien, S. 265; Heinrich, Faschismus, S. 53; Arias pp., Mussolini, S. 235.
198 Arias pp., Mussolini, S. 235.

„verwandelt[]“ worden.[199] Im Zuge der Neugestaltung der Ökonomie vereinbaren die Organisationen für “Capitale“ und “Lavoro“, die Confederazione dell'industria und die Confederazione delle Corporazioni fasciste, mit dem Vertrag vom 2.X.1925 im Palazzo Vidoni (B VII; E I; F III 3) ihren Zusammenschluß[200] dank gegenseitiger Anerkennung, Abschaffung der Betriebsräte und Übertragung der „Befugnisse auf das örtliche Syndikat“, um „sie nur gegenüber den entsprechenden industriellen Organisationen aus[zu]üb[en]“[201] und ohne Einfluß auf die Produktion.[202] Damit „gewinnen die Unternehmer ihre absolute Macht in den Fabriken zurück“.[203] Diese Maßnahmen sollen die Regierung aus der ersten schweren sozial-politischen Not herausführen, in welche sie die Matteotti-Krise gestürzt hatte. Mannhardt zieht im Rückblick auf das Jahr 1924 den Schluß: „Seine Arbeiter gewann der Faschismus hauptsächlich durch die Syndikate.“[204] Der Rhetoriker Mussolini beurteilt im nachhinein die Entwicklung ideologisch: „Wie entstand dieser Syndikalismus? Wo entstand er und wann? Geburtsjahr: 1921; Heimat(s)ort: Poebene; Kampfesart: Eroberung und Zertrümmerung der sozialistischen Raubnester. Der erste Syndikalismus war ausschliesslich bäuerlicher Herkunft, war die Revolution der in Steuerfron Schmachtenden, die Empörung der Kleinbauern, der Pächter und Halbpartpächter, die ihren sauer verdienten Erwerb mit dem Besitzer teilen mussten. Erst später schlossen sich auch die Landarbeiter an. Aber es galt vor allem, die Massen in der Stadt, das Industriepoletariat, zu gewinnen. Deshalb erweiterte der Fascismus seinen Aktionsradius.“[205]

2. Übernahme oder Bruch der ständischen Traditionen?

Die *Carta del Carnaro* und der Faschismus beriefen sich in ihrem Staats-, Volks- und Wirtschaftsverständnis auf die 2000jährige Tradition der Apenninenhalbinsel seit der Antike. Dabei ist anfänglich der Unterschied zwischen Corporazioni und Sindacati nicht deutlich abgegrenzt. Viele römische Collegia mit eigenen „statuta“ und „capitula“ der Artes, die Scholae des frühen Mittelalters und die Arti minori seit dem 13. Jahrhundert umfaßten Arbeitgeber (Meister) und Arbeitnehmer (Gesellen und Lehrlinge). Manche Corpora, so der pompejanischen Arbeiter in den „salinae“ wie der Zwangskorporationen nach Diokletian oder der situationsbedingte Zusammenschluß der aufständischen

[199] Marx/Engels, Werke 19, S. 214 (Engels, Die Entwicklung des Sozialismus von der Utopie zur Wissenschaft).
[200] Wagenführ, Korporative Wirtschaft, S. 23/24; Heinersdorff, Arbeitsverhälnis, S. 35.
[201] Wagenführ, Korporative Wirtschaft, S. 23; Heinersdorff, Arbeitsverhältnis, S. 24.
[202] Aquarone, Stato totalitario, S. 122.
[203] Cordova, Sindacati fascisti, S. 431.
[204] Mannhardt, Faschismus, S. 187.
[205] Arias pp., Mussolini, S. 189.

Ciompi im 15. Jahrhundert, glichen schon den modernen Gewerkschaften, die allein Arbeitnehmer vertraten. Andere Collegia und Societates der römischen Zeit und die Arti maggiori des 13. und 14. Jahrhunderts wie etwa die Mercanti di Calimala erfaßten einseitig Arbeitgeber. Die „intellektuelle Gruppe" der Florentiner Medici e speziali (= Apotheker) unter den Arti maggiori fügte sich eher in die freien Berufe ein. Sie entsprachen den eines freien Mannes würdigen Tätigkeiten der antiken Artes liberales. Costamagna bestreitet „historische Präzedenzen" der „associazione professionale fascista" bei den römischen „collegia opificum" und „collegia tenuiorum" (B III; F I 3) wie späteren "corpi professionali". Die mittelalterlichen „präkapitalistischen" „arti" und „mestieri" (B III; F I 3) waren „Ausdruck einer Handwerksindustrie", die „in der modernen Zivilisation unwiederholbar" ("irriproducibile") bleibt. In der „frühkapitalistischen Phase wurden sie" als „herausragende Gesellschaftsklasse" diejenige „wirtschaftspolitische Organisation, welche die unqualifizierten Arbeiter aus ihrer eigenen Gemeinschaft ausgrenzte und sie zwang, sich heimlich zusammenzuschließen". Als Beispiel gilt Costamagna der „compagnon(n)age" (= Arbeiterverein)[206] der Ciompi (A III; B VI 3).[207]

Im Gegensatz zu den marxistischen Historikern Markov und Stübler beurteilt Rocco, "ministro della giustizia e degli affari del culto"[208] und "ministro guardasigilli"[209] (= Siegelbewahrer), am 18.XI.1925 vor der Camera dei Deputati anläßlich des Gesetzentwurfes einer *Disciplina dei rapporti collettivi del lavoro* das Mittelalter im Zeichen des vornehmlich vom Familienverband verrichteten "lavoro manuale" mit seinem "carattere e sapore d'arte"[210] als Epoche ohne gesellschaftliche Spannungen, da die Produzierenden "artéfice" und "artista"[211] zugleich waren. Er übergeht dabei bewußt die obligatorische Gewerbebeschränkung der Spätantike auf die Familie als ein in der Folge der Diokletianedikte sanktioniertes Corpus, aus dem die einzelnen Angehörigen nicht ausbrechen durften, um ein anderes Handwerk zu erlernen. Rocco wertet deshalb die „Arbeitsorganisation" des Mittelalters als "fonte di armonia e di serenità".[212] Wie in der *Carta del Carnaro* verhelfen seiner Ansicht nach das einfachste Werkzeug und die primitivste erzeugende Tätigkeit noch zum "pregio artistico".[213] Der "imprenditore-lavoratore", "circondato da pochi garzoni, che erano suoi collaboratori e suoi discepoli, e spesso figli, fratelli, nipoti", arbeitete in einer „einfachen Sozialorganisation": "non vi erano conflitti possibili."[214] Die

---

206 Sachs-Villatte, S. 193.
207 Costamagna, Diritto pubblico, S. 331.
208 Rocco, Stato, S. 84.
209 Ebd., S. 1.
210 Ebd., S. 327.
211 Ebd.
212 Ebd., S. 329.
213 Ebd., S. 328.
214 Ebd., S. 327.

von Mounier gesehene räumliche Einheit von „Entwurf“, „Arbeit“, „Verkauf“, „Verbrauch“ und persönlicher Produktenhaftung der Arti minori seit dem Mittelalter[215] (B III) zerbricht (so Rocco) im Übergang von der “industria domestica“ zur “industria media“ der Manufakturen des 18. Jahrhunderts endgültig. Die Spaltung des homogenen Produktionsprozesses in kapitalgebende Unternehmer und lohnabhängige Arbeiter beginnt demnach ab 1700 in der „mittleren Industrie“ und setzt in ungeahntem Ausmaße mit der Erstarkung der „Großindustrie“ des 19. Jahrhunderts - auch in Italien[216] - sowie der Trennung von „ideazione“ und sie realisierender „corporazione“ fort. (Diesen wirtschaftsgeschichtlichen Prozeß wird die *Disciplina dei rapporti collettivi* rückgängig machen.) Abgesehen von vereinbarter fester Entlohnung und geregelter Arbeitszeit im Sinne des Arbeitgebers zeichnet sich nun ein stumpfsinniger Produktionsablauf infolge „monotoner“, „mechanischer“ und „automatischer“ „Tätigkeit“ an einem immer gleich zu formenden Gegenstande geringer Qualität ab.[217] Costamagna sieht die in der „sozialdemokratischen Phase entstandene“ “associazione sindacale“ „individualistischer Prägung“ als Bestätigung der “ideologia libertaria“, weshalb sie dem „Charakter eines Privatverbandes“ entsprechend „die für die einzelnen Mitglieder wesentlichen“ („intrìnseci“) „Ziele“ vertrat.[218] Hinter den christlichen Gewerkschaften steht am Anfang des 20. Jahrhunderts die Popolari-Partei mit dem kirchlichen Staatsgedanken.[219] Diese sozialistisch geprägte Gewerkschafts-organisation sieht sich in der Nähe des Syndikalismus Sorelscher Prägung[220] und gibt in ihrer Gesamtheit die Wochenzeitung *Lavoro d'Italia* und die Monatsschrift *Stirpe* (B VII) heraus.[221] Rossoni schreibt: „Syndikat bedeutet Vereinigung von gleichartigen Interessen. Syndikalismus ist das Tun, das solche gleichartigen Interessen diszipliniert und schützt.“[222] Im August 1923 lösen sich die sozialistischen Gewerkschaften mit Zweidrittelmehrheit von der sozialistischen Partei und geben die Klassenkampfidee zugunsten der Treue zum ‚völkischen' Staate auf, um mit der faschistischen Regierung zusammenzuarbeiten. Auch Gewerbetreibende und breite Schichten des Bürgertums treten ein.[223]

Das jüngste Vorbild der Korporationen hatte Fiume geschaffen. Zeitgleich erschien Othmar Spanns österreichisches Buch über den “vero Stato“. „Der wahre Staat“ integriert dank einer „Fusion“ „konservativ-antiliberal-christlich-sozialer Ideen“ „Gesellschaft und Staat“ als „Wirtschafts- und Berufsstände“ “in una ge-

---

[215] Mounier, Proprietà capitalista, S. 108.
[216] Mannhardt, Faschismus, S. 109.
[217] Rocco, Stato, S. 328/329.
[218] Costamagna, Diritto pubblico, S. 331/332.
[219] Mannhardt, Faschismus, S. 177.
[220] Ebd; vgl. Sorel, Réflexions, S. 147: «Les syndicats peuvent être fort utilement employés à faire de la propagande électorale; il faut, pour les utiliser avec fruit, une certaine adresse, mais les politiciens ne manquent pas de légèreté de main.»
[221] Mannhardt, Faschismus, S. 199.
[222] Ebd.
[223] Ebd.; Wagenführ, Korporative Wirtschaft, S. 11.

rarchia a struttura dirigista". Edgar(d) Jung (1894-1934) verlangte 1927 im „antirepublikanischen Buch" *Die Herrschaft der Minderwertigen* den "Stato elitario corporativo".[224] Als "terza via" wurde 1934-1938 der "Stato corporativo austriaco" unter Engelbert Dollfuß (1892-1934) autoritär auf christlich-ständischer Grundlage nach der Enzyklika *Quadragesimo Anno* (F I 1, 4) und Kurt von Schuschnigg (1897-1972) mit ständisch-autoritärer Verfassung ausprobiert.[225] In Italien gab es seit dem industriellen Jahrhundert politisch und christlich bestimmte Gewerkschaften. Dazu waren seit Kriegsende die faschistischen Gewerkschaften gestoßen. Da Mussolini statt liberaler Vielfalt den Einheitsstaat erstrebte, war ihm als Faschisten Gebot seiner Sendung, die Einheitsgewerkschaft zum machtpolitischen Selbstzweck zu bilden, wobei ihn das unvorhergesehene Ereignis der Ermordung Matteottis zu beschleunigtem Handeln drängte, um der politischen Gewaltandrohung der noch bestehenden „sozialistischen und katholischen Gewerkschaften", denen die Anhänger „wieder zuströmten",[226] mit Maßnahmen der gesellschaftlichen Einbindung und einer korporativen Gliederung der Massen „durch ruhige sachliche Leistungen" (so Mannhardt 1924) zuvorzukommen. Er sieht den Korporativismus als „geschichtliche" Herleitung „aus dem Verfall des kapitalistischen Systems".[227] Er muß die Arbeitswelt im faschistischen Sinne endlich so organisieren, daß sie sich in sein Staatsgefüge so weit einordnet, bis sie mit der neuen Struktur im Gleichklang wirkt: „Die Gliederung des Volkes in den Syndikaten und in der Miliz konnte nur stetig und langsam fortgesetzt werden, nachdem hier die unsicheren Mitläufer ausgeschifft waren." So schreibt der *Tiroler Landsmann* in Bozen-Meran am 6.IX.1924 regierungstreu.[228] Die Idee des wirtschaftlichen Syndikalismus erscheint somit auf die volksgemeinschaftliche Ebene ausgeweitet. Die Gewerkschaften kannten im historischen Sinne keine Unternehmer und waren nach Produktionskategorien als Collegia, Arti, Korporationen und Zünfte in langer Tradition nach handwerklichen Merkmalen gegliedert, wobei Arbeitende und Meister zusammenwirkten. Diese z.T. heterogenen, z.T. identischen Gruppierungen werden im Faschismus zusammengeschweißt. „Socialità" (C III 3) ist nötig, um das Volk in eine einheitliche Form zu gießen. Als die "frondisti" des "Consiglio federale dei sindacati milanesi" mit der Spaltung drohen, geißelt Amleto Soncini am 25.IX.1924 im *Popolo d'Italia* den "secessionismo politico e sindacale": „Der Faschismus besteht aus den drei" untrennbaren „Elementen: Vaterland, Miliz und Arbeit", „letztere" als „movimento rigeneratore"; „ohne Konsens der Korporationen läßt sich ein ruhmreiches und ehrenvolles Ende des Faschismus nicht vorhersehen"; „der Faschismus bliebe ohne Gewerkschaften die wunderlichste

---

[224] Bracher, Il Novecento, S. 167: Jung; Berater Franz von Papens (1879-1969), während der Röhm-Affäre auf Hermann Görings (1893-1945) Veranlassung erschossen; vgl. Der Große Brockhaus, Bd. III, S. 307; ebd. Bd. VI, S. 125; ebd., Bd. X, S. 513.

[225] Bracher, Il Novecento, S. 255.

[226] Cordova, Sindacati fascisti, S. 267.

[227] Wagenführ, Korporative Wirtschaft, S. 11.

[228] Mannhardt, Faschismus, S. 375.

Nachahmung des bourbonischen Bürgertums und des ghibellinischen Feudalismus".[229] Ende 1924 beobachtet Mannhardt: „Man ist schon Faschist durch die Mitgliedschaft bei einer Korporation"[230] Weiter heißt es: „Die Grundlage für den gewerkschaftlichen Aufbau ist die politische Gemeinde."[231] Da die politische Formung (im heutigen Sprachgebrauch: Indoktrination) ein Hauptziel ist, enthält ein Syndikat - nach dem Stand von 1924 - nicht in hergebrachter Weise nur eine Tätigkeit zu ihrer typischen Auszeichnung, sondern sogar die verschiedensten Gruppierungen. „Jeder Provinzialverband leistet seine Arbeit in den fünf Abteilungen, die für Schiedsgerichte, Sozialhygiene, Statistik, innere Verwaltung und endlich für Unterricht und Propaganda gebildet werden."[232]

Mussolini legt in Neapel vier Tage vor dem Marsch auf Rom programmatisch fest: „Der Klassensyndikalismus wird abgelehnt. Der faschistische Syndikalismus ist vor allem erzieherisch."[233] Entsprechend dürfen sich die jungen Arbeiter „nach getaner Arbeit" „in den Schuleinrichtungen der Syndikate und Korporationen"[234] zu einer besseren Qualifikation ausbilden lassen:[235] „Denn der Wille des Strebenden soll entscheidend sein; er soll gestärkt, nicht geschwächt werden":[236] dies dann gesetzlich zum 1.V.1925 dank der Opera Nazionale del Dopolavoro als erster entsprechender Einrichtung.[237] Ganz außerhalb der gewerkschaftlichen und korporativen Tradition stehen die von Gaetano Postiglione geleiteten faschistischen Konsumgenossenschaften, die den Marsch auf Rom verproviantierten.[238] Die Übergangsphase 1924/5 schätzt der Zeitgenosse Mannhardt so ein: *„Es wird in letzter Linie darauf hinauslaufen, ob der Faschismus die ethische Kraft besitzt, in seinen Anhängern eine solche Staats- und Volksgesinnung zu wecken, daß sie, wo es darauf ankommt, im Hinblick auf ein höheres Interesse das eigene zurückstecken, also eine Regulierung der wirtschaftlichen durch moralische Bedingungen, wie sie früher, namentlich im Mittelalter bestanden haben, eintreten lassen wollen."*[239] Rocco indessen wertet die Abkehr vom Sozialismus und der "solidarietà internazionale" statt „internationalen Klassenkampfes"[240] als Hinwendung zur „Volksgemeinschaft", Ausdruck des „innersten Wesens des Faschismus", „Triumph des Prinzips der sozialen

---

[229] Cordova, Sindacati fascisti, S. 286; vgl. ebd., S. 287.
[230] Mannhardt, Faschismus, S. 202.
[231] Ebd., S. 200.
[232] Ebd.
[233] Wagenführ, Korporative Wirtschaft, S. 10 = Arias pp., Mussolini, S. 189: Mussolini im Jahre 1925: „Der fascistische Syndikalismus ist vor allem erzieherisch."
[234] Mannhardt, Faschismus, S. 275.
[235] Ebd., S. 200.
[236] Ebd., S. 275.
[237] Stübler, Italien, S. 265.
[238] Mannhardt, Faschismus, S. 201.
[239] Ebd., S. 203.
[240] Rocco, Stato, S. 362.

Neuordnung“: “la socialità“.[241] Angesichts der sowjetischen Umgestaltung der Gesellschaft und ihren Auswirkungen auf den westlichen Teil des Kontinents seit anderthalb Jahrzehnten zieht der Staats- und Wirtschaftstheoretiker Walter Heinrich 1932 aus „Quellen“, „mündliche[n] Berichte[n] der entscheidenden Führer, endlich persönliche[n] Eindrücke[n] an Ort und Stelle“ in der italienischen Hauptstadt, „mit Besorgnis erfüll[t]“ vor der „Verdunkelung Europas“ und den „Anzeichen des heraufkommenden Chaos“ und überzeugt, „daß der Liberalismus die geistige Vorstufe für den Bolschwismus ist“, den Schluß: „Der italienische Faschismus steht im ausdrücklichen Kampfe gegen den Liberalismus und den Kollektivismus.“[242] Rocco dagegen triumphierte bereits in seiner Rede vom 10.XII.1925 zum Gesetzentwurf der *Disciplina* über „den endgültig in die Rumpelkammer abgestellten Marxismus“: “Il materialismo storico trascura e trascura la dottrina marxista; ecco perchè Marx può considerarsi ormai, definitivamente relegato in soffitta (= Rumpelkammer). (*Approvazioni*).“[243] Mussolini weiß, daß er das Volk allein durch die Gewerkschaften zu gewinnen vermag, andererseits den Wirtschaftsfrieden nur aufrechterhalten kann, wenn er die Arbeitgeber und -nehmer miteinander oder paritätisch zusammenbringt, d.h. das Gewerkschaftswesen in vorher nicht gekanntem Sinne umzugestalten. Was dann als Korporationengefüge entsteht, liegt nicht mehr in der Tradition des bisherigen Gewerkschaftswesens, welches sich in Italien bisher einseitig der Arbeiter annahm. Andererseits waren in die handwerklich und durch entsprechende Tätigkeiten bestimmten Corporazioni und Zünfte des 13., 14. und 15. Jahrhunderts sowohl der Arbeitende wie auch der Unternehmer eingebunden, der als Meister im Gewerbe eigenhändig mitwirkte. Demnach vereinen die umzuformenden faschistischen Sindacati sowohl traditionelle Elemente, als sie auch gewohnte Charakteristika aufgeben bzw. in verändertem Sinne einbauen.

Der Zusammenschluß von Kapital und Arbeit soll gerade diejenigen vorhersehbaren Folgen vermeiden, welche die leninistische Kollektivierung der Privatbetriebe kraft Enteignung mit sich gebracht hatte.[244] Andererseits soll der neue „vaterländische“ Syndikalismus nicht die funktional-politische Spaltung der spätmittelalterlichen Städte in “comune della signorìa“ und “comune del popolo“ wiederholen, welche sich unter anderen Vorzeichen wie ein „residuo di una mentalità arretrata e [] quasi medievale“ als Kampf zwischen Kapitalismus und Arbeit[245] bis zur Verabschiedung dieser “legge sull'equilibrio sociale“,[246] dem „sozialen Gleichgewicht“[247]fortgesetzt hatte. Die *Carta del Carnaro* VII

[241] Ebd., S. 364.
[242] Heinrich, Faschismus, S. V/VI.
[243] Rocco, Stato, S. 362.
[244] Ebd., S. 367.
[245] Ebd., S. 368/369.
[246] Ebd., S. 360.
[247] Wagenführ, Korporative Wirtschaft, S. 12, 37.

nennt es "l'equilibrio della convivenza civile".[248] Das Gesetz ist weder „antikapitalistisch" noch „antiproletarisch".[249] Die Verpflichtung des „Eigentums" „durch Verteilung" zum „Gemeinwohl" „bei menschlicher Bedürftigkeit" sprach schon die *Summa theologica* des Thomas von Aquin aus: „Et ideo per rerum divisionem et appropriationem, de iure humano procedentem, non impeditur quin hominis necessitati sit subveniendum ex huiusmodi rebus."[250] In der *Carta del Carnaro* und der Enzyklika *Quadragesimo Anno* (C II 2; VI 4) hatte das Privateigentum ebenfalls seine soziale Funktion zum Wohl der Allgemeinheit auszuüben.[251] Mussolini erklärt den "rappresentanti della Corporazione nazionale dell'agricoltura" am 21.II.1924 diese „Verpflichtung", „das schwer erarbeitete Gut an die Nachkommenschaft weiterzugeben": "I lavoratori riconoscono che la proprietà...è il risultato di risparmi, di fatiche, da parte di gente che si è spesso privata del necessario, si è sottopposta a fatiche durissime, pur di raggranellare (= zusammensparen) quel pecunio che poi ha il sacrosanto diritto di trasmettere a coloro che verranno dopo."[252] Ein Jahrzehnt später zitiert Panunzio in Anlehnung an Léon Duguit (1859-1928), der die Allmacht des Staates durch die soziale Solidarität ersetzen und „alles positive Recht...einem objektiven, im sozialen Gewissen begründeten Recht" mit „normativen Regeln" unterordnen wollte:[253] „Wenn das Eigentumsrecht fällt, gibt es keinen Grund mehr, die Souveränität" des Staates „noch zu erhalten, sie weiter bestehen zu lassen."[254] Art. **29** des *Statuto Albertino* erklärt wie die *Droit des hommes* "tutte le proprietà" für "inviolabili" (= unantastbar).

Mit der ständigen Berufung des Faschismus auf die strenge frührömische Tradition und diejenige des späten Imperium Romanum, in denen der einzelne völlig aufging, deckt sich G. Renzettis Abgrenzung der faschistischen Korporationen von „den römischen Kollegien" und „den mittelalterlichen Zünften und Florentiner Korporationen" als „Werkzeuge[n] zur Verteidigung von Klassenprivilegien und -rechten. Die faschistischen Korporationen dagegen sind Organe" mit „weitgehende[n] Obliegenheiten [...] von der Disziplinierung der Arbeitsbeziehungen bis zur Koordinierung des Produktionsprozesses und der Regelung der Wirtschaftstätigkeit".[255] Die „moderne" Corporazione ist ein Organ des Staates und wehrt den egoistischen Interessen der Produzenten, welche die mittelalterli-

---

[248] Carta del Carnaro, S. 3: In III weist das "governo schietto (= echt) del popolo" einen volksdemokratischen, fast proletarischen Zug auf.

[249] Rocco, Stato, S. 360.

[250] San Tommaso d'Aquino, Somma Teologica XVII, S. 223 = Summa theologiae II-II,q.66, a.7. - Vgl. Dizionario Teologico, S. 822: VI / La scolastica di fronte alla proprietà.

[251] Carta del Carnaro, S. 4 = IX: „Eigentum als die nützlichste der sozialen Funktionen." – Quadragesimo Anno, 44-52: 1. Il dominio o diritto della proprietà. - Vgl. Wagenführ, Korporative Wirtschaft, S. 10.

[252] Mussolini, Citazioni, S. 143.

[253] Der Große Brockhaus, Bd. III, S. 380.

[254] Panunzio, Allgemeine Theorie, S. 12/3.

[255] Wagenführ, Korporative Wirtschaft, S. 48; vgl. ebd., S. 11.

chen Produzenten einst durchsetzten.[256] Heinrich betont 1929, „das richtige Gefüge der Gesellschaft" sei „ständisch" und der „Faschismus" kehre „immer wieder von selbst - zum ständischen Gedanken" zurück.[257] Mannhardt beteuert 1924: „Es ist ferner nur der Anfang damit gemacht worden, den für den Faschismus wesentlichen Gedanken der Gerarchia institutionell an die Stelle des Gedankens der égalité zu setzen."[258] Es gilt, die von der Französischen Revolution heraufbeschworenen individuellen Freiheiten wieder in einen korporativen Rahmen zurückzuführen. Im Mai 1925 hebt Mussolinis Artikel *Fascismo e sindacalismo* in der Zeitschrift *Gerarchia* die Unterschiede zwischen seinen und den anderen Gewerkschaften hervor: „Bewußtmachung der Vaterlandsliebe als Idee und als Wirklichkeit (= accettazione dell'idea della patria come realtà tangibile e intangibile), Ausschluß internationaler politischer Bindungen, die bei erster Gelegenheit zerplatzen (= il che esclude gli internazionalismi impegnativi e politici destinati a rifrantumarsi alla prima occasione)". Natürlich sind „internationale Kontakte nützlich - wenn nötig - zur Verteidigung der italienischen Arbeitskraft, wie es die Korporationen auf den Genfer Kongressen taten und noch tun, (= ma non esclude gli utili contatti internazionali, dove sia dato difendere il lavoro italiano, come le corporazioni hanno fatto e faranno nei congressi ginevrini)." Mussolinis nächster Satz hingegen definiert den italienischen „Patriotismus" als „bewußten Gehorsam der Syndikatsgefolgschaft gegen die friedlichen wie kriegerischen Erfordernisse des Vaterlandes": "L'accettazione dell'idea di patria, significa la subordinazione consapevole delle masse sindacali fasciste alle esigenze pacifiche o guerresche della nazione."[259]

Die „Historische Einführung in die Thematik" begleitetete die Korporationen und Zünfte bis zu ihrem Niedergang in der Französischen Revolution (B IV), folgte dem Aufstieg der Gewerkschaften im 19. Jahrhundert und führte sie mit wachsendem Einfluß in *Die Kontrastgesellschaft vor dem Ersten Weltkrieg* hinein (B VI). Ihre aufsteigende Linie kreuzt die absteigende der Korporationen in dem geschichtlich und gesellschaftspolitisch bedeutenden Moment, da ein neues Gesetz, *Disciplina* genannt, schon in seiner Vorbereitung die handwerklichen Vereinigungen zu neuem Leben erweckt und sie mit den Produzierenden zusammenbringt, damit sie eine Einheit bilden, welche diesen in Wesen und Natur widersprach. Die einander bekämpfenden ökonomischen Lehrmeinungen führt das nächste Kapitel vor Augen (C III). Zwei weitere besprechen die juristische (D) und praktische Umsetzung (E) der *Disciplina* und deren Effizienz.

---

[256] Ebd., S. 48, 136.
[257] Heinrich, Faschismus, S. VI.
[258] Mannhardt, Faschismus, S. 340.
[259] Mussolini, Citazioni, S. 130.

III. Konkurrenz der Wirtschaftsdoktrinen

1. Die ökonomischen Schulen im Widerstreit

Zur Römerzeit und im Mittelalter finden sich außer allgemeinen Erwähungen wirtschaftlicher Aspekte noch keine zeitgenössichen Monographien über Ökonomie. Die Entwicklung der Korporationen und Zünfte sowie die damit verbundene Preisgestaltung erwachsen aus den praktischen Bedürfnissen und Anforderungen der sich wandelnden Wirtschaft. Über „doppelte Buchhaltung“ schreibt ein Renaissanceprofessor der Mathematik: der Franziskaner Luca di Borgo (Pacioli; 1445-1514).[260] Das Barock entwickelt bis ins 18. Jahrhundert hinein den Merkantilismus als Modell einer Staatswirtschaft. Sie bewertet zum Nachteil der Landwirtschaft den Außenhandel, die Kapitalanhäufung und den Besitz von Edelmetallen, der zusätzlich aus den Kolonien hereinströmt (B IV), in überhöhtem Maße. Seit dieser Zeit entfalten sich die ökonomischen Ideologien, welche Spirito[261] mit seiner *Storia delle dottrine economiche* als Theoretiker des Faschismus in den ab 1930 erscheinenden Essays *Dall'economia liberale al corporativismo* zusammenfaßt. Den eigentlichen Beginn der Wirtschaftstheorien setzt er in die Epoche der Aufklärung und behandelt diejenigen ökonomischen Erscheinungen, die er bei der Darstellung des Werdeganges vom liberalistischen System zum korporativen Staat für wichtig hält und welche der faschistischen Orientierung in der Auseinandersetzung mit den anderen Wirtschaftssystemen dienen. Dazu tragen im Jahrhundert der Vernunft die italienischen Aufklärer Serra Belloni, und der Staatswirtschaftslehrer Beccaria mit den nationalökonomischen Beiträgen in der Zeitschrift *Il Caffè* bei;[262] ferner Gian Rinaldo Graf Carli (1721-94), Präsident des obersten Handels- und Finanzkollegiums in Mailand, mit *Delle monete e dell'istituzione delle zecche* (= Prägestellen) (1750-60),[263] Antonio Genovesi (1712-69) mit den *Lezioni di commercio e di economia civile* (1768)[264] und Pietro Verri mit den erwähnten *Elementi del Commercio* (1760) sowie den *Meditazioni sulla economia politica* (1771; A IV), d.h. zur Staatsökonomie. Sie verteidigen noch das merkantile Wirtschaftssystem,[265] obwohl sie sich auch physiokratischen Ideen gegenüber aufgeschlossen zeigen.[266] Diese italienischen Ökonomen lassen sich gleichwohl vom Gedankengut aus Frankreich beeinflussen. Denn dort wenden sich die “fisiòcrati“ gegen die mer-

---

[260] Der Große Brockhaus, Bd. VIII, S. 672/673.

[261] Der aktualistische Schüler des Hegelkenners Gentile wird 1950 Ordinarius der Philosophie in Rom, erhält 1959 den ‚Premio nazionale' für sein philosophisches Werk; Zusammenarbeit mit Arnaldo Volpicelli (1892-1968), Philosophieprofessor an den Universitäten Urbino, Pisa und Rom. Volpicelli schreibt über wirtschaftspolitische Themen.

[262] Brockhaus 1882, Bd. II, S. 663/664.

[263] Ebd., Bd. III, S. 950; Der Große Brockhaus, Bd. II, S. 530.

[264] Brockhaus 1882, Bd. VII, S. 779.

[265] Ebd., Bd. XI, S. 636.

[266] Spirito, Il corporativismo, S. 92.

kantilen Handelsbeschränkungen, die „sterilità delle arti e del commercio" des „dogmatismo della scuola mercantilistica".[267] Nur die Landwirtschaft ist als Geschenk der Natur imstande, aus ihren immer nachwachsenden Erzeugnissen die Bevölkerung insgesamt zu ernähren. Somit sind die Ackerbauern der einzige produktive Stand der Nation: „la terra come sorgente unica della ricchezza".[268] „Das sich selbst überlassene Privatinteresse trägt besser zum Allgemeinwohl als die Maßnahmen des Staates bei." („L'interesse privato abbandonato a se medesimo produrrà sempre più sicuramente il bene generale, che non le operazioni del governo, sempre difettose e necessariamente dirette da una teoria vaga ed incerta.")[269] Zusammen mit Industrie und Güterverkehr wird der Erwerbserfolg im Freihandel begründet.[270] Ludwigs XV. (1710; 1715-74) Leibarzt, der Enzyklopädist François Quesnay (1694-1774),[271] beginnt mit dem „Naturrecht des Menschen auf die notwendigen Dinge zu seinem Genuß"; bei Spirito: „il diritto naturale dell'uomo alle cose adatte al proprio godimento"[272]. Mussolinis *Dottrina del Fascismo* lehnt „die Möglichkeit dieser materialistischen ‚Glückseligkeits'-Theorie" (= benessere, felicità) ab „und überläßt sie den Wirtschaftlern der ersten Hälfte des 18. Jahrhunderts."[273] Die genannte „aufklärerische These" führt zum „naturalistischen und atomistischen Begriff des Individuums". Spirito schreibt: "È la grande affermazione illuministica...pervenendo tuttavia (= trotzdem gelangt er) a quel concetto naturalistico e atomistico che informerà poi tutta la storia del liberalismo."[274] Weiter heißt es: "Il *naturalismo* contrassegna (= kennzeichnet) l'inizio della scienza economica."[275] Der Staat greift nur bei Übertretung der Gesetze ein.[276] Unter den einzelnen Individuen herrscht die „libera concorrenza".[277] „Jeder einzelne ist eine Welt für sich."[278] "La sua attività economica non potrà certamente essere sottoposta ad alcuna disciplina organica né subordinata a una volontà comune."[279] Die Negation der „organischen Zucht" und des „Gemeinwillens" und das geflügelte Wort der

---

[267] Ebd., S. 89.
[268] Ebd., S. 90; vgl. aber Marx/Engels, Werke 24, S. 359 (Das Kapital, Bd. 3, III 19.I: Die Physiokraten): Quesnay „trifft die Hauptsache, dank den Schranken seines Horizonts, worin Agrikultur die einzige Mehrwert produzierende Anlagesphäre der menschlichen Arbeit ist, also dem kapitalistischen Standpunkt gemäß die allein wirklich produktive. Der ökonomische Reproduktionsprozeß, was immer sein spezifisch gesellschaftlicher Charakter, verschlingt sich auf diesem Gebiet (der Agrikultur) stets mit einem natürlichen Reproduktionsprozeß."
[269] Spirito, Il corporativismo, S. 91.
[270] Brockhaus 1882, Bd. XIII, S. 8.
[271] Ebd., S. 437.
[272] Spirito, Il corporativismo, S. 90.
[273] Mussolini, Dottrina, S. 849 li. = Doktrin, S. 23; Menzel, Staatsgedanke, S. 12.
[274] Spirito, Il corporativismo, S. 90.
[275] Ebd., S. 89.
[276] Ebd., S. 90.
[277] Ebd., S. 91.
[278] Ebd.
[279] Ebd.

Physiokraten „laissez faire“[280] (D I; F III 5) sollen dem Faschismus das ideologische Gegenmotiv qua Korporativismus liefern.

In England überwinden, dem Naturrechtler John Locke (1632-1704) folgend,[281] im Jahrhundert der Aufklärer, welche die Allmacht des Staates in Frage stellen, der Empirist David Hume (1711-76)[282] und der Moralphilosoph Adam Smith (1723-90) den staatlich dirigierten Merkantilismus. Beide sind vom ‚Mitgefühl', d.h. allgemeiner „Sympathie“[283] zur „Ausgleichuug zwischen Bedüfrnissen und Mitteln“,[284] zum Ausgleich individueller Lebensinteressen in einer “unità sociale superindividuale“, getragen. Für den „Nationalreichtum“ (“wealth of nations“) gilt nun „die Arbeit aller“ als „die eigentliche Quelle“[285] - im Gegensatz zu den einstigen „Silbereinfuhren“ der Renaissanceseemächte (B IV). Im 18. Jahrhundert entwickeln sich bis zu ihrem Verbot zwischen 1799 und 1824[286] die Trades Unions (D III; F II 1) aus Protest gegen die Abschaffung der gesetzlichen Lohn- und Arbeitsregelungen und die Ausbeutung der jugendlichen und weiblichen Arbeitskräfte durch die sich mächtig entwickelnde Großindustrie. Dem Merkantilismus setzt der ökonomische Interpret des Naturrechts das “facile e semplice sistema della naturale libertà“ im Produktionsbereich dagegen. (Wie die zunächst freiwillige faschistische *Disciplina* im Erzeugungssektor [D II-IV] als Inquadramento des einzelnen zum wirtschaftlichen Dirigismus wird, zeigt später F III 3). Laut Spirito unterscheidet Smith zwischen “fini economici“ = “economia pura“ = „homo oeconomicus“ und “fini politici“ = “economia applicata“ = “uomo concreto“[287] und hebt deren “famosa distinzione“[288] hervor, da sie das Fundament seiner weiteren wirtschaftstheoretischen Überlegungen ist. Es bildet sich die englische “scuola classica“ mit dem Utilitaristen Jeremy Bentham,[289] der nach Mussolinis Worten „dem dauernden, eifrigen und unvermeidlichen Eingreifen des Staates in die wirtschaftlichen Entwicklungen“[290] wehrt. Die “dottrine della libertà naturale“[291] von Smith und dem Demographen Thomas Robert Malthus (1766-1834; C II 1) lehnt Mussolini ab: „Malthus! das ist ökonomisch ein Irrtum und moralisch ein Verbrechen! Die Verminderung der

[280] Ebd.; vgl. ebd., S. 263.
[281] Ebd., S. 92.
[282] Ebd.
[283] Brockhaus 1882, Bd. XIV, S. 887; Windelband, Geschichte der Philosophie, S. 433.
[284] Brockhaus 1882, Bd. XIV, S. 888; zum Vergleich: Der Große Brockhaus, Bd. X, S. 761.
[285] Spirito, Il corporativismo, S. 91/92, 97, 99, 101; vgl. ebd., S. 263; Brockhaus Enzyklopädie, Bd. XII, S. 93; ebd., Bd. XIV, S. 888.
[286] Der Große Brockhaus, Bd. XI, S. 585.
[287] Spirito, Il corporativismo, S. 93.
[288] Ebd.
[289] Ebd., S. 94, 97, 99, 101; vgl. ebd., S. 263; Brockhaus Enzyklopädie, Bd. XII, S. 93; ebd., Bd. XIV, S. 888.
[290] Mussolini, Dottrina, S. 850 = Doktrin, S. 34/35.
[291] Spirito, Il corporativismo, S. 94.

Volkszahl bringt das Elend mit sich!“[292] Spirito sieht auf Grund seiner „technisch-abstrakten Vorgehensweise“ im Freihandelstheoretiker “Davide“ Ricardo (1772-1823) “quasi il fondatore dell’economia pura“[293] und wirft ihm “frammentarismo“ vor, denn er nimmt als „Axiom“ die „Unterscheidung“ von “utilità“ und “valore“, als wären sie „Fragmente“ und hätten keine Beziehung im übergeordneten Sinne zueinander: “che non si sa che cosa abbiano da fare l’uno con altro“.[294] Die individualistisch-liberalen Nachfolger entwickeln mit Jean Baptiste Say (1767-1832),[295] dem Theoretiker des sich stets ausgleichenden Absatzes, das einprägsame, dem Blutkreislauf bildlich entnommene Schema „Produktion, Zirkulation, Distribution und Konsumtion“.[296] Die in der NS-Zeit zur Arbeitswarenlehre (B II) abgestempelte klassische Nationalökonomie prägt den Wirtschaftstyp des Homo oeconomicus,[297] mit dem sich der Faschismus auseinandersetzen wird.

Diesen “teorie illuministiche“ und der staatsabgewandten “dottrina liberista“[298] fehlt „der Sinn für das organische, geistige und geschichtliche Ganze“ (“il senso dell’unità organica del reale, della sua spiritualità e della sua storicità“). So interpretiert Spirito als ‚Ganzheitsphilosoph’, selbst Anhänger der “dottrine statalistiche“,[299] den Aufbruch der „antiklassischen“[300] und „antiindividualistischen“[301] „Schulen“ ins Industriejahrhundert. Sie prägen ein neues „Wirklichkeitsbewußtsein“, welches das „Persönlichkeitsrecht beschneidet“ (“mutilare la personalità“).[302] Den “romanticismo tedesco“ oder „romantischen Konservativismus“ verficht Adam Heinrich Müller (1779-1829) mit seinem „ständischen Korporativismus“ im „Staat“ als „Lebewesen, das in allen seinen Gliedern von Vitalität und Geist überquillt“.[303] Damit entwickeln er und der “idealismo“[304] des politischen Ökonomen und Schutzzollbefürworters Friedrich List (1789-1846) ganzheitliche Vorstellungen.[305] Universal denkend, prägen sie

---

[292] Ludwig, Gespräche, S. 170; vgl. in C II 1 die Disqualifizierung der ”collaborazione maltusiana“.
[293] Spirito, Il corporativismo, S. 94.
[294] Ebd., S. 94-96. – Marx/Engels, Werke 24, S. 25 (Vorwort zu: Das Kapital, Bd. 2): „Die Ricardosche Schule scheiterte gegen 1830 am Mehrwert.“ - Riedler deklassiert die klassischen Ökonomen von Smith bis Lassalle zu Materialisten; in: Riedler, Arbeitslehre, S. 23-53 & passim.
[295] Spirito, Il corporativismo, S. 93/94; Der Große Brockhaus, Bd. XII, S. 298/299.
[296] Der Große Brockhaus, Bd. XII, S. 552.
[297] Vgl. Spirito, Il corporativismo, S. 93/94; Der Große Brockhaus, Bd. V, S. 532.
[298] Zanzucchi, Diritto pubblico, S. 29/30.
[299] Spirito, Il corporativismo, S. 98.
[300] Ebd., S. 97.
[301] Ebd., S. 98.
[302] Ebd., S. 96.
[303] Ebd; Der Große Brockhaus, Bd. VIII, S. 180; Menzel, Staatsgedanke, S. 113 = Vermischte Schriften I, S. 220-222.
[304] Spirito, Il corporativismo, S. 96.
[305] Der Große Brockhaus, Bd. VII, S. 269/270.

die Begriffe „Volkswirtschaftslehre“ und „Nationalökonomie“[306] (“economia nazionale“).[307] Daraus geht die „historische Schule“ (“scuola storica“[308]) mit dem Statistiker Bruno Hildebrand (1812-78)[309] hervor. „Das Individuum ist logischerweise“ nur „Teil einer größeren Welt“ (“frammento di un mondo più grande“), „kein Organismus“, und „darf keine eigenen überindividuellen Gesetze und Zielsetzungen haben“ (“non può...avere leggi e finalità proprie superindividuali“).[310] Im Verein mit dem “evoluzionismo positivistico“ eines Auguste Comte (1798-1857),[311] der die Soziologie als Wissenschaft begründet, trägt die ökonomische Richtung des frühen “socialismo“ und “umanitarismo“[312] im Industriezeitalter mit dem Anarchomutualisten und Mitbegründer der Ersten Internationale Pierre Joseph Proudhon (1809-65) und dem an Ricardos Arbeitswertlehre anknüpfenden Karl Marx zu Mussolinis ökonomischer Schulung entscheidend bei. Proudhons “simbolo patetico“ „homo homini lupus“[313] (C III 3) tadelt er 1920 heftig in der Zeitschrift *Umana*. Die kommunistische “lotta di classe“[314] zu überwinden, hat er sich seitdem zur politischen Aufgabe erkoren. Er erinnerte sich an die Demütigung der „Kinder“ im “Collegio“, weil sie „bei Tisch...in drei Abteilungen“ saßen, und an „die Ameisen im Brote der dritten Klasse“:[315] Die „gesellschaftsmoralische Richtung“ (“morale e sociale“) des 19. Jahrhunderts prangert den „Individualismus“ als „Egoismus“ zum „eigenen Nutzen“ (“tornaconto personale“) an. Mussolini tut diese ökonomische Doktrin als „lächerlich“ ab, wenn er 1925 dem Senat das „Grundgesetz der neuen Wirtschaftsverfassung“ vorstellt: ”Falsa era la concezione del socialismo che impersonava il capitalismo in determinati individui e dava ad intendere che questi individui godevano di sfruttare il povero proletariato. Tutto ciò è ridicolo.“[316] Die „sozialen Interessen“ sind demnach „tiefer begründet und lebenswichtiger“ (“interessi sociali ben più vitali e profondi“).[317] „Dies ist eigentlich die Verneinung des hypothetischen *Homo oeconomicus*“.[318] Die *Politische und soziale Doktrin des Faschismus* von 1932 lehnt „den wissenschafltichen Sozialismus von Marx mit dem utopischen Sozialismus“ der Charles Fourier (1772-1837),[319]

---

[306] Ebd., Bd. XII, S. 552.
[307] Spirito, Il corporativismo, S. 96.
[308] Ebd., S. 98.
[309] Ebd., S. 96.
[310] Ebd., S. 97.
[311] Ebd., S. 96.
[312] Ebd.
[313] Mussolini, Citazioni, S. 240.
[314] Ebd., S. 119.
[315] Ludwig, Gespräche, S. 202.
[316] Rocco, Stato, S. 396.
[317] Spirito, Il corporativismo, S. 97.
[318] Ebd.
[319] Fourier versuchte mit der „Lebensgemeinschaft“ „Phalansterium“ das utilitaristische System ökonomisch-werktätigen Gemeinschaftslebens; Brockhaus 1882, Bd. VII, S. 46/47. Der Große Brockhaus, Bd. IV, S. 191.

Robert Owen (1771-1856)[320] und Graf Saint-Simon (1760-1825)"[321] nach dem Aufbau einer „pragmatistische[n] Struktur des Faschismus" auf der Basis der *Carta del Lavoro* Mussolinis vollkommen ab.[322] 1834 gab Owen den Anstoß zum Wiederaufbau der Trade Unions.[323] Sie entwickelten ihren gewerkschaftlichen Einfluß bis zum politischen im Parlament mit Hilfe der Labourparty.[324] Spirito vermag die liberalistische Ökonomie zu überwinden, indem er am „Gedanken unseres Rinascimento" wiederanknüpft. Dessen „tieferer und geistigerer Individualismus trifft mit dem Universalen zusammen". „Mit dem Individuum vereinigt sich (= s'incentra) das Universale". Dies steht „im Kontrast" zum "astrattismo del pensiero franco-inglese". „Unsere Vicotradition", „deutscher Idealismus", die "spiritualisti della prima metà dell'Ottocento" verhelfen dazu, daß „der Dualismus Freiheit-Autorität als notwendiges Fundament der höheren Synthesis", d.h „der Freiheit", „erkannt wird". So einfach erklärt der Hegelianer[325] die "demolizione di tutti i dogmi illuministici" auf seinem Wege „von der Economia liberale zum Korporativismus".[326]

Sowohl "economia nazionale" wie wirtschaftlicher "socialismo" opfern das Individuum dem „Staat" und seinem aus "famiglia", "tribù", "città", "regione, ecc." bestehenden „Gesellschaftsorganismus". Andererseits steht aber gerade „der einzelne", "nella sua realtà autònoma", am Anfang desselben „Organismus und aller Menschen".[327] In solchem Dilemma innerhalb der „neoklassischen Schule"[328] befindet die „Grenznutzenschule"[329] ("scuola marginalistica"; "marginal utility"),[330] daß „der Wert eines Gutes nicht vom objektiven Kostenwert, sondern aus der subjektiven Bewertung durch den Verbraucher" bestimmt wird. Spirito nennt die "scuola austriaca" mit dem entschiedenen Historismusgegner Carl Menger (1840-1921) als Hauptvertreter, ferner den wirtschaftlichen Individualisten Maffeo Pantaleoni (1857-1924) und schließlich den Lausanner Marginalisten Vilfredo Pareto.[331] Spiritos knapp gefaßte *Geschichte der Wirt-*

---

320 Der Große Brockhaus, Bd. VIII, S. 665/666; Brockhaus 1882, Bd. XII, S. 599: Owen realisierte mit wechselndem Erfolg seine sozial-reformpädagischen Reformen.
321 Der Große Brockhaus, Bd. X, S. 210/211; Brockhaus 1882, Bd. XIV, S. 125/126: Claude Henri de Rouvroy, Graf von Saint-Simon, entwarf ein utilitaristisches System des werktätigen Gemeinschaftslebens.
322 Mussolini, Dottrina, S. 850 li. = Doktrin, S. 31.
323 Der Große Brockhaus, Bd. XI, S. 584/585; Brockhaus 1882, Bd. VII, S. 951/952: Gewerkevereine.
324 Der Große Brockhaus, Bd. XI, S. 585.
325 Spirito, Il corporativismo, S. 120-128: Economia ed etica nel pensiero di Hegel.
326 Ebd., S. 115 in: Dall'Economia liberale al corporativismo.Critica dell'economia liberale, S. 1-171.
327 Spirito, Il corporativismo, S. 99.
328 Der Große Brockhaus, Bd. XII, S. 553; ebd., Bd. V, S. 37.
329 Ebd., Bd. V, S. 37.
330 Spirito, Il corporativismo, S. 91, 101, 102; Pareto, Économie pure, S. 7.
331 Spirito, Il corporativismo, S. 101.

schaftstheorien hebt die „statalistischen“ Phänomene einerseits und die „liberistischen“ auf der anderen Seite als diejenigen ökonomischen Fronten hervor, die sich über Jahrhunderte hinweg bekämpfen oder zu versöhnen suchen. Er führt die für den Faschismus wesentlichen Merkmale vor, mit denen sich dieser auseinandersetzt, um sie abzulehnen oder in seine Wirtschaftstheorie und -praxis zu integrieren. Spiritos letzte Seiten gelten ausführlich Pareto, nicht nur, weil sich Mussolini als dessen Hörer während seiner Schweizer Agitationstätigkeit rühmt.[332] Vielmehr fassen sie im nachhinein die bedeutenden Elemente seiner Lehrsätze zusammen, mit denen sich der an der Gesetzgebung beteiligte Praktiker Rocco, der Philosoph Spirito, der Arbeitsrechtsspezialist Costamagna mit einer Unterscheidung zwischen „liberistischem“ “bene di una collettività“ und „allgemeingültigem“ “bene per una collettività“, der Verwaltungstheoretiker Presutti zwischen “gruppi aperti“ in der “collettività allo stato discreto“ und “gruppi chiusi“ einer “collettività allo stato concreto“ sowie der Handelsrechtler Francesco Carnelutti zwischen “interessi di serie“ und “interessi di somma“[333] zur Begründung der neuen Sozial- und Arbeitsordnung auseinandersetzen. Daraus ergibt sich die faschistische Kritik am Homo oeconomicus (B II 2) und den Theorien von Karl Marx (B II 3). Spirito betont, daß beide Richtungen, “l'economia nazionale“ und “l'economia socialista“, auf Grund „einer immer komplexeren Wirtschaftswelt“ „in ihrer abstrakten und konkreten Zielsetzung einander ständig durchdringen“: “un continuo intrecciarsi di motivi speculativi e pratici“.[334] Mit der Feststellung solcher “interdipendenza“ von “individuo“[335] und “organismi economici“ „der jüngsten Geschichte“ (“la recente storia dei cartelli, dei *trusts,* dei sindacati, delle società anonime, delle banche nazionali e internazionali“) in einer “lotta violenta e anarchica della concorrenza“[336] nennt Spirito die volkswirtschaftlichen „Bahnbrecher (antesignani) der antiliberal-organischen Wirtschaft“: die deutschen ‚Kollegen' Walther Rathenau (1867-1922), den Mussolini 1922 persönlich kennenlernte,[337] und Werner Sombart (1863-1941),[338] in den Augen der Faschisten, die sich von ihm verstanden wissen, „größter Historiker“ des „moderne[n] Kapitalismus“: „er befände sich im Übergang von der Phase der »Anarchie« zu der der »Autorität« und »Kontrolle«.“[339] Letzterer stuft Pareto trotz des „zweideutigen Ofelimità-Prinzips“ ("giunge fino a rilevare il carattere equivoco del principio di ofelimità“)[340] in die

---

[332] Mannhardt, Faschismus, S. 148.
[333] Costamagna, Diritto pubblico, S. 69/70.
[334] Spirito, Il corporativismo, S. 97.
[335] Ebd., S. 104.
[336] Ebd., S. 103.
[337] Ludwig, Gespräche, S. 162: „Rathenau...war einer der feinsten Geister und durchdringendsten Köpfe, die Europa im letzten Vierteljahrhundert besaß.“
[338] Spirito, Il corporativismo, S. 331.
[339] Panunzio, Allgemeine Theorie, S. 44; vgl. Spirito, Il corporativismo, S. 104.
[340] Spirito, Il corporativismo, S. 331; ebd., S. 328: Spirito wendet sich gegen Paretos "L'ophélimité et ses indices" (in: Pareto, Manuel, S. 263-269).

„*ordnende Nationalökonomie*“[341] ein. Spirito formuliert: „Der Organismus ersetzt den einzelnen, die Kollaboration den anarchisch grausamen Konkurrenzkampf“; Pareto „habe den uomo reale“ zur “*fictio* dell'*homo oeconomicus*“ „herabgedrückt“.[342] Die angeführten historisch unterschiedlich gewachsenen Voraussetzungen werden die Neuordnung der faschistischen Arbeitswelt bedingen. Mussolinis für die *Enciclopedìa* verfaßte *Dottrina* bestätigt einen solchen wirtschaftspolitischen Eklektizismus angesichts der verschiedenen traditionellen „Doktrinen“, „die noch Lebenswert haben“. [343]

Das Problem einer Weiterführung ständischer Traditionen (C II 2) und der mannigfaltigen wirtschaftlich-sozial konkurrierenden Möglichkeiten im staatspolitischen Rahmen (C III 1) löst Alfredo Rocco am 30.VIII.1925 als richtungsweisender Guardasigilli während eines Vortrags an der Universität Perugia. Sieben Monate vor der *Disciplina giuridica dei rapporti di lavoro* sondert er die historischen Angebote der verschiedenen Ideologien.[344] Laut Rocco bestimmen derzeit Liberalismus, Demokratie und Sozialismus das gesellschaftliche Leben. Das Mittelalter realisierte dessen Erscheinungsformen im „feudalen Individualismus“ und „Städte- und Korporationspartikularismus“. Diese „ersetzten“ später „Bürgertum und Klassengesellschaft“. Das „Naturrecht des 17. und 18. Jahrhunderts“ entwarf die „atomistisch-mechanische Gesellschaftskonzeption“ und „trug Sozietät und Staat auf“, „Wohlergehen und Glückseligkeit des einzelnen abzusichern“. Sie lösten das Individuum aus dem „spirituellen Ideen- und Gefühlserbe“ (“patrimonio“ “di sentimenti“) und damit aus der Kontinuität der „vergangenen“ bis zu den „künftigen Generationen“, an welche sie das “patrimonio“ „weiterzuleiten“ hatten. Liberalismus, Demokratie und Sozialismus „zerstörten so die geistige Lebenseinheit der menschlichen Gesellschaften, mithin der unterschiedlichen Völker“. Das „großartige politische Gefüge“ des „Römischen Reiches“ dagegen war dem „lateinischen Genius“ (F III 4) zu verdanken, wurde aber „durch ultramontanes Gedankengut“ (“ideologie“)“, „vornehmlich des germanischen Individualismus“, „aufgelöst“ (“disgregato“)[345] „Im Gegenzug zum Naturrecht“ „gelangte die politische Überlieferung“ des römischen „Staatsideals“ „mit seinem Zentralismus“ über „Thomas von Aquin“ (II 2) im „Mittelalter“, „in der Neuzeit“ mit „Machiavell“ (C III 2) und „Vico“ (C III 1,V 2) „bis zum Risorgimento“: „Cuocos“ und „Mazzinis“ (F II 1) „Denken ist wiederzuerwecken“; „italienisches Denken und den Staat soll der Faschismus zu

---

[341] Spirito, Il corporativismo, S. 328.

[342] Ebd., S. 103; Pareto, Manuel, S. 475/476: «Si l'homme réel n'était qu'un homo oeconomicus l'apparence du phénomène différerait beaucoup moins de la réalité...mais l'homme réel est aussi un homo ethicus et tout intérêt particulier cherche à se cacher sous la forme de l'intérêt général.»

[343] Mussolini, Dottrina, S. 850 li. = Doktrin, S. 30.

[344] Cordova, Sindacati fascisti, S. 424-426 für das folgende.

[345] Vgl. “disgregare“ mit “gregario“ = Mitläufer.

den Traditionen der Romanitas zurückführen".[346] Costamagna nennt für das Seicento Hugo de Groot (1585-1645), nach welchem „die Privathandlungen des Königs die *comunem legum regulam* zu *befolgen* haben",[347] und Samuel von Pufendorf (1632-94). Dieser sah „den Staat einem moralischen Gesetz außerhalb des Staates unterworfen".[348] Im Settecento führte Immanuel Kant (1724-1804) den Gedanken weiter. Er unterwarf den Staat einer "*necessità di ragione*" und kraft „reiner Vernunft" dem "*imperativo categorico*" „als höchstem Ausdruck des *individuo assoluto*".[349] Für Vico war „die Souveränität des Gesetzes" nicht "*volontà del legislatore*", sondern "volontà dei cittadini uniformati in un'idea di ragionevole utilità".[350] Für Costamagna aber bleibt gemäß "dottrina politica nazionale der Staat moralische, von derjenigen der einzelnen zu unterscheidende Eigenpersönlichkeit".[351]

2. „Homo oeconomicus" und „Homo corporativus"

Wenn die „historische Schule" der "anticlassicisti" und „Antiindividualisten" den "atomismo" „überwand",[352] so berücksichtigte sie jedoch kaum den „einzelnen": "l'individuo nella sua realtà autònoma".[353] Dagegen suchen die erwähnten „Neoklassiker" auf der „Rückkehr zur" „psychologisch" und „mathematisch" „genau festgelegten Wissenschaft" ("scienza ben determinata")[354] den „Gütergrenzwert" ("le utilità marginali dei vari beni", „degré final d'utilité") „gesetzmäßig zu erfassen" ("studiarne le leggi"),[355] da sie „abstrakte", „unveränderliche Gesetze" zugrunde legen.[356] Von der „angewandten, politischen Wirtschaftslehre" ("applicata e politica") her gelangen sie dank ihrer "*economia pura*" oder „*économie pure*"[357] über den „objektiven Nutzen des Dings an sich" ("utilità obiettiva della cosa in se stessa") oder die „valeur d'usage d'une chose" „zur wahren Nützlichkeit" oder "la vera utilità o *ofelimità*",[358] frz. „ophélimité" (von

[346] Cordova, Sindacati fascisti, S. 424-426.
[347] Costamagna, Diritto pubblico, S. 594.
[348] Ebd., S. 65.
[349] Ebd., S. 102.
[350] Ebd.
[351] Ebd., S. 65.
[352] Spirito, Il corporativismo, S. 98.
[353] Ebd., S. 99.
[354] Ebd., S. 99-101.
[355] Ebd., S. 102; Pareto, Économie Pure, S. 7; amerikanisch"final degree of utility".
[356] Spirito, Il corporativismo, S. 100.
[357] Ebd., S. 98/99, 101/102; Pareto, Économie Pure, S. 4: «L'économie pure est à l'économie appliquée, à peu près dans le même rapport que la mécanique rationnelle est à la mécanique appliquée....L'économie politique n'est pas une science de phénomènes isolés, elle est une science de moyennes; ce sont surtout les actes répétés, habituels, qu'elle a en vue et non les actes exceptionnels.»
[358] Spirito, Il corporativismo, S. 101; Pareto, Économie pure, S. 6.

Pareto aus gr.ophèlimos = nützlich,Vorteil).[359] Diese aber ist „von Individuum zu Individuum veränderlich“ und „zeitgebunden“ (“in momenti diversi della sua esistenza“).[360] Nur sie „bewegt“ den „*homo oeconomicus*“ „zu wirtschaftlichem Handeln und Güteraustausch mit den anderen“.[361] Pareto erkennt dabei, daß der Mensch sein Denken eigenem Handeln entsprechend nach seinen sozialen Verhältnissen ausrichtet. Den Ansatz zum wissenschaftlichen Einwurf liefert Pareto selbst, wenn er die „Nützlichkeit“ in eine nur dem “gusto“ des „Individuums“ („conditions relatives aux goûts“), eventuell sogar zum eigenen „Schaden“ (“nocumento“; „nuisible“)[362] dienende “ofelimità soggettiva“ und die “utilità oggettiva“ zum allgemeinen Wohle (“a una razza o a tutta la specie umana“) aufspaltet.[363] Besagtes „Individuum“ ist ein Geschöpf des “imperante liberalismo democratico“ und einer in unzählige Interessengemeinschaften und -vertreter zerlegten Gesellschaft: “l'individuo atomisticamente considerato“.[364] Es ist weder gesellschafts- noch korporationsfähig und erscheint “insindacabile“.[365] Wenn der Syndikalismus nicht im Korporativismus aufgeht, bleibt er „Klassensyndikalismus“.[366] Der „Vollender der Lausanner mathematischen Schule“[367] begreift in der Nationalökonomie diese sozialen Verhältnisse, in denen der Mensch wesentlich handelt, als Lagen im „Gleichgewicht“ (“equilibrio economico parziale o totale“)[368] oder in Veränderung durch vorrationale Kräfte (Residuen). Die Soziologie soll nun die irrationale Tiefendimension allen sozialen Verhaltens aufweisen.[369] „Residuen“ sind „die in der Gesellschaft wirkenden Instinkte, Gefühle und Leidenschaften der Menschen“. Das „Residuum der Kombination, das zu Veränderungen und spekulativen Handlungen geschäftlicher und politischer Art führt“, eignet Pareto den „Eliten“ der „Kombinationsresiduen“ zu, „*Füchse*“ genannt - woraus sich das „spekulative“ Element der Faschisten in ihrer wirtschaftlichen, politischen, legislativen und wirtschaftlichen Praxis partiell herleiten ließe. Das „Residuum der Persistenz, des Verharrens im Bestehenden“, „der mit physischer Gewalt aufrechterhalten[en]“ „Macht“ vertreten die „Löwen“, welche die „*Wölfe*“ angreifen.[370] Der Mussolini von Kindheit an vertraute Machiavelli bringt eine Parabel, wonach der *Principe* “golpe“

---

[359] Spirito, Il corporativismo, S. 158; Pareto, Économie pure, S. 6/FN 1; Benseler, Griechisch-deutsches Schulwörterbuch, S. 610.

[360] Spirito, Il corporativismo, S. 101.

[361] Ebd., S. 100/101; Pareto, Économie pure, S. 7.

[362] Spirito, Il corporativismo, S. 146.

[363] Ebd., S. 145/146; Pareto, Écononomie pure, S. 7; ebd., Manuel, S. 157: «la morphine...nuisible au morphinomane...lui est au contraire utile économiquement.»

[364] Spirito, Il corporativismo, S. 147; vgl. ebd., S. 99: “l'atomismo dei particolari sistemi”; ebd., S. 130: “dogmatismo atomistico“.

[365] Ebd., S. 101.

[366] Wagenführ, Korporative Wirtschaft, S. 10.

[367] Eschmann, Faschistischer Staat, S. 21/FN 1.

[368] Spirito, Il corportivismo, S. 102.

[369] Der Große Brockhaus, Bd. VIII, S. 744/745.

[370] Fenske, Politische Theorien, S. 910; Koesters, Wirtschaftstheorien, S. 168/169.

(= volpe) sein muß, „um die Schlingen zu erkennen, und 'lione', um die 'lupi' zu erschrecken."[371] Paretos „Derivate" oder "derivazioni" zur „Erfüllung" der "integrazione" dagegen „bezeichne[n] die logischen, moralischen oder rechtlichen Erwägungen, welche zur Rechtfertigung jener irrationalen Akte dienen. Kausalität besitzen aber [...] nur die unter dieser Verhüllung bestehenden Interessen, weshalb die Schlagworte, Freiheit, Gerechtigkeit, Fortschritt u. dgl. inhaltslos erscheinen".[372] Für den Faschismus sind jedoch „Nation und Staat Realitäten". Unzufrieden mit „dieser pessimistischen Lehre" sucht Pareto am Ende auf dem Wege nach dem allgemeinen wirtschaftlichen Gleichgewicht („équilibre économique") als „maximum d'ophélimité"/„maximum de bien-être"[373] mittels „transfert" (sic!) den Ausgleich zwischen staatlicher "protezione" bei „Verlust partiellen Reichtums" ("distruzione della ricchezza", „destruction de la richesse") als Folge der Wegnahme von einigen zur gleichen Verteilung an alle und dem "libero cambio" zugunsten einiger (wirtschafts)wissenschaftlich herbeizuführen.[374] Die „mathematisch gegebene Größe des Nutzens" ("data l'ofelimità") sollte in ihrer Vervielfältigung ("la possibilità di quantificare l'ofelimità") die exakte Antwort auf das "equilibrio" von „domanda" („demande"), "offerta" („offre") und "scambio" („échange") als "ofelimità totale" („maximum d'ophélimité") ergeben.[375] Pareto legt es selbst am Beispiel eines Menschen dar, der mit dem „zweiten Glas Wein zu höchstem Behagen gelangt", dieses „mit dem dritten" verliert und „nicht vorauszuberechnen vermag, nach dem wievielten Glas er wieder gleichen Höchstgenuß erreicht" („le maximum d'ophélimité"). Diese „difficulté de considérer l'ophélimité comme une quantité", weil der „Gesamtnutzen" „nicht kalkulierbar sei", wenn schon der „elementare nicht zu bestimmen sei", verwirft Spirito: "ma è poi vero che l'ofelimità sia quantificabile?"[376] Benedetto Croce, dem Spirito „Economista"-Kompetenz in *L'economia filosofata e attualizzata* abspricht,[377] kritisiert schon 1897 die „mathematische" Methode der „scuola puristica"[378] wegen ihrer „scheibchenweisen Untersuchung" ("ritagliar la fetta")[379] des vornehmlich, „seiner wirtschaftlichen Natur eigen", auf Nützlichkeit bedachten „homo oeconomicus" und damit die „hedonistische Schule":[380] "*azioni*" wie die „Vorzugswahl" („scelta") eines „Wertobjektes" ("*valore*") vor anderen verschmähten ("*non-valori*" = "*azioni non prescelte*") seien nicht meßbar; "misurabili" seien nur "*cose*

[371] Ludwig, Gespräche, S. 57, 230; Machiavelli, Principe, S. 34 = XVIII.
[372] Menzel, Staatsgedanke, S. 29; Costamagna, Diritto pubblico, S. 93.
[373] Der Große Brockhaus, Bd. VIII, S. 744; Pareto, Économie pure, S. 14/15.
[374] Spirito, Il corporativismo, S. 134-136; Pareto, Économie pure, S. 14/15.
[375] Spirito, Il corporativismo, S. 102; Pareto, Économie pure, S. 12/13, 14.
[376] Pareto, Manuel, S. 264/265; Spirito, Il corporativismo, S. 102.
[377] Spirito, Il corporativismo, S. 168-171.
[378] Ebd., S. 158.
[379] Ebd., S. 167.
[380] Ebd., S. 158.

e oggetti fisici", die in den physikalischen Bereich gehörten: "Quando si comincia a misurare, l'atto economico è già volato via" (= schon futsch).[381]

Spirito hält dem Lausanner „politische[n] Ratgeber des Faschismus"[382] nach dessen Tode entgegen, daß die „reine Ökonomielehre" ("sofismi dell'economia pura")[383] nicht das Problem der „besten Organisation löse".[384] Dies ist im Hinblick auf das korporative Gegenbeispiel gedacht, zumal es den reinen „homo oeconomicus, der nur wirtschaftlich bedingte Handlungen vollführt",[385] nicht gäbe. Paretos Scheitern an der „Abstrahierung"[386] seines Wirtschaftsprototyps, die Spirito "svalutazione della *fictio* dell'*homo oeconomicus*"[387] nennt, trägt mit zum wirtschaftlichen Selbstverständnis des Faschismus bei. Spirito entdeckt in der „Symbolisierung des Begriffes" den eigentlichen „Irrtum" ("la sua manifestazione simbolica nella fantastica raffigurazione dell'*homo oeconomicus*"*):* "l'economia non è una categoria filosofica, e l'*homo oeconomicus* non può essere un'astrazione di valore scientifico."[388] Dem „mathematischen" Vertreter der "economia pura" Pantaleoni wirft Spirito vor, „der Mensch führe nicht nur egoistische, sondern auch altruistische Handlungen aus".[389] Auf der Suche nach der "economia applicata" und "politica economica"[390] fordert Spirito in seinem Essay *Economia programmata* statt der „economia pura" die Lösung in der Pluralisierung des „Homo oeconomicus". Sie „stehen nicht mehr", „nur sich selbst verantwortlich", „im Kampf gegen die anderen", „sondern als moralische Wesen suchen sie nach Ziel und Norm, in deren Licht sie einträchtig wirken" „hin zu einem Ideale immer größerer verstandesmäßiger Harmonie":[391] "*Non più l'*homo oeconomicus, *àrbitro di se stesso e unico giudice del suo interesse nella lotta con gli altri, ma gli* homines oeconomici, *ovvero morali, alla ricerca di un fine e di una norma, alla cui luce concordemente operare. Chiunque abbia fede nel pensiero e nella logica non può non convenire nella necessità di questo ulteriore sviluppo della vita in genere e della economica in ispecie, verso un ideale di sempre maggiore armonia razionale.*" Zur „Aufwärtsentwicklung des Lebens aller" bedarf es eines „Organs, das alle wirtschaftlichen Phänomene kennt und in Zucht hält": "*l'organo che* [] *conosca ... i fenòmeni economici ... e li disciplini*

[381] Ebd., S. 160.
[382] Eschmann, Faschistischer Staat, S. 21/FN 1.
[383] Spirito, Il corporativismo, S. 21.
[384] Ebd., S. 144/145; vgl. Eschmann, Faschistischer Staat, S. 23/FN 1.
[385] Spirito, Il corporativismo, S. 141.
[386] Ebd.
[387] Ebd., S. 144.
[388] Ebd., S. 15.
[389] Ebd., S. 17: "l'uomo non compie solo azioni egoistiche, bensì (= jedoch) anche altruistiche."
[390] Ebd., S. 99.
[391] Ebd., S. 416.

tutti.“[392] Der exemplarische Homo oeconomicus wird in eine anonyme, mit „Einmütigkeit“ (“una *mente,* un *organo*“)[393] sprechende und handelnde Vielheit - sprachlich sogar mit der Anrede “Vòi“ (B VII) - eingegliedert.

Spirito weist gegen Aldo Contentos *Difesa dell'<homo oeconomicus>*[394] darauf hin, daß Rocco und Carli schon 1914 den Homo oeconomicus als “astrazione scientifica“ verwarfen, da kein „Mensch aus purem Wirtschaftsinteresse handele“.[395] Mussolini sieht „seinen Leichnam aufbewahrt; erhalten und lebendig ist nur der ganze Mensch geblieben, während der ‚ökonomische' immer mehr die Gestalt des ‚sozialen' in einem bestimmten geschichtlichen Zusammenhange angenommen hat.“[396] Carli entwickelt 1931 seinerseits als Gegenmodell des Homo oeconomicus „den vollkommenen Bürger“, der „in jedem Augenblick...fähig wäre,...ausschließlich reine politische Handlungen zu vollführen“. Dieses „rein ökonomisch-korporative Subjekt“ soll „in jedem Augenblick einen koordinierten, dynamischen, hedonistischen und damit den synthetischen Kalkül [...] erfüllen“ und „seine ökonomischen Handlungen“ als integrierender...Teil der Industriegruppe oder der Korporation“ „ausführ[en]“: „So können wir dem *homo oeconomicus* den *homo corporativus* gegenüberstellen.“[397] Das heißt mit anderen Worten: Dem „hedonistischen“ Äquilibrium wird ein „korporatives“ Gleichgewichtsmodell (“equilibrio economico“) entgegengestellt. Statt der “molteplicità dei rapporti indipendenti“ sucht der Faschismus das “equilibrio economico generale“[398] mit seinem “sistema dei rapporti interdipendenti“[399] und “rapporti collettivi del lavoro“ der zu behandelnden *Disciplina* in der Praxis zu erreichen, was Paretos theoretischen Überlegungen laut Spirito versagt blieb: “fallimento dell'economia matematica“.[400] Das Individuum ist ins „System der <Industriegruppe>“ „eingegliedert (incorporato)“ und findet sich als realitätsbezogener „homo corporativus“ in Opposition zum wirklichkeitsfremden „homo oeconomicus“.[401] Im neuen Körperschaftler wird der Gegensatz von „objekti-

---

[392] Ebd., S. 417: „Nicht mehr der über sich selbst verfügende und im Kampf mit den andern allein über sein Interesse waltende Wirschaftsmensch, sondern die nunmehr moralischen Wirtschaftsmenschen auf der Suche nach einem Ziel und einer Norm, für deren Klarheit sie einträchtig wirken sollen. Wer auf Geist und Logik vertraut, muß der Notwendigkeit dieser allgemeinen Aufwärtsentwicklungs des Lebens und seines wirtschaftlichen Aspektes zu einer immer größeren vernunftgesteuerten Harmonie hin beipflichten.”

[393] Ebd., S. 416.

[394] Ebd., S. 306-311.

[395] Ebd., S. 307.

[396] Wagenführ, Korportive Wirtschaft, S. 22: Mussolini am 19.I.1931.

[397] Ebd., S. 21/22.

[398] Zum Gleichgewicht: vgl. Wagenführ, Korporative Wirtschaft, S. 10.

[399] Spirito, Il corporativismo, S. 150.

[400] Ebd.

[401] Wagenführ, Korporative Wirtschaft, S. 21/22; zu Pareto uud dem „homo oeconomicus“: Spirito, Il corporativismo, S. 144/145, 158; zu Pareto: Der Große Brockhaus, Bd. VIII, S. 744/745.

vem Nutzen“ für eine Gemeinschaft und „subjektivem Nutzen“ zur Befriedigung des einzelnen in der liberalistischen Wirtschaft aufgehoben und in eine „Interdependenz“ zum Wohle aller und des Staates gewandelt.[402] Spiritos Gedanken zum faschistischen Modell der Wirtschaft und der Arbeitswelt liegen unter dem Titel *Il corporativismo* in einer Ausgabe von 1970 vor. Sie besprechen „saggi minori“ zwischen 1926 und 1935 über *Capitalismo e corporativismo, I fondamenti dell'economia corporativa* und den wirtschaftspolitischen Schritt *Dall'economia liberale al corporativismo*. Spirito zieht darin den Schlußstrich unter die Debatte: „Wenn die“ liberalen „Ökonomen unter bestimmten Bedingungen den wirtschaftlich vorteilhaften Eingriff des Staates zugelassen haben, so haben sie unbewußt selbst der Eigennutztheorie den Todesstoß versetzt“: “hanno dato, senza avvedersene, un colpo mortale alla teoria dell'ofelimità.“[403] Die Auseinandersetzung mit dem Paretoschen Modell trifft Rocco in seiner Essay- und Redensammlung *La trasformazione dello stato. Dallo stato liberale allo stato fascista*. Sie erstreckt sich bis ins Jahr 1926 und legt ideologischen Werdegang und juristische Entstehung der Arbeitsgesetze offen. Mannhardt resümiert 1924 als unmittelbarer Beobachter im Kapitel *Staatsidee und Staatswirklichkeit*:[404] „Es ist in diesen Jahren so gewesen, daß neben der einherlaufenden faschistischen Kritik an der liberalen Ideologie die Idee, der Antrieb des Faschismus sich unmittelbar durch Mussolini in Italien ausgewirkt hat, derart, daß die Klärung und der Ausbau der faschistischen Idee sich in Taten vollzog.“[405]

Die Geistesgeschichte kennt derartige Oppositionen zweier Menschentypen. So führt im sozialen Spannungsfeld, das bereits Leon Battista Albertis Zynismus aufriß, wenn er den unfreien „Hörigen“ dem „Ochsen“ gleichstellte (A III), eine Linie von Baldassare Conte Castigliones (1478-1529) *Cortigiano* (= frz. courtisan) mit dem erwachten autonomen Persönlichkeitsbewußtsein der Renaissance über das spanische „Siglo de Oro“ des *Discreto* von Baltasar Gracián (1601-58) zum französischen „Classicisme“ eines N.Faret, der sich mit *L'Honnête homme ou l'Art de plaire à la cour* 1630 am *Cortigiano* inspiriert.[406] Dieser neue Menschentyp ist als „Gentilhomme“ (it. gentiluomo, engl. gentleman) gebildet, mit geschärftem Verstand, harmonisch in sich gefestigt, standesbewußt und um die Gunst des Fürsten bemüht. Seit Christoph Columbus (1451-1506) aus den Zwängen der Genueser Weberzunft zur Conquista der Neuen Welt aufbrach,[407] entwickelt sich mit Bartholomeo Las Casas (1479-1566) im Gegenzug zur Achtung des Mannes von Stande das Bild des von der Zivilisation unverdorbe-

---

[402] Auseinandersetzung mit Pareto bei: Spirito, Il corporativismo, S. 144ff.
[403] Spirito, Il corporativismo, S. 214f.
[404] Mannhardt, Faschismus, S. 325-333.
[405] Ebd., S. 327.
[406] Larousse, Bd. V, S. 5336.
[407] Zuerst in Kolumbus' „Bordbuch – Briefe – Berichte“ bei: Ernst Gerhard Jacob, Bremen, o.J., S. 90.

nen, „edlen Wilden“ zum „bon sauvage“[408] der philanthropischen Aufklärer. Der „homme...à son état primitif“[409] von Jean-Jacques Rousseau (1712-78) macht Front gegen den anthropologischen Pessimismus des Thomas Hobbes (1588-1679): „Homo homini lupus.“ Der bessere Mensch ist als „ländlich gekleideter“, „naturnaher“ „Laboureur“ Gegenstück zum nur dank seinem „goldgestickten Wams“ höhergestellten „courtisan“.[410] Der „Schul- und Universitaetsreformer“ des Duce, Ernesto Codignola, dagegen hat „keine Lust, den ‚Homme abstrait' Rousseaus“ aus „dunklen Zeiten“ als noch unbeschriebenes Edukationsmodell „wieder aufzuwecken“.[411] Mit ähnlichem Argument hatte Sorel Rousseaus „Traum“ vom „homme *anhistorique*“ in einer „cité habitée par des artisans suisses“ als „geschichtslosem“ und deshalb unbrauchbarem Subjekt für den gesellschaftlichen Umbruch kraft „violence prolétarienne“ verworfen.[412] Spirito greift andererseits Rousseaus Zivilisationskrise und dessen Überbewertung des Landlebens in seinem Alternativthema *Ruralizzazione o industrializzazione?* unter den veränderten Aspekten des 20. Jahrhunderts wieder auf (B VIII). Rousseaus selbstgenügsam von der Ernte auf seinem Acker lebender „cultivateur“[413] braucht sie nicht, «les sciences et les arts»[414] (1750 Preisfragensujet der «Académie de Dijon»), welche die ständische korporative Gesellschaft gestalten und die *Carta del Carnaro* wie die *Disciplina dei rapporti collettivi* pflegen. Die Physiokraten propagieren im selben Jahrundert der Aufklärung die nicht staatlich reglementierte Versorgung als Produktionsideal. Der Landmann ist wohl in Spiritos Sinne “àrbitro di se stesso“,[415] jedoch als physiokratisches wie Rousseauisches Geschöpf “antieconomico“,[416] Andererseits fügt er sich wie der Homo corporativus in eine „existence [] patriarcale“.[417] Dabei ist zu fragen, wie weit der Homo corporativus in seiner national-faschistisch erfüllten Pflicht zum blinden Gehorsam des “ubbidire“ (= auf den Verkünder der Ideologie „hören“) über Albertis „Hörigen“ hinausgewachsen ist.

Rousseau wertet das parasitäre Gesellschaftsmitglied als Volksschädling: „tout citoyen inutile peut être regardé comme un homme pernicieux“.[418] Fiumanesimo, Fascismo und Nationalsozialismus folgen dieser Auffassung. Dagegen teilen sie mit ihrer Konzeption der Gleichheit in der Vielfalt nicht diejenige von

---

408 Lagarde/Michard, Auteurs français, S. 14, 272.
409 Ebd., S. 269.
410 Rousseau, Discours, S. 32: «C'est sur l'habit rustique d'un Laboureur, et non sous la dorure d'un courtisan, qu'on trouvera la force et la vigueur du corps.»
411 Arias pp., Mussolini, S. 357; Rousseau, Émile, S. 88.
412 Sorel, Réflexions, S. 175/176, 264-267; vgl. Rousseau, Discours, S. 43-54.
413 Lagarde/Michard, Auteurs français, S. 274: «C'est le seul travail qui, donnant droit au cultivateur sur le produit de la terre jusqu'à la récolte, et ainsi d'année en année...»
414 Ebd., S. 268-271.
415 Spirito, Il corporativismo, S. 416.
416 Ebd., S. 79.
417 Lagarde/Michard, Auteurs français, S. 272.
418 Seeberger, Rousseau, S. 324.

der „propriété“ als „source de l’inégalité“.[419] Spirito integriert den einzelnen unangepaßten Homo oeconomicus in die Vielzahl der Homines oeconomici und führt diese in das nun vollkommen eingegliederte Individuum unter dem Titel des Homo corporativus zurück. Der Parteiphilosoph vollzieht so den dialektischen Schritt von der Vereinzelung des Homo oeconomicus über die Pluralisierung der Homines oeconomici zum Gemeinschaftswesen Homo corporativus, dem ideologischen Absolutum des Faschismus, und hebt Rousseaus und der Physiokraten Antinomie Eigensinn-Gemeinschaftsgefühl oder Eigennutz-Gemeinwohl mit seinem Denkmodell sophistisch auf. Umgekehrt wird der einzelne mit der Anrede ’Vòi’ in den Gentiluomostand erhoben. Nun erfährt er die Würdigung des spätmittelalterlichen Zunftbewußtseins, das Villani formulierte: „Vos estis prior“ (B III).[420] Emmanuel Mounier bestreitet in den dreißiger Jahren mit seinem „personnalisme“ eigener Prägung den korporativen Persönlichkeitsbegriff (B VIII). 80 Jahre nach der ideologisch-pädagogischen Konstruktion des Homo corporativus als eines gemeinnützigen Antipoden zum nur sich selbst verantwortlichen Individuum des Liberalismus sieht die moderne Wirtschaft den ausschließlich profitorientiert handelnden Homo oeconomicus als idealtypisches Modell für zweckwirtschaftswissenschaftliche Erkenntnis, so in der Mikroökonomie und betriebswirtschaftlichen Entscheidungstheorie. Er verfügt über ein vollständiges widerspruchsfreies Zielsystem und handelt rational. Das Streben nach größtmöglichem Nutzen im privaten Haushalt oder optimalem Gewinn im eigenen Betrieb bestimmt das Eigeninteresse. Der Homo oeconomicus heutiger Prägung kennt bei seinen Entscheidungen nach gründlichster Information über die Markttransparenz klar vorausschauend alle Alternativen.[421] Er integriert sich in Schumanns amerikanisches Weltbild, keineswegs aber in Markovs und Stüblers Kollektivismus.

3. ”Lotta di classe“ und ”Socialità“

Die Auseinandersetzung mit dem Homo oeconomicus galt dem Ziel, einen neuen Menschen zu schaffen, welcher der marxistischen ‘lotta di classe’ gewachsen wäre. Karl Marx hatte 1848 im *Kommunistischen Manifest* die Proletarier zum Klassenkampf mit dem Ziel einer Weltrevolution aufgerufen. Sein wissenschaftlicher Sozialismus war im Verein mit Friedrich Engels als Replik auf die klassische Schule der Ökonomie entstanden.[422] Über *Die Arbeitskraft* doziert Marx 1865 vor dem „Generalrat“ der IAA (= „Internationale Arbeiterassoziation“), dem Zentralrat: *„Ihr alle seid fest überzeugt, daß, was ihr täglich verkauft, eure Arbeit sei; daß daher die Arbeit einen Preis habe und daß, da der*

[419] Lagarde/Michard, Auteurs français, S. 273-275; Rousseau, Inégalité, S. 64, 101.
[420] Villani, Nuova Cronica I, S. 441.
[421] Brockhaus Enzyklopädie, Bd. X, S. 218.
[422] Der Große Brockhaus, Bd. XII, S. 552/553.

Preis einer Ware bloß der Geldausdruck ihres Werts, es sicherlich so etwas wie den ***Wert der Arbeit*** *geben müsse. Indes existiert nichts von der Art, was im gewöhnlichen Sinn des Wortes* ***Wert der Arbeit*** *genannt wird... Einer der ältesten Ökonomen und originellsten Philosophen Englands - Thomas Hobbes - hat in seinem 'Leviathan' schon vorahnend auf diesen von allen seinen Nachfolgern übersehenen Punkt hingewiesen. Er sagt: Der Wert eines Menschen (****Value or worth****) ist wie der aller anderen Dinge sein Preis: das heißt soviel, als für die* ***Benutzung seiner Kraft*** *gegeben würde."*[423] Die Lehre der beiden Kommunisten hatte Georges Sorel 1908 in seiner Schrift *Décomposition du marxisme* bekämpft.[424] Der „Meisterschüler", den der ‚Lehrer' als „Vorboten einer neuen Zeit begrüßte",[425] hatte 1910 die Wochenzeitung *La Lotta di Classe* gegründet.[426] In den Jahren vor dem Marsch auf Rom beobachtet Mussolini die praktische Anwendung des Marxismus in Rußland unter der "dittatura bolscevica" "ai danni della classe operaia": „zum Schaden der Arbeiter".[427] Deshalb fordert er „alle würdigen Bürger" auf, angesichts der vom "leninismo" mit seinem "disastroso (= verheerend) esperimento russo"[428] in Italien beeinflußten gesellschaftlichen Unruhen „dieses gewaltsame Joch zu sprengen": "Proletariato, lotta di classe, socialismo sono fuori questione... Tocca ai cittadini tutti che non sono indegni di quella qualifica di cittadino, spezzare il giogo di questa violenza."[429] (= Alle echten Bürger sollen dieses Joch der Gewalt zerbrechen.) Dies sagt Mussolini 1919 und glaubt 1920 die „Götterdämmerung" des Sozialismus angebrochen: "Oggi il socialismo è già tramontato (= untergegangen), è giù di moda."[430]

Louise Diel berichtet: „Mussolini hat sich stets gegen diese unsoziale Auslegung des Begriffes Arbeit gewandt und rief einmal fast zornig aus: ‚Wir haben die Theorie des ökonomischen Menschen (Lehre von Karl Marx und auch des Liberalismus) verworfen, und wir waren jedesmal empört, wenn wir hörten, daß die

---

423 Marx/Engels, Werke 16, S. 101-152 (Marx, K., Lohn Preis und Profit; was bei Marx kursiv, hier im Fettdruck). - Thomas Hobbes (1588-1679) legte in seinem Werk *Leviathan or the Matter, Forme and Power of a Commonwealth Ecclesiasticall and Civil* mit seiner materialistischen Lehre vom Menschen und seinem Trieb zur Selbsterhaltung den Weg zur Entstehung des Gemeinwesens und zum Gesellschaftsvertrag dar.

424 Der Große Brockhaus, Bd. XI, S. 25.

425 Zitiert nach: Beckerath, Fascistischer Staat, S. 21; ebd., S. 21/FN 2: Sorel, Matériaux d'une théorie du prolétariat (Paris 1921, S. 53); vgl. Mannhardt, Faschismus, S. 155; Diel, Duce, S. 169.

426 Mannhardt, Faschismus, S. 153; De Luna, Mussolini, S. 19.

427 Mussolini, Citazioni, S. 239: Socialisti e bolscevichi am 17.II.1920 im *Popolo d'Italia*; Ludwig, Gespräche, S. 45/46: „Ich hatte immer eine Medaille von Marx in der Tasche. Ich glaube, das war eine Art Talisman."

428 Mussolini, Citazioni, S. 237.

429 Ebd., S. 42.

430 Ebd., S. 238.

Arbeit eine Ware sei.'"[431] Im Gespräch mit Emil Ludwig „bewunder[t]" Mussolini andererseits den Gründer des „Allgemeinen Deutschen Arbeitervereins" Ferdinand Lassalle (1825-64): „Das war ein Mann erster Ordnung, mit viel mehr Phantasie als Marx."[432] Im Gegensatz zu jenem erkannte dieser den Staat an: für Mussolini ein positives Merkmal. Lassalle vertrat mit den „Ehernen Lohngesetzen" („Dieses eherne und grausame Gesetz" nennt er es selbst) Ricardos Lohntheorien der „klassischen Schule", auf welche Marx umgekehrt mit „seiner Ausbeutertheorie" durch „die 'ehernen Gesetze' der bürgerlichen Ökonomie" und „der gegenwärtig herrschenden Gesellschaftsordnung" „zurück/geht".[433] Laut dieser *"ferrea legge dei salari"* auf der Basis von Angebot *("offerta")* und Nachfrage *("domanda")* soll das Entgelt für Leistung den „landesüblichen" „notdürftigen Lebensunterhalt" „des Arbeiters und seiner Familie" decken: "Si ebbe così il fenomeno, rilevato da David Ricardo, di una offerta di lavoro superiore alla domanda per cui i salari tendevano a abbassarsi e a livellarsi al minimo necessario per il sostentamento dell'operaio."[434] Das Lohngefüge gerät aber in Mißverhältnis zwischen Produktion und Bevölkerungswachstum.[435] Deshalb verlangte Lassalle die Beteiligung der Arbeiter an der Produktion und den Aufbau von „Produktivassoziationen" mit staatlichem Kredit, um den unternehmerischen „Zwischengewinn" „in Wegfall zu bringen".[436] Den individuellen Anteil an den Fabriken verspricht den Lohnempfängern erst die ‚Repubblica di Salò' (B VIII). Rocco widerlegt in der oben (C II 2) erwähnten Rede zur Einführung der *Disciplinia dei rapporti collettivi* vom 10.XII.1925 die Theorie von "Carlo Marx", wonach es nur zwei Klassen gebe: "ma non ci sono due classi, categorie; ce ne sono molte, infinite."[437] Vielmehr sind die Menschen so unterschiedlich als Bürger oder Arbeiter wie in ihren Gefühlen, Idealen, Lebens- und Geschichtsauffassungen.[438] Diese soziopsychologische 'Atomisierung' des Volkes gibt den Anstoß zum Aufbau des faschistischen Kollektivismus fern aller Gleichmacherei zur Schaffung eines anderen Menschenbildes.[439] „Noi vogliamo la separazione fra il sindacato e la politica di partito, non già fra il sindacato e il sentimento nazionale...Il culto della patria non è politica, è dovere di tutti gli italiani."[440] Mussolini doziert in seiner *„Faschismusdoktrin*: *„Mit der Verneinung des historischen Materialismus, für den die Menschen nur Statisten der Geschichte sind, die an der Oberfläche der Flut erscheinen und wieder verschwinden, während in der Tiefe die wahren leitenden Kräfte wirken und arbei-*

[431] Diel, Duce, S. 110 = Mussolini, Citazioni, S. 136.
[432] Ludwig, Gespräche, S. 203.
[433] Der Große Brockhaus, Bd. VII, S. 300; Marx/Engels, Werke 18, S. 548 (Engels, F., Zur Wohnungsfrage). – Riedler, Arbeitslehre, S. 25/26.
[434] Rocco, Stato, S. 361.
[435] Brockhaus 1882, Bd. XI, S. 151.
[436] Ebd., Bd. X, S. 829; Der Große Brockhaus, Bd. VII, S. 84.
[437] Rocco, Stato, S. 361.
[438] Vgl. ebd., S. 369.
[439] Ebd. S. 361.
[440] Ebd., S. 369.

ten, ist auch die unerschütterliche und unwiederbringliche Ablehnung des Klassenkampfes verbunden, welcher das natürliche Produkt dieser wirtschaftlichen Geschichtsauffassung ist. Insbesondere aber wird bestritten, daß der Klassenkampf die vorwiegende Triebkraft der sozialen Umbildungen darstellt.“[441]

Der obenerwähnte *Leviathan* hatte im ersten Teil *Of Man* den einzelnen im ‚Krieg aller gegen alle' (C III 1) bei Aufgabe seines Naturrechtes im politischen wie ökonomischen Sinne zugunsten der Subordination unter einen Souverain entscheiden lassen.[442] Rocco deutet den Konflikt um die wirtschaftliche Macht zwischen Individuum und Staat im Laufe der Zeiten als einen Prozeß, eine Entwicklung, in welcher der Staat die "autodifesa individuale“ immer mehr durch Urteilsspruch ("lodo“) und dazu berufene Richter ablöste ("sostituire“). Dazu Mussolini selbst: „*Ebenso wie der Staat als Träger der Rechtsordnung seit Jahrhunderten die Selbstverteidigung der einzelnen Menschen verboten und durch staatliche Justiz ersetzt hat, muß er nun auch endlich die Selbstverteidigung der Klassen verbieten und durch staatliche Justiz ersetzen, im höheren Interesse des sozialen Friedens, der Produktionn und des nationalen Reichtums.*“[443] Das römische Verfahren „per formulas“ findet sich noch im Zivilprozeß. Nur auf dem Produktions- und Arbeitsmarkt steigerte sich die Auseinandersetzung zwischen Kapital und Arbeitskraft als „Selbsthilfe“ zur das Gemeinwesen erschütternden „grausamen Schlacht“ ("le forme più brutali della lotta materiale“) - so die Metallarbeiterstreiks von März bis Juli 1925 in Norditalien. Der Staat selbst ahndete Fabrikbesetzung durch Streik nur als Zuwiderhandlung oder Übertretung ("contravvenzione“).[444] Rocco schiebt die Schuld an dieser bekannten Entwicklung des Industriezeitalters der Französischen Revolution zu. Sie zerschlug endgültig die mittelalterlichen Institutionen einschließlich Korporationen.[445] Der liberale Staat blieb dem Kampf zwischen lohnabhängigen Schwachen und dirigierenden Starken gegenüber neutral. Der daraus entbrennende „Klassenkrieg“ zwischen Gewerkschaften und Kapitalismus mit immer schärferen Waffen formierte beide Seiten zu zwei Staaten innerhalb des einen Staates. „Der Staat selbst repräsentierte die kollektive Ganzheit“: "lo stato rappresentante dell'intiera collettività“.[446] Als Syndikalist ist Mussolini Gefolgsmann der französischen Vorbilder und kennt die marxistische Wirtschaftstheorie. Die sozialistischen Denkschulen lehnt er seit dem Ersten Weltkrieg und endgültig bei dessen Ausgang als Beobachter von Lenins praktischer Umsetzung dieser ökonomischen Theorien ab. Unter den Syndikalisten bleibt „Georges Sorel, den er

---

[441] Mussolini, Dottrina, S. 849 li. = Doktrin, S. 22/23.
[442] Der Große Brockhaus, Bd. V, S. 467.
[443] Heinersdorff, Arbeitsverhältnis, S. 6.
[444] Rocco, Stato, S. 336/337.
[445] Ebd., S. 333.
[446] Ebd., S. 332.

oft als seinen Lehrmeister hinstellte",[447] zuletzt aber als "topo (= Maus) di biblioteca in pensione"[448] neu bewertete. Bald „in der Gedankenwelt des europäischen Liberalismus heimisch", „war" neben „der Bergsonschen Philosophie" „sein Hauptinteresse [] die politische Theorie" und *Économie pure*, „die er...an der Universität in Lausanne, wo er Vilfredo Pareto mit starkem Eindruck hören durfte, bis in ihre letzten gedanklichen und biologischen Gründe hinein verfolgte".[449] Er war „einer meiner Lehrmeister, der hervorragendste von allen".[450] Er wird unter Mussolini „senatore fascista".[451] Aus solcher Erwägung galt dessen Homo oeconomicus die obige ausführliche Exegese (B III 2). Mussolini glaubt sich in volkswirtschaftlichen Fragen kompetent. Er wählt sich aus, was ihm für den Aufbau des korporativen Staates nützlich erscheint. Das 1926 gegründete Korporationenministerium leitet der ‚Fachmann' zunächst in eigener Person.[452] „So bekennt er selber in genauester Erkenntnis dieser seiner Fähigkeit im Senat am 12.III.1926", schreibt der deutsche Herausgeber Curt Sigmar Gutkind, „Dozent an der Universität Florenz", dem Mussolini in dessen deutscher „Einleitung" ausdrücklich für „die Uebersetzung aus dem Italienischen" „dankt":[453] *„Ich, der ich doch eine grosse Erfahrung in der Arbeiterwegung besitze, die mir schon sehr zu statten gekommen ist, weil sie es mir ermöglicht hat, die Psychologie der Massen zu ergründen und eine fast tastsichere und optische Feinfühligkeit zu erwerben für das, was die Massen in einem bestimmten Moment wollen und denken."*[454]

Der Faschismus hatte sich seit Anfang der Bewegung zur Aufgabe gemacht, die Umsturzversuche des Marxismus in Italien zu bekämpfen. Rocco spricht dem historischen Einschnitt durch die Oktoberrevolution als Sieg des Klassenkampfes die staatsrechtlich-historische Bedeutung durch Nichterwähnung ab und setzt vielmehr den großen gesellschaftlichen Versuch, das Volk aus seiner ‚Atomisierung' zu befreien, als die entscheidende Wende des Jahrhunderts an, so einschneidend wie vorher die Französische Revolution. Zur Rettung der Nazione muß der Faschismus die verschiedenen untereinander zerstrittenen Gewerkschaften aus dem international-pazifistisch-vaterlandsfeindlichen Sozialismus lösen und einen nationalen Gesamtsyndikalismus gestalten. Das heißt Absage an den durch die Französische Revolution geförderten "rigoroso liberalismo della scuola classica" mit "libera concorrenza" und "liberismo" (= Frei-

---

447 Mannhardt, Faschismus, S. 157; Ludwig, Gespräche, S. 157: Mussolini hat „sehr viel von Sorel...für Syndikalismus und andere aktuelle Fragen"„gewonnen". - Menzel, Staatsgedanke, S. 39: «C'est à Sorel que je dois le plus.»

448 Bracher, Il Novecento, S. 76/FN 5.

449 Mannhardt, Faschismus, S. 148.

450 Arias pp., Mussolini, S. 49.

451 Bracher, Il Novecento, S. 79.

452 Wagenführ, Korporative Wirtschaft, S. 158.

453 Arias pp., Mussolini, S. IV, XI/XII.

454 Ebd., S. 7/8.

handel).[455] Spirito läßt den einzelnen den Schritt von der "falsa scienza" und „unwissenschaftlichen Voraussetzung eines atomisierten Individuums" = "presupposto antiscientifico (l'individuo-atomo)" zur "vera scienza" = "corporativa" vollziehen, d.h. „derjenigen des im Staat aufgehenden Individuums" oder "uno scientifico (l'individuo-Stato)".[456] Es ist die Preisgabe einer „Abwehrhaltung gegen den Staat" ("antistatalismo")[457] zugunsten der „Hinwendung zum Staat" ("statalità").[458] Spirito wird in einem späteren Aufsatz, *Il corporativismo come negazione dell'economia*, die Kritik an der Wirtschaftswissenschaft so weit vorantreiben, daß er die "falsa scienza del falso benessere di chi possiede" verurteilt, wenn sie sich nicht von den "residui" (d.h. denjenigen Paretos) löse. Damit ist der Rück-„Weg" zur "scienza del massimo benessere" und der "massimizzazione"[459] (= Höchstleistung) des Utilitarismus frei, welcher „die eigene Glückseligkeit in derjenigen aller" ("la propria felicità nella felicità di tutti") „sucht". Spirito versteigt sich, während des Faschismus relativ selbständig denkend, hier ins Philanthropische, ja Mystische, wenn er in "San Francesco" (D II) das Musterbeispiel eines solchen die „Glückseligkeit aller" wünschenden „Heiligen"[460] sieht. Dessen Heiliges Jahr sollte zu seinem 700jährigen Todestag am 3.X.1926, also kurz nach den zu erwartenden Gesetzgebungen, beginnen.[461] In der Zeit der Aussöhnung mit dem Vatikan und der Abkehr vom faschistischen Agnostizismus wurde der praktische Vorschlag vernehmlich, „den heiligen Bernhard zum Schutzpatron der Korporationen zu machen".[462]

Das Sorelsche Agitations- und Violencevorbild der Gewerkschaften war nach dem Marsch auf Rom der Überwindung des Klassenkampfes nicht mehr dienlich, wie die beiden ersten Abschnitte ergaben (C III 1/2). In der Kriegszeit hatte Mussolini die Trennung ‚völkischer' Arbeiterverbände von den sozialistischen befürwortet. Diese Entwicklung stellt Mannhardt dar: *„Auf so vorbereitetem Boden, vom Berufsethos ausgehend und zur Verbesserung der Wirtschaftslage sowohl Italiens wie der einzelnen Italiener hinstrebend, hat Edmondo Rossoni zunächst neben dem Faschismus eine neue Gewerkschaftsorganisation aufgerichtet und sie dann, als Mussolini die Zeit für gekommen erachtete, dem Faschismus zugeführt. Die Wurzeln der Rossonischen Arbeit sind fast die gleichen wie die von Mussolinis Werk. Aber, reizvoll genug, Rossonis Entwicklung hat sich unabhängig davon selbständig vollzogen."*[463] Da Mussolini die Macht ergreifen wollte, mußte er den Zugang zum Volk und dem Proletariat gewinnen, indem er

---

[455] Spirito, Il corporativismo, S. 68.
[456] Ebd., S. 69.
[457] Ebd., S. 67, 108.
[458] Ebd., S. 69.
[459] Zingarelli, S. 922.
[460] Spirito, Il corporativismo, S. 77.
[461] Diel, Duce, S. 100-105; Der Große Brockhaus, Bd. IV, S. 223.
[462] Eschmann, Faschistischer Staat, S. 66.
[463] Mannhardt, Faschismus, S. 197/198.

wirtschaftliche Besserung der Lage in der Kontrastgesellschaft versprach und, als er die Macht errungen hatte, verwirklichte (B VII). In der Abwägung der verschiedenen Möglichkeiten hatte er, wie bereits dargelegt wurde (C III 1/2), den Marxismus, dem er ursprünglich als sozialistischer Maximalist nahestand, nach einer politischen Wende abgelehnt, somit auch das sowjetische Modell des Staatskapitalismus und der Gleichschaltung zu einer einzigen Klasse. 1921 verkündet er in Bologna, D'Annunzios Artikel XVIII inhaltlich wiederholend: „Alle Arbeit soll sich gegenseitg ergänzen. Wir wollen, daß zwischen Geist und Stoff, zwischen Hirn und Arm sich die Gemeinschaft unseres Stammes verwirkliche."[464] In der *Tiroler* Zeitung schreibt er am 12.V.1923: „Wir wollen das Proletariat geistig und materiell heben."[465] „Das Problem ist nicht die Güterverteilung", sondern „die Gütermehrung." „Das italienische Proletariat leidet unter dem Minderwertigkeitsgefühl, mit welchem sich die italienische Nation den rivalisierenden (...) reichen (...) mächtigen (...) Nationen konfrontiert sieht."[466] Deshalb „ist der internationale Syndikalismus" für Italien als Lösung „absurd". Vielmehr „gibt es einen Gemeinschaftsgeist" „unter den verschiedenen Gesellschaftsschichten...Er hebt sich über alle Ursachen für den Zwiespalt empor... Das Gemeinschaftsgefühl eint alle Berufsgruppen, alle Klassen eines armen, aber willensstarken Volkes, das in Schlachtordnung der Zukunft entgegenmarschiert."[467] Der italienische Wortlaut der Zitate aus Roccos Rede zur Einführung der *Legge sulla disciplina giuridica dei rapporti collettivi del lavoro* am 8.XI.1925 führt die bekannten Termini "aumento della ricchezza", "distribuzione della produzione", "sindacalismo nazionale" an. Wichtig aber ist der Versuch, in einhelliger "volontà" die Massen mit einem alle durchdringenden voluntaristischen Bewußtsein zu beseelen: der "solidarietà che sovràsta...che unisce tutti...come un esercito ordinato in battaglia".[468] Die Konzeption der ‚mutualistischen' „Solidarität" erwächst aus der Proudhonschen Arbeitsordnung in einer menschlichen Gesellschaft.[469]

Rocco fordert in der Parlamentsrede vom 10.XII.1925 zum *Disciplina*-Gesetzentwurf die Abkehr vom Sozialismus einer "solidarietà internazionale" und statt „internationalen Klassenkampfes"[470] die Hinwendung zur „Volksgemeinschaft".

[464] Ebd., S. 274/275.
[465] Ebd., S. 274.
[466] Rocco, Stato, S. 334.
[467] Ebd., S. 334; vgl. Raschhofer, Politischer Volksbegriff, S. 195, 195/FN 226.
[468] Die Literatur schickte den sozialen Unanimismus mit den fortschrittsgläubigen Naturalisten Émile Zola (1840-1907) und den Naturisten Émile Verharen (1855-1916) den historischen Ereignissen voraus. Erinnert sei an D'Annunzios Tragödie *La nave* (1905) über die Seestadtgründung im Podelta unter widrigsten Umständen kraft eines alle Stände-und Berufsgruppen anfeuernden Geistes. Die 'unaniminità' ist beseelendes Element der Carta del Carnaro (C I).
[469] Vgl. Brockhaus1882, Bd. XII, S. 22; Heinrich, Faschismus, S. 139/FN 35: „Jetzt (1932) wird das Wort (solidarité = Solidarität) im Sinne von ‚Genossenschaft' gebraucht."
[470] Rocco, Stato, S. 362.

Sie ist Ausdruck des „innersten Wesens des Faschismus“ und bedeutet als „Gemeinschaftlichkeit“ (oder biologisch gesehen „Soziabilität“; B IV) den „Triumph des Prinzips der sozialen Neuordnung“: “la socialità“:[471] „Nella legge che discutiamo, infatti, ancora una volta si manifesta l'intima essenza del fascismo: il quale riassume in sè il principio della socialità. Il fascismo, o signori, è socialità, e il trionfo del fascismo è il trionfo del principio d'organizzazione sociale.“[472] Die ideologische Entwicklung von den marxistisch-sozialistischen Modellen der 'Lotta di classe' leitet mit der Tilgung der „roten Kokarde“ „aus dem ursprünglichen Fascistenabzeichen“ über den „Klassenkampf wider den Strich“ (B VII) und am 10.XI.1922 auf dem Consiglio nazionale delle Corporazioni in Bologna hin zur “lotta delle categorie“. Diese Entschärfung des Klassenkampfes wird aber als sprachlicher „Kalauer“ verworfen.[473] Rossonis “lotta di capacità“ (F II 2) führt dank sich beteiligender “ceti medi“ im Verzicht auf „das syndikalistische Ziel der Produktionsmittelübernahme durch das Proletariat“[474] weiter (geschichtlich paradox wie oft in Mussolinis Denksystem) zu einer Socialità oder - modern gesagt - Solidargemeinschaft, welche die neuen Gesetze anzunehmen bereit ist. Die bolschewistische Umwälzung der Gesellschaft in den vergangenen Jahren war gerade privatrechtlich ein unerhörtes, einschneidendes Novum. Deshalb unterstreicht Rocco die negativen Konsequenzen der Abschaffung des Privateigentums und der verheerenden Folgen der Produktionsstätten-Enteignung in der UdSSR. Mit dem Zusammenschluß von Kapital und Arbeit sollen gerade diejenigen katastrophalen Resultate vermieden werden, welche die sowjetische Kollektivierung der Produktionsstätten mit sich gebracht hatte.[475] Andererseits darf der neue „vaterländische“ Syndikalismus nicht die politische Spaltung der spätmittelalterlichen Städte in den Funktionen von “comune della signorìa“ und “comune del popolo“ (B III) wiederholen, welche sich unter anderen Vorzeichen wie das „residuo di una mentalità arretrata e [] quasi medievale“ als Kampf zwischen Kapitalismus und Arbeit[476] bis zur Verabschiedung dieser “legge sull'equilibrio sociale“ fortgesetzt hatte. Das Privateigentum fördert laut Mussolini die „Initiative des Einzelnen“ und trägt im Ausgleich zum Allgemeinwohl bei.[477] Deshalb „achtet“ die „korporative Wirtschaft das Prinzip des Privateigentums“, denn es „vervollständigt die Persönlichkeit“.[478] Laut Rocco hat der Staat per se, qua Herrschaftsordnung, in welche der Mensch als geselliges Wesen eingefügt ist, seit der Französischen Revolution keinen solchen Tri-

---

471 Ebd., S. 364.
472 Ebd.
473 Cordova, Sindacati fascisti, S. 113/114.
474 Beckerath, Korporative Wirtschaftstheorie, S. 3, 3/FN 1; ders., Faschistischer Staat, S. 22/23, 88, 125.
475 Rocco, Stato, S. 367, 368/369; Carta del Carnaro, S. 4 = IX. Auch die Scholastik betrachtet das Privateigentum als soziale Verpflichtung.
476 Rocco, Stato, S. 368/369.
477 Vgl. Wagenführ, Korporative Wirtschaft, S. 10.
478 Ebd., S. 13.

umph erlebt.[479] Dieses Selbstverständnis des faschistischen Staates als eines außergewöhnlichen Novums würden amerikanische Historiker wie Schumann oder die Marxisten Markov und Stübler angesichts der geschichtlichen Einmaligkeit von Lenins wenige Jahre zuvor gegründeter bolschewistischer Räterepublik nicht teilen. Rocco sieht dank dem Korporativismus ein Zeitalter enden und ein neues anbrechen.[480] Der Ideologe entdeckt 1925 in der Gesellschaftsordnung der "socialità" die "intima essenza del fascismo". Der Faschismus ist „ein ewiges Prinzip an sich". Seine gegenwärtigen Ausdrucksformen (oder besser: seine Geschichtlichkeit = "storicità") als „Organisationsprinzip" sind „genuin italienisch" ("schiettamente italiane").[481] Mit dieser Schlußfolgerung überwindet Rocco die widerstreitenden Theorien der konkurrierenden volkswirtschaftlichen Schulen (C III 1). Aus dem "sentimento di solidarietà"[482] erwächst dank eines den „einzelnen einordnenden" „vaterländischen Syndikalismus" eine das Volk durchdringende "socialità".

Mussolini beruft sich am 25.X.1922, drei Tage vor dem Marsch auf Rom, in Neapel auf Sorels „aktivistischen" „Mythos"[483] als „schöpferische Idee, um damit das Leuchten der Vergangenheit, ja der Ewigkeit auf sie zu legen": „Unser Mythos ist das Volk, die Größe des Volkes. Und diesem Mythos, dieser Größe, die wir in eine vollkommene Wirklichkeit übertragen wollen, ordnen wir alles Übrige unter."[484] Die Idealkonstruktion einer solchen Gemeinschaft ist er in den nächsten Jahren wirtschaftlich zu realisieren gewillt. Deshalb würdigt Mussolini als aufmerksamer Beobachter am 4.X.1924 vor der "Associazione costituzionale" in dieser Phase ökonomischer Neuorientierung den wirtschaftlichen Auftrieb des besiegten Deutschlands als Beispiel: "Un astro sorge di nuovo all'orizzonte: l'astro tedesco. La Germania, che credevamo schiacciata (= zerschlagen), è già pronta. Voi ne sentite la presenza. Si prepara formidabilmente alla sua rivincita (= Revanche) economica."[485] Mit dem Blick auf die Welt zieht Mussolini ein Fazit: *„Das Jahr 1926 brachte die Schöpfung des körperschaftlichen Staates. 1927 wird er auf dem Boden der Berufsinteressen und -vertretung in Funktion treten; zuerst an der Peripherie, dann in der Mitte. Sie wird unter der wachsenden Anteilnahme der Welt die riesenhafte Probeleistung einer grossen, nationalen Gesellschaft zeigen, die auf Fundamenten ruht, mit denen die übrigen Staaten nichts mehr zu tun haben. Ich bin sicher, wir bestehen die*

---

479 Rocco, Stato, S. 335.
480 Ebd., S. 367.
481 Ebd., S. 364. - Bereits 1920 hatte Rocco in Spenglerscher Kulturschau das Werden und Vergehen 1000jähriger Kulturen als Ergebnis ihrer Organisationen dargelegt.
482 Spirito, Il corporativismo, S. 98.
483 Menzel, Staatsgedanke, S. 38: „Sorels...aktivistische Weltanschauung ... Lehre vom Mythus: 'Wir müssen tun können, was wir denken.'"
484 Mannhardt, Faschismus, S. 327.
485 Mussolini, Citazioni, S. 222.

Probe.“[486] 1930 definiert er: „Der faschistische Staat ist korporativ, sonst wäre er nicht faschistisch.“[487] Denn „Syndikalismus und Korporation sind voneinander abhängig und bedingen sich gegenseitig“.[488] In seiner „Doktrin“ charakterisiert Mussolini die Zeitabschnitte: „Wenn das 19. das Jahrhundert des Individuums war (Liberalismus bedeutet Individualismus), so kann man das jetzige als das ‘kollektive’ Jahrhundert und daher als das Jahrhundert des Staates bezeichnen.“[489]

In diesem Sinne kritisiert Spirito den aus der *Dichiarazione dei diritti dell'uomo e del cittadino* der Französischen Revolution erwachten Geist des “individualismo“ und “liberalismo“, der den “antistatalismo“ des Individuums mit seinem Recht auf “proprietà privata“ bestärkte.[490] Im Korporativismus begrüßt er die Abkehr von reiner “statolatrìa“ (= Staatsvergötterung)[491] durch das Volk als Ganzes auf Kosten des Individuums einerseits und Vorrang des Individuums dank aufklärerischem Liberalismus andererseits; d.h. kraft des Ausgleichs zwischen dem einzelnen und dem Staat in der Funktion eines wirtschaftlichen Organismus.[492] 1932 stellt Spirito in seinem Beitrag zur *Enciclopedìa Italiana* fest, daß nach dem „Fall“ des „*homo oeconomicus*“ die wirtschaftliche Symbiose des einzelnen mit dem Staate verwirklicht wurde: “ragione della vita economica diventava l'identità del fine statale e del fine individuale.“[493] Der korporative Gedanke müsse zur reinen Wissenschaft erhoben werden, fordert Spirito voller Überzeugung: “Dell'economia corporativa noi vogliamo fare della scienza pura.“[494] Von anderen wegen seiner “ipotesi semplificatrici“ auch der „Vereinfacher“ genannt,[495] verknüpft er in der ‘Economia corporativa’ das “benessere nazionale“ mit der “ofelimità dell'individuo“.[496] Mit dieser Konklusion „transformiert“ Spirito die Konkurrenzdevise der ‘Eigenbrötelei’ eines einzelnen, „mors tua vita mea“,[497] in die Gesamtverantwortung aller „Genossen“, „Kumpanen“ oder “compagni“, die - etymologisch gedeutet - ‚gemeinsam’ das ‚Brot’ genießen. Im ”dualismo di produzione e distribuzione“ liefert die ”*utilità*

[486] Arias pp., Mussolini, S. 247.
[487] Wagenführ, Korporative Wirtschaft, S. 4: 1.10.1930 = Mussolini, Citazioni, S. 135: ”21 aprile 1930”.
[488] Wagenführ, Korporative Wirtschaft, S. 9.
[489] Mussolini, Dottrina, S. 850 li. = Doktrin, S. 31.
[490] Spirito, Il corporativismo, S. 107/108.
[491] Vgl. ebd., S. 116: ”più specificamente filosofica e poi giuridica in Germania (= 1848), dove si equivocherà (= man sich täuscht) sul significato dialettico del binomio (= Wortpaar) di individuo e Stato, e si degenererà nella statolatria.“
[492] Ebd., S. 99.
[493] Ebd., S. 104.
[494] Ebd., S. 62.
[495] Ebd., S. 37.
[496] Ebd., S. 209-222; vgl. ebd., S. 145, 258.
[497] Spirito, Il corporativismo, S. 75.

sociale" mit der "*creazione di capitali nuovi*" das ökonomische Richtmaß.[498] Die "vera utilità (o *ofelimità*)" „veranlaßt die Individuen zu ökonomischem Handeln und Produktenaustausch".[499] „Der Irrtum besteht darin dafürzuhalten, daß der Korporativismus politisch und rechtlich mehr als" nur „wirtschaftlich sei, ohne zu bemerken, daß sein politischer und rechtlicher Charakter nichts anderes als absolute *antieconomicità* besagen und sein will. Das Problem ist nicht, einige Faktoren hervorgehoben nebeneinander bestehen zu lassen, sondern das Wesentliche, das Grundprinzip, das einzige Ziel der neuen Konzeption zu bestimmen. Dieses Prinzip ist" jedoch „gerade dasjenige der 'antieconomia', des erbittertsten Kampfes gegen den *homo oeconomicus*, gegen den anarchistischen Individualismus, gegen alle Selbstsüchte, welche den Bund aufzulösen versuchen, in welchem sich die Faschisten zusammenscharen wollen... Der Korporativismus glaubt an die Möglichkeit, das Gesellschaftsleben sittlich und fachlich zu einen... Er richtet sich gegen jeden Privatzweck des Lebens und ist gerade deshalb keine Ökonomie, sondern Politik, Sittlichkeit, Religion, einzige faschistische 'Revolutionswesenheit'."[500] Spirito hebt den politischen und Rechtscharakter des Korporativismus und seine absolute Ökonomiefeindlichkeit ("antieconomicità") hervor. Er wendet sich gegen den Homo oeconomicus als gesetzlosen Vertreter der Egoismen wie gegen jede private Zweckbestimmtheit ("fine individuale") und erstrebt im Staat als allumfassender Einheit ("fine statale")[501] ethische Sanktionierung. Rocco erläutert 1925 dem Parlament, „die Syndikate sollten unter der Aufsicht des Staates im öffentlichen Interesse Berufsbildung, wirtschaftliche Hilfe, moralische, religiöse und vaterländische Erziehung, Handwerks- (= arte), Gewerbe- (= mestiere) und Berufsorganisation (= disciplina) leisten".[502] Der durch Pareto und die traditionelle Wirtschaftslehre aufgestellte Sophismus des Homo oeconomicus ist nicht deshalb falsch, weil er "areligioso, anartistico, ecc." wäre, also auch nicht über die vordem (B III) erläuterten „artes" verfügte, deduziert Spirito, sondern weil er „unheilbar antiökonomisch" ("irremediabilmente *antieconomico"*) ist.[503] 1927 sieht er den „*homo*

---

[498] Ebd., S. 27.

[499] Ebd., S. 101.

[500] Ebd., S. 79: "L'errore sta nel ritenere (= darauf beharren) che il corporativismo debba essere politico e giuridico oltre e più che economico, e nel non accorgersi che la sua politicità e la sua giuridicità vogliono dire ed essere niente altro che assoluta antieconomicità. Il problema non è quello di far prevalere e coesistere alcuni fattori, ma di determinare l'essenza, il principio fondamentale, il fine unico della nuova concezione. E questo principio è appunto quello dell'antieconomia, della lotta ad oltranza (= bis aufs äußerste) contro l'homo oeconomicus, contro l'individualismo anàrchico, contro tutti gli egoismi che tentano di slegare (= auflösen) il fascio in cui i fascisti vogliono raccogliersi. Il corporativismo crede nella possibilità di unificare la vita sociale moralmente e tecnicamente...è contro ogni fine privato della vita, e appunto per questo non è economia, ma politica,morale, religione, essenza unica della rivoluzione fascista."

[501] Ebd., S. 104.

[502] Rocco, Stato, S. 340/341.

[503] Spirito, Il corporativismo, S. 65.

oeconomicus" vom „*homo ethicus, homo religiosus* ecc." „abstrahiert" ("astratto"), also außerhalb einer "economia applicata".[504]

Mussolini übernimmt wahlweise aus den verschiedenen Theorien, was der Definition des korporativen Staates dient. In der *Dottrina* lehnt er den "mito della felicità e del progresso indefinito"[505] ab: „Der Faschismus bestreitet... die Richtigkeit der Gleichsetzung von Wohlstand und Glückseligkeit, wodurch man die Menschen zu Tieren machen würde, die nur auf eins bedacht sind, nämlich auf die Weide geschickt und gemästet zu werden, was einfach die Rückkehr zum reinen vegetativen Leben bedeuten würde."[506] Mussolini hatte schon im Nietzscheschen Sinne seine „Revolution" als „Aufkommen von Menschen höherer Fähigkeit" charakterisiert.[507] 1933 bahnt er auf der "assemblea generale del Consiglio nazionale delle Corporazioni"[508] den Ausweg aus der metaphysischen Aporie des Miteinanders von "scienza pura" und "economia pura"[509] kraft schlagwortartiger Dialektik, die er von Hegel gelernt hat. Er schreitet von der Negation des Homo oeconomicus zur Position, dem „unverfälschten Menschen", mit einer Synthese der Sophismen, unter denen dann natürlich der Spiritosche „Heilige" (F II 1) erscheinen darf: "L'uomo economico non esiste; esiste l'uomo integrale, che è politico, che è economico, che è religioso, che è santo, che è guerriero."[510] Die Synthese hatte Corradinis Begriff der „Nation" als eines „corpus mysticum"[511] vorbereitet, welches dem „Bürger" „neue Erfüllung" bringt: "un che (= etwas) di religioso...un che di divino"[512] (C I). Diese Versöhnung von transzendenter Glaubensthese und weltlicher Antithese hatte Mussolini sprachlich ausgestaltet, wenn er dem liberalen Bürger des "stato agnostico" den Menschen von „morgen" mit der Gleichung "italiano" = "fascista" = "catto-

---

[504] Ebd., S. 144; vgl. ebd., S. 319.
[505] Mussolini, Dottrina, S. 849 r. = Doktrin, S. 26.
[506] Ebd., S. 849 li. = S. 23/24.
[507] Diel, Duce, S. 73; Tranfaglia, Labirinto italiano, S. 72/73: Den Eklektizismus der "cultura fascista" sieht G. Mosse als „sapròfago" (= Fäulnisfresserorganismus), „mit dem Sieblöffel als Romantik-, Liberalismus-, Neotechnologie- und sogar Sozialismus-Bröckchen herausgeschöpft".
[508] Mussolini, Citazioni, S. 136 = Wagenführ, Korporative Wirtschaft, S. 22; vgl. F II 2.
[509] Spirito, Il corporativismo, S. 107/108; vgl. S. 121-159: I sofismi dell'economia pura (1929).
[510] Mussolini, Citazioni, S. 136; ebd., S. 72: Er sieht den Dienst in der Partei als "apostolato" (F II 1); Heinrich, Faschismus, S. 29: „Apostolat"; De Luna, Mussolini, S. 79: „Apostelamt". Raschhofer, Politischer Volksbegriff, S. 84: Schon Mazzini sieht „die Brüder des Jungen Italiens...mit gerechtem Glauben" zum „Apostolat" „erfüll[t]"; vgl. ebd., S. 89. - Gentile betont 1924 (Il Fascismo al governo della scuola), die „Religion sei Bejahung des Menschen in seiner Hingabe an die Pflicht; darauf gründe auch der Staat seine Existenz", in: Beckerath, Fascistischer Staat, S. 68/FN 2.
[511] Beckerath, Fascistischer Staat, S. 32.
[512] Corradini, Nazionalismo italiano, S. 44, 45.

lico“ entgegenstellt.[513] Das Vorbild liefert der „Maître de Lausanne“ selbst: „l'homme réel comprend l'*homo ethicus,* l'*homo religiosus,* etc.“[514] Rocco hatte die Harmonisierung der Divergenzen, jedoch bei Ausschluß des politischen Engagements, bereits in seiner Parlamentsrede am 10.XII.1925 vorbereitet: „Wir wollen Gewerkschafts- und Parteienpolitik trennen, keineswegs aber Syndikat und Nationalgefühl.“[515] (C III 3) Aber auch nicht "sindacato" und "sentimento religioso“.[516] „Das Leben, wie es der Faschist auffaßt, ist daher ernst, abgeklärt; religiös, ganz erhoben in eine Welt, die von den moralischen und verantwortlichen Kräften des Geistes gestützt wird.“[517] Mussolinis *Dottrina* von 1932 zeichnet so die faschistische Grundeinstellung des uneingeschränkten „credere“. Sie erstrebt eine körperschaftlich geführte alle Funktionen umgreifende Elite mit dem Bekenntnis zum "obbedire“ unter hierarchischer Spitze. Der „*homo oeconomicus*“ muß als "ipotesi negativa della scienza“ eine „beschwerliche...notwendige... Wandlung“ „*ab imis*“ erleiden,[518] damit "massimo benessere nazionale e individuale“ und "massimo benessere sociale“ im „dialektischen“ Schritt zum „Stato corporativo“ gelangen.[519] - Paolo Ùngari bezieht sich auf die Perugia-Rede vom 30.VIII.1925. Danach habe Rocco „die ganz moderne Vision von einem dem Kapital ureigenen Dynamismus der Zusammenballung mit der ihm innewohnenden Tendenz“ gehabt, „den gesamten Sozialkörper der Struktur der großen Industrieimperien gemäß“ „progressiv“ „anzupassen“; „die Klassenorganisation“ stehe dann „außerhalb des dialektischen Einflusses der offenen liberalen Gesellschaft“ und sei „kein Unruheferment, sondern Mittel für eine strengere Gesellschaftsdisziplin“; „ein solches Gefüge vermöge sich mit äußerster Anstrengung nur dauerhaft zu stabilisieren, wenn es sich gegen die Standesorganisationen wirtschaftlich großzügig zeige“; bei „gleichzeitiger“ „absoluter Kontrolle“ muß es den „«Korporationen» Heitmatrecht und Rechtspersönlichkeit gewähren“; dies „aber, um die Autorität des Staatsapparates entschlossener einzusetzen“. Roccos „Staat werde so «eine Stahlrüstung», welche alle paretoschen Eliten der modernen Gesellschaft – Unternehmertum, Gewerkschaft, Partei, Staat und dazugehörige Bürokratie - in einer Zwangsbindung harter dauerhafter Solidarität zusammenpresse“; d.h. „unter autoritärer Führung, die jeden erkennbaren Keim zu dialektischem Gegenspiel zu tilgen wisse und jeder Führungsklassenbildung außerhalb des Systems zuvorkomme“.[520] (Eine Assoziation zur ungebremsten wirtschaftlichen Globalisierung dieses Jahrhun-

---

[513] Mussolini, Citazioni, S. 101: „22 giugno 1925...tanto che domani italiano e fascista,come presso a poco italiano e cattolico, siano la stessa cosa.“

[514] Pareto, Manuel, S. 18/9.

[515] Rocco, Stato, S. 369.

[516] Ebd.; vgl. Mussolini, Citazioni, S. 30 (18.VI.1923): "Il fascismo è un fenomeno religioso di vaste proporzioni storiche ed è il prodotto di una razza.“

[517] Mussolini, Dottrina, S. 847 r. = Doktrin, S. 8.

[518] Spirito, Il corporativismo, S. 206, 208.

[519] Ebd., S. 206, 209.

[520] Ùngari bei Cordova, Sindacati fascisti, S. 114.

derts drängt sich auf.) - Gaetano Salvémini sieht im „mito corporativo" nicht „Selbstzweck", sondern nur „die Kehrseite des „Polizeistaates". „Während der Korporativstaat die Löhne senkt, unterdrückt der Polizei-Staat jedes Anzeichen von Unruhe. Wahrscheinlich gilt das Verdienst des sozialen Friedens" „nicht dem "uomo corporativo", sondern dem ‚Polizei-Staat': "Fanno il deserto e lo chiamano pace."[521]

[521] Tranfaglia, Labirinto italiano, S. 71/72; 'Polizei-Staat' im italienischen Text.

D. Die Ordnung der Arbeitswelt: "Disciplina e lavoro"

Dank der scheinbar gelungenen Einschleusung des historisch argumentierten Klassenkampfes in die neu formulierte Volksgemeinschaft eines korporativen Staates schafft der Faschismus den Ansatz zu seiner umwälzenden Gesetzgebung in der Arbeitswelt, über welche das in dieser Periode noch mitbestimmende Parlament vor der juristischen Festlegung ausgiebig debattiert. Daraus erwachsen die nachstehenden Gliederungspunkte: I. Funktionale Vorschläge zur Syndikatslegislation aus Ideologie und Praxis; II. Die juristische Fixierung des Arbeitsgesetzes; III. Bemerkungen und Schemata zu den Rapporti collettivi; IV. Die Disciplina als juristisches Novum; E. Die Norme: Richtlinien und Kompetenzen; I. Der Inhalt der Normen; II. Detaillierte Hinweise und strukturelle Veranschaulichungen; III. Kommentare.

I. Funktionale Vorschläge zur Syndikatslegislation aus Ideologie und Praxis

Wie oben gezeigt, trugen zahlreiche Phänomene aus der Tradition der Arbeit und der Berufsvereinigungen zur Ausbildung des korporativen Gedankens bei. Auch zur juristischen Gestaltung der neuen Arbeitsordnung übernimmt der Faschismus Elemente, die sich im Laufe der Zeiten aus alten Codices herausgebildet hatten und ihm weiterhin als brauchbares und bewährtes Recht erscheinen. Wesentlichen Anteil bei den Gesetzesvorlagen in der Camera dei deputati bringt Rocco selbst ein. Am 18.XI.1925,[522] 10.XII.1925[523] und schließlich am 11.III.1926,[524] also noch einen Monat vor der Verabschiedung, legt der Justizminister seine Vorschläge dar. Er beruft sich mit der "magistratura di equità" auf die Tradition der "giurisdizione del pretore romano" als Quelle der "sapienza giuridica di Roma".[525] Im Gegensatz zum streng positiven Verfahren kannte schon das römische Recht „das billige Verfahren nach der wahren Sachlage" als Grundsatz: „servare aequitatem".[526] Mussolini selbst hatte dank den kommunalen *Statuti* seines Geburtsortes, "che governarono, per circa otto secoli", "il diritto di proprietà e il rispetto alla libertà di lavoro" garantierend, eine Anschauung von den "funzioni di arbitri".[527] Im Ausland werden laut Rocco die „verbindlichen Schiedsgerichte" ("arbitrato obbligatorio") von beiden Parteien ("parti") aus Vertretern ihrer eigenen Interessen bestimmt. Sie gelangen zu einem vertragsähnlichen Kompromiß, wobei alle Recht und Unrecht bekom-

---

[522] Rocco, Stato, S. 327-355.
[523] Ebd., S. 356-379.
[524] Ebd., S. 380-398.
[525] Ebd., S. 351, 103.
[526] Georges, Lt.-dt. Handwörterbuch, S. 75.
[527] Predappio Ufficio, S. 53-57, 113-115.

men.[528] Aus diesem Grunde ziehen die Faschisten einen unparteiischen Arbeitsrichter vor. Er ist im Gegenzug zur Entwicklung der vergangenen 70 Jahre, welche das italienische Rechtswesen in Einzelteile „zerstückelt“ (“frantumato“) haben, nicht spezialisiert.[529] Deshalb übt das Berufungsgericht (“Corte d’appello“) die Funktion der “magistratura del lavoro“ aus und entscheidet pflichtgemäß über alle aus Kollektivverträgen rührenden Streitigkeiten.[530] Das beste „Spruchkriterium“ ist für den Arbeitsrichter dasjenige der „Billigkeit“[531] (E I). „Der Arbeitsrichter wägt die Interessen der Arbeitgeber mit denjenigen der Arbeitnehmer ab und nimmt dabei stets die höheren Interessen der Erzeugung wahr.“[532]

Schon 1920 hatte Rocco in der Universität Padova (C F I 3; F III 1) die Unterordnung der Syndikate unter den Staat und die einzurichtende ”magistratura del lavoro“ ”in istanza definitiva“ über den ”rappresentanze miste di lavoratori e datori di lavoro con funzione conciliatrice“ gefordert: ”veri magistrati“, ”altissimi magistrati“, in ”eccezionale libertà“, „exekutiv vom Parlament unabhängig”.[533] Dabei hatte er noch an ein “sindacato ’misto’“ gedacht.[534] Vor dem zu erschließenden Gebiet der Arbeitsgerichtsbarkeit (“*magistratura del lavoro*“)[535] beruft sich Rocco mit der „Rechtsprechung nach Billigkeit“ (“giurisdizione di equità“;[536] E 1) auf die römische Tradition des „Prätorenrichteramtes“ und ihre Rechtsquellen. Die Parallelen sind augenscheinlich. Die „praetores“ stellten seit 337 v. Chr. Patrizier und Plebejer gleichberechtigt „als Kollegen der Konsuln“ zur Entscheidung der „quaestiones perpetuae“. „Typisierte Tatbestände“ formulierten sie in den *Prätorischen Edikten*. Daraus bildete sich das „prätorische, magistratische Recht (ius praetorium oder honorarium)“.[537] Erwähnenswert ist die symbolische Verbindung der plebejischen Liktoren[538] mit den „Fasces“,[539] dem Rutenbündel und den bedrohlich herausragenden Beilen. Sie verschafften den Prätoren gebührenden Platz vor der Menge. Da sich die frühsozialistische revolutionäre Bewegung als “Fascio“[540] bezeichnete und der Faschismus seiner-

---

[528] Rocco, Stato, S. 347.
[529] Ebd., S. 348.
[530] Ebd., S. 350.
[531] Ebd., S. 351/352: giurisdizione di equità = Arias pp., Mussolini, S. 215.
[532] Ebd., S. 352, 348.
[533] Jocteau, Magistratura, S. 17, 18.
[534] Ebd.
[535] Rocco, Stato, S. 348.
[536] Ebd., S. 352.
[537] Brockhaus 1882, Bd. XIII, S. 252/253; Der Große Brockhaus, Bd. IX, S. 367; Georges, Lt.-dt. Handwörterbuch, S. 1622/1623.
[538] Brockhaus 1882, Bd. XI, S. 74/75; Der Große Brockhaus, Bd. VII, S. 245; Georges, Lt.-dt. Handwörterbuch, S. 1622/1623; Diel, Duce, S. 202: 19.XII.1932 Erstlingsstadt auf dem Pontinischen Acker „Littoria“ getauft.
[539] Brockhaus 1882, Bd. III, S. 592/593; Der Große Brockhaus, Bd. VII, S. 782; Georges, Lt.-dt. Handwörterbuch, S. 1111.
[540] Mannhardt, Faschismus, S. 164.

seits „Disziplin und Autorität verlangt, die in die tiefsten Tiefen der Geister eindringt und dort unbestritten herrscht...ist das Liktorenbündel sein Wahrzeichen, als Symbol der Einigkeit, der Macht und der Gerechtigkeit“.[541] Die lateinische ‚disciplina' bedeutet ‚Lehre, Schule, Zucht, Ordnung, Grundsatz' und ‚Staatsverfassung'. Sie unterwirft sich die ‚discìpuli' (it. discèpoli) als ‚Lehrlinge' und ‚Schüler'. Im 'regolamento che riguarda il governo', 'ordine che regge un corpo costituito', 'norma pratica' und 'confratèrnita' hat das moderne Italienisch die antiken Bedeutungen übernommen.[542] Die Arbeitskollektivverträge in Belgien (1898), Holland (1907), Deutschland (1918), Frankreich und Österreich (1919) bezeichnet Costamagna als "disciplina giuridica del contratto collettivo“.[543] So wie das Parteisymbol ‚völkische' Zucht erheischt, heißt auch das zu verabschiedende kollektive Arbeitsgesetz "disciplina“. Das Verbum "disciplinare“ bedeutet „verordnen, verfügen“. Während im Deutschen die „Disziplin“ Unterrichts-, Kirchen- und Militärordnung als Zucht und Fach umgreift,[544] erfaßt die italienische "disciplina“, bereits lateinisch vorgeprägt, über die „körperschaftliche Ordnung“[545] hinaus den legislativen Bedeutungsbereich. Das *Proclama* postulierte 1922: "imporre una sola disciplina alla Nazione“.[546] Rossoni erklärte am 17.XI.1922, „die Eingliederung der Kategorien gebe dem Staate einen Beitrag zur Aufrechterhaltung der 'disciplina del lavoro'“.[547] Rocco charakterisiert auch das sich der *Disciplina* anschließende Regelwerk entsprechend: "Il primo titolo delle *norme* è destinato a disciplinare le associazioni sindacali unitarie o di primo grado.“[548] In seiner Kammerrede zum *Disciplina*-Entwurf beruft er sich auf "nostro Giovan Battista Vico“[549] und dessen Gesetz des Elitenzyklus, "la legge dei corsi e dei ricorsi storici“: [550] "quando il principio dell'organizzazione trionfa, trionfa la civiltà; quando il principio della disgregazione (= Zersetzung) trionfa, si cade nella barbarie!“[551] Panunzio verlangte am 28.VI.1923 im *Popolo d'Italia*, „daß die Syndikate nicht mehr außerhalb stünden und gegen den Staat, sondern“ „den Syndikatsnationalstaat ins Leben riefen" und „die «gruppi di competenza» zur Arbeitsgerichtsbarkeit würden“.[552] Armando Casalini (B VII) erstrebte gleichzeitig im „Nationalrat der Korporati-

---

[541] Mussolini, Dottrina, S. 848 li. = Doktrin, S. 14; Diel, Duce, S. 29.
[542] Georges, Lt.-dt. Handwörterbuch, S. 873/874; Zingarelli, S. 384.
[543] Costamagna, Diritto pubblico, S. 503.
[544] Brockhaus 1882, Bd. V, S. 388; Der Große Brockhaus, Bd. III, S. 294.
[545] Georges, Lt.-dt. Handwörterbuch, S. 873; Zingarelli, S. 384.
[546] De Luna, Mussolini, S. 49.
[547] Cordova, Sindacati fascisti, S. 115.
[548] Rocco, Stato, S. 402.
[549] Ebd., S. 363; Vico, *Scienza nuova* (L. IV: "Del corso che fanno le nazioni", S. 591-665; L. V: "Del ricorso delle cose umane nel risurgere che fanno le nazioni", S. 668-669). - Die Religion ist laut Vico das Ordnungsprinzip: "essa religione dev'essere lo scudo de'principi. Laonde, perdèndosi la religione ne'popoli, nulla resta loro per vivere in società.“, ebd., S. 707.
[550] Ebd.
[551] Rocco, Stato, S. 363.
[552] Cordova, Sindacati fascisti, S. 161.

onskonföderation“ mit „der juristischen Anerkennung“ als „Staatsorgane“ den “Stato sindacale mùltiplo“, der „das ganze Leben der Nation regele“.[553] Mussolini prägt 1930 im Rückblick auf die Arbeitsgesetzgebung das Schlagwort: “Il corporativismo è l’economia disciplinata.“[554]

Die Faschisten heben wie Mussolini selbst hervor, „nicht dogmatisch“ bei der syndikalistischen Gesetzgebung, sondern „selektiv, auslesend“ vorzugehen.[555] Da der *Disciplina* volkswirtschaftlich-ökonomische Überlegungen vorausgingen, werden mittelalterliche Elemente in Auswahl für die Übernahme gesichtet. Dies betrifft die Arbeitgeber nach dem Vorbild der Arti maggiori etwa in Florenz. Gleichermaßen stehen die ‚frühgewerkschaftlichen’ Zusammenschlüsse wie diejenigen der pompejanischen Salinenarbeiter oder der aufständischen Ciompi Pate. Ferner sind die Artes liberales in den freiberuflichen Korporationen wiederzuerkennen. Wenn andererseits die gemischte zunftgemäße Form (Meister-Geselle-Lehrling) vergangener Jahrhunderte nicht mehr übernommen wird, obwohl sie Rocco, „Urheber der faschistischen Gesetzgebung (<Leggi fascistissime>)“,[556] erstrebt, so findet sich doch der Funktionsausgleich in der sogenannten horizontalen Gliederung. Denn zu jeder Unternehmerkorporation gesellt sich in der Waagerechten die zugehörige Lohnempfängerkategorie. Auf einer jeden solchen Stufe werden so die gegensätzlichen Interessen in wechselseitiger Korrespondenz vertreten sowie mit- und gegeneinander auf ihre Funktionalität hin abgewogen. Alfredo Signoretti befürwortet Februar/März 1923 in *Il Lavoro d’Italia* und *La Stirpe* als „Interessensverflechtung” zwischen „vollständigster Gewerkschaftsfreiheit“ und „fortwährend einschränkender Staatsintervention” eine „Synthese“ (“plasma unificatore“): „die Korporationen müßten die den verschiedenen Kategorien eigenen Belange harmonisieren und entwickeln“; „die Auslese der Erzeugungskapazitäten“ solle „geschehen“, „ehe sie dem Staat zufalle“. „Dieser Selektionsprozeß darf nicht horizontal durch eine Gewerkschaftsorganisation erfolgen“, „vielmehr“ von einer solchen „allein in vertikaler Richtung“ „mit fortwährender“, „hierarchisch ausgerichteter“ „Fühlungnahme“. „In der Interdependenz von Bedarf und Ziel“ „verliert die Zusammenarbeit ihren ’aspetto mitico e sentimentale’, um sich auf dem Lager der Gemeininteressen auszuruhen“.[557]

---

[553] Ebd., S. 161, 162.

[554] Mussolini, Citazioni, S. 135.

[555] Arias pp., Mussolini, S. 192; vgl. Mussolini, Dottrina, S. 850 li. = Doktrin, S. 30 – Mussolini 1924 in “Diuturna”, Mailand, S. 466 – Wagenführ; Korporative. Wirtschaft, S. 10; vgl. Beckerath, Fascistischer Staat, S. 43: Mussolini: „Alles, was ich in diesen letzten Jahren gesagt und getan habe, ist intuitiver Relativismus.“

[556] Heinrich, Faschismus, S. 31; Diel, Duce, S. 105-110; Beckerath, Fascistischer Staat, S. 121.

[557] Cordova, Sindacati fascisti, S. 249/250.

1920 hatte Mussolini das aufgelockerte Sozialgefüge mit seinen chaotischen Auswüchsen in einem Staate des „physiokratischen" „laissez faire" (C III 1; VIII 5) vor der Entwicklung von Lenins Kollektivismus zur Zielscheibe seiner Kritik gemacht. „Il semi-collettivismo statale ci dà la miseria: il collettivismo intero ci darebbe la fame."[558] Im Juni 1924 verkündet Musssolini: „Ich glaube, daß es möglich ist, eine mächtige wirtschaftliche Organisation in Italien auf folgenden Grundsätzen zu schaffen: 1. Absolute Unabhängigkeit von allen Parteien, Sekten und sonstigen derartigen Bindungen, 2. Föderalismus und Autonomie im Aufbau des Ganzen, 3. Ausschaltung bezahlter Angestellter bis zum äußerst Möglichen, 4. kein Beginn, bevor nicht alle Interessenten selbst gefragt sind."[559] Im Oktober 1924 erklärt er: „Wir sind Syndikalisten...Man kann eine politische Revolution in 24 Stunden machen. Aber in 24 Stunden vernichtet man nicht die Wirtschaft eines Volkes, die ein Teil der Weltwirtschaft ist."[560] Deshalb lehnen die Gesetzesplaner sozialistische Modelle und die Verbindung mit sozialistischen Gewerkschaften ab, die international ausgerichtet sind. Der faschistische Staat erkennt sie nicht an, da nur er selbst internationale Beziehungen pflegt.[561] Hier ist der große Unterschied zu den staatsunabhängigen Gewerkschaften in der übrigen Welt erkennbar. In dieser Hinsicht hat Rocco recht, zumal sich jetzt die Entwicklung zum korporativen Staat abzeichnet, in den sich die Gewerkschaften inkorporieren sollen.

Vor Einführung der *Disciplina* spricht der Duce auf dem 4. PNF-Kongreß in Rom am 2.VI.1925 der neuen Arbeits- und Produktionsordnung die Rolle des "affossatore del liberalismo"[562] zu: „Als alter Gewerkschafter stehe ich dafür, daß der Faschismus viel von seiner Energie auf Organisation und Einbindung der Arbeitermassen verwenden soll; auch deshalb, weil endlich einer den Liberalismus verscharren muß. Der Syndikalismus ist der Totengräber des Liberalismus."[563] Weiter heißt es: „Es gilt, einen demagogiefreien, pädagogisch-selektiven – wenn ihr wollt – mazzinianischen Syndikalismus zu gestalten, der angesichts der Rechte niemals von den notwendigerweise zu erfüllenden Pflichten abweicht."[564] Ferner: „Und jene Gewerkschaftsbewegung wollen wir forflühren, die niemals, wenn sie von ihren Rechten sprach, die Pflichten zu erwähnen vergaß."[565] Angesichts der gerade erfolgten geschichtlich beispiellosen einseitigen Gleichschaltung der Arbeiter unter dem Monopoleigentümer Sowjetunion halte man sich das faschistische Konstruktionsnovum mit paritätischer

---

558 Mussolini, Citazioni, S. 242; Ludwig, Gespräche, S. 153/154: Diskussionen mit Lenin während seiner Züricher Zeit hält Mussolini für wahrscheinlich.
559 Mannhardt, Faschismus, S. 177/178.
560 Ebd., S. 178.
561 Rocco, Stato, S. 344.
562 Mussolini, Citazioni, S. 130/131.
563 Ebd.
564 Cordova, Sindacati fascisti, S. 415/416.
565 Diel, Duce, S. 106.

Gleichschaltung von Kapital und Arbeit und die somit achsengespiegelte Arbeitgeber-Arbeitnehmer-Symmetrie als faschistische Verwirklichung der ökonomischen Theorien verschiedenster Schulen vor Augen. Auch das faschistische Wirtschaftssystem taucht in der Entwicklung der "storia dell'economia" erstmals auf. Wenn (als Hypothese aufgestellt) der Gang der Geschichte logisch verliefe, dann wäre der faschistische Kollektivismus, der seine Einmündung in einen zu bildenden korporativen Staat erstrebte, mit seinem Volkswirtschaftsneubau die notgedrungene „Replik" des Jahrzehnts nach dem Ersten Weltkrieg auf die „Herausforderung" durch Lenins diktatorisches Modell und die rücksichtslose Etablierung des Staatsmonopols in Rußlands wirtschaftlichem Gesamtbereich. Im Gegensatz zur *Carta del Carnaro*, der die Geschichte nicht die Zeit der Bewährung ließ, bleibt das Mussolinische Wirtschaftsgefüge keine Utopie und erfährt ähnlich dem sowjetischen Scheinblüte und Untergang (B VIII). Die Mussolinische „Antwort" ("response") auf die Leninsche „Herausforderung" ("challenge")[566] „hört im Schwächemoment (decline) des Führers (leader)" gemäß Arnold Joseph Toynbee (1889-1975) „auf".[567] Unbeabsichtigt unterstreicht Eschmann Roccos Behauptung von der Einmaligkeit der Disciplina in anderem Zusammenhang, wenn er die scheinbare Ähnlichkeit des sowjetischen Einparteiensystems mit demjenigen Italiens als dem „kräftigsten Verwirklichungsmittel des faschistischen Staatsbildes" zurückweist: „Am deutlichsten wird das in der Verbindung der Partei mit den Gewerkschaften, besonders in den sog. intersyndikalen Komitees. Durch diese Verbindung unterscheidet sich die faschistische Partei und der kommunistische Orden, der Rußland regiert, charakteristisch von jeder anderen Herrschaftsschicht der Vergangenheit. Mit einem von Alfred Weber (dem Gestalter eines „Idealtypus" im sozialen „Zusammenleben"; 1868-1958[568]) „geprägten Ausdruck kann der Faschismus zum Unterschied von jenen horizontal abgeschichteten Eliten als eine vertikale Schicht bezeichnet werden, die in den verschiedensten Verbindungen und mit ungleicher Intensität von einem festen Kerne aus sich nach unten verbreitert und nach unten eingreift."[569] „Der entscheidende Unterschied gegenüber Rußland ist der, daß sich die faschistische Partei nicht auf e i n e Klasse beschränkt, sondern bewußt durch alle Klassen, Schichten und Stände hindurchgeht."[570]

Nach Corradinis Vision einer "nuova forma d'aristocrazia sorta dalla forza del lavoro"[571] legte Mussolini 1919 getreu der Lausanner Lektion sein „Vertrauen in

---

[566] Toynbee, Weltgeschichte II, S. 213: Es gibt „die Partei, die herausfordert, und die Partei, die auf die Herausforderung antwortet."

[567] Collier's Encyclopedia, Bd. XII, S. 337: "Civilizations…grow by responding successfully to challenges under the leadership of creative minorities; they decline when the leader fails to respond creatively."

[568] Der Große Brockhaus, Bd. V, S. 614.

[569] Eschmann, Faschistischer Staat, S. 37.

[570] Heinrich, Faschismus, S. 31.

[571] Corradini, Italia, S. 25.

die Arbeiterklasse“ und ihre “*élites* intelligenti e volitive“ als „Sicherheit“ der “grandezza“ und “prosperità“.[572] Mussolini folgt den französischen Syndikalisten[573] und dem „Führerauslese“-Modell[574] von Paretos „circulation des élites“,[575] wenn es darum geht, daß sich zunächst eine „élite“ von Arbeitgebern und Lohnempfängern in „freie[r] Bildung...aus der Nation heraus“ als “sindacati“ organisieren sollte, bis die übrigen dank einem „Bewußtseins“- und „Treue“-Prozeß in di e neue Gemeinschaft hineinwachsen.[576] 1924 bestehen „8000 Syndikate erster Ordnung“ und machen „30% der arbeitenden Bevölkerung beiderlei Geschlechts“ aus.[577] Mussolini hebt bereits 1922 die „erzieherische“ Funktion des Syndikalismus hervor[578] und prägt den Begriff des “inquadramento“ (dt. Eingliederung, Einordnung).[579] Die Arbeitgeber müssen moralische Qualitäten wie Patriotismus aufweisen und soziale Wirksamkeit bezeugen, sonst werden sie aus der Gewerkschaft ausgewiesen.[580] Sie haben die öffentlichen Interessen zu berücksichtigen.[581] Mussolinis Bruder Arnaldo präzisiert, unter anderem von Pareto beeinflußt, in diesem Sinne das „delikate [...] Problem, stets geeignete Männer für die Kommandostellen zu finden“.[582] Mussolini betont, um dem vorzubereitenden Gesetz einen weltanschaulichen Sinn zu verleihen, die bewußte friedens- und kriegsmäßige Einbindung der Gewerkschaften in den vaterländischen Gedanken schließe internationale Gewerkschaftskontakte nicht aus, wenn es um die Verteidigung italienischer Arbeitsinteressen auf internationalen Kongressen ginge. „Internationale politische Verpflichtungen“ dagegen „zerbröckeln bei erster Gelegenheit“.[583] Im gleichen Aufsatz zieht er im Bemühen um öffentliche Rechtfertigung seines Vorgehens Bi-

---

[572] Mussolini, Citazioni, S. 139.
[573] Mannhardt, Faschismus, S. 344.
[574] Ebd.
[575] Pareto, Manuel, S. 129; Eschmann, Faschistischer Staat, S. 21, 21/FN 1, 37; Menzel, Staatsgedanke, S. 103: Gaetano Moscas (1858-1941) „classe dirigente“ entspricht Paretos „Elite, die aber keinen dauernden Charakter besitzt, sondern einem Kreislauf unterliegt.“ - Vgl. Beckerath, Faschistischer Staat, S. 84, 84/FN 1; vgl. Costamagna, Diritto pubblico, S. 94.
[576] Rocco, Stato, S. 377.
[577] Eschmann, Faschistischer Staat, S. 77.
[578] Wagenführ, Korporative Wirtschaft, S. 10.
[579] Ebd., S. 11; vgl. Eschmann, Faschistischer Staat, S. 77.
[580] Rocco, Stato, S. 341; vgl. Wagenführ, Corporative Wirtschaft, S. 31; vgl. Bodda, Diritto pubblico, S. 199: "l'idoneità delle persone chiamate a dirigere l'attività delle associazioni“.
[581] Rocco, Stato, S. 340.
[582] Wagenführ, Korportive Wirtschaft, S. 40.
[583] Mussolini, Citazioni, S. 130: "Le linee che distinguono il nostro sindacalismo dall'altrui sono le seguenti: accettazione dell'idea di patria come realtà tangibile e intangibile, il che esclude gli internazionalismi impegnativi e politici destinati a rifrantumarsi (= wieder zerbröckeln) alla prima occasione, ma non esclude gli utili contatti internazionali, dove sia dato difendere il lavoro italiano, come le corporazioni hanno fatto e faranno nei congressi ginevrini" (= in Genf). “L'accettazione dell'idea di patria, significa la subordinazione consapèvole delle massse sindacali fasciste alle esigenze pacifiche o guerresche della nazione.“

lanz. Er charakterisiert noch vor der Gesetzgebung im Mai 1925 das Interesse der Korporationen an italienischem, vom Ausland unabhängigem Kapital als gegenwärtige Symbiose beider Elemente in Landwirtschaft und Industrie. Sie löst den auf den Marxismus zurückzuführenden Gegensatz Kapitalismus - Proletariat auf: "*Le corporazioni hanno un interesse diretto a che il capitale italiano sia il più possibile libero da ceppi* (= Trust) *interni od esterni. L'antitesi diretta capitalismo-proletariato - di origine marxista - èsula* (entfernt sich) *completamente dal sindacalismo fascista, il quale l'ha praticamente superata nel campo agricolo e ha tentato di superarla in quello industriale.*“[584]

Obwohl der Gran Consiglio am 6.X.1925 „ein einziges faschistisches Syndikat“ für die jeweilige Kategorie gefordert hatte,[585] soll die Leitung des Syndikalismus von der Parteipolitik getrennt und unpolitisch bleiben, die Syndikate keine Zwangsorganisation sein,[586] sondern die “aderenti per libero consenso“ aufnehmen, wie Rocco am 18.XI.1925 in seinem Entwurf zur *Riforma sociale* vorgibt.[587] Dies „setzt theoretisch die volle Freiheit gewerkschaftlicher Zusammenschlüsse voraus“, sagt Eschmann 1930, bemerkt aber in der Fußnote: „Sie sind es niemals praktisch geworden.“[588] Tatsächlich stellt bereits der „Senatsausschuß“ zu dem Entwurf fest: „Die verpflichtende Wirkung erga omnes gibt dem Tarifvertrag einen Charakter, der über den Bereich des Vertragsrechts hinausgehend in das öffentliche Recht gehört... Der Tarifvertrag steht dabei zwischen Vertrag und Verordnung.“[589] Mit der anfänglichen Freiwilligkeit erscheint zunächst ein liberaler Zug im faschistischen Syndikalismus. Nichtsozialistisch ist die teilweise Aufhebung der Frontstellung Arbeiter-Arbeitgeber und die Konsequenz, das Äquilibrium beider Corpora aufrechtzuerhalten. Sozialistisch bleibt der Fürsorgeaspekt, den im April 1927 die *Carta del Lavoro* verbrieft. Positivistisches Merkmal ist die Unterstellung unter den Staat. Naturrechtliches Element fließt jedoch mit dem biologisch gewachsenen hierarchischen Aufbau Familie-Volk-Staat ein. Jede Landschaft hat in jedem Bezirk nur eine Gewerkschaft pro Kategorie. So kann der Staat besser kontrollieren.[590] Die Arbeitgeber können dann eine Gewerkschaft bilden, wenn sie 10% der Arbeiter einer Region beschäftigen.[591] Die öffentlichen Interessen (“principî della disciplina e dell'ordine nazionale“) sind zu berücksichtigen.[592] Auch freie Berufe dürfen sich in Gewerkschaften organisieren.[593] Spirito hebt hervor, daß von den “fautori

[584] Mussolini, Citazioni, S. 158.
[585] Aquarone, L'organizzazione dello Stato totalitario, S. 125.
[586] Vgl. Heinrich, Faschismus, S. 57. - Die Carta del Lavoro (XXIII) wird aber Parteimitgliedern bei der Einstellung den Vorzug geben; vgl. Wagenführ, Korporative Wirtschaft, S. 39.
[587] Rocco, Stato, S. 325, 340.
[588] Eschmann, Faschistischer Staat, S. 70, 70/FN 1.
[589] Heinersdorff, Arbeitsverhältnis, S. 37.
[590] Rocco, Stato, S. 342; Heinersdorff, Arbeitsverhältnis, S. 23.
[591] Rocco, Stato, S. 341 = Bodda, Diritto pubblico, S. 198/9: art.1 legge 3 IV 1926.
[592] Rocco, Stato, S. 341.
[593] Ebd., S. 343.

della libertà" erwünschte konkurrierende Gewalten und Korporationen „Auflösungserscheinungen des anarchischen Mittelalters" heraufbeschwören dürften.[594] Mannhardt bemerkt zur Lage der Sindacati vor dem *Disciplina*-Erlaß: „Als die Organisationen in einzelnen Provinzen immer ansehnlicher wurden, da hat Mussolini ihnen politische Befugnisse eingeräumt, die er ihnen später, als es darauf ankam, den Faschismus als politisches Machtmittel stärker zusammenzufassen, gegen Eintauschung einer syndikalistischen Autonomie nicht ohne Hinterlassung etlichen Grolls wieder genommen hat."[595] Die syndikalen Statuten sollen laut Rocco durch Kgl. Gesetz gebilligt werden.[596] Die Gewerkschaften erheben Beiträge gleichwohl von den Nichtorganisierten, da sie deren Interessen ebenfalls vertreten.[597] Die Gewerkschaft übt Disziplinargewalt gegen zugehörige Verbände und Mitglieder aus.[598] Hier knüpft sie an römische und mittelalterliche Tradition an.

Rocco entwirft am 18.XI.1925[599] vor der 'Camera dei deputati' das „Arbeitsgesetz" in vier Abteilungen: 1. Die Gewerkschaften werden unter strengster Staatskontrolle juristisch anerkannt. 2. Die Kollektivverträge gelten. 3. Streitigkeiten regelt das Arbeitsgericht. 4. Die untersagte Selbstverteidigung wird gegebenenfalles strafrechtlich ("sanzioni penali") verfolgt.[600] (Punkt 1 kommentiert Jocteau als "assoluta docilità" und "totale mancanza di autonomia" der "associazioni".[601] In den 4 Vorschlägen sieht er angesichts solcher "impotenza sindacale" den „juristischen Schlüssel" zur "pacificazione sociale").[602] Der Justizminister schlägt Rossonis Ideal[603] entsprechend gemischte Syndikate ("sindacato 'misto'")[604] vor. Sie dürfen jedoch als "associazione [] unica" keine "contratti collettivi" abschließen, wohl aber könnte das "sindacato" *Normen* zwischen „einvernehmlichen" "datori di lavoro" und "lavoratori" „aufstellen", die dann „Kollektivverträgen" gleichkämen.[605] Der „Widerstand der besitzenden bürgerlichen Kreise, die nach 1922 zum Faschismus gestoßen waren", verhindert die Realisierung der „Totalkorporation",[606] des "nuovo inquadramento (= totalitario) delle organizzazioni economiche", als "troppo laburisti" befürchtet.[607] Rossonis Einfluß aber wirkt bis zu seinem Sturze am 22.XI.1928 kraft Auflösung der

594 Ebd., S. 345.
595 Mannhardt, Faschismus, S. 195.
596 Rocco, Stato, S. 343.
597 Ebd., S. 342/343.
598 Ebd., S. 343.
599 Ebd., S. 338.
600 Ebd.
601 Jocteau, Magistratura, S. 23.
602 Ebd.
603 Heinersdorff, Arbeitsverhältnis, S. 15; vgl. De Felice, Mussolini fascista, S. 273.
604 Jocteau, Magistratura, S. 17.
605 Rocco, Stato, S. 346.
606 Wagenführ, Korporative Wirtschaft, S. 158.
607 De Felice, Mussolini fascista, S. 275.

"Confederazione generale"[608] im Zuge des "sbloccamento" 1928.[609] Tatsächlich war die „Nationale Korporation der Landwirtschaft" schon 1924 wieder in Arbeitgeber- und -nehmerkorporation zerfallen.[610] Gemischte Gewerkschaften von Arbeitgebern und -nehmern seien möglich,[611] auf Grund ihrer einheitlichen Gestalt aber keine „Kollektivkontrakte", sondern *Normen*[612] angebracht, deshalb auch „perfekter", meint Rocco, und „wirksamer":[613] "lega tutti i fattori della produzione...non solamente operai, ma anche industriali: che vi è una solidarietà assoluta fra i fattori della produzione."[614] In seinem Gesetzentwurf räumt der Justizminister ein, daß die freien Gewerkschaften nicht dieselben rechtlichen „Möglichkeiten" wie „die juristisch anerkannten in den Staat integrierten" haben können: "Ma è naturale che il Sindacato legalmente riconosciuto, che è divenuto parte integrante dello Stato, abbia facoltà negate ai Sindacati liberi."[615] In seinem *Disegno di legge* zum oben genannten Datum verteidigt Rocco in Erinnerung an die mittelalterliche „Arbeitsharmonie" und den im 19. Jahrhundert erfolgten „glatten Beziehungsbruch zwischen Kapital-Unternehmer und Arbeiter" ("La figura dell'imprenditore e del capitalista si staccò nettamente da quella del lavoratore")[616] noch seine Konzeption der zunftähnlichen Einheit. Nach Art.**18** werden "serrata" (= Aussperrung) wie "sciopero" mit Geldbußen, ihre Organisatoren mit Gefängnis bestraft.[617] Allein in Italien entsteht in paritätischer Zusammensetzung ein ‚vaterländisch gesinnter' und fest gefügter Gewerkschaftsblock ("un'organizzazione sindacale di spirito schiettamente nazionale") aus der auf den Staat vertrauenden Unternehmerschicht ("le classi padronali convinte della bontà dei propositi del Governo") und den Produktionskräften.[618] Mussolini betont am 11.III.1926 im Parlament, „heute könne sich kein Volk mehr Wiederholungs- und Dauerstreiks leisten".[619]

Das 19. Jahrhundert ist dasjenige der sozial-ökonomischen Theorien. Von daher rührt auch der partielle geistige Einfluß auf die faschistische Neuordnung der Arbeit im Zusammenhang mit der Neuordnung des Staates und der juristischen Festlegung der bipolaren Neugliederung der Arbeitswelt als eines fundamentalen Elementes der Konstitution. Hier taucht unbestritten ein Novum in Europas

---

608 Heinrich, Faschismus, S. 72: Dekr. Nr. 2508; Müller, AOG, S. 11/12.
609 Vgl. die Präliminarien dazu in: Cordova, Sindacati fascisti, S. 417. - Vgl. E II, F III 2 und Wagenführ, Korporative Wirtschaft, S. 76/FN 2, 158; ferner: Eschmann, Faschistischer Staat, S. 80.
610 Heinersdorff, Arbeitsverhältnis, S. 16.
611 Rocco, Stato, S. 342.
612 Ebd., S. 346.
613 Ebd.
614 Ebd., S. 370.
615 Ebd., S. 345.
616 Ebd., S. 327/328. - Über die Einseitigkeit ausführlich in: Heinrich, Faschismus, S. 48-84.
617 Rocco, Stato, S. 354.
618 Ebd., S. 336/337.
619 Ebd., S. 398.

Geschichte auf. Da die faschistischen Einrichtungen noch nicht rechtlich sanktioniert sind, bedarf es endlich eines umfassenden Gesetzes.[620] In bewußter Abkehr von wirtschaftlichem Liberalismus und Atomismus erscheint der Begriff der Disziplinierung zum erstenmal in dem am 18.XI.1925 „vorgetragenen Gesetzentwurf" (*disegno di legge*) als Titel wie im Kontext der *Legge sulla disciplina giuridica dei rapporti collettivi del lavoro*.[621] Mussolini verkündet zu diesem Thema am 11.XII.1925 vor der Kammer: „Die nächsten fünf oder 10 Jahre sind entscheidend für das Schicksal unseres Volkes."[622] Panunzio betont 8 Jahre später, daß „wir [...] Alfredo Rocco [...] die juristische Ausarbeitung der Revolutionsgesetze verdanken".[623] Seinen „amico e collega Rocco" lobt Mussolini am 11.III.1926: "ha brillantemente difeso la legge."[624] (De Luna fügt hinzu, daß „später Alfredo Rocco verschwinden sollte, der Mussolini doch als Urheber der faschistischen Gesetzgebung, d.h. der <Leggi fascistissime>, unschätzbare Dienste geleistet hatte"[625].) Mussolini stellt in jener Rede sein eigenes „Vermögen der Einfühlung in die Massen" heraus: „Io che ho una vasta esperienza in materia, esperienza che mi ha giovato moltissimo, che mi ha reso possibile di conoscere la psicologia delle masse, e di aver quasi una sensibilità tàttile (= Fingerspitzengefühl) e visiva di quello che le masse vogliono e pensano in un determinato momento."[626] Wichtig ist das wirtschaftliche Fundament, das die „capitalisti moderni" als „capitani di industria", „grandissimi organizzatori" gründen: „Il successo della loro industria è il successo della nazione."[627] Dazu kommt jedoch: „Collaborazione di classe: altro punto fondamentale del sindacalismo fascista."[628] Er tadelt deshalb "dottrina", "tattica...egoistica" des amerikanischen Arbeiterführers Samuel Gompers (1850-1924) als "sciovinismo proletario", weil sie dem Klassenkampf nicht zu steuern vermochte.[629] Aber das *Finale* droht bereits zwischen den Zeilen: „Dieses Gesetz geht aus einer bestimmten politischen und moralischen Atmosphäre hervor, es ist das Produkt eines bestimmten Regimes. Es bestehen keine Gefahren, solange dieses Regime unbesiegbar ist und die moralische Atmosphäre, in der die Nation atmet, sich nicht verändert."[630]

---

[620] Mannhardt, Faschismus, S. 341.
[621] Rocco, Stato, S. 327.
[622] Arias pp., Mussolini, S. 191.
[623] Panunzio, Allgemeine Theorie, S. 65.
[624] Rocco, Stato, S. 393.
[625] De Luna, Mussolini, S. 76.
[626] Rocco, Stato, S. 394/395.
[627] Ebd., S. 396.
[628] Ebd., S. 397.
[629] Ebd., S. 395; Der Große Brockhaus, Bd. IV, S. 724: „Gompers war kein Sozialist, sondern Manchestermann. 1918 wurde er als Anhänger Wilsons Vorsitzender des Ausschusses für Internationale Arbeitergesetzgebung der Versailler Friedenskonferenz."
[630] De Luna, Mussolini, S. 62: aus Mussolini, Opera Omnia XXII, S. 29f.

II. Die juristische Fixierung des Arbeitsgesetzes[631]

Die vorhergehenden Abschnitte haben traditionelle und noch ungebundene Elemente in ereignisreichen Etappen bis zu dem Augenblick herangeführt, da sie gesichtet und ausgewählt werden, um in juristische Formeln gegossen zu werden. Der Faschismus hatte am 1.II.1923 das „Gesetz über die Vereinfachung der Rechtspflege“ angesichts eines von ihm aufgefundenen legislativen “cumulo di macerie“ (Trümmerhaufen) erlassen.[632] Beckerath bemerkt, daß „in Italien schon vor dem Kriege die Grenzlinie zwischen Exekutive und Legislative...nie genau beobachtet worden“ „war“, was „für die psychische Vorbereitung der Diktatur Mussolinis von Bedeutung“ sei.[633] Laut Candeloro „herrschte der ‘carattere autoritario e repressivo dello Stato’ teilweise“ schon „vor dem Faschismus”, „wurde aber in der parlamentarischen Praxis dank einer aus dem *Statuto albertino* erwachsenden ‘tradizione di garantismo’ gezügelt”.[634] Der faschistische Duce konstatiert lakonisch: “C’era tutto da rifare.“[635] Die nun anschwellende zweijährige „wahre Flut von Gesetzdekreten“,[636] die alte Bestimmungen ablösten und sich teilweise auch wieder aufhoben, trug den Vorwurf ein, „das einzureißen, was man gestern aufgestellt hatte“.[637] Die <Leggi fascistissime> der relativ kurzen Epoche nach dem Marsch auf Rom sollten ‚entbürokratisieren‘[638] und das Vorschriftenwesen mit Leben erfüllen. „Die schwerfällige Prozedur, die die albertinische Verfassung vorschrieb“, und ursprünglich kriegsbedingte Umstände veranlaßten seit 1850, zunächst nur zögerlich, dann aber ‚gewohnheitsmäßig’ “decreti-legge“ wie “decreti legislativi“ „im Namen einer ‚unüberwindbaren de facto-Notwendigkeit’, die „höchste Rechtsvernunft wird“, als „Notverordnungen“ anzuwenden.[639] Vor solchem “uso“, “ripetutamente deplorato, come eccessivo e contrario alla correttezza costituzionale“,[640] war die

---

[631] Heinersdorff, Arbeitsverhältnis, S. 7: Für die *Disciplina* verwendet Heinersdorff den Terminus „Arbeitsgesetz“.

[632] Mussolini, Citazioni, S. 80.

[633] Beckerath, Fascistischer Staat, S. 58.

[634] Candeloro, Storia IX, S. 139.

[635] Eschmann, Faschistischer Staat, S. 120; Mussolini, Citazioni, S. 80.

[636] Beckerath, Fascistischer Staat, S. 58.

[637] Mussolini, Citazioni, S. 80: ”Voi avete abolito qualche volta quello che avete fatto ieri...Si dovrebbe dunque, solo per l’onore della firma, mantenersi nell’errore?“.

[638] Arias pp., Mussolini, S. 332: Kritik 1925 an den vorher kraft Lehrersyndikatseinfluß entstandenen Gesetzen im Kultusbetrieb: „Die mechanisierte, jedes geistigen Gehalts entkleidete, jeder selbständigen Form bare, der aufreizenden Uniformität von Verfügungen träger Bürokratenhirne und verbonzter Gewerkschaftssekretäre unterworfene Schule...in der es nicht mehr möglich...war, sich auszuzeichnen, weil als oberster Grundsatz 2 Gesetze herrschten: das Anciennitätenprinzip ohne Verdienst und die dumpfe Nachbetung des Reglements.“

[639] Beckerath, Kammer der Fasci und Korporationen, S. 136; Rivista di diritto pubblico 1925, S. 89.

[640] Pergolesi, Diritto costituzionale, S. 373.

Neuordnung der „Kriterien“ für die ‚legislazione’ dringend geboten.[641] Der Erlaß bei Beginn der “XXVII legislatura“ (die am 21.I.1929 ausläuft),[642] billigt am 24.V.1924 „mit einem Schlage“ von der Vorkriegszeit bis zum 23.V.1924 2.363 Dekretgesetze.[643] Es sind die von der Regierung in bestimmten Fällen erlassenen Verordnungen. Sie werden erst nachträglich vom Parlament genehmigt. (Candeloro spricht vom “uso eccessivo e sbrigativo [= eilfertig] dei decreti legge“).[644] Die *legge n.100, sulla facoltà del potere esecutivo di emanare norme giuridiche* vom 31.I.1926, Art.**3**, schreibt bei den Dekretgesetzen eine Zweijahresfrist ”per la conversione in legge“ vor.[645] In seinem 1. Artikel bestimmt das Gesetz „genauer“ die „erweiterten Machtbefugnisse der Exekutive, so „daß man es mit Recht einen ‚Akt politischer Aufrichtigkeit' bezeichnen darf.“ Denn „das dogmatische Prinzip der ‚Teilung der Macht'“‘, „jenes ‚heilige’ Prinzip“ „der üblichen konventionellen Lügen“, „das alle Tage verletzt wurde“, hatte „verhindert, dass man der Regierung als gesetzmässige Fähigkeit die Ausübung eigentlicher legislativer Befugnisse in Fällen absoluter Notwendigkeit zuerkannte“.[646] So spricht Àrias als einer der seit 1925 beratenden 18 Solone in der von Senator Gentile präsidierten „Kommission zur Lösung des Verhältnis[ses] von gesetzgebender und ausführender Gewalt zu einander“,[647] der „berufständische[n] Gliederung der Gesellschaft und ihre[r] Beziehung zum Staate“ im Kapitel *Die Verfassungsreform.*[648] In einem „Gesetzesvorschlag zur korporativen Staatsordnung“ regten die Diciotto (C II 1) die Gliederung in “O/ordini professionali“. “Enti produttivi“, “categorie“ [649] und “sezioni“ an; im ersten „Ordine“ Freiberufe, “arti“ (Kunst) und „öffentlicher Dienst“, im zweiten die Landwirtschaft und im dritten Industrie, Bautätigkeit, “artigianato“ und Handel; darüber hinaus die “divisione dei cittadini nei vari Ordini di attività“. Diese an mittelalterliche Strukturen erinnernenden “Ordini“ sollten die Bürger allgemein in gleichviel “Camere“ für jede Provinz einbeziehen.[650] Als Alternative zum ebenfalls im Mittelalter bestehenden “Collegio“ („Kollegium“) erscheinen die “Ordini“ (bei

---

[641] Arias pp., Mussolini, S. 239-243: Die Verfassungsreform ausführlich über Dekretgesetze und Decreti legislativi; vgl. Rivista di diritto pubblico 1925, S. 235; Panunzio, Allgemeine Theorie, S. 125/FN 1: Die 27. Legislaturperiode billigte bis zum 18.XII.1928 5553 Dekretgesetze als Gesetze, davon die genannten 2360 rückwirkend am 23.V.1924. (Zu dieser Flut nichtparlamentarischer Dekrete im Vergleich eine Redensart der Akademiker der NS-Epoche. Sie nannten „die kleinste wahrnehmbare Zeiteinheit“ nach dem damaligen Kultusminister, unter dem ein Studienerlaß den andern jagte, einen ‚Rust’.)

[642] Pergolesi, Diritto costituzionale, S. 14.

[643] Ebd., S. 373; Panunzio, Allgemeine Theorie, S. 125/ FN 1.

[644] Candeloro, Storia IX, S. 139.

[645] Costamagna, Diritto pubblico, S. 31; vgl. Bodda, Diritto pubblico, S. 82-84.

[646] Arias pp., Mussolini, S. 239/240, 243.

[647] Ebd., S. 238-256; Beckerath, Fascistischer Staat, S. 88; vgl. Heinrich, Faschismus, S. 127, 155.

[648] Arias pp., Mussolini, S. 238-256.

[649] Cordova, Sindacati fascisti, S. 417.

[650] Aquarone, Stato totalitario, S. 368-370, 374/375.

Wagenführ „Orden“)[651] dann in der *Disciplina*, Art.2 und den *Norme, Art.11, 12* und *35*. Ein Jahrzehnt später wendet Himmler den Ordensgedanken dagegen nur auf eine Elite an[652] (B I). De Felice bemerkt, daß die „Bürokratie einen Teil“ dieser Gesetze „anderthalb Jahrzehnte lang zu boykottieren fortfuhr“.[653] Giorgio Lombardi beklagt, dasselbe Gesetz sei „in der Substanz“ „aus der Unfähigkeit, die wesentlichen Probleme der Rechtsquellenordnung“ „im richtigen Bezug der Regierungen mit den Mehrheiten“ „zu lösen“, als „Legge n.400“ „1988 wiederaufgenommen worden“.[654]

Diese rechtsmodifizierenden Entscheidungen nach „breiten Diskussionen über die Zulässigkeit des Erlasses von Decreti-legge durch die „Regierung und ob die ‘autorità giudizionaria’ ihrer Anwendung zustimme“[655] vom 31.I.1926 hatten schon zuvor einige italienische Juristen zu polemischen Einwürfen (modern gesprochen: gegen den ‚Rechtsschein’) in der *Rivista di diritto pubblico I* von 1925 veranlaßt. Vittorio Emanuele Orlando (1860-1952)[656] lehnt jede ”dottrina“ ab. Er verweist in *Ancora dei decreti-legge, per fatto personale*[657] auf Konstantins I. ”celebre costituzione“ im Todesjahr 319, wonach „Gewohnheit (consuetudine *contra legem*) nicht dem Gesetz obsiegen dürfe“. *Ancora dei decreti-legge* überschreibt Senator Mariano D’Amelio, Primo Presidente di Corte d’Appello, seinen Einwurf.[658] In der Tat „ordnet“ der Erlaß „vom Januar 1926“ „die ganze reglementäre Machtfülle“ der „neuen Kriterien“ für „decreti-legge“ wie „decreti legislativi“ an.[659] D’Amelio beobachtet, „wie das Parlament gleich Mefistofele die povera Margherita, che è la Giustizia! vom Tugendpfade fortlockt.“[660] Zunächst voller Hoffnung, daß Inkraftsetzung ausbleibe, macht der Berufungsrichter in der Befürchtung, daß der “abuso“[661] der “decreti-legge“[662] mit der “degenerazione“ des parlamentarischen Systems einhergehe, einen neuen Ver-

---

[651] Wagenführ, Korporative Wirtschaft; S. 48 = Disc., Art. 2,2; S. 66 = Norme, Art. 11,1; Art. 12,2.
[652] Himmler, Rede vom 04.X.1943, S. 71, 72, 73, 85; ebd. S. 104:“ e i n Block, e i n Körper, e i n Orden“; ebd., S. 105, 106, 113; Hofer, Nationalsozialismus, S. 78, 79, 88, 108/109.
[653] De Felice, Mussolini fascista, S. 347.
[654] Aquarone, Stato totalitario, S. XXI.
[655] Rocco, Stato, S. 148/FN 1.
[656] Der Große Brockhaus, Bd. VIII, S. 599: Orlando unterzeichnete für Italien die Pariser Vorortsverträge.
[657] Rivista di diritto pubblico 1925, S. 209-219. - Nach der Ermordung Matteottis blieb er gleichwohl im Gegensatz zu den Aventinianern als ”fiancheggiatore“ (gegenseitige Flankendeckung der Opposition) in der Kammer und stimmte gegen Mussolini; Stübler, Italien, S. 128; Beckerath, Fascistischer Staat, S. 79, 82.
[658] Rivista di diritto pubblico 1925, S. 89-98, 224-239; Rocco, Stato, S.148, 148/FN 1.
[659] Arias pp., Mussolini, S. 239-243.
[660] Rivista di diritto pubblico 1925, S. 97.
[661] Ebd., S. 232.
[662] Ebd., S. 224-235. - Zum „vielumstrittenen Gebrauch der decreti-legge“ in: Beckerath, Fascistischer Staat, S. 118/119.

such: *Sulla polemica circa i decreti-legge.* [663]Aber der Untertitel offenbart bereits die Machtlosigkeit: *Ultime osservazioni e note.* Er wiederholt den Einfluß der „Gewohnheit als Legitimitätsbasis des decreto-legge auf eine exegetisch-logische und historische Interpretation...la fondamentale dottrina sul fondamento dei decreti-legge: quella della *necessità.*" Der Universitätsprofessor Ignazio Brunelli aus Ferrara ermahnt das „potere giurisdizionale" bei Abwägung von „necessità" und „urgenza", sich „secundum leges" zu entscheiden, nicht aber „de legibus". Er schließt seinen Beitrag *I Decreti-legge ed il potere giudiziari* mit „S.E.Superflua". So bezeichnet er das legislativ entwertete Parlament:[664] Die Mitarbeit der „Parlamentarierexzellenz" ist „überflüssig" geworden. Was für die liberale Opposition "una nostra sconfitta" wird, gerät den "sostenitori" der *„necessità"* zum Erfolg.[665] Im *Discorso al Senato del Regno* vom 14.XII.1925 antwortet Rocco auf die Kritik des Senators Ettore Ciccotti an „dieser Manie", „unnötige Gesetze zu entwerfen", unter Berufung auf den „innato senso di equilibrio del popolo italiano" „müsse die neue, faschistische Legalität die alte ersetzen", um „überall die Ordnung wiederherzustellen".[666] (Die "necessità naturale e ordinaria" ist einer der Rechtfertigungsgründe des *Principe*).[667] Laut Lea Meriggi hat sich die „rechtsbildende Kraft des Faschismus" durchgesetzt.[668] Vicos Richtsatz "per farsi séguito, promuovono" "le leggi" verlieh dagegen der legislativen Betriebsamkeit der "ambiziosi" eine negative Note.

Am 3.IV.1926 schlagen sich die funktionalen Vorschläge endlich in einer *Juristischen Disziplin der kollektiven Arbeitsbeziehungen* nieder, wie die deutsche Übersetzung von Gutkind und Wagenführ lautet.[669] Nach Àrias' Worten „verfügt...das Gesetz...laut seinem 'gesetzgeberischen Reglement', dass die Arbeitgeber und -nehmer zu einer höheren gemeinsamen Rangordnung (Gerarchia) vereinigt werden können, wobei jedoch immer die getrennte Vertretung der Arbeitgeber und Arbeitnehmer erhalten bleibt."[670] *Die ‚allerfaschistischsten' Gesetze sind da,* lautet die Kapitelüberschrift hierfür bei Louise Diel.[671] Da sie aber als Zeitzeugin die Atmosphäre wiedergeben will, läßt sie das Kapitel über *Das Jahr des Hl. Franziskus,*[672] dessen Eudämonismus allen Menschen nur Gutes gönnte, demjenigen über die faschistische Gesetzesleistung zur Einstimmung in das Sozialwerk unmittelbar vorausgehen (C III 3). Die 700jährige Wiederkehr des Todestages des Poverello ist erst im Oktober mit der „Volksgemeinschaft"

---

[663] Rivista di diritto pubblico 1925, S. 224-235.
[664] Ebd., S. 219-223.
[665] Ebd., S. 225.
[666] Rocco, Stato, S. 177, 178, 194.
[667] Machiavelli, Principe, S. 6 = III; vgl. 5 = II.
[668] Meriggi, Faschismus, S. 19/20.
[669] Arias pp., Mussolini, S. 199; Wagenführ, Korporative Wirtschaft, S. 47-63.
[670] Arias pp., Mussolini, S. 206.
[671] Diel, Duce, S. 105.
[672] Ebd., S. 100-105.

„volkstümlich“ zu feiern. Dazu wird die Menge dank dem „Dopolavoro-Volkswerk“ (E I), das sich in seinen „Volksbüchereien“ um die „Volkserziehung“ bemüht, in „Volkszügen“ (“Treni popolari“) an die „Volksfest“-Orte herangeschafft. Der italienische Text der *Disciplina giuridica dei rapporti collettivi del Lavoro*: L.3 aprile 1926-IV, n.563-865 (2)“ (von den Kommentatoren auch „Gewerkschaftsgesetz“, „Grundgesetz“ oder kurz „das Gesetz“ bzw. “legge“[673] genannt) findet sich in Pergolesis *Manuale di diritto costituzionale italiano* (S. 280/7), die deutsche Version mit Anmerkungen bei Wagenführ: *Korporative Wirtschaft* (S. 47-63). Kommentare liefern 1926 Roccos *Nuova Disciplina del lavoro e lo stato corporativo* in *La trasformazione dello Stato* (S. 399-412), zu gleicher Zeit Àrias' *Faschistische Staatsreform* mit den Kapiteln *Die Syndikatsreform* (S. 191-205), *Die Körperschaftsordnung* (S. 205-215) und *Die Arbeitsgerichtsbarkeit* (S. 215-231), 1929 *Das Arbeitsverhältnis im faschistischen Recht* von Heinersdorff mit dem Kapitel *IX. Die Arbeitsstreitigkeiten* (S. 43-50) sowie 1940 Boddas *Istituzioni di diritto pubblico* (S. 189-257). Die *Disciplina* umfaßt vier *Capi*; *Capo I. Del riconoscimento giuridico dei sindacati e dei contratti collettivi di lavoro*“ mit 12 „Articoli“, *Capo II. Della magistratura del lavoro* mit den Artikeln 13-17 und *Capo III. Della serrata e dello sciopero* mit den Artikeln 18-23. Die meisten ideologischen Inhalte der „Funktionalen Vorschläge“ (C II 4) sind in den Gesetzen verwirklicht.

Capo I. Art.**1** erkennt die Berufsvereine der “datori di lavoro“ und “lavoratori, intellettuali e manuali“[674] unter der Auflage moralischer, fürsorglicher und vaterländischer Pflichten (“scopi di assistenza, di istruzione e di educazione morale e nazionale“) rechtlich an, darin das besagte Zehntel der Arbeiter in einem Bezirk für die Arbeitgeber- und -nehmersyndikate als Mindestzahl in einem freiwilligen Zusammenschluß,[675] unter gleichen Bedingungen in Art.**2** Künstler und Freiberufler: “liberi esercenti un'arte o una professione“.[676] Hier ist an die mittelalterliche Tradition der *'arti'* angeknüpft. Art.**3** billigt den “associazioni“, die sich in “organi centrali di collegamento“ mit einer “superiore gerarchia“ vereinigen dürfen, entgegen Roccos und Rossonis Vorstellungen nur „unilate-

---

[673] Beckerath, Fascistischer Staat, S. 126; Heinrich, Faschismus, S. 102; Rocco, Stato, S. 401; Arias pp., Mussolini, S. 198; Müller, AOG, S. 55-59, sieht Disciplina, Norme und CDL als die Grundgesetze der ersten von „drei Phasen“.

[674] Wagenführ, Korporative Wirtschaft, S. 47; Pergolesi, Diritto costituzionale, S. 280.

[675] Arias pp., Mussolini, S. 194: „Das italienische Gesetz führt weder das obligatorische Syndikat noch das syndikalistische Monopol ein. Arbeitnehmer und -geber behalten ganz freie Hand, ob sie sich bei dem oder jenem Syndikat einschreiben wollen, auch bei garkeinem, wenn ihnen dies lieber ist. Auch haben wir kein Syndikatsmonopol, denn jenseits des vom Staat anerkannten oder bevorzugten Syndikats können alle andern noch nebenher existieren, und zwar als sogenannte tatsächliche Vereinigungen, mit Ausnahme aller derer natürlich, die das Gesetz verbietet.“ Heinrich, Faschismus, S. 36: „In den rechtlich anerkannten Syndikaten sind die faschistischen Syndikatsorganisationen aufgegangen.“ Vgl. Heinersdorff, Arbeitsverhältnis, S. 25.

[676] Bodda, Diritto pubblico, S. 198/199.

rale“[677] Vertretung von Arbeitgebern oder -nehmern zu.[678] Laut Art.**4** haben die Statuten „genaue Angaben über Vereinszweck“ und „Ernennungsmodus“ für die syndikale Anerkennung zu enthalten. Unter diesen Voraussetzungen dürfen sie „Fachschulen“ sowie „Einrichtungen der wirtschaftlichen Fürsorge“, „moralischen und nationalen Erziehung“, „Kultur und Kunst“ schaffen. Art.**5** betrachtet die rechtlich anerkannten Vereinigungen als juristische Personen, die ihre Vertreter in den gesetzlich vorgesehenen Organen bestimmen dürfen.[679] Damit erhalten sie, interpretiert Heinersdorff, „Autoritäts- und Herrschaftsrechte“.[680] “Tutti i datori di lavoro, lavoratori, artisti“ und “professionisti“ im “àmbito della circoscrizione territoriale“ haben, ob „eingeschrieben oder nicht“, „einen jährlichen Beitrag“ bis zum „Einkommen eines Arbeitstages“ zu leisten. „Ein Zehntel“ der Vereinseinkünfte wird als „Vermögensfonds verwendet“. Art.**6** regelt den territorialen Umfang der Vereine. Übergeordnete Verbände (”federazioni o confederazioni“) üben Disziplinargewalt über die angeschlossenen Vereine (”singole associazioni o federazioni aderenti“) aus. „Für jede Kategorie der Arbeitgeber, Arbeitnehmer, Künstler oder Angehörigen der freien Berufe kann nur ein einziger Verein rechtlich anerkannt werden.“[681] Abhängigkeit von internationalen Verbänden ist ohne Genehmigung nicht zulässig. Laut Art.7 sind die Präsidenten und Sekretäre der Landesvereine vom Minister vorzuschlagen und zu genehmigen und solche der unteren Ebene vom Minister zu billigen. In den Statuten ist das Organ zu benennen, das unwürdige Führung ausschließt. Gemäß Art.**8** werden die Präsidenten und Sekretäre von leitenden Ausschüssen (“Consigli direttivi“) unterstützt. Die unteren Verbände folgen der Überwachung (“vigilanza“, “tutela“) des Präfekten, die regionalen derjenigen des Ministers, der seine Vollmachten auf ein Jahr übertragen kann. Art.**9** behält sich den Widerruf der Anerkennung (“riconoscimento...revocato“) vor. - Capo I behandelt außer der „gesetzlichen Anerkennung der Berufsvereine“ die „Kollektivverträge“. Carnellutti definiert damit einen „Vertrag (accordo) von zwei oder mehreren einander gegenüberstehenden Berufsvereinigungen (sindacati) zum Zwecke der Regulierung der Arbeitsbeziehungen des Wirtschaftszweiges (categoria), dem die Berufsvereine angehören“.[682] Art.**10** dehnt den schriftlich abzuschließenden Kollektivvertrag[683] „mit Geltungsdauer“ auf alle Personen (“tutti“) von Art.**5**

---

677 Candeloro, Storia IX, S. 148; vgl. ebd., S. 149/150.

678 Pergolesi, Diritto costituzionale, S. 281; Heinrich, Faschismus, S. 77; Wagenführ, Korporative Wirtschaft, S. 49: Das „sogenannte Prinzip der Einseitigkeit (unilaterale)“ verhindert in der Disciplina vom 3.IV.1926 solche „Vereinigungen“, da „die syndikale Organisation“ eine „vertikale Organisation“ ist und „die verschiedenen Produktionselemente...als Träger getrennter Belange...u.U. auch im Gegensatz zueinander stehen können“.

679 Wagenführ, Korporative Wirtschaft, S. 51; vgl. Heinrich, Faschismus, S. 55; Heinersdorff, Arbeitsverhältnis, S. 18.

680 Heinersdorff, Arbeitsverhältnis, S. 19.

681 Pergolesi, Diritto costituzionale, S. 282.

682 Wagenführ, Korporative Wirtschaft, S. 34.

683 Heinrich, Faschismus, S. 97: „Nur rechtlich anerkannte Syndikate dürfen Kollektivverträge abschließen.“

aus. Die Verbindungsorgane ("organi centrali di collegamento") des Art.**3** dürfen Arbeitsbedingungen ("*norme* generali sulle condizioni del lavoro") in den Unternehmen festlegen. Kopien davon gehen in den unteren Verbänden an die Präfektur, darüber hinaus an das Korporationsministerium. Damit werden die "contratti collettivi" „zur Rechtsnorm".[684] Nichterfüllung der Verträge wird zivilrechtlich geahndet.[685] Art.**11** schließt die Gültigkeit dieses Gesetzes für die Berufsvereine öffentlich Bediensteter sowie die Zugehörigkeit des Militärs, der Justiz- und Staatsverwaltung wie der Lehrkräfte aus, denn ihre Belange regelt der Staat selbst.[686] In diesem Falle war die *Carta del Carnaro* mit der "quinta corporazione" zunftoffener (C I). Rechtlich nicht anerkannte "associazioni di datori di lavoro, di lavoratori, di artisti e professionisti" läßt der **12**.Artikel unter Vorbehalt laut Kgl. Verordnung vom 24.I.1924 Nr. 64 weiterbestehen.

Capo II, Art.**13** befugt die Berufungsgerichte („Corti d'appello") zu Arbeitsgerichten ("magistrature del lavoro") über Streitigkeiten in den Arbeitsbeziehungen. Voraus geht ein Versöhnungsversuch ("tentativo di conciliazione") durch den "presidente della Corte". Die Streitigkeiten können auch einem Schiedsgericht ("arbitro") von Vertrauensmännern ("probivìri") unterbreitet werden ("si possono compromettere"). Die Kompetenz der Vertrauensmänner bleibt, wie im Gesetz vom 15.VI.1893, Nr. 295, und der Kgl. Gesetzesverordnung vom 2.XII.1923, Nr. 86, umschrieben.[687] Auch sie gehen bei der "Corte d'appello" in Berufung.[688] Art.**14** bestimmt eine Spezialkammer aus einem Präsidenten, zwei Beisitzern („consiglieri") und zwei Produktions- und Arbeitsexperten für jeden einzelnen der 16 Berufungshöfe. Laut Art.**15** wird alle zwei Jahre die Liste ("albo") dieser natürlich in die Konflikte nicht involvierten Experten revidiert. In Art.**16** entscheidet die "Corte d'appello" über Vertragsauslegung wie -anwendung ("interpretazione e esecuzione dei contratti") und sucht nach Recht und Billigkeit ("secondo equità"; D I; E I) unter dem höheren Interesse der Produktion die Interessen der Parteien in Einklang zu bringen ("contemperando"). Roccos auf römischem Recht basierender funktionaler Vorschlag (D I) ist damit erfüllt. Nach Anhörung der mündlichen Ausführungen entscheidet das Berufungsgericht, wogegen die Kassationsbeschwerde ("ricorso per cassazione") eingelegt werden kann. Der Justizminister wird „per decreto Reale" eine „Prozeßordnung" für das Vorgehen bei deren Urteilsbildung und -ausführung aufstellen, sei es auch unter Außerkraftsetzung gewisser ordentlicher Bestimmungen der Zivilprozeßordnung": "anche in dèroga alle norme ordinarie del codice di procedura civile".[689] Art.**17** gesteht nur den rechtlich anerkannten Vereinigun-

[684] Heinersdorff, Arbeitsverhältnis, S. 36.
[685] Costamagna, Diritto pubblico, S. 522/523.
[686] Rocco, Stato, S. 344; ebd., S. 345: Dies betrifft auch alle bewaffneten Verbände, Richter und Kolonialbeamten.
[687] Wagenführ, Korporative Wirtschaft, S. 57.
[688] Pergolesi, Diritto costituzionale, S. 285/286.
[689] Ebd., S. 287.

gen zu, Verfahren aus kollektiven Arbeitskonflikten ("azione per le controvèrsie relative ai rapporti collettivi") gegen rechtlich anerkannte Vereinigungen oder "ai fini della rappresentanza giudiziale della categoria non organizzata"[690] durch einen besonders ernannten Kurator einzuleiten. In derartigen Prozeßgang können auch Privatpersonen eingreifen ("intervento in causa"). Sind „zentrale Bindeorgane" geschaffen worden, so ist vorher der „gütliche Weg" ("tentato la risoluzione amichevole") einzuschlagen. Die gefällten Urteile sind für alle Beteiligten gültig.[691] „Die Entscheidung" über individuelle „Streitfrage[n]" „beschränkt sich" dagegen „auf die an dem Urteil interessierten Parteien.[692]

„**Capo III**", von Rocco als "Divieto di autodifesa e sanzioni penali in caso di violazione" vorgeschlagen,[693] bestraft Aussperrung (= serrata) und Streik (= sciopero). Art.**18** bedroht zuwiderhandelnde Angestellte und Arbeiter mit Geldstrafe, Anstifter mit Gefängnis bis zu zwei Jahren. Entsprechend erhalten streikende Beamte und Angestellte des Staates und öffentlicher Unternehmen gemäß Art.**19** bis zu halbjähriger Freiheitsstrafe und 6monatige Aberkennung der Bekleidung öffentlicher Ämter, Anstifter dagegen bis zu zwei Jahren und die Aberkennung für mindestens 3 Jahre. „Inhaber von Unternehmungen öffentlichen oder gemeinnützigen Charakters", welche die Arbeiter aussperren, erwarten eine Gefängnisstrafe bis zu einem Jahr, Geldbuße bis zu 100.000 Lire und zeitweilige Aberkennung öffentlicher Ämter. Auf Gefährdung des Lebens während des Streiks oder der Aussperrung folgt eine Mindestgefängnisstrafe von einem Jahr, bei Todesfolge von 3 Jahren. Art.**20**: „Die Beamten und Angestellten des Staates und...öffentlicher Anstalten" zum „gemeinnützigen Dienst" wie deren „Arbeiter", die bei „Streiks" oder „Aussperrung" nicht die „Weiterführung oder" „Wiederaufnahme des Dienstes" „sichern", erfahren „bis zu 3 Jahren" „Gefängnis" und „zeitweilige [] Aberkennung" der „Bekleidung öffentlicher Ämter".[694] Art.**21** bedroht die Streikenden und Aussperrenden mit Gefängnis bis zu 3 Jahren, die Anstifter bis zu 7 Jahren, wenn sie eine Körperschaft, eine staatliche Behörde oder einen Beamten beeinflussen wollen. Wer gemäß Art.**22** der Entscheidung des Arbeitsgerichtes nicht Folge leistet, erfährt eine Gefängnisstrafe bis zu einem Jahr und eine Geldbuße bis zu 500 Lire, die Leiter der Vereinigungen bis zu zwei Jahren und Buße bis zu 5000 Lire. Das Strafgesetzbuch ist dann anzuwenden, wenn die Nichtfolgeleistung von Aussperrung oder Streik begleitet wird. Art.**23** hebt alle dem neuen „Gesetz widersprechenden Bestimmungen auf". Geichzeitig „ermächtigt" er die „Regierung des Königs", „die zur Anwendung dieses Gesetzes notwendigen Bestimmungen zu erlassen", welche nach „der notwendigen Revision" „mit allen anderen Gesetzen des Staats in

---

690 Costamagna, Diritto pubblico, S. 552.
691 Zanzucchi, Diritto pubblico, S. 387/388.
692 Wagenführ, Korportive Wirtschaft, S. 60.
693 Rocco, Stato, S. 338, 354; vgl. Heinersdorff, Arbeitsverhältnis, S. 43.
694 Costamagna, Diritto pubblico, S. 317; Zanzucchi, Diritto pubblico, S. 389/390/FN 418.

Übereinstimmung zu bringen“ sind (= “coordinamento“).[695] Die “Articoli 18-22“ sind in Pergolesis Ausgabe von 1941 aufgehoben („omissis“).

III. Bemerkungen und Schemata zu den “Rapporti collettivi“

Zu Art.**1**: Rossonis Anspruch auf Vertretung der italienischen Arbeiterschaft in Genf focht das Internationale Arbeitsamt mehrfach an, da die italienische Organisation im Widerspruch zum Artikel 389 des Versailler Vertrags auch Arbeitgeber aufnehme.[696] Die “condizione quantitativa“ von mindestens einem Zehntel der “lavoratori della categoria“ erklärt Costamagna mit dem “carattere di *élite*“ der „nationalen Syndikalismuskonzeption“.[697] Zur Gründung des Arbeitgebersyndikats bedarf es theoretisch eines einzigen Unternehmers.[698] In der umittelbar auf die Bekanntgabe der *Disciplina* erfolgten Auseinandersetzung wendet sich Emil von Hofmannsthal gegen Prof. Mario Ghiron in der *D.J.Z.* und kritisiert „die Vertretung“ „von 50000 Arbeitern“ einer Kategorie in „einer Provinz“ „durch eine organisierte Minderheit“ „von 5000 unter faschistischer Führung“; ihre „Kollektivverträge“ bänden „auch die Nichtorganisierten“; von ihrem „Belieben“ hänge es ab, „weitere Mitglieder auf[zu]nehmen“; wenn „sich“ 2 Papierindustrielle „einer Provinz“ zu einem „Kollektivvertrag“ „zusammentun“, den „nur ihre Fabriken aushalten“ (= wirtschaftlich durchstehen), könnten „vielleicht“ die übrigen „8 anderen zugrundegehen“; kraft Gesetzes entrichten die 8 den zweien „dazu noch eine Steuer“.[699] Heinersdorff folgert, mit „nur 10% fascistisch gesinnt[en] Berufsangehörigen“ vermöge „die Regierung“ „auf dem Umwege über die Partei“ „ein Syndikat“ zu bilden.[700] Müller versetzt die „Sondermitgliedschaft im Syndikat“ in „eine privilegierte Stellung“ neben den „nur ‚Angehörigen‘ der Kategorie“.[701] Die faschistische Realität bricht das Prinzip der “volontaria adesione“. So kündigt das Tarentiner Provinzialbüro des nationalen Gesamtverbandes in *Il Lavoro d'Italia* am 28.VI.1928 an, daß die nicht eingeschriebenen Metallarbeiter in den kleinen Betrieben durch arbeitslose Syndikatsangehörige ersetzt werden, wenn sie sich nicht bis zum 31.VII.1928 „assoziiert“ haben.[702] Andererseits erscheint die bereits in Art.**1** und **2**[703] durch die Verben “possono essere riconosciute“ betonte Freiwilligkeit in Art.**12** als Zugeständnis zum Internationalen Arbeitsamt. Sie durften, “con le carte in regola“, an

---

[695] Rocco, Stato, S. 400; Wagenführ, Korporative Wirtschaft, S. 63.
[696] Beckerath, Fascistischer Staat, S. 126, 126/FN 1.
[697] Costamagna, Diritto pubblico, S. 349.
[698] Heinersdorff, Arbeitsverhältnis, S. 21.
[699] Müller, AOG, S. 37/FN 100.
[700] Heinersdorff, Arbeitsverhältnis, S. 23.
[701] Müller, AOG, S. 33.
[702] Ebd., S. 26/27.
[703] Zu Art. 1 und 2 vgl. Bodda, Diritto pubblico, S. 198.

den „Jahreskonferenzen der Internationalen Arbeitsorganisation“ teilnehmen, um dort die “libertà sindacale“ zu beweisen, deren “legittimazione“ die meisten anderen Arbeiterdelegationen dem Regime absprachen.[704] Werner Niederer nennt die aus dieser Konzession „weiterbestehenden“ unabhängigen „tatsächlichen Vereinigungen“ (“contìnuano a sussistere come associazioni di fatto“) „vollkommenen Nonsens“, da sie ohne politische Rechte trotzdem die “contributi“ leisten müssen.[705] Costamagna kritisiert die Unterscheidung in «*intellettuali*» und «*manuali*» statt «*impiegati*» und «*operai*» oder einfach «prestatori d'opera». Er folgt Pareto, wenn er den „geistigen“ „Wert“ des „Unternehmens“ leichter “in termini ontologici“ „zu identifizieren“ vermag als die „in der modernen Zivilisation“ „äußerster produktionsprozeßbedingter Wandelbarkeit“ unterworfene “categoria professionale“. Von daher entspricht das strikte ”*divieto di sindacato misto*“ dem ”principio della *omogeneità dell'istituzione sindacale*“. Das *Gesetz* hat die “*rivedibilità* (= Modifizierbarkeit) *all'infinito*“ „festgelegt“.[706] Denn unter den modernen Umständen ist das „mittelalterliche Gebilde der *corporazione fissa* nicht wiederherstellbar“, zumal auch dieses nicht alle „Tätigkeiten“ „umfaßte“. Ferner verteidigten wie schon vorher die römischen Kollegien, Zünfte und Korporationen, z.B. diejenigen in Florenz, „Klassenprivilegien und -rechte“.[707] Die “*sintesi corporativa*“ oder „Klassen- und Kategorieneinheit“ vollzieht sich zur *Disziplinierung der Arbeitsbeziehungen* und „Koordinierung des Produktionsprozesses“ allein „im Staat“. Nach dem „Entzug der Kompetenz des Parlaments und damit des formalen Gesetzesbereichs“ „identifizieren die Staatsverträge stufenweise das formale und materiale Gesetzeskonzept“ miteinander, indem sie „exekutive“ „Funktionen“ „delegieren“. Damit hat sie „doktrinäre Rechtsfragen italienischer und ausländischer Schulen gelöst“.[708] Zu Art.**4**: Laut Kgl. Verordnung vom 1.VII.1927 ist das Syndikat hinsichtlich Personal-, Bilanz- und Beitragsfragen sowie Garantiefondszahlungen der Überwachung bzw. Kontrolle (tutela) der staatlichen Aufsicht unterstellt. Der Staat sieht in alle Dokumente ein, kann Syndikatsbeschlüsse aufheben und bei Nichterfüllung gesetzlich vorgeschriebener Handlungen diese selbst durchführen. Ein bestimmter Prozentsatz der Syndikatsbeiträge ist dem Korporationsministerium zu überweisen.[709] Art.**5** hat laut Louise Diel Mussolinis Gedanken von der „Gründung syndikaler Organisationen mit der Würde öffentlicher Einrichtungen“ übernommen.[710] Denn „das Syndikat“ wird „zur Rechtsperson“ „für a l l e Arbeitnehmer oder Arbeitgeber der entsprechen-

---

[704] Aquarone, Stato totalitario, S. 127; vgl. Beckerath, Fascistischer Staat, S. 128.
[705] Müller, AOG, S. 36/37FN 95-97; ebd., S. 37/FN 100: D.J.Z. 1927; vgl. Heinrich, Faschismus, S. 102.
[706] Costamagna, Diritto pubblico, S. 367/368.
[707] Wagenführ, Korporative Wirtschaft, S. 48.
[708] Ebd., Costamagna, Diritto pubblico, S. 462.
[709] Kommentar bei: Wagenführ, Korporative Wirtschaft, S. 50.
[710] Diel, Duce, S. 108.

den Kategorie des Bezirks".[711] Die "personalità giuridica" erteilt das "decreto reale" auf Vorschlag der Korporationsministers im Einverständnis mit Innenminister und "Consiglio nazionale delle Corporazioni". Die "*persona giuridica*" unterscheidet sich von den sie zusammensetzenden Einzelelementen und tritt als Berufsverein unter die "*persone giuridiche pubbliche*" oder "*soggetti di diritto pubblico*", weil sie Staatsinteresse und -kontrolle unterworfen ist. Gemäß Heinersdorff wirkt der „Tarifvertrag für alle von den Syndikaten Vertretenen" „*nicht*" als „Folge zivilrechtlicher Vertretung", obwohl die anerkannten Verbände ‚alle' (= 'tutti') „Angehörigen des betreffenden Standes", nicht nur die Mitglieder, vertreten. Der „Senatsausschuß" erklärte: „Die verpflichtende Wirkung erga omnes gibt dem Tarifvertrag einen Charakter, der über den Bereich des Vertragsrechtes hinausgehend in das öffentliche Recht gehört...Der Tarifvertrag steht dabei zwischen Vertrag und Verordnung." Heinersdorff präzisiert: „Hier ist Rechtssatz im engeren Sinne nicht im Sinne der genossenschaftlichen Rechtstheorie genommen."[712] Werner Niederer sieht den Kollektivvertrag als „rechtsetzende Vereinbarung".[713] Laut Àrias und Costamagna „verwandelte" „der Gesetzgeber" „das Syndikat in eine Hilfsgenossenschaft des Staates, in eine Genossenschaft mit Selbstleitung". Mussolini betrachtet sie als „Gründung der syndikalen Selbstleitungen durch Erhebung des Syndikats zum Rang einer öffentlichen Einrichtung, die über die Interessen der betreffenden Gewerbekategorie hinaus normative Befugnisse besitzt".[714] Einige Juristen sehen die Funktion der Syndikatseinrichtungen in den Kollektivvertragsabschlüssen kraft «potere di rappresentanza legale» mit der Ausdehnung „auf alle Arbeitgeber und -nehmer wie Künstler und Freiberufler" durch „Ausübung einer echten eigentlichen Vertragstätigkeit" ("esercizio di una vera e propria attività contrattuale") ausgewiesen. Folglich „wirke nicht" die "*potestà normativa* vera e propria" auf die „Gültigkeit und Normkraft des Abschlusses" ("validità...qualifica normativa dell'atto") „ein", sondern eine "pretesa" (= angemaßt) "*potestà di rappresentanza*". Für Costamagna schließt Art.**5** dagegen „alle" Personen eines „Einschreibungsbezirks" dank der "*rappresentanza coattiva*" (= zwangsmäßig) ein. Diese „allumfassende" „Zwangsvertretung" entspräche dann Costamagnas voluntaristischer Staatstheorie mit den Schritten „*volontà di iniziativa*" und "*volontà di adesione*"(= Beitritt) hin zum Ziel "Forza e consenso": „*coactus volui sed tamen volui.*"[715] Àrias begrüßt diese jetzt „effektive Gesetzeskraft" „der in den kollektiven Arbeitsübereinkünften getroffenen Vereinbarungen" und führt zum Vergleich die „Rechtsauslegung des (britischen) Oberhauses" nach dem „Gesetz von 1906" an, wonach „Wiedergutmachung eines durch die Vereinigung" „verschuldeten Schadens" nicht einklagbar ist: „das ist ein Regime, das

---

[711] Rößler, CDL und AOG, S. 14, 62.
[712] Heinersdorff, Arbeitsverhältnis, S. 37, 37/FN 2, 37/FN 3.
[713] Werner Niederer, Der Ständestaat des Faschismus, Leipzig 1932, bei: Müller, AOG, S. 40, 40/FN 113.
[714] Arias pp., Mussolini, S. 202/203, 203/FN 1.
[715] Costamagna, Diritto pubblico, S. 359/360.

all die Tollheiten und Frechheiten der Trade-unions (D III; F II 1) bis zum neulich zusammengebrochenen Riesenstreik recht eigentlich erst ermöglicht hat".[716] Allerdings stellt Costamagna zum in *Art. 18,4* der *Norme* bestätigten Art.**5** fest, daß „in acht Jahren" „faschistischer Gesetzgebung *keine einzige Klage wegen ziviler Gewerkschaftshaftung vorgebracht wurde*".[717] Der wieder zu Ehren gelangte mittelalterliche Zehnte wird indes durch Kgl. Dekr. v. 22.IX.1932 auf die Minimalquote v.1% herabgesetzt.[718] Abs.6 bereitet die Einflußnahme ins politische Leben vor.[719] Er betont die "unicità sindacale" (= Einzigkeit), das "monopolio sindacale" für eine Kategorie, was die Kontrolle des Staates erleichtert.[720] Die Koalitionsfreiheit würde den sozialen Frieden gefährden. „Vulgär" "monopolio della professione" genannt, erhebt es „logischerweise" Anspruch auf "unità istituzionale di partito".[721] Im folgenden die vom Verfasser entworfenen Skalen 1-5 der Anerkennungsbedingungen für die Syndikatsbildung = condizioni previste per il riconoscimento, Art.**6**,2).[722] Die Pfeile ↑ ↓ · → ← ↘ ↙ ↗ ↖ √ kennzeichnen die juristisch und administrativ bedingten reziproken Verhältnisse.

Zu Art.**3**: Im 2. Absatz war die „possibilità di costituire sindacati misti di datori di lavoro e di lavoratori" vorgesehen. Dieses „letzte Überbleibsel" von Rossonis "corporazione integrale" hatte aber die „Kammerkommission" „getilgt".[723] Die „rein syndikale"[] Organisation, kategorial nur für Arbeitgeber oder -nehmer, betrifft ausschließlich die Stellung" der „Mitglieder in dem Produktionsprozeß", darin auch „die verschiedenen Produktionselemente" als „eventuell auch im Gegensatz zu einander stehen[der]" „Träger getrennter Belange".[724] Der „hierarchische" Aufbau (superiore gerarchia comune) der *Disciplina* erscheint hier gemäß Art.**3** und **6** im Schema. Handelt es sich jedoch dabei um „eine seltenere oder am Orte nur schwach vertretene Kategorie", dann „werden alle Arbeitgeber und Arbeitnehmer auf „der untersten Organisationssstufe" von Syndikaten „vertreten", die „sich über eine Provinz oder das ganze Land „erstrecken".[725] Laut "statuti vigenti" 1940 ist nur das "organo locale", "provinciale o interprovinciale" ein "sindacato".[726]

---

[716] Arias pp., Mussolini, S. 195/196.
[717] Costamagna, Diritto pubblico, S. 518.
[718] Wagenführ, Korporative Wirtschaft, S. 50.
[719] Müller, AOG, S. 50, 50/FN 166.
[720] Heinrich, Faschismus, S. 56; vgl. Wagenführ, Korporative Wirtschaft, S. 52; vgl. Rößler, Faschismus und Nationalsozialismus, S. 13.
[721] Costamagna, Diritto pubblico, S. 352.
[722] Bodda, Diritto pubblico, S. 200.
[723] Vgl. Candeloro, Storia IX, S. 148.
[724] Arias pp., Mussolini, S. 209; Wagenführ, Korporative Wirtschaft, S. 49.
[725] Müller, AOG, S. 51/52.
[726] Pergolesi, Diritto costituzionale, S. 92/FN 2.

Skala 1

Art.4: Genehmigg. d. Statuts v. Art.3 auf Vereinskosten in *Gazzetta Ufficale* veröffentlicht.
↑↓
Art. 4: Genehmigg. v. Art.3 durch k g l. Verordnung
↑↓
Art: 4 .Anerkenng. v. Art.3 n. Anhörg. d. S t a a t s r a t e s
↑↓
Art.4: Anerkenng von Vereinigg. Art.3. auf Vorschlag d. zuständigen MIN im Einvernehmen m. INNENMINISTERIUM
↑↓
→ horizontal ←
(Art.3: Arbeitgeber mittels zentraler Bindeorgane in übergeordneter gem. Hierarchie verbunden mit Arb.-Nehmern)
↑ (↑) ↑
Art.1: Handelt es sich um eine Arbeitgebervereinigg., (|) mindestens $^1/_{10}$ der Arbeitnehmer der Kategorie
= Se si tratta di associazioni di datori di lavoro (|) = almeno il decimo dei lavoratori della categoria
| Art.2: Vereiniggn. freier Beruf u. Künstler = |
| = associazioni di liberi esercenti un'arte o una professione |
↓ ↓ ↓
Art.5,1: Nach Anerkenng. Vereiniggn. v. Art.1/2 **jurist.Personen** = Le associazioni riconosciute **personalità giuridica**
Art.5,2: Für Vermögensfonds $^1/_{10}$ der jährlichen Abgabe = per fondo patrimoniale un decimo del contributo annuo
↑ ↑ ↑

1 Tag Lohnleistung der (nicht) eingeschriebenen Arbeitgeber an alle (nicht) eingeschriebenen Arbeiter = 1 giornata di retribuzione dei datori di lavoro (non) inscritti a ogni lavoratore impiegato (non) inscrittto

1 Arbeitslohntag der (nicht) eingeschriebenen Künstler u. Freiberufler = retribuzione di 1 giornata di lavoro di artisti e professionisti (non) inscritti

1 Arbeitslohntag der (nicht) eingeschriebenen Arbeiter = retribuzione di 1 giornata di lavoro dei lavoratori (non) inscritti

↑ ↗ ↖ ↑
vertikale synd. Org. n u r Arb.-Geber — vertikale synd. Org. n u r Arb.-Nehmer
↑ ↑
Art.3: Nur Arbeitgeber derselben Kategorie = solo datori di lavoro — Künstler, Freiberufler = liberi: arte, professione — Nur Arbeitnehmer ders. Kategorie = solo lavoratori

Art.6,3: Nur ein einziger Verein für jede Kategorie. Nur 1 einz. Verein für j. K. Nur 1 einz. Verein f. jede Kat.
= Per ogni categoria una sola associazione = Per ogni ass.una s.categoria = Per ogni assoc. una sola categ.

Skala 2

Art.6,1,2: B u n d / S p i t z e n v e r b a n d mehrerer Verbände m. *Disziplinargewalt*
= c o n f e d e r a z i o n e di più federazioni con *potere disciplinare*
↗ ↑ ↑
Art.6,1:Verband mehrerer Vereine m. *Disz.-Gew.* — Verb. m. Vereine m. *D.-Gew.* — Verb. m. Vereine m. *D.-Gew.*
Federazione o unione di più associazioni con *potere disciplinare* — = federazione o unione di più ass. con *potere disciplinare* — = fed.o unione di più ass. con *potere disciplinare*
↑ ↑ ↑ ↑ ↑ ↑ ↑ ↑ ↑
Art.6,1: associazione assoc. assoc. associazione asscoc. assoc. Associazione assoc. assoc.

Art.8,2: **Überwachg.** u. **Schutz** d. zuständ. Ministers = **vigilanza** e **tutela** del min.competente
↑ ↑ ↑ ↑ ↑ ↑
Art.7/8: Landesverband = associazione nazionaleJ | / \ | ⌊Landesverband = associazione naz.
↑ | / \ | ↑
Art.7/8: Interreg.-Verband = associaz. interregionaleJ / \ ⌊Interreg.-Verband = ass. interreg.
↑ / \ ↑
Art.7/8: Regionalverband = associazione regionale J \ Regionalverband = associazione regionale
↑ ↑
Art.8: | **Überwachg.** durch Präfekten und **Kontrolle** durch prov. Verwaltungskommission |
| **igilanza** del prefetto e **tutela** della Giunta provinciale amministrativa |
| ↑↑↑ ↑ ↑ ↑ |
Art.7/8: Provinzialverein =ass. prov.J | | Art.10 → Koll. Arb.-Vertr. ← | | \Prov.-Verein = assoc. provinciale
↑ | | ↑ \ | ↑
Art.7/8: Bezirksverein = ass.circond.. J / Art.10 → Koll. Arb.-Vertr. ← \ \Bezirksverein = assoc. circondariale
↑ / ↑ \ ↑
Art.7/8: Gemeindeverein = ass. com. J Art.10 → Koll. Arb.-Verträge ← \Gemeindeverein = ass. comunale

Zu Art.**7**: Das Syndikat ist 1. dem Staate und 2. den Vertragskontrahenten gegenüber durch den Präsidenten bzw. den Sekretär verantwortlich.[727] Art.**10** erweitert die Machtbefugnis der Präfekten.[728] Daß die „Syndikate juristische Personen des öffentlichen Rechts" sind, deren Aufgaben auch die Nichtmitglieder einbeziehen und deren Kollektivverträge „Quelle des objektiven Rechts" sind, hat der „Oberste Gerichtshof" am 2.II.1932 den entsprechenden Bestimmungen der *Carta del Lavoro* gemäß (sozusagen im oberen Rechtszug) beschlossen.[729] Aber die „zivilrechtliche" „Verantwortung" „aus den kollektiven Arbeitsverträgen" „blieb" „bei der Vermögenslosigkeit [] der Veinigungen praktisch ein toter Buchstabe".[730] Auch „in Australien u. Neuseeland können nur die anerkannten Syndikate Tarifverträge abschließen."[731] Trotz Art.**55** der Kgl. Verordnung vom 1.VII.1926 zur Rückstellung von nunmehr einem Prozent werden 1933 in der Provinz Mailand von 184.119 eingetragenen Arbeitern 55.619 durch Nichteinhaltung von Kollektivverträgen betroffen. Die „juristischen Syndikatsbüros" verhelfen den Arbeitern zur Erstattung von 8.500.000 Lire. Der Zeitung *Ottobre* zufolge droht Unternehmern, welche die Tarifverträge umgehen, u.a. die Entziehung der Parteimitgliedschaft.[732] Zu Art.**11**: Die Begründung einer Zurückweisung „partieller Berufsinteressen", wenn sie „von den Allgemeininteressen, die der Staat verwaltet und garantieren muß, verschieden" sind, lieferte schon die Kommission der Achtzehn.[733] Zu Art.**13**: Obwohl sich die industriellen Arbeitgeber mit ihrer „liberalen Wirtschaftsauffassung" dem Richterspruch nur fakultativ unterwerfen wollten und Àrias „eine spontane, ohne das Gericht getätigte Einigung" als „Norm" bevorzugt, lehnte Mussolini „ein verstümmeltes Gesetz" ab, „das die Industrie von der obligatorischen Arbeitsgerichtsbarkeit ausnehme": „wenn man aber den Liberalismus überwinden wolle, müsse man ihn ganz überwinden".[734] Deshalb sind „für alle Streitigkeiten über die Gesamtregelung der Arbeitsbeziehungen.[] die Arbeitsgerichte zuständig". Es geht im Grunde um „die Findung eines *iustum pretium,* ohne das Produkionsinteresse aus dem Auge zu verlieren".[735] Aber der „tentativo di conciliazione [] obbligatorio" „da parte del presidente della Corte" genügt nicht: „Der obligatorische Schiedsspruch", begründet der Senatsbericht, der schon die 'liberale' vorprozessuale Stufe einschränkt, „ist nur eine rückständige und weniger vollkommene Form der staatlichen Justiz. Ein Schiedsrichter ist weniger als ein Richter. Er ist gewählt von den Parteien und vertritt die Parteien in dem Schiedskollegium. Diese Eigenschaft des Schiedsgerichts, daß es ganz oder teilweise von den Interessenten herrührt, hat

[727] Wagenführ, Korporative Wirtschaft, S. 53.
[728] Meriggi, Faschismus und Recht, S. 23/24.
[729] Wagenführ, Korporative Wirtschaft, S. 55.
[730] Arias pp., Mussolini, S. 197.
[731] Beckerath, Fascistischer Staat, S. 133/FN 2.
[732] Wagenführ, Korporative Wirtschaft, S. 55.
[733] Arias pp., Mussolini, S. 202.
[734] Ebd., S. 217; Heinersdorff, Arbeitsverhältnis, S. 48.
[735] Beckerath, Fascistischer Staat, S. 133/FN 2, 131.

einen schweren Nachteil: die Entscheidung hat immer die Eigenschaft eines Kompromisses oder eines Vergleiches, was notwendigerweise ihre Autortät mindert."[736] Auch Àrias läßt „Zweifel laut werden" und sieht „die Befriedung der Streitenden Parteien zum Schaden der Oeffentlichkeit zustande gebracht" werden, „wohingegen das Gericht in seinem Urteil das Allgemeininteresse [] verteidigen" würde.[737] Erst mit dem königlichen Dekreten Nr. 471 vom 26.II.1928 werden auch die "controversie di carattere individuale" vor dem Arbeitsgericht verhandelt.[738]

Zum Art.**14**: Er betont das "elemento laico" im Beisitz von zwei "cittadini esperti nei problemi della produzione e del lavoro". Das Kgl. Gesetz vom 15.VII.1893 hatte schon besondere Arbeitsgerichte der Probiviri mit Arbeitgebern und -nehmern eingerichtet, während für Louise Diel die „Arbeitsgerichtsbarkeit" erst durch die „allerfaschistischsten Gesetze" „eingeführt" sieht.[739] D'Amelio erkennt, daß „die moderne Tendenz der Vollstreckungsmassnahmen zu einer Spezialisierung der Richter" führe, „eine moderne Notwendigkeit" sei und bei der „Verwickeltheit der juristischen Verhältnisse besondere technische Kenntnisse" „verlang[e]"; da jedes „Sondergebiet" nicht „fein säuberlich abzugrenzen" sei; „der kärgliche Schutz" richterlicher „Unabhängigkeit" angesichts der „Anormalität" solcher „Prozessualmethoden" verlange „für die Arbeitsgerichtsbarkeit", daß „neben den gewöhnlichen Richtern auch technische Richter sitzen".[740] Zum Art.**16**: Gegen D'Amelios Ansicht von der „*Uebereinkunft der Sonderinteressen*" zum „*Vorteil*" der „*nationale*[*n*] *Produktion*" interpretiert Àrias einseitig die im Gesetz vorgesehenen „*Ober*interessen der Produktion".[741] Obwohl das "*diritto processuale*" zum "diritto pubblico" gehört, tritt es „aus naheliegenden technischen Gründen" „in einen eigens dazu geschaffenen Zweig der Jurisprudenz", erläutert Costamagna.[742] Die vom "Governo" "per Regio Decreto" laut Art.16 aufzustellenden "norme di procedura" (= prozeßrechtliche Bestimmungen), "davanti alla magistratura del lavoro", „sei es auch unter Außerkraftsetzung gewisser ordentlicher Bestimmungen der Zivilprozeßordnung", künden bereits die eigenständige Entwicklung der Arbeitsgesetzgebungspraxis durch ihre "sentenze normative collettive" an.[743] Neben der Anwendung „von Verträgen behandelnden Gesetzesnormen" schafft die „Arbeitsmagistratur" "se-

---

[736] Heinersdorff, Arbeitsverhältnis, S. 44.
[737] Arias pp., Mussolini, S. 218.
[738] Costamagna, Diritto pubblico, S. 427.
[739] Pergolesi, Diritto costituzionale, S. 286; Bornhak, Staatsrecht, S. 99/100; Diel, Duce, S. 109.
[740] Arias pp., Mussolini, S. 216/217.
[741] Ebd., S. 220.
[742] Costamagna, Diritto pubblico, S. 552.
[743] Rocco, Stato, S. 400; Wagenführ, Korporative Wirtschaft, S. 59; Pergolesi, Diritto costituzionale, S. 16.

condo equità" „neues Sozialrecht und Wirtschaftsrecht" und tritt „an die Stelle der Privaten und der zwischen ihnen getroffenen Vereinbarungen".[744]

Zu Art.**17**: Bis 1930 bemerkt Eschmann „ein außerordentliches Ansteigen der sogenannten individuellen Arbeitskonflikte.[745] Wagenführ registriert bis November 1933 nur vierzehn Arbeitsgerichtsentscheidungen in kollektiven Streitfragen.[746] Rößler stellt fest: „In der Tat wurde das Arbeitsgericht in den Jahren 1926 bis 1934 nur rund 50mal in Anspruch genommen."[747] Laut Wagenführ aber legt der Justizminister De Francisci Anfang 1934 eine „Untersuchung" vor, wonach „bis 30.XI.1933" „145289 Fälle unterbreitet," „29144 im Schlichtungsverfahren beigelegt und 86505 durch Urteil entschieden wurden. Bei 20191 Fällen traten die Parteien zurück, 9449 Fälle schweben noch."[748] Angesichts des „principio del dovere del lavoro" hat der Gesetzgeber dank der „Erkenntnis" des „ontologischen Unterschiedes" zwischen Staatsdienern und in der Wirtschaft Beschäftigten die Streikparagraphen aufgehoben und die Ahndung dem *Codice penale* zugewiesen.[749] Laut Carnelutti (1907) galt „das ‚liberale' Prinzip der Neutralität des Rechtes in wirtschaftlichen Streitfragen", „da man gemäß der atomistischen Gesetzesanordnung des Arbeitsvertrages nur an vereinzelte Nichterfüllungen von Sonderbeziehungen und Sonderübereinkünften denken konnte", weshalb „Kollektivaktionen" nur eine Summe individueller Aktionen" seien.[750]

Art.**18-21** disziplinieren nun die faschistischen Gewerkschaften selbst: hatten sie doch ein Jahr zuvor noch die großen Streiks unterstützt (B VIII; C III 3). Der Gran Consiglio betrachtet am 25.IV.1926 den "sciopero effettuato dalle Corporazioni" nur „als" "atto di guerra" mit der Möglichkeit der „Berufung" auf „friedliche Mittel", während „der sozialistische Streik zur Regel wurde"; davon „profitiere die ausländische Konkurrenz, um unsere unverzichtbare Wirtschaftsexpansion in der Welt zu schädigen";[751] der faschistische Korporationenstreik dürfe als Ausnahme nur nach „vorhergehender Genehmigung der höchsten Partei-Korporationenorgane" erfolgen.[752] Mit anderen Worten: er wird nicht gebilligt. Zu Art.**23**: Rocco unterstreicht die „disposizione di carattere generale contenente un'ampia delegazione legislativa", mit einer „allgemeinen Wirkungsreichweite" ("portata generale") und einer nur vom Gesetzgeber gewollten Eingrenzung, welche der „weisen Exekutive" ("prudente arbitrio del potere esecu-

[744] Müller, AOG, S. 45/46.
[745] Eschmann, Faschistischer Staat, S. 86.
[746] Wagenführ, Korporative Wirtschaft, S. 60.
[747] Rößler, CDL und AOG, S. 16; Müller, AOG, S. 44: bis November 1933 „nur 36mal".
[748] Wagenführ, Korporative Wirtschaft, S. 57.
[749] Costamagna, Diritto pubblico, S. 385.
[750] Wagenführ, Korporative Wirtschaft, S. 61.
[751] Jocteau, Magistratura, S. 13.
[752] Aquarone, Stato totalitario, S. 437.

tivo") überlassen bleibt.[753] Auch in Neuseeland und Australien sind „Streik und Aussperrung durch Einigungsverfahren und Schiedssprüche gesetzlich ausgeschlossen", in Kanada „gewerkschaftliche Selbsthilfe während der Verhandlungen vor dem Einigungsamt verboten". „Die deutsche Gesetzgebung kennt" hier „die Allgemeinverbindlichkeit".[754]

IV. Die *Disciplina* als juristisches Novum

Antike und Mittelalter ordneten die Entscheidungen über Streitigkeiten in der Arbeitswelt allgemeinjuristischer Praxis zu, ohne über ein eigenes Ressort für dieses Rechtsgebiet zu verfügen, geschweige denn dieses zu einem Fundament des Staates qua Wirtschaftsmacht auszubauen. Der Merkantilismus verstand sich nur als Wirtschaftssystem. Das 19. Jahrhundert stellt endlich arbeitsgesellschaftliche Theorien auf. Nach dem Vorbild der Napoleonischen „Sondergerichte" „im Rheinland" rufen die deutschen Gesetze von 1890 und 1904 die „Gewerbe- und Kaufmannsgerichte" ins Leben.[755] Auf solcher Grundlage schafft das 20. Jahrhundertdie Gesetze zur Organisation und Gliederung der Arbeit[756] als kapitalistischer Komponente wie erzeugender Kraft durch Menschenhand. Lenins Kollektivismus suchte Theorie und Praxis staatsmonopolistisch zu bewältigen. War er selbst durch Streiks zur Macht gelangt, so unterdrückte er nun die Arbeitsverweigerungen. 1907 stellt Carnelutti fest, daß die Gesamtheit der Arbeitsniederlegung oder Aussperrung juristisch ebensoviel wie die individuelle Arbeitsniederlegung oder individuelle Entlassung aus der Fabrik galten, „da man gemäss der atomistischen Gesetzesanordnung des Arbeitsvertrages nur an vereinzelte Nichterfüllung von Sonderbeziehungen und Übereinkünften denken konnte".[757] Der ehemalige Syndikalist Mussolini gab ein von ihm nicht erwartetes Beispiel, das der damalige korporative Syndikalismus aus ideologischen Gründen ablehnen mußte. Als Maximalist sympathisiert Mussolini anfangs mit den Bewegungen der Scioperanti (F I). Den streikenden Bergleuten des Valdarno bewilligt die faschistische Parteileitung noch im August 1924 Unterstützung.[758] Die Squadristen bekämpften schon vor der Machtübernahme die sozialistisch gelenkten Arbeitsniederlegungen mit Terror (B VII). Hierzu hatte

---

[753] Rocco, Stato, S. 400.

[754] Beckerath, Faschistischer Staat, S. 133/FN 2.

[755] Der Große Brockhaus, Bd. I, S. 370.

[756] Mussolini, Citazioni, S. 145: "Se il secolo scorso fu il secolo della potenza del.capitale, questo ventesimo è il secolo della potenza e della gloria del lavoro." = Diel, Duce, S. 153: „Wenn ich Produzenten sage, meine ich nicht nur die Industriellen oder Arbeitgeber, ich verstehe darunter auch die Arbeiter...So ist das 20. das .Jahrhundert der Macht und des Ruhmes der Arbeit."

[757] Arias pp., Mussolini, S. 226, 226/FN 1: Carnelutti in Rivista di diritto commerciale I, S. 94.

[758] Mannhardt, Faschismus, S. 202.

Mussolini, dem "*la* libertà" per se nur eine "categoria filosofico-morale" erschien, am 15.VII.1923 den Abgeordneten deklariert, „die Sozialisten hätten sie immer geleugnet, die Freiheit der Arbeit nicht anerkannt und den 'crumiro' (= Streikbrecher) während des Streiks am Fabriktor verprügelt".[759] Dieser „arbeitswillige" Gewerkschaftsunabhängige geht scheinbar als Gewinner aus dem Klassenkampf noch ohne eine Ahnung vom ihm bevorstehenden syndikalistischen "Inquadramento" hervor, für das er zum ‚Prototyp' der drei Lavoro-Gesetze wird. Am 11.IX.1926 verkündet der Staatschef: "abbiamo abolito il sistema degli scioperi generali rotativi e permanenti."[760]

Die *Disciplina* zielte inhaltsgemäß darauf, „die Syndikate vom Sozialismus zu trennen, der sie mit antinational-revolutionärem Geiste durchseucht habe", und die Rivalität der Syndikate auszuschalten.[761] Die vorherige italienische Gesetzgebung sah in gewaltfreiem Streik oder Aussperrung keinen Straftatbestand. Angesichts dessen hebt Àrias die Kritik des Senators Schanzer am neuen Streikgesetz[762] hervor: „Es ist einigermassen widerspruchsvoll", „dass eine Streikmöglichkeit bestehen soll, die man praktisch nicht anwenden kann, ohne zum mindesten in moralische Gewalttätigkeiten und Drohungen zu verfallen, die das Strafgesetz ahndet. Das bedeutet nicht, dass man immer von einem *Recht* auf Streik sprechen könnte, weil der Streik in gewissen Fällen gemäss der vertraglichen Bindung als Verletzung eines Arbeitsvertrages, in anderen Teilen gemäss der 'aquilianischen' Bindung (Art. 1151 des Codice Civile) vor Gericht zivilrechtlich geahndet werden kann."[763] Àrias dazu: „Die italienische Gesetzgebung tut also einen sehr grossen Schritt vorwärts, indem sie das Terrain von all diesen atomistischen, irrealen, gefährlichen Anschauungen befreit, sie stellt einen Fortschritt dar, wenn sie Streik und Aussperrung als je nach Lage des Falls verschieden ähnlich, aber immer als Verbrechen brandmarkt."[764] Heinrich wertet 1932 die Gesetze positiv: „Eine Staatsidee und eine Wirtschaftsverfassung, die mit der Bekämpfung des Klassenkampfes wirklich ernst macht, muß folgerichtig auch die eigentlichen Hilfsmittel des Klassenkampfes und der Selbsthilfe der Wirtschaftsgruppen: den Streik und die Aussperrung unmöglich machen."[765] De Luna beanstandet aus der Nachkriegssicht, daß die Untersagung der „Streiks und Aussperrungen" „der Klassengegensätzlichkeit ihre wesentlichste Kampfform nahm[ ]".[766] Die von Rocco vorgeschlagenen „gemischten Syndikate"[767] werden,

---

759 Mussolini, Citazioni, S. 258/259.
760 Ebd., S. 183.
761 Beckerath, Fascistischer Staat, S. 123, 125.
762 Arias pp., Mussolini, S. 225F: aus Schanzer, Relazione dell'Ufficio Centrale del senato sul progetto di legge per la disciplina dei rapporti collettivi del lavoro.
763 Ebd., S. 225; zur „Aquilianischen Bindung" oder „Haftung"; vgl. Kaser, Das römische Privatrecht, S. 232-235, 504/504, 619-622; Hausmaninger, Lex Aquilia, S. 10-15, 32-38.
764 Arias pp., Mussolini, S. 226.
765 Heinrich, Faschismus, S. 110.
766 De Luna, Mussolini, S. 65.
767 Rocco, Stato, S. 21/22.

durch die strenge Teilung in Arbeitgeber und -nehmer derselben jeweiligen "categoria" (= „Erzeugungszweig"), wie Heinrich erwähnt, „homogen" und damit „unilateral", d.h. zu „einseitig".[768] Sie teilen diese streng. Die paritätisch getrennte Zuordnung jeweils eines Arbeitgebersyndikats zum entsprechenden Arbeitnehmersyndikat ist vorher noch nicht dagewesen, zumal die historischen Voraussetzungen heterogen sind: Ein Unternehmen ist in sich schon eine sozial handlungsfähige Organisation und bedarf keines Zusammenschlusses. – Heinrich hebt hervor: „Kopf- und Handarbeiter dürfen nicht an der gleichen Vereinigung teilnehmen, selbst wenn sie in derselben Kategorie von Unternehungen beschäftigt sind."[769] Vom klassenkämpferischen Syndikalismus bleibt indessen die vertikale föderative Trennung der beiden Elemente im Produktionsprozeß, welche andererseits horizontal, wie später ersichtlich ist, in der jeweiligen Korporation zusammen sind. Diese staatlich befohlene berufliche Umgliederung der wirtschaftlichen und Standesinteressen der Lohnempfänger wie Unternehmer in bisher unbekannte Kategorien, welche der Syndikalismus im Zuge seiner Tradition nicht geschaffen hatte, erscheint wie ein organisatorischer Trick des Faschismus, der als Feind des gesellschaftlichen Atomismus und des „Jahrhundert-Staatsagnostizismus im Berufsgruppen-Klassenkonflikt"[770] gerade hier die Arbeitswelt atomisiert, um sie somit - gleichsam zerstückelt - desto fester zu beherrschen. Da der Faschismus an die imperiale Tradition anknüpft, erinnert der Eingriff in die Gewerbestruktur an die Wirtschaftsreform kraft Verordnung durch den Kaiser Diokletian vom 3. zum 4 Jahrhundert (B III; C II 2).

Heinersdorff bemerkt 1929, die "libertà sindacale" bleibe „äußerlich bestehen". Es „erscheint" ihm „vom juristischen und auch vom politischen Standpunkt unbefriedigend, wenn der Beitritt zu den anerkannten Syndikaten nicht obligatorisch ist", da die „öffentlich-rechtliche Standesvertretung" „die Gesamtheit der Berufsangehörigen von Rechts wegen vertritt".[771] Panunzio fügt 1925 an: „Nun, wie man nicht zuläßt, daß ein Bürger ‚Apolide' ist, d.h. also nirgends Bürgerrecht hat, so lasse man nicht zu, daß ein Berufstätiger nicht einem Syndikat angehört."[772] Die faschistische und nationalsozialistische Ausbürgerungspraxis sowie die Heimatsuche der 'displaced persons' nach dem Kriege sollen ihn allerdings korrigieren. Rößler wertet das Gesetz 1938, als die Gewerkschaften im Deutschen Reich schon unterdrückt waren: „Die Gewerkschaften wurden aufrechterhalten, weil man glaubte, die uralten Klassengegensätze nicht abschaffen zu können. Diese Gegensätze organisieren sich; aber, statt sich in den Klassen auf internationaler Basis zu bekämpfen, finden sie sich über den Klassen auf nationaler Basis in der friedlichen Zusammenarbeit aller zu Gunsten der nationalen

---

[768] Heinrich, Faschismus, S. 68.
[769] Ebd., S. 68.
[770] Rocco, Stato, S. 21/22.
[771] Heinersdorff, Arbeitsverhältnis, S. 25.
[772] Ebd., S. 26, 58.

Produktion und damit zum Wohle des gesamten Volkes.“[773] Müller stellt 1936 angesichts der allgemeinen Lobpreisung der *Carta del Lavoro* als „grundlegenden Gesetzes“ von 1927 fest, daß „die Grundlage des heutigen positiven Arbeitsrechts“ gerade die vorausgehende *Disciplina giuridica* geleistet habe.[774] Costamagna hält „die Einrichtung der Kollektivverträge“ von 1926 für „eine zivilrechtliche Vorbeugungsmaßnahme“. Dabei entwickeln sich die *„norme di organizzazione delle fonti“* der vorausgehenden geschichtlichen Gesetzesquellen in ihrem „valore strumentale“ zu „norme poste dalle fonti da essa legge create“ mit „carattere sostanziale“.[775]

Laut Eschmann „setzt“ „das Gesetzgebungswerk“ „theoretisch die volle Freiheit gewerkschaftlicher Zusammenschlüsse fest“,[776] aber er bemerkt in der Fußnote von 1930: „Sie ist niemals praktisch geworden.“ Mit einer „Zwangsinnung für die gesamte Berufskategorie“ hätte der Faschismus „sich selbst als eine herrschende Minderheit aufgehoben“.[777] Hiller läßt sich darüber so aus: „Mussolini wählte diesen Weg der freiwilligen Zugehörigkeit, um die Anhänger seines Regimes von den Gegnern zu trennen. Er schuf auf diese Weise ein Mittellösung, so daß seine Syndikate weder Zwangsinnungen sind, die alle Angehörigen einer Berufsart umfassen, noch Zweckverbände weltanschaulich verschiedener Gewerkschaften.“[778] Die “nuova disciplina del lavoro“[779] versucht als “*tutela dell'interesse superiore della produzione*“ die unterschiedlichen Kategorien gesellschaftlichen Schaffens, d.h. die vier Elemente im produzierenden Bereich der menschlichen Gesellschaft, einvernehmlich zu bündeln.[780] Der Faschismus bedient sich dabei der historischen Gegebenheiten mit ihren unterschiedlichen Charakteristika und greift auf die vier sich bietenden Möglichkeiten zurück, welche aus der Tradition erwuchsen. Die ‚reinen' Arbeitgeber wurden ebenso organisiert wie die ‚reinen' Lohnempfänger, Freiberufler und Künstler, welche ja weder das eine noch das andere sind. Alle vier Kategorien wurden quantitativ-pyramidal-hierarchisch als Syndikate organisiert und vertikal vom lokalen Ortsverband ab zur Landesvereinigung aufwärtsgegliedert. „Im August 1933 waren von 2,4 Millionen Industriearbeitern 1,66 Millionen und von 22,8 Millionen Landarbeitern 1,4 Millionen freiwillig eingeschriebene Mitglieder der Syndikate. Auf der Arbeitgeberseite: von 117.000 industriellen Firmen sind 70.000 organisiert, von 2,7 Milllionen landwirtschaftlichen Arbeitgebern 464.000.“[781]

---

773 Rößler, CDL und AOG, S. 19.
774 Müller, AOG, S. 28; ebd., S. 42-51: ausführlich über Arbeitsgerichtsbarkeit.
775 Costamagna, Diritto pubblico, S. 519, 152; vgl. ebd., S. 315-323: Le fonti fino alla “Carta del Lavoro”; ebd., S. 323-329: Le fonti dopo la “Carta del Lavoro”.
776 Eschmann, Faschistischer Staat, S. 70.
777 Ebd., S. 70/FN 1.
778 Hiller, Faschistischer Staat, S. 70/71.
779 Rocco, Stato, S. 399.
780 Costamagna, Diritto pubblico, S. 145.
781 Hiller, Faschistischer Staat, S. 70/71.

Mit anfänglicher individueller und spontaner Freiwilligkeit, sich zu organisieren, geht die Trennung zwischen Arbeitgebern und Lohnempfängern einher. Dies entspricht auf das Individuum abgestimmtem natürlichem Recht. Positivistisch und nationalökonomisch mit merkantilistischem Zug bleibt der Nutzen, den der Staat daraus beansprucht. Die faktische Bevorzugung der faschistischen Gewerkschaften vor den nicht der Einheitspartei zugewandten Syndikaten in scheinbar individualistischer Selektion wirkt sich als Rechts- und Staatspositivismus aus. Umgekehrt ist das Gewerkschaftsmitglied nicht verpflichtet, in die Partei einzutreten. Faschist ist es schon dank seiner Korporationszugehörigkeit.[782] Der Faschismus erstrebt die Vereinigung oder Verschmelzung von positivem und natürlichem Recht durch ‚Absorption' des einzelnen, dessen juristischen Spielraum er wesentlich beschnitt, sowie der Masse kraft patriotischen Gefühls als Homo oeconomicus, religiosus[783] etc. bzw. Homines oeconomici im Staat und die enge hierarchische Einbindung in ebendiesen somit durch Gesetzeswerk.

Der Stato libero di Fiume sah das hierarchisch aufsteigende "potere giudiziario" ständisch und instanzengegliedert: Buoni uomini, Giudici del Lavoro, Giudici togati, Guidici del Maleficio, Corte della Ragione (XXXVII). Àrias „begreift die Arbeitsgerichtsbarkeit nicht ohne die Körperschaftsordnung, noch umgekehrt". Ehe irgendein „Fall in gewaltsame Selbsthilfe ausarte, wie dies der liberale Staat im Namen der angeblichen und sogenannten 'natürlichen' Rechte der Individuen oder Gruppen gestattete", „drängt die gerichtliche Lösung sich auf".[784] Gerade zum Art.**16**,5 betont Àrias, daß „die Jurisprudenz [...] sich nicht auf die Rechtsauslegung beschränkt, sondern neue Rechtsfiguren gestaltet und ihre schöpferische Kraft 'nach Billigkeit'" (D I, II; E I) „zum Ausdruck bringt".[785] „Die Urteile des Gerichtshofes setzen [...] in den Grenzen der Löhne auch die Kosten der Produktion fest."[786] „Richtpreis" und „ökonomischer Preis" „entsprechen" „den Produktionsinteressen".[787] „Der Mythos von der freien Konkurrenz, die die Kosten auf ein Minimum reduziert, die Unternehmungen zuchtwählt (sic!) und die Belange der Erzeuger und Verbraucher schützt, hat durch das italienische Gesetz einen schweren Schlag erhalten. Aber es war auch ein 'Mythos', eine Legende, weit, weit entfernt von der Realität des Lebens."[788] Àrias vergleicht mit dem klassischen System des „ökonomischen Mechanismus":[789]

---

[782] Mannhardt, Faschismus, S. 202.

[783] Zanzucchi, Diritto pubblico, S. 92-442: "Diritto pubblico positivo italiano. Lo Stato Italiano e il suo ordinamento costituzionale e amministrativo"; Mussolini, Dottrina, S. 849 li. = Doktrin, S. 22: „Der Faschismus glaubt immer noch an Heiligkeit und Heroismus, d.h. an Akte, in denen kein wirtschaftliches Motiv - entfernter oder näher - wirksam ist."

[784] Arias pp., Mussolini, S. 218/219.

[785] Ebd., S. 219.

[786] Ebd., S. 221.

[787] Ebd., S. 223.

[788] Ebd., S. 222.

[789] Ebd., S. 223.

„Die Konkurrenz, von der man fabelt, existiert nicht mehr; ja es hat überhaupt nie jene zweiseitige vollkommene Konkurrenz von Arbeitsangebot und -nachfrage bestanden, aus der durch natürliches Gesetz die automatische Anpassung der Löhne an den Ertrag der Produktivität des Arbeiters sich ergäbe. Es bestand einmal in den Anfängen des modernen Kapitalismus die Konkurrenz der isolierten und unorganisierten Arbeiter; die Folge davon war für eine gewisse Zeit, die manche, sogar ein paar der bedeutendsten Nationalökonomen mit der Ewigkeit verwechselten, die Herunterdrückung der Löhne bis auf ein Existenzminimum."[790]

„Die Kollektivverträge gießen die abhängigen Arbeitsbeziehungen, d.h. die *locatio conductio operarum*, in gesetzliche Formen" (= disciplìnano), vermerkt Pergolesi: „Ihr Abschluß stellt eine institutionelle Pflicht der anerkannten Syndikate dar."[791] Demnach begeht der Faschismus mit der *Disciplina dei rapporti collettivi* angesichts der verschiedenen Sozialideologien, die er selbst im Gegensatz zum anfänglich geschlossenen bolschewistischen System mitbrachte,[792] das rechtsschöpferische Wagnis, familiäre, ständische, nationale und herrschaftliche Gegensätze zu vereinen, indem er sich auf die römische Gesetzesstrenge beruft, für das Arbeitsrecht aber den Naturalismus gegenüber dem Positivismus bevorzugt. Die faschistische Arbeitsordnung vollführt den soziopolitischen Kunstgriff, Klassen, Stände, Syndikate und Korporationen, d.h. diese beiden letzten als Gegner von einst, in einen Organismus zu fügen. Sie realisiert damit ein gesellschaftlich scheinbar abstraktes Denkmodell. Es gelingt dabei, die linksorientierten kämpferischen Gewerkschaften allmählich in das kollektive System einzubinden und sie den aus den mittelalterlichen Zünften wiederauferstandenen Korporationen zwecks produktionssteigender Zusammenarbeit anzunähern. Àrias wertet „die Arbeitsgerichtsbarkeit, die bisher noch in keinem Land eingeführt ist", als „vielleicht genialste und originellste fascistische Reform auf diesem Gebiet".[793] Die Zeitgenossin Louise Diel begrüßt die Arbeitsgesetze: „Keine Gruppe wird zugunsten einer anderen bevorzugt, Sonderrechte zwischen den Klassen gibt es nicht mehr, ebensowenig soll aber eine allgemeine Gleichmachung erfolgen - es verbleibt die Spanne, die jeden, seinem Fleiß und seinen Fähigkeiten entsprechend, hochkommen läßt."[794] Das deutsche „Arbeitsgerichtsgesetz vom 23.XII.1926" begründet - laut Arias unter „Einfluß" der „italienische[n]" „Arbeitsgesetzgebung" - die Arbeitsgerichte als Sondergerichte und gliedert die Landesarbeitsgerichte den Landgerichten an.[795]

790 Ebd., S. 222.
791 Pergolesi, Diritto costituzionale, S. 19.
792 Vgl. Beckerath, Fascistischer Staat, S. 88.
793 Arias pp., Mussolini, S. 215.
794 Diel, Duce, S. 106/107.
795 Der Große Brockhaus, Bd. I, S. 370; Arias, Mussolini, S. 223, 224/FN 1.

Die wirtschaftlichen Theorien vom reinen Homo oeconomicus werden zur Ökonomie des Homo corporativus verformt oder umgewandelt. Eudämonismus, Utilitarismus, Liberalismus, Kapitalismus und Sozialismus gewinnt die neue Ideologie -"in elaborazione e trasformazione continua"[796] - dasjenige brauchbare Gedankengut ab, das einem korporativen Staat mit gesetzlich anerkannten und bis ins letzte kontrollierten Syndikaten nützen kann. Mussolini kündigte schon ein Jahr vor der Machtübernahme die „unaufhörliche Verbesserungsschwerstarbeit" ("travaglio di revisione incessante") an: "per farne una cosa viva, non un rùdere morto".[797] Der Faschismus vermag auch dem so heterogen bestimmten parlamentarisch-konstitutionell-monarchischen Staat autoritärer Herrschaftsform, die „in keinem Land der Erde ein Analogon hat",[798] eine wirtschaftliche Note zu verleihen, die ihn aus eingeengtem Blickwinkel als Stato corporativo erscheinen läßt. Mussolini resümiert nach dem Matteottiskandal unbeschwert und doch ungewollt die Zukunft heraufbeschwörend: „Dieses Gesetz geht aus einer bestimmten politischen und moralischen Atmosphäre hervor, es ist das Produkt eines bestimmten Regimes. Es bestehen keine Gefahren, solange dieses Regime unbesiegbar ist und die moralische Atmosphäre, in der die Nation atmet, sich nicht verändert."[799] Heinrich spricht 1932 von der „Neuordnung eines Volkes", da diese „bestrebt / ist", „innerhalb der Syndikate eine möglichst umfassende Lebensfülle zu entfalten";[800] also Mussolinis "standard of life" (C III 1). Heinrich entdeckt angesichts der ‚Programmausdehnung der wirtschaftlichen Organisationen' in der *Disciplina* ‚ständische Elemente' „der neuen faschistischen Wirtschaftsverfassung".[801] Deshalb weist er Eschmann zurück.[802] Dieser definiert den Begriff im entgegengesetzten Sinne: „Der Syndikatsplan des Faschismus ist keineswegs ein ständischer Gedanke, wenn man unter Stand Gruppen von Menschen versteht, die nicht nur durch ihre Zugehörigkeit zu einem bestimmten Beruf als Angehörige dieses Standes erscheinen, sondern durch ihre gemeinsame Stellung im Staatsganzen, dessen integrierende Teile sie sind."[803] Wie entschieden die Zielsetzung einer ökonomischen Autarkie im Lichte einer neugeprägten 'socialità' verwirklicht wird, mögen spätere Kapitel beantworten.

---

[796] Mussolini, Citazioni, S. 27.
[797] Ebd., S. 27.
[798] Beckerath, Fascistischer Staat, S. 133.
[799] De Luna, Mussolini, S. 62.
[800] Heinrich, Faschismus, S. 51; ebd., 51/FN 7 = Eschmann, Faschistischer Staat, S. 71 = Wagenführ, Korporative Wirtschaft, S. 57.
[801] Heinrich, Faschismus, S. 51.
[802] Ebd., S. 51, 52/FN 7.
[803] Ebd. = Eschmann, Faschistischer Staat, S. 71 = Wagenführ, Korporative Wirtschaft, S. 57.

E. Die *Norme*: Richtlinien und Kompetenzen

I. Der Inhalt der *Normen*

Die lateinische „norma“ (von „noscere“ = anerkennen, gelten lassen, gutheißen) behält auch italienisch unverstellt die Bedeutung der „Richtschnur“; in den Arti illiberali als “squadra di scalpellini, muratori, legnaiuoli“, allgemein als “regola“, “misura“.[1] Laut Bodda zeichnet sich jede ”norma giuridica“ durch ihre ”*imperatività*“[2] aus: ”cioè il comando che ogni norma deve contenere.“[3] „Sie sieht von konkreten Einzelfällen ab.“ Daher ist ihr Merkmal die “*astrattezza*“[4] (= Inhaltsungebundenheit). Andererseits ist ihre “*novità*“ Voraussetzung - “dal punto di vista *materiale*“[5] - für die Veränderung der “rapporti contrattuali“. Den ”punto di vista *formale*“[6] erfüllt die ”emanazione“ durch die ”organi legislativi“.[7] Wenn Mussolini die „vollendeten Tatsachen“ betonte (“L'atto precedette sempre la norma“),[8] dann trifft es während der Vorgeschichte dieses Gesetzgebungsabschnittes zu: Für das Volk waren bereits das Freizeitwerk „Feierabend“ (1.V.1925; D II), das Fabrikhygienegesetz (14.V.1925)[9] und der Mutterschutz (10.XII.1925) organisiert, ferner als Vorbereitung einer Annäherung von Unternehmern und Arbeitern der Pakt zwischen den Confederazionifronten im Palazzo Vidoni 2.X.1925 (B VII; C II 1, VIII 5) geschlossen worden, wobei sich nun der Industrieverband „fascista“ nennt.[10]

Am Weihnachtsabend desselben Jahres verschafft die *Legge n.2263* dem “Capo del Governo“ seine Machtbefugnis. Das Gesetz Nr. 100 ermöglicht im „Art.1“ die Verkündung der “*norme* giuridiche“ zur “normazione volontaria professionale“.[11] Am 30.VI. 1926 setzt der Duce noch einen Tag vor dem *Normen*dekret den Arbeitstag wieder auf 9 Stunden herauf[12] Rocco hatte am 20.VI.1925 vor der ”Camera dei Deputati“ in der Rede *Sulla facoltà del Governo di emanare norme giuridiche*[13] neue legislative Möglichkeiten angekündigt. Das Regio Decreto von San Rossore, dem Sommeraufenthalt des Hofes bei Pisa, erläßt mit des

---

[1] Georges, Lt.-dt.Handwörterbuch, S. 1885; Zingarelli, S. 1024.
[2] Bodda, Diritto pubblico, S. 27.
[3] Ebd.
[4] Ebd., S. 28.
[5] Ebd., S. 27.
[6] Ebd.
[7] Ebd., S. 27, 28.
[8] Beckerath, Fascistischer Staat, S. 53, 112/FN 1: im Parteistatut vom 11.X.1926; Heinersdorff, Arbeitsverhältnis, S. 4.
[9] Eschmann, Faschistischer Staat, S. 84/FN 1.
[10] Ebd., S. 17.
[11] Costamagna, Diritto pubblico, S. 496/467, 500.
[12] Eschmann, Faschistischer Staat, S. 85, 85/NF 1.
[13] Rocco, Stato, S. 163-176.

Königs, Mussolinis, Roccos, Federzonis, Belluzzos und Volpis Unterschriften[14] am 1.VII.1926 unter dem *Numero di pubblicazione 1478* die *Norme per l'attuazione della legge 3 aprile, n.563* als *Norme 1° luglio 1926, n.1130*. Wagenführ reiht sie 1934 in seine *Neuen Lesestücke zur Politischen Ökonomie* als *Normen zur Anwendung des Gesetzes vom 3. April 1926, Kgl. Verordnung vom 1. Juli 1926, Nr.1130*" kommentarlos ein.[15] Der Mitgestalter Rocco kennzeichnet das "decreto" oder "regolamento" (dt. „Reglement") als "regolamento legislativo e non semplicemente regolamentare", wie auch ihr Art.103 besage; sie seien vielmehr außer dem „gesetzgeberischen" Inhalt "*norme* integrative o complementari della legge 3 aprile 1926"; die *Disciplina* bleibe „Voraussetzung und Grundlage": "il presupposto e il fondamento"; aus diesem Grunde seien die *Normen* nicht wie sonst aus „übler Angewohnheit des Amtsschimmels" oder "mal vezzo della burocrazia" die „vollständige Reproduktion des Gesetzes" einschließlich „Wirrnis und Vermengung der Anordnungen unterschiedlichen juristischen Bedeutungsgehaltes".[16] Das „*Normen*system folgt ‚inhaltsgetreu dem schon im Gesetz als Keim ("embrionalmente"; "in germe") enthaltenen Tenor, verknüpft ihn jedoch mit der gesamten Gesetzgebung gültigen öffentlichen und privaten Rechts".[17]

Die *Norme* als *Ausführungsbestimmungen zur Disciplina* oder *Durchführungsvorschriften zum Grundgesetz*[18] sind nach der Bildung des "Ministero delle Corporazioni" (R.D.n.1131; B VII; C VIII 2) zum 2.VII.1926 am 7.VII.1926 in der *Gazzetta Ufficiale, Nr.155* veröffentlicht worden.[19] Sie gliedern sich in *8 Titoli* und *103 Articoli*. ***1°Titolo***: *Die Berufsvereine 1. Grades*. Das *1.Kap.*(*Art.1-15*) erläutert die *Bildung u.rechtliche Anerkennung der Berufsvereine* bzw. „*associazioni sindacali unitarie o di primo grado*".[20] Das *2. Kap.* (*Art.16-22*) beschreibt *Aufbau und Verwaltung der Berufsvereine*. Das *3. Kap.* (*Art.23-26*) betrifft *Die Beiträge* und das *4. Kap.* (*Art.23-31*) ihre *Überwachung u.Kontrolle*. ***2°Titolo*** (*Art.32-41*): *Die Berufsvereine höherer Ordnung* bzw. *associazioni di grado superiore*, d.h. *Verbände u. Spitzenverbände = Federazioni e Confederazioni*".[21] ***3°Titolo*** (*Art.42-45*): *Die zentralen Binde- oder Korporativorgane*. ***4°Titolo*** (*Art.47-60*): *Kollektive Arbeitsverträge und ähnliche Normen*." ***5°Titolo***: *Die kollektiven Arbeitskonfllikte*. Das *1. Kap.* (*Art.61-67*) führt *Die Errichtung der Arbeitsgerichte*, das *2.* (*Art.68-72*) *Klageerhebung und Zustän-*

---

[14] Norme, Gazzetta Ufficiale, 7-VII-1926, S. 2930-2941.
[15] Wagenführ, Korporative Wirtschaft, S. 63-95.
[16] Rocco, Stato, S. 401: "burocrazia che nei regolamenti suol inserire spesso intergralmente le norme delle leggi, mescolando insieme e insieme confondendo (= ineinander vermengend) le disposizioni di diverso valore giuridico."; vgl. Arias pp., Mussolini, S. 209.
[17] Rocco, Stato, S. 401.
[18] Müller, AOG, S. 58.
[19] Costamagna, Diritto pubblico, S. 318; Heinrich, Faschismus, S. 47/FN 1.
[20] Rocco, Stato, S. 402.
[21] Ebd.

digkeit, das *3.* (*Art.73-86*) den *Prozeßgang* sowie das *4.* (*Art.87-91*) *Das Urteil u.die Rechtsmittel* an. ***6°Titolo*** (*Art.92-94*): *Die Verbände der Beamten u.Angestellten des Staates u.anderer öffentlicher Anstalten* bzw. *Le associazioni dei funzionari ed impiegati dello Stato e di altri enti pubblici.* ***7°Titolo*** (*Art.95-99*): *Verbrechen und Strafen.* ***8°Titolo*** (*Art.100-103*): *Übergangs- und Schlußbestimmungen*: *Norme transitorie e finali.*

1°Titolo: *Delle associazioni sindacali o di primo grado.* ***Capo I*** (*Della costituzione delle associazioni sindacali e del loro riconoscimento giuridico*) verfügt über die *Anerkennung der Berufsvereine* angesichts einer ansehnlichen "molteplicità delle specie di imprese".[22] Art.6 der *Disciplina* hatte bereits detailliert über den Zusammenschluß der „anerkannten Berufsvereine" und Art.4,2 über die „moralische Erziehung" ausgesagt. Entsprechend läßt ***Art.1*** in den „anerkannten Berufsvereinen" nur „moralisch und politisch einwandfreie" für die "categorie di lavoratori"[23] „italienische Bürger beider Geschlechter" über 18 Jahren und ***Art.2*** „10 Jahre" ansässige „Ausländer" als Mitglieder zu.[24] Der öffentliche Dienst gehört laut ***Art.3**,1-4*, wie schon in der Disciplina Art.11 vorgesehen, keinem Syndikat an. Deren "*associazioni autorizzate*" haben bei Costamagna „überhaupt keine" "competenza sindacale".[25]***Art.4**,1:* Nicht nach dem *Disciplina*bestimmungen anerkannte Vereinigungen zum Schutz materieller und moralischer Interessen unterstehen nicht den kollektiven Arbeits- und Arbeitsgerichtsbestimmungen. Im Hinblick auf die komplizierten Agrarverhältnisse ordnet *Art.4,2* die „Besitzer von landwirtschaflichen Grundstücken, die ihr Land verpachtet haben", „landwirtschaftlichen Arbeitgeberorganisationen" in „besonderen Sektionen" zu und ***Art.5**,1* den Zusammenschluß der „Gutsbesitzer" ("proprietari"), der „Pächter" ("affittuari") wie der „Halbpächter" ("mezzadri") an, welche ihre Ernte mit dem "padrone" teilen,[26] und schließlich der „kleinen Unternehmungen" des Handwerks und Handels in „besonderen Vereinigungen". ***Art.7*** gestattet den „gleichzeitig" „verschiedenen Kategorien angehörend[en]" „Arbeitgebern bzw. Arbeitnehmern" in ihrer "*plurimità di occupazione*" Mitgliedschaft in „verschiedenen Berufsvereinen".[27] Die Genossenschaften zwingt ***Art.8*** zum Zusammenschluß in „beruflichen Organisationen", „die sich" dem horizontalen Prinzip konform „von den Vereinigungen der Arbeitnehmer gleicher Betriebe unterscheiden". Gemäß ***Art.11**,2* haben „die Berufsvereine, nicht die Orden und Kollegien," „das Recht", „Vertreter für die politischen, administrativen und technischen Körperschaften des Staates" „zu bezeichnen". Den weiterbestehenden Rechtsstatus der vor dem 3.IV.1926 anerkannten „Orden und Kollegien" hebt ***Art.12**,1* hervor, während er ihn „weiteren Vereinigungen"

[22] Ebd.
[23] Ebd., S. 403.
[24] Wagenführ, Korporative Wirtschaft, S. 63/64; Heinersdorff, Arbeitsverhältnis, S. 23.
[25] Costamagna, Diritto pubblico, S. 347; vgl. Bodda, Diritto pubblico, S. 205.
[26] Zingarelli, S. 952.
[27] Costamagna, Diritto pubblico, S. 342.

verweigert. Allerdings verschafft *Absatz 2* durch die Gegenüberstellung der Negation („keine gesetzlichen Orden oder Kollegien") mit der Position „der genannten Orden und Kollegien" Roccos Kritik am „Durcheinander" ("mescolando insieme e insieme confondendo")[28] volle Geltung: „Wenn für die Ausübung eines bestimmten Gewerbes oder freien Berufes, für den keine gesetzlichen Orden oder Kollegien bestehen, die Einschreibung in ein Register erforderlich ist, werden alle den genannten Orden und Kollegien zustehenden Funktionen in bezug auf die Registerführung und die Disziplinargewalt über die eingeschriebenen Mitglieder von den Berufsvereinen ausgeübt." Nach ***Art.10*** haben sich „Gewerbetreibende" und "professionisti" in die Beglaubigungslisten der Gemeinden einzutragen. Die zur „Anerkennung" notwendig vorzulegende Selbstcharakterisierung der „Vereinigungen" beschreibt ***Art.14****,1*, ferner (*Art. 14,2*) ihre schon in Art. 5,2 der *Disciplina* vorgesehenen Abgaben. Dagegen verweigert ***Art.13*** die Anerkennung ("non opportuno") „aus politischen, ökonomischen oder sozialen Gründen". Deshalb „können" laut *Art.4* „Vereinigungen, die den Schutz der materiellen und moralischen Interessen ihrer Mitglieder bezwecken", die „weder Arbeitgeber noch Arbeitnehmer sind", „nicht...rechtlich anerkannt werden und unterstehen auch...der Rechtsprechung der Arbeitsgerichte nicht." Mit anderen Worten: sie erfüllen nicht die Ansprüche an den Geist des Korporativismus. ***Art.7*** billigt die "plurimità di sindacato" für jemanden, der „gleichzeitig" „Arbeitgeber" wie -„nehmer" ist.[29] Indessen dürfen laut ***Art.6*** „Kopf- und Handarbeiter" nicht dem gleichen Verein angehören, weshalb „Angestellte mit Vollmachten" „besonderen Vereinigungen" angehören. Bei „Verweigerung der Zulassung" gestattet ***Art.9*** den „Rekurs an den Korporationsminister". Die unterschiedlichen „rechtlich anerkannten Vereinigungen" sind, „wenn nötig", einer „Statutenrevision" durch das "Governo del Re"[30] unterworfen (***Art.15***).

Capo II: *Organizzazione di amministrazione delle associazioni sindacali.* ***Art.16***: "Presidente" oder "segretario" einer Asscociazione vertreten deren durch Art.18. der *Disciplina* „vorgesehene" „Obliegenheiten": Wie die „Angestellten" hat er ***Art.17*** gemäß die „gleichen" erforderlichen „moralischen und politischen Eigenschaften". Àrias hebt hervor, daß ***Art.18*** die „Ausgaben" der „gesetzlich anerkanten" „Syndikatsvereinigungen" (*1*) „in obligatorische" (*1*) „für die Syndikatsorganisation" selbst, „für wirtschaftliche Sozialbeihilfe", „nationale Erziehung" und „Gewerbeunterricht" (*2*) und andererseits „fakultative" (*1; 5*) „unterscheidet". Als begünstigte „wohlverdiente Einrichtungen" zählt er das „Nationale Werk der Fortbildung", das „Nationale Werk für Mutterschaft und Unmündige" (zu welchem die „Junggesellensteuer" beiträgt), das „Nationale Werk Balilla (nationale Jugendorganisationen sportlich-militärischer Natur)" und das

---

[28] Rocco, Stato, S. 401.
[29] Heinrich, Faschismus, S. 68.
[30] Norme, Gazzetta Ufficiale, 7-VII-1926, S. 2931.

„Nationale Patronat für Kriegswitwen und -waisen" (*3*) auf.[31] *Art.18,1-3* regelt die „spese...obbligatorie" für „wirtschaftlich-soziale", „moralisch-religiöse", „national-erzieherische", „Freizeit"-, „Mutterschafts"- und "Balilla"-Beiträge. Der von Art.5,2 der *Disciplina* vorgesehene "fondo patrimoniale" wird jetzt gemäß *Art.18,4* als „obligatorischer Garantiefonds" „in unveräußerlichen Staatspapieren angelegt": "titoli del Debito pubblico vincolati".[32] Diesen Institutionen oder „dem rechtlich anerkannten Verbande höheren Grades" sichert ***Art.20*** bei „Auflösung eines Berufsvereins" „das aus der Liquidation hervorgehende Reinvermögen" zu. ***Art.21***: „Die Vermögenswerte" eines „Berufsvereines" „fließen" demselben wieder „zu, sobald die Mehrheit der Mitglieder des vorher bestehenden Vereins in den rechtlich anerkannten Verein eingetreten ist"; bei Nichtanerkennung werden sie „zurückgegeben". Nach ***Art.19*** hat sich die „Betätigung der Berufsvereine an die der nationalen Institutionen" "Dopo Lavoro", „Mutter- und Kinderschutz", "Balilla" und Kriegswitwenpatronat anzupassen. Den „Berufsvereinen" verbietet ***Art.22*** die Einmischung „in die administrative", „technische" oder „kommerzielle Führung der Unternehmungen", ferner „Handel" und „bindende Bestimmungen für Nichtmitglieder".

Capo III: *Dei contributi* regelt die „Beiträge" und bezieht sich auf Art.5 der *Disciplina*. Mit ***Art.23*** werden „die Beschlüsse" der „innerprovinzialen Vereine" darüber „von der provinzialen Verwaltungskommission" und der „interprovinzialen" „vom Korporationsminister" genehmigt. Dieser ändert in ***Art.24*** die Abgabe-*Normen*, falls die von Art.5 der *Disciplina* vorgesehenen „Beiträge" im „Gegenwert eines Arbeitstages" aus der „Natur der Arbeit oder...des Unternehmens" „bestimmt werden können". ***Art.25*** behandelt „die Stammlisten der Beitragspflichtigen" in den „Wohngemeinden". „Beschwerde" und steuerrechtlicher „Rekurs" sind „zugelassen". ***Art.26***: Die von „Steuereinnehmern" (oder nach ***Art.28*** „durch die Vereinigung selbst") eingezogenen "contributi" gehen über die „Präfektur" nach einem „Verteilungsmodus" an die „Vereine", die „höheren Verbände" und - „10%" - an das „Korporationsministerium". Weitere Beiträge für „den Verein selbst" „können" gemäß ***Art.27*** von den „Vereinsmitgliedern" „eingezogen / werden". ***Capo IV***: *Della vigilanza e della tutela* besorgt in ***Art.29*** „Überwachung" ("vigilanza") und „Kontrolle" ("tutela") der „Tätigkeit" der „innerprovinzialen Vereine" durch den „prefetto" und der „interprovinzialen Vereine" durch vom "Ministro delle corporazioni" angeordnete Inspektionen. Der „Korporationsminister" kann „gegen Gesetz" und „Statuten" verstoßende „Beschlüsse" aufheben. ***Art.30*** weist die Genehmigungspflicht für die "regolamenti" hinsichtlich der „Bilanzen" (*a-c*), der „Beiträge" (*e*), der „Zahlungen" in den „Garantiefonds" (*f*; Art.5 der *Disciplina*) und der „Organisation" des „Personals" (*d*) auf. Wenn die „Vereinsorgane ihren...Pflichten nicht nachkommen", ordnen „Präfekt" oder „Minister die Ausführung" an, wobei ein „Rekurs an die

---

[31] Arias pp., Mussolini, S. 199.

[32] Norme, Gazzetta Ufficiale, 7-VII-1926, S. 2931.

Regierung" „gegen die Beschlüsse" möglich ist. ***Art.31*** benennt die „provinziale Verwaltungskommission".

2°Titolo: *Delle associazioni sindacali di grado superiore* (*Federazioni e confederazioni*) beschreibt die „höhergradigen Verbände" und „Spitzenverbände", die als „rechtlich anerkannte Berufsvereine" „juristische Personen" „sind" (***Art.32***). Nach ***Art.33*** ist „gegen" „Verweigerung" der Aufnahme der „Vereinigung niederer Ordnung" in eine „höhere Ordnung" oder daraus erfolgtem „Ausschluß" „Rekurs" möglich. Die mit Vollmachten Ausgestatteten (*Art.6,3*) sowie die "proprietari" und "affittuari" in der Landwirtschaft, ferner die „Kleinhändler" und -unternehmer (*Art.5*) ordnet ***Art.34*** „den Verbänden der Arbeitgeber", die Genossenschaften (*Art.8*) „je nach ihrer Natur" den „Arbeitgeber- oder Arbeitnehmerverbänden" und die "mezzadri" (*Art.5*) den „höheren Landarbeitervereinigungen" zu. Dagegen dürfen sich laut ***Art.35*** „die Orden und Kollegien" „der freien Berufe" (*Art.2,2*) keiner „Organisation höherer Ordnung anschließen". ***Art.36*** wendet die Erfordernisse zur „Anerkennung der Einzelvereine" „in den *Art.13"* ("riconoscimento...non opportuno")*,* *14* (vorzulegende Selbstcharakterisierung) und *15* („Statutenrevision") auf die „Erlangung" der „Anerkennung" als „Vereinigungen höherer Ordnung an".[33] Diese legen „eine Liste aller angeschlossenen Vereinigungen niederer Ordnung" vor und haben wie die "professionisti liberi" und "artisti" die in Art.1 und 2 der *Disciplina* gestellten „wirtschaftlichen", „moralischen" und „vaterländischen" Pflichten zu erfüllen. Damit sind auch ihre „angeschlossenen Berufsvereine niederer Ordnung" und „Institutionen" genehmigt. ***Art.37*** delegiert bei Widerruf an die „Vereinigung höheren Grades" die Aufgabe der "vigilanza" und "tutela" „über die angeschlossenen Vereine niederer Ordnung". Für die Provinz aber kann der Präfekt selbst „Untersuchungen vornehmen", regional „der Korporationsminister". Die vorausgegangenen *Art.16* („Vorsitz" durch "presidente" und "segretario"), *17* („moralische" und politische Eigenschaften"), *18* (*1.* „obligatorische und fakultative" „Ausgaben" = *5*; *2.* „wirtschaftliche, soziale, moralische, religiöse Fürsorge". „nationale" und „berufliche" „Erziehung"; *4.* „Garantiefonds"), *19* („Anpassung an die nationalen Institutionen"), *20* („Auflösung" und „Liquidation"), *21* („Rückgabe" der Vermögenswerte") und *22* (kein Einfluß auf „Führung der Unternehmungen" und „Nichtmitglieder") „gelten auch für die Vereinigungen höherer Ordnung". Diese dürfen laut ***Art.39*** den Mitgliedern „keine Beiträge auferlegen", wohl aber sind „nach Maßgabe des *Art.26* über die „Quote hinaus Zuschlagsbeiträge" ("contributi suppletivi") „der angeschlossenen Vereine niederer Ordnung fest[zu]setzen".[34] ***Art.38*** wendet die *Normen* der *Art. 16-22* auch auf "federazioni e confederazioni" an. Diese dürfen sich nur nach „Zustimmung" in die Angelegenheiten der „Vereine ersten Grades einmischen". Die „Bestimmungen der *Art.29* zur „Überwachung und Kontrolle" („Inspektionen" durch „Prä-

[33] Ebd.
[34] Ebd., S. 2934.

fekten“ bzw. „Korporationsminister“), *30* („Organisation“ der „Bilanzen“ und des „Personals“) und *31* („provinziale Verwaltungskommission“) sind mit ***Art.40*** auch auf die „Verbände und Spitzenverbände“ anzuwenden. Dabei hat die laut Art.4,3 der *Disciplina* wirtschaftliche, sittliche und nationale „Fürsorge“ besonderes Gewicht, was Rocco schon im „disegno“ vom 18.XII.1925 angekündigt hatte.[35] ***Art.41****a*) spiegelt die “simmetria“[36] (C V 2, VIII 2) bei den sozial-kapitalistischen Gegensetzlichkeiten wider. Er schlägt 6 “Confederazioni Nazionali Fascisti“ („nationalfaschistische Reichsverbände“) der „Arbeitgeber“ in bewußter Reihenfolge vor: *1*. Italienische Industrie. *2*. Landwirte. *3*. Handel. *4*. See- und Luftverkehr. *5*. Landtransporte und Binnenschiffahrt. *6*. Kredit- und Versicherungswesen. *Art.41b*) erfaßt die „Arbeitnehmer“ in den “Confederazioni Nazionali dei Sindacati Fascisti“ („nationale Reichsverbände der faschistischen Syndikate“): *1*. Industrie. *2*. Landwirtschaft. *3*. Handel. *4*. See- und Luftverkehr[s]personal. *5*. Internes Verkehrswesen. *6*. Kredit- und Versicherungswesen. *c*) eine “Confederazione Nazionale dei Sindacati Fascisti“ „Freie Berufe und Künste“. Die „datori di lavoro“ können in einem „Generalverband“ (“confederazione generale“) zusammengefaßt werden, entsprechend die “lavoratori“, wenn nötig, „nach Anhörung“ des Consiglio dei Ministri und des Consiglio nazionale delle Corporazioni auch „weitere Reichs- oder Generalverbände“.[37]

3° ***Titolo***: *Degli organi centrali di collegamento o corporativi*. ***Art.42*** verweist darauf, daß die „Bindeorgane“ im Art.3 der *Disciplina* unter Beibehaltung der “rappresentanza separata dei datori di lavoro e quella dei lavoratori“ „vorgesehen“ sind, „den Charakter von Landesorganen“ haben und nach dem “criterio della categoria“ („Produktionsfaktoren, Arbeitgeber, Kopf- und Handarbeiter für eine bestimmte Produktionsgruppe“; “determinato ramo della produzione“) als “corporazione“ vereinigen, die der Korporationsminister „konstituiert“.[38] Soweit „die Funktionen der [] Amministrazione Marittima“, „Seeleute und Hafenarbeiter“, denjenigen vom 3.IV.1926 oder den jetzigen „entsprechen“, „wird nichts geändert“. ***Art.43*** weist die ”corporazione“ als „organo dell’amministrazione dello Stato“ ohne private „Rechtspersönlichkeit“ (”personalità giuridica“) aus. „Die Gründungsverordnung der Korporation“ über „Tätigkeit und Befugnisse (attribuzioni e poteri)“ regelt „die Organisation“ mit den notwendigen Mitteln“, die der Staat „aus der ihm zufallenden Quote“ „bestreitet“. ***Art.44*** ermöglicht

---

35 Rocco, Stato, S. 340/341.

36 De Felice, Mussolini fascista, S. 276.

37 Rocco, Stato, S. 408; Norme, Gazzetta Ufficiale, 7-VII-1926, S. 2931, 2934; Wagenführ, Korporative Wirtschaft, S. 76; vgl. Heinrich, Faschismus, S. 71, 73; Arias pp., Mussolini, S. 213/FN 1.

38 Wagenführ, Korporative Wirtschaft, S. 76/77; Norme, Gazzetta Ufficiale, 7-VII-1926, S. 2934; Costamagna, Diritto pubblico, S. 368; Rocco, Stato, S. 403: ”Così gli organi di collegamento o corporativi regolati nel titolo 3° sono già previsti dall’Articolo 3 della legge, e le loro funzioni sono a larghi tratti già delineate nel 3° comma dell’Articolo 10 e nel secondo comma dell’articolo 17.“

den „organi corporativi" *a*) „die Schlichtung der Streitfälle", wobei Art.10 der *Disciplina* („contratti collettivi e norme generali") zugrunde liegt; *b*) „Förderung" der „Organisation der Produktion"; *c*) „Errichtung von Arbeitsvermittlungsstellen"; *d*) „Reglementierung des Lehrlingsverhältnisses" ("tirocinio o garzonato"). Im ***Art.45*** „sind die in den Korporationen vereinigten Vereine" „laut Art. 3" *der Disciplina* „selbständig" beim „Abschluß der kollektiven Arbeitsverträge". Art.17 der *Disciplina* setzt die versuchte "risoluzione amichevole della controversia" voraus. ***Art.46***: Der "Ministro delle corporazioni" ernennt die Präsidenten der "organi corporativi". Ihnen mit „Konstitutionserlaß des korporativen Organs" „angegliederte" "consigli" sind gleich stark aus „Arbeitgebern" wie „Kopf- und Handarbeitern" zusammengesetzt.[39]

4° ***Titolo***: *Dei contratti collettivi di lavoro.* ***Art.47***: Nur von „rechtlich anerkannten Berufsvereinen abgeschlossene Kollektivverträge sind" gültig. ***Art.48***: „[F]ehlen" dem „Kollektivvertrag" arbeits- und geltungsbereichsbezogene Angaben, so hat „der Kollektivvertrag" „für alle" „nach Maßgabe von Art.5 des Gesetzes" vertretenen Arbeitgeber und Arbeitnehmer Gültigkeit". ***Art.49*** erklärt nur den „von den gesetzlichen Vertretern" „unterzeichnet[en]" „Arbeitsvertrag" (wenn „unter Vorbehalt", erst nach „Genehmigung") für gültig. Auch „ohne...Ermächtigung abgeschlossene[] Arbeitsverträge" der den Federazioni und Confederazioni „angeschlossenen Vereine" sind deren „Statuten" entsprechend laut ***Art.50*** „anfechtbar". ***Art.51*** macht die "contratti collettivi" ohne „Hinterlegung und Veröffentlichung gemäß" Art. 10,4 der *Disciplina* ("copia depositata e pubblicata") vorbehaltlich „Rekurs" „unwirksam". „Schiedsrichterliche Entscheidungen" ("lodi arbitrali") müssen zum Ersatz des „Art.24 der Zivilprozeßordnung" „hinterlegt und veröffentlicht" werden. ***Art.52*** verbietet „Kollektivverträge über" behördliche „Arbeitsbeziehungen" und solche „persönlicher Natur (personale o domestico)". ***Art.53***: Ohne fristgerechte „Kündigung" „im Gerichtsanzeiger" bzw. „in der *Gazzetta Ufficiale*" über die „Provinz" hinaus werden sie „als erneuert betrachtet". „Individuelle" und „Kollektivverträge" „werden" dann „durch die Bestimmungen" kraft ***Art.54*** „ersetzt", wenn „sie für den Arbeitnehmer günstiger sind".[40] Bei „Nichtbeachtung der [] Verpflichtungen" macht ***Art.55*** „die Vereinigungen" „schadensersatzpflichtig", wenn „sie es unterlassen haben", „die Anwendung des Vertrages zu erreichen". Wird im Kollektivvertrag [] die Erfüllung ausdrücklich bestimmt", haftet „der Verein für die Nichterfüllung seitens derjenigen, die an ihn gebunden sind". ***Art.56***: „Die Ermächtigung [] der angeschlossenen Vereine" ist für den Erlaß „allgemeine[r] Regeln" „nach den Grundsätzen der Billigkeit" ("equità"; D I, II, IV) durch „die zentralen Korporationsorgane nötig", es sei denn, daß jene „einen unmittelbaren kollektiven Arbeitsvertrag aufstellen". ***Art.57***: „Die Regeln" der „organi corporativi" „haben den Wert eines" gebührenfrei (***Art.58***) „abgeschlos-

---

[39] Norme, Gazzetta Ufficiale, 7-VII-1926, S. 2935.
[40] Ebd., S. 2935/2936.

senen kollektiven Arbeitsvertrages". Ihre „Veröffentlichung" „ändert" die „geltenden kollektiven Verträge" bei Unvereinbarkeit mit ihnen „ab". ***Art.59***: Nach „Auflösung" eines „Vereins oder Rückzug seiner Anerkennung bleibt das Vereinsvermögen noch ein Jahr" „an die Erfüllung" der „Verpflichtungen gebunden." „Jeder Beteiligte" „kann...für seinen Teil den Vertrag kündigen". ***Art.60*** verweist dort auf „das gemeine Recht", wo *Disciplina* und *Normen* „keine" entsprechenden „Bestimmungen enthalten".

5°Titolo : Die *controversie collettive di lavoro* verlangen gemäß Mussolinis Forderung nach «una più alta giustizia sociale» als «Ziel der Rivoluzione fascista»[41], so in ***Capo I*** die *Costituzione delle magistrature del lavoro*. ***Art.61*** „teilt" die vom „Provinzialwirtschaftsrat" vorgeschlagenen "consiglieri esperti" der Unternehmensarten „in Gruppen und Untergruppen auf". Gegen die „Zusammenstellung" der in jeder „Präfektur" angeschlagenen „Listen" kann der „anerkannte Verein" „Beschwerde [] einreichen", worüber „die vereinigten Kammern des Berufungsgerichts entscheiden". Diese „setzen sich...aus dem „ersten Präsidenten, dem Präsidenten" „und 5 weiteren Mitgliedern zusammen". Gegen den geheimen „Entscheid" ist „vor dem Kassationshof" „Beschwerde wegen Gesetzesverletzung" möglich. ***Art.63*** verlangt „zweijährlich stattfindende Listenrevision". ***Art.64***: „Untadelige" „mindestens 25 Jahre alt[e]" Italiener, die „ein Universitätsdiplom", „einen gleichwertigen Studienausweis" oder in „einer bestimmten Tätigkeit" „besondere[] Geschicklichkeit erworben haben", können in die Listen eingetragen werden"; ferner „Beamte". ***Art.65***: Die „Experten des Arbeitsgerichts" „erhalten" „100 Lire für jeden Tag" ihrer „Funktion" und „Entschädigungen für Ortsveränderungen und Aufenthalt wie die Mitglieder des Berufungsgerichts". Laut ***Art.66*** „wird jährlich" „die engere Liste der Experten", auch mit zusätzlichen "esperti" aus „der allgemeinen Liste", durch den „ersten Präsidenten" „zusammengestellt". ***Art.67***: Die „Zivilprozeßordnung" regelt „Rücktritt und [] Ablehnung der Richter" sowie den „Rücktritt[] von Experten" „in ihrer Funktion als Arbeitsgericht". „Die Ablehnung der Experten kann" „durch die Umstände bedingte Gründe (ragioni di convenienza)[42] verlangt" und durch „das richterliche Kollegium" beschlossen werden. ***Capo II***: *Dell'azione e della competenza* bringt „Klageerhebung und Zuständigkeit". ***Art.68***: Die „azione (= Rechtsverfahren) in controversie collettive di lavoro" „wird von den...anerkannten Vereinigungen ersten und höheren Grades", bei „öffentliche[m] Interesse" „von der Staatsanwaltschaft", „eingeleitet". Der „Berufsverein höheren Grades kann in den [] Prozeß eingreifen". ***Art.69***: „Vereine" werden „durch [] Präsidenten", „Sekretär oder [] Fürsprecher" laut Art.7 der *Disciplina* „vertreten". Gemäß ***Art.70*** darf der nach Art.1 und 17 der *Disciplina* „vorgesehene...Kurator" „nicht ablehnen". "Intervento in causa" (Art.17 der *Disciplina*) ist höchsten „drei" "singoli interessati" „gestattet". ***Art.71*** formuliert die "azione

---

41 Zanzucchi, Diritto pubblico, S. 84.

42 Wagenführ, Korporative Wirtschaft, S. 84: „comenienza" ist ein Druckfehler.

per le controversie relative ai rapporti collettivi" über „Anwendung" oder „Formulierung neuer Arbeitsbedingungen" bei „Veränderung" der „Verhältnisse" gegen Arbeitgeber oder -nehmervereine. Im ***Art.72*** ist die „örtliche[]" "Corte di appello" „zuständig", in mehreren „Berufungsgerichtskreisen" diejenige in Rom.

Capo III: *Del procedimento* legt den „Prozeßgang" dar, ***Art.73*** das eventuell angeordnete „persönliche Erscheinen" der „Parteien", deren Vertretung durch „einen Anwalt" und „technische Beiräte" in verhältnismäßiger Anzahl. Laut ***Art.74*** enthält im „Gesuch (ricorso)" *a*) den klagenden „Verein" und „Bevollmächtigen", *b*) den Beklagten, *c*) „Motive und...Objekt", *d*) „Akten und Dokumente". Ein „Klagebegehren der Staatsanwaltschaft" nennt „die beteiligten Vereine", „Motive", „Objekt", „Akten und Dokumente". Das Gesamtpaket wird gemäß ***Art.75*** bei der "cancelleria" der "Corte d'appello" zur Weiterleitung an den „Präsidenten des Arbeitsgerichts" „hinterlegt". Nach ***Art.76*** „setzt" der "presidente della magistatura del lavoro" „innerhalb von 24 Stunden" „die Verhandlung fest" sowie „die Frist" für die „Antwort" des „Beklagte[n]" „und ernennt, wenn nötig", den im Art.17 der *Disciplina* „vorgesehenen" "curatore". „Eine Kopie des Klagebegehrens und der Verfügung wird" den „Parteien" und „der Staatsanwaltschaft" „übermittelt". Die „Streitsache" wird „kostenlos" „im provinzialen Gerichtsanzeiger" bzw. „der *Gazzetta Ufficale*" „im Auszug veröffentlicht". ***Art.77***: Die Übermittlung der „Anzeigen" entfällt, wenn die „Parteien" „gemeinsam die Entscheidung der Streitsache verlangen". Ein „Gesuch" mit den „Angaben" *a-d* in *Art.74* kann die gemeinsam „unterschriebene[]" „Klage" einleite[n]". Das „Protokoll" einer „mündlich[en]" „Klage" erhält „die Verfügung des Präsidenten". Die „Intervention" in ***Art.78*** wird „auf der" "cancelleria giudiziaria" „hinterlegt", gemäß *Art.76* „veröffentlicht und der Staatsanwaltschaft zur Kenntnis gebracht". ***Art.79***: „Vor Gerichtspräsidenten" und „Staatsanwalt" erklärt „am Verhandlungstage" der „Beklagte", ob er *lit.a*) sich „dem Ersuchen des Klägers anschließe" oder nicht, und *lit.b*) „Einwände" gegen „Kompetenz des Gerichts", „Prozeßfähigkeit des Klägers" und „jede andere Vorfrage" „vor[]bringe[]"; „der Kläger seinerseits" erklärt, *a*) „ob er auf der Klage beharrt", und *b*) seine eventuellen Einwände. Etwaige „Intervenienten" bringen ihrerseits die Punkte *a*) und *b*) vor. „Unter *lit.b*)" versäumte „Einwände" dürfen nur noch durch den „Richter von Amts wegen erh[o]ben" werden. ***Art.80***: Bei „[B]eharren auf...verschiedenen Auffassungen, soll der Richter einen „billige[n] Vergleich" „wiederholen". Erfolgter „Vergleich" „wird" „im Protokoll niedergelegt", sonst „beruft der „presidente" „innerhalb von 10 Tagen zu einer weiteren Verhandlung". Innerhalb von „3 Tage[n]" müssen die „nicht mehr" zu „erweitern[den] „Schlußanträge" schriftlich den anderen Parteien und der Staatsanwaltschaft mitgeteilt werden". ***Art.81***: Das „Gericht schreitet...nach Anhörung des Referenten, der Parteien und der Staatsanwaltschaft *a*)" „zur Beschlußfassung über" die „Einwände" gemäß *Art.79 lit.b*) und *b*) „zur Anordnung einer Untersuchung" „einschließlich der Vorlegung der Dokumente", die

„nicht vorher bei[zu]bringen" waren, und „ernennt" nötige „technische Beiräte". *c)* Ist „keine Untersuchung angeordnet", folgt die „materielle[] Entscheidung des Prozesses". „Verhandlungen und Beschlußfassung über" *„a) b) und c)*" „getrennt" oder „zusammen". Die „Entscheide" „in geheimer Sitzung" oder mehreren „werden in öffentlicher Sitzung vorgelesen". - ***Art.82***: In Anwesenheit des „Staatsanwalts" bringen „Gericht" oder „delegierte[] Mitglieder[]" die „Beweise" „vor". Wenn kein „anderes Vorgehen", wird „der Beweis der wirtschaftlichen Tragkraft eines Unternehmens und der Poduktionskosten" mit „vorgelegten" Dokumenten", „Parteivernehmungen", Ortsterminen „und Zeugenaussagen" neutraler „sachkundiger Bürger" „erbracht". ***Art.84***: „Nach" der „Untersuchung" „lädt das „Gericht" „innerhalb von höchstens 10 Tagen zu einer Verhandlung vor". Die Anordnung „nur" von „Dokumenten" „setzt" gleichermaßen „den Verhandlungstermin" „fest". „Nach...der Untersuchung" sind ohne Fristverlängerung innerhalb von „5 Tage[n]" die „schriftlichen Hauptanträge zu hinterlegen und den anderen Parteien und „der Staatsanwaltschaft" „mitzuteilen." „In der festgesetzten Verhandlung fällt das Gericht nach Anhörung der Parteien und des Staatanwaltes" in Anwendung der „3 letzten Absätze[] des *Art.81*" „sein Urteil." ***Art.85***: Auch eine „teilweise" Entscheidung oder die „Erklärung", „aus irgendeinem...Grunde" „den Streitfall nicht entscheiden zu können", ist „ein Urteil". „Der Richter" „faßt" „im Verlaufe des Prozesses „nicht begründet[e]", abänderbare „Beschlüsse". Gemäß ***Art.83*** „wird / das Urteil / kurz begründet" und „unterzeichnet", „spätesten 10 Tage" danach „auf der Gerichtskanzlei hinterlegt", „an alle Parteien" „eingeschrieben[]" versandt und „der Staatsanwaltschaft mitgeteilt". ***Art.86*** sieht bei Nichterscheinen beider Parteien „die Angelegeheit als erledigt" „an", sie wird aber „in Abwesenheit der anderen Partei weitergeführt". „Erscheint" diese „wieder", bleiben „die schon gefällten Entscheide" wirksam.

Capo IV: *Delle sentenze e delle impugnative* behandelt „Urteil" (decisione) und „Rechtsmittel". ***Art.87***: Das „Urteil, das neue Arbeitsbedingungen aufstellt", ist „wie der Kollektivvertrag" wirksam, „wird nach Maßgabe von *Art.51,1* veröffentlicht" und wendet *Art.52* (Ausschluß von persönlichen Kollekktivverträgen), *Art.53* (stillschweigende Verlängerung), *Art.54* (günstigere Kollektivverträge), *Art.55* (Schadensersatzpflicht) und *Art.59* (Vermögensverbleib nach Auflösung) an. Wenn das Ersturteil über einen „individuelle[n] Konflikt" mit dem „Urteil" „über die kollektiven Arbeitsbeziehungen" „unvereinbar ist", können die „Parteien sowie die Staatsanwaltschaft dieses erste Urteil" zur „Nichtigerklärung vor das Arbeitsgericht bringen." „Urteile" über „individuelle „Arbeitsbedingungen, die einen Kollektivvertrag „verletzen oder mit einem rechtskräftigen Urteil" „unvereinbar sind, können" „innerhalb von 14 Tagen" „dem Arbeitsgerichte", das „auch materiell" „entscheidet", „zum Zwecke der Aufhebung überwiesen werden". Das „Aufhebungsbegehren" zwecks „revisione" und „cassazione" der „Urteile" gemäß „Zivilprozeßordnung" ist laut ***Art.88*** innerhalb von „14 Tagen" einzureichen. ***Art.89***: Bei bedeutender „Änderung" der „Verhältnisse" durch

„das Urteil“ kann „die Revision“ „vor Ablauf“ „der „Geltungsdauer“ „verlang[t]“ werden. Das „abgewiesene“ „Revisonsgesuch“ „unterliegt“ „einer Buße“ „bis zu 10 000 Lire“. ***Art.90***: Die Parteien wie „die Staatsanwaltschaft“ können „innerhalb 14 Tagen nach [] Zustellung“ „gegen die Urteile“ „beim Landeskassationshof Beschwerde“ einreichen. „Entscheide über Vorfragen“ und „materielle[] Entscheide[] sind“ fristgerecht „anfechtbar“. „Der Oberstaatsanwalt“ der „Corte di Cassazione“ kann „gegen das Urteil des Arbeitsgerichts“ nach „Art.519“ des *Codice di procedura civile* „Rekurs ein[]legen“. Trotz dem „hierarchischen Abhängigkeitsverhältnis der Staatsanwaltschaft gegenüber dem Justizministerium“ kann der “Ministro della Giustizia“ den „Oberstaatsanwalt“ der “Corte di cassazione“ „beauftragen“, über „die Aktion der Staatsanwaltschaft“ „vor dem Berufungsgericht zu berichten.“ ***Art.91***: Ist „das Urteil kassiert, hat sich das Arbeitsgericht, an das die Angelegenheit zurückgeht“, an die „Auffassung des Kassationshofes zu halten“.

6°Titolo: *Delle associazioni dei funzionari ed impiegati dello Stato e di altri enti pubblici.* ***Art.92***: Die Staats-, Provinz, Gemeindebeamten- und -angestelltenvereine (diese nur kraft „Ermächtigung“) und diejenigen des *Art.3,2* dürfen sich „durch Erlaß des Ministerpräsidenten“ im Einvernehmen mit dem zuständigen „Minister“ bzw. „Präfekten“ konstituieren, dabei „jede... Angesteltenkategorie[]“ ‚nur“ in einer. „Die Ermächtigung schließt“ „die Anerkennung“ durch die *Disciplina* und die „private[] Rechtspersönlichkeit“ aus. ***Art.93***: Die in *Art.92* ermächtigten “associazioni“ können „Ministerpräsident“, „Minister“ oder „Präfekt“ bei Unvereinbarkeit der „Tätigkeit mit dienstlicher Ordnung und Disziplin“ auflösen. ***Art.94*** „untersagt“ „Vereinigungen“ zur „Interessen“-„Verteidigung“ der „Studierenden“ bei „Ausschluß aus allen Schulen und Unterrichtsanstalten“. ***7°Titolo***: *Dei reati e delle pene.* ***Art.95*** droht die „Strafen“ der „Art.235,Abs.1 und 236“ im *Codice penale* für „Aussperrung“ und „Streik“ zu anderen als in Art.18 der *Disciplina* „vorgesehenen Zwecken“ „von Amts wegen“ an. ***Art.96*** weist bei „begleite[nden] Gewalttaten oder Drohungen“ auf „Anwendung“ der „Art.166 und 167 des *Strafgesetzbuches* hin. Von „Art.154,Abs.1 des *Strafgesetzbuches* vorgesehene“ „Gewaltanwendung oder Drohung“ werden durch *Disciplina*-„Strafen“ geahndet. Laut ***Art.97*** „bestimmt der“ “Ministro delle Corporazioni“ zur „Anwendung der Art.19 und 20“ der *Disciplina* auf Streiks und Aussperrung die „Kategorien...von öffentlichem und gemeinnützigem Charakter“. Die „jedes Jahr[]“ „14 Tage“ ausgehängte „Liste“ der „gemeinnützige[n]“ „Firmen“ kann „von jedermann“ „bezüglich der Eintragung“ beanstandet werden. „Die definitive Liste“ „genehmigt der Präfekt“. Sie „wird im Amtsblatte... veröffentlicht“. „Berufe der Heilkunde“, „eines Advokaten“, „Notars,“ „Ingenieurs, Architekten, Geometers oder Landvermessers“ werden gemäß ***Art.98*** „als von öffentlichem und gemeinnützigem Charakter angesehen.“ ***Art.99***: „Delikte“ in der „Handelsmarine“ „werden“ nicht „abgeändert“. ***8°Titolo***: *Disposizioni transitorie e finali.* ***Art.100***: „Bis zum Erlaß der von Art.23“ der *Disciplina* „vorgesehenen Ausführungsbetimmungen“ bleiben die „Sachverständigen"-„Kompetenz"-Gesetze „vom 25. Juni 1893, Nr. 295" („private[s] Angestelltenverhältnis"), „2. Dezember 1923, Nr. 2686" („Schiedskollegien") und „19. Oktober 1923, Nr. 2311" („Handelsmarine") in Kraft. Die „Funktionen" der „Provinzialwirtschaftsräte „übt" der „Präfekt[]" „solange" „aus". Die „Liste" „wird" „für das Jahr 1926" „während des der Veröffentlichung" „der Kategorien" „von [] gemeinnützigem Charakter folgenden Monats errichtet". ***Art.101***: Wenn die *Disciplina* und die *Normen* „keine besonderen Bestimmungen" zur Arbeitsprozeßordnung „enthalten", wird die *Zivilprozeßordnung* angewandt." ***Art.102***: „Die zur Funktion des Korporationsministeriums" und zur „Anwendung" der *Disciplina* und der *Normen* notwendigen" „Ausgaben" nimmt der "Ministro delle Finanze" „in das staatliche Budget auf". „Die Möglichkeit, „weitere Bestimmungen" „durch Reglement" kraft „königlicher Verordnung" zu „erlassen", betont ***Art.103***.[43]

II. Detaillierte Hinweise und strukturelle Veranschaulichungen

Titolo I. Den "cultori della dogmatica individualista", die in der Syndikatsgesetzgebung „neue öffentliche Rechte des einzelnen erblicken", widerspricht der ***Art.4****.1*, denn dieser schließt die "*risparmiatori*" (= Trittbrettfahrer) aus, die sich nicht den kollektiven Gegebenheiten unterwerfen, wohl aber ihre Vorteile genießen wollen. Zu ***Art.5***: Laut Costamagna gibt es vereinsrechtsgemäß erstens „erlaubte (associazioni lècite) oder tatsächliche Vereinigungen" („di fatto"), zweitens autorisierte Vereinigungen der Staatsangestellten (associazioni autorizzate) und drittens „öffentlich-rechtlich anerkannte Berufsverbände (associazioni legalmente riconosciute o istituzoni sindacali)".[44] ***Art.6***: Müller findet in der scharfen Trennung von Kopf- und Handarbeiter noch liberal-marxistisches Gedankengut.[45] Arias wiederum sieht „den grossen Vorzug", „mit der Bildung der Körperschaften" bevollmächtigter Angestellter „auch der „Intelligenz", „dem ersten aller Produktionsträger", neben der Handarbeit und dem Kapital „eine Vertretung zu garantieren", als „Hauptverdienst" des Gesetzes. Arias traf diese Feststellung bei der Rezension der streng „parithetisch" (sic!) und unter ganz offenbarer Preisgabe des technischen „Elements" veranlagten *Körperschaftsordnung in Spanien* vom 27.XI.1926.[46] - Zu ***Art.7***: Die "libertà di scelta della [] professione" ist auch als "*plurimità di occupazione*" zu verstehen.[47] - Zu ***Art.22***: Im Ausnahmefall ist ein "esercizio del commercio" dem Art.54 des *Codice di*

[43] Ebd., S. 94, vgl. Rocco, Stato, S. 400.
[44] Wagenführ, Korporative Wirtschaft, S. 51.
[45] Müller, AOG, S. 31.
[46] Arias pp., Mussolini, S. 267/268.
[47] Costamagna, Diritto pubblico, S. 342.

commercio unterworfen. [48] - Die Ausnahmen von *Tit.I, Capo I* stellen sich in Skala 3 wie folgt dar:

Skala 3

1° Tit.;Art.5,1: Besondere anerkannte Berufsvereine ersten Grades
= Separate associazioni sindacali unitarie o di primo grado riconosciute für die

selbständigen Handwerker	Kleinhändler	Gutsbesitzer	Pächter	Halbpächter
= artigiani per proprio conto	= piccoli commercianti	= proprietari	= affituari	= mezzadri

Art.6,1,2: Kopfarbeiter	techn.u. Verwaltungsangestellte	*Art.8*:genossensch. Unterneh-	*Art.6,1*: Handar-
= intellettuali	= direttori tecnici ed amministr.	men = imprese cooperative	beiter = manuali

Art.11,3: freie Berufe und Künstler oder fakultativ in den Angestelltenberufsvereinen
=professionisti e artisti, = altresì nelle associazioni sindacali di impiegati
Art.12,1: durch Ges.v.3.IV.1926 anerkannte bestehende Orden und Kollegien
= Ordini o Collegi esistenti e riconosciuti con legge 3 aprile 1926

Das Schema der juristischen Formierung und der arbeitspolitischen Strukturen zum ***Art.41*** unter Zuhilfenahme von Rocco und Wagenführ:[49] *Art.41 a/c*) schlägt die Confederazioni in der Reihenfolge ihres produktiven Wertes vor. Die Arbeiter der See- und Lufttransporte werden wie bei D'Annunzio (C I, XIX) auch als "Gente del Mare e dell'Aria" umschrieben.[50] Das *Proclama* des Marsches auf Rom deutet bereits die Berufsfelder "borghesia produttrice", "campi", "officine", "trasporti", "impiego" an.[51] Beckerath führt seinem Kenntnisstand vor dem 1.VII.1926 entsprechend an, daß „unter Rossonis Leitung eine Einheitsorganisation für ganz Italien (confederazione nazionale dei Sindacati fascisti)" (*2°Titolo, Art.32/4*) entstehen sollte.[52] *Art.41,6*: Der Consiglio Nazionale delle Corporazioni, durch Kgl. Dekret Nr. 1131 vom 2.VII.1926 beim Ministero delle Corporazioni vorgesehen, wird erst durch Gesetz Nr. 206 vom 20.III.1930 ausgebaut und am 21.IV.1930 durch Mussolini eröffnet.[53] Das Dekret vom 17.V.1934 gliedert die "comunicazioni terrestri e marittime" in diejenigen der Industrie ein, so daß 9 bleiben (s. Skala 4):[54]

---

48 Ebd., S. 355.
49 Rocco, Stato, S. 406-408; Wagenführ, Korporative Wirtschaft, S. 46.
50 Wagenführ, Korporative Wirtschaft, S. 154.
51 De Luna, Mussolini, S. 49.
52 Beckerath, Fascistischer Staat, S. 134; vgl. De Felice, Mussolini fascista, S. 274.
53 Heinrich, Faschismus, S. 84-86.
54 Aquarone, Stato totalitario, S. 206.

Skala 4

Art.41,6: Gen.-Verbände nach Anhörg. d. MIN.-RATS u. d. *Nationalrats d .Korp.*durch **Kgl**. Verordng.anerkannt
= Confederazioni generali sentito il CONSIGLIO dei MINISTRI e il *Cons.naz.*delle Corp.autorizzate con **R.D.**
Art.32: Spitzenverband: Berufsverein höherer Ordnung = Confederazione: associazione sindacale di grado superiore
juristische Person = persona giuridica
Art.41,5:

vertikal = stretta-mente sindacale →	horizontal	← vertikal = stretta-tamente sindacale

Generalverband der Arbeitgeber = Confederazione generale dei datori di lavoro	Generalverband der Arbeiter = Confederazione generale dei lavoratori
Art.41,1: ↑	↑
Art.41,2a: ***Reichs**verband = Confederazione **nazionale***	*Art.41,3b*: ***Reichs**verband=Confederazione **nazionale***
industriali	impiegati ed operai dell'industria
agricoltori	impiegati ed operai dell'agricoltura
commercianti	impiegati ed operai del commercio
trasporti marittimi ed aerei	impiegati ed operai dei trasporti marittimi ed aerei
trasporti terrestri e navigazione interna	impiegati ed operai trasporti terrestri e navigazione interna
bancaria	impiegati bancari

Art.41,4c: per gli esercenti una l i b e r a a t t i v i t à

Die Schemata zum ***3°Titolo*** führen die zentralen Bindeorgane und Roccos Struktur vor Augen. Er unterscheidet von der korporativen „Horizontale“ die von ihm „vertikal “ benannte aus dem Sindacato aufsteigende Säule und skizziert die pyramidale Einordnung der „federazioni“ in die „confederazione“ und derselben in “federazioni circondariali“, “provinciali“, “regionali“ bis zur “federazione nazionale“.[55] Als Waagerechte kommen die aus der Vergangenheit erweckten “corporazioni“ wieder zur Geltung (A III). Die Korporationen wurden „von oben herab (dall'alto in basso)“ erst nach der Einrichtung des „Rates der Korporationen“ eingerichtet.[56] Das Sindacato bleibt im späteren Modell nur auf der untersten Ebene. Diese Auflösung des von Rossoni geforderten integrierten Syndikatsblocks oder des “grande sindacato generale“ (“Nazione dal punto di vista economico“) in Arbeitgeber und –nehmerverbände sieht Jocteau als “sconfitta decisiva del sindacalismo di Rossoni“. Diesem bescheinigt er gegenüber Rocco “debolezza“, “velleitarietà“ (= Willenlosigkeit) und “ideologia subalterna“.[57] Auf die weitere “politica del regime“ übertragen, bedeutet es die Nichtverwirklichung eines “stato corporativo“ “rossoniano“. Sich auf die weitgestreuten Hinweise De Felices berufend, sieht Tranfaglia in Rossonis “sconfitta del fascismo corporativo“[58] bzw. “fallimento del progettto corporativo“[59] und dem Wegfall einer „Alternative“ zu den “istituzioni tradizionali“ (“monarchia“, “esercito“, “burocrazia statale“, “grande industria“, “alta finanza“) als „Konse-

---

[55] Rocco, Stato, S. 407; Arias pp., Mussolini, S. 209; Bild der staatsrechtlichen „Pyramide“ bei: Panunzio, Allgemeine Theorie, S. 49, sowie bei: Meriggi, Faschismus, S. 21/22.
[56] Wagenführ, Korporative Wirtschaft, S. 29.
[57] Jocteau, Magistratura, S. 18-20; ebd., S. 42: über Art. 42-45.
[58] Tranfaglia, Labirinto italiano, S. 124.
[59] Ebd., S. 125.

quenz“ des Sieges kraft “sbloccamento“[60] (F III 2) den verhängnisvollen Weg (“scelte cruciali“) zum “imperialismo fascista“ mit seinen “avventure militari“.[61]

Skala 5

Art.46,1 :
→ Die *Präsidenten* der korporativen Organe durch Erlaß ←
des KORPORATIONSMINISTERS ernannt und zurückberufen
= I *presidenti* degli organi corporativi nominati e
revocati con decreto del MINISTRO per leCORPORAZIONI

Art.45;46,1;vgl.*Art.50,1.* ↗ · ↖

Associazione di 4^0 grado; costuita da più associazioni di 3^0 grado e via dicendo; **pers. giuridica**
→ Corporazione;Consiglio con rappresentanza uguale di datori di lavoro e lavoratori intellettuali e manuali; stipulazione di contratti collettivi; **n o n** persona giuridica; organo dell'Amministrazione dello Stato ←
Ass.di 4^0 grado; cost.da più ass.di 3^0 grado e via dicendo; **pers. giuridica**

Associazione di 3^0 grado; costituita da più ass.di 2^0grado; **persona giuridica**
→ Corporazione;Consiglio con rappresentanza uguale di datori di lavoro e lavoratori intellettuali e manuali;stipulazione di contratti collettivi; **n o n** persona giuridica; Organo dell'Amministrazione dello Stato ←
Ass.di 3^0 grado; cost. da più ass. di 2^0grado; **persona giuridica**

Verband: Berufsverein höherer Ordnung; juristische Person; *Art.32* = = Federazione:assoc. sind.di grado superiore o 2^0 grado;costituita da più associazioni unitarie; **persona giuridica**
→ Corporazione; Consiglio con rappre- uguale di datori di lavoro e lavoratori intellettuali e manuali;stipulazione di contratti collettivi; **n o n** persona giuridica; organo dell'Amministrazione dello Stato ←
Verband: Berufsv.höh.Ordnung;jurist.Person;*Art.32*=Ferazione:assoc.sind.di grado sup. o 2^0 grado; costituita da più ass. unitarie; **persona giuridica**

.... ↗ ....

Arbeitgeberverband.höherer Ordnung. *Art.34,3*: Angeschlossen Handwerker, Kleinhändler, Gutsbesitzer, Pächter; **juristische Pers.** = Associazione di datori di lavoro; grado superiore. Aderiti artigiani,piccoli commercianti,proprietari, affittuari;**p ersona giuridica**

Arb.-Nehmerverb. / höh. Ordng.; **jurist. Pers.**=asssciazione di lavoratori di grado superiore; **persona giuridica**

Art.34,4:Landarb.-Vereinigung. höh.Ordnung; angeschlossen Halbpächter = ass. sind. di grado superiore. Aderiti mezzadri

Art.35: Orden u. Kollegien d. freien Berufe n. Art.2,2 v. 3.IV.1926 nicht angeschlossen

Art.34,2: Genossensch. n. der Natur der Betätigg. = ass. di imprese cooperative secondo modo di funzionamento

Art.33,1: (lokale)Vereinigg.niederer Ordng.= associazione di gr.inf. o 1^0grado o unitaria; **n o n** pers.giuridica
→ Corporazione ← **k e i n e** juristische Person
(lokale)Vereinigg.niederer Ordng.=associaz. di grado inferiore o 1^0 grado o unitaria; **n o n** persona giuridica

Pyramidale Struktur in R o c c o s V o r s t e l l u n g

vertikal = strettamemte sindacale

(con)federazione.nazionale di tutta l'Italia
↑ ↑
(con)federazioni regionali
↑ ↑ ↑
(con)federazioni provinciali
↑ ↑ ↑ ↑
(con)federazioni circondariali (Bezirk)
↑ ↑ ↑ ↑ ↑
(con)federazioni locali/comunali (Ort,Gemeinde)

---

[60] Ebd., S. 124, 124/FN 13, 124/FN 14: Tranfaglias Verweis auf zahlreiche Quellenangaben aus De Felice, Mussolini fascista; ebd., S. 327: Anzahl der Contratti nazionali und (inter)provinciali.

[61] Tranfaglia, Labirinto italiano, S. 124.

Der Präsident der Confindustria Antonio Stefano Benni[62] hatte nur vom „Versteigerer“ oder “banditore della corporazione integrale“ gesprochen.[63]

Zu den ***Art.42/3***: Der ***3⁰Titolo*** gibt als administrative Neuigkeit über die “associazione“ des *Disciplina*-Artikels 3 hinaus den “organi centrali di collegamento“ den Zusatz “o corporativi“ und „eröffnet“ „die korporative Organisation“[64] in entfernter Assoziation an einstige Zünfte. Die jetzt erstmalig legislativ “corporazioni“ genannten, tags darauf einem gleichnamigen Ministerium untergeordneten und nach den jeweiligen “fattori della produzione“ „verbundenen Organisationen“ (“organizzazioni così collegate“) sind die „horizontalen“ „Organisationen“, welche auf dieser Ebene „Arbeitgeber und Arbeitnehmer an einen Tisch setz[en]“.[65] Vertikal dagegen streben sie voneinander getrennt ihrer jeweiligen Obervereinigung zu. In dieser Heterogenität können sie beide zusammen keine “personalità giuridica“ verkörpern, wohl aber miteinander Verträge schließen (*Disc.*Art.10) und sind “organo dell'Amministrazione dello Stato“.[66] Prof. Dr. Giuseppe Bottai (1895-1959) bezeichnet „die Korporation“ als ein „staatliches Organ sui generis“, denn ihre „Tätigkeit“ erwächst „aus dem einheitlichen Zusammenschluß von Berufsverbänden“, „denen der Staat selbst seine Anerkennung und eine weite autonome Sphäre zugestanden hat“.[67] “Persona giuridica“ sind dagegen die Syndikate höheren Grades“ laut ***Art.32*** und nachträglich gemäß oberstem Gerichtshofurteil vom 2.II.1932. „Das Syndikat ist die unzerstörbare Zelle der Korporation; dem vertikalen System der Syndikate wird durch Querverbindungen zwischen den Syndikaten zweiten Grades das horizontale System der Korporationen angegliedert.“[68] Den Ausgangspunkt dazu lieferte die *Disciplina*, Art.3,1: ”ferma restando sempre la rappresentanza separata dei datori di lavoro e quella dei lavoratori.“[69]

Die ”duplicità di organizzazione *verticale* sindacale“ - ”*orizzontale*, corporativa“ eint der selbst in den ”uffici locali“ (meist ”regionali“) ausgeprägte ”carattere nazionale“. Die vertikalen Organisationen schützen die „einzelnen“ “elementi della produzione“, die waagerechten korporativen die „Gesamtinteressen jedes Produktionszweiges und jeder Unternehmensgruppe“.[70] Das *Gesetz über den Ausbau und die Bildung der Korporationen, vom 5.II.1934,Nr.163* wird das

62 Vgl. Stübler, Italien, S. 126; Eschmann, Faschistischer Staat, S. 12; Candeloro, Storia IX, S. 148.

63 De Felice, Mussolini fascista, S. 249.

64 Vgl. Meriggi, Faschismus, S. 69; Arias pp., Mussolini, S. 206.

65 Wagenführ, Korporative Wirtschaft, S. 49.

66 Meriggi,. Faschismus, S. 69; Norme, Gazzetta Ufficiale, 7-VII-1926, S. 2934. - Wagenführ, Korporative Wirtschaft, S. 132: „ist eine juristische Person“ erweist sich als Druckfehler. Dagegen spricht auch: Candeloro, Storia IX, S. 148.

67 Müller, AOG, S. 57, 57/FN 187.

68 Rößler, CDL und AOG, S. 17.

69 Pergolesi, Diritto costituzionale, S. 281 = Wagenführ, Korporative Wirtschaft, S. 49.

70 Rocco, Stato, S. 412.

System nach der Genehmigung durch den Großrat am 9.XII.1933 erweitern.[71] Die nach ***Art.44c***) errichteten "Uffici di collocamento" (Arbeitsnachweisämter, -vermittlungsstellen/ämter) sind keine Neuerung. In Deutschland wurden sie bereits am Ende des 19. Jahrhunderts privat, paritätisch von gemeinnützigen Vereinen, Berufsverbänden und Stadtgemeinden betrieben.[72] Da derselbe *Art.44c*) "particolari disposizioni di legge" in Aussicht stellt, deuteten dies die „Anhänger der 'teoria contrattuale'" (*Art.56,3*; C VI 3) als „Aufschub" „korporativer Verordnung" zur „bedarfsweisen" Arbeitsämterbildung ohne gesetzgeberische Durchsetzung:[73]

Skala 6

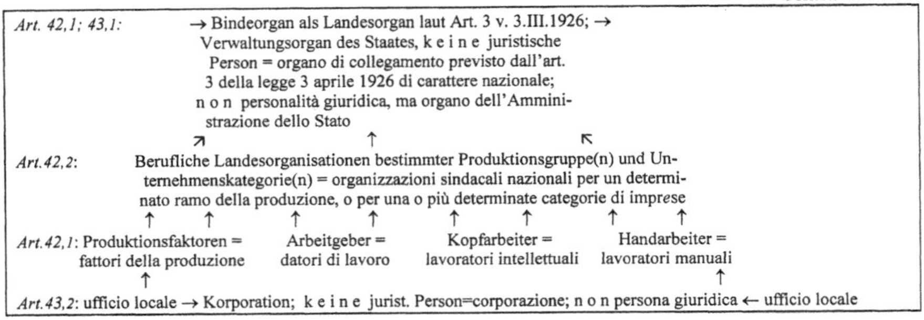

Zum ***4⁰ Tit.***: *Art.**47/60***. Rößler legt den Kollektivarbeitsvertrag zwischen den Vereinigungen 1. Grades als bindend für die Arbeitsbedingungen der ganzen Kategorie aus. Wegen dieser allgemeinverpflichtenden Wirkung steht der "contratto collettivo" ohne eigentliche „reine Vertragsnatur" „zwischen Vertrag und Verordnung", laut Carneluttis *Teoria del Regolamento collettivo* ein „Zwitter" mit der „Seele" oder dem Wesen „eines Gesetzes" in der Form oder dem „Körper eines Vertrages".[74] Diese „zwischen dem Vertrag und der Verordnung stehende Norm" bezeichnen Bortolotto und die Parlamentsberichte als „Akte, die eine doppelte Natur haben, eine vertragliche und eine gesetzliche".[75] Für Niederer verpflichtet die „rechtsetzende Vereinbarung" die „vertragschließenden Parteien selbst öffentlich" „nur" mit „zivilrechtlicher Haftung", setze aber auch „objektives Recht" „für die gesamte Berufsgenossenschaft".[76] Da sich „der Kollektivvertrag [] nicht an Dritte wendet, da Dritte überhaupt nicht vorhanden", „kommt er dem Wesen des einzigen Syndikates seiner Art als Verkörperung des gesamten Berufsstandes am nächsten", erklärt Bandini.[77] Zum ***Art.48***: Die

---

[71] Wagenführ, Korporative Wirtschaft, S. 138-149 = Meriggi, Faschismus, S. 62-67.
[72] Wagenführ, Korporative Wirtschaft, S. 77, 39/40; Brockhaus Handbuch, Bd. I, S. 117.
[73] Costamagna, Diritto pubblico, S. 557, zu den Art.42-45 auch: Jocteau, Magistratura, S. 42.
[74] Rößler, CDL und AOG, S.15/16 = Müller, AOG, S. 40, 40/FN 109.
[75] Müller, AOG, S. 40, 40/FN 112.
[76] Niederer bei: Ebd., S. 40.
[77] Ebd., S. 40/FN 114.

„dimensioni“ ihrer „Wirksamkeit“ schaffen sich die „vertragschließenden Syndikate“ kraft „imperativer“ “norma corporativa“[78] mit der Abstimmung des “profilo oggettivo (complesso di rapporti)“ auf das „subjektive Profil der Berufskategorie“ (“complesso di soggetti“) selbst.[79] Zu ***Art.52***: Carneluttis Kritik am Ausschluß von „Dienstverhältnissen persönlicher Natur“ hält Costamagna entgegen, es sei kein “nuovo «diritto comune del lavoro»“[80] zu gestalten, um es auf die “sfera intima dell'individuo“[81] zum „Schutz des Schwachen“ mit „individualistischer Zweckmäßigkeit“ auszuweiten, sondern die „staatliche Zweckgebundenheit“ im „Erzeugungsinteresse“ wahrzunehmen. Auch hier wäre die Zurückweisung einer “tutela del debole“ oder sogar “*difesa del debole*“[82] (“*difesa al debole*“[83]), die das R.D.n.1825 für „schwangere Angestellte“ vom 13.XI.1924 zum Tenor macht, am Maßstab der königlichen Gesetzeshüter eines Vico, der sonst kein “giusnaturalista“ ist, zu bewerten. Um die aus *Disc.*Art.10,2 mögliche „Unterbrechung der Regelung“ („*vacatio legis*“) durch “temporaneità“ (= Fristbedingung) „zu vermeiden“, wird der Vertrag bei nicht angezeigter “scadenza“ in ***Art.53*** stillschweigend verlängert “ulteriormente rinnovato, e così di seguito“. ***Art.54*** zwingt zur Anpassung (“uniformarsi“) von “contratto collettivo“ und “individuale“. Aber einigen Juristen, darunter Barassi, erscheint die Diskrepanz (“contrapposizione“) zwischen “obbligazione *ipotetica*“ und “*obbligazione negativa*“ für den Ausgleich zwischen den heterogenen Verträgen definitionsmäßig in nur unbefriedigender Weise gelöst.[84] Zu ***Art.56***: Costamagna unterscheidet die „equità“ ("ispirandosi all'*equità*“)[85] als "criterio di legislazione“ = "formazione della norma“ entsprechend ihrer „zweckgebundenen“ "valutazione[86] di utilità“ vom echten „Rechtsgrund“ ("fonte di diritto oggettivo“).[87] Pergolesi weist der “*analogia*“, der “*equità*“ und dem “*dovere sociale*“ nur „Interpretationshilfsfunktionen“, nicht aber den Rang von “fonti formali“ zu.[88] Carnelutti hebt in den ***Art.56/7*** angesichts der „Ablösbarkeit“ der dem “nuovo ordine“ widersprechenden “leggi imperative“, welche mit dem „Verfassungsprinzip“ übereingehen, den „Kontrast“ zwischen „individualistischem Prinzip“ und dem „sozialdemokratischen der Sozialjustiz“ hervor, weil dieses „Prinzip“ der „gewerkschaftskorporativen Ordnung“ „geopfert“ wird.[89] Costamagna hält dagegen, die „Konfrontation“ in der „Interpretationsweise sowohl des individualistischen Prinzips der freien Wirtschaft wie derjenigen der sozia-

---

[78] Costamagna, Diritto pubblico, S. 521: “norma giuridica cogente o imperativa”.
[79] Ebd., S. 526.
[80] Ebd., S. 527.
[81] Ebd.
[82] Ebd., S. 321.
[83] Ebd., S. 525.
[84] Ebd., S. 519/520.
[85] Ebd., S. 524/525.
[86] Pergolesi, Diritto costituzionale, S. 20.
[87] Ebd., S. 550.
[88] Ebd., S. 21.
[89] Costamagna, Diritto pubblico, S. 521.

len Gerechtigkeit“ erfolge vielmehr „zwischen individualistischem“ und „nationalem Prinzip des übergeordneten Interessenschutzes, der Produktion“.[90] Pergolesi sieht nicht die “giurisprudenza“ in ihrer „Gesamtheit der Urteile der verschiedenen Gerichte über ein bestimmtes Argument“ als „Rechtsquelle“ an, „sondern die einzelnen auf die ‘specie’ bezogenen und gefällten Sentenzen“: “e in particolare le sentenze collettive della Magistratura del lavoro che creano nuove norme (generali ed astratte) in materia di lavoro“. Die genannten “fautori della teoria contrattuale“[91] (*Art.44c*; C VI 3) erblicken auch in der Formulierung des *Art.56,3* („können der Wirkungskraft der *Normen* ein Ende bereiten, indem sie einen unmittelbaren kollektiven Arbeitsvertrag aufstellen“) den Beweis ihrer ‚Kontraktthese’.[92] ***Art.64***: Jocteau bemängelt den Ausschluß der „ungebildeten Arbeiterschicht“.[93] ***Art.61/7***: In der Praxis gehörten die “esperti“ meist dem “padronato“ an, zuweilen “liberi professionisti“ und „seltener Akademiker“,[94] weshalb Jocteau in den “giudizi di secondo grado“ eine “maggiore benevolenza“ vor dem „Patronat“ beobachtet.[95] ***Art.71***: Der Kollektivvertrag darf „gegenüber der veränderten Lage keinen Anachronismus darstellen“. Das „Interesse der Produktion“ kann „Revision“ erfordern; vgl. *Art.89*.[96]

III. Kommentare

Gioacchino Volpe preist das Gesetz als „das originellste Werk der faschistischen Revolution“ und Mussolini als „das mutigste, kühnste, schöpferischste (= innovatrice),[97] folglich revolutionärste“ „unter den bisher von der faschistischen Regierung ausgearbeiteten Gesetzen“.[98] Er verkündet den „Faschisten ganz Italiens“, das “ordinamento corporativo dello Stato“ sei mit dieser Gesetzgebung “fatto compiuto“ geworden: „der halbliberale, agnostisch-feigherzige Staat war einmal.“[99] Dieses Jahr „orchestralen Eindreschens“ (“*battage* orchestrato“)[100] auf die “psicologia collettiva“[101] war “demagogisch“ erfolgreicher als die folgenden, in denen sich die „Regimemassen“ bereits an „ähnliche“ “exploits propagandistici“ „gewöhnt“ hatten.[102] Während De Luna den epochalen Ein-

---

[90] Ebd., S. 524/525.
[91] Ebd., S. 557.
[92] Ebd.
[93] Jocteau, Magistratura, S. 42.
[94] Ebd., S. 107.
[95] Ebd., S. 107/FN 12.
[96] Arias pp., Mussolini, S. 220/221.
[97] Aquarone, Stato totalitario, S. 126.
[98] Ebd.
[99] De Felice, Mussolini fascista, S. 277.
[100] Ebd., S. 278.
[101] Ebd.
[102] Ebd.

schnitt durch die neue Legislation und ihre „gewerkschaftsfeindliche Logik“ äußerst nüchtern zensiert,[103] hebt Rocco hervor, daß „ausländische Gesetzgebung kein hilfreiches Beispiel liefern konnte“, um das „Gewerkschaftsphänomen“ und das „Gesamtproblem der Beziehung zwischen Kapital und Arbeit zu lösen“.[104] Schon im Monat der *Normen*verfügung bespricht Rocco beide Erlasse in *La nuova disciplina del lavoro e lo Stato corporativo.* Àrias doziert Mussolinis Heraklitverständnis entsprechend, „es sei ein kühner, nicht dagewesener Versuch, eine bis dahin gegen jede juristische Formulierung widerspenstige Materie zu ordnen“.[105] Gerade die neugeschaffene „Korporation“ vermeidet, sagt Bodda, das “eventuale squilibrio“ bei „Preis- und Lohnerhöhung“ im Sinne des “benessere generale della nazione“.[106] Die Resistenz des „Industriebundes“ gegen die „Anerkennung der nationalen Gewerkschaften“ und die „Arbeitsgerichte“ überwindet die Regierung „durch die staatliche Lohnfestsetzung“ dank Abwägung der „ökonomischen *ratio*“ beim Eingriff „in den Mechanismus der Verteilung“ während der ersten fünf faschistischen Jahre (Beckerath).[107] Auf den beiden Erlassen vom 3.IV.1926 und 1.VII.1926 als „positiven Rechtsquellen“ beruht „die ganze Organisation der Arbeit“ (Müller).[108] Àrias gelten die *Normen* als „wirkliches «legislatives Reglement»“.[109] Gerade die *Normen* schaffen die Symmetrie der korporativen Hierarchie.

Tatsächlich wird zur Vervollständigung der „*Norme* corporative“ (Costamagna)[110] in den kommenden Jahren eine Flut von Verordnungen folgen (F III 1). Für Panunzio ist „das Wesen des Korporativismus juristischer und politischer, nicht wirtschaftlicher Art“, „weil der Korporativismus die Grundlage des neuen öffentlichen Rechts“ ausmacht.[111] In seinen Aufgabenkatalog reiht Zanzucchi die “funzioni di controllo“, “consultive“ und “conciliative“ zur Schlichtung ein.[112] Die Korporation „erscheint als staatlicher Interklassismus der wirtschaftlichen Kräfte auf nationaler Basis“, definiert Guido Bortolotto.[113] Die *Normen* dienen der Ausformung des ursprünglich als Homo oeconomicus diskutierten Menschen und seiner gesellschaftspolitischen Einbindung (“inquadramento“). Der *Normen-Art.94* hätte im Schul- und Akademiebereich kraft seiner antiliberalen Einstellung eine allgemeine Revolution jugendlicher Elite wie derjenigen von 1968 im Keime erstickt. Andererseits überwiegt die zeitgenössische Akzeptanz des Gesetzeswerkes: „der junge Eugen Kogon rühmte schon 1926 die

---

[103] De Luna, Mussolini, S. 86-96.
[104] Rocco, Stato, S. 401/402.
[105] Ebd., Arias pp., Mussolini, S. 25.
[106] Bodda, Diritto pubblico, S. 194.
[107] Beckerath, Fascistischer Staat, S. 143.
[108] Müller, AOG, S. 29.
[109] Arias pp., Mussolini, S. 194.
[110] Costamagna, Diritto pubblico, S. 500-561.
[111] Panunzio, Allgemeine Theorie, S. 43.
[112] Zanzucchi, Diritto pubblico, S. 396/397.
[113] Rößler, CDL und AOG, S. 18, 62/FN 28.

sozialen Elemente in Mussolinis korporativer Wirtschaftspolitik." (*1903, Journalist der Katholischen Zeitschrift *Schönere Welt*, 1938/9 KZ Buchenwald, analysierte er 1946 den *SS-Staat.*)[114] Sorel hatte die von Marx übernommene Vorstellung von sich selbst leitenden Erzeugungssyndikaten der „producteurs libres travaillant dans un atelier débarassé de maîtres" genährt.[115] Die korporativen Verbindungsorgane „zwischen den vertikalen Syndikaten der Unternehmer und Arbeiter" hätten davon einen Gedanken entlehnt, interpretiert Beckerath.[116] Diese Entwicklung entspräche dann wider Erwarten dem Vicoschen Leitsatz des reifen Absolutismus, der Staat habe die Gesetze zur Gleichbehandlung der (wirtschaftlich) Starken und Schwachen zu fördern. Rocco sieht die beiden Erlasse, welche die legislative Verbindung von an der Arbeit Teilnehmenden und ihren Verbänden mit dem Staat und dem nationalen Gedanken unterstreichen, als „Beendigung des staatlichen Jahrhundertagnostizismus im Berufs- und Klassenkonflikt".[117] Àrias überschreibt ein Kapitel ergebnisgewiß so: *Vom extremen Syndikalismus bis zum Triumph der nationalen Idee.*[118] Candeloro registriert, daß „die Zivilgesellschaft fortlaufend ihrer Entscheidungsbefugnis" durch „Absorbierung in die faschistischen Staatseinrichtungen enteignet wurde"; dies sei „eine grundlegende legislative Etappe" oder „die Verlagerung der Vertragsproblematik vom privaten ins öffentliche Recht".[119] Nach Aufhebung der Confederazione Generale del Lavoro und Inkrafttreten der Gesetze stieg die Zahl der Kollektivverträge rasch an: bis zum 31.XII.1929 178 nazionale/interprovinzielle und 2821 provinzielle; Ende 1931 entsprechend 400 bzw. 8659.[120] Am 31.XII.1931 waren von 2.428.550 Industriearbeitern 1.661.874 in den Syndikaten, in der Landwirtschaft von 2.814.102 Arbeitern 1.408.607; am 31.XII.1933 trotz „wachsender Beschäftigungslosigkeit" 1.813.463 bzw. 1.926.931 Syndikatsmitglieder. Im gleichen Zeitraum sank die Matrikel der Seeleute wegen der „teilweise dramatischen dem Arbeitsgericht vorgelegten Vertragsprobleme" von 40.771 Mitgliedern auf 23.829.[121] Laut Jocteau „drängte" Roccos "attuato progetto sindacale" „die Arbeiterorganisationen" während der Weltwirtschaftskrise mit ihren Konsequenzen auf dem ökonomischen Felde durch Lohnkürzungen, Arbeitgebervertragsverletzungen und Arbeitsplatzverlusten in eine „so geschwächte Position", daß sie der funktionstypischen Bewältigung der „profit- und konzentrationsorientierten Erfordernisse" „keinen nennenswerten Widerstand" „entgegenzusetzen vermochten".[122]

---

114 Seibt, Ich bin Hegelianer, S. N5.
115 Sorel, Réflexions, S. 158, 241.
116 Beckerath, Fascistischer Staat, S. 31/32, 32/FN 1, 136.
117 Rocco, Stato, S. 21/22.
118 Arias pp., Mussolini, S. 140-143.
119 Candeloro, Storia IX, S. 148/149.
120 Jocteau, Magistratura, S. 42.
121 Ebd., S. 42/FN 37.
122 Ebd., S. 43.

Das „Programm der Fasci Italiani di combattimento vom 28.VIII.1919"[123] hatte bereits „die Bildung von nationalen Räten der Arbeit, der Industrie, der Transportmittel, der Volksgesundheit (C VII 2) und anderer Bereiche, gewählt von den Berufsgenossenschaften und ausgestattet mit dem Gesetzgebungsrecht sowie dem Recht, einen Generalkommissar mit den Befugnissen eines Ministers zu wählen", „[g]efordert"[124] und nun erreicht. Der ideologische Übergang vom sozialistischen Anspruch zur legislativen Definition ist erkennbar; der Inhalt hat sich nicht geändert. Die allgemeine Aufnahme der Arbeitsgesetzeswerke dieser nun eröffneten „ersten Korporativen Phase",[125] die Spirito für die Epoche 1926/9 unter dem Zeichen der "Politica economica" des "socialismo" sieht,[126] fördern auch Umstände, die juristisch nichts mit jenen zu tun haben. Geistig-kulturell leitet die Gründung der "Accadèmia d'Italia" das Jahr 1926 am 7.I.1926 ein.[127] Dem Regio Decreto vom 1.VII.1926[128] läuft die Einweihung des neuen Sitzes der "Società italiana degli autori a Roma" durch Mussolini zeitlich parallel.[129] Das Gesetz N 1131 vom 2.VII.1926 errichtet kraft königlichen Dekrets als patriarchalischen Oberbau das "Ministero delle Corporazioni" unter Mussolinis Führung.[130] Die moralische Genugtuung für die Untat an Matteotti verschafften in den Augen des Auslandes vier Attentate auf den Duce zwischen dem 4.XI.1925[131] und dem 31.X.1926,[132] das zweite (ungesühnte) durch eine Irin am 7.IV.1926 vier Tage nach der Legge n.563.[133] Das dritte Attentat vom 11.IX.1926 stellt der Duce in seiner Ansprache zur „Beruhigung des Volkes" in mentalen Zusammenhang zu den Artikeln über die „Abschaffung des Systems" der "scioperi generali rotativi e permanenti": ebenso gälte es jetzt die "serie degli attentati" kraft Einführung der "pena capitale" zu „bremsen".[134] Das außenpolitische Vakuum füllen zwischen *Disciplina*- und *Normen*-Edikten die weltweit beachteten Vorbereitungen von Roald Amundsen (1872-Juni 1928) und Umberto Nobile (1885-1931) zur italienischen Erstüberquerung des Nordpols aus, die am 11./13.V.1926 im Luftschiff des italienischen Ingenieurs glückte.[135] Die innerstaatlichen Ereignisse charakterisieren das Jahr 1926 widersprüchlich. Farinaccis Sarkasmus nennt es zum 700. Todestag des Heiligen „anno frances-

---

123 Lieber, Politische Theorien, S. 792/FN 365.
124 Ebd., S. 392.
125 Vgl. Müller, AOG, S. 55-59.
126 Spirito, Il corporativismo, S. 398.
127 Costamagna, Diritto pubblico, S. 419: R.D.L. n. 87.
128 Bodda, Diritto pubblico, S. 199.
129 Mussolini, Citazioni, S. 168.
130 Bodda, Diritto pubblico, S. 221; Costamagna, Diritto pubblico, S. 318; Heinrich, Faschismus, S. 84-96; vgl. Eschmann, Faschistischer Staat, S. 41/FN 2.
131 Stübler, Italien, S. 131.
132 Eschmann, Faschistischer Staat, S. 123.
133 De Luna, Mussolini, S. 63.
134 Mussolini, Citazioni, S. 183.
135 Der Große Brockhaus, Bd. I, S. 255; ebd., Bd. VIII, S. 430.

cano“, andere „anno degli attentati“.[136] Indessen bezieht Mussolini selbst die Erfolge dieses Jahres der „allerfaschistischsten“ Gesetze (D I) zur Rechtsverordnungsermächtigung (C II 1) mit “decreti legge“, “decreti legislativi“, *Disciplina del Lavoro*, *Normen* und Korporationsministeriumsgründung auf den 9. November.[137] An diesem Tage legen Rocco und Mussolini dem Parlament die *Legge sulla Difesa dello Stato*[138] mit Einführung der Todesstrafe für Attentate auf den Regierungschef[139] (B I, IV 1) vor, 123 oppositionelle Abgeordnete verlieren ihr Mandat.[140] Der Napoleonverehrer „realisierte“ damit „seinen wirklichen *diciotto brumaio*“.[141] Am 18. Brumaire VIII (9.XI.1799) hatte Bonaparte das Direktorium gestürzt und sich zum Ersten Konsul ernannt.[142] Pietro Nenni (1891-1980) dagegen nimmt die „patriarchalischen“ Bemühungen Napoleons I. und des Dritten als Beispiel erfolgloser Sozialpolitik.[143] Er beobachtet seit 1925 die Entwicklung der “crisi sociale“ mit Lohnkürzung und chaotischer Marktlage im “quadro clinico dell’Italia, la grande ammalata“ dank der „reaktionären“ „leggi Rocco“, aus dem Exil und erwartet dort die “revoluzione populare“ als “responso della Storia“ und „responso dei fatti“[144] (D I). Mussolini jedoch erfreut sich im Rückblick (5.I.1927) und „auch in Zukunft“ „der wachsenden Zustimmung des ganzen Volkes, das jetzt in Körperschaften gegliedert ist“.[145]

---

[136] De Felice, Mussolini fascista, S. 200.
[137] Ebd., S. 220/221.
[138] Rocco, Stato, S. 99/120.
[139] Ebd., S. 123; De Luna, Mussolini, S. 63.
[140] De Luna, Mussolini, S. 63.
[141] De Felice, Mussolini fascista, S. 220.
[142] Ebd., S. 220/221; Brockhaus 1882, Bd. XII, S. 67.
[143] De Felice, Mussolini fascista, S. 563-567: Nenni am 25.III.1927.
[144] Ebd., S. 566.
[145] Arias pp., Mussolini, S. 407.

F. Die *Carta del Lavoro*

I. Exegese der *Carta del Lavoro*

Der sogenannte Oberbau über der *Disciplina dei rapporti collettivi del lavoro* ist dem Wesen nach eine Charta (1). Während D'Annunzios Fiumanesimo die Verfassung der Arbeit auf dem vitalistisch konzipierten ‚Zugriff' begründete, erscheint die faschistische *Carta del Lavoro* (dt. Arbeitsverfassung) wie nach einem Zeitplan als Synthesis der dialektischen Schritte Arbeitsgesetz und Arbeitsordnung. Der Bekanntschaft mit dem Inhalt der Carta (2) schließen sich im folgenden Auslegung (3) und Gedanken über die Rechtsform (4) an.

1. Der Charakter einer Charta

Die Charta war bei Griechen und Römern das Blatt der ägyptischen Papyrusstaude, sie bezeichnete dann aber auch „Schrift", „Brief" (so in den iberischen Sprachen), it. carta (= aus Lumpenfetzen hergestellt) und Papier.[146] Die kostbare Ausführung in "cartapècora" oder Pergament diente besonderem, nicht alltäglichem Gebrauch. Dank fortgeschrittener Herstellungsverfahren ist sie in der ursprünglichen, aber verfeinerten Form des Papiers von der Visiten- bis zur Landkarte und dem Abdruck eines Diploms allgemein verfügbar. Das Mittelalter benutzt die kostbare Ausführung des Schreibmaterials für einzigartige Anlässe und außergewöhnliche Gesetze. Um 1100 gesteht King Henry I. (1068; 1100/35) mit seiner *Charta libertatum* England gesicherte Kirchengüter und Feudalverhältnisse sowie der Stadt London Privilegien zu. Im Unterschied zu diesem Dokument schafft Johann ohne Land (1166; 1199-1216) 1215 in der *Magna Charta libertatum* als einer *Political Bible of the Constitution* ein Landesgrundgesetz zum Schutz von Kirche und Adel auf der Insel.[147] Es bewahrt Bürger und Bauern vor königlichen Übergriffen und realisiert die mittelalterliche Idee, daß über dem König das Recht waltet. Verletzt er seine „staatsrechtliche Bestimmung", zwingt ihn ein „Ausschuß von 25 Baronen" durch Pfändung seines Besitzes, Sühne zu leisten. Die in der *Charta* verkündeten und in der Folge erwirkten Freiheiten sind der Ausgangspunkt für die Bildung des Parlaments. In Frankreich galt die *Charte Constitutionnelle* des Königs Ludwig XVIII. (1755; 1795; 1814-24)[148] vom 4.VI.1814 als Verfassungsgrundgesetz.[149] Die Pariser *Charte*

---

[146] Benseler, Griechisch-deutsches Schulwörterbuch, S. 896; Der Große Brockhaus, Bd. VII, S. 732/733; Georges, Lt.-dt. Handwörterbuch, S. 441/442; Zingarelli, S. 199.
[147] Zanzucchi, Diritto pubblico, S. 48: Re Giovanni Senzaterra.
[148] Brockhaus 1882, Bd. IV, S. 198.
[149] Ebd., Bd. VII, S. 121.

vom 7.VIII.1830[150] appelliert „an die Vaterlandsliebe aller Bürger“: „proclamò adirittura che «la presente Carta e tutti i diritti che essa consacra rimangono confidati al patriottismo e al valore delle guardie nazionali e di tutti i cittadini francesi».“[151] Diese übernimmt, ursprünglich sogar mit geringen Änderungen im «Recueil des Actes de Gouvernement de S.M.le Roi de Sardegne» (= Sardaigne) zu Chambéry[152] französisch verfasst,[153] das italienische Statuto vom 4.III.1848, die *Albertinische Charta* oder „schicksalhafte Verfassung“ (= “fatídica costituzione“).[154] Die extremen Faschisten sehen in der „grabesschweren Carta Albertina“ (= “pesante e funeraria“) das Hindernis gegenber ihrer „politica «piú rivoluzionaria»“ kraft *Carta del Lavoro.*[155] Im bürgerlichen Deutschland des gemeineuropäischen Revolutionsjahres legt nach dem Zusammenbruch des Metternichschen Systems am 24.VII.1848 Benedikt Franz Leo Waldeck (1802-70), „Obertribunalsrat zu Berlin“, als Vorsitzender des Verfassungsausschusses der preußischen Nationalversammlung einen Grundgesetzentwurf vor. Wegen seines Widerstandes gegen „die Gesetzlichkeit des fortdauernden Belagerungszustandes“ durch die „oktroyierte Verfassung“ vom 5.XII.1848 wird er vorübergehend in Untersuchungshaft genommen.[156] Die *Charte Waldeck* aber bleibt mit dem Namen des Fortschrittsparteiabgeordneten verbunden.[157] Die globale Ausweitung solcher Schutzklauseln auf die seit der Auklärung aufgerufenen Rechte aller Menschen übernimmt seit dem 24.X.1945 nach vorgegebenem Modell sowie aus den Weltkriegserfahrungen die *Charta der Verein(ig)ten Nationen* und beeinflußt das Gesellschaftsgefüge aller Völker nachhaltig. Ihr folgten weitere internationale Vereinbarungen, so die am 19.XI.1999 in Istanbul unterzeichnete *Europäische Sicherheits-Charta.*

Von der ursprünglichen staatsrechtlichen Bestimmung einer Charta divergiert eine soziopolitische Richtung. Die ersten Versuche arbeitsrechtlicher Reformen knüpfen sich an die Utopien des Sozialisten Owen (C III 1) und seine Oweni(s)ten.[158] Seit 1827 propagiert er „Nichtbeschäftigung von Kindern unter 10 Jahren, 10½stündigen Normalarbeitstag, Kleinkinderschulen, Kranken- und Alterspensionskassen, Einrichtung genossenschaftlicher Konsumläden“ und die pädagogische Beachtung eines “principle of the formation of the human character“ in seinem Betriebe.[159] Er ist die Seele der Arbeitervereine, aus denen zeitgleich zum deutschen und französischen Kommunismus der englische „Char-

---

[150] Ebd., S. 125.
[151] Costamagna, Diritto Pubblico, S. 301.
[152] Pergolesi, Diritto costituzionale, S. 4, 27, 143/FN (*)(1).
[153] Costamagna, S. 28; vgl. Pergolesi, Diritto costituzionale, S. 4.
[154] De Felice, Mussolini fascista, S. 488.
[155] Ebd., S. 312.
[156] Brockhaus 1882, Bd. XVI, S. 396; vgl. ebd., Bd. XIII, S. 193.
[157] Der Große Brockhaus, Bd. XII, S. 305.
[158] Ebd., Bd. VIII, S. 666.
[159] Ebd., Bd. XII, S. 665/666.

tismus“ hervorging.[160] Die Entwicklung stellt Engels dar: „Die industrielle Revolution hatte ihre Klasse großer fabrizierender Kapitalisten geschaffen, aber auch eine weit zahlreichere Klasse fabrizierender Arbeiter...mit ihrer Zahl aber wuchs auch ihre Macht, und diese Macht zeigte sich schon 1824, wo sie das widerhaarige Parlament zur Aufhebung der Gesetze gegen die Koalitionsfreiheit zwang. Während der Reformagitation machten die Arbeiter den radikalen Flügel der Reformpartei aus; als die Akte von 1832 sie vom Stimmrecht ausschloß, faßten sie ihre Forderung in der Volks-Charte (people 's charte) zusammen und konstituierten sich [] als unabhängige Chartistenpartei. Es war dies die *erste Arbeiterpartei* unserer Zeit.“[161] In der „Volkscharte“ verlangten die “Cartisti“,[162] zu deren „einzig ‚intimen' Alliierten“ sich Marx und Engels bekannten,[163] außer „sechs Punkten“ zur „politischen Gleichberechtigung“ „sozialen Schutz der Arbeiter“, „Einführung der Einkommensteuer, Abschaffung der neuen Armengesetze, Verminderung der Steuern auf Lebensmittel“.[164] Es ist die erste Charta, die im industriellen Jahrhundert die soziale Gleichberechtigung des dritten Standes forderte. Die soziopolitische wie staatsrechtliche Veranlagung findet sich wiederum als gemeinsame Konzeption in der *Carta del Carnaro*. Seit der Antike hatten Herrscher und Korporationen Arbeitsordnungen erlassen. Indessen war die Verbriefung in Gestalt einer Charta ein mediterranes Produkt im Lande des Formalismus. Der Fiumanesimo hatte kraft seines Anspruchs „Hier wird der neue Mensch geformt“ (L, *Carta del Carnaro*) das „habeas corpus“ (VIII, *Carta del Carnaro*; C I) als Grundgedanken der *Magna Charta* mit einbezogen, die in England seit 1679 den Bürger vor willkürlicher Verhaftung beschützt. Im Juli 1930 entwirft das antifaschistische Lager die *Carta del Lavoro* „auf der Grundlage“ einer „reformistischen Charta der Arbeit“ zur kurzlebigen „Vereinigung der Sozialdemokratischen Partei mit der Sozialistischer Partei“.[165] 1931 bezeichnet *Quadragesimo Anno* (C II 2, VI 4) Leos XIII. Enzyklika *Rerum Novarum* von 1891 (B VI, VI 4) als die “magna charta dell'ordine sociale“ (C VI 4).[166] In Italien folgen 1933 die *Carta della mezzadrìa*, 1939 die *Carta della scuola* [167](C VII 1) des Unterrichtsministers Bottai[168] und am 31.I.1940 der Entwurf zur *Carta del diritto*.[169] In Deutschland erhebt der „einflußreichste Abteilungsleiter im Arbeitsministerium“ (“il più influente capo-division nel ministero del Lavoro“)[170] (“giurista autoritario“)[171] Werner Mansfeld 1934 das *Gesetz zur Ord-*

---

160 Ebd., Bd. II, S. 584.
161 Marx/Engels, Werke, Bd. 21, S. 212 (Engels, F., Zur Geschichte des Bundes der Kommunisten).
162 Bracher, Il Novecento, S. 97; Der Große Brockhaus, Bd. VIII, S. 665.
163 Marx/Engels, Werke, Bd. 29, S. 44-47: Marx an Engel am 16.IV.1856.
164 Brockhaus 1882, Bd. IV, S. 198/199; vgl. Der Große Brockhaus, Bd. II, S. 584.
165 Stübler, Italien, S. 147.
166 Quadragesimo Anno, 4-39.
167 Pergolesi, Diritto costituzionale, S. 27/FN 1.
168 Schieder, Bildungskatastrophe , S. 35: „Scuola di carta“(= Papier) nannten sie die Spötter.
169 Aquarone, Stato totalitario, S. 284.
170 Mason, Politica sociale, S. 176.

nung der nationalen Arbeit zur *Magna Charta der deutschen Arbeit.*[172] Die Vichyregierung des Zweiten Weltkriegs erläßt im faschistischen Fahrwasser ihre *Charte du Travail.*[173]

Großen Raum hatte D'Annunzio der Arbeitswelt mit korporativer Gliederung in seiner *Carta* gewährt. Deshalb mag sie neben dem sozialistischen Chartismus als Vorbild der 8 Jahre jüngeren aus dem gleichen Azionismo der Squadre fasciste hervorgegangenen *Carta del Lavoro* gelten. Allerdings soll sich im weiteren erweisen, daß ihr Tenor wesentlich sachlicher als die *Carta del Carnaro* ist, mit welcher der „Ästhet des Absurden" (wie oben aufgezeigt) in römischer Tradition wurzelt, dem Mythos zugewandt bleibt und sich dem Mystizismus hingibt. Davon hat sich die *Carta del Lavoro* im wesentlichen befreit, zumal der frühe Mussolini dem Marxismus eng verbunden war und dessen Agitationen noch hautnah miterlebt hatte. Allerdings ist das Verkündungsdatum bewußt in Erinnerung an heroischen Ursprung gewählt worden. Die neue Bewegung verdankt D'Annunzio in seiner "«apoliticità» fondamentale"[174] "irrequieta, riottosa"[175] vor allem ihre Emphase, den römischen Gruß und den Refrain des „romanamente" angestimmten „Schwertgesangs"[176] der Jugend: „Eja, eja, eja, alalà."[177] Er grenzt sich ab: „Das Beste des Faschismus ist von mir,... aber die Doktrin ist mir völlig fremd."[178] Im Mythos indessen begegnet er Mussolini. Für Spirito findet „die neue Praxis" des faschistischen Regimes auf sozioökonomischem Gebiet mit der *Carta del Lavoro* ihre „erste synthetische Formulierung".[179] Auf solcher Spur juristischer Entwicklung in 1000jähriger Tradition hin zum menschheitsfreundlichen *ius naturale* besagter Urkunden findet sich auch die faschistische *Carta del Lavoro* dank ihres konstitutionellen Funktionscharakters einer Charta, jedoch mit legislativer Auswirkung. Inhaltlich neu ist ihre zielgerichtete Observation der Arbeitswelt. Daher erhielt sie von deutschen Bearbeitern auch das Prädikat „Verfassung der Arbeit",[180] „Arbeitsverfas-

---

[171] Ebd.
[172] Müller, AOG, S. 14, 126.
[173] Fenske, Politisches Denken, S. 788.
[174] Gramsci 125, S. 16.
[175] Ebd., S. 15.
[176] Diel, Duce, S. 144.
[177] Arias pp., Mussolini, S. 6. "Giovinezza, giovinezza, Primavera di bellezza" findet sich entgegen der Behauptung von C. Widmann, Europas Verführer, S. 145, nur inhaltlich bei D'Annunzio: Poesie I. Primo vere: Intermezzo. Eleganza, S. 426: La XIII fatica: „questi liberi e forti re de la giovinezza / e i popoli adorando guardan alto salire (= schauen wie emporsteigen) / i nuovi semiddìi fulgenti (= Halbgötter blitzend vor) di bellezza." II: Laudi del cielo: La canzone del Quarnaro, S. 570-573. "EIA, patria [] del Quarnaro! Alalà!" Vgl. Mussolini, Citazioni, S. 57-63: III. Giovinezza, Giovinezza! Vgl. Arias pp., Mussolini, S. 6.
[178] Widmann, Europas Verführer; darin H. M. Kloth: Das Porträt: Gabriele d'Annunzio, Ästhet des Absurden, S. 152.
[179] Spirito, Il corporativismo, S. 104.
[180] Wagenführ, Korporative Wirtschaft, S. 23.

sung"[181] und „Arbeitscharte".[182] Der Wortlaut der *Carta del Lavoro* findet sich unter Zugrundelegung der amtlichen Übersetzung von 1933 deutsch bei Wagenführ (1934): *Korporative Wirtschaft in Italien* (S. 23-45, 44); deutsch und italienisch bei Heinrich (1932): *Der Faschismus. Staat und Wirtschaft im neuen Italien* (S. 184-195); fünfsprachig in der Jubiläumsausgabe der *Confederazione Nazionale Sindacati Fascisti dell'Industria nel primo decennale dell'era fascista* von 1937; italienisch bei Bodda (1940): *Istituzioni di diritto pubblico* (S. 263-268) und bei Pergolesi (1941): *Manuale di diritto costituzionale* (S. 274-279).

2. Einführung des Textes

Am 12.XI.1926 fordert Mussolini bei einer "Intervista concessa alla *United Press*" für den „Aufbau des Stato corporativo" „weitgehende Entfaltung" „hin zur zivilen und wirtschaftlichen Erfassung aller Italiener": „die tatsächliche Aushebung" (der Bevölkerung = "coscrizione"). Anfang 1927 blickt Mussolini auf das zurückliegende Jahr der „Schöpfung des körperschaftlichen Staates" zurück. Dieser wird nun „auf dem Boden der Berufsinteressen und -vertretung in Funktion treten; zuerst an der Peripherie, dann in der Mitte. So wird sich unter der wachsenden Anteilnahme der Welt die riesenhafte Probeleistung einer grossen, nationalen Gesellschaft zeigen, die auf Fundamenten ruht, mit denen die übrigen Staaten nichts mehr zu tun haben."[183] Der Gran Consiglio hatte bereits die „drei Kriterien" "solidarietà"[184] der „Produktionsfaktoren", "aggiornamento delle leggi protettive del lavoro" und "norme generali sulle condizioni contrattuali" aufgestellt. In den *Norme per la compilazione della Carta del Lavoro* betont Mussolini die „syndikalen Selbstleitungen durch" ihre „Erhebung zum Rang einer öffentlichen Einrichtung".[185] Dazu gehört „1. Rechtsgleichheit unter den sozialen Klassen" mit „Normen und Grenzen" „für jedes Individualrecht", „Eigentum", „Gewinn", „Arbeit und Lohn"; „2. Erhebung der Gewerkschaft zur Würde eines öffentlich-rechtlichen Instituts mit" „eigentliche[r], wirkliche[r] Gesetzgebungsgewalt"; „3. Verantwortlichkeit der einzelnen Bürger gegenüber der Gewerkschaft für genaue Beobachtung der Normen über Disziplin in Arbeit und Produktion"; „4. Verantwortlichkeit der Gewerkschaften gegenüber dem Staat"; „5. Organische Zusammenarbeit der Gewerkschaften mit" Korporationsminister und „Staat"; „Höchstmaß von Solidarität", „Disziplin, Gemeinsinn", „Zucht" „sowohl in der moralischen wie in der Wirtschaftsordnung".[186]

---

[181] Ebd., S. 26; Müller, AOG, S. 28, 29, 29/FN 62.
[182] Müller, AOG, S. 30.
[183] Arias pp., Mussolini, S. 247.
[184] Mussolini, Citazioni, S. 132.
[185] Arias pp., Mussolini, S. 203/204.
[186] Meriggi, Faschismus, S. 28.

Ein zunehmendes Interesse an diesem sozialwirtschaftlich-juristischen Experiment mit einer "Trasformazione dello Stato" bezeugt das nun anschwellende ausländische Schrifttum. D'Annunzios Fiumanesimo war als Verfassung im "Arengo" vor der ochlokratischen Akklamationskulisse der „neuen tausend" „sensationslüsternen" von Gramsci abgewerteten Anarcho-Freischärler[187] zum Ende des ersten Okkupationsjahres angenommen worden. (C I) Während aber das *Bollettino* ‚von unten her' die Legislation entfaltet, „stimmt" der Gran Consiglio Fascista nach den Beratungen vom 6.-8.I.1927[188] der "idea della *Carta del lavoro*" „unter drei Kriterien zu": „1. Solidarität zwischen den Produktionsfaktoren im nationalen Interesse; 2. Organische Gesetzeskoordinierung und -weiterentwicklung zur Arbeiterfürsorge; 3. allgemeine Normen der Arbeitsvertragsbedingungen."[189] Am „10.II.1927" kündigt Mussolini die „Normen für die *Carta del Lavoro*"[190] von der Spitze der ‚konstitutionellen Pyramide' über die oligarchische Elite des Gran Consiglio del Fascismo zum Volke hinab an, um eine Wechselwirkung der Einer-für-alle-Verpflichtung auszulösen: „Alles für den Staat."[191] Sie entsprechen den „vornehmlichen Interessen des Vaterlandes" mit „Norm und Grenzen jedes individuellen Rechts" „auf Eigentum", „Gewinn" und „Arbeit".[192] Der Staatssekretär im Korporationsministerium Bottai fixiert am 11.II.1927 Mussolinis von der Expertenkommission zu „elaborierenden" «punti di massima». Legislative Eile ist geboten, denn am 20.II.1927 hat eine kommunistisch-reformistische Geheimkonferenz in Mailand den Allgemeinen Gewerkschaftsbund neu gegründet und im April 1927 die "Concentrazione antifascista" aus der liberalen „Italienischen Liga für Menschenrechte" unter Pietro Nenni, Filippo Turati (B VI, VII) und den bürgerlichen Republikanern formiert.[193] Spanien hatte mit Kgl. Dekret vom 27.X.1926 seine *Körperschaftsordnung* eingeführt, die „sich auf die öffentliche Rechtseinrichtung" der „lokalen oder interlokalen" „paritätischen" „Komitees" gründet, wobei das „Arbeitsministerium" die Vorsitzenden „bestimmt".[194] Bottai entwirft im Sinne eines "pilatismo della soluzione pratica adottata"[195] einen Text nach den übereinstimmenden Vorschlägen fast aller Arbeitgeber (B)[196] mit Rücksicht auf die "Sindacati fascisti" im Geiste der "confederazione rossoniana" und den anderen mit strengen Forderungen der Confindustria (C). Er legt sie, als "R.decreto legislativo" nach *Disc*.Art.23 oder "testo unico complementare"[197] in juristischer Form ge-

---

[187] Gramsci 125, S. 15.
[188] Vgl. De Felice, Mussolini fascista, S. 286.
[189] Ebd., S. 290.
[190] Arias pp., Mussolini, S. 264/FN 1.
[191] Ebd., S. 264.
[192] Arias pp., Mussolini, S. 264; vgl. Heinrich, Faschismus, S. 124/125, 125/FN 19; Menzel, Staatsgedanke, S. 60/FN 1: jedoch 12.II.1927.
[193] Stübler, Italien, S. 143, 265; Enciclopedia, Bd. IX, S. 206.
[194] Arias pp., Mussolini, S. 265-269.
[195] De Felice, Mussolini fascista, S. 293.
[196] Vollständiger Text bei: ebd., S. 525-542.
[197] Ebd. S. 292.

dacht, Mussolini vor. Beide "formulazioni della Carta"[198] (B, C) gestaltet Rocco zur "soluzione del compromesso".[199]

Wie die feierliche Präsentation der *Carta del Carnaro* entbehrt im Gegensatz zu den unzeremoniellen Edikten *Disciplina* und *Norme* auch die Einführung oder «Parte generale»[200] der *Carta del Lavoro* nicht der Zelebrierung, ohne diesmal die "riti di massa" aufzurufen. Zum „Fest der Arbeit" am 21.IV.1927, „Dies sacri natalis", Roms 2780.Geburtstag,[201] versammeln sich „Seine Exzellenz der Regierungschef und Führer des Faschismus" als „Korporationsminister", der "Gran Consiglio Fascista" und die „Vorsitzenden der faschistischen Konföderation der Arbeitgeber und der Arbeitnehmer" im Chigipalast (B VII). „Der Grosse Rat" „spricht DEN WUNSCH AUS" „die Regierung möge [] die notwendigen, gesetzlichen Massnahmen ergreifen, um die Grundsätze" „der juridischen Disziplin der Kollektivarbeitsverhältnisse und der körperschaftlichen Organisation des Staates" „bei" der heutigen „Erörterung" „in der faschistischen gesetzgebenden Versammlung" „öffentlich bekannt zu machen". Er „BESCHLIESST", „daß die Dauer der Verträge derart sein müsse, daß den Unternehmungen genügend Zeit zur Verfügung stehe, um sich der neuen finanziellen Lage und den Schwierigkeiten der internationalen Wettbewerbe anzupassen". Die „Arbeitsordnung" „setzt" als „grundlegendes Dokument der faschistischen Revolution" „Pflichten und Rechte aller Produktionskräfte fest". „DER GROSSE RAT" „HAELT ES" „FUER ANGEZEIGT die Aufmerksamkeit des ganzen italienischen Volkes und Aller, die sich in der weiten Welt mit den zeitgenössischen sozialen Fragen beschäftigen, darauf zu lenken" (dies zu Jahresbeginn schon angekündigt), „WEIL das Regime der Schwarzhemden mit diesem seinen (sic!) Willens- und Vertrauensakt beweist, daß die Produktionskräfte untereinander verträglich und nur unter dieser Bedingung fruchtbar sind."[202] „Das [] Regime beweist ausserdem, dass es ausserhalb und oberhalb (= al di sopra) der bereits überall gescheiterten, verrufenen und ohnmächtigen schädlichen und albernen (= assurde) sozialistischen Demagogien und auch im Gegensatz zu diesen bestrebt ist, das moralische und materielle Niveau der zahlreichen nationalen Gesellschaftsklassen zu heben, die sich im Vollbewusstsein ihres Schrittes rechtlich wie faktisch dem Gefüge des faschistischen Staates einverleibt haben." In solchem nationalpolitisch-gesellschaftlichen Selbstbewußtsein ob des von der Welt nicht übersehenen, in der „historischen Einführung" dargelegten Erfolges (B VIII) hat die "Confederazione dei Sindacati Fascisti dell'Industria" im ersten

---

[198] Ebd. S. 293.
[199] Ebd.
[200] Costamagna, Diritto pubblico, S. 320.
[201] Am 21.IV.1923 „Geburtstag von Rom" ("Natale di Roma") „als gesetzlicher Feiertag" festgelegt (Diel, Duce, S. 74, 229); vgl. Brockhaus 1882, Bd. XIII, S. 767; Der Große Brockhaus, Bd. X, S. 50.
[202] Carta del Lavoro, S. 79-82. -Der Verweis der folgenden Passagen erscheint als I - XXX im Text.

Dezennium der "Era fascista" die *Carta del Lavoro* in 4 Weltsprachen herausgegeben: *La Charte du Travail*, *Labour Charter*, *Die Arbeitsordnung* und *Carta del Trabajo*. Der deutsche Text dient als Grundlage der Exegese.[203] Der "atto fondamentale" teilt sich in 4 "titoli": „Der körperschaftliche Staat und seine Gliederung (I-X), „Vom Kollektivarbeitsvertrag und den Sicherungen der Arbeit" (XI-XXI), „Die Arbeitsvermittlungsämter" (XXII-XXV), „Fürsorge und Beistand, Erziehung und Unterricht" (XXVI-XXX). Die auf Grund ihrer 'Stoffspezialisierung' in einer "*struttura sociale complessa*" „*heterogenen*"[204] Abschnitte befassen sich alle themenkonform mit dem Verhältnis Arbeiter-Unternehmer. Da solchen Inhalt eine Carta zusammenfaßt, muß eine „juridischer Disziplin" gewöhnlich zueignende Diktion hier sprachlicher Spontaneität, welche die Chartae auszeichnet, den Vorrang abtreten, weil diese aus gewaltsamen Umwälzungen in einer Nation als Frucht ihres schon lange gärenden neuen Geistes erwachsen. Darum heben Kapitalbuchstaben (abgesehen von den "Titoli")[205] gerade die aktionistische Selbsttätigkeit als verbale Prädikate heraus: "ESPRIME IL VOTO", "DELIBERA", "RITIENE". Das in den freien Raum hinausstrebende „POICHÉ" verbindet als Ausdruck des Voluntarismus mit der neuen Zeile "con questo atto di volontà e di fede" denselben Willen mit der faschistischen Maxime „credere". Wenn die Revolution bereits Gesetz ist, begründet dieses hervorgehobene „WEIL" optisch noch zwingender als Mussolinis Formulierung zur Halbzeit zwischen der Ermordung von Matteotti und Arbeitsgesetzgebung am 21.VI.1925: „Wie immer beim Fascismus, war die Tat vor der Lehre da."[206]

Die Einleitung blieb dem „faschistischen" "gusto delle grandi dichiarazioni di principio" verpflichtet.[207] Dagegen folgen nun „Erklärungen"[208] ohne Rhethorik. Der "**1°Titolo**" über den „körperschaftlichen Staat" betont mit der Konzeption des „lebendigen" „Organismus" die „ethische, politische und wirtschaftliche Einheit...im faschistischen Staate als Ganzes" (**I**), darin die „soziale Pflicht" der „geistig, technisch oder mit der Hand geleistet[en]" „Arbeit" in der „Gesamtheit der Erzeugung" zur „Erzielung des Wohlstandes des Einzelnen" (**II**). Die „frei[e]" „Syndikats- oder Berufsorganisation" schließt, zu „Arbeitsverträgen" und „weiters (sic!) Abgaben" „verpflichtend", „alle Angehörigen der Kategorie" ein (**III**). Sie ordnet die „entgegengesetzten Interessen der Arbeitgeber und der

---

203 Wagenführ, Korporative Wirtschaft, S. 44: Amtliche deutsche Ausgabe 1933.

204 Costamagna, Diritto pubblico, S. 155.

205 Ebd., S. 320.

206 Arias pp., Mussolini, S. 25; Diel, Duce, S. 70: „neue 'Lehre der Tat'".

207 Aquarone, Stato totalitario, S. 199.

208 Unsicherer juristischer Charakter: daher „Dichiarazione" bei Bodda, Diritto pubblico, S. 34/35; Costamagna, Diritto pubblico, S. 328; Beckerath, Fascistischer Staat, S. 143; Pergolesi, Diritto costituzionale, S. 92, 96, 98, 115, 116/FN 2; „Erklärung" bei: Heinersdorff, Arbeitsverhältnis, S. 9; "Paràgrafo", "§" bei: Costamagna, Diritto pubblico, S. 315, 323, 335, 337; Pergolesi, Diritto costituzionale, S. 28/29; "Articolo" bei: Spirito, Il corporativismo, S. 104.

Arbeiter" unter die „höheren" „der Erzeugung" dank kollektiver „Solidarität" und "conciliazione" als „Träger dieses Versöhnungsakts"[209] ein (**IV**). „Das Arbeitsgericht" „greift" in „Arbeitsstreitigkeiten ein", überwacht die „bestehenden Normen" und legt „neue[] Arbeitsbedingungen" fest (**V**). „Disziplin" „der Arbeit", „rechtliche Gleichheit zwischen Arbeitgebern und Arbeitern" sowie „die Interessen der Erzeugung" sichert „die einheitliche Organisation" der "corporazioni" „als staatliche Organe", die „Normen erlassen können". (**VI**) Die „Privatinitiative" „als wirksamstes und nützlichstes nationales Werkzeug" ist ebenso wie „Unternehmensorganisator", „Techniker", „Angestellter" und „Arbeiter" „dem Staat gegenüber verantwortlich" (**VII**). Die „Arbeitgeber"-„Vereinigungen" haben „die Mehrung und Vervollkommnung der Erzeugung" und „Herabsetzung der Kosten" „zu fördern". Freiberufler und „öffentliche Angestellte tragen" „zum Schutz" „von Kunst, Wissenschaft und Literatur" „bei" (**VIII**). „Eingriff des Staates erfolgt nur" kraft "gestione diretta" bei mangelnder „Privatinitiative" (**IX**). „Kollektive Arbeitsdifferenzen" und „individuelle Streitigkeiten" sind erst nach erfolglosem „körperschaftlichem" „Versöhnungsversuch" „den ordentlichen Gerichten" „unter Zuordnung von Beisitzern" anzutragen (**X**).

2°Titolo: „Der Kollektivarbeitsvertrag", „zwischen Vereinigungen ersten Grades" bei Beachtung der „Vorschriften" unter „Aufsicht der zentralen Organisationen" „abgeschlossen", enthält „Probezeit" und Disziplinar- wie Lohnbedingungen (**XI**). „Die Festsetzung des Lohnes ist jeglicher allgemeinen Norm entzogen" - im Verhältnis zu den „Lebenserfordernissen, den Produktionsmöglichkeiten und dem Arbeitserträgnis" (**XII**). „Daten" „über die Produktions- und Arbeitsbedingungen" „dienen" dem „Korporationsministerium" zum Ausgleich der „Interessen" der „Kategorien" und „der Produktion" (**XIII**). „Die Entlohnung" entspricht „den Bedürfnissen des Arbeiters und des Unternehmens". Sie berücksichtigt „Akkordlöhne" und „Nachtarbeit". Die „Akkordtarife" gestatten einem Arbeiter „normaler Kapazität" über den „Grundlohn" hinauszuverdienen (**XIV**). Der „Sonntag" ist „Ruhetag". „Die Kollektivverträge" „tragen „den Vorschriften" und „technischen „Erfordernissen sowie den „bürgerlichen und religiösen Feste[n]" „Rechnung" (**XV**). „Nach einem Jahr" „fortlaufender Arbeit" besteht „das Recht auf bezahlten jährlichen Erholungsurlaub" (**XVI**). Schuldlose „Entlassung" oder „Ableben" des „Arbeiters" geben „das Recht auf" „Entschädigung" (**XVII**). „Besitzwechsel" der „Unternehmungen", „Erkrankung", „Einberufung" oder „Dienstleistung bei der faschistischen Miliz" sind „kein Entlassungsgrund" (**XVIII**). „Verletzungen der Disziplin" „werden je nach Schwere" mit „Geldbusse", „Enthebung von der Arbeit" und „sofortiger Entlassung ohne Entschädigung" „bestraft" (**XIX**). In der „Probezeit" besteht „das gegenseitige Recht auf Lösung des Vertrages" (**XX**). „Der Kollektivvertrag", „Reinlichkeit und Hygiene" betreffen auch „die Heimarbeit" (**XXI**).

---

[209] Müller, AOG, S. 38.

3°Titolo: Der „Staat" „überprüft" den „Stand von Arbeit und Arbeitslosigkeit" (**XXII**). „Die Arbeitgeber" stellen „die Arbeiter" „über" die „paritätisch zusammengesetzt(en)" „Arbeitsvermittlungsämter" nach „Auswahl" mit „Partei"-„Bevorzugung" unter Anciennitätsberücksichtigung ein (**XXIII**). „Die Berufsvereinigungen" wählen die „Arbeiter" nach „technischen Fähigkeiten und moralischem Wert" aus (**XXIV**). „Die körperschaftlichen Organe" überwachen „Verhinderung von Unfällen und Arbeitskontrolle" (**XXV**). **4°Titolo**: „Mit Hilfe der körperschaftlichen Organe" „vereinheitlich[t]" „der Staat" das „Fürsorgewesen" (**XXVI**); 1. „Unfall"-, 2. „Mutterschafts"-, 3. „Berufskrankheiten"-, 4. „Arbeitslosigkeits"- und 5. Zuwendungsversicherung für „jugendliche Arbeiter" (**XXVII**). Die „Arbeitsvereinigungen" „schützen" die „Vertretenen" in den „Verfahren". Sie richten „in den Kollektivverträgen" „wechselseitige Krankenkassen" wie „Verwaltung" „mit Beitragsleistungen der Arbeitgeber und Arbeitnehmer" ein (**XXVIII**). „Beistandsleistungen" gegenüber „Mitgliedern wie Nichtmitgliedern" sind „Recht und Pflicht der Berufsvereinigungen" und unübertragbar, außer bei „Aufgaben allgemeiner Natur" (**XXIX**). Gleiche „Pflichten" üben die „Berufsvereinigungen" in „nationalen" „erzieherischen Initiativen" des "Dopolavoro" aus (**XXX**). Nach einer Notiz der *Gazzetta Ufficiale* haben der Regierungschef, die beteiligten „Minister und Unterstaatsekretäre", „Mitglieder der Parteileitung" und „des Großen Rates" sowie die „Präsidenten der beruflichen Spitzenorganisationen der Arbeitgeber und -nehmer" den vorliegenden Text „unterschrieben".[210]

3. Die Auslegung

Die Exegese läßt sich mit Spiritos Antwort an Pasquale Jannaccone zur *Carta del lavoro* im nachhinein begründen. Danach hat nicht die "esegesi di un testo legislativo" „der Wissenschaft Leben einzuflößen, sondern vielmehr die Gesetzesauslegung von der Wissenschaft das Leben zu empfangen."[211] Jannaccone hat dabei Spirito gegenüber zugegeben, „das von der *Carta del lavoro* gestellte Problem sei weit komplexer als die individuellen und kollektiven Grenznutzen- oder Ofelimità- und Nützlichkeits- oder Utilitàprobleme" bei „Pareto, Pantaleoni" und anderen (C III 1).[212] Mussolinis „Lehre der Tat" (C VI 2) entsprach der Formel „Ex facto oritur ius" als Slogan eines revolutionären Aktionismus.[213] Die 'Konsolidierung' der staatsrechtlichen Verhältnisse dank eines neuen „erweiterten Positivismus" durch „zweckrationale Erklärung des Staates"[214] um 1930 ermöglicht Spiritos denkerische Umkehr zur „einer Gesetzesauslegung Leben

---

[210] Wagenführ, Korporative Wirtschaft, S. 44.
[211] Spirito, Il corporativismo, S. 293.
[212] Ebd.
[213] Panunzio, Allgemeine Theorie, S. 71/FN 1.
[214] Eschmann, Faschistischer Staat, S. 23.

einflößenden Wissenschaft". Pareto vermerkt in seinem «Manuel de droit politique» von 1927 (posthum) den „Prinzipienwandel" und Trend französischer, italienischer und deutscher Rechtsprechung vom «droit libre» «selon leur conscience et non selon la lettre de la loi» richtenden «bon juge» zum «droit littéral» und «seulement de la lettre de la loi».[215]

Die Besprechung der *Carta del Lavoro* und ihrer einzelnen Dichiarazioni könnte bei komparatistischem Vorgehen ohne Kenntnis der Erlaßdaten der zwei vorhergehenden Gesetzeswerke den Anschein erwecken, die *Carta* sei als allgemeine Anweisung (getreu Mussolinis vorgegebenen Richtlinien und in genetischer Parallele zum revolutionären *Proclama*, das sich evolutionär zur Regierungsform herauskristallisiert) entstanden; darauf wären dann eine *Disciplina* mit besonderen Hinweisen und die detaillierten *Norme* zur Anwendung gefolgt. Wagenführs *Korporative Wirtschaft in Italien* gibt als *Lehrbuch* dieser Reihenfolge der Legislationen den Vorzug. Tatsächlich aber ist die *Carta* propagandistische Frucht und „Krönung"[216] jener juristischen Umkehr oder Legislation wider den Strich, welche in der beschriebenen pomphaft-geschichtsbewußten Form vollzogen wurde. Müller kritisiert angesichts „des zeitlichen Mißverhältnisses", wonach die vorangehenden *Durchführungsbestimmungen* als „Ausführungsgesetze" „positive Rechtsquelle[n]" von 1926 seien, die *Carta* wiederum nicht (C VI 4). Spirito nimmt sie nicht als "punto di arrivo", sondern dank ihrem „carattere rivoluzionario" als „punto di partenza".[217] Die nachstehenden Einzelbemerkungen zur Auslegung weisen auf die bereits in *Disciplina* und *Normen* erwähnten sich überkreuzenden oder ergänzenden Sachverhalte hin, denn nicht zu übersehen ist, daß sich die Inhalte der Dichiarazioni mit den gesetzlich vorformulierten Postulaten überschneiden. So durchläuft zum Beispiel thematisch unterschiedlich gebunden die „produzione" fünfzehnmal wiederholt die Dichiarazoni II, IV, VI-IX, XII/III und XXII. Laut Heinersdorff ist der „Inhalt" der *Carta* „eine Zusammenfassung der Grundgedanken, auf denen die Arbeitsgesetzgebung (= *Disciplina*) bis dahin beruht, nach denen sie weitergeführt" und „die ergangenen Gesetze ausgeführt werden sollen."[218] Mit ihren Dichiarazioni unterscheidet Costamagna die *Carta del Lavoro* als „atto fondamentale" von den „Articoli" der *Disciplina*, der *Norme* und anderer Gesetze („leggi"). Obwohl manche Interpreten von „Artikeln" und "Parágrafi" sprechen, erhalten die differenzierenden "Dichiarazioni" hier den Vorzug in den folgenden Einzelbemerkungen, denn sie schließen sich semantisch der Chartatradition der "declarations" und «déclarations» an. Bottais Definition des "atto fondamentale del Regime" findet ihre Bestätigung im Kassationshofurteil vom 9.I.1928 über die *Carta del Lavoro* als „lebendige Satzung, die den Inbegriff der Grundsätze und Normen in sich vereinigt, von denen die Gesetze des neuen Zeitalters

---

[215] Pareto, Manuel, S. 476/477.
[216] Müller, AOG, S. 29.
[217] Spirito, Il corporativismo, S. 185.
[218] Heinersdorff, Arbeitsverhältnis, S. 7.

durchdrungen sein müssen".[219] Es folgen die Sentenzen vom 9.VI. und 4.VII.1928.[220] Entsprechend konstatiert Bortolotto 1930: „Rechtsbildung außerhalb und gegen die Aktion des Staates ist logisch und juristisch nicht möglich."[221]

Der "Stato corporativo" des **1°Titolo** ist für Costamagna nicht identisch mit dem "Stato fascista", sondern nur ein Teil desselben, wie aus der von Mussolini selbst[222] in plastisch-bildkräftiger Weise ("modo scultòreo")[223] verfaßten und in der *Dottrina politica e sociale del Fascismo* „illustrierten" Dich.**I** zu erschließen ist. Sie ist nämlich gleichzeitig Statutenpräambel des Nationalfaschistischen „Partito unico".[224] Die "unità morale, politica" einer angestrebten konfliktfreien Nation unterscheidet streng von D'Annunzios liberaler Formel: "il popolo di Fiume costituito in giustizia e libertà." Sie bedeutet das "principio costituzionale del nuovo ordine"[225] und „politisch" wie „juristisch" die "realtà dello Stato".[226] Costamagna untersucht die Berührungszone der Nationendefinition mit dem „politisch-juristischen Wert" des "principio costituzionale" in den Artikeln 41 und 42 des *Statuto Albertino*. Dort „repräsentieren" „die auf fünf Jahre gewählten Deputati" die "Nazione in generale" ohne von den „Wählern" übertragenes „mandato imperativo". Die Dich.I könnte in ihrer „konkreten juristischen Wirksamkeit" „jede legislative Kompetenz einschränken", sei es „auf dem Wege *formaler" oder „potentieller Aufhebung* (*abrogazione virtuale*) der bisher bestehenden Normen", die sie „zu verwenden verböte".[227] Allerdings soll man den „Komplex der Prinzipien" des «costituzionalismo dottrinario» im *Statuto Albertino* als „hinfällig (= caducato) ansehen".[228] Costamagna weist „juristische Definitionsmöglichkeiten" der Dich.I „innewohnender Zielgerichtetheit" ("finalismo intrìnseco")[229] zurück. Diese geht über die „juristische Doktrin des <modernen Staates>" als «istituto giuridico», «ordinamento giuridico» oder „einen rechtsfähigen Gegenstand" («subbietto capace di diritto») hinaus. Sie ist „etwas Besseres als ein Komplex öffentlicher Dienste" und „Mussolinis Formel entsprechend" mehr als ein «consiglio di amministrazione» oder „ein Nachtwächterstaat englischen Zuschnitts".[230] Costamagna nennt deshalb die Dich.I "la definizione del principio costituzionale dello Stato fascista".[231] Panunzio erklärt

---

[219] Wagenführ, Korporative Wirtschaft, S. 24.
[220] Heinrich, Faschismus, S. 47, 47/FN 3; Bornhak, Staatsrecht, S. 103/FN 3.
[221] Wagenführ, Korporative Wirtschaft, S. 24/25.
[222] Diel, Duce, S. 108.
[223] Bodda, Diritto pubblico, S. 4.
[224] Costamagna, Diritto pubblico, S. 52/53; Pergolesi, Diritto costitzionale, S. 91.
[225] Costamagna, Diritto pubblico, S. 315.
[226] Ebd., S. 53.
[227] Ebd., S. 34/35.
[228] Ebd., S. 34.
[229] Ebd., S. 34/35.
[230] Ebd., S. 343-345; Mussolini, Dottrina, S. 850 li./r. = Doktrin 22.
[231] Costamagna, Diritto pubblico, S. 126.

einfach: „Die *Carta del Lavoro* ist ihrerseits Grundgesetz und vervollständigt [] das Statut von 1848.“[232] Schumann dagegen erkennt den „kritischen Augenblick des Übergangs vom *Statuto albertino* zum Korporativen Staat“.[233]

Selbst wenn „der Staat“ „zeitlich“ und „weltlich“ ist (= “temporalità“), so darf dies jedoch nicht mit “materialità“ verwechselt werden, denn der “triplice aspetto“ «unità morale, politica ed economica» „vergeistigt“ (= “spiritualizza“) für Costamagna den „Staat“.[234] Bodda sieht die “Nazione italiana“ als „eine Körperschaft an sich“. Damit rückt er das “ente a sè“[235] erkenntnistheoretisch an die Grenze der Vernunft. Phänomenologisch jedoch trägt der Begriff den Bestrebungen der Risorgimentodenker Rechnung, wenn auch eingebettet in den “Stato corporativo“, der nun durch seine „klassenüberwindende Funktion“[236] das ‚konstitutionelle' Thema bestimmt. Beckerath sieht 1927 die individuellen Rechte des Individuums dann gesichert, „falls es sich als nützlich-tätiges Glied einem Verband und so dem Staate einordnet“. Er vergleicht mit der sowjetischen Verfassung, wonach „das Individuum Rechte nur soweit“ hat, „als es zum Proletariat gehört“.[237] Mussolinis jüngerer Bruder Arnaldo grenzt in seinem Buch *Die Arbeitsverfassung* „die Rechte des Einzelnen“, die dort aufhören, „wo sie diejenigen des Staates bedrohen“, gegen die „von der französischen Revolution verkündeten Bürgerrechte“ ab.[238] Gentiles programmatischer „Aktualismus“ („eine absolute Immanenzphilosophie“) „leugnet jede transzendente Wirklichkeit außerhalb der Aktualität des Gedankens“. „Vita“ bedeutet „ununterbrochenes Vernichten und Neuschaffen der Persönlichkeit“, denn die “mezzi di azione“ stehen kraft „Macht und Dauer“ in der thematisch für die nachfolgenden Dichiarazioni gegebenen “unità morale, politica ed economica“ über den „Individuen“ („attuazione dello scopo [= Ziel] ultraindividuale“).[239] Die “*utilità nazionali*“ „gehen“ dank ihrer „Beständigkeit“ (“perennità“) über die „Bedürfnisse der einzelnen hinaus“, welche das “elemento attuale e precario (= mißlich) della vita“ ausmachen.[240] Diese nicht rationale, nicht liberale, indeterministische und intuitive „Einheit“ von „Denken und Tun“ wendet sich implizit gegen demokratisches „Naturrecht“ und „Sozialismus“.[241] Das bedeutet auch, daß „allgemeine Grundsätze“ der *Carta del Lavoro*, „die kein direkt anwendbares Recht enthalten“, die „Gesetzgebung“ begleiten, „solange der italienische Staat fascistisch ist“, sagt Heinersdorf 1929[242] ähnlich wie oben Costamagna. Die stillschwei-

---

232 Panunzio, Allgemeine Theorie, S. 48.
233 Schumann, Geschichte Italiens, S. 227.
234 Costamagna, Diritto pubblico, S. 64.
235 Bodda, Diritto pubblico, S. 34.
236 Raschhofer, Politischer Volksbegriff, S. 196.
237 Beckerath, Fascistischer Staat, S. 14.
238 Wagenführ, Korporative Wirtschaft, S. 24/25.
239 Heinrich, Faschismus, S. 121/122; Costamagna, Diritto pubblico, S. 57.
240 Costamagna, Diritto pubblico, S. 60.
241 Heinrich, Faschismus, S. 120/121.
242 Heinersdorff, Arbeitsverhältnis, S. 8.

gend mit inbegriffene Berufung in Corradinis Sinne auf die “Italianità“ einer nicht geistig, sondern „biologisch“ begriffenen „Kette von Generationen“ mündet in den “organismo“[243] der “Nazione“, den der Parteikongreß 1921 bereits zum Ausdruck brachte.[244] Der ”organismo“, bei Rocco ”*organicismo morale*“ oder - in seiner ”pienezza“ und ”necessità“ - ”*organicismo* [] *metafisico*“,[245] grenzt sich ab vom ”*razzismo*“ der ”dottrina germanica“.[246] Die faschistische Konzeption versteht keine „amorphe Masse“ im „arithmetischen Sinne“ als “*popolo come somma*“. Vielmehr umgreift die „organische Individualität des Geschlechts“ (“stirpe“) ihre “successive generazioni“: “viventi“, “morti“, “nascituri“.[247] Das “*popolo come unità*“ bezieht sich auf die „klassische Formel“ des „*Populus romanorum*“. Also „ist das Volk nicht nach der dottrina contrattualista Resultat des individuellen Optionsrechts, der Kollektivität anzugehören“.[248]

Hegel hatte den „Faktionen“ (B III, VI) und den „alleinigen Vertretern des Gemeinwohls“ der italienischen „Gemeinwesen“ im „Mittelalter“ vorgeworfen, daß sie „vorzugsweise ihr Privatinteresse“ „verfolgten“: „Nur das römische Privatrecht wurde studiert und der Tyrannei des Einzelnen wie der Vielen als ein notdürftiger Damm entgegengestellt.“[249] Wenn „unsere intellektuelle Generation“, wie die Faschisten sagen, „mit Hegel getränkt ist“,[250] „Gentiles Aktualismus“ in „Hegelscher Observanz“ erscheint,[251] Mussolini, mit dessen Staatsrecht vertraut, dem Besucher Carl Schmitt (1888-1985) bekennt: „Ich bin Hegelianer“,[252] so liegt nicht fern, daß die Gleichung “nazione“ = “organismo“ = “unità morale, politica ed economica“ schon im deutschen Idealismus und dessen „großen Prämissen und philosophischen Prämissen“ in Abkehr von den „materialistische[n] Grundlagen und materialistische[n] philosophische[n] Voraussetzungen“ des „Sozialismus“ „angeknüpft hat“.[253] Den Faschisten war die Kritik am historisch bedingten italienischen Volkscharakter bekannt. Für Hegel „ist“ in der Entwicklung von der „Familie“ (= “individui [] raggruppati“) zur „Nation“, „wenn der Staat mit der Nation in eins zusammenfällt“, „dies ein großes

---

243 Costamagna, Diritto pubblico, S. 57.

244 Menzel, Staatsgedanke, S. 55.

245 Costamagna, Diritto pubblico, S. 57.

246 Ebd., S. 54.

247 Ebd., S. 56.

248 Ebd., S. 53: Publius Alfenus Varus, Jurist der Augustuszeit: „et eundem populum putari vidisse etsi abhinc centum annis nemo illius viveret“ (= „dasselbe Volk habe es gesehen, auch wenn vor 100 Jahren niemand davon lebte“).

249 Hegel, Werke 10, S. 66/67 = III. Philosophie des Geistes. I. Subjektiver Geist. A. Anthropologie. Die Seele. a. Nationale Seele.α. § 394.

250 Mannhardt, Faschismus, S. 114, 114/FN 1; Spirito, Il corporativismo, Economia ed etica nel pensiero di Hegel, S. 120/FN 1: ”III Congresso internazionale hegeliano (Roma, aprile 1933).”

251 Beckerath, Korporative Wirtschaftstheorie, S. 6; Menzel, Staatsgedanke, S. 27/28, 31/32.

252 Ludwig, Gespräche, S. 133/134; Seibt, Hegelianer, S. N5.

253 Panunzio, Allgemeine Theorie, S. 11/12.

Glück".[254] In Spiritos Deutung ist "la persona, non più per sé, ma come *componente*" „nello Stato" = "l'universale in sé e per sé".[255] Der „*Organismus*" als „Entwicklung der Idee zu ihren Unterschieden" „ist die *politische Verfassung*". „Es paßt auf sie die Fabel vom Magen und den übrigen Gliedern." (B VII; C II 1, III 1, VIII 3) Hegel fordert, daß der „Natur des Organismus" entsprechend „alle Teile zur Identität" mit diesem „übergehen" müssen;[256] so "si realizza integralmente" in der Dich.I. Die unterschiedlichen staatstheoretischen Bemühungen um ein Inhaltsverständnis des korporativen Staates und seines Volkes äußern sich auch in den Anstrengungen der ausländischen Interpreten, „Wesen und Werden" der neuen Einheit linguistisch zu erfassen. Die Formel "si realizza integralmente nello Stato fascista" übersetzt Gerhard Leibholz (1901-82) so: „die sich im fascistischen Staat immer wieder neu realisiert" (engl. "complete realization"), was Ludwig M.Lachmann ablehnt. Er gibt "integralmente" (so auch span.; frz. „intégralement") mit „restlos" wieder. Heinrich findet in „seiner universalistischen Vorstellung" das Adverb „ganzheitlich";[257] entsprechend Lutz Richter „wesenseinheitlich", Heinersdorf „wesentlich". Wagenführ bleibt bei „integral" für it. "integralmente". Die amtliche römische Übertragung „vollständig" von 1927[258] lautet in der Jubiläumsausgabe von 1937: „als Ganzes".[259]

Dich.**II**: Zum „complesso della produzione" hatte Mussolini 1919 auf der Fasci-Gründungsversammlung gefordert, „die arbeitenden Klassen an die Führung [zu] gewöhnen, schon um sie davon zu überzeugen, daß es nicht leicht ist, ein Industrie- oder Handelsunternehmen zu erhalten".[260] Deshalb ist der zweite Abschnitt („Gesamterzeugungskomplex") in der Endfassung Mussolinis "autògrafo".[261] Am 18.I.1923 waren vor den "operai della Società Trasporti Automobilistici" als Vertretern der "generazione dei costruttori" "col lavoro e colla disciplina, col braccio e con l'intelletto" die Stichworte für die anbrechende "nazione di tutti i produttori e non dei parassiti" gefallen. Anzumerken wäre, daß Paulus in *2.Tessalonicesi 3,8* betont: "E non abbiam mangiato il pane, *ricevutolo* da alcuno in dono; ma con fatica e travaglio, lavorando notte e giorno, per non gravare alcun di voi." Zum „complesso della produzione" bemerkt Wagenführ, daß dieser eine „Einheit" ("unitario") sei, nicht aber als „Ganzheit" anzusehen.[262] Die „gesellschaftliche Pflicht" ist der „ausschließliche Grund" für den Schutz der Arbeit durch den Staat. Unter „Arbeit" ist „jedwedes

---

[254] Hegel, Werke 4, S. 246 = Rechts-, Pflichten- und Religionslehre für die Unterklasse; 2. Kapitel, § 24.
[255] Spirito, Il corporativismo, S. 120 = Economia etica nel pensiero di Hegel.
[256] Hegel, Werke 7, S. 414/415 = Philosophie des Rechts III 3 A. Inneres Staatsrecht, § 269.
[257] Heinrich, Faschismus, S. 185 = Wagenführ, Korporative Wirtschaft, S. 24.
[258] Andere deutsche Übersetzungen und diejenige von 1927 bei Wagenführ, Korporative Wirtschaft, S. 23; ebd., S. 24: „Gerhard", nicht „W." Leibholz.
[259] Amtliche Übersetzungen der Carta del Lavoro, 1° decennale, S. 59, 109, 33, 83.
[260] Wagenführ, Korporative Wirtschaft, S. 25/26.
[261] De Felice, Mussolini fascista, S. 293/FN 2.
[262] Wagenführ, Korporative Wirtschaft, S. 26 = Mussolini, Citazioni, S.142.

Zeichen erzeugerischer Tätigkeit" zu betrachten.[263] "Il lavoro...è un dovere sociale" schließt die Privatinitiative nicht aus. Das Postulat stimmt mit dem Menschenbild des *Émile* von Rousseau überein (dem die Faschisten, z.B. Codignola, pädagogisch nichts abzugewinnen vermögen, C III 2): «Travailler est donc un devoir indispensable à l'homme social.»[264] Da die Dich.I "morale" und die Dich.II "tutelato dallo Stato" anführen, stehen sie der Pflicht zur Arbeit des freireligiös humanisierenden XIX.Abschnittes der *Carta del Carnaro* (C I) näher als dem Marxismus der „Maßregeln" „Für die fortgeschrittensten Länder" im kapitalfeindlichen *Kommunistischen Manifest*: „8. Gleicher Arbeitszwang für alle, Errichtung industrieller Armeen, besonders für den Ackerbau".[265] Rocco forderte schon 1914 auf dem Mailänder „Congresso nazionalista", mit dem "manifesto corporativo" die *Carta del Lavoro* vorwegnehmend, im "processo di radicale unificazione del corpo sociale" die "disciplinata irreggimentazione dell'esercito del lavoro".[266] Dies aber huldigt der Forderung des Kommunistischen Manifests nach Arbeiterheeren. Das "movimento corporativista"[267] soll vom „revolutionären und staatsfeindlichen Charakter" „zur reinsten, vollendetsten Form des 'sindacalismo nazionale'" führen. 1920 legte er die Gedanken der Universität Padua (D I; F I 3, III 1) vor.[268] Das „Schema [Rocco]"[269] zur *Carta del Lavoro* verpflichtet „dem Staat" in § I gleichzeitig „Eigentum" und „Arbeit".

Heinrich setzt das faschistische "inquadramento" gleich „Arbeitsheer der Nation",[270] Candeloro später "irreggimentazione delle masse".[271] Der Unterschied zu Marx bestünde dann nur in der patriotischen Bindung. Die Dich.II setzt sich dagegen zum heterogenen utilitaristisch-politischen „Ziele", "benessere dei singoli" und „Entwicklung der 'potenza nazionale'" „in eins zu bringen" ("riassumere"). Bodda zitiert Mussolini für das „Gebot" ("comandamento") der Dich.II: „Das 'principio corporativo'" soll „zur höchsten Synthesis aller materiellen und immateriellen Werte des Geschlechts (stirpe) aufsteigen (assurgere)."[272] Sie betont jetzt als unabdingbar, was Art.1,2/3 und Art.4,3 durch die Hervorhebung der Eigenschaften „morale-nazionale" bei der Anerkennung der Produktionssyndikate nur implicite erahnen ließen. Ziel ist die «autarchia», in Mussolinis Worten das «massimo possibile dell'autonomia nella vita economica della Nazione».[273] Dies wäre mit „Industriegenossenschaften" und „Landprodukten-Vor-

---

263 Costamagna, Diritto pubblico, S. 529.
264 Rousseau, Émile, S. 306.
265 Marx/Engels, Werke, Bd. 4, S. 481 (Marx/Engels, Manifest der Kommunistischen Partei).
266 Jocteau, Magistratura, S. 16, 16/FN 11.
267 Ungari, Rocco, S. 49.
268 Jocteau, Magistratura, S. 17.
269 De Felice, Mussolini fascista, S. 537.
270 Heinrich, Faschismus, S. 143.
271 Candeloro, Storia IX, S. 9.
272 Bodda, Diritto pubblico, S. 35.
273 Pergolesi, Diritto costituzionale, S. 91.

ratsstellen“ zu erreichen. Bodda sieht 1942 den “Stato d’*autorità*“ und “Stato *totalitario*“ in der Lage, das Ziel dank dem “principio corporativo“ zu erreichen.[274] Pergolesi dagegen verwirft zur selben Zeit die “disciplina forzata del lavoro“ und „Untätigkeit als Straftat“.[275] Costamagna schließt vor dem „Streben“ nach einem “*risultato unitario dell’economia nazionale*“ den Bezug auf die “*proprietà della professione*“ (= Berufseigenständigkeit) der „*collegia opificum* o *tenuiorum*“, der mittelalterlichen «arti», «mestieri», „heimlichen Ciompi- und *compagnon*[*n*]*age*-Vereinigungen“ (B III; C II 2) sowie der “associazione sindacale [] socialdemocratica“ aus.[276] Die Dich.**III** wiederholt die Formeln der *Disciplina*,Art.1,2 und 6,2: “Possono essere legalmente riconosciute...“, in der Folgerung auch Art.12. Die “organizzazione sindacale o professionale [] libera“ unterscheidet sich vom “sistema liberale“, das keine „notwendigen staatlichen Mittel“ gewährte, durch die „juristische Anerkennung“ als “*soggetti di diritto pubblico*“, da sie im „öffentlichen Interesse“ handeln.[277] Pergolesi weist angesichts der “*autonomia*“ des “ordinamento sindacale“ den Vorwurf eines “sindacalismo dello Stato“ zurück, zumal der einzelne wieder austreten und sich das Syndikat auflösen könne. Er ist auch im Gegensatz zur “unicità sindacale“[278] (*Disc*.Art.6,3) der Ansicht, daß „mehrere gleiche Berufskategorien“ gegründet werden könnten. Andererseits schließt das “principio della libertà sindacale“[279] nicht schon die Anerkennung eines Individualrechts auf Beitritt ein, zumal Art.1 der *Disciplina* die «*volontaria adesione*» als “libera costituzione per iniziativa individuale“ versteht.[280] Arias bemerkt, daß juristisch „weder das obligatorische Syndikat noch das syndikalistische Monopol“ bestünden.[281] Wagenführ sieht in der “libertà sindacale“ Rücksichtnahme auf die internationalen Arbeitsorganisationen“ der „Genfer Konferenzen“ und soziologisches Entgegenkommen angesichts „der individualistischen Einstellung der Italiener“. Mit dem Beispiel von „Tarent“ (D III) hatte er die „Freiwilligkeit nur als Tatfrage“ (sic!) entlarvt.[282] Da die “organizzazione sindacale o professionale“ „die Interessen“ „der ganzen Kategorie“, nicht aber “interessi individuali“ vertritt, nimmt sie kein «monopolio» ein.[283]

Dich.**IV** räumt wie Marxismus, Bolschewismus, Proudhon und Sorel der Produktion den Vorrang ein, jedoch im Gegensatz zu diesen ohne “lotta di classe“: In seiner Rede vom 3.VI.1923 hatte Mussolini den „Klassenkampf“ als vorüber-

---

[274] Bodda, Diritto pubblico, S. 197.
[275] Pergolesi, Diritto costituzionale, S. 92, 114.
[276] Vgl. Costamagna, Diritto pubblico, S. 331/332.
[277] Pergolesi, Diritto costituzionale, S. 91, 92, 114; Bodda, Diritto pubblico, S. 35, 197.
[278] Pergolesi, Diritto costituzionale, S. 92; vgl. Rößler, CDL und AOG, S. 13, 62/FN 11.
[279] Pergolesi, Diritto costituzionale, S. 92/93.
[280] Costamagna, Diritto pubblico, S. 342.
[281] Arias pp., Mussolini, S. 194.
[282] Wagenführ, Korporative Wirtschaft, S. 27.
[283] Pergolesi, Diritto costituzionale, S. 338.

gehende „Episode im Leben eines Volkes“ akzeptiert; als „alltägliches System“ aber würde „das die Zerstörung des Reichtums und damit das allgemeine Elend bedeuten“.[284] Für Bottai hat „die Zusammenarbeit der Klassen“ begonnen, da „der Klassenkampf keine soziale Wirklichkeit“ ist, sondern von „der marxistischen Lehre“ und den „Kommunistischen Agitatoren gepredigt“ und nur als „beliebige Vorstellung der Interessengegensätze zwischen Individuen und Berufskategorien schematisiert“ wird.[285] Arnaldo Mussolini gemäß „erbringt“ „die faschistische Praxis“ entgegen „sozialistischen Doktrinen“ von der „Unversöhnlichkeit der sich gegenüber stehenden Interessen der Arbeitgeber und Arbeitnehmer“ „den Beweis“ für „deren vollkommene Versöhnbarkeit“.[286] Das Progetto B hob den ”prestatore d’opera“ noch als den ”collaboratore effettivo dell’azienda entro la gerarchia economica“ hervor.[287] Die „kollektive “solidarietà“ der unterschiedlichen nicht abzuschaffenden Klassen hat die Legislative (in *Disc.*Art.10,6 mit der strikten Verfolgung der „Nichterfüllung“ = “inadempimento“ der Verträge bereits angedeutet) im weiteren dazu gebracht, die „Prinzipien“ der „Vertragsverpflichtung für alle Berufsgruppenangehörigen“ und „die Vertragsunumgänglichkeit für den einzelnen“ zu statuieren. 1934 bestehen 11.000 ‘Contratti collettivi’.[288] Bodda stellt 1940 fest, daß „ein solcher ‘contratto’“ die “disciplina giuridica completa“ „nur in Italien“ „verwirklicht“ habe.[289] Costamagna betont darin das „typisch institutionelle, d.h. politischnationale“ „Ziel des kollektiven Arbeitsvertrags“ und tritt für den Ersatz des Wortes „kollektiv“ durch „korporativ“ ein. Er weist auf eine „pseudowissenschaftliche Literatur“ hin, die in “conciliazione“, “subordinazione“ und “coordinazione“ durch den Staat “tre tipi delle norme corporative“ und nun den Ablauf der “*fase sindacale*“[290] wie den Beginn der “*fase corporativa*“,[291] bekräftigt durch das “*Circolare*“ des Korporationsministers vom 5.VI.1928,[292] erblicken. Dich.V: Die *Disciplina*-Artikel 13-17 hatten bereits die Zuständigkeit des „Arbeitsgerichts“ umrissen. Der *5°Titolo* der *Norme* legte in 3 *Capi* mit 31 *Artikeln* ”*costituzione della magistratura del lavoro*“, ”*azione*“ und ”*competenza*“ sowie ”*procedimento*“ dar. Die Dich.V hebt zusätzlich die “osservanza dei patti“[293] als “finalità politiche“ hervor.[294] Ursprünglich „sollte der weitaus überwiegende Teil der Industrie bei Streitigkeiten dem Spruch der Arbeitsgerichte entzogen sein“, was „ein heftiges Rededuell zwischen“ dem „syndikalistisch-nationalistisch“ argumentierenden Rossoni und dem „individualistisch-liberal“ denken-

---

[284] Wagenführ, Korporative Wirtschaft, S. 28.
[285] Ebd.
[286] Ebd.
[287] De Felice, Mussolini fascista, S. 525.
[288] Müller, AOG, S. 42.
[289] Bodda, Diritto pubblico, S. 213.
[290] Costamagna, Diritto pubblico, S. 333.
[291] Ebd.
[292] Ebd., S. 511.
[293] Ebd., S. 344.
[294] Ebd., S. 338.

den „Präsidenten des Industriebundes“ Alfano Benni in der Kammer auslöste. Die Kompetenzerweiterung der Arbeitsgerichte auf die Gesamtindustrie entschied Mussolinis „Richtspruch“, dem sich Benni „mit großer Geste“ unterwarf.[295] Mit dem R.D. vom 26.II.1928, n. 471 wird die “giurisdizione statale“ auf “controversie individuali“ ausgedehnt.[296]

Sie formiert “collegi di conciliazione“ aus vom “presidente“ erwählten Mitgliedern der „interessierten Korporation”. Als Nachfolger der “Ispettorati del Lavoro“ „kontrollieren“ die “Ispettorati corporativi“ die „Sozialgesetzgebung“ und die „kollektiven Arbeitsverträge“.[297] Auch Bottai stellt 1929 die Unzufriedenheit über die “proposte“ zur Konfliktlösung und „unzureichenden“(= “inadempienza“) “accordi“ “col dare il cinquanta per cento a una parte, e altrettanto all'altra“ und Mißrauen gegenüber den Institutionen fest (vgl. Motto), und Mario Bellei, “dirigente dei metalmeccanici“ im entsprechenden Sinne.[298] Derselbe Bottai rügt 1930 die Einwirkungen der Partei “per quiete pubblica“ und Rossoni 1931 „den Lösungsdruck“ (“la soluzione di vertenze imponendo“) „kraft” “arbitrato extra legale”.[299] Dies offenbart die “debolezza dei lavoratori” und „ihrer Organisationen” vor den „zunehmenden“ Arbeitgebervertragsverletzungen. 1930 beklagen sich die “aziende parastatali“, z.B. der “tranvieri“, über die “magistratura del lavoro“ wegen der hohen Prozeßkosten. Sie werfen “S.E.Bottai“[300] und seinem Ministerium „Unfähigkeit bei der Gesetzesanwendungskontrolle“ vor. Handels- und Industrieunternehmen beanstanden die „systematische Rechtsprechung zugunsten“ der “prestatori d'opera“ und „zum materiellen Schaden“ der “datori di lavoro“, als gäbe es “systemimmanent“ (≅ “sistematicamente“) zugunsten derer, „welche vorgeben zu arbeiten, eine “parola d'ordine“ („Verhaltensvorschrift“);[301] „tatsächlich wollten sie zu Lasten dessen leben, der wirklich arbeitet und sein Eigenkapital in die Waagschale wirft“ (= “arrischia“).[302] Jocteau deklassiert die faschistische Wirksamkeit der “mediazione“ = “giudice naturale“ zur “pallida funzione rappresentativa“ der Schlichtungskommissionen. Aus derartigen Schwächen in der Praxis soll das „Gesetz über Konstitution und Funktion der Korporationen n.163 (4.II.1934) Abhilfe schaffen (C VIII 2).[303]

Die Mussolinis Handschrift tragende Dich.**VI** mit dem „juristischen Gleichheitshinweis'“ und der „Würde öffentlicher Einrichtungen“[304] erhebt die in den

---

[295] Beckerath, Fascistischer Staat, S. 131/132; Wagenführ, Korporative Wirtschaft, S. 28/29.
[296] Costamagna, Diritto pubblico, S. 544.
[297] Jocteau, Magistratura, S. 130.
[298] Ebd., S. 131, 131/FN 16.
[299] Ebd., S. 150/151.
[300] Ebd., S. 158/FN 15.
[301] Ebd., S. 158, 158/FN 15.
[302] Ebd., S. 150/151.
[303] Ebd., S. 130.
[304] Diel, Duce, S. 108.

Normen *Art.42/6* behandelten Korporationen über ihre soziale Wirksamkeit hinaus in die wirtschaftliche[305] und garantiert endlich die "uguaglianza giuridica tra i datori di lavoro e i lavoratori" und die "organizzazione unitaria delle forze della produzione", um mit dem "coordinamento della produzione"[306] eine „ökonomische Einheit" zu erreichen. Wagenführ nennt die „Korporationen" „gleichsam in das Wirtschaftliche übersetzte Organe der Gesamtwirtschaft".[307] Gemäß *Disciplina*-Artikel 10,3 konnten die "organi centrali" bereits "norme generali sulle condizioni di lavoro nelle imprese" aufstellen. Jetzt entscheiden sie zusätzlich über das "coordinamento della produzione". Art.16,1 hatte bereits der Corte d'appello in die Hand gegeben, die Urteile zugunsten der "interessi superiori della produzione" zu sprechen, die jetzt als "interessi nazionali" einzustufen sind. Den in der Bemerkung zu Dich.IV strittigen ‚Phasenbruch' charakterisiert Spirito als "fase transitoria", da die "integrale rappresentanza" auf die "residui" „der Welt, gegen die sie sich auflehnt", noch „unbewußt" Rücksicht nimmt - „wie jede große politische und revolutionäre *Carta*".[308] Mit der *Arbeitsverfassung* von 1927, die man nicht *„haarklein*" ("alla *lettera*") interpretieren sollte, beginnt der „wahre Korporativismus".[309] Sforza-Cesarini und mit ihm die "letteratura neosindacalista" „transponieren einfach" das "principio costituzionale" vom „individual-subjektiven öffentlichen Recht" auf das „subjektive öffentliche Recht der Kategorie oder wenigstens des Syndikats *in funzione della categoria*". Das hieße in Costamagnas Kritik „die Konzepte des *Naturrechts* anwenden" und stünde als "sistema *corporazionista* im Widerspruch zum Geist der nationalen Ordnung" und demjenigen des „faschistischen" "*corporativismo*". Das "Ordinamento sindacale-corporativo" hat keine Vertretungsfunktion für spezielle Willenserklärungen.[310]

Zu Dich.**VII**: Der langjährige liberal-rechte Risorgimentominister Marco Minghetti (1818-86), 1859 Autor des volkswirtschaftlichen Werkes *Dell' economia pubblica e delle sue attinenze colla morale e col diritto*,[311] hatte über die "associazioni", die "iniziativa privata" und das "interesse della Nazione" geschrieben: „Der Staat soll sich nicht an die Stelle der Privatinitiative setzen, sondern sie nur erweitern und ausführen helfen. Da, wo sie ausreicht, ist die Einmischung des Staates überflüssig und daher nicht gut. Das, was sie rechtfertigt und vorteilhaft macht, ist die Notwendigkeit, für die allgemeinen Interessen zu sorgen, für welche die Tätigkeit der einzelnen Bürger oder ihrer freien Vereine nicht hinreicht."[312] Mussolinis Gedanke einer „zweckmäßige[n] Zusam-

[305] Müller, AOG, S. 70, 70/FN 221.
[306] Vgl. Beckerath, Kammer der Fasci und Korporationen, S. 133/134.
[307] Wagenführ, Korporative Wirtschaft, S. 29.
[308] Spirito, Il corporativismo, S. 398.
[309] Ebd.
[310] Costamagna, Diritto pubblico, S. 334/335.
[311] Brockhaus 1882, Bd. XI, S. 747/748.
[312] Menzel, Staatsgedanke, S. 101; vgl. Tilgher, Homo Faber, S. 111.

menarbeit der Syndikate untereinander in der Korporation und mit dem Ministerium der Korporationen“ findet in der Dich.VII seinen Niederschlag. Das Progetto B betont noch die „Anwendung der Korporativstaatsgewalt“ durch „die Korporation“.[313] Emil Ludwig „fragte“ Mussolini, „ob es wahr wäre, daß er in die *Carta del Lavoro* selber den Zusatz geschrieben habe, die private Initiative sei für die Produktion das stärkste und nützlichste Mittel. ‚Stimmt', sagte er, merklich beruhigt. ‚Ich habe aber auch statuiert, wo sie nicht funktioniert, da greift der Staat ein. Die *Carta del Lavoro* steht bereits außerhalb des Kapitalismus.'“[314] Tatsächlich trägt Mussolinis “autògrafo“ die 2. Hälfte der Dich.VII.[315] Spirito löst die „Antinomie“ “benessere dei singoli e potenza nazionale“ mit der Ermahnung, „die Augen nicht auf das Alte“, sondern „auf die Zukunft“ zu richten.[316] Das Nachrichtenblatt I 1929 nennt Konföderationsvereinbarungen zwischen „Wollindustrie“ und „Textilhandel“ als kartellähnliche „wirtschaftliche Vereinbarungen“, „die über die Regelungen der Arbeitsbeziehungen hinausgehen“.[317] Die Hilfe für die „Unternehmen, die fortgesetzt die Unterstützung des Staates“ beanspruchen, darf „keine nachteilige Lage“ derjenigen schaffen, die „mit eigenen Mitteln sich ihren Weg erkämpfen“, heißt es im „Nachrichtenblatt über die faschistischen Korporationen vom Dezember 1931.[318] Panunzio sieht hier statt des „alten individuellen Privatrecht[s]“ eine „theoretische“ wie „systematische“ „Scheidung“ gegenüber „einem teils privaten, teils sozialen Recht“.[319] Die ”responsabilità...delle imprese“ wird gemäß „*Codice penale art.499 ss.*“ behandelt.[320] Costamagna sieht den «*lavoro subordinato*» vom «*datore di lavoro*» und damit der «*gerarchia di diritto privato*» abhängig.[321] Die Verantwortlichkeit des “organizzatore dell'impresa“ findet im „deutschen *Gesetz zur Ordnung der nationalen Arbeit*“ vom 2.I.1934 eine Parallele. Die „Unternehmer“ sind „Führer der Betriebe“ und „die Angestellten und Arbeiter“ „Gefolgschaft“.[322] Die “contrattualisti“ (C V 2, *Art. 44;56*) vermissen in Dich.VII mit ihrer „politisch-nazionalen Zielsetzung“ noch die „Wirksamkeit“ einer “norma giuridica“.[323] Ähnlicher Meinung sind Heinersdorff, der Dich.I und VII „allgemeine Grundsätze“ nennt,[324] und Müller: er mißt der „wohlklingenden, allgemein gehaltenen Vorschrift“ „nur programmatische[] Bedeutung“ zu.[325] Spirito warnt diejenigen,

[313] De Felice, Mussolini fascista, S. 526.
[314] Ludwig, Gespräche, S. 108.
[315] De Felice, Mussolini fascista, S. 293/FN 2; vgl. Diel, Duce, S. 173.
[316] Spirito, Il corporativismo, S. 186.
[317] Heinrich, Faschismus, S. 65/FN 20.
[318] Wagenführ, Korporative Wirtschaft, S. 31: Nachrichtenblatt 12. Dezember 1931.
[319] Panunzio, Allgemeine Theorie, S. 38/39.
[320] Pergolesi, Diritto costituzionale, S. 121/122, 122/FN 1.
[321] Costamagna, Diritto pubblico, S. 369.
[322] Wagenführ, Korporative Wirtschaft, S. 31.
[323] Costamagna, Diritto pubblico, S. 369, 557.
[324] Heinersdorff, Arbeitsverhältnis, S. 8.
[325] Müller, AOG, S. 32.

welche die Dich.VII „wörtlich nehmen“ (“adoratori della lettera“),[326] davor, die “iniziativa privata“ gleich “corporativismo“ setzen.[327] Er sieht in der Dich.VII den “carattere pubblicistico della proprietà privata“ bestätigt. Dieser „öffentlich-rechtliche Charakter“ versetzt „der traditionell-individualistischen freien Wirtschaft den Gnadenstoß“, und „die Grundlage der Wirtschaftstradition zerfällt“, eben „der von der ‘ofelimità’ geleitetete *homo oeconomicus*“.[328] Staatliches und individuelles Ziel der “vita economica“ werden „identisch“. Wenn das “significato politico, morale, religioso della rivoluzione fascista“ (auf die Dich.VII bezogen) nun als “significato storico“ „über das Dasein einer außergewöhnlichen Regierung und die Grenzen der Nation selbst hinaussteigt (= trascenda)“, dann ist diese Evolution hin zu einem “superiore valore etico“ dank einer “metamòrfosi dell’istituto della proprietà“ innerhalb eines harmonischen Staatsorganismus ein historischer Wendepunkt genauso wie einst die „Französische Revolution“, als sie (umgekehrt) den „anarchischen und egoistischen Anspruch“ „auf Eigentum“ „zum individualistischen Prinzip erhob“.[329] Im Mai 1932 fragen Spirito deutsche Delegierte auf der Mailänder “Conferenza per lo studio dei rapporti internazionali“, „was die korporative Wirtschaft Neues verkünde, wenn sie die beiden Hauptmerkmale der liberalen Wirtschaft, Privatinitiative und Staatsintervention allein aus höheren politischen Interessen bestätige“. In seiner Antwort bezieht sich Spirito auf De’Stèfani-Amorosos Formulierung einer «trasformazione in senso corporativo del concetto di iniziativa privata». Das „Eigentum“ wird “*strumento* dell’interesse nazionale“, die „Erzeugungsplanung“ “*funzione* dell’interesse nazionale“ und „der Eigentümer“ dafür „vor dem Staat verantwortlich“. [330] Auf dem Kongreß in Ferrara vom 5.-8.V.1932 erhebt Spirito den „politischen, moralischen, religiösen Sinn der faschistischen Revolution“ zur „Grundlage der neuen Wirtschaftswissenschaft“. Auf der gleichzeitigen 2. korporativen Studienversammlung in Ferrara (B VIII) hatte Spirito als Zusatz die “graduale fusione tra capitale e lavoro“ und damit “la coincidenza tra azonisti e lavoratori vergeblich vorgeschlagen: Dabei “sollte der Unternehmer als ‘dirigente’ ‘auf dem Gipfel der korporativen Hierarchie’ bleiben”. Staatlicherseits hätte es dann „keiner Intervention mehr“ bedurft,[331] „zumal die Korporationen“ selbst „Staatsorgane waren“.[332]

Die Dich.**VIII** bietet wie in *Disc.*Art.4,3 die Steigerung der Produktion als „quantitatives Element“, deren Verbesserung als „qualitatives“ und die Kostensenkung als „soziales Element“, wenn auch zugunsten der Unternehmer. Damit entsteht der Bezug zu den seit 1926 getroffenen Maßnahmen angesichts der Le-

---

[326] Spirito, Il corporativismo, S. 398.
[327] Ebd.
[328] Ebd., S. 104.
[329] Ebd., S. 351.
[330] Ebd., S. 366.
[331] Candeloro, Storia IX, S. 289.
[332] Aquarone, Stato totalitario, S. 199.

benshaltungskrise (B VII). Arias versteht unter der "riduzione dei costi" die „volkswirtschaftlichen Kosten": Er beruft sich in *L'economia Nazionale Corporativa* von 1929 bei dem Versuch, die Kosten als „Verhältnis eines Preises zu einem Einkommen bezogen auf alle anderen Preise" zu bestimmen, „unter die es sich verteilt", auf Bertolinos *Prime linee di una teoria del costo* von 1928. Lachmann dagegen hält „diese Bestimmung für nicht geglückt".[333]

Dich.**IX**: Der bereits von Minghetti abgesteckte Spielraum der Wirtschaft von der "iniziativa privata" bis zur "gestione diretta" "dello Stato" ist an einem Beispiel zu ersehen. Mussolini erklärt Emil Ludwig 1932, daß er den Zusatz von der Privatinitiative als stärkstem und nützlichstem Mittel für die Produktion (Dich.VII), aber auch denjenigen vom Eingreifen des Staates, wo jene nicht funktioniere, geliefert habe: „Die *Carta del Lavoro* steht bereits außerhalb des Kapitalismus."[334] Denn laut Bottai ist das „Unternehmen" „eine ‚öffentliche Angelegenheit' geworden".[335] Durch ein Dekret des Präfekten von Rovigo von 1928 wurde die „Führung eines vom Besitzer vernachlässigten Grundbesitzes der faschistischen Provinzialkonföderation der Landwirte" „im Interesse der Nationalwirtschaft und des Besitzers selbst" zur Wiederfruchtbarmachung „überantwortet". Bei „Nichtbefolgung der Preissenkungsmaßnahmen" hat die Partei „direkte Aktionen" zur Schließung der „Läden" unternommen.[336] Tatsächlich fand neben den „Preisfestsetzungen" durch "Comitati intersindacali" „Anfang 1928" in Turin eine „freiwillige Preisherabsetzung" statt.[337] Wenn Costamagna gemäß „das Syndikat die wirtschaftliche Unternehmensleitung übernehmen dürfte und sich mit den Genossenschaften als *gildista* (= Zunft) zusammentäte, würde dies die Privatinitiative ersetzen und folglich die öffentliche Produktionsleitung unter Bruch des in Dich.IX enthaltenen Gebots verwirklichen". Er sagt vorher, das Syndikat werde, sobald es sich in ein „Wirtschaftsleitinstrument verwandelte", „die Voraussetzungen" „einer Syndikatskorporativordnung" fallen lassen, welche „nur in der „Disziplinierung individueller Selbständigkeiten" bestehen könne.[338] Mussolini sieht in Italien „*keinen Platz mehr weder für den politischen, noch den wirtschaftlichen Liberalismus*".[339] Emil Ludwig stellte dem Duce angesichts der „mit den Arbeitslosen" „aufgebaute[n]" „großen Dinge" dar: „Sie bauen, verbessern, konstruieren wie die Russen. Sie zwingen die Banken die Fabriken zu stützen und die Fabriken, die Arbeiter zu behalten. Ich weiß nicht, ob das Staatssozialismus ist, der Name macht es nicht." Der Befragte hielt entgegen, daß der Staat dirigiere und „Eigentümer" „von der Fischerei bis zur Schwerindustrie" sei: „Trotzdem ist das alles kein Staatssozialismus,

---

[333] Wagenführ, Korporative Wirtschaft, S. 31/32.
[334] Ludwig, Gespräche, S. 173.
[335] Müller, AOG, S. 69, 69/FN 213.
[336] Wagenführ, Korporative Wirtschaft, S. 32/33.
[337] Eschmann, Faschistischer Staat, S. 90, 90/FN 1.
[338] Costamagna, Diritto pubblico, S. 355.
[339] Arias pp., Mussolini, S. 207.

denn wir wünschen kein Monopol, worin der Staat alles macht. Wir nennen das Intervento des Staates. Das steht alles in der *Carta del Lavoro* definiert. Wenn etwas nicht funktioniert, kommt der Staat dazwischen...Das Kapital wird bis zum höchsten Punkt gehorchen. Es hat kein Mittel zum Widerstande. Das Kapital ist kein Gott, es ist ein Instrument.“[340] Deshalb bezeichnet Mussolini am 14.XI.1933 das „Korporationssystem“ auf der Korporationsgeneralversammlung als "economia disciplinata e quindi anche controllata“: "Il corporativismo supera il socialismo e supera il liberalismo, crea una nuova sintesi.“[341] Der „Rüstungsindustrie“ werden bereits im Frieden Offiziere als „Industriebeobachter“ zugeteilt.[342]

Aus Panunzios Sicht „hat der Korporativstaat“ 1934 trotz seiner Möglichkeit des Eingriffs „in letzter Instanz“ „keine direkte, objektive wirtschaftliche Funktion.“[343] Auch Spirito bemerkt die unterschiedlichen Interpretationen der „unvollkommenden Diktion“ der Dich.IX, der noch die „sistematizzazione scientifica“ fehlt. Unter den Wirtschaftswissenschaftlern glauben sich die „liberali“ bestätigt. Selbst die “classici più ortodossi“ lassen in genannten „Ausnahmesituationen“ „Staatsintervention“ zu. Die “filosocialisti“ indessen sehen darin den „entscheidenden Schritt zur sozialistischen Ordnung“. Die sich das Passende auswählenden “eclettici“ „begrüßen“ indessen „enthusiastisch die auf dem üblichen Wege geheiligten Ausflüchte“. Die “economisti della cattedra“ schließlich haben ganz „oberflächlich geurteilt“, „daß die gar nicht existierende Korporativwirtschaft“ „einfach in der politischen Praxis aufgehen werde“.[344] Wegen dieser neutralen Abwägungen „spricht“ “prof.Arias“ „in seinem löblichen Propagandawerk“ *Le funzioni economiche del Consiglio delle Corporazioni*[345] (B III; C VIII 2). Spirito die „coscienza corporativa“ „ab“, während dieser die Wissenschaftlichtkeit des andern in Zweifel zieht. 1930 setzt Spirito voraus, daß der Staat kein „mytologisches“ “organo“ oder “insieme di organi *sui generis*“ sei, sondern „als Nation selbst“ “organicità (giuridicità) essenziale“. Deshalb vermöge er auch, da „außerhalb des Staates“ und „dieser Disziplin“ „das Nichts sei“, „gar nicht zu intervenieren“.[346] Aus vierjähriger Distanz von diesem Sophismus beurteilt Spirito 1933 den aus Dich.IX vorrangig interpretierbaren “intervento dello Stato“ als “ultima eco delle teorie del socialismo di Stato“, von der „nationalistischen“ Vorgeschichte „herleitbar“.[347] Damals, im Mai 1914, wollte Rocco auf dem Mailänder “III Congresso dell'Associazione nazionalista“ die “iniziativa privata“ „eingeschränkt“ wissen, wenn sie nicht dem “interesse

---

[340] Ludwig, Gespräche, S. 155/156.
[341] Mussolini, Citazioni, S. 135.
[342] Wagenführ, Korporative Wirtschaft, S. 32.
[343] Panunzio, Allgemeine Theorie, S. 42.
[344] Spirito, Il corporativismo, S. 185.
[345] Ebd., S. 279/280.
[346] Ebd., S. 189.
[347] Ebd., S. 398/399.

nazionale" „diene" (B VI).[348] Der weit ausgeführte § XXVII des Prog.B wies „leichte, individuelle Unstimmigkeiten" ("lieve divergenze di interesse immediato e individuale") dem „örtlichen Arbeitsamt" zu,[349] „kollektive Arbeitsvertragsstreitigkeiten" einer Schlichtung durch die "direzione dell'azienda".[350] Diese hätte dann den Charakter eines "capo dell'azienda" („Betriebsführer";[351]C VIII 4) der späteren *Deutschen Arbeitsordnung* gehabt. Indessen nimmt Dich.**X** mit dem "tentativo di conciliazione" die *Disc*.Art.13,2 und in der "magistratura ordinaria, con l'aggiunta di assessori designati dalle associazioni professionali interessate" die *Disc*.Art.13,1;4 sowie *Normenartikel 44 a* wieder auf. Rocco hatte noch in seiner Senatsrede vom 11.III.1926 mit dem "arbitrato obbligatorio" eine liberale "transazione volontaristica" abgelehnt, vielmehr könne die "giustizia" als "prova della assoluta imparzialità" allein der Staat aussprechen.[352] Mit anderen Worten: „statt eines schwachen Vergleichs" „Gerechtigkeit" „kraft staatlicher Anordnung allgemeingültige Normen".[353] So hatte das R.D.n.471 vom 6.II.1928 die Vermittlung von „industriellen und sonstigen Arbeitsstreitigkeiten" geboten.[354]

Dich.**XI**: Die *Kollektivverträge* behandelten *Disc*.Art.10 und 13 und das Kgl. Dekret Nr.1130, „*Tit.IV,Art.47-60*: *Dei contratti collettivi di lavoro e delle norme assimilate*", ausführlich. Laut Dekret vom 6.V.1928 werden die Kollektivabkommen beim Korporationsministerium hinterlegt; dann folgt die Veröffentlichung. „Ungleichheiten in der Behandlung von Arbeitern der gleichen Kategorie" „in verschiedenen Gebieten" soll der "controllo delle organizzazioni centrali" verhindern.[355] Dies ist eine Wiederaufnahme der *Norme Art.50,1*. Die "*potestà di sostituzione*" von Verträgen "di primo grado" ohne „nationalen Geltungsbereich" würde den Abschluß von "*contratti collettivi nazionali*" bedeuten. Die Dich.XI-XXI über den *Contratto collettivo di lavoro* basieren auf der Feststellung der *Norme Art.47* ("legalmente riconosciute" = „rechtswirksam" bei Müller). Die Kgl. Verordnung vom 6.V.1928 Nr.1251 bestimmt für seine „Veröffentlichung im Amtsblatt" den aus Dich.XI-XXI hervorgehenden Inhalt des Arbeitsvertrages.[356] Progr. B XXIV „unterwirft" den „endgültigen" „Kollektivvertragsabschluß" noch der „Möglichkeit" einer „Zustimmung".[357] Sie entfällt in der entsprechenden Dich.**XI**. Zu Dich.**XII**: Arias' Theorie des "salario giusto" betont, daß unter den drei Kriterien die "esigenze normali di

[348] Ebd., S. 409/410.
[349] De Felice, Mussolini fascista, S. 532.
[350] Ebd., S. 531.
[351] Mason, Politica sociale, S. 102.
[352] Rocco, Stato, S. 389.
[353] Müller, AOG, S. 43.
[354] Heinrich, Faschismus, S. 48.
[355] Ebd., S. 48; Wagenführ, Korporative Wirtschaft, S. 34.
[356] Costamagna, Diritto pubblico, S. 365; Müller, AOG, S. 43, 39, 39/FN 107.
[357] De Felice, Mussolini fascista, S. 528.

vita“ vor der “possibilità della produzione“ und dem “rendimento del lavoro“ den Vorzug hätten: „Das freiwillige Gleichgewicht - Lohn, Arbeitsleistung - kann man sich nicht vorstellen ohne eine starke politische, juristische und ethische Disziplin von Nachfrage, Angebot, Preis und Arbeit. Gegenüber diesem freiwilligen Gleichgewicht, das der korporativen Wirtschaft eigen ist, gibt es nur noch das mechanische und willkürliche Gleichgewicht der Konkurrenz, das in der Wirtschaft der Gegenwart ein unerreichbarer Mythus ist.“[358] Einerseits wird die “teoria dell'uomo economico“ (“il lavoro è una merce“)[359] und damit „die direkte Abhängigkeit der Löhne vom Steigen und Fallen der Warenpreise“ vom Faschismus zurückgewiesen, andererseits war das Einwirken der Wirtschaftskrise auf die Löhne nicht zu verhindern. Anfang 1927 bis März 1928 werden diese von 10 bis 30 % zur Stabilisierung der Lira gesenkt.[360] In der *Carta del Lavoro* entfällt dieses “concetto morale“ des Prog.B X., wonach „auf das Existenzminimum gedrückte Löhne“ „die Menschenwürde entehren“. [361]

Die Dich.**XIII** begann ursprünglich: „Die Folgen der Krisis der Erzeugung und der Geldphänomene müssen in gleicher Weise (equamente) auf alle Faktoren der Erzeugung verteilt werden.“ Trotz Unterdrückung dieses Satzes übernehmen ihn Dich.XII und XIII inhaltlich, bemerkt Arnaldo Mussolini.[362] “Contemperare“ oder die „Interessen in Übereinstimmung bringen“ ist das Stichwort. Deshalb erarbeitet das “Istituto centrale di statistica“ zusammen mit dem „Korporationsministerium“ einen Index (“dati“ und “criterio“) über die “condizioni della produzione e del lavoro“. Dich.**XIV** befürwortet ein „Akkordlohnsystem“ (= “liquidazone dei còttimi“) mit „Zeitlohnminimum“ (“acconti quindicinali o settimanali“), das in der Praxis bevorzugt wird.[363] Laut Arias ist „der in den Gerichtsurteilen festgesetzte schiedliche Preis für Arbeit“ ein ökomischer Preis angesichts der „Produktionsinteressen“: für die Arbeit gewissermaßen „Richtpreis“, insgesamt aber „ökonomischer“ als derjenige zur „Befriedigung der Starken oder Schlauen“ in der Zeit der „Verirrungen des Naturalismus und ökonomischen Mechanismus“.[364] Costamagna stellt fest, daß sich die Rechtsentwicklung in der Zeit nach dem Ersten Weltkrieg überhaupt immer weiter weg von der in der “dottrina individualistica“ enthaltenen “utilità degli individui“ der Franzöischen Revolution entfernte, um zum “concetto di un «dovere del lavoro» e di un «dovere di solidarietà»“ zu gelangen und das „Individuum nicht mehr in seiner isolierten Persönlichkeit“ zu werten, sondern seiner «posizione di membro del corpo sociale», und damit das “*benessere sociale*“.[365]

---

[358] Wagenführ, Korporative Wirtschaft, S. 34, 35.
[359] Mussolini, Citazioni, S. 136.
[360] Müller, AOG, S. 39/FN 105.
[361] De Felice, Mussolini fascista, S. 526.
[362] Wagenführ, Korporative Wirtschaft, S. 35.
[363] Müller, AOG, S. 39/FN 105.
[364] Zitiert nach: Wagenführ, Korporative Wirtschaft, S. 36.
[365] Costamagna, Diritto pubblico, S. 73.

Zu Dich.**XV**: Laut Gesetz von 1907 braucht der wöchentliche Ruhetag nicht mit dem Sonntag zusammenzufallen.[366] Das Kgl. Dekretgesetz n.1010 vom 20.VI.1935 regelt den "*sabato fascista*" mit Dienstschluß um 13 Uhr für Angestellte. Die "periodi di riposo" werden durch Gesetz n.370 vom 22.II.1934 sanktioniert.[367] Im Konkordat vom 11.II.1929, Art.11, erkennt der Staat die kirchlichen „Feiertage" an.[368] Die Dich.**XVI** grenzt die „Saisonbetriebe" vom Jahresurlaub aus.[369] Zu Dich.**XVII**: Arias hält 1927 die Arbeitslosenversicherung für „stark genug", eine Arbeitslosigkeit von 3.000.000 zu versorgen.[370] Tatsächlich waren nur 414.283 ohne Beschäftigung (B VII). Im Falle des "licenziamento senza sua colpa" wird die „Entschädigung" auch im „Todesfalle" an die Hinterbliebenen gezahlt; so gibt der Kassationshof 1928 einer Klage der betroffenen Familie statt: „Die Carta muß ihrer Natur nach auch auf die Anwendung des geltenden Rechts ihren Einfluß haben, um dasselbe bei seiner Auslegung mit den ausgesprochenen Prinzipien in Einklang zu bringen. - Bei der heutigen Entwicklung der Rechtsauffassung im Arbeitsrecht würde eine Entscheidung sich nicht rechtfertigen lassen, die bei einem einzelnen Unternehmen, für das solche Bestimmungen nicht gelten, von einem Grundsatz der Moral und der Gerechtigkeit, ausgesprochen in der C.d.L., abwiche."[371] Damit wird eine Urteilsexegese zum Gesetz. In der Dich.**XIX** ist das für die *rapporti collettivi* titelgebende Konzept der *disciplina* Grundlage aller Arbeitsbeziehungen. Arnaldo Mussolini präzisiert: „Die Disziplin ist die Einhaltung der Summe der wechselseitigen Rechte und Pflichten. Die Arbeitsverfassung wahrt die Rechte des Arbeiters, hält ihm aber auch seine Pflichten vor sowie die Strafen, die ihn im Falle der Nichterfüllung seiner Pflichten treffen."[372] Im transzendenten Sinne gestaltet dieser Passus ein neues Bild der "prenditori di lavoro". Der *Disciplina*-Art.1,2/3 sowie die *Norme Art.1, 9,2* und *18,2* hatten bereits den Begriff "morale" in den Vordergrund geschoben. Wenn die ausländischen Beobachter den „neue[n] Typ des Italieners" im allgemeinen entdeckten, so zeichnet sich hier der Versuch ab, einen mit der Produktionsgesellschaft in engste Wechselbeziehung gebrachten Arbeiter zu formen.[373] Das "obbedire alle sue leggi" in Mussolinis *Dottrina del Fascismo* nimmt somit in der Arbeitsverfassung seinen Stellenwert ein.[374] Dich.**XXI**: Dem Hygienegesetz „n.473" vom 17.IV.1925[375] (C V 1) folgt noch

---

[366] Heinersdorff, Arbeitsverhältnis, S. 14; Wagenführ, Korporative Wirtschaft, S. 43.
[367] Bodda, Diritto pubblico, S. 250/251.
[368] Wagenführ, Korporative Wirtschaft, S. 37.
[369] Ebd.
[370] Wagenführ, Korporative Wirtschaft, S. 37.
[371] Heinersdorff, Arbeitsverhältnis, S. 9/10; ebd., S. 10/FN 1: Zitat der Entscheidung in „Il Lavoro d'Italia" am 20.VII.1928.
[372] Wagenführ, Korporative Wirtschaft, S. 38.
[373] Eschmann, Faschistischer Staat, S. 102; Menzel, Staatsgedanke, S. 76.
[374] Mussolini, Dottrina, S. 850r. = Doktrin, S. 34.
[375] Bodda, Diritto pubblico, S. 249: "regolamento 14.IV.l927 R.D.n.530".

eine Woche vor der *Carta del Lavoro* ein weiteres Gesetz über die "igiene del lavoro".[376]

Die Dich.XXII/V bestimmen die Kgl. Verordnung vom 29.III.1928, Nr.1003, näher. Zu Dich.**XXII**: Nach den 1919 auf der Konferenz von Washington gestellten Anträgen zur Arbeitsmarktkontrolle hatte bereits am 29.III.1920 ein Dekretgesetz die *Regulierung von Arbeitsnachfrage und Arbeitsangebot* bestimmt. Zu Dich.**XXIII**: § XXIX des Progetto B sah für die Vorzugseinstellung des "disoccupato" nur „zufriedenstellende Führung und Leistung" vor.[377] Kraft der Dekrete vom 29.III.1928, 6.XII.1928 und 9.XII.1929 entstehen die in den *Normen Art.44c* vorgesehenen "uffici di collocamento" unter Parteiaufsicht und „Leitung eines Ausschusses" aus Arbeitgeber- und -nehmersyndikaten. Das Dekret vom 15.XI.1928 fördert einen „Spezialfonds für Arbeitsvermittlungsämter". Den durch Ministerialdekret vom 31.I.1931 gegründeten Büros obliegt es kraft Ministerialdekret vom 25.II.1931, kaufmännisches Personal unterzubringen. Ab Juli 1933 führen die "uffici" unter Korporationsministeriumskontrolle Arbeitslosenstatistiken.[378] Die Dich.**XXIV** mit Mussolinis persönlicher Anregung zu einer „Auslese" „unter den Arbeitern" führt den moralisch-wirtschaftlichen Aspekt der *Disciplina* Art.1,2/3;4,3 im Sinne der Paretoschen Eliten- und Residuentheorie weiter. Da die Arbeitgeber verpflichtet sind, sich der Arbeitsvermittlungsbüros zu bedienen, wird „die Auslese der besten Elemente" in Arnaldo Mussolinis Sinne „die Zusammenstellung eines zahlreichen Korps von Leitern ermöglichen".[379] Damit „verfügen" „die Hierarchien stets über trainierte und fähige Reserven" „für die Kommandostellen".[380] Die "polizia del lavoro" der Dich.**XXV** wird im Gegensatz zu den Jubiläumsübersetzungen [381](frz. police, engl. policing und sp. policia, bei Wagenführ „Arbeitspolizei")[382] von Heinrich (durch "la p*u*lizia e l'igiene del lavoro" der Dich.XXI beeinflußt) mit „Reinlichkeit" verwechselt.[383] „Die Kontrollfunktion der korporativen Organe ist" jedoch für Arnaldo Mussolini „von indiskutabler sozialer Nützlichkeit." Er führt „skrupellose Industrielle" an, die „im Einvernehmen mit Arbeitern" „das Gesetz über die Arbeit von Frauen und Minderjährigen" umgingen.[384] Seit 1906/8 bestanden Gesetze über „Frauen- und Kinderarbeit".[385] Sie werden 1927 in einem einheitlichen Gesetz zusammengefaßt.[386] Anfang 1928 fusioniert „die

---

376 Heinersdorff, Arbeitsverhältnis, S. 14.
377 De Felice, Mussolini fascista, S. 532.
378 Zu Dich. XXII/XXIII: Müller, AOG, S. 58; Wagenführ, Korporative Wirtschaft, S. 39.
379 Wagenführ, Korporative Wirtschaft, S. 39/40.
380 Diel, Duce, S. 108/109.
381 Amtliche Übersetzungen der CdL, 1° decennale, S. 50, 74, 124, 100, 22.
382 Wagenführ, Korporative Wirtschaft, S. 40.
383 Heinrich, Faschismus, S. 193.
384 Wagenführ, Korporative Wirtschaft, S. 40.
385 Eschmann, Faschistischer Staat, S. 11/12.
386 Heinersdorff, Arbeitsverhältnis, S. 14.

Gesellschaft zum Schutz der jugendlichen Arbeiterinnen mit den weiblichen Abteilungen der Opera Dopolavoro".[387]

Nach der Präambel **XXVI** verteilen sich die Lasten der "previdenza" auf "datore di lavoro", "prestatore d'opera" und "Stato". Der Beitrag aus versicherten Löhnen beträgt 1926 4,9 Mrd. Lire, 1931 6,7 Mrd. 1926 sind 1.500.000 Lohnempfänger von den Arbeitgebern zur Versicherung angemeldet, 1931 2,7 Mio. 239 Kassen finanzieren sich ausschließlich aus Beiträgen von 60.000 Mitgliedern. Die gesamten Versicherungslasten werden in dem Jahre auf 17 Mrd. Lire oder 7% der Steuerbelastung von 1,195 Mrd. Lire geschätzt.[388] „Pro opera di previdenza M(ilizia) V(olontaria per la) S(icurezza) N(azionale)" erfährt dagegen 1926, 1928, 1930 und 1936 finanzielle Unterstützung aus Briefmarkenserien mit „sovrapprezzo".[389] Zu Dich.**XXVII** **1°** "perfezionamento dell'assicurazione infortuni": Seit 1904 bestand ein Gesetz über Verhütung von Arbeitsunfällen und die entsprechende „Arbeiterunfallversicherung". **2°** "miglioramento e estensione della assicurazione maternità": Ab 1910 wird die "Cassa di Maternità" durch Arbeitgeber und -nehmer finanziert. Die Arbeiterinnen erhalten aber nur geringfügige Beträge.[390] Das Gesetz Federzoni (C II 1) hatte die „Opera Nazionale della Maternità e dell'Infanzia gegründet. 1931 werden 5,2 Mrd. Lire für die Mutterschaft ausgezahlt.[391] 1929 ruft ein Gesetz die „Opera Nazionale Orfani di guerra" (Kriegswaisen) ins Leben.[392] **3°** "assicurazione delle malattie professionali e della tubercolosi", "assicurazione generale contro tutte le malattie": 1902 wurde eine „Arbeiterinnen- und Krankenversicherung" eingeführt. Seit 1907 bestand in Norditalien ein Gesetz zur Sanierung der Arbeit, so auf den Reisfeldern wie zur Bekämpfung der Malaria. Diese Arbeiterschutzgesetze vor dem Ersten Weltkrieg erreichten nicht deutschen, französischen, englischen und Schweizer Standard.[393] Seit Januar 1929 bis Ende 1931 wurden 74.802 versicherte Tuberkulosekranke und 24.088 Familienmitglieder mit Tagesvergütungen an die Familien der in Behandlung befindlichen Kranken mit 245 Mio. Lire betreut. In Italien werden bis Ende 1932 der Tuberkulosebekämpfung 200 Mio. Lire für Sanatorienbau mit 18.500 Betten zur Verfügung gestellt. Am 1.I.1933 treten die Statuten der Nationalen Krankenkasse für das kaufmännische Personal in Kraft.[394] **4°** "assicurazione contro la disoccupazione involontaria": Nach der Auflösung der Privatversicherung gegen Arbeitslosigkeit wird die staatliche

---

[387] Eschmann, Faschistischer Staat, S. 112.
[388] Wagenführ, Korporative Wirtschaft, S. 43/44; ebd., S. 41: Nachrichtenblatt, 3. Jg. 4. Heft, April 1931.
[389] Catatologo Unificato, S. 72, 74, 76, 86.
[390] Heinersdorff, Arbeitsverhältnis, S. 14; Wagenführ, Korporative Wirtschaft, S. 41, 43.
[391] Zanzucchi, Diritto pubblico, S. 410: L. n. 2277; Arias pp., Mussolini, S. 233; Wagenführ, Korporative Wirtschaft, S. 42; Diel, Duce, S. 94: 1936 1.700.000 Mütter und Kinder betreut; 1937 2 Mio. mit 4,6 Mio. Beratungen.
[392] Zanzucchi, Diritto pubblico, S. 410: L. n. 1937 vom 26.VII.1929.
[393] Wagenführ, Korporative Wirtschaft, S. 42/43.
[394] Ebd., S. 42: Nachrichtenblatt, 4. Jg., Nr. 11/12, November/Dezember 1932.

"Cassa nazionale delle assecurazioni" Versicherungsmonopol. 1922/1931 fließen 635 Mio.Lire an die Arbeitslosen. **5°** Die "assicurative dotalizie pei giovani lavoratori" setzen sich aus Jahresprämien der „jungen Arbeiter" und Arbeitgeberbeiträgen zusammen. Sie gewähren ihnen laut Arnaldo Mussolini „einen bescheidenen Betrag", wenn „sie sich allein in das Leben stürzen oder sich eine Familie gründen".[395]

Dich.**XXVIII**: Die „wechselseitigen" oder „gegenseitigen Krankenkassen" sind „Darlehnskrankenkassen mit Beiträgen der Arbeitgeber und -nehmer" "sotto la vigilanza degli organi corporativi".[396] Als "(casse) mutue" bestehen sie noch heute. In der Folge der Dich.XXVIII werden das „*Istituto nazionale «La Vigile»*" (= die Wachsame) durch R.D. vom 13.XII.1928,[397] das "*Patronato nazionale per l'assistenza sociale*" durch Ministerialdekret vom 10.X.1929[398] und die "*Cassa Nazionale Malattie addetti* (Angestellte) *al commercio*" durch R.D. vom 24.X.1929 anerkannt.[399] Dich.XXVIII/XXX: Die "compiti di assistenza, d'istruzione e di educazione" durch die Körperschaften dehnen sich nun auf „alle Kategorieangehörigen", nicht nur die „Eingeschriebenen" oder "soci regolarmente iscritti" (*Disc.*Art.5,5) aus. So wie Costamagna die weitere Entwicklung darstellt, sind „die Associazioni" „mit ihrer höheren Zielgerichtetheit" ("superiori sue finalità") „nicht etwa" „im Sinne ihrer institutionellen Natur «rappresentanza»" und „keine Hüterin von Einzelinteressen", sondern "*patronato*".[400] In bestimmten Situationen aber „vertraut" das R.D.26.II.1928,[401] das auch „das 'elemento laico' in der Kollegiumszusammensetzung" berücksichtigt,[402] zum Zwecke der "*giustizia del lavoro*"[403] „dem Syndikatssekretär die fakultative Vertretung von individuellen Arbeitsstreitigkeiten an",[404] während die Dich.XXVIII diese den Syndikaten nur in „Versicherungsfällen" „zuspricht". Da der "sindacalismo di classe" den „modernen Staat" „besonders wütend angriff", „um sich der staatlichen juristischen Funktion bei den Einzelvertragskontroversen zu bemächtigen",[405] mußte das R.D.26.II.1926[406] „jede Kollektivarbeitsklausel" zur Hinzuziehung von „ernannten Schiedsmännern" ("arbitri") aus den „streitenden Vereinigungen verbieten".[407] In der Folge hat die Justiz „das Eingreifen des Syndikats", wofern sie „nicht etwa ein Privatinteresse, sondern

[395] Eschmann, Faschistischer Staat, S. 82; Wagenführ, Korporative Wirtschaft, S. 42, 43.
[396] Wagenführ, Korporative Wirtschaft, S. 43.
[397] Costamagna, Diritto pubblico, S. 351.
[398] Ebd.
[399] Ebd.
[400] Ebd., S. 336/337.
[401] Ebd., S. 319; ebd., S. 439: R.D. n.471.
[402] Ebd., S. 430.
[403] Ebd., S. 431.
[404] Ebd., S. 337.
[405] Ebd., S. 545.
[406] Ebd., S. 544.
[407] Ebd., S. 545.

ein befugnisadequates institutionelles Interesse vertritt", „begrenzt zur Bestätigung der Norm des «contratto collettivo»" zugelassen. Dies ist kein "intervento di adesione" „im Interesse Dritter", vielmehr "*integrazione dell'azione pubblica*" (= Vervollständigung eines öffentlichen Verfahrens), „wozu der Staatsanwalt auch ermächtigt ist".[408]

Dich.**XXX**: *Disc.*Art.4,3 weist bereits auf "educazione morale e nazionale" hin. Sie dient dem "incremento" und "miglioramento della produzione, della cultura e dell'arte".[409] „Schulen für syndikale Führer" bilden eine Ausleseklasse heran. Zur „Vervollkommung" „landwirtschaftlicher Arbeiter sind Studienbörsen gestiftet worden". „Spitzenberufserlernung bieten Industrie und Handwerk in Rom und Foggia.[410] Zum Erziehungswerk gehören, nachdem die "istituzioni minori" durch R.D.30.IX.1923 der "amministrazione diretta" entzogen und autonom geworden waren, die "*Patronati Scolastici*", welche den bedürftigen Elementarschülern Essen, Kleidung und Nachhilfe boten.[411] Das „Sekretariat des Volkes" reicht als „faschistische[s] Erziehungswerk" Dopolavoro bis Anfang 1923 zurück. Nach dem internationalen Beschluß einer Reduzierung der Arbeitszeit auf acht Stunden legte die Regierung im Sommer 1924 der Genfer VI. Internationalen Arbeitskonferenz „eine Empfehlung" zur Arbeiterfreizeitgestaltung vor.[412] Die "Opera Nazionale Dopolavoro", kraft Dekretgesetz Nr. 582 vom 1.V.1925, Gesetz vom 18.III.1926 und R.D.L.n.1937 vom 11.XI.1926 „halbamtliche Körperschaft", geht über die „Schönheit der Arbeit" des Fiumanesimo (B I XIV) hinaus. Sie erstrebt gemäß ihrem „Statut" „gesunde und nutzbringende Verwertung der Freistunden der Arbeiter durch Einrichtungen zur körperlichen, geistigen und sittlichen Ertüchtigung".[413] Sie fördert „Konsortien" „zur Materialbeschaffung", „Fortbildung" und „Propaganda". Sie stellt *herausragend* nützlichen Betriebsmitgliedern „besondere Verdienstzeugnisse" aus.[414] Die bolschewistischen und sozialistischen Diktaturen wie Volksdemokratien haben „Stachanow"-[415] und „Hennecke"-Dekorationen[416] verliehen, die Werktätigen mit Konterfeiaushängen der „Helden der Arbeit"[417] = „Aktivisten" im 'energetischen' Sinne angetrieben[418] und implizit die Planwirtschaft forciert (F II 2). Mussolini dagegen will den „*standard of life*" der „Arbeiter möglichst

408 Ebd., S. 588/589.

409 Wagenführ, Korporative Wirtschaft, S. 49/50; Pergolesi, Diritto costituzionale, S. 281.

410 Wagenführ, Korporative Wirtschaft, S. 44/45.

411 Costamagna, Diritto pubblico, S. 418.

412 Wagenführ, Korporative Wirtschaft, S. 44/45.

413 Eschmann, Faschistischer Staat, S. 110-112; Wagenführ, Korporative Wirtschaft, S. 45; Zanzucchi, Diritto pubblico, S. 410.

414 Vgl F II 1, 2; Wagenführ, Korporative Wirtschaft, S. 45; Heinrich, Faschismus, S. 53, 53/FN 9; Eschmann, Faschistischer Staat, S. 110-112.

415 Der Große Brockhaus, Bd. XI, S. 149.

416 Fischbach, SBZ, S. 57, 196.

417 Ebd., S. 197.

418 Der Große Brockhaus, Bd. I, S. 137, 375.

hoch" „halten".[419] 1926 hat Dopolavoro 280.584 „ordentliche Mitglieder" ("tesserati"), 1927 540.000, 1932 1.775.570, 1934 etwa 3 Mio., 1938/9 3.275.000.[420] 1933 verfügen bei 2 Mio. Mitgliedern von 72.249 Gemeinden 6.235 über eigene Einrichtungen zur Freizeitbeschäftigung,[421] 1936/7 10.000 Büchereien über 1.600.000 Bände. 6.264 Chor- und Orchestergruppen wie Theatergesellschaften veranstalteten 1937/8 über 100.000 Vorstellungen. Die Thematik umgreift „Sport, Volksspiele, Wandern", „Theater, Musik, Kino, Radio". Sie verfolgt „wirtschaftliche und politische Erziehungsziele". Von 18.000 Landwirtschaftskurs-Teilnehmern 1936 steigt die Zahl 1937 auf 62.000.[422] Louise Diels befürwortende, ein Kapitel füllende Wertung und ihr Vergleich mit ‚Kraft durch Freude' sind bereits zur Sprache gekommen (C I, VIII 2). Wie in autoritären Staaten überhaupt vermögen solche Institutionen die Massen ideologisch zu erfassen. 1933 trägt die Darstellung von H. Hartmann (Berlin) den Titel: *Der Faschismus dringt ins Volk.*[423] Der Faschismus selbst eröffnet in der XXX.Dichiarazione mit der Institution „Nach Feierabend" allen Berufstätigen, "soci o non soci", die Perspektive einer vielversprechenden Zukunft. Der Schluß der *Carta del Lavoro* versucht mit seinen Freizeitmassenangeboten populär-pädagogisch über die durch Korporationen vertretenen Berufsstände hinaus[424] (Eschmann) auch die ständischen Elemente „für die Neuordnung des Volkes" (Heinrich) anzusprechen.[425]

4. Eine Rechtsform „sui generis"

Die in ochlokratischer Atmosphäre (C I) verkündete *Carta del Carnaro* beschloß das "LXV. Fondamento" mit der Formel eines einzelnen: „Statutum et ordinatum est". Sein mündliches „Iuro ego. Io giuro" besiegelt die neue, sprachlich archaisierende Verfassung und die gleichlautende Wiederholung des einstimmig wiedergewählten „Kommandanten" auch den Pakt mit den Legionären. Die *Disciplina dei rapporti collettivi* war als Gesetz Nr.563-865 ein bloßer Verwaltungsakt. Das *Regio Decreto* über die „Anwendung" der *Normen* erläßt "Vittorio Emanuele III per grazia di Dio e per volontà della Nazione Re d'Italia" auf Vorschlag des "Capo del Governo Primo Ministro", des Justiz- und Kultusministers wie der Innen-, Nationalökonomie- sowie Finanzminister nach Anhörung des Ministerrates. Das Dokument unterzeichnete am königlichen Ferienort

---

[419] Arias pp., Mussolini, S. 235.
[420] Stübler, Italien, S. 142.
[421] Wagenführ, Korporative Wirtschaft, S. 45.
[422] Diel, Duce, S. 103. - Es ergeben sich geringe Unterschiede in den Zahlenangaben zwischen Stübler, Diel und Wagenführ.
[423] Diel, Duce, S. 103/104.
[424] Eschmann, Faschistischer Staat, S. 71.
[425] Heinrich, Faschismus, S. 51/52, 51/52/FN 7.

San Rossore der Monarch in großem, Mussolini rechts darunter in mittlerem und Rocco weiter links versetzt in kleinem Schriftzug.[426] Die *Carta del Lavoro* „heisst" unter dem Duce eine überschaubare Gruppe „gut" (= "approvando"), die sich als ideologische Elite und „große Ratgeber" versteht, zusammen mit den Föderationspräsidenten der ‚betroffenen' "datori di lavoro" und "lavoratori". Aus der 7jährigen Zeitspanne italienischer Geschichte 1920-27 heben sich vier Sozialedikte (*Carta del Carnaro*, *Disciplina*, *Norme* und *Carta del Lavoro*) heraus, denen der korporative Tenor gemeinsam ist. In der legislativen Form kontrastieren sie, obwohl diejenigen von 1926/7 einander ergänzen sollen. Da sucht sich die mit poetisch-sakraler Leidenschaft und Rhetorik entworfene Revolutionscharta im fiumanesischen Legionärshaufen die Massenakklamation als gesetzgeberische Bühne. Dagegen wird der 2679.Gründungstag Roms am 3.IV.1926 ein pur-administrativ disziplinierendes Edikt in der Hauptstadt; dazu gehörig am 1.VII.1926 die monarchische Gewährung eines normativen Erlasses, wenn auch „für das Volk"; schließlich Rückkehr zur Gestalt der *Carta* mit implizitem propagandistischem „Beschluß"; dieser aber in stilistisch gefeilter Verkündung (da die Revolution bereits vergangen ist) nicht nur an das Volk, sondern in einer Sendung an alle, die sich mit den Sozialproblemen in der Welt befassen. Anläßlich der „Einweihungsfeier" für die „Arbeit der Kommission" an der *Carta del Lavoro* als „Verfassungsbasis der neuen sozialen Ordnung" hielt es Mussolini „vielleicht" für „ratsam, nur nach und nach vorzugehen" und „die Rechtfertigung des Experiments durch die Erfahrung abzuwarten". Bei „günstig[em]" „Ergebnis" „kann sich die grosse Reform weiterentwickeln wie es ihre Grundlagen vorschreiben".[427] Zunächst „schloß die zweite korporative Phase ab". Die beiden sie beendenden Jahre hatte neben verschiedenen anderen Modellen die Auseinandersetzung um die künftige Gestaltung der Camera (bassa = Parlament) als Vorschlagsforum der "idee" mit "rappresentanza corporativa"[428] und des Senats (Camera alta) als Vertretung der "interessi" mit "designazione" der "grandi Corporazioni"[429] der „Arbeitgeber" und „-nehmer" durch den „König für neun Jahre" neben den „Senatoren auf Lebenszeit" erfüllt. Die Umgestaltung des Senats lehnt der Gran Consiglio am 10.XI.1927 ab.[430] Für das Parlament allein erfolgt sie erst 1938 in der Fasci- und Korporationskammer (F III 3, 5).

Der mitunterzeichnende „guardasigilli" selbst betrachtet die *Carta del Lavoro* „auch in den vom Gesetz nicht sanktionierten Teilen" als "documento interpretativo dello spirito giuridico e della concezione sociale" zur „Regelung der Beziehungen zwischen Kapital und Arbeit".[431] Über die staatsrechtliche Befugnis

---

[426] Norme, S. 2930, 2941.
[427] Arias pp., Mussolini, S. 214: Mussolini an die Präfekten.
[428] De Felice, Mussolini fascista, S. 322.
[429] Ebd., S. 315/316.
[430] Ebd., S. 315/316, 320-322.
[431] Aquarone, Stato totalitario, S. 243.

zum Erlaß der *Carta der Lavoro* gab sich Costamagna 1927 keinem Zweifel hin: „Wenn das Organ, das die *Carta del Lavoro* erlassen hat, auch noch nicht in die Reihe der vom Staate eingerichteten gesetzgebenden Organe eingetreten ist, so ist sie doch schon eine Versammlung, zu der der Regierungschef, die Minister und andere staatliche Behördenvertreter in dieser ihrer Eigenschaft gehören."[432] Die „Versammlung" wäre wie eine elitäre Kopie des gesetzgebenden "Arengo" in Fiume (C I). Am 16.VII.1927 schreibt Mussolini im Gegensatz zu seinem „vielleicht" nun ‚imperativ' an die Präfekten oder "capi delle province", die *Carta* habe „bereits" teilweise „positive Bestätigung in den *Normen*" und der *Disciplina giuridica dei rapporti collettivi del lavoro* „gefunden"; „daher" „beruht ihre zwingende Kraft direkt auf den entsprechenden Gesetzesbestimmungen. Die anderen Erklärungen sind, wenn sie auch noch nicht mit gesetzlichen Normen übereinstimmen, doch jedenfalls als Prinzipien und richtunggebende Grundsätze anzusehen, die der faschistische Staat in rechtskräftige Bestimmungen überzuführen sich vorgenommen hat." Wenn nicht „im Widerspruch zu dem geltenden Recht", sollten sich „von nun ab die Berufsverbände jeden Grades" im „Einklang" „mit diesen Erklärungen" bei Tarifvertragsabschluß „auf die beabsichtigte rechtliche Ausarbeitung einstellen. Mit der genauen Befolgung der Anweisungen der Carta del Lavoro werden" die alle Produktionsfaktoren „im Rahmen des Staates als der umfassendsten Vertretung der Nation frei verbinden[den]" „Berufsverbände" „praktisch bestätigen, daß sich die neue Verfassung der Rechte und Pflichten der Arbeit" „verwirklicht, noch bevor sie voll und ganz die positive Form rechtlicher Bindung angenommen hat".[433]

Der Gran Consiglio hatte dem Governo die "traduzione legislativa" der *Carta del Lavoro* „aufgetragen", da sie „kein juristischer Akt" war. Sie sollte aber „jedem Faschisten als "norma giuridica" und „'legge di partito inderogabile' gelten". In dieser juristischen ‚Gemengelage' zwischen "atto solenne", "formalmente strano ed eterodosso",[434] „einem so allgemein gehaltenen Manifest"[435] und einer "costituzione" erscheint die *Carta del Lavoro* als Edikt nur sich selbst gleich, dessen Grundgedanken den schon ausführlichen Erlassen in 23+*103 Artikeln* nachfolgen. Heinersdorff sieht in dieser „Rechtsnorm sui generis", die kein „Gesetz im formalen Sinne ist" und „auch einige Bestimmungen über den Arbeitsvertrag enthält", die „politische" „Programmschrift der fascistischen Arbeitspolitik" mit dem „Charakter einer Verfassung". Da ein „einfaches Gesetz" „Verfassungssätze" in Italien abzuändern vermag, wäre „formal" „die Frage" ohne „große Bedeutung".[436] Umgekehrt ist „*der Staat*" nach der Hegelschen Formel das „Wesentliche" und „das sittliche Ganze" als „Vereinigung des

---

432 Costamagna bei Heinersdorff, Arbeitsverhältnis, S. 7/8; vgl. Felice, Mussolini fascista, S. 295.
433 Wagenführ, Korporative Wirtschaft, S. 25 = Heinersdorff, Arbeitsverhältnis, S. 9.
434 De Felice, Mussolini fascista, S. 295.
435 Beckerath, Fascistischer Staat, S. 152.
436 Heinersdorff, Arbeitsverhältnis, S. 6-8.

subjektiven und des vernünftigen Willens"; so „genießt" „das Individuum seine Freiheit" als „das Wissen, Glauben und Wollen des Allgemeinen".[437] Der ‚Idealist' der Metternichära erblickte „im Platonischen Staat", (dessen „mächtigen Band" Mussolini häufig konsultierte),[438] „die objektive Wirklichkeit des Rechts".[439] Unter diesen Voraussetzungen war „der (faschistische) Staat" Hans Fenske (*1936) gemäß „als ethischer Universalwille" „unausgesetzt der Schöpfer des Rechts".[440] (Das Zeitadverb „unausgesetzt" erinnert an Vicos Maxime von der legislativen Betriebsamkeit der "ambiziosi".)

Solche rechtsphilosophischen Grundlagen überzeugten die faschistischen Autoren, zumal wenn sie wie Costamagna den "Stato" angesichts einer Identität von Politik, Wirtschaft, Gesellschaft und Staat „vergeistigten". Demnach wäre der *Carta del Lavoro* wiederum keine außergewöhnliche juristische Eigenart zuzusprechen. Die meisten Betrachter geben der *Carta del Lavoro* das "significato" „Verfassung". Panunzio erhebt das „Arbeitsgrundgesetz" zur „Verfassungsurkunde", die „nicht ein Zufallsergebnis von Willkür und Laune, sondern vielmehr ein Resultat von Vernunft und geistiger Gesetzmäßigkeit" ist, und zum „wesentlichsten Rechtsdokument des neuen Staates".[441] Für Costamagna ist die *Carta del Lavoro* nicht nur „einfacher «preambolo»[442] eines Verfassungsgesetzes, wie es oft die Dichiarazoni dei diritti gewesen sind. Die "giuridicità"[443] („Rechtlichkeit") als „tatsächlicher Gesetzgebungstext" und "atto costituzionale formale" steht zusammen mit den „prinzipiellen", die „Einheit des 'ordinamento giuridico' absichernden" „Erklärungen" über allem Zweifel.[444] Wie die fiumanesische *Carta* gründet sie auf der Arbeit eines Volkes. Das macht indessen auch ihre Einzigartigkeit aus. Bottai kennzeichnet die *Carta* 1927 in den *Discorsi giuridici dei rapporti collettivi del lavoro e ordinamento corporativo dello Stato* als "atto fondamentale del Regime".[445] Solche Auszeichnung ("punto di partenza per la costruzione della nuova organizzazione della società italiana", "Stato di popolo") tut De Felice als "nulla [] di «rivoluzionario» nella *Carta del lavoro*" und "patina di socialità" ab:[446] "non innovava in realtà gran che (= Wesentliches)."[447] Cordova sieht in der *Carta* „reine Prinzipiendarlegung" ohne „Umsetzung in die Praxis".[448] Heinrich wägt die „Arbeitscharta oder Arbeitsverfassung" als „fundamentale" „Gesellschafts- und Wirtschaftsverfassung" mit

---

[437] Hegel, Werke 12, S. 55 = Philosophie der Geschichte, Einleitung; B.c.
[438] Ludwig, Gespräche, S. 114, 132/133, 188.
[439] Hegel, Werke 19, S. 107 = Geschichte der Philosophie I.1.3.A.3: Philosophie des Geistes.
[440] Lieber, Politische Theorien, S. 794.
[441] Panunzio, Allgemeine Theorie, S. 21/22.
[442] Costamagna, Diritto pubblico, S. 33.
[443] Ebd.
[444] Ebd.
[445] Wagenführ, Korporative Wirtschaft, S. 24.
[446] De Felice, Mussolini fascista, S. 296/FN 1.
[447] Ebd., S. 296.
[448] Cordova, Sindacati fascisti, S. 143.

dem „Gedanken des nationalen Arbeitsheeres“ einerseits „und der Zusammenarbeit aller Stände im Dienste der übergeordneten Belange der italischen Nation“ andererseits ab.[449] Müller vermißt die „positive Rechtsquelle“ der *Carta del Lavoro*; „trotz aller Mängel“ bleibt „die große faschistische Arbeitsverfassung“ aber „Krönung“ „des arbeitsrechtlichen Gesetzgebungswerkes des Vorjahres“.[450] Bornhak erblickt darin eher „eine programmatische Erklärung über Sinn und Geist der faschistischen Gesetzgebung“.[451]

Nach Costamagnas Worten „erhebt“ die *Carta del Lavoro* als „Ausdruck eines Willens, der mehr als normativ, der konstitutiv ist“, „die belebenden Prinzipien des bereits durchgeführten Gesetzeswerkes“ „zum Kanon des Regimes“, um „auf das Volksgewissen und auf die staatlichen Einrichtungen zu wirken“.[452] Aus der vielfachen Beschäftigung von „Schrifttum und Rechtsprechung“ „mit der rechtlichen Natur der *Carta del Lavoro*“ zieht Müller das Resultat, sie gälte „nicht als Gesetz, sondern lediglich als Orientierungsgundlage, als Richtschnur für die gesamte positive soziale Rechtsetzung“ und sei „andererseits ihrem Inhalte und ihrer Form nach mehr als ein gewöhnliches Gesetz“.[453] Der Jurist Heinersdorff gibt zu, „die Rechtsnatur des Dokumentes“ sei „nicht ganz klar“.[454] Da überrascht Louise Diel, welche darin das praktische Volkserziehungswerk betonte, nicht mit ihrem Laienurteil über die bis ins einzelne gehenden Dogmatiker, wenn sie in der *„Arbeitsverfassung“* „mit ihren 30 Paragraphen“ „keinen eigentlichen greifbaren Inhalt, wohl aber mit ihren Rahmenbestimmungen großen moralischen Wert“ ausmacht: „Die Erklärung des Obersten Gerichtshofes, daß es sich um ein 'grundlegendes Dokument für die Gesetzesauslegung' handle, mag jenen etwas sagen, die besser mit einem Dietrich als mit einem einfachen Schlüssel umzugehen verstehen!“[455]

Die *Carta del Lavoro* „verlangt“ bei Costamagna „das Zusammenspiel der menschlichen Energien im Nationalstaat“.[456] Bottai beschwört „Das Ende der liberistischen Ökonomie“ herauf: „und wie der Faschismus nicht gezögert hat, über den Leichnam der politischen Freiheit hinwegzuschreiten, so wird er auch nicht zögern, über den Hampelmann der wirtschaftlichen Freiheit hinwegzugehen.“[457] D.h.: Die menschlichen Energien spielen in einem Nationalstaat zusammen. Mit dieser Überzeugung tritt Bottai in seiner Schrift *Der korporative Staat in Italien* von 1933 den Befürchtungen entgegen, die Korporation, „ein staatli-

---

449 Heinrich, Faschismus, S. 47.
450 Müller, AOG, S. 29.
451 Bornhak, Staatsrecht, S. 102.
452 Heinersdorff, Arbeitsverhältnis, S. 8.
453 Müller, AOG, S. 29.
454 Heinersdorff, Arbeitsverhältnis, S. 7.
455 Diel, Duce, S. 107/108.
456 Costamagna, Diritto pubblico, S. 65.
457 Wagenführ, Korporative Wirtschaft, S. 17.

ches Organ sui generis“ (C V 2), verdränge das Syndikatssystem; vielmehr stellten die drei „Gesetze von 1926 und 1927“ dasselbe in den Vordergrund, da Arbeitgeber und -nehmervertretungen ausdrücklich streng getrennt bleiben sollen; die Korporationen seien kein Rückfall in die „Integralkörperschaft“, sondern es werde „der vertikalen Organisation der Syndikate die Horizontale der Korporationen angegliedert“; als „Organ der wirtschaftlichen Selbstverwaltung“ erfülle die Korporation außer der soziopolitischen Komponente die „organische“ in der „Autarkie der wirtschaftlichen Kategorien“.[458] Mussolini hatte der Fasciversammlung vom 23.III.1919 „die Forderungen des nationalen Syndikalismus vom wirtschaftlichen Gesichtspunkt aus“ angetragen. Er räumt jetzt ein, „das korporative Prinzip gehe“ im Widerspruch zum „ersten Eindruck“ „über den rein wirtschaftlichen Inhalt hinaus, um «zur höchsten Synthese aller materiellen und immateriellen Werte der ‘stirpe’» (B VII; C II 1, IV 1, VI 3, VII 1, 2) emporzusteigen“.[459] Aber „[g]lückseligkeits“-theoretische Einflüsse (“equazione benessere-felicità“)[460] in sein System lehnte Mussolini ab, obwohl er in Dich.II das “benessere dei singoli“ (= bien-être, well-being, Wohlstand, bienestar) nicht vergessen hat. Diese haben wiederum D’Annunzios utilitären und eudämonistischen Neigungen entsprechend dessen Korporationsutopie mitbestimmt (C I).

Der durch die Arbeitsgesetze eingeschränkte Verband der freien Gewerkschaften, die Confederazione Generale del Lavoro (CGL), hatte sich am 27.I.1927 aufgelöst. Sie erkannte, wie aus *Il Popolo d’Italia* vom 3.III.1927 hervorgeht, die Arbeitspolitik des “Regime fascista“, den “Stato corporativo“, „dem“ sie „alles Gute auf den Weg / wünsche“ und die (noch nicht verkündete) *Carta del lavoro* als „Realität“ an: “scaturita anche dai principii nostri“.[461] Diese „Erklärung“ „wurde von manchen römischen Blättern mit Hohn übergossen“.[462] Das „Bureau international du travail“ in Genf[463] „begrüßt“ die „mit der *Carta internazionale del lavoro* übereinstimmende“ ”codificazione dei principî di giustizia sociale“. Bottais Vorgänger Giacomo Suardo beurteilt die Akzeptanz der wirtschaftlichen “concezione fascista“ im neugeschaffenen “Stato corporativo“ nicht mit Mussolinis Optimismus (C V 3). Er zählt die „dem Regime und kollektiven Interesse” „feindlich gesonnenen” divergierenden “forze disgregatrici“ auf: “proprietari di case“, “bottegai“, “banchieri“, “industriali”, “borsisti”, “negozianti”, “agrari”, “proletariato urbano dei centri industriali”;[464] doch sei *„deren Untergrundtätigkeit von der Polizei ausradiert worden”.*[465] Ausländische Vorkriegsrezensenten bemessen die durch die *Carta del Lavoro* ideo-

[458] Müller, AOG, S. 56, 56/FN 182.
[459] Bodda, Diritto pubblico, S. 35.
[460] Mussolini, Dottrina, S. 849 li. = Doktrin, S. 23.
[461] De Felice, Mussolini fascista, S. 457.
[462] Beckerath, Fascistischer Staat, S. 110/FN 1.
[463] Costamagna, Diritto pubblico, S. 310.
[464] De Felice, Mussolini fascista, S. 283.
[465] Ebd.

logisch gelenkte Staatsökonomie unterschiedlich; positiv vor allem an den unerwarteten Erfolgen eines „wirtschaftlich unterentwickelten Volkes“ und deswegen an seiner “inferiorità“ „leidenden Proletariats“[466] (C III 3). Die Ansicht, „der moderne Kapitalismus“ befände sich im Übergang von der anarchischen „Phase“ zu derjenigen der „Autorität und Kontrolle“, vermittelt Sombart die Erkenntnis: „die höchstmögliche Synthese der Kraft und Autorität des Staates, die noch mit dem kapitalistischen System vereinbar“ wäre, sei die *Carta del Lavoro*, „einer der kühnsten Versuche, die bisher in Europa gemacht wurden, die Wirtschaft dem Staate unterzuordnen“; sie sei „‘das letzte Wort’ der kapitalistischen Wirtschaft zum gebundenen Wirtschaftssystem“; dort sei „ein Zustand geschaffen“, „wo die Bindung eine fast absolute ist unter Aufrechterhaltung der kapitalistischen Form der Wirtschaft“.[467] Dupeyroux, ein französischer Interpret der *Charte du Travail en Italie* (1928), beobachtet, daß „durch rechtliche Anerkennung der Syndikate «ihr ganzer Körper und nicht nur ihre Spitzen in den Staat eingefügt worden waren»“.[468]

Eschmann wägt 1930 die unterschiedlichen Positionen miteinander ab und definiert den „Zustand einer beaufsichtigten, aber doch privaten Wirtschaft“ „als ein System der Auftragsverwaltung auf wirtschaftlichem Gebiete, indem der Staat, dem an sich grundsätzlich alle Lebensgebiete unterstehen, bestimmte Tätigkeitsbezirke Organisationen mit beschränkter Autonomie zur Verwaltung übergibt“:[469] aber „der Faschismus“ „betrachtet“ „seine Syndikate und darüber hinaus die gesamte Arbeiterschaft als Mitglieder der Produktionsarmee, genau wie in Sowjetrußland“.[470] Gerhard Albrecht erkennt im hybriden Charakter „dieser Erscheinung“ eine „ganz eigenartige Mischung von Elementen des korporativ-berufständischen und des merkantilistischen Wirtschaftssystems mit solchen des Systems der freien Verkehrswirtschaft“.[471] Trotz „liberaler Einschläge“ gestalte sich diese „neue Gesellschafts- und Wirtschaftsverfassung“ „immer mehr zu einer körperschaftlich-ständischen Ordnung des Volkes“, befindet Heinrich.[472] 1930 erkennt auch die Rechtsprechung die *Carta del Lavoro* an. Beendet ist für Mussolini der „Zeitabschnitt der Umgestaltung“ von 1922 bis zur *Carta del Lavoro*, der laut Cordova von einem „legislativen Tröpfeln“ (“stillicidio di decreti“) begleitet war.[473] Ihm folgt, zumal der Begriff “conciliazione“ - semantisch die Opposition zur “lotta di classe“ - Gegenstand des *Disciplina*artikels 13 und

---

[466] Vgl. Rocco, Stato, S. 165, 334; vgl. Raschhofer, Politischer Volksbegriff, S. 195, 195/FN 226.
[467] Panunzio, Allgemeine Theorie, S. 44/45; Heinrich, Faschismus, S. 143/144/FN 41.
[468] Costamagna, Diritto pubblico, S. 336; Raschhofer, Politischer Volksbegriff, S. 86, 194/195, 195/FN 276.
[469] Eschmann, Faschistischer Staat, S. 93.
[470] Ebd., S. 86.
[471] Heinrich, Faschismus, S. 144/FN 41.
[472] Ebd., S. 46.
[473] Cordova, Sindacati fascisti, S. 143.

der Dichiarazioni IV und X geworden war, bis zum Konkordat 1929 ein „Zeitabschnitt der Versöhnung".[474] Spirito seinerseits nennt nach Überwindung der „liberalen Wirtschaftspolitik" von 1922/5 diejenige von 1926 „Annäherung an den Sozialismus". Laut seiner Captatio benevolentiae für „die *Carta del lavoro*" „bewahrt sie wie jede große '*carta* politica e rivoluzionaria' die Residuen der Welt, gegen die sie sich aufbäumt, und folgerichtig den unbewußten Kompromiß, der die Übergangsphase anzusagen bestimmt ist."[475]

Vier Jahre nach der *Carta del Lavoro* greift *Quadragesimo Anno* (15.V.1931) zurück auf die vor 40 Jahren verkündete Enzyklika *Rerum Novarum* (B VI; C VI 1). Leo XIII. hatte 1891 den christlichen Arbeitern empfohlen, nichtsozialistischen Organisationen und "sindacati neutri" beizutreten (31, 35), auch wenn sie in der „Minderzahl" blieben (36). Da (nun) ein „neuer Zweig" der "disciplina giuridica" zur Verteidigung der Arbeiterrechte die Probleme "sanità", "famiglia", "paga" (= Lohn), "infortuni di lavoro" (= Arbeitsunfälle) berücksichtigte, wie schon Leo XIII. forderte (28), sah Pius XI. angesichts der vorhergegangenen "deformazione dell'ordine sociale" zum „Schaden sogar des Staates" (79; B VII) den Zeitpunkt eines gesellschaftlich-organischen Zusammenschlusses in der „Vereinigung von Intelligenz, Kapital und Arbeit" zur *Restaurazione dell'ordine sociale* (5-77) unter Berücksichtigung der "natura sociale e individuale" gekommen (70). Denn *il contratto di lavoro non è di sua natura ingiusto* (A 66). *Quadragesimo Anno* begrüßt den „ordine gerarchico tra le diverse associazioni" zum Nutzen der "autorità" und "potenza sociale" sowie der "condizione dello Stato stesso" (81) und des „engen Zusammenwirkens der verschiedenen Berufe" (82) für die "salvezza e prosperità pubblica della nazione" (86). Dem "ordine giuridico e sociale" „soll sich die Wirtschaft wieder vollkommen anpassen" (89). „Unlängst wurde, wie alle wissen, eine besondere Syndikats-Korporativorganisation eingeführt." (92) Die Korporationen repräsentieren Arbeiter- und Unternehmer-Syndikate gleicher Kategorie (94). „Unterdrückung der sozialistischen Organisationen", „friedliche Zusammenarbeit der Klassen" und „gemäßigte Vorgehensweise einer eigens geschaffenen 'magistratura' (= Behördenapparat)" sind die „Vorteile" (96).[476] *Quadragesimo Anno* befürchtet jedoch wie manche Zeitgenossen[477] (und wie im nachhinein die Faschismustheoretiker kritisieren), daß der Staat „die freien Tätigkeiten" durch die neue „übertrieben bürokratisch-politische" Syndikats-Korporationsordnung ersetze.[478] Der Nachsatz von *Quadragesimo Anno* hegt dann die Besorgnis – fünf Jahre vor der Festigung der Achse Berlin-Rom - „trotz der angeführten allgemeinen Vorteile könnte die neue Sozialordnung eher politischen Sonder-

---

[474] Diel, Duce, S. 120/121.
[475] Spirito, Il corporativismo, S. 398.
[476] Vgl. Heinrich, Faschismus, S. 178/179/FN 14.
[477] Ebd.
[478] Ebd.

bestrebungen dienstbar sein als der Herbeiführung einer besseren gesellschaftlichen Ordnung“ (96).[479]

Bracher wertet nach dem Kriege den „christlichen“ “ordine sociale gerarchico-corporativo“ in *Quadragesimo Anno* als „Alternative“ zur „Gleichmacherei“ der „laizistisch-liberalen“ „Demokratie“ wie der „marxistischen lotta di classe“.[480] Im übrigen urteilt die Nachwelt zumeist negativ. Tranfaglia sieht, wie „Motive“ der “ultimi decenni dell’Ottocento“ in einem „Erzeuger-Korporationen-Staat“ als „veraltete Instrumente“ angesichts eines „äußerlich schwachen Proletariats“ „neuen Erfordernissen“ (“di organizzazione del consenso e di irreggimentazione delle masse“) auch dem „Technokraten“ Rocco und Bottai dienen sollten, die „im Grunde konservativ“ blieben.[481] Candeloro bestreitet „die praktische Wirksamkeit der *Carta del Lavoro* bei den ‘controversie collettive’, weil sie kein Gesetz war“; „sie diente als Bemäntelung“ der harten Bedingung, „die auf den Arbeitern lastete“.[482] De Felice sieht bei der „Entwertung“ der “carta «sociale» del corporativismo“ während der „30er Jahre“ Mussolinis Ausweg wie denjenigen „aller modernen Diktatoren“ im Streben nach “potenza“ und „nationaler ‘grandezza’“.[483] Aquarone gibt dem liberal-fiumanesischen „wirtschaftlich-syndikalen und autonom-dezentralistischen Statut“ mit „seinen zahlreichen, auch wesentlichen, den Korporationen und Gewerkschaften verliehenen Befugnissen“ als Aufwertung des “cittadino in sé e per sé“ seiner „Erzeugertätigkeit entsprechend“ sowie dem ursprünglich gleichwertigen faschistischen Ansatz den Vorzug vor der sich aus der *Carta del Lavoro* tatsächlich entwickelnden Staatslastigkeit.[484] Denn seit 30.I.1941 (legge n.14) sollte die *Carta del Lavoro* „die allgemeinen Prinzipien der juristischen Staatsordnung und das Weisungskriterium zur Gesetzesinterpretation und –anwendung darstellen“.[485] De Luna hält „das ideologische Dokument des faschistischen Korporativismus“ - obwohl „ein konkreter Appell an den sozialen Ausgleich zwischen «Kapital» und «Arbeit»“ - für „den anmaßenden Versuch einer doppelten Negation von «Liberalismus» und «Sozialismus»“. Diese mathematische Formulierung läßt offen, ob die beiden Ideologien implizit bejaht werden, was trotz aller antiliberalen und antisozialistischen Beteuerungen des selektiv ‚Fremdelemente’ in seine Strukturen einmischenden Faschismus denkbar ist.[486] Fenske bescheinigt Mussolini, er habe nicht „viel konkete Sozialpolitik“ an die *Carta del Lavoro* geknüpft: „Die Korporationen blieben ein hohler Apparat“, weil nur „betroffen[e]“ „politische Interessen“ „staatliche Intervention“ auslösten; „seine sozialistischen Jugendträume“

---

[479] Ebd.
[480] Bracher, Il Novecento, S. 241.
[481] Tranfaglia, Labirinto, S. 122.
[482] Candeloro, Storia IX, S. 150.
[483] De Felice, Mussolini fascista, S. 359.
[484] Aquarone, Stato totalitario, S. 112/113.
[485] Ebd., S. 286.
[486] De Luna, Mussolini, S. 134.

habe Mussolini „als Opportunist, der sich mit der Stabilisierung des bestehenden Sozialsystems zufriedengab", vergessen.[487] Tatsächlich aber suchte er das Versäumte in der "Repubblica Sociale Italiana" (B VIII) durch "socializzazione" der Betriebe nachzuholen.[488]

Die *Carta del Lavoro* stand in einem breiten gesellschaftlichen Spektrum von Produzenten, Gewerbe, arbeitendem Volke und seiner Familien als Kristallisationspunkt historischer Vorgänge, ethischer Ansprüche und legislativer Bemühungen: einerseits Ende einer Entwicklung, andererseits erzieherischer Impuls für schöpferische Aktivität und gleichermaßen Wegemarke für das weitere Schicksal der Italiener, aber immer unter dem Primat der Arbeit. Laut Àrias sollte die „Körperschaft" „alle technischen und wirtschaftichen Probleme der Industrie lösen" und „unter Aufsicht des Staates, im Interesse der Nation, die Unternehmungslust auf *ein* Aktionsfeld zusammenbring[en]", „beschütz[en] und förder[n]."[489] Costamagna stellt fest, daß es dem faschistischen „Lebensbild" „im ethischen wie kinetischen Sinne" an „jeder *Definition der Individualrechte* in der neuen Legislation und selbst in der *Carta del Lavoro*" „ermangele"; dagegen sei das „Konzept der individuellen «*Persönlichkeit*» gemäß dem politischen und positiven Begriffe der *Initiative* anstelle des juristischen und negativen Konzepts des *subjektiven Rechtes* auf Freiheit" übernommen worden. „Ethisch und kinetisch ist" folglich „der Wert des Staates" "secondo la formula di MUSSOLINI" Ausdruck „immerwährender *konstruktiver Revolution*" „in der Bemühung um dauernde Selbstverwirklichung".[490] – Nach dem II. Weltkrieg muß im Art.42 der *Costituzione repubblicana* (1947) die "proprietà privata"[491] dank ihrer „Sozialfunktion" „allen zugänglich" sein, eventuell „aus allgemeinem Interesse zu enteignen". Hierzu bemerkt Giorgio Lombardi 1995, daß „sich der Eigentumsbegriff der Costituzione nur scheinbar von demjenigen der Vergangenheit entferne"; auch „stünde die umstrittene unmittelbare Wirksamkeit der Konstitution" „mit der Unterscheidung zwischen *Vorschrifts-* und *programmatischen Normen*" „ganz analog" „zur *Carta del Lavoro*". Sie brachte damals „in größerem Maße innovative Normen zu den sozialen Werten im Zivil- und Arbeitsrecht"; „hinsichtlich der" heutigen „Urteilssprüche der Corte di Cassazione in Anlehnung an die sogenannte «parte sociale» der Republikanischen Verfassung" weise dies keine „unbeträchtliche Ähnlichkeit" auf.[492]

Die Polarität Staat - Individuum läßt sich auf eine einfache Schablone übertragen: Was ist beständiger? Der einzelne oder der Staat? Biologisch in der Zeit

---

[487] Fenske/Mertens/Reinhard/Rosen, Geschichte der politischen Ideen, S. 523.
[488] Mittermaier, Mussolinis Ende, S. 127; Monicelli, Salò, S. 15ff.; De Luna, Mussolini, S. 134.
[489] Arias pp., Mussolini, S. 208.
[490] Costamagna, Diritto pubblico, S. 76.
[491] Zur "proprietà privata" vgl. Spirito in: F I 3, Dich. VII.
[492] Aquarone, Stato totalitario, S. XX.

begrenzt, lebt jener nur in der Generationenkette fort, die der Staat garantiert. Die *Carta del Lavoro* sucht sich nach der harten *Disziplin* und den strengen *Normen* auf das Individuum und seinen häuslichen wie beruflichen Lebenskreis abzustimmen und ihm mit der „Arbeit" für die „Nation" eine flexiblere Fessel anzulegen - wenn da nicht die cäsarenhafte Einleitung gewesen wäre und am Ende nicht Giovanni Giuriati am 17.VII.1943, eine Woche vor Mussolinis Absetzung, diesen in einem Brief auf die "mastodontica burocrazia parastatale, statale e sindacale-corporativa" der *Carta del Lavoro* „bei der Versorgung" hinweisen sollte.[493] Der faschistischen Betrachtungsweise des 'lavoro' als Aufgabe des ontologisch in der Gesamtheit der Nation aufgehenden einzelnen wird deshalb das nächste Kapitel gewidmet. Zur nun ermöglichten „eigentlichen sozialen und politischen Funktion der Berufsverbände" mußte „organisch eine 'Autarkie der wirtschaftlichen Kategorien'"[494] (Bottai)[495] treten, damit der "Stato corporativo" der Erzeugungssteigerung entstehen, gesellschaftlich ein anderes Gesicht formen und sich juristischen Kriterien stellen konnte. Dem nicht erwarteten schleppenden Gang der Entwicklung nach der *Carta del Lavoro* sollte neuer legislativer Ansporn abhelfen, weshalb sich das Kapitel über den Korporativstaat, der wie ein „Zwitter" zum Königreich steht (C VIII 5), nicht nur mit den wirtschaftlichen Erscheinungsformen bis zur "disfatta", sondern gleichwohl mit der Gesetzesflut beschäftigen wird, die auch nach der „Krönung" durch die „Arbeitsverfassung" nicht abebbt, sondern im Zuge des staatsjuristischen Wandlungsprozesses anschwellen wird (F III 1). Antonio Raimondi macht „den impulsiven Charakter" des „Diktators", „der mühelos die Suggestionen anderer aufnahm", ferner „die Oberflächlichkeit seiner Kenntnisse" „von so vielen Sachverhalten", „für die legislative Leichtfertigkeit" ("faciloneria"), „ernste und umfassende Probleme in der Hast zu lösen", verantwortlich.[496] Die daraus sich ergebenden ,Dekret- und Gesetzesschnellabläufe' waren dann mit Rückkehr auf den bereits erfolgten Erlaß kurzfristig zu modifizieren.

II. "Lavoro" als Lebensinhalt

1. Ideologie des Homo Faber

Die „Locatio conductio operarum" der „Artes illiberales" römischer Zeit (B III) findet mit lt. „òpera", f. (= Arbeit, Mühe, Bemühung, Tätigkeit; der für Bezahlung dienende Arbeiter, Tagelöhner, Geselle),[497] ihre semantische Fortsetzung

---

[493] Ebd., S. 612.
[494] Müller, AOG, S. 56, 59.
[495] Ebd., S. 56/FN 182.
[496] Aquarone, Stato totalitario, S. 304.
[497] Georges, Lt.-dt. Handwörterbuch, S. 1960/1961.

im *Carta-del-Lavoro*-Terminus "prestatore d'opera". Das lt. Substantiv „operarius" (= Arbeiter, Tagelöhner, Handlanger)[498] wird zur Unterscheidung vom „Angestellten" zum "operaio", frz. «ouvrier» (B. VII). Zum Bestimmungswort der *Carta* wurde indessen lt. „labor". Sein ethisch absteigender Bedeutungsinhalt hat sich von „Anstrengung, Bemühung, Mühe, Arbeit, Werk, Arbeitsfähigkeit, Ausdauer in Arbeit und Anstrengung" bis hinab zu „Plage, Not, Ungemach, Drangsal, Mühseligkeit, Unglück, Beschwerlichkeit" durchgesetzt.[499] Der "lavoro" wird als "esercizio di un'arte o mestiere o professione" definiert.[500] Die englische Entsprechung findet über die 1869 gegründete "Labour Party" der einst von Owen beeinflußten "Trade(s) Unions"[501] (C III 1; D III), die damit „Männer ihres Vertrauens ins Unterhaus" brachten, im englischen „*Carta*titel" ihren Niederschlag. Das mittellateinische „laborator" bedeutet „Arbeiter", „Pflüger". Als "lavoratore" (III, IV, VI) erscheint er im Sinne des abhängig Beschäftigten.[502] Der Benediktinerorden hatte nach der pädagogischen Regel „Bete und arbeite!" geistlich wie körperlich beim Landbau zur Aufwertung menschlicher Tätigkeiten als einer der möglichen Symbiosen von Vita contemplativa und Vita activa im Mittelalter beigetragen (B III). In der „praktischen Philosophie" definiert Hegel die „Arbeit" als Derivat „physische[r] Bedürfnisse und Genüsse", die „*einer* Notwendigkeit gehorchen": Sie „bilden" in „der allgemeinen gegenseitigen Abhängigkeit" „der physischen Bedürfnisse und der Arbeit" „das System der sogenannten politischen Ökonomie".[503] Im dialektischen Schritt gelangt Hegel zur „Bestimmung der *Freiheit als solcher*, einer Tätigkeit als Freiheit, ein Schaffen nach der Freiheit, nicht mehr ein ungehindertes nach der Macht, sondern ein *Schaffen nach Zwecken*".[504] Karl Marx verrät seine Herkunft von Hegel, wenn er sieht, wie „der Mensch" die „seiner Leiblichkeit angehörigen Naturkräfte, Arme, Beine, Kopf und Hand" „in Bewegung" „setzt", „um sich den Naturstoff in einer für sein eigenes Leben brauchbaren Form anzueignen." Denn: „Die Arbeit ist zunächst ein Prozeß zwischen Mensch und Natur, ein Prozeß, worin der Mensch seinen Stoffwechsel mit der Natur durch seine eigne Tat vermittel, regelt und kontrolliert."[505]

Lockes liberalistische Theorie des „Eigentumsbegriff[es] aus der Arbeit" wünscht ein Jahrhundert nach Campanella (B IV) 1693 in den *Thoughts on education* „praktische und sogar handwerkliche Erfahrung".[506] Darin folgt ihm Rousseau: «mais dans la société où il vit nécessairement aux dépens des autres,

---

498 Ebd., S.1961; ebd., S. 1962: operari = Land bearbeiten.
499 Ebd., S. 1564.
500 Zingarelli, S. 834.
501 Der Große Brockhaus, Bd. XI, S. 584/585.
502 Zingarelli, S. 834.
503 Hegel, Werke 2, S. 482 = Wissenschaftiche Behandlungsarten des Naturrechts.
504 Ebd., 17, S. 502 = Philosophie der Religion, III C III, Sommer 1831.
505 Marx/Engels, Werke, Bd. 23, S. 192 (Marx, K., Das Kapital, Bd. 1, II.5.1: Arbeitsprozeß).
506 Brockhaus 1882, Bd. XI, S. 141; Der Große Brockhaus, Bd. VII, S. 292.

il leur doit en travail le prix de son entretien; cela est sans exception.»... «de toutes les conditions, la plus indépendante de la fortune des hommes est celle de l'artisan...Riche ou pauvre, puissant ou foible, tout citoyen oisif (= müßig) est un fripon».[507] Die „physiokratischen" Aufklärer erheben in dieser Epoche den „lavoro che è impiegato sulla terra" und „mit den eigenen Händen" («delle proprie braccia») als „einzig produktiven" (C III 1).[508] Das „Recht auf Arbeit" hatte Johann Gottlieb Fichte (1762-1814) 1796/7 in der „Grundlage des Naturrechts" gefordert; „der Staat habe dafür zu sorgen, daß jeder von seiner Tätigkeit leben könne". „Arbeit ist Pflicht der sittlichen, ist Existenzbedingung der physischen Persönlichkeit". Der „geschlossene Handelsstaat" „sozialistischen" Ideals „gewährleistet" „die Regelung des Arbeitsverhältnisses", um sie „nicht dem natürlichen Getriebe von Angebot und Nachfrage (nach Adam Smith)" und den „Ertrag der Arbeit nicht dem Mechanismus des gesellschaftlichen Interessenkampfes" zu „überlassen".[509] Dies entspricht sozialem „Idealismus", „weshalb wir Faschisten uns nicht mit Unrecht an Vico und Hegel, an Mazzini und Giobert wie an Fichte anlehnen", sagt Panunzio.[510] Die "pensatori del Risorgimento italiano", seien es nun Monarchisten wie Cavour und Minghetti oder die Republikaner Mazzini und Carlo Cattàneo (1801-69) und schließlich der liberale Giovanni Domenico Romagnosi (1761-1835) oder der gläubige Gioberti, reklamieren ebenfalls das "diritto al lavoro per ciascun uomo".[511] Antonio Bruers zieht den dialektischen Sprung dieser Denker vom "diritto alla vita" über das "diritto al lavoro per ciascun uomo" zum "concetto del lavoro" der *Carta del Lavoro*. „Arbeit" und „Ersparnis" sind „legitime Quellen" der "proprietà individuale" und ebenso das "diritto d'acquistare". (Hier siegt Locke über Rousseau.) Für Gioberti ist die "intelligenza" «prima delle forze economiche», «prima sorgente delle ricchezze», für Cattàneo «forza sopra tutte le altre poderosa e impermutabile» (= unaustauschbar); sie „hat den Vorrang": «presiede al lavoro, al consumo, al cumulo» (= Erwerbsanhäufung). Mazzini zieht die Summe: «un giorno saremo tutti operai, cioè vivremo tutti sulla retribuzione dell'opera nostra in qualunque direzione s'eserciti. L'esistenza rappresenterà un lavoro compiuto.»[512] (C II 1, IV 1, VII 1) - Mussolini nimmt den Gedanken auf: "E la patria che noi sogniamo è quella dove tutti lavorano e dove i parassiti non esistono più."[513] Dies besagt auch Art. 4 der *Costituzione della Repubblica* vom 22.XII.1947.

---

[507] Rousseau, Émile, S. 306.

[508] Spirito, Il corporativismo, S. 91-93.

[509] Windelband, Geschichte der Philosophie, S. 502; ebd., S. 502/FN 1: Naturrecht §18. - Vgl. dazu Hitlers Beziehung zu Fichte: Mejias, Hitlers Bücher, S. 23: Die Hitler am 20.6.1933 von Leni Riefenstahl (1902-2002) gewidmete Staatslehre-Ausgabe „quillt über" von seinen „Anstreichungen"; dazu die „Marginalie[] sehr gut".

[510] Panunzio, Allgemeine Theorie, S. 44/45.

[511] Tilgher, Homo Faber, S. 111.

[512] Ebd.

[513] Mussolini, Citazioni, S. 144: 22.IX.1924 al popolo di Ferrara.

In der Weiterentwicklung des aufklärerischen „prix" „en travail" sieht das Industriejahrhundert die Arbeit als Wertobjekt. Das liberal entfaltete Erzeugungssystem in den Fabriken räumt der Fourierschen Utopie von einer „Arbeit" als „Beschäftigung" im „täglich mehrfach wiederholten Wechsel" nach „den natürlichen Trieben (= passions) des Menschen" keine Chance ein. Bei soviel Selbstlosigkeit der auf Tätigkeit angewiesenen Gesellschaft des 19. Jahrhunderts müßte das Gefüge der Produktiv- und Konsumgenossenschaft «Phalanstère» (B III 1) bald auseinanderbrechen. Der sozial für seine Beschäftigten unermüdlich sorgende Unternehmer Robert Owen (C III 1) sucht in der 1832/4 von ihm organisierten „Arbeitswährung" eine „Arbeitsbörse"[514] einzuführen und durch „Gründung von Genossenschaften" mit „Gemeineigentum" für „die ganze Gesellschaft" dem „mangelhaften Verteilungssystem" abzuhelfen.[515] Im Gegensatz zu den Owenisten, „aus denen der Chartismus hervorging",[516] findet die Marxsche Auseinandersetzung mit dem *Kapital* als von Mussolini geschmähter „materialistischer Positivismus"[517] ihr revolutionäres Echo in der westlichen Welt. Denn die vom Unternehmer benötigte „Zufuhr von Arbeit" und „Arbeitskraft" zur Deckung seiner „Nachfrage nach Arbeit" und „Arbeitskraft" wendet sich an einen in der 2. Jahrhunderthälfte gewerkschaftlich organisierten „Verkäufer" und „Inhaber der Arbeitskraft".[518] Der „Arbeitgeber" oder „datore di lavoro" - schon in der *Disciplina* ein versöhnlicher Terminus für die Partnerschaft zum "prenditore di lavoro" der *Carta* (XIX) - ‚vergibt' bei Marx als „Kapitalist", „Käufer", ja „Sklavenhalter"[519] nicht die „Arbeit", sondern er „kauft" die „Arbeitsleistung zu bestimmter Zeit" „*mit Geld*", „Taglohn" oder „Stücklohn"[520] kraft „Kaufkontrakt"[521] und wird - vorher „Geldbesitzer" - zum „Arbeitskraftbesitzer".[522] Rocco wiederholt bei seiner Darstellung der Ricardoschen Ökonomie eines Arbeitskräfteüberangebots und der sich daraus ergebenden "*ferrea legge dei salari*" (C III 3) die marxistische Einschätzung, die davon profitierenden "imprenditori" und "capitalisti" hielten damals „die Arbeiter" „wie 'bestie da lavoro'".[523] Marx präzisiert: „Was der Arbeiter verkauft, ist nicht direkt seine *Arbeit*, sondern seine *Arbeitskraft*, über die er dem Kapitalisten vorübergehend die Verfügung überläßt." „Er vermietet resp.

---

[514] Der Große Brockhaus, Bd. VIII, S. 665/666.
[515] Ebd., S. 666; vgl. Brockhaus 1882, Bd. XII, S. 599
[516] Brockhaus 1882, Bd. XII, S. 599.
[517] Menzel, Staatsgedanke, S. 7.
[518] Marx/Engels, Bd. 24, S. 34 (Marx, K., Das Kapital, Bd. 2, II.I.1: Der Kreislauf des Geldkapitals).
[519] Ebd., Bd. 23, S. 281 (Marx, K., Das Kapital, Bd. 1, III.6: Der Arbeitstag); vgl. ebd., Bd. 25, S. 871 (Marx, K., Das Kapital, Bd. 3, VII.50: Der Schein der Konkurrenz)
[520] Ebd., Bd. 6, S. 397-423 (Marx, K., Lohnarbeit und Kapital, Vorwort von F. Engels).
[521] Ebd., Bd. 24, S. 35 (Marx, K., Das Kapital, Bd. 2, I.1: Der Kreislauf des Geldkapitals).
[522] Ebd., Bd. 23, S. 191 (Marx, K., Das Kapital, Bd. 1, II.4: Verwandlung von Geld in Kapital).
[523] Rocco, Stato, S. 329.

verkauft seine *Arbeitskraft*. Die Arbeitskraft ist aber mit seiner Person verwachsen und von ihr untrennbar."[524] Zur linguistisch neutraleren Form des 'dare lavoro' ("datore di lavoro") für den "imprenditore" (XIX) und "organizzatore dell'impresa" (VI) statt des „Kapitalisten") steht ‚achsengespiegelt' das Verb "prestare" = „(ver)leihen, borgen" bei Marx. Sein Freund Georg Herwegh (1817-75) verfremdet 1863 mit dessen Argumentation die spritualistische Benediktinerregel „Ora et labora" im „Bundeslied": „Bet und arbeit! ruft die Welt, Bete kurz! denn Zeit ist Geld."[525] Die *Carta del Lavoro* stellt dem „Arbeitgeber" den "prestatore di lavoro" (XV) und - an römisches Recht erinnernd - "prestatore d'opera" (VII, XIII, XV, XVI, XX, XXVIII) entgegen. Aus dem klassenkämpferischen Gegensatz erwachsen die ***rapporti collettivi del lavoro*** der *Disciplina* und darin aus dem individuellen "contratto di lavoro" die "contratti collettivi". Die Arbeit der Kontrahenten wird semantisch zum kollektiven "rendimento del lavoro", der „Erzeugungsleistung", aufgewertet (XII; in der offiziellen Übersetzung irreführend „Arbeitserträgnis"). Dich.XIII kehrt indessen mit der Messung der „Arbeitskraft" nach den Kriterien "condizioni della produzione e del lavoro", "situazione del mercato monetario", "tenore di vita dei prestatori d'opera" und "dati rilevati" "ed elaborati dal Ministero delle corporazioni" zum Marxschen Ansatzpunkt zurück. Da aber "lavoro" und "capitale" dank „bewußter Klassenzusammenarbeit" ihre „Antagonismen" überwunden haben und jetzt „das Kapital dem Staat gehorcht", „ist die Arbeit nicht mehr Wirtschaftsobjekt, sondern -subjekt, da die Arbeit das Kapital bildet und anhäuft".[526]

Im Zuge der Erkenntnisse von Charles Robert Darwin (1809-82) in *The descent of Man and selection in relation to Sex* von 1871 eröffnet Friedrich Engels im Aufsatz von 1876 über den *Anteil der Arbeit an der Menschwerdung des Affen* den anthropologischen Hintergrund des Marxschen Sozialthemas. Der Autor bemerkt „die allmähliche Verfeinerung der Menschenhand", nachdem sie dank der Ausbildung des Fußes für den aufrechten Gang" zur „Verfertigung von Werkzeugen" „frei geworden" war, „als Organ der Arbeit" und *„auch ihr Produkt"* im Prozeß der Separation und Aufwärtsentwicklung aus dem Tierreich. Er schreibt im Sinne des objektivierten Willens: „Das Bedürfnis schuf sich sein Organ."[527] „Die Arbeit ist kein gleichbleibender, sich auf gleicher Ebene wiederholender Prozeß, sondern ein Entwicklungsprozeß zu immer höheren Formen."[528] Dieser philosophische Positivismus ist den meisten Italienern wie auch Mussolini fremd. Natürlich nimmt der Voluntarist in seiner

---

[524] Marx/Engels, Werke, Bd. 22, S. 202-209 (Marx, K., Lohnarbeit und Kapital, Vorwort von F. Engels).

[525] Kaiser, Der Freiheit eine Gasse, S. 274/275; ebd., S. 1, 29,37: Freundschaft mit Marx.

[526] Mussolini, Citazioni, S. 134; 160; Predappio Ufficio, S. 92.

[527] Marx/Engels, Werke, Bd. 20, S. 444-455 (Engels, F., Dialektik der Natur, Kapitel: Anteil der Arbeit an der Menschwerdung des Affen).

[528] Marx/Engels, Werke, Bd. 2, 79; vgl. Klaus/Buhr, Philosophisches Wörterbuch, S. 31.

Doktrin „das Leben als einen Kampf", „in dem" jedoch „der Mensch die Aufgabe hat, sich jenes Leben zu erobern, das seiner wahrhaft würdig ist". „Darum „schafft" er als Aktualist „in sich selbst das physische, moralische und intellektuelle Instrument zum Aufbau seines Lebens", so für „Individuum", „Nation" und „Menschheit" mit „allen ihren Formen" der „Kultur" und der „Erziehung": „Daher auch der wesentliche Wert der Arbeit, mit der der Mensch die Natur bezwingt und" - dies ist das spiritualistische Erbe - „zum Schöpfer der wirtschaftlichen, politischen, moralischen und intellektuellen Welt wird."[529] Damit hat sich der ‚idealistisch' formulierende Faschismus seiner von der oben aus dem *Kapital* wiedergegebenen rein materialistischen Arbeitsdevise des „historischen Materialismus" distanziert.[530] Mit Recht, denn im Gegensatz zum rücksichtslos die Urbarmachung betreibenden Faschismus fügt Engels zur Feststellung: „Die Arbeit selbst wurde von Geschlecht zu Geschlecht eine andre, vollkommnere, vielseitigere", fortschrittsungläubig hinzu: „gleichzeitig mit „unsern menschlichen Siegen über die Natur" „rächt sie sich an uns", und bietet die ihre „Wälder ausrotte[nd]en" „Italiener der Alpen" als Musterbeispiel „zur jetzigen Verödung" an.[531] (B IV, VI)

Der syndikal-faschistische Kongreß vom 24.I.1922 (C II 1) hatte laut Tilghers Buch *Homo faber* die „Arbeit" 1. als „erhabene Befugnis" zur Legitimation des „Bürgerrechts des Menschen" in der „sozialen Gemeinschaft", 2. als „Ergebnis der „Bemühungen" „um menschlichen Wohlstand in materieller, moralischer und geistiger Hinsicht" definiert. 3. sollte die „syndikale Organisation" „ohne demagogische Ostrazismen" „alle" sich „der Erreichung obiger Ziele" widmenden „Arbeiter" aufnehmen.[532] Die gesellschaftliche Stellung des Arbeiters „mit den Schwielen an den Händen", wie „sie" Mussolini „selbst gehabt hat",[533] erfuhr neben den anderen Berufen ihre Würdigung schließlich durch die *Carta del Lavoro*. Diese Art der Tätigkeit soll am 13.V.1933 eine zweite legislative Aufwertung durch die *Carta der Halbpächter* mit *Norme generali per la disciplina del contratto di mezzadria* erfahren.[534] Die durch den Krieg nicht mehr voll realisierte *Carta della scuola* erfaßt schließlich die auszubildende "giovinezza" und schlägt 1939 im 5. Grundsatz den Bogen über alle Berufe: "Il lavoro, che sotto tutte le sue forme intellettuali, tecniche e manuali, è tutelato dallo Stato come un dovere sociale."[535] Mazzini hatte prophezeit: „Eines Tages wollen wir alle Arbeiter sein. Das heißt: Wir müssen alle von der wohin auch immer getroffenen Verteilung der Erzeugnisse aus

---

529 Mussolini, Dottrina, S. 849 li. = Doktrin, S. 22; 847r. = 7/8.
530 Menzel, Staatsgedanke, S. 27.
531 Marx/Engels, Werke 20, S. 452-453 (Engels, F., Dialektik der Natur, Kapitel: Anteil der Arbeit an der Menschwerdung des Affen)
532 Tilgher, Homo Faber, S. 109.
533 Mussolini, Citazioni, S. 143/4 = Arias pp., Mussolini, S. 19.
534 Pergolesi, Diritto costituzionale, S. 21, 21/FN 4.
535 Ebd., S. 337-339; vgl. Candeloro, Storia IX, S. 457-459.

unserer Hände Arbeit leben. Unser Dasein soll Arbeit in ihrer höchsten Vollkommenheit sein."[536] (Anfang C II 1) Mussolini resümiert: "Chi dice lavoro dice borghesia produttiva e classi lavoratrici delle città e dei campi." Statt Klassen-„Privilegien" „Schutz der sich mit denen der Erzeugung und der Nation harmonisierenden Interessen", heißt es weiter: "Il lavoro è la cosa più alta, più nobile, più religiosa della vita."[537] Weniger spiritualistisch unterscheidet 1926 Hitlers *Mein Kampf*: „Grundsätzlich ist der Wert jeder Arbeit ein doppelter: ein rein materieller und ein ideeller" mit dem „plastischen Ausdruck im materiellen Lohn" und der „materiellen Bedeutung" „für das Leben der Gesamtheit" einerseits und andererseits „ihrer Notwendigkeit an sich". Wenn vom „alltäglichen Handlangerdienste[]" bis zum „größten" „Dienst" „jeder einzelne sich bemüht", „sein Bestes zu tun", und es „dem Dienste seines Volkstums widmet", „der Volksgemeinschaft", „muß /sie/ aber ideell die Gleichheit aller feststellen".[538] Von daher rührt auch die ideologische Spezifizierung als Arbeiter der Stirn und/oder der Faust[539] oder bei Corradini "lavoratori del braccio".[540]

Die 'tutela del lavoro' in den Dichiarazioni II und III, bemängeln Sombart[541] (C III 1) und Beckerath, gälte nicht ihrem „Träger", sondern nur der „Arbeit" als „soziale Pflicht" im Interesse der „Gesamtheit", wenn „der Fascismus" auch „die Sozialversicherung und den Arbeiterschutz" „weitgehend umgestaltet" habe; bei eingeschränkter „Vertragsfreiheit" werde „das Arbeitsverhältnis" in einer „Art von Beamtenverhältnis" „von der Obrigkeit geregelt" - „wie der merkantilistische Staat, nur weniger weitgehend".[542] Mussolini hatte 1923 doziert, "*la* libertà di lavoro non è mai esistita", zumal die „streikenden" „Sozialisten" bis dahin den "crumiro" (= Streikbrecher) „vor dem Betrieb" „zusammengeschlagen hätten".[543] (D IV) Eschmann hinterfragt 1930 „die grundsätzliche Stellung des Arbeiters im Staat": „Ist er noch der freie Proletarier, der seine Haut zu Markte trägt, oder durch die Einbeziehung in die allgemeine Fürsorge zum ‚Staatssklaven' geworden, wie Hilaire Belloc (1870-1953) formulierte, oder zum Arbeitsbeamten, wie es manche Faschisten wollen?"[544] Müller entdeckt 1936 zwischen Abessinien- und Spanienkrieg in „der großen italienischen Produktionsarmee" den „Arbeitssoldaten", „der", vom „privaten in das größere öffentliche Dienstverhältnis des Staates gerückt", „für sein Land und Volk nicht mit dem Schwert, sondern mit Hammer und Spaten

---

[536] Tilgher, Homo Faber, S. 111.
[537] Predappio Ufficio, S. 195.
[538] Hitler, Mein Kampf, S. 483/484: zum Teil im Sperrdruck.
[539] Schenkendorf, Staat der Arbeit, S. 32; Hofer, Nationalsozialismus, S. 96.
[540] Corradini, Italia, S. 22/23; vgl. Eschmann, Faschistischer Staat, S. 87: die Canto-del-Lavoro-Strophe von Rossoni über den "Pflüger" ("Ara il tuo campo").
[541] Beckerath, Fascistischer Staat, S. 151.
[542] Ebd., S. 151/FN 3.
[543] Mussolini, Citazioni, S. 258/259.
[544] Eschmann, Faschistischer Staat, S. 86.

kämpft".[545] Der Duce erklärt entsprechend, nach der „ungeheuren Erringung der Individualrechte im verflossenen Jahrhundert" sei die jetzige "eguaglianza degli uomini davanti al lavoro" „nicht weniger fundamental".[546]

Im Gegensatz zu Engels' Kritik an den mit fortschreitenden Arbeitstechniken selbstverschuldeten negativen Auswirkungen in Natur und Gesellschaft weist Mussolini 1924[547] in einem Vortrag über „Verfassung" „die progressive Einschränkung der Freiheit" auf dem Wege vom „uomo delle caverne" zum "uomo civile" in den „Menschenanhäufungen der Städte" nach.[548] Aber er warnt nicht vor diesem Verlust: "Il concetto assoluto di libertà è arbitrario. Nella realtà non esiste."[549] Er braucht sein Konzept zur Formung des Italieners auf dem Fundament der Arbeit. D'Annunzio hatte seine *Carnaro-Carta* unter die Thematik "lavoro" gestellt. "Qui (in Fiume) si forma l'uomo libero. E qui si prepara il regno dello spirito, pur nello sforzo del lavoro" (L). In der "decima corporazione" erwartete der Dichter den "uomo novissimo" (XIX). Während der Besetzung des Adriahafens (C I) schreibt Mussolini an den Comandante, er möge „das Wahlergebnis des 16.XI.1919" mit einem *„großen Volksentscheid für Fiume"* abwarten; *„neue Menschen werden aus den Wahlversammlungen hervorgehen"*.[550] Die Kondition des Menschen innerhalb einer Gesellschaft der Arbeit war bereits im Kapitel über die *Konkurrenz der Wirtschaftsdoktrinen* (C III) unter dem Gesichtspunkt faschistischer Auswahlmöglichkeiten für den zu formenden Bürger in einer ideologisch auszurichtenden künftigen Nationalökonomie behandelt worden. Vom berufsständischen "artigiano" der „strengen Künste" in mittelalterlichen "corporazioni" und Gilden bis zum selbstgenügsamen «cultivateur» der Physiokraten, vom Homo oeconomicus der klassischen Ökonomie zum 'nicht syndikatsfähigen', nur auf eigene «ophélimité» bedachten Prototyp Paretos, von „Proletariern aller Länder" des *Kommunistischen Manifests* zu Sorels mythosbeseelten gewaltbereiten 'ouvriers sans maîtres', von D'Annunzios „freiem Menschen" bis zum sozialistischen Syndikalisten Rossonischer Prägung standen die Modelle zur Verfügung. Diese hatten ihre besonderen differenzierten Vorstellungen von der Freiheit des arbeitsamen Menschen in ihre jeweilige Geschichtsepoche eingebracht. In dieser Reihe bewegt sich Mussolinis eigenes Curriculum vitae. Direkt unter der Standarte der Revolutionäre mit Handwerksemblemen inmitten der Losung "Proletarii di tutto il Mondo Unìtevi" erscheint er selbst auf einem Schweizer Photo von 1902-1904.[551]

---

[545] Müller, AOG, S. 54.
[546] Bodda, Diritto pubblico, S. 38.
[547] Mussolini, Citazioni, S. 259.
[548] Ebd.
[549] Ebd.
[550] De Luna, Mussolini, S. 38.
[551] Ebd., S. 13.

Die „fictio“ des Homo oeconomicus hatte Spirito als “antieconomico“, “anartistico“ entlarvt und ihr den “uomo concreto“ und “reale“ entgegengehalten, ebenso wie Codignola ein «homme abstrait» als pädagogisches Modell für die Schulreform unbrauchbar erschien (C III 2). Die Programmpunkte vom 24.I.1922 hatten den in sozialer undemagogisch gelenkter Gemeinschaft gleiche materielle, moralische und geistige Ziele erstrebenden Arbeiter als bürgerrechts- und syndikatswürdig skizziert. Tilgher hatte ihn in seiner Abhandlung über den „Homo faber“ dargestellt. Am 27.X.1924 ermahnt Mussolini die unruhigen Arbeiter von Dàlmine[552] (C II 1), die bereits 1919 ihre Fabrik unter der „Flagge der syndikalistischen Union“ besetzt hatten, als „demütige“ “servi della nazione“, „ohne Illusionen“ “con devozione assoluta“, den „sozialen Frieden“ zu erstreben. „Unsere Pflicht“ ist „gleichsam religiös“. „Notwendig“ sind „Kapital“, „Technik“ und „Belegschaft“ zur Erlangung des “benessere singolo e collettivo“ durch „stete Arbeit“. Hegels „Arbeit“ als Derivat der „physischen Bedürfnisse“, die nur „*einer* Notwendigkeit gehorchen“, stellt Mussolini den “fattori della produzione [] necessari“ nun als „gleichsam religiöse Pflicht“ voran.[553] Die *Carta del Carnaro* gedieh dem “lavoratore“ ein kunsthandwerkliches “sentimento religioso“ (LXIII) an. Auch Spirito fordert den „homo ethicus“ und „homo religiosus“ in der ”economia applicata“[554] (C III 3). Rocco betonte am 10.XII.1925 in seiner Kammerrede zur Unterbreitung des Entwurfes der *Disciplina*, diese dürfe „keineswegs Syndikat und religiöses Gefühl scheiden“.[555] Gleich wie Mussolini der „Partei“ die „Ausübung eines Apostelamts“ (C III 3) anträgt, vermag er nach dem ersten Jahrfünft und erfolgreicher „Lira“-„Bilanz“[556] (B VII) dem „italienischen Volk“ zu akkreditieren, „es habe wie ein Neger oder - wenn ihr wollt - wie ein Held und ein Heiliger geschuftet“.[557] Als pädagogischer Erfolg erscheinen mit den erwünschten Eigenschaften ”Uomini di scarse (= knapp) parole, di freddo coraggio, di tenace laboriosità, di cieca disciplina, del tutto irriconoscibili dagli italiani di ieri“.[558] 6 Jahre später gibt der Duce dem “Consiglio nazionale delle Corporazioni“ Rechenschaft ab und zieht die Summe aus seinem Volkserziehungsversuch, die verschiedenen ‚*homines oeconomici*’ zu einem Ganzen zu fügen: „Den ökonomischen Menschen gibt es nicht“, wohl aber den „politisch“, „wirtschaftlich“, „religiös“ eingestellten “uomo integrale“:[559] „Er ist ein Heiliger“ und „ein Krieger“.[560] Beckerath nennt den Versuch „Erziehungs-

[552] Beckerath, Fascistischer Staat, S. 20; Cordova, Sindacati fascisti, S. 16.
[553] Mussolini, Citazioni, S. 87/88, 129; vgl.Arias pp., Mussolini, S. 28.
[554] Spirito, Il corporativismo, S. 93.
[555] Rocco, Stato, S. 369.
[556] Vgl. De Luna, Mussolini, S. 90.
[557] Mussolini, Citazioni, S. 132/133.
[558] Heinrich, Faschismus, S. 122, 122/FN 14: Mussolini, Discorsi 1.I.1928.
[559] Mussolini, Citazioni, S. 136.
[560] Ebd.

Diktatur".[561] Das Satireblatt *L'Asino* (B VII) nimmt dagegen bereits 1924 „Waffenklirren", "canti di guerra" und „Feuersturm" wahr, die aus der „infernalischen" "caverna dell'*homo novus*" heraus in die "Era Nuova" eindringen und den „unausweichlichen Untergang" ankündigen.[562]

Spiritos ‚konkreter Mensch der Wirklichkeit' erfährt hiermit seine spiritualistische Aufwertung. Für diese Erziehungsformel hatte der 4. Punkt der „Homo-faber"-Thesen vom 24.I.1922 die sich auf die „höhere Synthese aller materiellen und geistigen Werte der 'Stirpe'" berufende Ideologie geliefert: „Die Individuen, Berufsgruppen und Klassen sind die Werkzeuge" der „Nation zur Erreichung ihrer höheren 'Grandezza' (= Vollkommenheit)".[563] Das aristotelische Zóon politikòn (A 5), das „keine vollkommene Sittlichkeit außerhalb des Staates" erlangt,[564] findet sich im faschistischen Staate wieder. Am 22.VI.1925 kündigt Mussolini das syndikalistische Ziel des "inquadramento delle masse lavoratrici" an.[565] 1929 stellt er den „Partito" "con la massa dei suoi gregari" (= Gefolgsleute) als "massa inquadrata" „in gewolltem Konsens" und „Treue" „mitten ins Volk".[566] Wenn als Vokabel auch nicht in die drei Gesetzestexte eingeflossen, so besorgt doch das *Kgl. Dekret Nr.718* vom 21.IV.1927 das "inquadramento agli effetti sindacali delle *imprese cooperative*".[567] Die Kommentatoren sprechen vom „inquadramento delle Associazioni sindacali",[568] von der „Eingliederung" der „einzelnen" in die Korporationen, etwa der "direttori tecnici ed amministrativi" oder überhaupt der „produktiven" „Arbeitgeber" und „-nehmer" in die "Confederazioni nazionali".[569] Müller charakterisiert diese „Periode der italienischen Sozialentwicklung" mit der „Einreihung der Gegner in die faschistischen Berufsorganisationen" als diejenige des "Inquadramento",[570] welches Bodda[571] und Wagenführ „Einfügung des/der Einzelnen" nennen.[572] Der Dichterrebell Cesare Pavese (1908-50) aber formuliert 1934: "L'uomo è come una bestia, che vorrebbe far niente... Ci pensano tutti aspettando il lavoro, come un gregge svogliato", „eine Herde ohne Willen".[573] Die „Idee" „der Eingliederung (= inquadramento) der Stände in dieses Arbeitsheer der Nation" ist für Heinrich 1932 erfüllte „große Sehnsucht" und

[561] Beckerath, Fascistischer Staat, S. 153.
[562] L'Asino, S. 424, 422.
[563] Tilgher, Homo Faber, S. 109/110.
[564] Windelband, Geschichte der Philosophie, S. 127.
[565] Mussolini, Citazioni, S. 130/131.
[566] Ebd., S. 72.
[567] Costamagna, Diritto pubblico, S. 319; vgl. ebd., S. 418.
[568] Ebd., S. 368.
[569] Bodda, Diritto pubblico, S. 207, 208, 210.
[570] Müller, AOG, S. 11.
[571] Bodda, Diritto pubblico, S. 207, 208, 210.
[572] Wagenführ, Korporative Wirtschaft, S. 11.
[573] Pavese, Poesie, S. 47.

„geschichtliche Vollendung der Italianità".[574] Die Mühe um die Heranbildung eines ‚neuen' ‚einzugliedernden' Menschen der Arbeit wird vornehmlich Mussolini zugeschrieben. Schon Rainer Maria Rilke (1875-1926) bekannte „einer liberalen italienischen Contessa" am 14.II.1926 in den *Lettres Milanaises* seine Begeisterung für den „Architekten des italienischen Willens, jenen Schmied eines neuen Bewußtseins an der wiederbelebten Flamme eines alten Feuers".[575] „Am 24.XI.1930 überreicht der deutsch-nationale Jude" Rudolph Borchardt (1877-1945) Mussolini „im Palazzo Venezia" „seine Dante-Übersetzung" und „lobt" „die durch ihn bewirkte Veränderung des Volkes, die ich (= Borchardt), auf dem Lande lebend, an meinen Bauern zu beobachten Gelegenheit hätte, das neue Ehrgefühl und das allgemeine Selbstbewußtsein, das dennoch der alten Höflichkeit und Sitte keinen Eintrag getan habe".[576] Eschmann übersieht 1930 nicht das Problem der „Führerfrage", da „die alten Gewerkschaftsbeamten nicht aus/reichten", herangezogene „Kräfte" „wieder ausgeschieden werden mußten, so daß die innere Geschichte des Inquadramento durch einen raschen Führerwechsel und öftere Umbildung in der Organisation selbst gekennzeichnet ist".[577] Angesichts des nach außen vollständig erscheinenden Inquadramento eines unermüdlich erzeugenden Volkes in den korporativen Staat konstatiert Mussolini 1940: „Wenn das letzte Jahrhundert dasjenige der Kapitalsherrschaft war, so ist es in diesem Doppeljahrzehnt dasjenige der Macht und des Ruhms der Arbeit."[578]

1936 zeichnet Müller in Abgrenzung von einem „den Menschen des Abendlandes fremd geblieben[en]" „Kulibegriff"[579] in der „Zeit höchster sozialer Verwirrung" infolge von „Marxismus", „Materialismus"[580] und „Klassenhaß" „zwei junge europäische politische Bewegungen" mit der Anerkennung aus, daß sie „auf bewußt volksgenössischer Grundlage" „an die Lösung der" „schwierigsten" „sozialen Probleme" „gegangen" sind. Da „arteigene neue Formen gefunden"[581] wurden, die „das verschiedene Wesen romanischen und germanischen Fühlens, Denkens und Gestaltens zeig[en],"[582] unterscheidet Müller „neben" „rein wirtschaftlich-zweckmäßigen Gedanken" „die moralische und politische Prüfung und Bewertung der die Arbeitgeber und -nehmer erfassenden Berufsverbände" „der faschistischen Arbeitsideologie" von denjenigen „des national-sozialistische[n] Staat[es]". „Das wirtschaftliche Gesamtwohl wird" „im italienischen Arbeitsverfassungsgesetz, der *Carta del*

---

[574] Heinrich, Faschismus, S. 143.
[575] Seibt, Hegelianer, S. N5.
[576] Ebd.
[577] Eschmann, Faschistischer Staat, S. 78.
[578] Predappio Ufficio, S. 196: Übersetzung ins Deutsche.
[579] Müller, AOG, S. 7.
[580] Ebd.
[581] Ebd., S. 9.
[582] Ebd.

lavoro", zum alleinigen Wertmesser der Arbeit erklärt."[583] „Allein wir vermissen hier doch den rein ethischen Zug, der das deutsche Arbeitsgesetz auszeichnet. Kapital und Arbeit werden vom Faschismus als gleichwertige Größen behandelt."[584] Das *Gesetz zur Ordnung der nationalen Arbeit vom 20. Januar 1934 (A.O.G.)*, „das in Form und Inhalt der Größe und Bedeutung der *Carta del lavoro* nicht nachsteht und mit Recht als Magna Charta der deutschen Arbeit (Mansfeld) bezeichnet werden kann"[585] (F I), „gewährleistet" „inneren Frieden" „durch die außerbetrieblichen Einrichtungen der sozialen Ehrengerichtsbarkeit und der Treuhänder der Arbeit".[586] Müller stellt fest, was auch dem Vergleich mit 12jähriger Anstrengung der *Trasformazione dello Stato liberale allo Stato fascista* standhält, daß „die Neuordnung der sozialen Organisation" „Deutschlands" „viel schneller und auch viel durchgreifender" erfolgte.[587] Die Ablehnung des „Kulibegriffes"[588] gerade in dem Jahre, da bereits Arbeitslager bestanden, verkehrt sich in die Konsequenz der Arbeitsmaßnahmen des totalitären Dritten Reichs. So nimmt das Wesen der Arbeit, eigentlich erhabener Ausdruck menschlicher Existenz, unter der nationalsozialistischen Terrorherrschaft mit ihren Konzentrations- und Vernichtungslagern eine immer düsterere Gestalt an, wenn Mollklänge am Tor diejenigen begrüßen, die, sorgfältig registriert und numeriert, durch Arbeit vernichtet werden.

Heinrich hatte 1932, „dem Charakter des romanischen Staatswesen"[589] mit „mangelnder Organisationsfreudigkeit des italienischen Volkes"[590] entsprechend, die „tatsächliche Entwicklung"[591] zurückhaltend beurteilt.[592] Hitler äußerte 1934 nach seinem Besuch in Venedig, „Mussolini sei wohl ‚ein Römer', tragischerweise bestünde sein Volk jedoch aus Italienern".[593] Joseph Goebbels (1897-1945) spricht in seinem "diario" dem "Duce" wegen seiner „Bindung an die Italianità" die „Qualitäten eines Weltumstürzlers" ("sovvertitore") ab: „Die Italiener wollen keine Großmacht sein... Der alte Hindenburg (1847-1934) hatte recht, als er sagte, nicht einmal Mussolini habe aus Italienern anderes als Italiener zu machen vermocht."[594] Himmler (1900-1945) doziert in Erwartung der Kriegserklärung des Regno del Sud (13.X.1943) während der Posener Rede vor 92 SS-Offizieren am 04.X.1943: „die Schwäche dieses Volkes liegt in

[583] Ebd.
[584] Ebd.
[585] Ebd., S. 14.
[586] Ebd.
[587] Ebd., S. 12.
[588] Ebd., S. 7.
[589] Heinrich, Faschismus, S. 148: im Sperrdruck.
[590] Ebd.
[591] Ebd.
[592] Ebd., S. 148/149.
[593] Görlitz/Quint, Hitler, S. 422.
[594] Monicelli, Salò, S. 33/34.

seinem Blut, in seiner Rasse.“[595] Den „Duce“ nimmt er aus: „er ist der einzige, der die große römische Tradition in sich trug und verkörperte.“[596] Mussolini selbst, Ideator des „Kriegervolkes“,[597] beklagt ”questo grandissimo piccolissimo popolo italiano, che una tenace terapia di vent'anni è riuscita a modifacre soltanto in superficie” kurz vor seinem Sturze in bitterer Paradoxie.[598] Er hielt „20 Jahre“ einfach für „zu kurz“: „Dafür braucht es Generationen.“[599] D.h.: um im Volk weit über die “fascistizzazione“[600] hinaus ein faschistisches ‚Weltgefühl' heranreifen zu lassen. Mag nun Hindenburg damit die soziale Formkraft oder das militärische Durchsetzungsvermögen gemeint und Goebbels sich angesichts des Niedergangs des Bundesgenossen an die Äußerung erinnert haben, so überrascht die Tagebuchnotiz des zu der Zeit dank Deutschstudien „einer neuen Wirklichkeit“ („Boden und Blut“; sic!) aufgeschlossenen Verlagsübersetzers Pavese von 1943, daß es „keinen Unterschied zwischen all den Begebenheiten“ der «rivoluzione franc.», „die noch dazu Recht bekam“, und „all diesen Geschichten über «atrocità naz.»“ (= Nazigreuel) „gäbe“, „welche die Bürger erschreckten“. „Selbst wenn sie wahr wären - die Geschichte trägt keine Samthandschuhe. Vielleicht liegt das wahre Gebrechen von uns Italienern darin, daß wir nicht grausam zu sein vermögen.“ («Forse il vero difetto di noi italiani è che non sappiamo essere atroci.»)[601] Dabei hatte der Faschismus selbst mit einer Welle der “violenza“ begonnen. Geblieben ist das auch nach Katastrophen unwandelbare Charakterbild des arbeitenden Italieners *„mit psychischem Gleichgewicht und fundamentaler Lebensfreiheit“* *„dank des Weiterlebens in traditioneller Mentalität“*, wenn eine solche verallgemeinernde Interpretation, wie sie die *Information zur politischen Bildung* vermittelt hat (B VIII), legitim ist.

2. Helden der Arbeit

Wenn aus faschistischer Sicht Marxismus und Liberalismus der Handarbeit den Geruch der unehrenhaften und erniedrigenden Tätigkeit angediehen hatten, dann wäre aus demselben ideologischen Blickwinkel die *Carta del Lavoro* zur Ehre der Arbeit das Dokument des sozialen Umbruchs bis hin zur Ehrung und Feier der Arbeit. Das ”Ufficio Propaganda - Predappio, Centro Organizzativo Nazionale“ in Mussolinis Geburtsort, welcher „Ipsum genuit“ (= Ihn selbst in die Welt setzte), widmet ein Kapitel der *Esaltazione del lavoro nel pensiero di*

---

[595] Himmler, Rede vom 04.X.1943, S. 27.
[596] Ebd., S. 29.
[597] Candeloro, Storia IX, S. 456.
[598] Aquarone, Stato totalitatario, S. 302.
[599] Monicelli, Salò, S. 34.
[600] De Felice, Intervista, S. 57/58.
[601] Pavese, Poesie, S. XV/FN 22.

Mussolini.[602] Die erwähnten „Verdienstzeugnisse" (F I 3, Dich.XXX) unterstreichen den ‚ethischen' Gehalt der Arbeit in der Epoche der *Carta del Lavoro.* Während der Erzeugungsschlacht (B VIII) erfahren die „besten Ernten" „Prämiierungen".[603] Die von Viktor Emanuel III. kraft Kgl. Dekrete ins Leben gerufenen 14 Auszeichnungen geleisteter Arbeit sind die *Ordini al merito del lavoro* ab 1901, die *Decorazioni della Stella al merito del lavoro* ab 1923 und die *Distinzione onorifica al merito rurale* von 1932. Selbst "lavoratori italiani residenti all'estero" erhalten ab 1927 den „*Arbeitsstern*".[604] Nach 1934, wenn sich das Land bis zur „disfatta" ständig im Kriegszustand befindet, werden trotz zunehmender ideologischer Instrumentalisierung der Arbeit keine neuen Dekorationen mehr gestiftet. Nach zwei Jahrtausenden sind die Artes illiberales ideologisch und politisch neu bewertet und am Ende der "Lotta di capacità" (B VII; C III 3) in den ‚Ritterstand' erhoben worden. Heute verleiht der Presidente della Repubblica das *Cavalierato del Lavoro* erfolgreichen Unternehmern. In Deutschland wird 1933 auf den Koppelschlössern Ar*beit adelt* ! zum *Motto des Arbeitsdienstes.*[605] (B I) Herweghs „Mann der Arbeit", der, „aufgewacht", „Alle Räder" „still" stehen" läßt, „Wenn [s]ein starker Arm es will"[606] (F II 1), führt aus der sozialistischen Evolution zurück in den Zwang des DDR-Produktionssystems mit der Zehntausendmark-Prämie des „Helden der Arbeit"[607] – auch hier Ausweis eines „Befähigungswettstreites".[608] Wenn am „Tag des Getreides" „allegorische Festspiele, die von der Göttin Ceres handeln", das Volk begeistern sollen, so ist es nicht verwunderlich, daß - laut Eschmann -„[a]uch die Syndikate selbst" „staatlich geheiligt" „werden". Schmähung der Syndikate wird laut Entscheidung der "Corte di cassazione" vom 20.III.1928 strafrechtlich geahndet. Art.5 der *Disciplina* erhob die "associazione legalmente riconosciuta" zur „Rechtsperson" = „juristische Personen" = "personalità giuridica". *Art.32* der *Norme* sieht die "federazioni" und "confederazioni" vom 2.Grade an aufwärts als „persone giuridiche". Das Urteil des Obersten Berufungsgerichts aber nähme sie dann wie natürliche Personen ("persone fisiche") in Schutz. Die „Heiligung des grundlegenden Dokumentes", wie Eschmann formuliert, gehört zum spiritualistischen Charakterzug des Faschismus. Die *Carta del Lavoro* erfährt ihre Ehrung, wenn „Kliniken und Kindergärten" ihren Namen übernehmen. Sprechchöre rezitieren den Gesetzestext. Sie sind immer geeignet, um in menschlichen Gleichklang mitzureißen.[609] Der Zustimmungschor entschied bereits im Arengo für die Annahme der *Carta del Carnaro.* D'Annunzio hielt aus gleichem Grunde den Chorgesang in den Volksschulen,

---

602 Predappio Ufficio, S. 194-196.
603 Eschmann, Faschistischer Staat, S. 87.
604 Pergolesi, Diritto costituzionale, S. 156/FN 6-9.
605 Schenkendorf, Staat der Arbeit, S. 32.
606 Kaiser, Der Freiheit eine Gasse, S. 274/275.
607 Fischbach, SBZ, S. 196, 197.
608 Ebd., S. 57.
609 Eschmann, Faschistischer Staat, S. 87, 87/FN 1.

die Musik als "esaltatrice dell'atto di vita, dell'opera di vita" und „kostenlose Choral- und Orchesterdarbietungen" an seine Freistädter für wichtig. Louise Diel zeichnet den „Duce, hoch zu Pferde, den weißen Reiherbusch an der schwarzen Kappe" vor „25000" „Jungens" „des Balilla-Werkes". Den Fragen „schallt" „tausendfache Antwort entgegen: *Wer will gehorchen? Wir! Wer erfüllt seine Pflicht? Wir! Wer arbeitet, wer opfert? Wir! Wem gehört Ruhm und Macht? Dem Vaterland!*"[610] 1937 wurde das Trinom Credere / Obbedire / Combattere zum "motto" der "Gioventù Italiana del Littorio" erhoben.[611] Gleichzeitig gründete Niccolò Gianni die "Scuola di Mistica fascista" in Mailand[612] – eine Parallele zur weltschanschaulichen Schulung im Dritten Reich. Heinrich unterstreicht die „Plastik der soldatisch-kriegerischen Sprache" des Inquadramento.[613] Die heroisierende Eingliederung in die ideologische Pflichtgemeinschaft[614] bot trotz Dopolavoro dem 20jährigen Pavese für sein 'mal del secolo' (Leiden am Jahrhundert = Weltschmerz) weder Trost noch Geborgenheit bei seiner individuellen Selbstverwirklichung: „So erwarte ich jugendfrisch tagtäglich den Tod und schlage ohne jede Hoffnung um mich im letzten Schmerz, in einer solchen Zwangsvorstellung mit den Männern den Helden zu spielen."[615]

Für Mussolini wurde im Juni 1908 nach seiner Heimkehr aus dem Schuldienst die Teilnahme am Ernteritus von Predappio als einer Mischung von gemeinsamer Tätigkeit und Fröhlichkeit zum entscheidenden Erlebnis (B VII): *„Hier ist das Dreschen nicht irgendeine Arbeit, sondern ein Fest*"; *„das Korn-Fest*" *„hat die Feierlichkeit, die Lieder, das Gelächter, die Bankette und üppigen Umtrünke der Feste.*"[616] Im Fiumanesimo galt die vitalistische "forma spiritualizzata del lavoro umano": «Fatica senza fatica.» (XIX) Aus den "strumenti del lavoro" erklang die „Musik" als „Verherrlichung des Lebensaktes und –werkes" (LXIV; C I). Das Arbeitslied begleitete seit der Antike aufmunternd kollektive Anstrengung, paßte sich meist im Viertakter, oft im Wechselgesang, dem Rhythmus der Tätigkeit oder Fronleistung an, so auch beim Dreschen.[617] Heim-, Lohn-, freie und Moorarbeiter singen ihre Arbeitslieder, wobei die eine Kategorie kritik- und bedenkenlos ungerührt den Text der anderen übernimmt. Herwegh richtete seinen Aufruf „Mann der Arbeit" nur an die Proletarier. Diktaturen bedienen sich seit Platons *Politeia* (B I) gern aller rthythmisierenden Elemente im musikalischen Bereich von den Fanfarenstößen bis zu den ideologischen Liedertexten. Das weiß Mussolini: „Wenn ich die

610 Diel, Duce, S.119/120.
611 Candeloro, Storia IX, S. 456.
612 Ebd.
613 Heinrich, Faschismus, S. 143.
614 Sturani, Mussolini, S. 53: Futuristische Postkarte mit schreiendem Gewehrschwenker vor Mussolinikopf.
615 Pavese, Poesie, S. 291 [1929].
616 De Luna, Mussolini, S. 16.
617 Vgl. Der Große Brockhaus, Bd. I, S. 372.

Masse in meinen Händen fühle,...hängt" „alles" „davon ab, die Masse wie ein Künstler zu beherrschen."[618] Er bescheinigt sich Musikverständnis, das ihm Zeitgenossen attestieren.[619] Aber der „aus der Verteidigung angreifende" Syndikalist und Fiduciario für Terni Tullio Cianetti,[620] der „insgeheim" mit der Confederazione Generale del Lavoro wie den „roten Verbänden" verhandelte (und 1943 für Mussolinis Absetzung stimmt),[621] verwirft bereits im Sommer 1925 die „Utopie eines noch so edlen Idealismus", welcher angesichts der „Vorbeimärsche" „der Flammenknöpfe" ("bottoni fiammanti") unter „Hochgesängen" in seiner „Ruhmsucht" „Elend" und „Schmerzen außer Acht läßt". „Die ehrenvollen Gewerkschaftler sind einfache Arbeiter" ("servitori").[622]

III. Einfluß der *Carta del Lavoro* auf das Sozial- und Staatsrecht

Das faschistische Korporativsystem führt die *Erzeugungsschlacht bis zum Finale* (B VIII). Es erfährt eine Flut neuer Ausführungsverfügungen während der nicht zur Ruhe kommenden „gesetzgeberischen Manifestationen", wie Fenske schreibt: „Die Dottrina blieb akademisch."[623] Vico warnte, daß gerade „die Machthungrigen die Legislation vorantreiben, um sich ihrer Parteigänger zu versichern". (siehe Motto!) Bottai findet im nachhinein dazu das Wort "autoritarismo legiferante", wenn er sich die Frage stellt: *Verso il corporativismo democratico o verso una democrazia corporativa*?[624] (1). Diesen legislativen ‚Gezeiten' sind auch die Korporationen auf ihrem Entwicklungswege ausgeliefert (2) und parallel dazu die großen Institutionen (3). Die *Carta del Lavoro* blieb in Deutschland nicht unbeachtet, vornehmlich wenn die neuen Machthaber seit 1933 ihre Sozialmaßnahmen am italienischen Vorbild messen. Deshalb drängt sich der Vergleich mit der deutschen Arbeitsordnung auf (4). Dem Zeitzeugen Kurt Gauser „ist" es „natürlich, daß die große nationalsozialistische Revolution...sich gleichfalls der Gesetzgebungsmaschine bediente, um auch rein äußerlich die Ueberwindung des durch sie verdrängten Systems zu dokumentieren".[625] Da neben der Dich.I der *Carta del Lavoro* weiter das liberale

---

[618] Ludwig, Gespräche, S. 129; Menzel, Staatsgedanke, S. 19/20, 19/FN 3.
[619] Vgl. Menzel, Staatsgedanke, S.19/20; Ludwig, Gespräche, S. 129, 217/218.
[620] Monicelli, Salò, S. 48: In Verona als einziger zu 30 Jahren verurteilt.
[621] Cordova, Sindacati fascisti, S. 267/268.
[622] Tranfaglia, Labirinto, S. 73, und Aquarone, Stato totalitario, S. 182, machen vor allem Staraces Wirken zur "espressione emblematica di quel processo di spoliticizzazione" (= Entpolitisierung) und "riduzione a un ruolo prevalentemente coreografico del partito" dafür verantwortlich, daß solcher „Reigen" in der Folge „dazu unfähig gemacht habe, eine eigene dynamische Führerklasse auszubilden".
[623] Fenske/Mertens/Reinhard/Rosen, Geschichte der politischen Ideen, S. 523.
[624] Aquarone, Stato totalitario, S. 217/FN 3: in Il Diritto del lavoro; a. XXVI, n. 3-4, marzo-aprile 1952, pp. 128-29.
[625] Gauser, Tarifordnung, S. 1.

Statuto Albertino in einem faschistischen Staat gelten soll, der autoritär begann, sich demokratisch zu sein die Mühe gab, dann doch totalitären Charakter entwickelte und weiter Königreich bleibt, darf die Darstellung des Ringens um die Staatsform in ihrem zwitterhaften Erscheinungsbild nicht fehlen (5). Das mit Leben erfüllende Organ sollte der Korporativstaat sein.

1. Die Gesetzesflut

Zur Beschäftigungsdauer. - Um die *Carta-del-Lavoro*-Thesen in die Praxis umzusetzen, hatte sich das Governo am 6.XII.1928 zum Erlaß diesbezüglicher Gesetzesnormen ermächtigt.[626] Legge n.2832-1662 (13.XII.1928)[627] autorisierte die Kgl. Regierung zur "completa attuazione della Carta".[628] In diese Woche fällt der 9.XII.1928 mit L.n.2693 zur die Sicherung der Kompetenzen des Gran Consiglio del Fascismo.[629] Dies bedeutet „rückwirkend" „formale Legalisiserung der Oktoberrevolution und damit der von dieser geschaffenen revolutionären Organe", so der „faschistischen Syndikate".[630] Der Große Rat gestaltet Syndikats- und Korporationenordnung in der „Rolle der höchsten faschistischen Parteiinstanz".[631] Mussolini bekräftigt am gleichen Tage in der Deputiertenkammer gemäß Dich.I: „Unter dem Faschistischen Regime verwirklicht sich die Einheit der Klassen, die politische, soziale und moralische Einheit des italienischen Volkes im Staat".[632] Den Werdegang des sich seit der *Carta del Lavoro* herausbildenden Korporativstaates begleitet eine Fülle von Regelungen, wovon einzelne schon in anderem Zusammenhang genannt wurden. Den Neunstundentag regelt die Ausführungsbestimmung vom 1.XI.1927,[633] nachdem er am 15.III.1923, wie in Europa so auch in Deutschland üblich, auf 8 Stunden,[634] aber mit erheblichen Ausnahmen für die Landarbeit, festgelegt war.[635] Ein Jahrzehnt später (29.V.1937) begrenzt jedoch R.D.L.n.1768 wieder auf 8 Tages- und 40 Wochenstunden.[636] Entsprechend Dich.XV werden mit

---

[626] Rößler, CDL und AOG, S. 12.
[627] Costamagna, Diritto pubblico, S. 31, 32, 319/320, 475; Pergolesi, Diritto costituzionale, S. 10, 280, 393; Wagenführ, Korporative Wirtschaft, S. 158; Panunzio, Allgemeine Teorie, S. 70/71/FN 1.
[628] Costamagna, Diritto pubblico, S. 319/320.
[629] Pergolesi, Diritto costituzionale, S. 214-217.
[630] Panunzio, Allgemeine Theorie, S. 70/71/FN 1.
[631] Müller, AOG, S. 29.
[632] Menzel, Staatsgedanke, S. 56, 56/FN 5.
[633] Eschmann, S. 85/FN 1; vgl. ebd., S. 122; Stübler, Italien, S. 125: Achtstundentag „liquidiert".
[634] Costamagna, Diritto pubblico, S .346: Legge n. 692, art. 3, n. 1° Regolamento; Heinersdorff, Arbeitsverhältnis, S. 14.
[635] Bodda, Diritto pubblico, S. 251.
[636] Ebd., S. 259.

Legge n.370 (22.II.1934) die “Perìodi di riposo“[637] und mit R.D.L.n.1010 (20.VI.1935) der Sàbato fascista spätestens ab 13 Uhr festgelegt.[638] R.D.L.n.1048 (17.VI.1937) unterstützt die durch Verringerung der Stundenzahl Einkommensgeschädigten mit Familie durch “assegni familiari“.[639] R.D.L.n.654 (22.III.1934) stellt Schwangere einen Monat vor und 6 Wochen nach der Niederkunft,[640] R.D.L.n.2237 (12.XII.1938) Privatangestellte drei Monate von ihrer Tätigkeit frei.[641] Legge n.653 (26.IV.1934) regelt nach englischem Vorbild die Beschäftigung der Minderjährigen ab 16 Jahren und verbietet weibliche Bergwerksarbeit wie diejenige der Minderjährigen.[642] *Quadragesimo Anno* hat solche “abusi“ bereits verurteilt (72). Gemäß Dich.XXX fusioniert Anfang 1928 die Gesellschaft zum Schutz der jugendlichen Arbeiterinnen mit den weiblichen Abteilungen der Opera Dopolavoro[643] (C I, II 1, V 2, 3). Diese Einrichtung „Nach Feierabend” wertet kraft R.D.L.n.2207 (15.XII.1938) den „Faschistensamstag“[644] – während im ‚Dritten Reich’ der ‚Staatsjugendtag’ eingeführt ist - als “*sàbato teatrale*“ mit Kunsterziehung, “concorsi filodrammatici“, Konzerten, Filmvorführungen und Radiosendungen auf, aber auch mit “educazione fisica“ durch “*sport*“ und Wanderungen.[645]

Betreuung und Versorgung. - R.D.n.850 (13.V.1929) bestimmt über die Berufskrankheitenpflichtversicherung[646] (Dich.XXVI 3°). In Korrespondenz zur Dich.XXVIII erkennt R.D. 13.XII.1928 das Istituto nazionale «La Vigile» an,[647] D.M. 10.X.1929 das ”Patronato nazionale per l’assistenza sociale”[648] und R.D. 24.X.1929 die ”Cassa Nazionale Malattie addetti al commercio”.[649] Zur Vorsorge (”Previdenza“) laut Dich.XXVI behandeln schon R.D.n.2055 (27.X.1927)[650] und Legge n. 1132 vom 20.V.1928 die Zwangsversicherung gegen Tuberkulose (Dich.XXVI 3°),[651] Legge n.371 (27.III.1933) die Versorgung der Arbeitsunfallgeschädigten durch das aus dem alten ”Istituto per le Assicurazioni Sociali” hervorgegangene ”*Istituto Nazionale Fascista per la previdenza sociale*”.[652] L.n.246 (23.III.1933)[653] und R.D.n.1033 (6.VII.1933)

---

637 Ebd., S. 250.
638 Ebd., S. 251; vgl. ebd., S. 259.
639 Ebd., S. 255, 261.
640 Ebd., S. 253/254.
641 Ebd., S. 254.
642 Ebd., S. 252/253.
643 Eschmann, Faschistischer Staat, S. 112.
644 Bodda, Diritto pubblico, S. 259; Eschmann, Faschistischer Staat, S. 112.
645 Bodda, Diritto pubblico, S. 259.
646 Costamagna, Diritto pubblico, S. 324.
647 Ebd., S. 351.
648 Ebd.
649 Ebd.
650 Ebd., S. 324.
651 Ebd.
652 Ebd., S. 418.
653 Ebd.

reformieren das "*Istituto nazionale fascista per l'assicurazione contro gli infortuni degli operai sul lavoro*" (Dich.XXVII 1°).[654] R.D.n.1765 (17.VII.1935),[655] R.D.L.n.1827 (4.X.1935),[656] R.D.n.2276 (15.XII.1936),[657] Reg.n.200 (25.I.1937)[658] und R.D.L.n.636 (14.IV.1939)[659] betreffen in verschiedenen Versicherungen Krankheit, Invalidität, Alter, unverschuldete Arbeitlosigkeit und statt der Mutterschaft (Dich.XXVII 2°) jetzt Hochzeit und Geburten.[660] Umgekehrt schränken R.D.L.n.482 (28.IV.1938)[661] und Folgegesetze die Rechtsfähigkeit ("capacità giuridica") der Unverheirateten („cèlibi") ein.[662] R.D.L.n.463 (4.II.1937) versichert gegen unverschuldete Arbeitslosigkeit.[663] Die Milizia Volontaria per la Sicurezza Nazionale erhebt am 1.VII.1930 statt durch Gesetz einen Briefmarkenaufschlag.[664] R.D.L.n.1619 (6.IX.1934) bildet die "Federazione nazionale fascista delle Casse mutue malattia dell'industria".[665] R.D.n.2316 (24.XII.1934)[666] und R.D.L.n.2008 (5.IX.1938)[667] konstituieren das „Nationale Werk zum Schutz der Mutterschaft und der Kinder" als "persona giuridica, o ente morale" (= Institution mit ethischer Verantwortung gegenüber dem Bürger) laut Kommentar.[668] Den "famiglie numerose" kommt das R.D.L.n. 805 am 3.VI.1937,[669] den Kriegswaisen das R.D.L.n.4 (20.I.1938) über die "Opera Nazionale Orfani di guerra" entgegen.[670] L.n.847 (3.VI.1937) richtet die "Assistenza comunale" für die Gemeinden ein.[671]

Relation Beschäftigung – Lohn. - Aus dem seit dem Industriejahrhundert geforderten Recht auf Arbeit (F II 1) entwickeln die Dich.XI-XXI die „Garanzie di lavoro" sui generis, denn sie sprechen vom Schutz des Arbeitsverhältnisses einer-

---

654 Bodda, Diritto pubblico, S. 243.
655 Ebd., S. 247.
656 Ebd., S. 243, 246, 248.
657 Ebd., S. 243, 247.
658 Ebd.
659 Ebd., S. 245, 246, 248, 254.
660 Costamagna, Diritto pubblico, S. 324, 351, 416, 418; Bodda, Diritto pubblico, S. 243, 245-248, 254.
661 Pergolesi, Diritto costituzionale, S. 149/FN 1.
662 Montanelli/Cervi, Disfatta, S. 340: Die "tassa sul celibato" wird nach dem Staatsstreich vom 25.VII.1943 sogleich aufgehoben.
663 Bodda, Diritto pubblico, S. 248.
664 Catalogo Unificato, S. 76.
665 Bodda, Diritto pubblico, S. 247.
666 Ebd., S. 259.
667 Ebd., S. 259-261.
668 Ebd., S. 259. - Brockhaus Handbuch, Bd. I, S. 117: Im Deutschen Reich erlaubte die „Arbeitskarte" der „Ortspolizei" gemäß „Kinderschutzgesetz vom 30.III.1903" „die .Beschäftigung von schulpflichtigen Kindern in Fabriken". Vgl. Eschmann, Faschistischer Staat, S. 111/112
669 Bodda, Diritto pubblicio S. 161
670 Zanzucchi, Diritto pubblico, S. 410.
671 Bodda, Diritto pubblico, S. 261.

seits und den Löhnen andererseits; so vornehmlich Dich.XIV. Am 1.I.1929 wird das steuerfreie Existenzminimum (F III 4) verdoppelt, während „die höheren Einkommensklassen" nun progressiv zu besteuern sind.[672] Von Anfang 1927 bis März 1928 werden die Löhne um „10-30%" „im Zusammenhang mit der Stabiliserung der Lira" gesenkt, was Dich.XIV 1° auch sanktioniert. Die Appellhöfe aber veranlassen im selben Jahr „die zwangsweise Lohnerhöhung",[673] denn Dich.XII verlangt "salario alle esigenze normali della vita". Recht auf Arbeit, Beschäftigungsabsicherung und Arbeitspflicht ideologisch in eins zu bringen, bemüht sich der Stato fascista in Erfüllung der *Carta del Lavoro*: Er überwacht das "fenòmeno della occupuazione e della disoccupazione" (Dich.XXII) in einer langen Reihe von Dekreten. R.D.legislativo n.1003 (29.III.1928),[674] R.D.n.3222 (6.XII.1928)[675] und R.D.L.n.2762 (15.XII.1928) mit Einrichtung eines Spezialfonds eröffnen "sulla disciplina nazionale" „von Arbeitsnachfrage und Angebot" die "costituzione degli Uffici di collocamento" unter einem von der Faschistischen Partei geleiteten Ausschusse. R.D.n.2333 (9.XII.1929)[676] bevorzugt Partei- und Korporationsangehörige sowie Kriegsteilnehmer bei der Vermittlung.[677] Dies läßt der Kontext der Dich.XXVII 4° mit dem "perfezionamento dell'assicurazione contro la disoccupazione involontaria" nicht vermuten. Dich.XXIII konzediert den "datori di lavoro" trotz „paritätischer Zusammensetzung der Arbeitsämter" die Bevorzugung der in den Collocamento-Listen als Partei- und Syndikatsangehörige ausgezeichneten "prestatori d'opera" ausdrücklich. Die Ministerialdekrete vom 31.I.1931 und 25.II.1931 sorgen für „die Unterbringung" kaufmännischen Personals.[678] Seit Juli 1933 führen die Arbeitsvermittlungsbüros unter Aufsicht und Kontrolle des Korporationsministeriums Statistiken.[679] R.D.n.1978 (18.X.1934), R.D.L.n.1934 (21.XII.1938) und L.n.739 (2.VI.1939) strukturieren die Arbeitsämter um. Pietro Bodda gibt zu, daß „sie schon von zahlreichen Gesetzesnormen in Betracht genommen wurden".[680] Mit dem Ausbruch des Zweiten Weltkrieges hören die Reformen der Arbeitsamtslegislation auf, da jetzt militärische Gesichtspunkte die Produktion lenken. Die *Rapporti collettivi* erfahren neben zahlreichen Ausführungsbestimmungen auch Abänderungen, wie z.B. der Terminus „modifica" im Gesetz Nr. 710-1030 (1.V.1930) verrät.[681] R.D.n.1251 (6.V.1928) befaßt sich mit "depòsito" und "pubblicazione" des „Formprozesses"

---

672 Eschmann, Faschistischer Staat, S. 57.
673 Ebd., S. 90/91.
674 Costamagna, Diritto pubblico, S. 323; Müller, AOG, S. 58/59; Wagenführ, Korporative Wirtschaft, S. 39.
675 Costamagna, Diritto pubblico, S. 323; Bodda, Diritto pubblico, S. 196
676 Costamagna, Diritto pubblico, S. 323. Bodda, Diritto pubblico, S. 196.
677 Costamagna, Diritto pubblico, S. 324. Wagenführ, Korporative Wirtschaft, S. 39.
678 Wagenführ, Korporative Wirtschaft, S. 39.
679 Ebd., S. 39.
680 Bodda, Diritto pubblico, S. 233.
681 Pergolesi, Diritto costituzionale, S. 281/FN 2, 393.

der *Contratti collettivi* in Erfüllung von Art.10,4 der *Disciplina* und *Art.51,6* der *Normen.*[682] Die durch die Streikartikel *Disc.*18-23 und *Norme Art.*95/9 angedrohte Ahndung erfolgt laut R.D.n.1398 (19.X.1930)[683] durch den Codice penale Tit.8, Kap.1, Art.502/12. Die „livrets d'ouvriers" bestanden in Frankreich schon vor der Grande Révolution. Generell führte sie Napoleon 1801 zur Identitätskontrolle der Beschäftigten ein, in Deutschland das Gesetz vom 17.VII.1878 bzw. 1.VI.1889 für minderjährige Arbeiter; im Dritten Reich dient es der Kontrolle des Arbeitsmarktes (F III 4).[684] Aus gleichem Grunde schreibt die Legge n.112 (10.I.1936) im „*Libretto personale di lavoro*" die „Angabe des Gesundheitsbefundes" oder „valutazione dello stato fisico" vor,[685] am 4.V.1936 durch Ministerialdekret ebenfalls für Heimarbeiter.[686]

Arbeitskontrakte. - R.D.L.n.740 (22.III.1928) behandelt die Beschäftigung in einer Privatfirma. Der eingezogene Rekrut löst automatisch seinen Arbeitsvertrag; erhalten bleibt er demjenigen mit Gestellungsbefehl.[687] Legge n.1176 (17.VII.1919)[688] über Gleichberechtigung und Geschäftsfähigkeit der Frau läßt diese kraft R.D.n.1514 (5.IX.1938)[689] und R.D.n.898 (29.VI.1939) auch in öffentlichen und privaten Berufen zu.[690] „Wer sich Lehrling nennen kann und wie seine Tätigkeit, Ausbildungsdauer und Entlohnung eingestuft wird", erläutert R.D.L.n.1906 (21.IX.1938).[691] Die *Norme generali* des Arbeitskontraktes der Halbpächter legt der Consiglio Nazionale delle Corporazioni am 13.V.1933 in der *Carta della mezzadria* (F I 1, VII 1, 2) kraft ministerieller Verfügung fest.[692] Legge n.150 (25.I.1934) regelt „vorläufig" die Arbeitsbeziehungen im „Intervall zwischen Kollektivvertragsende und neuer Normenfestlegung": der Kollektivvertrag bleibt beim Übergang einer anerkannten Vereinigung in diejenige einer anderen Kategorie bis zum Abschluß eines neuen Vertrages in Kraft.[693] Legge n.206 (20.III.1930),[694] bestätigt durch

---

682 Bodda, Diritto pubblico, S. 196; Costamagna, Diritto pubblico, S. 541-543; Müller, AOG, S. 39, 39/FN 104.
683 Rößler, CDL und AOG, S. 62/FN 19; Wagenführ, Korporative Wirtschaft, S. 93/FN 4.
684 Brockhaus 1882, Bd. I, S. 840; Brockhaus Handbuch, Bd. I, S. 117; Der Große Brockhaus, Bd. I, S. 370.
685 Bodda, Diritto pubblico, S. 255/256: dagegen L.n. 112 vom 10.I.1935.
686 Pergolesi, Diritto costituzionale, S. 269/FN 1.
687 Bodda, Diritto pubblico, S. 255.
688 Pergolesi, Diritto costituzionale, S. 194, 391.
689 Bodda, Diritto pubblico, S. 259-261.
690 Pergolesi, Diritto costituzionale, S. 194, 194/FN 1.
691 Bodda, Diritto pubblico, S. 253.
692 Pergolesi, Dirittocostituzionale, S. 21, 21/FN 4.
693 Costamagna, Diritto pubblico, S. 514, 531.
694 Pergolesi, Diritto costituzionale, S. 288-299; Wagenführ, Korporative Wirtschaft, S. 96-106, 158; Heinrich, Faschismus, S. 81, 83, 86-88, 102/FN 93; Stübler, Italien, S. 265.

die Legge costituzionale n.163 vom 5.II.1934,[695] bezieht die „produktive Tätigkeit“ mehrorts und zu unterschiedlichen Zeiten (“servizi reiterati nel tempo“) gemäß Dich.II als “rapporto professionale“ und “lavoro“ in den „Kollektivvertrag“ mit ein.[696] Die Regelung der Arbeitskonflikte, ein Anliegen der Dich.V, X, XII, erfährt bereits vor der *Carta del Lavoro* nach Aufhebung der Vertrauensmännerkollegien und Schiedskommissionen durch die *Disciplina* (Art.13) die Funktionsübertragung auf Prätoren und ordentliche Gerichte (D III, Art.13). Aber mit R.D.n.471 (26.II.1928) sind auch die “controversie di carattere individuale“ vor dem Arbeitsgericht – laut Jocteau nur unbefriedigend erfülltes[697] -Rechtsanliegen. Am 9.IX.1929 ist die Dich.X (“prima...il tentativo di conciliazione“) in der Art erfüllt, daß die „prinzipiell als auch de facto verworfen[en]“ “Fiduciarii“ oder faschistischen „Betriebsvertrauensmänner“ (F III 4) aus den Betrieben zurückgezogen werden. (*Auf dem Generalstreik in Piemont waren am 13.IV.1920 die “consigli di fabbrica“ vergeblich gefordert worden.*)[698] Jetzt kontrolliert und schlichtet bei Störungen des internen Betriebslebens eine paritätische Kommission.[699] Oft werden Arbeiter, welche „Syndikatsvertrauensfunktionen erfüllten“, aus fadenscheinigen Gründen „regelmäßig von den Arbeitgebern entlassen“.[700] Erst „kurz vor Kriegsausbruch“ sind die “fiduciari di fabbrica“ wieder zugelassen,[701] ohne das schon „gefestigte Kräfteverhältnis“ gegenüber „den Unternehmern fühlbar zu ändern“. Umgekehrt sind Klagen über “quell’altra porcheria“ des Auftretens der „korporativen Kader“ vernehmbar,[702] welche die Arbeiterschaft mit “borghesissimi stipendi“ repräsentieren. Sie haben sich, „barfuß eintretend und im Luxuswagen hinausfahrend“, „zu einer echten Camorra“ und “porcheria“ entwickelt.[703]

Verbindung Beruf – Syndikat. - Inhaltliche Elemente der *Disciplina* und der *Normen* verändert die Legislation kaum, wie z.B. R.D.n.749 (4.IV.1929)[704] über die Zusatzbeiträge für die Korporationen (*Norme art.39*) und R.D.n.1041 (26.VI.1930) für die Pflichtbeiträge (*Disc.* Art.5; *Norme Art.24/8*).[705] Dagegen überführen seit den *Normen* zahlreiche Gesetze allmählich die gesetzlich aner-

---

[695] Müller, AOG, S. 55, 71; Costamagna, Diritto pubblico, S. 364, 463, 529, 544; Pergolesi, Diritto costituzionale, S. 297-299; Panunzio, Allgemeine Theorie, S. 147-150; Bornhak, Staatsrecht, S. 100.

[696] Costamagna, Diritto pubblico, S. 529.

[697] Jocteau, Magistratura, S. 106.

[698] Cordova, Sindacati fascisti, S. 31.

[699] Müller, AOG, S. 32; vgl. Eschmann, Faschistischer Staat, S. 124; vgl. Heinersdorff, Arbeitsverhältnis, S. 35/36.

[700] Aquarone, Stato totalitario, S. 122/FN 1.

[701] Ebd., S. 122.

[702] Ebd., S. 229/230/FN 1.

[703] Ebd.

[704] Costamagna, Diritto pubblico, S. 363.

[705] Ebd., S. 362; vgl. Heinrich, Faschismus, S. 61/FN 25.

kannten Vereinigungen in „direkte oder indirekte Verwaltungsinstitutionen“[706] (Costamagna), so die “Consulte municipali“ (Gemeinderäte), die Opera Nazionale del Dopolavoro und die Cassa Nazionale per le assicurazioni sociali.[707] Syndikats-„Alben“ oder Berufsstammbücher berechtigen Rechts- und Staatsanwälte, Notare, Sanitätsverbände, Ingenieure und Architekten, Notare, Chemiker, Diplomwirtschaftler und –chemiker wie Buchhalter zur Titelführung.[708] Kontinuierliche Mühe verwenden die Verfasser der *Carta del Lavoro* auf die Verbesserung der korporativen Gliederungen, die Mussolini am 22.IV.1930 vor der Kammer begründet: „In den Korporationen findet der faschistische Staat seine eigene Erfüllung.“[709] R.D.L.n.2258 (22.XII.1927) über die Verwandlung der Handelskammern und Agrarkomitien in dem Präfekten und Rom direkt unterstehende “Consigli Provinciali dell’Economia“ ändert bereits Legge n.731 (18.IV.1926).[710] Das Nachfolgegesetz RD.n.40 (12.I.1928) reiht die Syndikatsvertreter in die „Wirtschaftsräte“ ein.[711] Testo unico n.2011 (20.IX.1934)[712] und R.D.L.n.1900 (3.IX.1936)[713] nennen dieselben dann ”Consigli dell’economia corporativa” und R.D.L.n.524 (28.IV.1937) ”Consigli provinciali delle Corporazioni”.[714]

2. Weiterentwicklung der Korporationen

Unsichere Stellung der Korporationen. - Um einer Begriffsverwirrung vorzubeugen, stellt das “Circolare del Ministro per le Corporazioni” am 5.VII.1928[715] richtig, es gäbe keine Antithese zwischen einer mutmaßlichen *syndikalen*“ und einer eigentlichen *korporativen Phase*,[716] wodurch „das Wort Corporazione zu einem Mythos aufgewertet worden sei“,[717] „es sei aber eine *disciplina statale* nicht nur den abhängigen Arbeitsbeziehungen aufzuerlegen, sondern auch den *Unternehmer*kategorien“ oder besser „*Finanzkategorien*“;[718] „diese hätten hartnäckig das Privileg, sich selbst Normen zu geben (= autonormazione privata), verteidigt“, welches „sie dank der individuellen

---

[706] Ebd., S. 319.
[707] Diese Gesetze ebd.
[708] Eschmann, Faschistischer Staat, S. 46/47.
[709] Wagenführ, Korporative Wirtschaft, S. 9/10.
[710] Costamagna, Diritto pubbllico, S. 318/319; Heinrich, Faschismus, S. 43/FN 61,8: Eschmann, Faschistischer Staat, S. 53/FN 2/3.
[711] Costamagna, Diritto pubblico, S. 319.
[712] Bodda, Diritto pubblico, S. 231.
[713] Ebd.
[714] Ebd.
[715] Vgl. Costamagna, Diritto pubblico, S. 333, 511.
[716] Vgl. Müller, AOG, S. 55; Costamagna, Diritto pubblico, S. 333, 511.
[717] Costamagna, Diritto pubblico, S. 333.
[718] Ebd.

Vertragsfreiheit in Kartell- und Musterverträgen ausübten".[719] – Zur gleichen Zeit klagt Rossoni nach seiner Kaltstellung, es gäbe „eher Konföderationen als Korporationen": der Staat „müsse die Arbeit ohne Verfälschung vertreten" ("rappresentanza genuina").[720] Rossoni wünscht sich, daß „die italienische Korporationsideologie nicht so weit zurückentwickelt (= "rimpicciolita")[721] würde, bis sie lediglich zur techno-bürokratischen Angelegenheit absinke".[722] Gemäß *Art. 41 c* der *Normen* wird aus der Confederazione nazionale dei Sindacati fascisti dei professionisti ed artisti, bestätigt durch R.D.n.2721 (6.XII.1928),[723] speziell die „Schauspielkorporation" durch Ministerialdekret vom 6.XII.1930[724] gegründet und die Zusammensetzung ihres Präsidiums bestimmt, in dem sich laut R.D.n.79 (21.I.1929) auch Konföderationsvertreter der Industrie befinden. Sie erfaßt „Kopf-" und „Handarbeiter" der „Theater-, Film- und verwandten Industrien".[725] Eine ‚Gleichschaltung' der Artes liberales ist nicht zu übersehen. Die mit *Art.41 ab* vorgesehenen Confederazioni nazionali werden im Prozeß der „Auflösung" oder des "sbloccamento"[726] (E II) kraft Kgl. Dekrete vom 15.I.1931 (Nr. 202),[727] 18.VI.1931 (Nr. 1096),[728] 24.III.1932 (Nr. 1117),[729] 24.V.1932 (Nr. 1263),[730] 15.XII.1932 (Nr. 1882)[731] und 22.XII.1932 (Nr. 2081) laufend „abgeändert".[732] Für Trägheit und Hektik der Legislation spricht ein Beispiel: Die *Legge n.206 sulla riforma del Consiglio nazionale delle Corporazioni* (20.III.1930)[733] behandelt die vom Korporationsministerium abhängige reformierte Korporationenzusammenarbeit (*Disc.* Art.3; Dich.III). Nach *Dekret des Regierungschefs vom 27.I.1931* „bestehen" die jetzt dem „Nationalen Rat" „überantwortet[en]" „Korporationen" „nicht nur dem Namen nach, sondern tatsächlich und rechtlich als Teile des Ganzen". In der *Gazzetta Ufficiale Nr. 42* am 20.II.1931 veröffentlicht, erfolgt bereits am 28.II.1931 (Nr. 49) die Berichtigung.[734] Rößler bemerkt 1938: „So entstanden die Korporationen mit ganz anderem Gründungsvorgang als ursprünglich vorgesehen, und es war klar, daß sie in dieser Art lediglich Surrogate und Uebergangsbehelfe waren, da

---

[719] Ebd.
[720] Vgl. ebd., S. 334/335; vgl. Jocteau, Magistratura, S. 18-22.
[721] Jocteau, Magistratura, S. 20.
[722] Ebd.
[723] Wagenführ, Korporative Wirtschaft, S. 39.
[724] Ebd., S. 107
[725] Ebd., S.107-111, 109b.
[726] Jocteau, Magistratura, S. 19, 20.
[727] Wagenführ, Korporative Wirtschaft, S. 76b, 76/FN 2.
[728] Ebd., S. 76/FN 2.
[729] Ebd.
[730] Ebd., S. 158.
[731] Ebd.
[732] Ebd.
[733] Pergolesi, Diritto costituzionale, S. 288-293, 393.
[734] Wagenführ, Korporative Wirtschaft, S. 105/FN 3; Heinrich, Faschismus, S. 83.

ihnen die organische Verbindung mit der nationalen Erzeugung fehlt.“[735] Erst das Gesetz vom 5.II.1934 in der 3. Phase errichtet wirkliche Korporationen.[736]

Gründung des Nationalrats der Korporationen. - Nach dem Gesetzesvorschlag im September 1929[737] beschreibt die *Legge sulla riforma del Consiglio nazionale delle corporazioni n.206-257* [738] auf dem „Gipfel der 2.korporativen Phase“ (20.III.1930[739] mit den Durchführungsbestimmungen am 9.VII.1930)[740] „Zusammensetzung“, „Obliegenheiten“ und „Arbeitsweise des Nationalen Rates der Korporationen“. Dieser war einen Tag nach den *Normen* (R.D.n.1131)[741] und am 14.VII.1927 (R.D.n.1347)[742] eingesetzt worden. Auf R.D.n.1131 und R.D.n.1347 beruft sich Art.1. Die vorgesehene Fassung in 20 Artikeln wird nun um die „Art.4-9“ und „16 (Omissis)“ ohne veränderte Numerierung geschmälert. Auch den ausgelassenen Inhalt [*kursiv*] hat Wagenführ in seiner Darstellung der *Reform des Nationalen Rates der Korporationen* im vollständigen Text abgedruckt. Es illustriert die fortwährende Modifizierung der Gesetze und offenbart das Bemühen, aus der Komplexität zur Einfachheit zu gelangen, zeigt jedoch auch schleppende Realisierung: [*Art.4: Sieben „Sektionen“ umfassen dem Normen-Art.41abc entsprechend freie Berufe und Künste, Industrie und Handwerk, Landwirtschaft, Handel, Landtransporte und Binnenschiffahrt, See- und Lufttransporte und Banken. Art.5: An einer Generalversammlung im Gesamtinteresse der syndikal-korporativen Ordnung nehmen der Korporations-, Landwirtschafts-, Justiz-, Finanz-, Verkehrsminister und derjenige für öffentliche Arbeiten, der Parteisekretär, Korporations(unter)staatssekretäre und zahlreiche Funktionäre aus Verbänden, Patronaten und Wirtschaft, eventuell auch in „Sonderkommissionen“, teil. Nach Art. 5,18 müssen „zehn vom Korporationsminister zu bestimmende Personen“ „von besonderer Zuständigkeit“ für „die Produktion“ „technisch-juristisch“* qualifiziert sein. (Dies änderte das Kgl. Dekret vom 17.III.1932 ab.)[743] *Art.8: Wahl und Ernennung der Korporationsratsmitglieder erfolgten aus den genannten „kollegialen Organen höheren Grades“, die Anerkennung „durch kgl. Dekret und auf Vorschlag des Regierungschefs“; danach die Eidesleistung.*] Art.10,4: Der Nationalrat entscheidet über syndikale „Beistandstätigkeit“ und „Eingliederung“, ferner Vervollkommnung von „Produktion“, „Kultur und nationaler Kunst im Sinne des Art.44b“ der

---

[735] Rößler, CDL und AOG, S.18.
[736] Müller, AOG, S. 55.
[737] Heinersdorff:, Arbeitsverhältnis, S. 35.
[738] Tranfaglia, Labirinto, S. 133.
[739] Heinrich, Faschismus, S. 86.
[740] Ebd., S. 86/FN 66.
[741] Ebd., S. 41, 42, 82; Pergolesi, Dirittto costituzionale, S. 377; Müller, AOG, S. 123/124, 195/196; Eschmann, Faschistischer Staat, S. 70, 122; Bodda, Diritto pubblico, S. 123/124, 128; Rößler, CDL und AOG, S. 18; Costamagna, Diritto pubblico, S. 18.
[742] Heinrich, Faschismus, S. 86.
[743] Wagenführ, Korporative Wirtschaft, S. 99/FN 2.

Normen und der VI. und VIII.Erklärung der Arbeitsverfassung. (Tatsächlich beziehen sich diese ausschließlich auf die „Produktion“!) Art.10,9: Über „in letzter Instanz“ dem Korporationsministerium „eingereicht[e]“ Einsprüche gegen „Nichtzulassung oder...Ausschließung eines...Verbandes“, Bilanzdirektiven und korporative „Propaganda“ befindet ebenfalls der Nationalrat. Der Korporationsminister behält sich die „Schlichtungstätigkeit“ laut Disc.Art.17,l und Normen-Art.44a für „Unternehmen“ in „bereits gegründet[en] Korporationen“ vor. Er übernimmt die „Schlichtung“ bei „noch nicht gegründet[en] Korporationen“. Art.15: „Das korporative Zentral-Komitee“ – aus dem “Comitato intersindacale centrale“ von 1926 („zwischengewerkschaftliche Ausschüsse“)[744] entstanden[745] - koordiniert als “centro motore“ „die Tätigkeit des Rates“.[746] In dieser neuen Ordnung tritt der schon am 2.VII.1926 vorgesehene Consiglio Nazionale delle Corporazioni[747] mit seiner gewerkschaftlichen Struktur auf wirtschaftlichem Felde als politischer Machtfaktor neben den Gran Consiglio del Fascismo. Durfte der Korporationsrat seit 2.VII.1926 „nur konsultieren“ (“con potestà meramente consultiva“),[748] so definiert Mussolini den „Nationalen Rat der Korporationen“ nach L.n.206-257 (20.III.1930),[749] am 21.IV.1930 im „Julius-Cäsar-Saal“ als „Generalstab der Wirtschaft, als denkendes Hirn, das vorbereitet und koordiniert“.[750] Am Tag darauf betont Mussolini in der Kammer: „Syndikalismus und Korporation sind voneinander abhängig und bedingen sich gegenseitig; ohne Syndikalismus sind die Korporationen nicht denkbar; aber ohne Korporationen erschöpft sich der Syndikalismus nach seinen ersten Anfängen in einer Kleinarbeit, die dem Produktionsprozeß fremd ist; die bloß zusieht, anstatt selbst einzugreifen.“[751] Heinersdorff sagt zur gleichen Zeit voraus, daß dieses „arbeitsrechtliche System“, dem er „mit einer einigermaßen starken Exekutive Bedeutung und Wert“ zumißt, „wie jede Diktatur, mit der Person ihres Trägers, MUSSOLINIS“, „steht und fällt“.[752]

Reform des Consiglio nazionale delle Corporazioni. - Am 2./3.V.1930 findet der 1.Kongreß für syndikale und korporative Studien in Rom unter Mussolini statt.[753] Sein Ergebnis ist R.D.n.908 (12.V.1930)[754] mit den Durch-

---

744 Meriggi, Faschismus, S. 69.
745 Zanzucchi, Diritto pubblico, S. 337.
746 Wagenführ, Korporative Wirtschaft, S. 96-106.
747 Heinrich, Faschismus, S. 85/86; Costamagna, Diritto pubblico, S. 326.
748 Costamagna, Diritto pubblico, S. 318.
749 Pergolesi, Diritto costituzionale, S. 288-292; Wagenführ, Korporative Wirtschaft, S. 96-106; Tranfaglia, Labirinto, S.133; Costamagna, Diritto pubblico, S. 326.
750 Heinrich, Faschismus, S. 86; Panunzio, Allgemeine Theorie, S. 142; Bodda, Diritto pubblico, S. 222, Costamagna, Diritto pubblico, S. 318.
751 Wagenführ, Korporative Wirtschaft, S. 9.
752 Heinersdorff, Arbeitsverhältnis, S. 56.
753 Wagenführ, Korporative Wirtschaft, S. 158.
754 Costamagna, Diritto pubblico, S. 559/560; Bodda, Diritto pubblico, S. 195.

führungsbestimmungen (= attuazione) zu L.n.206 (20.III.1930).[755] Der reformierte Consiglio nazionale delle Corporazioni darf normengebende Funktion ausüben.[756] Die Korporationen beginnen ihre Tätigkeit am 13.V.1930.[757] Am 1.-3.IX.1930 findet, schon auf Mussolinis Kurs eingeschworen, die „Allgemeine Generalversammlung des Nationalrates der Korporationen" statt:[758] „Sie haben sich längst an meine harte, klare Ausdruckweise, ohne Beschönigung und ohne Verschweigen, gewöhnt." „Meine Worte kommen nach den Handlungen, die weder durch Versammlungen, noch durch vorbeugende Ratschläge oder Einflüsterungen einzelner, Gruppen oder Kreise zu beeinflussen sind."[759] Weitere Sitzungen finden mit ihren entsprechenden „Tageslosungen" am 1.-13.XI.1931[760] und 13.XI.1933[761] statt: Danach „muß" „die Zahl der Korporationen, die für große Produktionszweige einzurichten sind, grundsätzlich den tatsächlichen Bedürfnissen der Volkswirtschaft" „angeglichen sein".[762] Der 2. „Kongreß für syndikale und korporative Studien in Ferrara" (5.-8.V.1932) „befürwortet" „die vollkommene Anwendung der Arbeitsverfassung vermittels einer strengeren Disziplin der privaten Initivative"[763]. Im März 1931 billigt der Große Rat die „provinzialen Korporationen".[764] Kraft L.n.856 (18.VI.1931) kontrolliert der Consiglio „die Beiträge und Rückstellungen" ("accantonamenti") für den "Fondo speciale" oder "patrimoniale" "per le corporazioni" (*Disc.* Art. 5,2; *Norme art.30ef*) der einzelnen "associazioni sindacali".[765] L.n.875 regelt am selben Tage die Rechtsverhältnisse zwischen Comitati intersindacali und dem seit Juli 1929 zusammengetretenen „zentralen Wirtschaftsrat" oder "Comitato Intersindacale centrale".[766] Mit dem Capo-del-Governo-Dekret vom 20.X.1931 treten die "associazioni autorizzate" angesichts der „Fürsorge-, Fortbildungs- und national-ethischen Erziehungsziele" „logischerweise" unter die „direkte Abhängigkeit des Parteisekretärs".[767]

Erster deutsch-italienischer Antagonismus im Arbeitsbereich. - Seit Hitlers Machtergreifung, die Andrea Hoffend den Übergang vom „Italia docet" zum „Germania docet" nennt,[768] ist vom faschistischen Italien her die Vehemenz des

[755] Costamagna, Diritto pubblico, S. 31, 324, 326.
[756] Wagenführ, Korporative Wirtschaft, S. 103/104, 158.
[757] Ebd., S. 158.
[758] Ebd.
[759] Diel, Duce, S. 152/153.
[760] Wagenführ, KorporativeWirtschaft, S. 117-119.
[761] Ebd., S. 117, 119.
[762] Ebd., S. 117-119.
[763] Ebd., S. 120, 158.
[764] Heinrich, Faschismus, S. 43.
[765] Zanzucchi, Diritto pubblico, S. 320; Bodda, Diritto pubblico, S. 202; Pergolesi, Diritto costituzionale, S. 281.
[766] Müller, AOG, S. 60; Heinersdorff, Arbeitsverhältnis, S. 35.
[767] Bodda, Diritto pubblico, S. 206.
[768] Klinkhammer/Nützenadel, Sozialgeschichtliche Probleme, S. 5.

antisyndikalen Arbeitsstrukturenwandels im Deutschen Reich nicht zu übersehen. Am 2.V.1933 sind die Gewerkschaften ohne Rücksicht auf ihre historische Berechtigung bereits aufgehoben.[769] Robert Ley (1890-1945) gründet am 10.V.1933 die Deutsche Arbeitsfront (DAF = *"Fronte tedesco del lavoro*"").[770] Damit entwickelt sich zum nun einsetzenden politischen Parallelismus zweier ‚führerstaatlicher Reiche' - des älteren in seinem 12., des jüngeren im 1.Jahr - ein arbeitsrechtlicher Antagonismus. In dieser Zeit regelt nach Hitlers *Aufruf an alle schaffenden Deutschen* das *Gesetz zur Ordnung der nationalen Arbeit vom 20. Januar 1934* ("*Legge sull'ordinamento del lavoro nazionale*")[771] das „soziale Leben". Der 25.I.1934 bringt „die betriebsorganische Neugliederung der D.A.F." und hebt „die alte Verbandsorganisation" auf; zusätzlich folgt die Verordnung vom 24.X.1934.[772] Das Gesetz vom 30.I.1934 am Jahrestag der Machtergreifung verfügt „den Neuaufbau des Reiches".[773] Während sich nun auch im Dritten Reich die Legislation beschleunigt, doziert Mussolini am 13.I.1934 vor dem Senat: „Wir übereilen uns nicht. Wir sind unser selbst sicher. Denn das ganze Jahrhundert liegt als die Epoche der faschistischen Revolution vor uns."[774] Er hebt dabei die "lavoratori del pensiero" hervor. (Die 1. Strophe des Canto del Lavoro hatte den "pensatore" gefeiert. Für die „Vertreter" der korporativen Camere Provinciali war 1927 „mindestens" „ein Viertel" „Intelligenz" vorgesehen.)[775] Die „Arbeiter der Stirn" „bringen der Regierung" mit „ihrer Intelligenz" als „unersetzbaren Beitrag" „aus Beruf und Befähigung" „die Mittel zur Daseinsbewältigung" „dar". Mit dem Hinweis auf "arte" ("tutti quelli che traggono i mezzi della vita dalla loro professione, dalla loro arte"[776] = "un contributo insostituibile: quello dell'intelligenza") setzt Mussolini ein Signal zur Umgestaltung der Korporationsstruktur.[777] Anfang 1934 sieht das Gesetz Nr.51 für die "Comitati corporativi" das "coordinamento dei rapporti economici" gegenüber der "disciplina della produzione" vor.[778] Das Einfügen ("inquadramento") der Verbände" nach „hierarchischem Allgemeinprinzip" darf „nicht auf berufswirtschaftlichem Prinzip beruhen". Vielmehr muß die „politische Legislative" „bei der Koordinierung" trotz „fundamentaler" „*Spezialisierungserfordernisse*" „die unabdingliche *rigoroseste Strukturenvereinfachung*" „beachten".[779] Rocco „fordert" am 17.I.1934 in einer Grund-

---

769 Hofer, Nationalsozialismus, S. 369.
770 Mason, Politica sociale, S. 166. _ Vornehmlich von Mason sind die italienischen Termini zu den deutschen Entsprechungen im folgenden.
771 Ebd., S. 102.
772 Müller, AOG, S. 14; Hofer, Nationalsozialismus, S. 369.
773 Hofer, Nationalsozialismus, S. 369.
774 Panunzio, Allgemeine Theorie, S. 142.
775 Beckerath, Fascistischer Staat, S. 98/99.
776 Mussolini, Citazioni, S. 171.
777 Panunzio, Allgemeine Theorie, S. 142.
778 Costamagna, Diritto pubblico, S. 365, 374.
779 Ebd., S. 374.

satzrede[780] vor der Abgeordnetenkammer „für den Faschismus die Priorität und die Originalität derjenigen Ideen zurück“, „die...in anderen Ländern als eine der Bewunderung der Welt würdig erachtete Neuheit angesehen werden“; „die korporative Idee ist...wesentlich italienisch und faschistisch“.[781] Seine Perspektive war das „trinomio: Stato autoritario – concentrazione cartellistica – ideologia e prassi degli alti salari, alla Ford“[782] (vgl. die Lohnunterschiede in B VII).

Krise des korporativen Systems. - Ende 1933 besucht Bottai, noch Korporationsminister, die Deutsche Arbeitsfront im *Staat der Arbeit und des Friedens*. Diese euphorische Bilanz zieht 1934 das Bilderalbum *Ein Jahr Regierung Adolf Hitler*.[783] Auf dem Photo schreitet an der Seite Robert Leys in brauner Kluft Bottai in grau-metallischer Korporationsministeruniform durch die Wehrmachtswache. – Bald jedoch wird er aus dem Amt entfernt und Erziehungsminister. Auf der Suche nach der “terza via“[784] bedeutet es Mussolinis Abkehr von „den Hypothesen des linken Lagers“ mit Bottai, welcher die „Rahmenplanung“ betrieben hatte, und Ugo Spiritos kontrollierten „Eigentümer-Korporationen“[785] (B VIII). Aber Mussolini gelingt die “sìntesi“ von “liberalismo“ und “socialismo“. Er sagt am 14.XI.1933 (B VIII) im Julius-Cäsar-Saal: „Der Syndikalismus darf nicht Selbstzweck bleiben...Vielmehr bedarf es der zweckdienlichen Zusammenarbeit aller Beteiligten.“[786] In dieser „Krise des Systems“, die „keine Wunde mehr, sondern ein angeborenes Leiden“ „ist“ und „die uns nun seit (5) Jahren würgt“[787] (B VIII), wertet der Duce im Gegensatz zur Zerschlagung alter gewachsener Einheiten durch das NS-Regime am 13.XII.1933 vor dem Nationalrat der Korporationen und tags darauf in der “Assemblea generale del Consiglio nazionale delle Corporazioni“ die syndikale „Einrichtung der Korporationen“ auf: „der Führerrat der Berufsstände“ „muß“ „die Vertreter des Staates, der Partei, des Kapitals, der Arbeit und Technik“ „umfassen“.[788] Mussolini betont die strenge Ordnung: ”Il corporativismo è l’economia disciplinata, quindi anche controllata.“[789] (B VIII) Er weist auf den von den Fasci gezeichneten Prozeß seiner Entstehung hin: „Die Korporationen haben nichts mit den Ständen, Zünften und ähnlichen Organisationen des Mittelalters zu tun. Sie sind eine Einrichtung des faschistischen Staates. Geschichtlich läßt sich der Korporativismus ableiten aus dem Verfall des kapitalistischen Systems.“[790]

---

780 Wagenführ, Korporative Wirtschaft, S. 130-137.
781 Ebd., S. 130.
782 Ùngari, Rocco, S. 93.
783 Der Große Brockhaus, Bd. 3, S. 132; Schenkendorf, Staat der Arbeit, S. 3, 24; vgl. F II 2.
784 Brockhaus Enzyklopädie, Bd. XII, S. 382; Candeloro, Storia IX, S. 288.
785 Candeloro, Storia IX, S. 11, 288; De Luna, Mussolini, S. 88.
786 Mussolini, Citazioni, S. 135; vgl.C II 2.
787 Wagenführ, Korporative Wirtschaft, S. 14.
788 Meriggi, Faschismus, S. 30/31.
789 Mussolini, Citazioni, S. 135 = Meriggi, Faschismus, S. 67.
790 Wagenführ, Korporative Wirtschaft, S. 11.

Ausbau der Korporationen. - Die Umkehr in der Arbeitspolitik geschieht in kurzen legislativen Abständen. Das vom faschistischen Großrat am 9.XII.1933 „bearbeitet[e]" sowie genehmigte Gesetz[791] legt Mussolini als Korporationsminister am 14.XII.1933 vor dem Nationalrat der Korporationen dar.[792] Am selben Tage benennt das R.D.l.n.1720 § XL (14.XII.1933) die 13 Confederazioni, wie sie *Art.41abc* der *Normen* (E I, 2; Skala 7) für Arbeitgeber und –nehmer sowie freie Berufe und Künstler und „aus jeder einzelnen Konföderation" die „Quote" der „Kandidaten" für das Parlament vorsah.[793] Am 8.I.1934 bespricht Mussolini vor dem Senat das zu verabschiedende Gesetz über „Ausbau und Bildung" (= "Costituzione e funzioni") der Korporationen.[794] Demnach „sichern" erweiterte „Machtbefugnisse" den Korporationen „ihre Wirksamkeit und Lebenskraft";[795] d.h. ihnen „eingreifendere Aufgaben" „zuzuweisen und ihnen im besonderen die notwendigen Handlungsvollmachten zu erteilen, um über das Gebiet der Arbeitsbeziehungen hinaus, auf dem Felde aller andern Wirschaftsbeziehungen handeln zu können".[796] Mussolini nennt das Gesetz den „Übergang vom syndikalistischen zum korporativistischen Stadium".[797] Die *nuova Legge costituzionale del 5 febbraio 1934, n.163* regelt „Verfassung und Obliegenheiten der Korporationen".[798] Sie bezieht sich in Art.1 ausdrücklich auf *Disciplina*, *Normen* und Dich.VI.[799] Sie „vervollkommnet das Gesetz vom 3.IV.1926 über die Syndikate", wie Panunzio wertet: „In der Tat, die Korporation als Idee (die Korporation im S i n g u l a r) ist früher und steht über den Korporationen im P l u r a l."[800] Das Gesetz vertraut in 15 Artikeln der Partei die Leitung der Korporationen an (Art. 2). Andererseits setzt Panunzio eine solche enge Einbindung als "organi della Pubblica Amministrazione" dem praktischen Verlust ihrer bisherigen "personalità giuridica" gleich. „Das „Gewerkschaftswesen" hatte Mussolinis Kommentar entsprechend „seinen revolutionären Schwung" „verlor[en]" „und erstarrte in bürokratischer Gebundenheit".[801] Nachdem die Syndikate so „ihre Lebensfähigkeit bewiesen hatten, war der Augenblick gekommen", „zur Gründung der korporativen Organe" „überzugehen".[802] Art.7 kehrt als „Reaktion gegen diese Tendenz"[803] den Prozeß

[791] Meriggi, Faschismus, S. 62.
[792] Ebd., S. 73; Jocteau, Magistratura, S. 159.
[793] Costamagna, Diritto pubblico, S. 270, 374.
[794] Müller, AOG, S. 71; Wagenführ, Korporative Wirtschaft, S. 138.
[795] Meriggi, Faschismus, S. 65.
[796] Ebd., S. 65; Wagenführ, Korporative Wirtschaft, S. 10, 138.
[797] Müller, AOG, S. 66/FN 220/221.
[798] Costamagna, Diritto pubblico, S. 328, 558; Pergolesi, Diritto costituzionale, S. 297-299; Panunzio, Allgemeine Theorie, S. 147-150; Wagenführ, Korporative Wirtschaft, S. 138-144; Jocteau, Magistratura, S. 130.
[799] Pergolesi, Diritto costituzionale, S. 297-299; Panunzio, Allgemeine Theorie, S. 147-150; Wagenführ, Korporative Wirtschaft, S. 138-144.
[800] Panunzio, Allgemeine Theorie, S. 133.
[801] Meriggi, Faschismus, S. 66.
[802] Wagenführ, Korporative Wirtschaft, S. 10.

um: „Die durch eine Korporation zusammengefaßten Verbände sind auf syndikalem Gebiet autonom“ trotz Zugehörigkeit zu den entsprechenden Konföderationen nach Maßgabe der Bestimmungen.[804] Die folgende Übersicht verdeutlicht das Geflecht der korporativen Legislationskompetenzen.

Skala 7

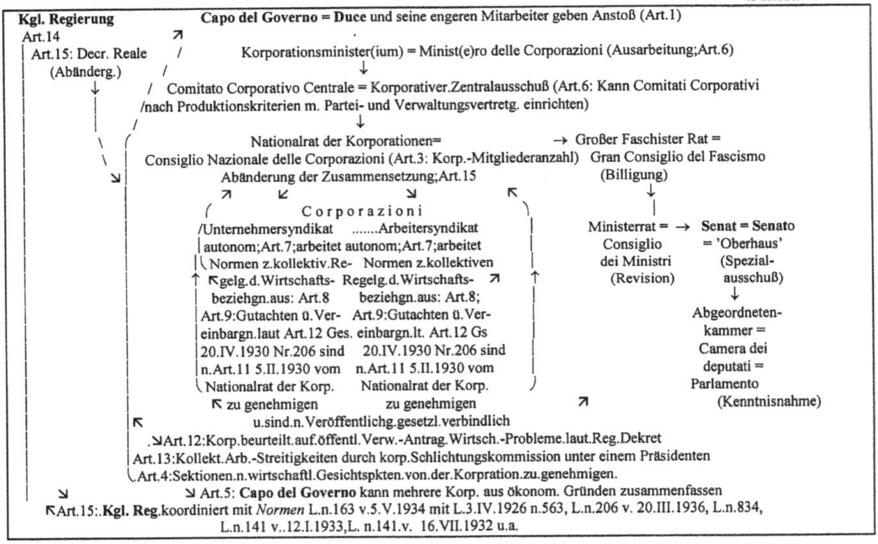

Panunzio (B II) begrüßt den ständig geübten legislativen Pragmatismus: „Primum vivere deinde philosophari.“ Kurz, wir brauchen also die realistische, induktive Methode. Als Grundlage gehen wir vom korporativen Prinzip oder von der korporativen Staatsfunktion aus. Die deduktive, aprioristische Methode nutzt uns bei der Erörterung der Korporationen und der korporativen Wirtschaft, die sich in ihrem Gefolge ergibt, nichts...Realismus in den Mitteln, Idealismus bezüglich des Ziels! Diese Synthese umfaßt die ganze Weisheit und Philosophie von M u s s o l i n i.“[805] Politisch erscheint diese Wende angesichts des bereits jetzt merklichen deutschen Produktionsaufschwunges als ein Gegenzug zu den Uniformierungszwängen der NS-Arbeitswelt. Auf der 2. Fünfjahresversammlung des Regimes am 18.III.1934 vermerkt Mussolini, „es existier[e] kein Wirtschaftsfaktor von ausschließlich privatem und individuellem Interesse“:[806] „Die Korporation ist die Einrichtung, durch welche auch die bisher fernstehende

---

[803] Ebd., S. 141.

[804] Ebd., S. 140; vgl. Aquarone, Stato totalitario, S. 217/FN 3: Panunzio, Alfredo Rocco, in Lo Stato, a. VII, secondo fascicolo, febbraio 1936, p. 91; vgl. Meriggi, Faschismus, S. 64.

[805] Panunzio, Allgemeine Theorie, S. 141/142.

[806] Wagenführ, Korporative Wirtschaft, S. 13.

ungeordnete wirtschaftliche Welt in den Staat eintritt."[807] L.n.163 (5.II.1934) über die *Costituzione e Funzione delle corporazione* weist in Art.1 auf Dich.VII und R.D.1.VII.1926. Am 5./9.V.1934[808] gibt das Ministero den Organisationsplan bekannt. Tagsdarauf beschließt das Comitato Corporativo Centrale unter Vorsitz des Capo del Governo die Realisierung von 22 paritätisch besetzten Korporationen in „3 Guppen oder Zyklen" nach Erzeugungsmerkmalen des Gesetzes.[809] Die bisherige Trennung entfällt. Auf die spezielle Verrichtung orientierte Korporationen hatte es nur „für das Theater" mit Ministerialdekret vom 6.XII.1930,[810] für „das Gasthauswesen und für Brot" gegeben.[811] Die Gruppierung der Kategorien oder besser: Branchenkorporationen[812] entspricht den 22 Florentiner *Arti maggiori, medie e minori* (B III). Teilweise haben industrielle Entwicklung und Bündelung der Erzeugungsträger die Berufsbilder verändert, wie Skala 8 verdeutlicht. Gesellschaftlich sind aber die meisten Berufe nicht untergegangen. Während die Florentiner Graduierung der Zünfte im absteigenden Sinne von den *Arti maggiori* (= *A. ma.*) über die *Arti medie* (*A. me.*) zu den *Arti minori* (= *A. mi.*) hinführt, beginnt die Gruppierung der 22 Korporationen „nach dem Grundsatz der Produktionszyklen"[813] mit den ‚erdverhafteten' Tätigkeiten („primum vivere") und verläuft über die „industriellen" Gewerbe („Homo faber") zu den „Dienstleistungen". Unter ihnen finden sich die von Mussolini hervorgehobenen "lavoratori del pensiero" (‚Homo sapiens': „deinde philosophari") wieder: Diese aufsteigende Entwicklungslinie entspricht dem Bild, das Mussolini vom Werdegang des vorindustriellen Menschen zum "uomo civile" unter „fortschreitendem Verlust der Freiheit" gezeichnet hatte (F II 1).

Eine eigene Satzung erhielt am 4.VI.1934 die Textilindustriekorporation mit dem Sitz in Rom.[814] Im Campidoglio führt Mussolini am 10.XI.1934 auf der „1.Korporationengeneralversammlung" 823 Mitglieder der 22 Korporationen ein und hebt als "principio" die "eguaglianza degli uomini dinanzi al lavoro" heraus.[815] Auch nach der ‚endgültigen' Festlegung auf die *Carta del Lavoro* bleibt so die Coordinazione nach Mussolinis Devise im „heraklitischen" Fluß (B VII). Der "Riforma del Comitato corporativo centrale" vom 27.XII.1934

[807] Ebd., S. 11.
[808] Ebd., S. 146, 156; Panunzio, Allgemeine Theorie, S. 142; Müller, AOG, S. 67/68, 67/68/FN 213/214.
[809] Panunzio, Allgemeine Theorie, S. 142, 146; Rößler, CDL und AOG, S. 18; Pergolesi, Diritto costituzionale, S. 297; Müller, AOG, S. 67/8, 67/68/FN 213/214.
[810] Wagenführ, Korporative Wirtschaft, S. 107-111, 146/147.
[811] Ebd., S. 146/147.
[812] Brockhaus Enzyklopädie, Bd. VII, S. 129.
[813] Wagenführ, Korporative Wirtschaft, S. 146-149.
[814] Ebd., S. 150-153; vgl. Jocteau, Magistratura, S. 198, 198/FN 118-120 über den "impiego privato".
[815] Mussolini, Citazioni, S. 146; Menzel, Staatsgedanke, S. 73, 73/FN 1; Müller, AOG, S. 69, 69/FN 219.

(R.D.n.2101) folgt am 18.IV.1935 das Kgl. Dekretgesetz Nr.441 „über die erweiterten Zuständigkeiten" ("attribuzioni") des „Zentralkomitees",[816] am 15.V.1933 (R.D.n.590) die Festlegung der Fachschaften,[817] am 24.IX.1936 ein weiteres zur Abänderung des Art.2 in L.n.163 (5.II.1934-XIII)[818] über das Korporationenpräsidium.[819] Auf diesem Entwicklungsstand hält Werner Müller 1936 „die Kunst der Organisation" „im sozialen Leben Italiens" „mit der Feinheit und Präzision eines Uhrwerkes" („Föderationen", „Korporationsministerium", „Arbeitsmagistratur", Fürsorge, „störungsloses und friedliches Arbeitsleben"; F III 4) für „bewundernswert,[820] Alberto Aquarone dagegen für „verwickelt und aufgebläht" ("elefantìaca").[821]

In Deutschland wird Hermann Göring (1893-1946) am 18.X.1936 mit der Durchführung des 2.Vierjahresplans (F III 4) betraut.[822] Mussolini kündigt seinerseits am 15.V.1937 auf der 3. Korporationenversammlung den „Kampf um Autarkie" des „Imperiums" an.[823] Angesichts gesteigerter Erzeugungserfordernisse findet am 5.I.1939 (Legge n.10)[824] die *Riforma del Consiglio nazionale delle corporazioni* statt. Art.1/2 setzt den Korporationsrat aus den Zentralkomiteemitgliedern (Minister, Staats- und Parteisekretäre) und den Präsidenten der Arbeitgeber-, –nehmer- und Freiberufssyndikate sowie dem "Presidente dell'Ente nazionale fascista" zusammen.[825]

---

[816] Pergolesi, Diritto costituzionale, S. 292/FN 3.
[817] Wagenführ, Korporative Wirtschaft, S. 129, 158.
[818] Pergolesi, Diritto costituzionale, S. 297; Panunzio, Allgemeine Theorie, S. 147-150; Wagenführ, Korporative Wirtschaft, S. 138-144: mit Kommentar.
[819] Pergolesi, Diritto costituzionale, S. 297/FN 1.
[820] Müller, AOG, S. 120.
[821] Aquarone, Stato totalitario, S. 207.
[822] Hofer, Nationalsozialismus, S. 370.
[823] De Luna, Mussolini, S. 101.
[824] Pergolesi, Diritto costituzionale, S. 293-296, 396.
[825] Ebd., S. 293/294.

Skala 8 (Vgl. B III, VIII; C VIII 4)

*A(rti)ma(ggiori),me(die),mi(nori)*imFlo=...I-III:Zyklen oder Gruppen;1-22:Korporationen....................Zus.-setzg.d.Korp.-Räte
rentinerDugento(AIII);Norme.*Art.41*:........a)d):Sektionen.......................................Arb.G....Arb.N....Techn....Insges;z.T.erhöh
tNorme.*Art.41*:...**I.Landwirtschaftlich/industriell/kommerziell**.................................
(*A.mi*:Fornai=Bäcker)..........................1.Cereali=Kornfrüchte......................................13.........13.......3..........29>32
.
2.Ortoflorofrutticoltura=Garten,Blumen,Obst.....13.........13.......3............29>32.
A.mi:Vinattieri=Weinhändler.....................3.Vitivinicola=Weinbau...13...........13........3............29>3
2*A.mi*:Oliàndoli=Ölhändler.........................4.Oleària=Öl...9............9.........3..............20>2
3..5.Zuckergewinnung...5.............5.........2..............12>
15.
(*A.me*:Beccai=Fleischer)...........................6.Zootecnìa,Pesca=Viehzucht,Fischfang...............18............18.........3..............39>4
2*A.me.*:Maestri.di.falegname.....................7.Legno=Holzwirtschaft...11............11.........4..............26>
29.*Ama*:Setaioli=Seidenspinner;Merciai=.....8.Prodotti.tèssili=Textiprodukte.............................21..........21.......4...........46>
49 warenhndl.;*A.me*:Linaioli=Flachskämmer;
Ciompi=Textilarbeiter...
Norme.*Art.41*:.......................................**II.Industriell/kommerziell**..
..*A.me.*:Fabbri,Ferraiuoli=Schmiede;...........9.Siderurgìa,metallurgìa=Metall.........................28..........28........4.........60>6
8*A.mi.*:Oreficeria=Goldschmiede;Chia-.........verarbeitung,Maschinenbau...
vaioli=Schlossr;Corazzai=Panzerschmiede...
A.ma.:Speziali=Apotheker..........................10.Chìmica=Chemie....................................27.........27........3...........57>6
0*A.ma*:Vaiai,pilliciai,*A.mi*:Galigai=Kürsch=..11.Abbigliamento=Bekleidung.........................20............20..........3........43>
46ner;Calzolai=Schuster.*A.mi.*:Correggiai=Sattler......

....12.Carta,stampa=Papier,Druck..........................10............10..........5.........25>28
..*A.me.*:Maestri.di.pietre.e.legname=Stein=..13.Costruzioni(edìli)=Häuserbau,..........................9...........9..........5..........23>2
6metzen,Zimmerleute.*A.mi.*:Legnaioli=Tischler....öffentliche.Arbeiten..
...
....14.Acqua,Gas,Elettricità.......................................7..........7........2..........16>1
9
(*A.me.*:Fabbri,Ferraiuoli=Schmiede)...........15.Industrie.estrattive=Bergbau,Hüttenindustr....10.........10........2.........24>2
5
A.mi.:Ceramica;Glittica=Steinschneidekst..16.Vetro,Ceràmica=Glas,Keramik.........................11.........11.........3..........25>2
8..**III.Produktive.Tätigkeiten,Dienstleistungen**..
Norme.*Art.41*:..17.Previdenza,Crèdito=Versicherung,Kreditwesen..........................„
A.ma.:Cambiatori=Wechsler.......................a)Banche=Banken...17⎫.............
.*A.ma.*:Cambiatori=Wechsler.......................b)Sparkassen..15.⎬=46..............
....c)Versicherungsinsitute..12⎭.............
....
.Norme.*Art.41*:...18.Professioni,Arti=FreieBerufe,Künste..
.*A.ma.*:Giudici,Notai=Richter,Notare...........a)Giuristi=Juristen...8⎫...........
A.ma.:Médici,(Speziali)..............................b)Médici=Ärzte..6.⎪
....c)Tècnici=Techniker...7⎬=33>36 ....
...Norme.*Art.41*:.......................................d)Arti=Künste...12⎭..........................
....Norme.*Art.41*:......................................19.Mare,Aria=See-.und.Luftverkehr.
.........9............9..........1............19>22 Norme.*Art.41*:...20.Com.int.=Binnenverkehr
................18...........18..........1........... 37>40
....21.Spettacolo=Schauspiel..7..............8...........8...........23>2
7*A.mi.*:Albergatori=Herbergsväter. ....22.Ospitalità=Gastgewerbe..... ... .7..............7...........2.
.........16>19

Industrie, Agricoltura, Commercio, Trasporti marittimi ed aerei, Comunicazioni interne, Banche, Libera Attività = Professionisti u.Arti waren bereits als Confederazioni nazionali in den Norme *Art.41* R.D. n.1130 1.VII.1926 ausersehen. Von diesen gibt.Wagenführs Lehrbuch S.154 die Statistik von 1933 wieder, wonach z.B. unter den Arbeitgebern die Agricoltori nur zu 19,4%,die Industriali zu 59,5% u.die Imprese Trasporti zu 71,9% den Confederazioni angeschlossen haben; die Arbeitnehmer entsprechend: 64,6%, 56,9% und 64,6%.

Der "DUCE, Presidente del Comitato corporativo centrale", darf auch die Kolonialkorporativpräsidenten hinzuziehen.[826] Art.5 stellt in der vom "DUCE" einbeorderten „Generalversammlung" der Korporationsnationalräte und Korporationsräte die „Produktionsprobleme" gleichberechtigt neben die „Ziele der Korporationsordnung".[827] Art.6: Die Kgl. Regierung kann laut Emanationsgesetz Nr.100 (31.I.1926; B IV 2)[828] „über die Ermächtigung der vollziehend Gewalt"[829] Normen und Revisionen von L.n.206 (20.III.1930)[830] und L.n.163 (5.II.1934)[831] im Einklang mit der Camera dei Fasci e delle Corporazioni (B VIII) und der seit 1925 geforderten «rappresentanza di categorie» (B VIII) erlassen.[832] Art.3/4 weist auf die Tabellen „*A*"[833] und „*B*"[834] im Anhang hin.[835] *A* enthält 500 "Membri effettivi del Consiglio delle corporazioni" (B III, III 2), „*B*" indessen 500 „hinzugewählte" "Membri aggregati". "Viti-vinìcola e oleària" erscheinen als eine Korporation. „Zucker" ist verschwunden, dagegen sind "Meccanica" und "Combustìbili lìquidi e carburanti" neu, so daß 22 Korporationen bleiben. In "Tabella *A*" rangiert die Partei mit jeweils 3 Mitgliedern an erster Stelle. Da nicht von jeder Kategorie Mitglieder in jeder Korporation vertreten sind, hier das einzige vollständige Korporationsbeispiel "Previdenza e crèdito".[836]

Skala 9

Partito Industria Agricoltura Commercio Crèdito e assicurazione Professioni e arti Cooperazione Artigiani = Totale
.....3.........2...............2..............2.................34.........................2...............1............1..........47..

In „Tabella *B*" eignen sich als vollständigstes Korporationsexemplum die "Prodotti tèssili". Im traditionellen Sinne treten 1 bis 2 „Handwerker" auf, aber auch die von *Disc.*Art.11 noch ausgeklammerten und in den *Normen Art.92* genannten „Verbände der öffentlichen Dienste":

Agricoltura.Industria.Commercio.Crèdito.Professioni.Cooperazione.Artigiani..Enti.vari=verschiedene…AssociazioniTotale
....Körperschaften…del Pubblico impiego
.....2..........26. ....4... ....---- ....2.........................1..............1...........--...... ...36

Laut Testo-ùnico-Art.52 vom 2.IX.1928 „*designiert*" der Gran Consiglio del Fascismo auch „persone" „di chiara fama nelle sicienze, nelle lettere, nelle arti, nella politica e nelle armi".

---

[826] Ebd., S. 294.

[827] Ebd.

[828] Arias pp., Mussolini, S. 238-256; Bornhak, Staatsrecht, S. 43, 45, 47, 54, 67, 71, 74; Costamagna, Diritto pubblico, S. 31, 124; Heinrich, Faschismus, S. 12.

[829] Bornhak, Staatsrecht, S. 43.

[830] Pergolesi, Diritto costituzionale, S. 288-293, 393; Heinrich, Faschismus, S. 81, 83, 86-88, 102/FN 2; Stübler, Italien, S. 265; Panunzio, Allgemeine Theorie, S. 130, 150; Wagenführ, Korporative Wirtschaft, S. 96-106, 158; Zanzucchi, Diritto pubblico, S. 335, 399; Bornhak, Staatsrecht, S. 10; Menzel, Staatsgedanke, S. 70; Bodda, Diritto pubblico, S. 195.

[831] Costamagna, Diritto pubblico, S. 177; Pergolesi, Diritto costituzionale, S. 297-299; Panunzio, Allgemeine Theorie, S. 147-150; Wagenführ, Korporative Wirtschaft, S. 138-145; Menzel, Staatsgedanke, S. 71.

[832] Pergolesi, Diritto costutuzionale, S. 294.

[833] Ebd., S. 295.

[834] Ebd., S. 296.

[835] Ebd., S. 294.

[836] Ebd., S. 295, 296.

Mit dem obigen Datum vom 5.I.1939 setzt die L.n.75 das R.D.l.n.648 (28.IV.1938) in Kraft. Danach wird der seit 1889 bestehende, 1896 auf ein "organo soltanto consultivo" „reduzierte", seit 1924 (R.D.21.VIII.1931, n.1030) vom Duce abhängige Consiglio di Stato („Consilium Principis")[837] als "massimo corpo consultivo generale dell'Amministrazione" in seiner Kompetenz aufgewertet. Denn die Regierungsmaßnahmen werden nicht nur nach Anhörung der Korporationen und der „konsultierenden und technischen Komitees" getroffen, sondern auch derjenigen des Staats- und Ministerrates. Der Consiglio di Stato entscheidet kraft „competenza *generale di annullamento*"[838] gleichsam „gesetzgeberisch (= in sede giurisdizionale)"[839] über „Gesetzesverstöße" „eines Verwaltungskörperschaftsbeschlusses" (= "corpo amministrativo deliberante").[840] "R.d.l. 9 febbraio 1939-VII n. 273"[841] betont die "provvedimenti legislativi" innerhalb der "funzioni del Consiglio di Stato".[842] - Auf seinem „dritten Weg zwischen Liberalismus und Marxismus"[843] sucht der Faschismus an dieser Zeitmarke die syndikalen Vereinigungen derart zu organisieren, daß sie wohl die Berufe vertreten, maximal aber der Erzeugung dienen, unter den Arbeitgebern hingegen die großen Verbände zu produktiven Kartellen schaffen. Angesichts der Organisierung der einst von unten gewachsenen Strukturen und der diese jetzt von oben nach unten erfassenden Maßnahmen ergeben sich zwei Blickwinkel der ferneren Erörterung eines fortwährenden Veränderungsprozesses. Der "Dualismo" der Vereinigung der Elemente ist einmal unter dem Aspekt der Behörden, welche die Erzeugungsschlacht (B VIII) überwachen, zu betrachten, zum anderen unter demjenigen der dafür zusammenzufügenden Institutionen im Bestreben nach der sogenannten "Ricostruzione industriale".

3. Wandlung der Institutionen

Ministerienschwemme. - Pergolesi stellt 1941 fest: "Molto numerose sono le innovazioni e le variazioni durante il governo fascista."[844] Das am 26.XII.1877 mit Kgl. Dekret eingerichtete "ministero del tesoro"[845] wird bereits zwei Monate

---

[837] Costamagna, Diritto pubblico, S. 396. - Historische Vorbilder sind bei Zanzucchi, Diritto pubblico, S. 324: der "Stato assoluto medievale", die „Consilia regis", der „Conseil du Roi" (gemäß Napoleons „Conseil d'État"), ferner das „Consilium nobiscum residens" der sabaudischen Herzöge und der "Consiglio di Stato albertino"(18.IX.1831; 1859; L. 20.III.1865 bei: Bornhak, Staatsrecht, S. 150).
[838] Costamagna, Diritto pubblico, S. 603.
[839] Ebd. (Kapitel 401), (Kapitel 402).
[840] Costamagna, Diritto pubblico, S. 602/603; Pergolesi, Diritto costituzionale, S. 164.
[841] Pergolesi, Diritto costituzionale, S. 6/FN 6, 164, 396.
[842] Ebd., S. 164.
[843] Platthaus, Die Gleichgültigen, S. N5.
[844] Pergolesi, Diritto costituzionale, S. 377.
[845] Ebd., 376.

nach dem Marsch auf Rom am 31.XII.1922 (R.D.n.1700) mit dem Finanzministerium zusammengelegt – ganz offensichtlich, um die staatliche Geldwirtschaft zu bündeln.[846] Zum andern wertet R.D.n.1928 (20.XI.1937) das "sottosegretariato" "per gli scambi e le valute" zum Ministerium auf.[847] Als erste kompetente Behörde für das Normenedikt wird in direktem Anschluß laut R.D.n.1131 das "Ministero delle Corporazioni" (B VII; E I) mit ,patriarchalischem Oberbau' unter Mussolinis Leitung am 2.VII.1926 zugleich mit dem zuerst kaum in Erscheinung tretenden Consiglio Nazionale delle Corporazioni gegründet.[848] Das Ministerium ist in Weiterentwicklung von Dich.X die Schlichtungsinstanz vor dem Gang zum Arbeitsgericht.[849] Es gliedert sich in "cinque *Direzioni generali*", ein "*Ufficio autònomo*" und mit L.n.886 (16.VI.1932) das "*Ispettorato corporativo centrale*".[850] Es überwacht Kollektivverträge, Normen, Fürsorge, Hygiene und umfaßt "*Ispettori corporativi centrali*", „*Uffici interprovinciali e provinciali*" und das "*Ispettorato medico*".[851] R.D.l.n.1149 (6.I.1933) führt die „Dienstleistungen" näher aus.[852] Am 22.VII.1939 (R.D.n.1149), als Ricci das Ministerium (bis 1943) lenkt,[853] tritt ein zweiter "sottosegretario" hinzu.[854] Mit Kgl. Dekretgesetz Nr.32 (9.I.1939) wird das "*Comitato interministeriale per l'autarchìa*",[855] "presieduto dal Duce", zur Überprüfung und Bündelung wirtschaftlicher Probleme eingerichtet.[856] Angesichts „unzureichender Mittel" bleibt es ein "organo di coordinamento generale" und eine „Ansammlung" oder "raccolta di 'consigli' con facoltà normative, prelegislative e di giurisdizione amministrativa (conciliazione di conflitti)".[857] Für den Capo del Governo ist es "l'organo della corporazione integrale",[858] als spräche hier Rossoni (D III; E II). Außerdem sind zehn Jahre nach der Gründung die meisten leitenden Posten noch mit Bürokraten aus der Ära vor dem Marsch auf Rom besetzt.[859]

Aus dem "ministero d'agricoltura, industria e commercio" waren am 22.VI.1916 (R.D.n.755) eines für die Landwirtschaft und das "ministero per l'industria, commercio e lavoro" und am 3.VII.1920 (R.D.n.700) unter Giolitti aus dem zweiten das "ministero per l'industria e il commercio" sowie das "ministero per

---

846 Ebd., S. 376/377.
847 Ebd., S. 377.
848 Ebd.; Heinrich, Faschismus, S. 85/86.
849 Bodda, Diritto pubblico, S. 221/222.
850 Ebd., S. 221.
851 Ebd.
852 Pergolesi, Diritto costituzionale, S. 288/FN 1, 394.
853 Monicelli, Salò, S. 94.
854 Pergolesi, Diritto costituzionale, S. 377/378/FN 1.
855 Bodda, Diritto pubblico, S. 222.
856 Jocteau, Magistratura, S. 20.
857 Aquarone, Stato totalitario, S. 137/FN 1.
858 Ebd.
859 Vgl. ebd., S. 75.

il lavoro e la previdenza sociale" hervorgegangen.[860] Das "ministero del lavoro e della previdenza sociale" wird am 22.IV.1923 (R.D.n.915) aufgelöst, indessen am 5.VII.1923 (R.D.n.1439) das „Landwirtschaft", „Industrie", „Handel" und „Arbeit" integrierende "ministero dell'economia nazionale" eingerichtet.[861] Die neue Bezeichnung erhebt die Wirtschaft zur „nationalen" Angelegenheit. R.D.n.1661 (12.IX.1929) gliedert das neue "ministero dell'agricoltura e delle foreste" (unter Rossoni; F II 2) aus und weist „verschiedene Dienste" zusammen mit der „Industrieabteilung des Wirtschaftsministeriums"[862] dem Korporationsministerium zu.[863] Das "ministero della giustizia e degli affari di culto" trägt mit R.D.n.884 (20.VII.1932) bis heute den Titel „grazia e giustizia". Die Kulturabteilung übernimmt das Innenministerium.[864] Auch die "pubblica educazione" steht laut R.D.n.1661 (12.IX.1929)[865] der geforderten "educazione morale e nazionale" (Disc.4,3), der "unità morale" (Dich.I) und "altre iniziative di educazione" (Dich.XXX) gemäß im "ministero dell'educazione nazionale" unter ‚vaterländischer' Ägide.[866] Mit „Erweiterung seiner Aufgaben" wird der „Leiter der faschistischen Jugendorganisation" und Fiumelegionär Renato Ricci[867] zum "sottosegretario di Stato" ernannt.[868] Zwei Tage später verkündet Mussolini vom Palazzo Venezia, er „habe das Ministerium für öffentliche Erziehung" in ein solches „der nationalen Erziehung" umgewandelt, denn ihr „Prinzip" gehe über eine „Privatangelegenheit" hinaus und sei „Recht" und „Pflicht" des „Staates".[869] „Auf den Geist der Jugend" wirkt die „Prägekraft des Faschismus" ein: „Er macht sie zu hart-geschulten Gefolgsleuten." (= "facèndoli osservatori tenaci e disciplinati").[870] Bis zum 14.IX.1929 leitet Mussolini kraft Art.4, „Legge n.2263 sulle attribuzioni e prerogative del Capo del Governo" (24.XII.1925) die Ministerien des Äußeren, der Korporationen, öffentlichen Arbeiten, der Kolonien, der 3 Waffengattungen und des Innern. Letzteres behält er.[871] Die geschäftsführenden Unterstaatssekretäre der übrigen sieben genannten Ministerien sind nun Minister.[872]

Kompetenzüberschneidungen. - Guido Leto bemerkt als antifaschistischer Zeitzeuge, daß Mussolini „Vorschläge" des Staatssekretärs eines Ministeriums nach oberflächlicher Kenntnisnahme, von zu erwartenden Konsequenzen „unbeirrt",

---

860 Pergolesi, Diritto costituzionale, S. 375, 377.
861 Ebd., S. 377.
862 Heinrich, Faschismus, S. 84.
863 Pergolesi, Diritto costituzionale, S. 377; Candeloro, Storia IX, S. 288/FN 37: "rimpasto"!
864 Pergolesi, Diritto costituzionale, S. 377.
865 Ebd.
866 Ebd.
867 Monicelli, Salò, S. 94.
868 Eschmann, Faschistischer Staat, S. 124.
869 Mussolini, Citazioni, S. 180.
870 Ebd., S. 61; Zingarelli, S. 1067: "osservatore…Che adempie, segue" = gehorcht, folgt.
871 Heinrich, Faschismus, S. 8/9, 9/FN 4; Eschmann, S. 27; Candeloro, Storia IX, S. 308/309.
872 Eschmann, Faschistischer Staat, S. 27, 124.

„billigte“. Darauf „unterbreitete ihm der Staatssekretär eines anderen durch den ersten Erlaß „geschädigten Ministeriums“ „eine diametral entgegengesetzte Lösung“. Als gleichfalls zuständiger Minister „billigte er ein zweites Mal“. Doch nun „präsentierten sich die widerstreitenden Verwaltungen gegenseitig“ das jeweils zustimmende „pro-memoria“ als „geradewegs antithetische Schlußfolgerungen“ „wie ein Talisman“.[873] Die Institution von Goebbels, dem „Reichsminister für Volksaufklärung und Propaganda“ seit März 1933,[874] hat wohl auf die Schaffung des “ministero per la stampa e propaganda“ vom 24.VI.1935 (R.D.n.1009) eingewirkt.[875] Ab 27.V.1937 heißt es ”ministero per la cultura popolare“[876] (”Minculpop”).[877] Es übernimmt Funktionen des Dopolavoro (*Norme* Art *18,3*; Dich.XXX). Der “Stato libero di Fiume“ verblieb in seinen „volkskulturellen“ Satzungen LIII, LIV, LXIII und LXIV wesentlich freizügiger (C I). Auch andere, hier nicht das Thema berührende Ministerien werden um- oder neugebildet und dafür weitere Edikte erlassen.[878] Louise Diel zitiert Mussolini, welcher „dafür der Öffentlichkeit die Erklärung, die immer plausibel, immer hieb- und stichfest ist“, „gibt“: „Was hat allen bisherigen Regierungen gefehlt? Die Stetigkeit! In Italien hielt sich jedes Ministerium im Durchschnitt etwa 6 Monate.“[879] Tatsächlich wechselten seit 16.III.1848 bis zur Rivoluzione fascista in knapp 73 Jahren 66 Regierungen einander ab. Die einzelnen Ministerien als Institutionen jedoch hatten, wie Pergolesis Übersichten veranschaulichen, bis zum Ersten Weltkrieg eine längere Wirkungsdauer[880] als Mussolinis bewußt gesteuerte “rotazione delle cariche“[881] und “Rotazioni ministeriali“.[882] „Überlappungen“ (= „sovrapposizioni“)[883] und „Interferenzen“ blieben nicht aus. Zur Auflösung des „unvermeidbaren Dualismus“ zwischen Korporations- und Wirtschaftsministerium wird dieses nach manchen Kompetenzbeschwerden 1929 Agrar- und Forstministerium und gibt die sozialen, ökonomischen und industriellen Funktionen sowie die “direzione generale del lavoro“ an das erstere ab.[884]

Entscheidende Jahre des Strukturwandels. - Als Hitler am 30.I.1937 das Ermächtigungsgesetz (B I; C II 1; F III 5) für vier Jahre verlängert,[885] strebt auch

---

[873] Aquarone, Stato totalitario, S. 305, 305/FN 1: Leto, ”per molti anni l'anima” der Opera Vigilanza Rete Antifascista (= Antifaschistisches Netzwerk).
[874] Der Große Brockhaus, Bd. IV, S. 704; Schenkendorf, Staat der Arbeit, S. 61-65.
[875] Pergolesi, Diritto costituzionale, S. 377.
[876] Ebd., S. 373.
[877] Candeloro, Storia IX, S. 460.
[878] Pergolesi, Diritto costituzionale, S. 376-378.
[879] Diel, Duce, S. 161.
[880] Pergolesi, Diritto costituzionale, S. 374-378.
[881] Candeloro, Storia IX, S. 308/309, 314.
[882] De Felice, Mussolini fascista, S. 310, 310/FN 1.
[883] Aquarone, Stato totalitario, S. 136.
[884] Ebd., S. 137/138/FN 2: R.D.12.IX.1929 n. 1661 und 27.IX.1929 n. 1663.
[885] Hofer, Nationalsozialismus, S. 370.

der Faschismus, seit 1935 ständig im Kriegseinsatz, nach einer Regierungsstabilität, die keinen parlamentarischen Zufällen ausgesetzt werde. Zwei Größen standen bislang konkurrierend nebeneinander. Aus der Partei der Kampfbünde war der regierende Faschismus hervorgegangen. Andererseits war die Idee einer ständischen Vertretung der Nation der Arbeit durch die Legislation auf dem praktischen Anwendungsgebiet der *Carta del Lavoro* als zweite Komponente zu berücksichtigen. Die bisher behandelten Gesetze und besonders die Skalen zeigten die minutiös geschnürten Abhängigkeiten der verschiedenen Behörden und Corpora voneinander. Am 29./30.IX.1938 wirkt Mussolini auf der Münchner Konferenz mit.[886] Am 1.X. und 17.XI.1938 führt er die Gesetze "per la difesa della razza italiana" ein.[887] Am 9.XI.1938 wütet die „Reichskristallnacht". Immer noch kämpfen Italiens Truppen in Spanien. In solchen Tagen politischer Spannung beschließt der Gran Consiglio del Fascismo den Zusammenschluß beider genannter Komponenten.[888] Implizit hatte Mussolini schon am 25.XI.1926 seine Vorstellung von der neuen Kammer dem Chicago-Tribune-Vertreter in Rom vermittelt: „Das Wahlrecht soll von den Korporationen ausgeübt werden", d.h. „durch Arbeiter und Erzeuger"; „wer nicht arbeitet, darf nicht wählen".[889] Er hatte die „Korporationen als Stimmführer des Staates"[890] im „Jahrhundert der Korporationen"[891] bezeichnet und am 23.III.1936 vor der Nationalversammlung der Korporationen formuliert[892]: *„Der Nationalrat der Korporationen kann sehr wohl die Abgeordnetenkammer völlig ersetzen und wird auch schließlich ihre Stelle einnehmen. Die ihrer Zusammensetzung nach ohnehin gemischte Kammer wird der Nationalversammlung der Korporationen weichen, die sich als ‚Kammer der Fasci und Korporationen' gründen und zunächst einmal aus dem Inbegriff der 22 Einzel-Korporationen hervorgehen wird. Die Form, unter der diese neue Volksvertretung und gesetzgebende Körperschaft zusammentreten wird..., wird von der höchsten Regierungsbehörde, dem Großen Rat, entschieden werden."*[893] Denn die alte, für Mussolini „anachronistische" „Kammer setzt eine Welt voraus, die wir zerstört haben".[894] Nach den Gesetzen über die *riforma della rappresentanza politica* vom 17.V.1928 (Nr. 1019)[895] und 2.IX.1928 (R.D.n.1993)[896] beschließt der Gran Consiglio del Fascismo gemäß „Gutachten" (= "parere") vom 11.III.1938[897] am 7.X.1938 die Einrichtung der geplanten

---

[886] Der Große Brockhaus, Bd. VIII, S. 192.
[887] Pergolesi, Diritto costituzionale, S. 190/191, 190/FN 2; Candeloro, Storia IX, S. 452.
[888] Diel, Duce, S. 162, 201.
[889] Mussolini, Citazioni, S. 278/279.
[890] Diel, Duce, S. 199.
[891] Ebd., S. 201.
[892] Ebd., S. 200/201.
[893] Ebd.
[894] Ebd., S. 159.
[895] Heinrich, Faschismus, S. 21.
[896] Costamagna, Diritto pubblico, S. 269.
[897] Beckerath, Kammer der Fasci, S. 131.

Kammer[898] und Abschaffung des “antico elettoralismo“[899] oder “elezionismo“[900] (C II 1) und der „Territorialvertretung“[901] in der “Camera bassa“.[902] D.h. „aus dem Parlamente ein getreues Orakel des sogenannten Volkswillens zu machen“, wie Santi Romano vor dem Senat „das“ nun abgeschaffte „Wahlverfahren vor dem Weltkrieg“ charakterisierte.[903] Die Funktion der neuen Fasci- und Korporationskammer hatte Mussolini bereits am 14.XI.1933 vor dem Nationalrat der Korporationen umrissen: ”*La corporazione gioca sul terreno economico come il Gran Consiglio e la Milizia giocarono sul terreno politico.*“[904] Roccos 1919 und 1920 vorgetragene Idee vom “sindacalismo integrale”[905] (D I; F I 3) deckt sich nicht mit derjenigen Rossonis. Dieser „integrierte Syndikalismus“ sollte nach Aufgabe seines “significato antistatale e rivoluzionario“ “òrgano dello stato“ werden und mit „politischen Funktionen“ dem Staat unterstehen.[906] Jetzt wird die Idee verwirklicht.

Entstehung der Camera dei Fasci e delle Corporazioni. - Die Bemühung des Parteisekretärs Augusto Turati um Einfluß des PNF im Syndikatsbereich verwirklicht sich mit der neuen Kammer erst in den Monaten vor Kriegsausbruch[907] (F I 4). Den Gesetzesantrag zum *Regolamento della Camera dei Fasci e delle Corporazioni* mit 71 Artikeln nimmt das Parlament, das 90 Jahre gewirkt hatte und sich, zuletzt „zu einem reinen Akklamationsorgan herabgewürdigt“,[908] nun selbst auflöst, am 14.XII.1938 „ohne Aussprache durch einfachen Zuruf an“.[909] Santi Romano, einer der Soloni (C II 1), legt dem Senat am 17.XII.1938 in dialektischen Schritten die veränderte Kammer als „direkte *Vertretung* der Ausdruckskräfte und Belange des politischen und ökonomischen Lebens der Nation“ dar: also „nicht so sehr ihres Willens als vielmehr ihrer *Interessen*“;[910] als „Repräsentativorgan“ im „Staatsleben“ ist sie deshalb die dafür „notwendige“ „Stimme“.[911] Da die nach dem „Funktionsprinzip“ ernannte „Kammermitgliedschaft“ der „Eignung“ “*designazione di capacità*“ (vgl. die “Lotta di capacità“; C III 3) entsprechend „nicht mehr von unten“ durch das “corpo elettorale“, sondern durch den “Duce“ „von oben“ bestimmt wird, „ist

---

[898] Diel, Duce, S. 201.
[899] Zanzucchi, Diritto pubblico, S. 227.
[900] Ebd. S. 34 (35); Beckerath, Fascistischer Staat, S. 114; Heinrich, Faschismus, S. 31, 126.
[901] De Felice, Mussolini fascista, S. 321.
[902] Zanzucchi, Diritto pubblico, S. 34.
[903] Beckerath, Kammer der Fasci, S. 133, 133/FN 1.
[904] Mussolini, Citazioni, S. 136; Diel, Duce, S. 198; Wagenführ, Korporative Wirtschaft, S. 13.
[905] Jocteau, Magistratura, S. 16/17.
[906] Ebd.
[907] De Felice, Mussolini fascista, S. 280; vgl. ebd., S. 324.
[908] Schieder, Faschistische Regime, S. 3.
[909] Pergolesi, Diritto pubblico, S. 234-348; Beckerath, Kammer der Fasci, S. 131/132.
[910] Zanzucchi, Diritto pubblico, S. 126; vgl. De Felice, Mussolini fascista, S. 324.
[911] Ebd. S. 227.

sie der Kammerstruktur wesenseigen (= connaturale)“ und somit “*istituzionale*“.[912] Zanzucchi sieht jetzt jedoch in der Kammer „einen ausgeprägteren (= più spiccato) korporativen Charakter“,[913] wäre da nicht die andere, die aus der Partei rekrutierte Hälfte gewesen. Die „Plenardebatte vom 19.XII.1938 unterstreicht unter Würdigung der „albertinische[n] Verfassungsurkunde“ „die vorsichtig tastende, von Erfahrung zu Erfahrung langsam fortschreitende Methode des Reformwerks seit 1925“ als „mètodo di prudenza,... di italiana saggezza“.[914] Die Abgeordneten sind mit Ablauf der XXIX. Legislaturperiode laut vom Senat gebilligtem Gesetz Nr.129 mit 21 Artikeln vom 19.I.1939[915] (Art.1) „Nationalräte“ (“Consigli nazionali“). Als Mitglieder des Consiglio Nazionale des PNF und des Consiglio Nazionale delle Corporazioni (Art.3) arbeiten sie an der Legislation (Art.2) der jeweiligen Legislaturperiode (Art.10) gemeinsam mit Senat und Regierung. Sie leisten den Eid auf die kgl. Verfassung (Art.6),[916] Kammer und Senat stimmen über Verfassungsgesetze, Ermächtigungen sowie Haushaltsvoranschläge (Art.15) ab und prüfen Regierungsentwürfe: „Die von den Korporationen ausgearbeiteten korporativen Normen“ und „Wirtschaftsverträge“ werden „auf Veranlassung des Duce“ dem „korporativen Zentralausschuß der Kammer“ vorgelegt. Die „Vollversammlung der Kammer“ stimmt etwaigen „Änderungen“ zu (Art.19).[917] An der ersten „Assemblea“ am 23.III.1939, dem „20. Gründungstag der Fasci“,[918] und Beginn der “XXX legislatura“,[919] nehmen etwa 650 “elementi qualificati“ von 825 teil.[920] Die in Art.12-19 beauftragten “commissioni“ oder “dèleghe legislative“ finden sich am 27.XII.1947 in der „aus der Resistenza erwachsenen“ Costituzione della Repubblica Art.72 als “commissione“ bzw. „delegazione legislativa“ wieder.[921] Laut Giovanni Lombardi sind diese “Commissioni parlamentari in sede deliberante” (1995) „einmalig im parlamentarischen Recht”.[922]

Die „Consiglieri nazionali“ bleiben solange in der Kammer, als sie dem Partei- bzw. Korporationenrat angehören. Dank dem ständigen Wechsel der Nationalräte werden Kammer wie Senat und Großrat als „fortlebende Organe“ andauernd „erneuert“.[923] Es entspricht dem traditionellen Bild des Faschismus vom Volke als „Organismus“ „fortlaufender Generationen“[924] (F I 3). Beckerath

[912] Ebd.
[913] Ebd.
[914] Beckerath, Kammer der Fasci, S. 132; Pergolesi, Diritto costituzionale, S. 218-221.
[915] Beckerath, Kammer der Fasci, S. 137-141; Pergolesi, Diritto costituzionale, S. 218-221.
[916] Beckerath, Kammer der Fasci, S. 136.
[917] Ebd., S. 140.
[918] Diel, Duce, S. 162.
[919] Pergolesi, Diritto costituzionale, S. 373.
[920] Zanzucchi, Diritto pubblico, S. 224/225.
[921] Aquarone, Stato totalitario, S. XIX.
[922] Ebd., S. XXI.
[923] Zanzucchi, Diritto pubblico, S. 226.
[924] Costamagna, Diritto pubblico, S. 53, 57.

„erinnert" sich angesichts der 3 „großen Gremien, welche diese" Kammer „formen" und „durch den Willen des Duce" „entscheidend bestimmt" werden, an die „Konsulatsverfassung Napoleons" (11.XI.1799-18.V.1804).[925] Der Vergleich der Kammerzusammensetzung, den er als „staatstheoretisch wichtig" ansieht, mit den Komponenten „Sénat conservateur" von 80 „lebenslänglich[en]" „Mitgliedern", der „die Mitglieder des Gesetzgebenden Körpers, des Tribunats, des Cassationshofs und die Konsuln" (einen „Ersten Konsul" und zwei andere) „ernannte", erfüllt weder die Parallelen der korporativen Sachkompetenzen oder der Mandatsträger-Fluktuation noch der territorialen Repräsentation: „Der Gesetzgebende Körper von 300 aus den Departements ernannten Migliedern wurde jährlich zum fünften Teil erneuert und sollte über die ihm vorgelegten Gesetzentwürfe entscheiden. Das Tribunat von 100 Mitgliedern bildete die verfassungsmäßige Opposition", um „über die von den Konsuln vorgelegten Gesetzentwürfe zu verhandeln".[926] Da die „KFK" oder „C.d.F. e d.C." in Kriegszeiten entsteht und davon überschattet wird, beachten sie die Historiographen weniger als die *Carta del Lavoro.* Aquarone bemerkt seit der „Sanierung" durch radikale Säuberung 1930 eine „Entpolitisierung und Bürokratisierung" „der auf eine choreographische Rolle reduzierten Partei"[927] und einhergehend die „wirr-bürokratische Reform mit spärlicher Ergiebigkeit" der „korporativen Politik" in einem „progressiv autoritären Staat", welcher der Zirkulation der Eliten bald Grenzen setzt. „Hyperstaatsvergötterung" ("iperstatolatrìa")[928] und der in seiner „Selbstvergötterung" ("autodivinazione")[929] nur „gegen sich selbst verantwortliche" Staatschef geben der neuen hälftig aus den beiden faschistischen Elementen zusammengesetzten Kammer keine Entfaltungschance - trotz Panunzios Trugschluß: *„la Camera non rappresenta il popolo ma è il popolo."* [930] Schumann erwähnt das Wirken der „Camera dei Fasci" im November 1938 nur wegen ihrer Agitation „für die ‚Befreiung' Korsikas und Tunesiens".[931] Am 2.XII.1942 rechtfertigt sich Mussolini gegen das Verdikt von Winston Churchill (1874-1965). 1927 und während der Münchner Konferenz 1938 war der Duce 1927 für ihn „ein großer Mann".[932] 1942 resümiert er: *„Ein Mann allein hat Italien an diesen Punkt gebracht.*"[933] Indro Montanelli (*1909) nennt Mussolinis letzte Beschwörung einer „guerra [] sacrosanta"[934] vor der KFK seinen „Schwanengesang".[935] Am

---

925 Beckerath, Kammer der Fasci, S. 134/135.
926 Brockhaus 1882, Bd. VII, S. 118.
927 Aquarone, Stato totalitario, S. 182.
928 Ebd., S. 220.
929 Ebd., S. 302.
930 Ebd., S. 280/279/FN 3.
931 Schumann, Geschichte Italiens, S. 231.
932 De Luna, Mussolini, S. 150.
933 Montanelli/Cervi, Disfatta, S. 265; vgl. Rauscher, Hitler und Mussolini, S. 491.
934 Montanelli/Cervi, Disfatta, S. 165.
935 Ebd.

27.VII.1943 wurde die Camera dei fasci e delle corporazioni aufgelöst.[936] Sie erfährt aber nach dem Interview des "luogotenente" Umberto (II) (1904; 1944/6; 1983)[937] mit der „"Times" am 26.IV.1944[938] ein posthumes Echo und dank BBC "una immensa pubblicità".[939] Der Interviewer Lumby fragt den „Thronverweser" Umberto, warum Italien Großbritannien und Frankreich den Krieg erklärt habe. Umberto antwortet, um seinen Vater Viktor Emanuel III. zu entlasten, Mussolini habe – wie der Regno-del-Sud-Minister Benedetto Croce (1866-1952) darstellt[940] – „mit Einverständnis des ganzen Volkes" „ohne Protest oder Gegenanfrage durch Zusammenrufung des Parlaments" „seinen Willen durchgesetzt". Croce korrigiert die "terribile *gaffe*": die Camera dei Fasci e delle Corporazioni sei vielmehr aus "deputati" kraft Mussolinis willkürlicher Ernennung zusammengesetzt gewesen.[941] Lumby läßt sich Umbertos Aussage noch einmal bestätigen und erklärt die "versione radiofonica" für "sleale (*unfair*)".[942] Croce erreicht nur dies, nicht aber das englische Dementi durch die BBC.[943]

Die neuen Aufgaben der Kammer. - Wenn sich die Korporationen seit 1926 zunächst langsam entfalten, dann aber 1934 aus den ursprünglichen 13 Berufsvereinen 22 erzeugerisch ausgerichtete Korporationen entstehen, in deren fachübergreifender Vertretergruppierung obligatorisch die Partei beteiligt ist, so verlagert sich 1938 ihre Bedeutung paritätisch zur Partei in den legislativen Bereich. Die neue Kammer nimmt die alten Aufgaben weiter wahr. Gleichzeitig aber vertritt sie nach Aufhebung der geographisch ‚das Volk aufspaltenden' früheren Wahlbezirke vorhergehender Legislaturperioden die "unità morale, politica ed economica" (Dich.I) sowie die "uguaglianza giuridica tra i datori di lavoro e i lavoratori" im festen Gefüge der "disciplina del lavoro" (Dich.VI). Sie gestaltet, über die Postulate der *Carta del Lavoro* hinauswachsend, die Politik nach dem nun gesetzlich gegebenen Vermögen mit. Unbeantwortet mag die Frage bleiben, ob die *Carta del Lavoro* durch die finale Legislation zur "autodisciplina delle categorie" in der „Camera dei Fasci e delle Corporazioni",[944] welche die Kritiker als „Scheinparlament"[945] verurteilen, ihre Vollendung erfuhr. Candeloro kennzeichnet das "ordinamento sindacale-corporativo" als "documento propagandistico" und den Aufbau als "grosso apparato burocratico e gerarchico".[946] Hans Fenske schreibt: *„Über den bürokratischen Betrieb*

936 Ebd., S. 340.
937 Bertoldi, Contro Salò, S. 226.
938 Ebd.
939 Bertoldi, Umberto, S. 114.
940 Ebd., Contro Salò, S. 226/8; Bertoldi, Umberto, S. 114/6.
941 Bertoldi, Contro Salò, S. 226.
942 Ebd., S. 230.
943 Bertoldi, Umberto, S. 114-116.
944 Pergolesi, Diritto costituzionale, S. 99.
945 Brockhaus Enzyklopädie, Bd. XII, S. 382.
946 Candeloro, Storia IX, S. 150, 151.

gedieh das nicht hinaus – der Korporativismus wurde nicht mit Leben erfüllt -, und zu den Umstrukturierungen im Wirtschaftsleben, von denen Mussolini in der Jugend geträumt hatte, kam es nicht.“[947] *„Die Privatinitiative blieb weitgehend unangetastet.“*[948]

Privatinitiative und Staatsproduktion. - Im Gegensatz zum klassischen Syndikalismus unterstreicht der Faschismus die Arbeitgeberhälfte stets als “rappresentanza paritetica delle categorie professionali“.[949] Indessen entwickelt sich am Rüstungs- und zivilen Erzeugungsbedarf nun eine andere Tendenz der Arbeitspolitik. Die Kennedyübersicht hatte für 1928 im Vergleich zu Großbritannien = 135 und den USA = 533 das italienische Industriegesamtpotential mit 37 und das deutsche mit 158 angegeben, 1938 dagegen 181 für Großbritannien, 528 für die USA, 46 für Italien und 214 für das Deutsche Reich (B VIII). Auf Grund dieses Ungleichgewichts muß der faschistische Staat seinen Industrieaufbau forcieren. Deshalb lenkt das Korporationengefüge seit der Machtübernahme Hitlers, der auf die ständische Entwicklung keine Rücksicht nahm, von der Bemühung um soziale Einbindung und Fürsorge weg seine Anstrengungen auf die Schaffung organischer Großeinheiten, die nicht mehr nur vom syndikal-korporativen Element beherrscht werden, sondern den Erzeugungscharakter herausstellen. Mussolini hatte im September 1937 auf dem überall in Deutschland begrüßten Besuch die Essener Kruppwerke besichtigt.[950] (F III 4) Unter dem Eindruck von der Produktivität jenseits der Alpen richtet sich jetzt sein Blick auf die vorher hart kritisierten Großbetriebe und –wirtschaftsverbände. Die Dich.VII hatte der geänderten Kursrichtung mit dem Hinweis auf die “organizzazione privata della produzione“ als “funzione di interesse nazionale“ die Tür offengelassen. 1926 hatte Mussolini zur Einführung der „Körperschaftsordnung“ durch die *Disciplina* als Aufgabe „einer machtvollen wirtschaftlichen Organisation“ umrissen, nichts „von der Produktion und den gewaltigen Entwicklungsmöglichkeiten der Gesamtnation verloren gehe[n]“ zu „lassen“.[951] Trieb nach Mussolinis Worten diese Anstrengung “la nostra feroce volontà totalitaria“[952] (1925) an, dann kennzeichnet die *Doktrin* den “Fascismo“ selbst als “totalitario“ (1932).[953] Arrigo Solmi charakterisisiert vor dem Senat die neue Camera dei Fasci e delle Corporazione als ”l'organizzazione totalitaria dei grandi interessi economici e della produzione“.[954] Damit ist auch semasiologisch die Entwicklungsstrecke über ein Dutzend Jahre markiert,

---

947 Lieber, Politische Theorien, S. 796.
948 Fenske, Politische Ideen, S. 523.
949 Pergolesi, Diritto costituzionale, S. 99.
950 De Luna, Mussolini, S. 105.
951 Arias pp., Mussolini, S. 205, 207.
952 Lieber, Politische Theorien, S. 894; vgl. Petersen, Totalitarismusbegriff, S. 101.
953 Mussolini, Doktrin 10 = Dottrina 848 li.
954 Zanzucchi, Diritto pubblico, S. 226/227; zu Solmi vgl. Costamagna, Diritto pubblico, S. 29.

welche zur Bündelung der großen Erzeugungseinheiten führt, zumal laut Korporationsminister Bottai (1933) „letzten Endes Politik und Wirtschaft überhaupt gleichzusetzen sind“.[955] Erinnert sei an Mussolinis „natürliche Selektion“ der Betriebe während der Weltwirtschaftskrise (B VIII). Seit Sommer 1929 tendiert der Staat mit Ausnahme der notwendig individualistischen Landwirtschaft nach möglichster Konzentration des Wirtschaftslebens zur besseren Kontrolle, so im Produktionskonsortium der Stahlindustrie.[956] Dies ermöglicht die “gestione diretta“ der Dich.IX. Schon das R.D.l.n.2488 (18.XI.1929)[957] benennt die „für die Staatsverteidigung unentbehrlichen Industrien“.[958] Es beginnt die Phase des “Stato imprenditore“.[959]

Die Kartellbildung. - In der durch die Weltwirtschaftskrise angespannten Lage (B VIII) spornt der Duce am 23.III.1932 in Rom laut Stübler „die Opfer kapitalistischer Profitsucht und Anarchie“ an: *„Durchhalten bis zum Sieg! Durchhalten über den Sieg hinaus, für die Zukunft und für die Macht der Nation!“*[960] Im Mai 1932 legt Spirito dar, ein nur „auf dem Syndikalismus“ „gegründetes ‘ordinamento corporativo’“ als „einzige Beziehung“ zwischen “società anonima“ = “datori di lavoro“ und „lavoratori“ „sanktioniere den Dualismus“, wenn „seine Hauptfunktion die Vermittlung (= conciliazione)“ zwischen “impresa“ und “corporazione“ wie zwischen „zwei getrennten Welten“ sei. Wenn aber „einmal diese Ordnung garantiert sei“, dann müsse „der Korporativismus“ und letzten Endes „der Staat“ endlich auf die ihnen bisher „uninteressante“ „eigentliche Produktion des Unternehmens“ achten: „Unternehmen, Syndikat, Korporativismus, Staat haben noch nicht ihr Planungszentrum (= centro sistematico) gefunden.“[961] Die „logische Lösung“ mit Hilfe obenerwähnter “*corporazione proprietaria*” oder „Korporationsaktionäre“ (B VIII) würde „die Antinomien“ „des dualistischen Systems tilgen“ und in “comproprietà“ „Kapital und Arbeit vereinigen“.[962] Tatsächlich erstrebt schon das Decreto Ministeriale vom 11.I.1931 auf dem „dritten Weg“ das “inquadramento“ „der Konföderationen unter wirtschaftlichem Gesichtspunkt“.[963] Die auf einem Dekretgesetz des Korporationsministeriums Anfang 1932[964] beruhende Legge n.834 (16.VII.1932) über die *„Zwangsgenossenschaften“* vermeidet in 12 Artikeln,[965] obwohl schon vom “concetto corporativo“ „abweichend“, noch die „ministeriale Disziplinierung der privaten

[955] Wagenführ, Korporative Wirtschaft, S. 30.
[956] Eschmann, Faschistischer Staat, S. 92/93.
[957] Pergolesi, Diritto costituzionale, S. 192.
[958] Wagenführ, Korporative Wirtschaft, S. 32, 124.
[959] Candeloro, Storia IX, S. 52.
[960] Stübler, Italien, S. 138.
[961] Spirito, Il corporativismo, S. 356/357.
[962] Ebd., S. 357.
[963] Costamagna, Diritto pubblico, S. 368.
[964] Wagenführ, Korporative Wirtschaft, S. 126.
[965] Ebd., S. 121-125.

Kartell- und Genossenschaftsvertragstätigkeiten".[966] Art.1 legt die Höchstdauer von 5 Jahren fest und koordiniert kraft „Befugnissen" des Nationalrats der Korporationen in „einzelnen Konsortien" „voneinander abhängige Wirtschaftszweige". Art.2a setzt die Konsortienbildung bei mindestens 70% interessierter Unternehmen und 70% des Produktionsdurchschnitts der letzen 3 Jahre voraus, dagegen 85% bei geringerer Unternehmerzahl.[967] Art.6 löst nach Anhörung oder Veranlassung der interessierten Korporation das Konsortium auf,[968] wenn es „im...allgemeinen Landesinteresse erwünscht ist".[969] Ende 1932 sind unter 56 Industriekartellen zwei „Zwangskartelle".[970] In Kollaboration mit dem Korporationsminister liefern Legge n.141 (12.I.1933) zur "*disciplina degli impianti industriali*"[971] und das damit zusammenhängende R.D.n.59 (15.V.1933)[972] über „Genehmigung und Erweiterung von Industrieanlagen"[973] mechanischer, elektrischer, kinematographischer und chemischer Produktion[974] die politischen Mittel, den „Unternehmens- und Genossenschaftskonzentrationen" als „Phänomenen des 'alto capitalismo'[975] (F III 5) entgegenzutreten" und „den Einfluß der Verbände" „auf beratende Funktion" zu „beschränken".[976] Nach der Auffassung der faschistischen Wirtschaftstheoretiker Luigi Amoroso und Giuseppe Masci hätten „die Märkte" in der Zeit der „monopolistischen Bildungen" ohnehin „ihre ‚selbstregelnde Funktion' verloren".[977] Im September 1933 genehmigt das Korporationsministerium 8 Anträge und schlägt 3 ab.[978] Das vorher erwähnte Gesetz Nr.51 von 1934[979] sieht „die *più rigorosa semplificazione delle strutture*" "*ai grandi rami* (= *Zweige*) *della produzione*" vor.[980] Am 7.III.1934 entsteht das „Zwangskonsortium" „der Baumwollindustrie".[981] Eine solche Kartellierung hätte Adam Smith (C III 1) aus der Opposition zu Merkantilismus und Allmacht des Staates sowie dem "dovere" eines ins "sistema della naturale libertà" der Produktion intervenierenden "sovrano" abgelehnt: "il dovere di sopraintendere (= vorstehen) all'industria dei privati, e di dirigerla verso gli impieghi più conformi all'interesse della

---

[966] Costamagna, Diritto pubblico, S. 327.
[967] Wagenführ, Korporative Wirtschaft, S. 121.
[968] Ebd., S. 123.
[969] Ebd.
[970] Ebd., S. 126.
[971] Ebd., S. 128; Costamagna, Diritto pubblico, S. 327/328.
[972] Costamagna, Diritto pubblico, S. 327.
[973] Wagenführ, Korporative Wirtschaft, S. 128.
[974] Ebd., S. 32, 129, 158.
[975] Costamagna, Diritto pubblico, S. 328.
[976] Ebd., S. 327/328.
[977] Beckerath, Korporative Wirtschaftstheorie, S. 12/13, 10, 11.
[978] Wagenführ, Korporative Wirtschaft, S. 129.
[979] Costamagna, Diritto pubblico, S. 365, 374.
[980] Ebd., S. 384.
[981] Wagenführ, Korporative Wirtschaft, S. 159.

società.“[982] Diesen wachsenden Einfluß des Staates auf Berufs- und Produktionsgestaltung ermöglicht jedoch die faschistische Legislation.

Der Staat als Unternehmer. - Acht Dichiarazioni der *Carta del Lavoro* sprechen von der Erzeugung. Deshalb sollten die Industriebetriebe in ihrem Verhältnis zum Staat stärkere gesetzmäßige Bindung erfahren. Zur wissenschaftlichen Forcierung der Erzeugung begründet 11 Tage nach dem Industrieerweiterungsgesetz Nr. 141[983] das R.D.L.n.23 (23.I.1933) das *Istituto per la Ricostruzione Industriale* (*IRI*) als „Körperschaft öffentlichen Rechts“[984] mit „eigenem Statut“ (decr. del Capo del Governo; 31.XII.1937).[985] Costamagna charakterisiert den “ente di diritto pubblico“ als „neuen Privatinitiativen-Kontrolltyp“. Dieses ist für den neuen ökonomisch-rechtlichen Schwebezustand „uneigentlich gesagt“ eine “amministrativizzazione del diritto pubblico“ (= Verwaltungsbastardierung des öffentlichen Rechts):[986] mehr als nur eine „Staatsaktionärsgemeinschaft (= *azionariato di Stato*) mit vollkommener Gleichheit von Privaten und öffentlicher Verwaltung“. Zusammen mit dem „Istituto mobiliare italiano“ (IMI) stützt oder übernimmt es „schwache Industrieunternehmen“ (B VIII).[987] Es wickelt „in einem beschleunigten Kapitalkonzentrationsprozeß“ (F III 4) mit „11 Milliarden Lire“[988] „Industrieverbindlichkeiten“ ab.[989] Zwei „juristisch und bilanzmäßig autonome Sektionen“ betreiben die “finanziamenti industriali“ (durch R.D.L.n.376, 12.III.1936-XIV,[990] und R.D.n.1042[991] aufgelöst) sowie die “smobilizzi industriali“ (= Ankurbelung).[992] Unter den „Produzenten“ versteht Mussolini am 28.X.1933 „nicht nur die Industriellen oder Arbeitgeber“, sondern „auch die Arbeiter...So ist das 20. das Jahrhundert der Macht und des Ruhmes der Arbeit“. [993] Im Gegenzug zu solcher Wirtschaftsförderung beschneidet das Kgl. Dekret L.n.126 (9.II.1939)[994] Grundbesitz wie industrielle und kommerzielle Tätigkeit der “cittadini di razza ebraica“[995] (F III 4). Dies zieht den Verlust an “attività economica e intellettuale“ nach sich (FIII 5).[996] Als der Völkerbund mit Beginn des Abessinienkrieges Sanktionen gegen Italien einleitet, begrenzt das R.D.l.n.1844 – wieder an einem

---

[982] Spirito, Il corporativismo, S. 93.
[983] Wagenführ, Korporative Wirtschaft, S. 128/129.
[984] Costamagna, Diritto pubblico, S. 420.
[985] Zanzucchi, Diritto pubblico, S. 409; De Luna, Mussolini, S. 89; Stübler, Italien, S. 139.
[986] Costamagna, Diritto pubblico, S. 420.
[987] Schumann, Geschichte Italiens, S. 227.
[988] Stübler, Italien, S. 138/139.
[989] De Luna, Mussolini, S. 89.
[990] Zanzucchi, Diritto pubblico, S. 409.
[991] Ebd.
[992] Ebd.
[993] Diel, Duce, S. 201.
[994] Pergolesi, Diritto costituzionale, S. 190/FN 2.
[995] Ebd., S. 190; vgl. Candeloro, Storia IX, S. 452/FN 99.
[996] Candeloro, Storia IX, S. 453.

Jahrestag des Marsches auf Rom - am 28.X.1935-XIV,[997] um das Ringen nach Wirtschaftsautarkie publizistisch nicht mißkreditieren zu lassen, die Veröffentlichung von Dokumenten über die „vita economica e finanziaria dello Stato".[998] Am 22.V.1939 wird der „Stahlpakt" geschlossen.[999] Da sich Italien in fortwährender 'belligeranza' befindet, gründet es – fast zeitgleich mit Hitlers Oberbefehlsübernahme und Neugliederung des Wirtschaftsministeriums am 4.II.1938[1000] - ein „Kriegswirtschaftsamt", das "Commissariato generale fabbricazione guerra" (Co.ge.fag.; B VIII);[1001] seit August 1939 unter General Favagrossa.[1002] In „allein 876 Nebenbetrieben" „arbeiteten 580000 Mann" unter „militärischer Disziplin".[1003] Für die „wahre Produktionseuphorie" unter den „günstigen Bedingungen durch die Autarkie" „bezahlte das Regime die Kollaboration der Unternehmer mit gesalzenen Preisen", urteilt De Luna.[1004] Schumann vermißt die „überlegene Führung" in „diese[r] heikle[n] Situation,[1005] räumt aber ein: „*Wie langsam und umständlich die Funktion des Korporativen Staats auch war, Mussolini erhielt doch guten Rat und eindringliche Warnungen von vertrauenswürdigen und fähigen Männern seiner Stäbe.*"[1006] Trotz der Legislationenflut, welche dieses Kapitel nur in Auswahl vorstellt, und bei aller Vorliebe zum gesetzgeberischen Formalismus vermag die Praktizierung des korporativen Gedankens der *Carta del Lavoro* als einer unerhörten sozialen Botschaft nicht den historischen Gegebenheiten gerecht zu werden. S.Cassese bemerkt, daß die "enti, leggi, atti amministrativi" „*nichts mit dem ordinamento corporativo zu tun hätten*".[1007] Alberto Aquarone sieht „in der Substanz mehr Rauch als Braten".[1008] Tranfaglia entdeckt „vorzugsweise Ideologie, Propaganda und Mythos zum Ge- und Verbrauch" für „ausgebeutete Massen" und „beunruhigte Intellektuelle".[1009] Das ambitiös errichtete Rechtsgebäude sozialpolitischer Legislation bringt die Tat der eigenen rebellierenden Gefolgsleute mit Mussolinis Absetzung am 25.VII.1943 zum Einsturz.[1010]

---

[997] Pergolesi, Diritto costituzionale, S. 167, 394.
[998] Ebd.
[999] Stübler, Italien, S. 161.
[1000] Soldatenbriefe 1942, S. 62.
[1001] Schumann, Geschichte Italiens, S. 231.
[1002] De Luna, Mussolini, S. 110.
[1003] Ebd., S. 109.
[1004] Ebd., S. 110.
[1005] Schumann, Geschichte Italiens, S. 231.
[1006] Ebd.
[1007] Tranfaglia, Stato, S. 149.
[1008] Ebd.
[1009] Ebd.
[1010] Vgl. das Motto von Zanzucchi am Anfang der vorliegenden Arbeit.

4. Arbeitsordnung und Ordinamento

Sozialpolitische Annäherung. - Mussolini hebt ein Jahr nach Achsen- und Antikominernpakt in seiner Berliner Ansprache an das deutsche Volk am 28.IX.1937 (F III 3) die Gemeinsamkeiten hervor. Die drei Anaphern „Beide“ = „Entrambi“ leiten den Vergleich der „zwei“ Völker mit den Verben „glauben“, „verherrlichen“, „vertrauen“ ein: 1. gemeinsamer geschichtlich begründeter Lebenswille und Zurückweisung des polit-philosophischen Materialismus sowie der Dritten Internationale; 2. die Arbeit als Mannesadel; 3. die Jugend. Als Synthesis „fügen wir die Tugenden der Disziplin, des Mutes, der Zähigkeit, der Vaterlandsliebe, der Verachtung eines trägen Lebens hinzu“[1011] (F II 2). Mussolinis ideologische Zuneigung gipfelt im makabren Sophismus über die Schicksalsgemeinschaft: *„die Tatsache, daß ich nach Deutschland gekommen bin, bedeutet nicht, daß ich morgen woandershin gehe.“*[1012] Es ist Rhethorik über die Arbeit. So sieht auch Golo Mann zunächst positive Züge, die sich schnell negativieren, wenn er in die NS-Arbeitswelt des 1. Jahres einführt: „die Nazis“ haben den Gewerkschaften „ursprünglich einen gewissen Respekt entgegengebracht“, „geneigt“, „zwischen den großen Berufsorganisationen der Arbeit und der sozialdemokratischen Partei zu unterscheiden“.[1013] 1932 stellte sich Mussolini vor, daß „die Organisation der Berufe als Gruppen und dieser Gruppen in Beziehung zum Staate“ „nach Deutschland passe[]“.[1014] „Das korporative System ist dort durch die großen Organisationen schon vorbereitet und würde nur einen Schritt weiter bedeuten. Ferner die Kontrolle des Kapitals und der Arbeit.“[1015] (F III 5) Ein anfänglich konzipierter „Ständestaat“ mit einem „Platz“ für „die Gewerkschaften“ vertrug sich nach „Unterwerfung und Kontrollierung der Massen“ jedoch nicht „mit Eigendasein und Würde mittelalterlicher Berufsstände“,[1016] hätte auch dem Alleinherrschaftsanspruch der NSDAP widersprochen. Unter der Überschrift „Gemeinnutz vor Eigennutz“ hatte der 25. Punkt des Parteiprogramms vom 24.II.1920 noch „die Bildung von Stände- und Berufskammern“ gefordert.[1017] - „Der Nazistaat war nicht »arbeiterfeindlich«“, schreibt Golo Mann: Der „1. Mai“ (1939), der „alte Feiertag des Sozialismus“, wird zur „Volksbelustigung“, „zum Lob der Arbeit“; „die Nation“, „die Sieger und die Besiegten“, „fühlte“ „sich“ „mitgerissen, befreit und endlich recht geführt“; „dieser Gefühlszwiespalt“ des „Einerseits-Andererseits“ bedeutete „passives Sichtreibenlassen“.[1018] Wenn schon am Tage darauf „die Häuser der noch über 3½ Mio. Mitglieder zählenden sozialdemokratischen freien Gewerkschaften besetzt“, „ihr

---

1011 Mussolini, Citazione, S. 39.
1012 De Luna, Mussolini, S. 104/105.
1013 Mann, Deutsche Geschichte, S. 335/336.
1014 Ludwig, Gespräche, S. 163.
1015 Ebd.
1016 Mann, Deutsche Geschichte, S. 335/336.
1017 Hofer, Nationalsozialismus, S. 31.
1018 Mann, Deutsche Geschichte, S. 335/356.

Vermögen beschlagnahmt", „von Ley ein Aktionskomitee zum Schutze der deutschen Arbeit eingesetzt" wird, „sich in den nächsten Tagen die christlichen", „demokratischen und...gelben Gewerkschaften freiwillig" „unterstellten" und „am 10. Mai" der „erste gemeinsame Arbeitskongreß zur Gründung der Deutschen Arbeitsfront stattfindet,[1019] so ist im Ablauf der Ereignisse eine Parallele zum 'azionismo' der Fasci festzustellen.

Vergleich der Sozialleistungen. - Dieses Kapitel nennt nur die wichtigsten Entwicklungsgleichläufe, um die ausführliche Untersuchung der beiden Sozialsysteme bis 1936 in der speziellen Dissertation von Werner Müller nicht zu wiederholen, zumal sie das vorliegende Thema nicht verlangt. Nur Grundsätzliches und Phänomenales sollen nebeneinander stehen. Auch die Thesis von Werner Rößler vergleicht 1938 in knapper Form und erwähnt Müller in der Bibliographie. Unter den zahlreichen einander ähnlichen Einrichtungen und Ereignissen seien erwähnt: 1.II.1933 erster[1020] (F III 1), 29.X.1936 zweiter Vierjahresplan[1021] ("secondo Piano quadriennale",[1022] F III 2); Ehestandsdarlehen laut Gesetz zur Verminderung der Arbeitslosigkeit vom 1.VI.1933;[1023] Streikverbot;[1024] Versorgung der Opfer der Arbeit, Kriegsopfer, Invaliden- und Knappschaftsversicherungen, Hilfswerk *Mutter und Kind*[1025] ("tutela della maternità")[1026] -Das Kriegsministerium ("ministero della Guerra") veranlaßt mit Sonderform für die Handwerker sowie unter Ausnahme der öffentlichen Dienste ("impiegati pubblici") und Freiberufler ("lavoratori autonomi", "liberi professionisti")[1027] die Einführung des allgemeinen Arbeitsbuches ("libretto del lavoro"; 26.II.1935[1028]; F III 1). Gemeinsam mit der *Carta del Carnaro* (C I) und Dich.XXX ist der Gedanke der KdF[1029] (E III) mit dem "ufficio competente" *Schönheit der Arbeit*[1030] (*Bellezza del lavoro*).[1031] An diesem Dienst an

---

[1019] Müller, AOG, S. 13.

[1020] Vogt, Beamten-Kalender 1938, S. 119, 125.

[1021] Ebd., S. 125. – Vgl. Hofer, Nationalsozialismus, S. 370: Hermann Göring wurde am 18.X.1936 mit der Durchführung des Vierjahresplans (Gesetz zur Durchführung des Vierjahresplanes vom 29. Oktober 1936, RGBl. I, S. 927) betraut.

[1022] Vgl. die vorhergehende Fußnote. - Mason, Politica sociale, S. 140: Die folgenden italienischen Termini dienen der Vergleichbarkeit der nationalsozialistischen mit den faschistischen Institutionen.

[1023] Vogt, Beamten-Kalender 1938, S. 119; vgl. Schenkendorf, Staat der Arbeit, S. 93/97: Vor einer neuen Arbeitsschlacht.

[1024] Gauser, Tarifordnung, S. 3.

[1025] Vogt, Beamten-Kalender 1938, S. 68.

[1026] Mason, Politica sociale, S. 169.

[1027] Ebd., S. 140/FN 93.

[1028] Ebd., S.140, 140/FN 93; vgl. Schenkendorf, Staat der Arbeit, S. 93-97: Vor einer neuen Arbeitsschlacht.

[1029] Schenkendorf, Staat der Arbeit, S. 76-78.

[1030] Vogt, Beamten-Kalender, S. 94/95, 217/218; Erlasse vom 4.IX.1936 und 7.IX.1937; Mason, Politica sociale, S. 162/163.

[1031] Mason, Politica sociale, S. 162/163.

der „Volksgemeinschaft" nehmen 19.000, d.h. die Hälfte der Betriebe mit der Anlage von 80.000 RM 1936 und 200 Mio.RM 1937/8 teil.[1032] Mason betont, daß diese Einrichtung die „kommunistisch indoktrinierten Gewerkschaftsangehörigen" von der Lohn- und erweiterten Rechtsproblematik ablenkte.[1033] - Beide Diktaturen eröffnen in ihren Autarkieanstrengungen Erzeugungsschlachten (B VIII): im "terzo Reich" (19.XI.1934) auf der Basis der „Volks- und Leistungsgemeinschaft" ("comunità di popolo e di produzione")[1034] als "lotta per il rendimento" mit 81.000 Firmen 1937/8 und 1939/40 sogar 273.000.[1035] Göring verlangt als Reichsbeauftragter für den Vierjahresplan im Juli 1938[1036] gegenüber der Wehrmacht eine andere Zielrichtung des moralenergetischen Impulses *Kraft durch Freude* (1937/9 460.000 KdF-Reisen; "viaggi 'Kraft durch Freude'", "viaggi KDF",[1037] C I): "La Deutsche Arbeitsfront deve produrre più forza e meno gioia."[1038] Wenn Müller sagt, „die gesamte nationale Erzeugung" sei „ein Organismus, dessen einzelne Glieder auf das Ganze abgestimmt sein müssen",[1039] dann spricht er inhaltlich dasselbe aus wie Dich.II.: "Il complesso della produzione è unitario dal punto di vista nazionale." Mussolinis Gleichbewertung von Kopf- und Handarbeit (F III 1) und diejenige im *Canto del Lavoro* von Rossoni wie der *Hymne der deutschen Arbeit* von Schenkendorf[1040] wird vom *Normen-Art.6* vereinigungsrechtlich diskrediert. Der Lotta di capacità scheint Hitlers Satz zu entsprechen: „Da in einem vernünftigen Staat die Sorge dahin gehen soll, dem einzelnen die Tätigkeit zuzuweisen, die seiner Fähigkeit entspricht", seien „die fähigen Köpfe für die ihnen liegende Arbeit auszubilden".[1041] Wenn aber die „dem einzelnen gewissermaßen überwiesene[] Arbeit" „auf das Konto seiner Geburt sowie auf die dadurch veranlaßte Ausbildung fällt", muß er „mit Fleiß und Redlichkeit der Volksgemeinschaft zurückerstatten, was sie ihm selbst gegeben hat".[1042] Dich.II über „die Arbeit", ob „intellektuell" oder „mit der Hand" als „dovere sociale", entspricht dem NSDAP-Programm: „10. Erste Pflicht jedes Staatsbürgers muß sein, geistig oder körperlich zu schaffen."[1043]

Disciplina und AOG. - Aus 169 Arbeitnehmerverbänden mit politisch unzuverlässigen Führern wird im Juni 1933 eine Einheitsorganisation von 3 großen Gesamtverbänden der Arbeit mit 14 Einzelberufsverbänden, der

---

[1032] Ebd., S. 216.
[1033] Ebd., S. 163.
[1034] Ebd., S. 216.
[1035] Ebd.
[1036] Hofer, Nationalsozialismus, S. 370.
[1037] Mason, Politica sociale, S. 216.
[1038] Ebd., S. 217.
[1039] Müller, AOG, S. 97.
[1040] Schenkendorf, Staat der Arbeit, S. 60.
[1041] Hitler, Mein Kampf, S. 483.
[1042] Ebd., S. 484.
[1043] Hofer, Nationalsozialismus, S. 29.

Angestellten mit 9 Einzelberufsverbänden, derjenige für Unternehmer und die „Handels- und Gewerbe-Organisation" (NS-Hago) für den „gewerblichen Mittelstand" gegründet.[1044] Den Fasci ähnlich dringt die „Kampftruppe der NSBO" (= Nationalsozialistische Betriebszellenorganisation)[1045] schon vor der Machtübernahme in die „Betriebszellen", „vollzieht" „den sozialrevolutionären Akt" und löst „im Frühjahr 1933" die „derzeitigen" Gewerkschafts-„Führer" ab.[1046] „NSBO und NS-Hago ([ha'go] = Nationalsozialistische Handels- und Gewerbeorganisation) rekrutierten sich" aus NSDAP-Mitgliedern.[1047] Die politische Unterwanderung der Produktionseinheiten erfolgt zeitlich gedrängter und konsequenter als südlich der Alpen. Der 2. deutsche „Arbeitskongreß" (16.V.1934) verwirft die Möglichkeiten, wie die Faschisten bis 1924 „alles beim alten" zu lassen oder wie in der faschistischen „zweiseitigen Verbandsordnung" seit 1926 eine Arbeiter-Angestellten-Einheitsgewerkschaft dem „Einheitsverband der Unternehmer" gegenüberzustellen und damit das „im Juni 1933 geschaffene System" anzuerkennen.[1048] Auch Robert Ley beschreitet – als gälte es, die Zahlensymbolik anzurufen - „den dritten Weg" mit dem *Gesetz zur Ordnung der nationalen Arbeit* (*AOG*) vom 20.I.1934,[1049] der Magna Charta der deutschen Arbeit[1050] (F I 1) oder – laut Costamagna[1051] - dem "germanico *Ordinamento del lavoro nazionale* basato sul «*regolamento di azienda*»" (= Betriebsordnung). Es „ist aus dem ‚zwingenden und fortreißenden Tempo der Revolution geboren'", sagt Albert Colbus,[1052] was aber ebenso für die faschistische legislative Überstürzung gelten könnte. In der 1. korporativen Phase war die Umstrukturierung von den realitv freien Gewerkschaften unter Rossoni-Einfluß zur Disziplinierung erfolgt (E II; F II 2). Müller kritisiert: „Zuerst erkennt der Faschismus die Klassen an und organisiert sie, dann erst verbietet er den Klassenkampf", weil „es verbrecherisch ist", „die Interessen des einzelnen...zu kollektivieren" „und Organisationen" mit Arbeiter- und Unternehmerschaft zu errichten, „die von diesen Gegensätzen leben".[1053] Hitlers Worten auf dem 1. Kongreß der DAF vom 25.I.1934[1054] gemäß „muß eine" solche „Organisation" und eine solche „Lehre ausgerottet werden, die diese natürlichen Schwächen, die in der Unzulänglichkeit der Menschen ihre Wurzel haben, mißbraucht".[1055] Eine konsequente betriebsorganische Neugliederung der DAF, wie nach dem Vorbild der Fasci „aus elementaren Keimzellen erwachsen", hebt

---

1044 Müller, AOG, S. 13.
1045 Der Große Brockhaus, Bd. VIII, S. 286.
1046 Müller, AOG, S. 12/13.
1047 Ebd., S. 13.
1048 Ebd.
1049 Ebd., S. 14, 126.
1050 Ebd., S. 14.
1051 Costamagna, Diritto pubblico, S. 321.
1052 Colbus, AOG: Treuhänder, S. 4.
1053 Müller, AOG, S. 75.
1054 Ebd., S. 14, 75/FN 230.
1055 Ebd., S. 75, 75/FN 230.

am 25.I.1934 „die alte Verbandsorganisation auf“[1056] und „verlegt“, frei vom alten Klassenkampf, den „Schwerpunkt des sozialen Lebens“ mit „Betriebsführer“ („capo dell’azienda“, “capo aziendale“;[1057] F II 3) und „Gefolgschaft“ (“séguito“[1058]) statt Arbeitgeber und -nehmer (§1; §3)[1059] „in den Betrieb“[1060] (= “azienda“).[1061] Denn wenn nach dem „Betriebsabsolutismus“ der Vorkriegszeit die „Betriebsdemokratie“ als „Kollektivismus der Nachkriegszeit“ gegenüber den Arbeitern „die Verantwortungslosigkeit der um die Arbeitsbedingungen feilschenden Interessengruppen“ und ihre „Entfremdung“[1062] heraufbeschwor, so erscheinen die Verhältnisse mit den italienischen bis hier vergleichbar. Nur sucht die faschistische Legislation das kollektiven Element, obwohl laut Dich.III „freie Organisation“, in ihre *Disciplina* einzugliedern; später mit den Kartellen auch die Betriebsautonomie der Produktionsstätten. Den ‚pädagogischen Auftrag’ der Dich.XXX erteilt Ley in äragemäß verschärfter Diktion: „Das *Arbeitsordnungsgesetz* wäre ein Verbrechen, wenn wir nicht zugleich die Erziehung der Schaffenden übernommen hätten.“ [1063]

Betriebsgemeinschaft und Rapporti collettivi. - Müllers Bewunderung „des faschistischen Sozialsystems“ wegen seiner „Feinheit und Präzision eines Uhrwerks“ (F III 2) schlägt ins Gegenteil um, sobald er darin die „starre oder doch zumindest künstliche Organisation“ erkennt. „Die Betriebsgemeinschaft“, welcher auch „Hausgewerbetreibende“ ähnlich Dich. XXI angehören,[1064] „bietet“ indessen „mit ihrer beinahe primitiven, aber doch sinnvollen und schönen Ordnung dem einzelnen Teilnehmer am Arbeitsleben übergenug Gelegenheit, seinem sozialen Wollen und Empfinden Ausdruck zu geben. Außerbetriebliche Verbände zur Wahrnehmung irgendwelcher Arbeitsinteressen“ „würden nur unnötigerweise die Harmonie der Betriebsgemeinschaft gefährden.“ [1065] (Hier erscheinen Elemente der *Carta del Carnaro.*) „Treue“ (“fedeltà“)[1066] und „Sorgepflicht“ beherrschen „Gemeinschaftsgedanken“ und „Inhalt“ „des Arbeitslebens“. Sie überwinden die „Anonymität der Berufsverbände“.[1067] Müller entdeckt deshalb in der *AOG* „den rein ethischen Zug“, den er im italienischen „Arbeitsverfassungsgesetz“ mit der Gleichbehandlung von „Kapital und Arbeit“ vermißt.[1068] Von einer freiwilligen Zugehörigkeit in

---

[1056] Ebd., S. 75.
[1057] Mason, Politica sociale, S. 102.
[1058] Ebd.
[1059] Müller, AOG, S. 78-80.
[1060] Ebd., S. 14.
[1061] Mason, Politica sociale, S. 102.
[1062] Colbus, AOG: Treuhänder, S. 2.
[1063] Rößler, CDL und AOG, S. 26.
[1064] Müller, AOG, S. 83.
[1065] Ebd., S. 121.
[1066] Mason, Politica sociale, S. 103.
[1067] Müller, AOG, S. 121.
[1068] Ebd., S. 9.

der Gefolgschaft ist im Vergleich mit Dich.III nicht die Rede. Laut § 1 des mit der *2. Durchführungsverordnung* vom 10.III.1934[1069] am 1.V.1934 in Kraft getretenen *AOG*[1070] ist der Unternehmer „a priori“[1071] „Führer des Betriebes“ als eines „ganzheitlichen Organismus“.[1072] Der Betrieb ist ein „genossenschaftlicher Verband“, ihr Führer in der „Stellung eines öffentlichen Organs“.[1073] Die „Werks- oder Betriebsgemeinschaft“ (“comunità aziendale“)[1074] als „teilhafte[r] Organismus“ im „lebensvollen Organismus“ des „Volkes“ und „ganzheitlichen Organismus Staat und Volk“ „verfiel“ – betont Müller, der den Auftrag des *Dopolavoro* und der Dich.I unterbewertet – „in Italien“ „striktester Ablehnung“.[1075] Die Betriebsgemeinschaft ist wie die Corporazione (E I, II: *Art.43*; Skala 5) „kein rechtsfähiger Verband“,[1076] sondern ein „personenrechtlicher Herrschaftsverband“, der „an die alte deutsche Genossenschaft erinner[t]“: „Durch ihre vom Staate her bestimmte Stellung und ihr Verhältnis zu den öffentlichen Organen des Staates, der Arbeitsfront und der NSBO ist sie ‚aus dem Bereiche der privaten Rechtsbeziehungen herausgehoben und dem öffentlichen Gesamtsystem der nationalen Arbeit eingeordnet’.“[1077] Dem Betriebsführer einer Erzeugungseinheit nahe steht die “Podestà“ (= Macht) des nicht gewählten „Bürgermeisters“ (B III) als „politisches Prinzip“ der faschistischen Comuni.[1078] Im Gegensatz zu den unpersönlich gehaltenen *Rapporti collettivi* bezieht sich das *AOG* auf „mittelalterliches deutsches Gemeinschaftsrecht“.[1079] § 2: In Sorge „für das Wohl der Gefolgschaft“ ist der „Führer des Betriebes“[1080] („Reichsorganisationsleiter“ Robert Ley: der „Unternehmer“ „als Offizier seines Betriebes“ „in der Fürsorge seiner Männer“)[1081] nur durch „Gesetz“ bzw. „Treuhänder“-„Anordnung“ „gebunden“.[1082] Rößler interpretiert: „Entscheidend ist, daß hierdurch der Unternehmer aus seinem rein kaufmännischen Wirkungskreis heraustritt und selbst in die Mitte der sozialen Gemeinschaft gestellt wird[1083]...Die Betriebsordnung ist die Verfassung des Betriebes und kann als ‚öffentlich-rechtliche Satzung mit Normenwirkung’ bezeichnet werden.“[1084] Er bleibt als „Persönlichkeit“[1085] auch

---

[1069] Ebd., S. 86.
[1070] Westrich, AOG, S. 5.
[1071] Müller, AOG, S. 78.
[1072] Ebd., S. 77.
[1073] Ebd., S. 96.
[1074] Mason, Politica sociale, S. 102.
[1075] Müller, AOG, S. 31/32.
[1076] Ebd., S. 77.
[1077] Ebd.
[1078] Schieder, Faschistische Regime, S. 3.
[1079] Müller, AOG, S. 90.
[1080] Rößler, CDL und AOG, S. 22.
[1081] Ebd., S. 24, 62 = FN 24.
[1082] Müller, AOG, S. 82.
[1083] Rößler, CDL und AOG, S. 22.
[1084] Ebd., S. 23.

gegen den Vertrauensrat (“consiglio di fiduciari“)[1086] „autoritativ“[1087] entscheidungsfrei. § 3: Der Führer kann vertreten werden. Wird „mit Rechtskraft des ehrengerichtlichen Urteils“ „die sozialrechtliche Führerstellung in seinem Betriebe“ aberkannt (bei Müller mit dem damaligen Volkseuphemismus zur Ausgrenzung: „abgemeiert“;[1088] C I), bleibt ihm, falls Unternehmer (“imprenditore“),[1089] einzig die Unternehmereigenschaft.[1090] § 38 leistet bereits den Einschränkungen jüdischer Einrichtungen und ihrer Inhaber vom Boykott am 1.IV.1933[1091] über das Gesetz zur Ausschaltung jüdischer „Betriebsführer“ vom 1.I.1939[1092] bis hin zur wirtschaftlichen Vernichtung im Zuge der Rassengesetzgebung Vorschub. Auch das R.D.l.n.1768 (17.XI.1938) “per la difesa della razza italiana“ entledigt mit Art.10 die “appartenenti alla razza ebraica” (F III 3) allen „staatsverteidigungswichtigen” „Besitzes“.[1093] Zeitgleich zur Gestaltung des ethischen Wechselverhältnisses Führer-Gefolgschaft erwirkt das Gesetz vom 14.VII.1933 bei Fehlverhalten „gegen die Pflicht zur Treue gegen Reich und Volk“[1094] „im Ausland“[1095] „die Aberkennung der deutschen Staatsangehörigkeit“;[1096] am 15.IX.1935[1097] ist „Reichsbürger“, wer „gewillt und geeignet ist, in Treue dem deutschen Volk und Reich zu dienen“.[1098]

Horizontale und vertikale Koordinierung. - Die Betriebsgemeinschaft gründet auf der „Treuepflicht der Gefolgschaft“ (die Mussolini der Balilla[1099]-Jugend mit dem Aufruf des Wir-Gefühls abverlangt;[1100] F II 2) und der „Sorgepflicht des Führers“ (§2).[1101] Anstelle eines „abgemeierten“ Unternehmers „muß“ dann der „stellvertretende Führer“ „sozialrechtlich leiten“.[1102] Während nach Müllers Einschätzung der Nazionalsozialismus die Klassen in der „Betriebs-

---

1085 Colbus, AOG: Treuhänder, S. 4.
1086 Mason, Politica.sociale, S. 102.
1087 Colbus, AOG: Treuhänder, S. 4.
1088 Müller, AOG, S. 81/82.
1089 Mason, Politica sociale, S. 102.
1090 Müller, AOG, S. 80.
1091 Hofer, Nationalsozialismus, S. 269, 368.
1092 Ebd., S. 295.
1093 Pergolesi, Diritto costituziionale, S. 190-192.
1094 Soldatenbriefe 1942, S. 208.
1095 Ebd., S. 88, 208.
1096 Ebd.
1097 Ebd., S. 203.
1098 Ebd., S. 82; vgl. S. 88, 203, 208.
1099 “I B/balilla“ (Aquarone, Stato totalitario, S. 581, Art. 9) heißt die Jugendbewegung nach dem Beinamen des Genueser Knaben G.B. Perasso, der am 5.XII.1746 mit seinem Steinwurf den Aufstand gegen die Österreicher eröffnete; vgl. Zingarelli, S. 118. - Der Große Brockhaus, Bd. I, S. 592.
1100 Diel, Duce, S. 119/120.
1101 Müller, AOG, S. 85.
1102 Ebd., S. 81.

gemeinschaft“[1103] zusammenführt, vereinigt der Faschismus Unternehmer und Arbeiter, indem er „von den Syndikaten bis zu den Konföderationen turmhohe Organisationen errichten muß, die sich“ „in anerkannter Gegnerschaft gegenüberstehen“[1104] (D III: Skala 2; E II: Skalen 4-6; F III 5). Jocteau erfindet den Ausdruck “corporativismo verticistico e burocratico“; d.h. „Gipfel-bürokratie“).[1105] Friedrich und Brzezinski weisen 1956 auf die „durch bürokratische Koordinierung einst unabhängiger Korporationen“ „zentralisierte Kontrolle“ der „Gesamtwirtschaftsführung“ hin.[1106] Für Hitler „gibt“ „es“ auf dem „Reichsparteitag““ zu Nürnberg 1936 „keinen Arbeitgeber und...keine Arbeitnehmer vor den höchsten Interessen der Nation, sondern nur Arbeitsbeauftragte des ganzen Volkes“.[1107] Am 20.VIII.1936 gewährt Hitler Robert Leys Vorschlag zur Auszeichnung der Meisterbetriebsgemeinschaften (“azienda modello nazionalsocialista“)[1108] mit der goldenen Zahnradstandarte (“bandiera con la ruota e le frange dorate“)[1109] der “DAF“[1110] („*Fronte tedesco del lavoro*“).[1111] Nach der Definition von 1936 macht der Nationalsozialismus „das Kapital dem Gemeininteresse dienstbar“, „indem er dem Volke einen Staat schafft, der sich die Aufsicht und ein Eingriffsrecht in die nationale Wirtschaft vorbehält“;[1112] der Faschismus „schneidet“ hingegen „seine soziale Organisation auf den wirtschaftlichen Kapitalismus zu“.[1113] Letzteres bestätigt sich bald mit dem „beschleunigten Kapitalkonzentrationsprozeß“ (F III 3)[1114] Diese Differenzierungskriterien verwischen sich in beiden Ländern, wenn ihre Friedenserzeugungsschlachten in die Kriegswirtschaft einmünden.

Conciliazione und Treuhand. - Die Lücke nach dem Fortfall der „fiduciarii“ in Italien (F III 1) füllt der faschistische „tentativo di conciliazione“ (Dich.X). Das „Betriebsrätegesetz“ vom 4.II.1920[1115] und dasjenige über das „Schlichtungswesen“ vom 30.X.1923[1116] hatten in Deutschland die neuen Ansprechpartner der Arbeiter geschaffen.[1117] Aber Faschismus und Nationalsozialismus – so Müller – beseitigen die „konstitutionelle Fabrik“ als „Abklatsch des parlamentarischen

---

[1103] Ebd., S. 119: gesperrt gedruckt.
[1104] Ebd.
[1105] Jocteau, Magistratura, S. 20.
[1106] De Felice, Interpretazioni, S. 99/100, 99/FN 25.
[1107] Rößler, CDL und AOG, S. 32.
[1108] Mason, Politica sociale, S. 212.
[1109] Ebd., S. 213
[1110] Ebd., S. 216 & passim.
[1111] Ebd., S. 166.
[1112] Müller, AOG, S. 119.
[1113] Ebd.
[1114] De Luna, Mussolini, S. 89.
[1115] Müller, AOG, S. 87; dagegen Riedler, Arbeitslehre, S. 48.
[1116] Colbus, AOG: Treuhänder, S. 11.
[1117] Müller, AOG, S. 86/87.

Systems im sozialen Wirtschaftsleben".[1118] Die §§5-17 AOG verwandeln den „auf den Klassengegensatz gegründet[en]" „Betriebsrat" in den „Vertrauensrat" zum „Wohle aller Glieder der Gemeinschaft".[1119] §16 AOG sichert den aus der Gefolgschaft charakterlich auserwählten staatstreuen Vertrauensleuten als „Bindegliedern zwischen Führer und Gefolgschaft"[1120] bei den „allgemeinen Arbeitsbedingungen" widersprechenden Betriebsführerentscheidungen, die bis zur Klärung gelten, den Anruf des Treuhänders[1121] ("fiduciario del lavoro")[1122] zu. Dessen Einrichtung ist „auf der Grundlage des *Verfassungsgesetzes zur Behebung der Not von Volk und Reich*" vom 24.III.1933[1123] durch die Gesetze vom 19./21.V.[1124] und 20.VII.1933[1125] als „autoritäres Organ" zur „Aufrechterhaltung des Arbeitsfriedens"[1126] ("pace del lavoro"),[1127] gegründet und „bewußt als politische Behörde ausgestaltet" worden.[1128] Sie regelt, wenn auch „nicht von langer Dauer",[1129] anfänglich wie der Faschismus die „sozialen Beziehungen" durch seine „kollektiven Normen".[1130] 1936 verfügt das Amt unter dem „Reichsarbeitsminister"[1131] ("ministro del lavoro")[1132] über 13 „monokratische Reichsbehörden"[1133] und 17 „Sondertreuhänder".[1134] Obschon ohne die „umfassende und zentrale Gestaltungsmacht des Korporationsministeriums", weisen sie laut § 65 AOG[1135] „Befugnisse" der Verbände und der „Arbeitsmagistratur"[1136] ("tribunale del lavoro")[1137] auf. „Wie dem Betriebsführer Vertrauensmänner" ("fiduciari")[1138] „stehen" „dem Treuhänder" „Sachverständige" ("esperti")[1139] und ein „ständiger Sachverständigenbeirat (collegio di probiviri)[1140] zur Seite".[1141] Die „überbetriebliche Regelung" anstatt der

---

[1118] Ebd., S. 82.
[1119] Ebd., S. 86/87.
[1120] Ebd., S. 82.
[1121] Ebd., S. 89, 95.
[1122] Mason, Politica sociale, S. 102.
[1123] Westrich, AOG, S. 4. = „Ermächtigungsgesetz" bei Hofer, Nationalsozialismus, S. 368.
[1124] Colbus, AOG: Treuhänder, S. 3: 19.V.1933; Westrich, AOG, S. 4: 19./21.III.1933; Mason, Politica sociale, S. 104/FN 51: 18.5.33.
[1125] Westrich, AOG, S. 4.
[1126] Ebd., S. 5.
[1127] Mason, Politica sociale, S. 103.
[1128] Colbus, AOG: Treuhänder, S. 11.
[1129] Westrich, AOG, S. 4.
[1130] Müller, AOG, S. 109/110.
[1131] Vogt, Beamten-Kalender 1938, S. 137.
[1132] Mason, Politica sociale, S. 103.
[1133] Müller, AOG, S. 110.
[1134] Vogt, Beamten-Kalender 1938, S.138.
[1135] Müller, AOG, S. 110, 110/FN 294.
[1136] Ebd., S. 111.
[1137] Mason, Politica sociale, S. 104/FN 51.
[1138] Ebd., S. 102.
[1139] Ebd., S. 104.
[1140] Ebd.
[1141] Müller, AOG, S. 111.

vorzuziehenden „Gemeinschaftsregelung“[1142] erfolgt aber nur bei „’zwingen - de[m]’ Bedürfnis“ (§ 32 AOG).[1143] Dann vertritt der Treuhänder (“fiduciario“)[1144] das „Führerprinzip“ (§ 32), in seiner Anordnung durch § 22 (= „Blankettsstrafgesetz“)[1145] als „stärkstes Machtmittel“ abgesichert.[1146] Seinen Maßnahmen kraft §22 bietet derselbe §22 „strafrechtlichen Schutz“.[1147] Aber seine „Richtlinien“ haben keine „normative Kraft“ (§ 32).[1148] Gemäß §26 stellt der Betriebsführer die Betriebsordnung (“ordinamento aziendale“)[1149] auf.[1150] Nach § 16 jedoch kann sie der Treuhänder durch „normative[n] Ersatzakt des Staates“[1151] ändern,[1152] um eventueller Willkür zu steuern. Er bleibt wie das Korporationsministerium (F III 2; Skala 7) „das unmittelbare Kontrollorgan“ des Staates für die Durchführung des sozialen Aufbaus“.[1153] – Die ersten Vertrauenswahlergebnisse enttäuschen angesichts einer „unterbezahlten“ „politisch unzuverlässigen Arbeiterschaft“ die Planer des Betriebsfriedens. Die 1935 „besser vorbereiteten“ “elezioni del consiglio dei fiduciari“[1154] erbringen offiziell 90% Beteiligung und 85% Zustimmung zu den Listen der “capi“ bzw. “responsabili aziendali“. Hitler verbietet 1936 schon die Ansätze zur nächsten Befragung. Die Gestapo verhaftet gleichzeitig „aus Sicherheitsgründen“ oder „eher zur Festigung des Vertrauens“ „in den Fabriken“ (“consolidamento della fiducia nelle fabbriche“) „monatlich“ “1000 militanti comunisti della resistenza“.[1155] Mason resümiert: ”la fiducia nel nazionalsocialismo cresceva sul terreno della paura.“[1156] Wenn Colbus den “*Treuhänder der Arbeit* (fiduciario del lavoro)“[1157] als „die Verkörperung der Idee des autoritären und totalen Staates auf dem Gebiete des Arbeitsrechts“ definiert,[1158] so bedient er sich nur des Vokabulars von Mussolini oder Goebbels. Diese verwenden das erst von der Faschismustheorie negativ belastete und in die Nähe von „totalitär“ gerückte Wort in semasiologischer Unbekümmertheit, um auf wirtschaftlichem, dann auch militärischem Gebiet die Mobilisierung aller Kräfte zu umreißen.

[1142] Ebd.
[1143] Colbus, AOG: Treuhänder, S. 3.
[1144] Mason, Politica sociale, S. 102.
[1145] Colbus, AOG: Treuhänder, S. 9.
[1146] Ebd., S. 3, 6-9; vgl. Müller, AOG, S. 112.
[1147] Colbus, AOG: Treuhänder, S. 7/8.
[1148] Müller, AOG, S. 95.
[1149] Mason, Politica sociale, S.102.
[1150] Isselhorst, AOG, S. 9.
[1151] Müller, AOG, S. 95.
[1152] Isselhorst, AOG, S. 10.
[1153] Müller, AOG, S. 109.
[1154] Mason, Politica sociale, S. 219.
[1155] Ebd., S. 177.
[1156] Ebd.
[1157] Ebd., S. 102.
[1158] Colbus, AOG: Treuhänder, S. 10.

Tradition und Arbeitsverhältnis. - Der gerade erwähnten Sorgepflicht des Betriebsführer entgegnet die „Treuepflicht der Gefolgschaft“. Das „alte germanische Rechtsverhältnis“ „zwischen Herrn und Gefolgsmann“ bestimmt das „mittelalterliche deutsche Gemeinschaftsrecht“.[1159] Rocco hatte den Begriff am 10.XII.1925 vier Monate vor dem Inkrafttreten der *Disciplina* auf den „Bewußtseins“- und „Treueprozeß“ (D I) beim “inquadramento“ angewandt: Die neuen Syndikate sollten sich aus einer “*élite* di persone capaci“ bilden: “consapèvoli, di sicura fede nazionale“.[1160] Der Titel des Duce beruft sich auf den Renaissancecondottiere mit dem gleichen Anspruch auf wechselseitige Treue (B IV Anm.). Indessen wirkt die gegenseitige ethische Bindung nicht auf das Arbeitsverhältnis ein, zumal am Anfang des Beschäftigungsrechts die unpersönliche römische „locatio conductio operarum“[1161] (C III) stand, der die Sorge um den Bediensteten fremd war.[1162] Müller sieht die Beschäftigungssicherung „in Rom“ einzig „durch strenge gesetzliche Norm aufrecht-[ge]halten“;[1163] „im nationalsozialistischen Deutschland“ steht „das Arbeitsverhältnis“ „außerhalb wirtschaftlicher Gruppenwillkür“; die „gewaltsame Verletzung“ bleibt „ein volksfeindliches, strafwürdiges Verbrechen“.[1164] Denn „das Arbeitsverhältnis ist die Summe von rechtlichen Behiehungen“ der Gefolgschaftsmitglieder untereinander und zum „Unternehmer“/ „Betriebsführer“.[1165] Dagegen war das liberalistische Arbeitsrecht individualistisch ausgestaltet. Die Vertragsfreiheit war aber angesichts des wirtschaftlichen Kräfteverhältnisses „zwischen Arbeitgeber und –nehmer ungleich“.[1166] Dieses materielle durch „die spärlichen Schutzvorschriften der §§ 617-619 BGB“[1167] „schuldrechtlich[]“[1168] abgesicherte Arbeitsverhältnis, zunächst ohne vertragliche Beschäftigungspflicht, in der Weimarer Zeit dann mit „Beschäftigungsanspruch“ „qualifizierter Arbeitnehmer“,[1169] hat das „A.O.G.“ wie auch die Problematik „Arbeitsvertrag“ – „Warencharakter der Arbeit“[1170] „nicht geregelt“.[1171] Als Vorbilder bieten sich alte „Gesinde“- und „Zunftordnungen“, „Berggesetze“[1172] sowie der „deutschrechtliche Dienstvertrag“ über „die Einordnung des Bediensteten mit seiner ganzen Person in den Arbeits- und Lebensbereich seines

[1159] Müller, AOG, S. 90.
[1160] Rocco, Stato, S. 377.
[1161] Pergolesi, Diritto costituzionale, S. 19.
[1162] Hacker, Beschäftigung, S. 5; Müller, AOG, S. 91.
[1163] Müller, AOG, S. 94.
[1164] Ebd.
[1165] Ebd., S. 92.
[1166] Colbus, AOG: Treuhänder, S. 1.
[1167] Müller, AOG, S. 91.
[1168] Hacker, Beschäftigung, S. 27.
[1169] Müller, AOG, S. 91.
[1170] Riedler, Arbeitslehre, S. 96.
[1171] Müller, AOG, S. 92.
[1172] Ebd., S. 91.

Herrn".[1173] Die „Betriebsordnung" ("ordine aziendale")[1174] der §§ 26/27 und 30 gestaltet das Arbeitverhältnis „zu einer persönlichen Angelegenheit zwischen Unternehmer und Werkmann".[1175] Sie gilt mit der „Festsetzung der Arbeitsbedingungen" als „öffentlich-rechtliche Satzung mit Normenwirkung".[1176] Sie wird „objektives Recht" der Betriebsgemeinschaft[1177] und „vernichtet" „das gesamte kunstvolle Kollektivsystem".[1178] Die Kritik an der faschistischen Gesetzgebung ist offensichtlich.

Contratto und Arbeitsvertrag. - Das AOG ist kein Arbeitsvertrag: es setzt ihn voraus,[1179] wobei auch Dich.XVIII-XX den individuellen Vertrag implizit behandeln. Gemäß § 30 geht die Betriebsordnung mit Ausnahme von Leistungslohnbegünstigten (§ 29)[1180] den Einzelarbeitsverträgen vor.[1181] Der Treuhänder darf Betriebsordnung sowie Einzelarbeitsverträge festsetzen (§ 32).[1182] „Durch einseitigen Erlaß einer Betriebsordnung" kann der Betriebsführer „bereits bestehende zweiseitige Arbeitsverträge ändern".[1183] Über den „Widerruf einer Kündigung" entscheidet der Führer nach pflichtgemäßer Befragung des Vertrauensrates (§ 56;[1184] "consiglio di fiduciari").[1185] Erhält der trotzdem Entlassene beim Arbeitsgericht recht, hat ihn der Unternehmer, der ihn nicht wieder aufnimmt, ähnlich Dich.XVII zu entschädigen.[1186] § 36 zählt die Elemente der „Treuepflicht" auf.[1187] Die „Generalklausel der Treue" begründet jeden Arbeitsvertrag,[1188] der dann nur ‚nebenbei' materiell notwendig ist" (§§ 20, 28, 68/69).[1189] Diese Betriebstreuepflicht von der Betriebszelle an aufwärts mag zum zähen Ausharren der Heimatfront bis zum Kriegsende beigetragen haben. Die „Unterbewertung der «sozialistischen» Komponente des Nationalsozialismus"[1190] veranlaßt Mason dagegen, das „sacrificio della *Volksgemeinschaft*" auf den Zeitpunkt der Erkenntnis zu verlegen, da es „trotz Staatspropaganda" nur noch um „einen reinen Verteidigungskrieg" ging.[1191] Zur

---

[1173] Hacker, Beschäftigung, S. 5.
[1174] Mason, Politica sociale, S. 102.
[1175] Rößler, CDL und AOG, S. 23, 62/FN 33.
[1176] Ebd.
[1177] Müller, AOG, S. 96.
[1178] Rößler, CDL und AOG, S. 23.
[1179] Müller, AOG, S. 93.
[1180] Ebd., S. 97.
[1181] Ebd., S. 96/97.
[1182] Ebd., S. 95.
[1183] Ebd., S. 96.
[1184] Ebd., S. 89.
[1185] Mason, Politica sociale, S. 102.
[1186] Müller, AOG, S. 84.
[1187] Ebd., S. 85.
[1188] Ebd., S. 94.
[1189] Ebd., S. 92/93.
[1190] Bracher, Il novecento, S. 222/223/FN 20.
[1191] Mason, Politica sociale, S. 36.

„Selbstverständlichkeit“ wird in der Betriebsgemeinschaft, „was in Rom durch strenge gesetzliche Norm“ (der Contratti collettivi) „aufrecht erhalten werden muß“,[1192] kommentiert Müller in damaligem Stil: „gewaltsame Verletzung“ von Arbeitsverhältnis und –vertrag, welche nun „außerhalb wirtschaftlicher Gruppenwillkür stehen“, ist „ein volksfeindliches, strafwürdiges Verbrechen“.[1193] Vergleichbar mit den ausnahmlos erfassenden Contratti collettivi ist die Zugehörigkeit aller zur Betriebsgemeinschaft. Diese vermeidet jedoch die komplizierte Syndikalisierung und faßt die Werktätigen in überschaubaren Einheiten zusammen. Mit dem Faschismus gemein ist das „Ethos der Arbeit“ in der Bindung Tätigkeitsanspruch–Beschäftigungspflicht (F II 1, 2) „im Dienst an der Gesamtheit“[1194] (C III 3, VII 2). Überdies „kann und darf“ „in jeder funktionierenden Planwirtschaft“ „kein Arbeitnehmer unbeschäftigt bleiben“.[1195] „Treue- und Fürsorgepflicht“ („§ 2“) sowie „Beschäftigungsanspruch“ bedingen einander.[1196] Der Treuhänder hatte „Arbeiter und Angestellte“ laut §20 „vor Massenentlassungen in Schutz zu nehmen“.[1197] So wie der faschistische Staat das „Phänomen“ von “occupazione“ und “disoccupazione“ in Dich.XXI „kontrolliert“, geht er auch mit den “salarii“ um (Dich.XIV), die zum Existenzminimum abgesenkt werden, bis sie die Appellhöfe wieder anheben (F III 1). „Der Nazistaat war“ in diesem Sinne „nicht ‚arbeiterfeindlich‘“.[1198] „Untertarifliche[] Bezahlung“ nahmen während der Weimarer Republik Arbeiter und Angestellte oft auf Grund der „Tarifvertragsverordnung“[1199] stillschweigend hin.[1200] Indessen sehen nun § 22 als „einzige Strafbestimmung“, die der Treuhänder anwenden darf,[1201] und § 36 „untertarifliche Bezahlung“ „als strafbare Verstöße“ an.[1202] (Mason spricht in diesem Zusammenhang vom “scaglionamento salariale“ (= Lohnstufung) der “salari minimi“.)[1203] § 10 TVV macht den Verzicht unwirksam, was „Partei- und Prozeßvergleich nicht ausschließt“.[1204] Der Treuhänder erläßt die Tarifordnung kraft „Hoheitsrecht[]“[1205] und überwacht sie pflichtgemäß.[1206] Sie „stellt“ „eine objektive Rechtsnorm dar“.[1207] Wenn „sich“ bei „nicht erprobten Unternehmern“ „die betriebliche

1192 Müller, AOG, S. 94.
1193 Ebd.
1194 Hacker, Beschäftigung, S. 23.
1195 Ebd., S. 25.
1196 Ebd., S. 24/25.
1197 Müller, AOG, S. 114, 114/FN 303.
1198 Mann, Deutsche Geschichte, S. 335.
1199 Wehner, AOG: Tariflohnverzicht, S. 3.
1200 Ebd. S. 2.
1201 Colbus, AOG: Treuhänder, S. 6/7.
1202 Wehner, AOG: Tariflohnverzicht, S. 3.
1203 Mason, Politica sociale, S. 102.
1204 Wehner, AOG: Tariflohnverzicht, S. 4.
1205 Müller, AOG, S. 116.
1206 Ebd., S. 115.
1207 Ebd., S. 116.

Regelung" „der Lohnfrage" „unheilvoll auf die Gesamtwirtschaft auswirk[t]", „muß...der Staat selbst eingreifen".[1208]

Onore und Ehre der Arbeit. - Beccaria doziert in "*§ IX Dell'onore*, die Ehre habe in Staaten mit "estrema libertà politica" und "estrema dipendenza" keine Bedeutung, sei aber im "dispotismo sminuito (= reifer Absolutismus) ein Moment der Rückkehr in den Naturzustand", "un ricordo al padrone[1209] dell'antica uguaglianza"; d.h. in deistischer Sicht „Gleichsetzung" mit dem „Schöpfer[gott]".[1210] In solchem Sinne überbrückt die nationalsozialistische Arbeitsorganisation die Kluft zwischen „Führer" und Geführten: „Ein Volk der Arbeit wird auch wieder ein Volk der Ehre sein." (Baldur von Schirach; 1907-90)[1211] „Die Ehre der Arbeit"[1212] sowie „Ein Volk ohne Ehre, ein Volk ohne Arbeit"[1213] bestimmen als Schlagworte den Tenor von Schenkendorfs *Staat der Arbeit und des Friedens*. Gerade der *Reichsparteitag der Ehre*, ‚krönender' Abschluß der Aufbauarbeit des Jahres 1935, ist das Forum der *Nürnberger Gesetze*.[1214] Ethische Grundlage des Betriebes und damit der Arbeit ist die Treuepflicht, welche SS und Movimento Sociale Italiano (MSI) als ihre Ehre ausweisen (B VIII). Aus dieser Wertung ergibt sich die ideelle Gleichheit jedweder Arbeit (F II 1, 2), da die Hand nicht ohne den Kopf ausgebildet werden kann und „die Wertschätzung des Menschen" aus seiner „Tätigkeit" für die „Allgemeinheit" erwächst.[1215] Obwohl Ehre ein „Persönlichkeitswert" ist,[1216] wird sie kraft ihrer Ausstrahlung zum „Gemeinschaftsbegriff".[1217] Die NS-Ideologie betont, daß „des deutschen Menschen höchster Wert die Volksgemeinschaft" sei.[1218] (Sie erscheint demnach als eine vervielfältigte Betriebsgemeinschaft.) Es gibt mannigfaltige Ausdrucksweisen der Ehre: Mannes-, Familien-, Stammes-, Standes-, Stände- und Nationalehre. Jede Revolutionsbewegung bedient sich einer ihr eigenen sprachlichen Prägnanz zum Umgang mit dem Nächsten, so die Faschisten des "vòi" (B VIII) zur Stärkung des Wir-Gefühls (F II 2) und Hitler des „Volksgenossen". Um die „soziale Frage" auch semasiologisch zu lösen, schafft die NS-Ideologie zur „Festigung des" gegenseitigen „Vertrauens" ("rafforzamento della fiducia")[1219] die „Soziale

---

1208 Ebd., S. 96.

1209 Zingarelli, S. 1074: padróne = (teologisch) Patrono, Protettore.

1210 Beccaria, Delitti, S. 45/46.

1211 Schenkendorf, Staat der Arbeit, S. 5.

1212 Ebd., S. 32.

1213 Ebd., S. 81.

1214 Hofer, Nationalsozialismus, S. 269, 284, 369; Soldatenbriefe 1942, S. 203.

1215 Hitler, Mein Kampf, S. 484; vgl. Rößler, CDL und AOG, S. 31: „es gibt keine Speziallehre für Kopf- und Handarbeiter."

1216 Kehr, AOG: Soziale Ehre, S. 12.

1217 Ebd.

1218 Ebd.

1219 Mason, Politica sociale, S. 103.

Ehre“[1220] (“onore sociale“)[1221] und zur „Achtung“ des „schaffende[n] Mensch[en]“ „in der Arbeitsgemeinschaft des Betriebes“[1222] sowie als Institutionen die „Ehrengerichte“[1223] (“nuovo giurí d'onore in materia sociale (*soziale Ehrengerichtsbarkeit*)“,[1224] „durch Erlaß des Reichswirtschaftsministers“ am 20.I.1937 auch „für die gewerbliche Wirtschaft“.[1225] Die entsprechenden §§ 36/37 verzichten „bewußt auf eine kasuistische Regelung der Arbeitsbedingungen“.[1226] Sie verdrängen weder die zivilen Arbeitsgerichsbehörden[1227] noch die „kriminelle Strafe“ für „verwerfliche Gesinnung verratende Verstöße gegen die Sozialordnung“,[1228] die in Italien im objektiven Rechtssinne einer Schmähung der Syndikate drohte (F II 2). Gleiche Gedanken zum “lavoro inteso come dovere e diritto“ trägt Mussolini der 1. Generalkorporationenversammlung vor: “come gioia creatrice“ „soll / sie das Dasein veredeln, nicht beschämen noch erniedrigen“ (Campidoglio 10.XI.1934).[1229] Beide Arbeitsorganisationen könnten sich auf Hegels Definition der „*Standesehre*“ dank „*Befähigung*“ und „Tüchtigkeit“ „in der Korporation“ berufen.[1230]

Inquadramento und Volksgemeinschaft. - Nach dem Wegfall der Kollektivverbände im Dritten Reich tritt (anders als im Italien der *Disciplina*) eine sozial übergreifende Gemeinschaft in die Lücke: die Deutsche Arbeitsfront. § 2 der Verordnung vom 24.X.1934[1231] machte kraft „§ 2“[1232] „die Bildung einer wirklichen Volks- und Leistungsgemeinschaft“[1233] (“costituzione di una reale comunità del popolo“)[1234] zu ihrer Aufgabe. Müller definiert die DAF als „einzige“ „überbetriebliche Organisation der sozialen Kräfte“, einen unmittelbar aus der Betriebsgemeinschaft erwachsenen Organismus.[1235] Sie allein gleicht „die natürlichen Interessengegensätze“ „innerhalb des Betriebes“ aus.[1236] Wie die faschistischen Syndikate erhebt sie bei „Ausschließlichkeit“ anderer

---

[1220] Kehr, AOG: Soziale Ehre, S. 15.
[1221] Mason, Politica sociale, S. 103.
[1222] Kehr, AOG: Soziale Ehre, S. 15.
[1223] Vogt, Beamten-Kalender 1938, S. 130.
[1224] Mason, Politica sociale, S. 103, 217.
[1225] Vogt, Beamten-Kalender 1938, S. 130.
[1226] Müller, AOG, S. 105/106.
[1227] Ebd., S. 105.
[1228] Colbus, AOG: Treuhänder, S. 7.
[1229] Mussolini, Citazioni, S. 146.
[1230] Hegel, Werke 7, S. 395 = Philosophie des Rechts III 2 C. Die Polizei und Korporation; § 253.
[1231] Müller, AOG, S. 104/FN 287; ausführliches Gesetz bei: Hofer, Nationalsozialismus, S. 87.
[1232] Mason, Politica sociale, S. 166.
[1233] Müller, AOG, S. 104; Mason, Politica sociale, S. 166, umschreibt sie so: “al piú allto rendimento (= Leistung) assicurando cosí la massima utilità per la *Volksgemeinschaft*.”
[1234] Mason, Politica sociale, S. 166.
[1235] Müller, AOG, S. 98.
[1236] Ebd., S. 104.

Gründungen „ihren Totalitätsanspruch auf dem Gebiete des sozialen Organisationswesens".[1237] Die DAF hat die ehemaligen Gewerkschaften abgelöst, ist selbst aber keine Gewerkschaft.[1238] Sie soll eine wirkliche Volks- und Leistungsgemeinschaft bilden Die „Großorganisation der Deutschen Arbeitsfront" ist als „einzige außerbetriebliche Zusammenfassung der sozialen Kräfte" wie die NSDAP, deren „Gliederung" sie seit dem 24.X.1934[1239] ist, von den „Gauen" bis zu den „Blocks" herunter wie in den entsprechenden faschistischen Einheiten beim Inquadramento hierarchisch aufgebaut. Mason spricht angesichts wachsenden Wirkungsbereiches vom "imperialismo corporativo della DAF".[1240] Zu ihr gehören u.a. das „Amt für Ständischen Aufbau" und das „Sozialamt".[1241] Daneben stehen NS-Hago, NSBO und die NS-Gemeinschaft „Kraft durch Freude" (vgl. C I; D III) mit wachsender Breitenwirkung.[1242] Da aber nach §8 der Verordnung vom 24.X.1934 die Sachwalter der einen Organisation gleichzeitig Obleute der anderen sein sollen, nennt Müller diese Personalunionen die „wa[a]gerechte Gliederung der DAF".[1243] Als Sozialgesamtbehörde steht sie der hierarchischen Korporationspyramide (E II, Skala 5) diametral entgegen. Schieder spricht vom „strukturbedingten Ämterchaos".[1244] Es ist der „polykratischen Struktur" des faschistischen „Regimes" nicht unähnlich.[1245] Die horizontale Verknüpfung der „Ortsbetriebsgemeinschaften" ohne Trennung von „Unternehmer, Arbeiter und Angestelltem"[1246] „desselben Wirtschaftszweiges" führt über die Kreis-, Gau-, Bezirksbetriebsgemeinschaften hinauf zur „Reichsbetriebsgemeinschaft" als „Summe" „desselben Wirtschaftszweiges"[1247] unter einem „Reichsbetriebsgemeinschaftsleiter".[1248] Die nachstehende Aufzählung wendet Termini an, die heute noch Einzelgewerkschaften als Titel führen. Der Vergleich mit den obigen 22 Korporationen (B III; F III 2; Skala 8) zeigt ohne Übernahme der Zyklenunterteilung nur geringe Schwerpunktsverlagerungen auf (F III 2): „1. Nahrung und Genuß, 2. Textil, 3. Bekleidung, 4. Bau, 5. Holz, 6. Eisen und Metall, 7. Chemie, 8. Druck, 9. Papier, 10. Verkehr und öffentliche Betriebe, 11. Bergbau, 12. Banken und Versicherungen, 13. freie Berufe, 14. Landwirtschaft, 15. Leder, 16. Kunstgewerbe, 17. Stein und Erde, 18. Handel, 19. Handwerk, 20. Gewerbe."[1249] Verordnungen vom 27.II.1934, 17.XI.1934 und 7.VII.1936

[1237] Ebd.
[1238] Ebd., S. 97/98.
[1239] Ebd., S. 99; Hofer, Nationalsozialismus, S. 87.
[1240] Mason, Politica sociale, S. 218.
[1241] Müller, AOG, S. 99.
[1242] Vgl. ebd.
[1243] Ebd., S. 98/99.
[1244] Schieder, Faschistische Regime, S. 3.
[1245] Bei Klinkhammer/Nützenadel, Sozialgeschichtliche Probleme, S. 3.
[1246] Müller, AOG, S. 102.
[1247] Ebd., S. 101.
[1248] Ebd., S. 100/101.
[1249] Ebd., S. 101.

schaffen dann jedoch „Reichsgruppen“: 1. Industrie (7 Hauptgruppen); 2. Handwerk (unter Betonung der Zunfttradition im „Reichsstand des deutschen Handwerks“ mit dem „Reichshandwerksmeister“ an der Spitze der „Reichsinnungsverbände“), 3. Handel, 4. Banken, 5. Versicherungen, 6. Energiewirtschaft.[1250] Wirtschafts- und Fach(unter)gruppen teilen sie auf. Die ersteren können auch geschäftsfähige Vereine sein.[1251] Die Industrie-, Handels- und Handwerkskammern vertreten als öffentlich-rechtliche Körperschaften die Interessen der Gewerbetreibenden.[1252] Die Ähnlichkeit wirtschaftlicher Straffung in beiden Systemen verwundert nicht, da sie ökonomische Autarkie vor dem Ausland anstreben. Wie in der Lotta di capacità soll der „Gemeinschaftsgedanke“ beitragen, „Musterbetriebe zu schaffen“.[1253] In den „fachlich“ „querverbundenen“ „Reichsberufsgruppen“ konnten sich die Menschen „fortbilden“.[1254] Die DAF weckt Verständnis für berechtigte Ansprüche der Gefolgschaft sowie Lage und Möglichkeiten des Betriebes und sichert damit den „Arbeitsfrieden“ zwischen Betriebsführer und Gefolgschaft. Dagegen fehlt der DAF die „Tariffähigkeit“. Sie darf nur die „Sachverständigen“ „des Treuhänders“ vorschlagen.[1255]

„Metajuristische“[1256] Bewertung der arbeitenden Gemeinschaft. - Das AOG beruft sich auf volksrechtliche Grundsätze vom Mittelalter bis zur Aufklärung. Mit der Wiederaufnahme solcher Rechtsgüter wendet es sich bewußt vom 19. Jahrhundert ab und drängt den romanistischen Einfluß – bei Riedler „pandektenrechtliche Bildung[1257] - zugunsten germanistischer Vorgaben zurück. Auch die formal ausgefeilten und bis ins einzelne ständig revidierten Ordinamenti zur Organisation der italienischen Arbeitswelt weisen juristische Inhalte seit der Französischen Revolution zurück und beziehen sich auf römische Rechtspositionen im sozialpolitischen Bereich. Aus traditionell unterschiedlichen Voraussetzungen erwachsen die juristischen Divergenzen während der faschistisch-nationalsozialistischen Epoche. Müller diskutiert über die „verschiedenartige Herkunft der beiderseitigen Höchstwerte“[1258] und leitet die soziale Organisation des Faschismus vom „National-Syndikalismus“[1259] und „Weltkriegserlebnis“ her. Andererseits sieht er in der Wiederbelebung „des älteren deutschen Rechts“ („Treuepflicht“, „Genossenschaftswesen“)[1260] „nicht

---

[1250] Vogt, Beamten-Kalender 1938, S. 127.
[1251] Ebd.
[1252] Ebd., S. 128.
[1253] Müller, AOG, S. 101.
[1254] Ebd., S. 102.
[1255] Ebd., S. 103.
[1256] Riedler, Arbeitslehre, S. 17: „metajuristisch“, „Metajurisprudenz“; Costamagna, Diritto pubblico, S. 119: “metagiuridico/a“.
[1257] Riedler, Arbeitslehre, S. 46.
[1258] Müller, AOG, S.118: gesperrt gedruckt.
[1259] Ebd.
[1260] Ebd., S. 119.

romantische Spielerei",[1261] sondern „Besinnen auf die eigenen nationalen Werte".[1262] Der Millenniumsrückgriff auf vaterländische (= römische) Werte und Tugenden ist Mussolinis Sozialgesetzgebung und Volkserziehungswerk ebenfalls zu eigen. Einen gedanklichen Passus zum Entwurf des „Volksgesetzbuches" von 1942 vollzieht Reinhold Höhn 1935 mit seiner Abwägung von „Staat" als „juristischer Person" und „Führer" einer „Gefolgschaft".[1263] „Die juristische Staatsperson", die das „Volk nur als Summe der Wahl- und Stimmberechtigten oder... Untertanen" nimmt, „verträgt sich nicht mit dem Begriff der Volksgemeinschaft."[1264] Für Riedler „beginnt die Rechtswissenschaft" 1937 „erst wo die leblose Paragraphenlehre überwunden ist", d.h. „bei der ‚Metajurisprudenz'"[1265] Er vollzieht den nächsten weltanschaulichen Schritt: „Arbeit bedeutet" „Legitimation" und „Eingliederungsform in die Volksgemeinschaft"; der „Faulenzer" usw. „wird der Gemeinschaft gegenüber zum Ungenossen"[1266] - wie Pavese (F II 2). Im 1937 geplanten „neuen Strafgesetzbuch" „soll" „dem Abschnitt über die Arbeit" ein „Vorspruch" „vorangehen":[1267] „Das Strafrecht schützt den Arbeitswillen des deutschen Volkes, den Arbeitsfrieden und die Arbeitsfreiheit" und „den Arbeiter auch vor Gefahren an seiner Arbeitsstätte und gegen Verdrängung von seinem Arbeitsplatz".[1268] Damit wären vom AOG offengelassene Lücken ausgefüllt worden. Riedler schreibt 1937: „das Medium des positiven Gesetzes" „bewahr[t]" „den Richter vor der Gefahr der subjektiven Entscheidung", „behandelt" „die Arbeit" „als Tauschgegenstand" und „verzerr[t]" „die Wirklichkeit der artgemäßen Lebensvorgänge" „in dem intellektuellen Schema einer absoluten Norm".[1269] 1938 haben „Deutschland und Italien" „zur Stellung des Richters ‚*eine bemerkenswerte Übereinstimmung der Auffassungen*' erzielt."[1270] Obwohl „es auch im neuen Codice civile elastischere Gesetze und mehr Macht beim Richter geben" sollte, „wollte" „sich" die Legislation „von der ‚*extrem ausgedehnten Macht des Richters in der deutschen Rechtsordnung*' fernhalten", resümiert der spätere Justizminister Solmi „die Thesen der gemeinsamen Arbeitstagung".[1271]

Rückbesinnung auf germanistische und romanistische Rechtsquellen. - Im Gegensatz zur Definition der „moralischen, politischen und ökonomischen

---

[1261] Ebd.
[1262] Ebd.
[1263] Höhn, Staatsbegriff und Staatsperson, S. 227.
[1264] Ebd.
[1265] Riedler, Arbeitslehre, S. 17, 95, 80.
[1266] Ebd., S. 95.
[1267] Ebd., S. 80.
[1268] Ebd.
[1269] Ebd., S. 16.
[1270] Depping, Rechts- und Handlungsfähigkeit, S. 56.
[1271] Ebd.

Einheit" der *Carta del Lavoro* (Dich.I) beginnt der § 1 des *Grundgesetzes der deutschen Arbeit* mit der Führung einer Gemeinschaft. Es fehlte die völkische Definition, welche Dich.I für die Nazione italiana formuliert hatte. Zur „Formung" ("plasmare") der „neuen faschistischen Gesellschaft" und des „Korporativstaates"[1272] besinnen sich die neuen Legislatoren im Widerspruch zum *Codice Napoleone,*[1273] der "scuola pandettisca tedesca"[1274] und der „Latinität"[1275] (C I) der „von Rom zivilisierten Völker" auf das "Diritto *romano-italico*",[1276] d.h. das *„lebendige römisch-autoritär-hierarchisch-expansionistische Staatsrecht*" eines modernen „Römertums"[1277] (C III 1). Die Schöpfer des *Codice Civile* „leiteten" am 30.XI.1940 den neuen Zivilrechtskodex mit der „juristisch-konstitutionellen" „Bewertung" der *Carta del Lavoro* „ein"[1278] (F III 5). Dem heutigen *Codice Civile* geht die *Costituzione della Repubblica Italiana* mit *Princìpi fondamentali* voraus. Sie beziehen sich auf die Erkenntnisse aus der Zeit der ideologischen Strömungen vor der *Carta del Lavoro*: "1. L'Italia è una Repubblica democratica, fondata sul lavoro." "4. La Repubblica riconosce a tutti i cittadini il diritto al lavoro e promuove (= fördert) le condizioni che rendano effettivo questo diritto."[1279] Auf der gemeinsamen Konferenz[1280] der deutschen Juristen und der Väter des noch von Rocco[1281] angeregten *Codice Civile* von 1942 als "*Carta del diritto*"[1282] wollen beide Gesetzgeber in den Formulierungen „zwischen Tradition und Revolution stehen".[1283] So bleiben die faschistischen Staatsrechtler der römischen Tradition[1284] einerseits und Edgar Tatarin-Tarnheydens Essay *Staat und Recht in ihrem begrifflichen Verhältnis*[1285] gemäß andererseits der „objektiven", „an die Menschen von außen herantreten[den]", in „absolute[r] Verbindlichkeit" durch „den Staat" „gesicherte[n]"[1286] Legislation („potestas leges ferendi" von „Kaiser und Papst")[1287] verhaftet. (Entsprechend charakterisiert Zanzucchi die "*istituzioni*" als "unioni di persone o di beni, costituite da una volontà estranea", "tendenti a soddisfare interessi di

---

1272 Aquarone, Stato totalitario, S. 284.
1273 Ebd., S. 284/FN 3.
1274 Ebd.: "Diritto Romano del Codice Civile germanico".
1275 Ebd.
1276 Ebd.
1277 Ebd.
1278 Codice Civile, S. 1; vgl. Aquarone, Stato totalitario, S. 285-288.
1279 Codice Civile, 1 = 11; 4 = 141.
1280 Depping, Rechts- und Handlungsfähigkeit, S. 56.
1281 Vgl. Ùngari, S. 83, 83/FN 83.
1282 Aquarone, Stato totalitario, S. 284.
1283 Depping, Rechts- und Handlungsfähigkeit, S. 53.
1284 Vgl. Ùngari, Rocco, S. 83: "princìpi romanistici"; Aquarone, S. 284/FN 3: "tradizione romanistica".
1285 Tatarin-Tarnheyden, Staat und Recht, S. 477.
1286 Ebd., S. 481.
1287 Ebd., S. 486 = Macht der Gesetzgebung.

estranei".)[1288] Deutschlands bisherige Romanisten verpflichten sich jetzt dem 19. Punkt des Parteiprogramms.[1289] Dieser „forder[t] Ersatz für das der materialistischen Weltordnung dienende römische Recht durch ein deutsches Gemeinrecht".[1290] Auch wollen sie die legislative Lücke mit der Konzeption des Volksbegriffes endlich füllen. Daher verfassen sie dem 19. und 24.Punkt des Parteiprogramms entsprechend laut Führererlaß vom 20.VIII.1942[1291] im Auftrag des Reichsjustizministers ein *Volksgesetzbuch* [1292] (*VGB*)[1293] mit „nach Lebenslauf angelegten Regelungen".[1294] Wenn „Sozialrecht" „unabhängig vom Staate entstandene[s] Recht[]" war,[1295] dann können die neuen Germanisten ideologiekonform aus dem überlieferten „subjektiven" Recht schöpfen.[1296] Das war die „potestas leges statuendi"[1297] „der Stände", der „autonomen Städte, der Zünfte, ja einzelner Berufsstände", d.h. „jede organisierte Gemeinschaft" und „nach altdeutscher Rechtsauffassung jeder genossenschaftlich zusammengeschlossene Rechtskreis".[1298] (Bei Zanzucchi „befriedigen die *corporazioni* o comunità" als "associazione di persone – fisiche o giuridiche" „die Interessen ihrer Mitglieder als Adressaten ihres eigenen Schaffens".)[1299]

VGB und Codice Civile. - Der NS-Staat soll „auf einer völkischen Gemeinschaft" „beruh[en]".[1300] Der 24. Punkt hebt „das Sittlichkeits- und Moralgefühl der germanischen Rasse"[1301] hervor – für Jacques Maritain (1906-73) ein "umanesimo zoologico del sangue e della razza".[1302] Depping spricht von „Germanenbeschwörung".[1303] Der Volksbegriff *„deutsches Blut, deutsche Ehre und Erbgesundheit"* in *Grundregel 2* betont „die Grundkräfte des deutschen Volksrechts".[1304] Juristische Umstilisierung strebt im *VGB* einen Wandel zum deutschempfundenen Ausdruck an: Den „Minderjährigen" nennt es nun den „jungen Volksgenossen" vor seiner „Arbeitsmündigkeit".[1305] Utilita-

---

1288 Zanzucchi, Diritto pubblico, S. 15.
1289 Hofer, Nationalsozialismus, S. 29.
1290 Ebd., S. 29; Soldatenbriefe1942, S. 21.
1291 Soldatenbriefe 1942, S. 26, 116.
1292 Der Titel stammt von: Depping, Rechts- und Handlungsfähigkeit der natürlichen Person im Entwurf eines Volksgesetzbuches und im italiensichen Codice Civile von 1942: Ein historischer Rechtsvergleich.
1293 Ebd., S. 52-57.
1294 Ebd., S. 55.
1295 Tatarin-Tarnheyden, Staat und Recht, S. 486.
1296 Ebd., S. 485.
1297 = Vollmacht, Gesetze einzurichten.
1298 Ebd., S. 486.
1299 Zanzucchi, Diritto pubblico, S. 15.
1300 Soldatenbriefe 1942, S. 23.
1301 Hofer, Nationalsozialismus, S. 30; vgl. Soldatenbriefe 1942, S. 183-185.
1302 Maritain bei: De Felice, Interpretazioni, S. 86, 86/FN 10.
1303 Depping, Rechts- und Handlungsfähigkeit, S. 55.
1304 Ebd., 54.
1305 Ebd., S. 55; vgl. ebd., S. 57, 58.

ristisches Denken setzt „sittlich Gute[s] mit dem in seiner Auswirkung Nützlichen“ gleich.[1306] Es wird das Recht angewendet, das dem Volke nütze und „einen möglichst hohen Lebenswert für die deutsche Volksgemeinschaft ergebe“ (*Grundregeln 20/21*).[1307] Der einstige Justizminister, als Generalgouverneur für den Arbeitseinsatz in Polen zuständig, Hans Frank (1900-46)[1308] pervertiert den juristischen Werteinhalt in der Spruchform: *„Recht ist, was dem Volke nützt, / Unrecht, was ihm schadet.“*[1309] Der dargestellte legislative Weg vom Arbeitsrecht der Betriebsgemeinschaft über die Volksgemeinschaft zu allgemein „nützlichem“ Volksrecht verläuft parallel zum juristischen Curriculum der faschistischen *Disciplina* und *Norme* hin zur arbeitsweltumspannenden *Carta del Lavoro*. Diese mündet schließlich als Präambel in den faschistischen *Codice Civile* von 1942. Nach dem Kriege zunächst weitergeführt, derogiert aber der *Zivilkodex* in den *Disposizioni sulla legge in generale,*[1310] *Capo I: Delle fonti del diritto,*[1311] unter *6* die *Formazione ed efficacia delle norme corporative*[1312] und verfügt unter *7* die *Limiti* (= Einschränkung) *della Disciplina corporativa.*[1313] Die von der “Assemblea Costituente“ am 22.XII.1947 genehmigte und am 1.I.1948 in Kraft getretene *Costituzione della Repubblica* geht dem teilweise modifizierten Zivilrecht voraus.[1314] Die in den ersten 12 Artikeln der Verfassung niedergelegten *Principi fondamentali* legen in Art.1 neben dem Demokratieprinzip das Staatsziel ‘Arbeit’ fest: ”L’Italia è una Repubblica democratica, fondata sul lavoro.”[1315] In Art.4 wird das Recht auf Arbeit als Bürgerrecht beschrieben und der Staat verpflichtet, die gesetzgeberischen Bedingungen zu schaffen, um diesem Recht zur Verwirklichung zu verhelfen. Gleichzeitig wird in Art.4,2 die Pflicht des Bürgers zur Arbeit festgelegt. Insofern ist Art.4 nicht als Grundrecht im Sinne eines schrankenlosen Verfassungsanspruchs bzw. Abwehrrechtes gegen den Staat, sondern als reine Deklaration eines Staatsziels zu verstehen. Art.4 ist also vielmehr Ausdruck einer “*politica di difesa sociale*“,[1316] vergleichbar mit dem deutschen Sozialstaatsprinzip. Der juristische Tenor der 2. Hälfte des 20. Jahrhunderts hat damit denjenigen der 1. Hälfte über dasselbe Thema (Dich.I: unità morale, politica ed economica; Dich.II: il lavoro...è un dovere sociale...tutelato dallo Stato) überwunden, den einzelnen aus seinem Inquadramento befreit und unter dem “*rispetto*” der persönlichen “diritti“ in die “*libertà fondamentali*” ‚heimgeholt’.[1317] - Der sozialgeschichtlich

[1306] Der Große Brockhaus, Bd. XII, S. 36: Utilitarismus.
[1307] Depping, Rechts- und Handlungsfähigkeit; S. 54.
[1308] Der Große Brockhaus, Bd. IV, S. 199.
[1309] Soldatenriefe 1942, S. 24.
[1310] Codice Civile, S. 113 = 1 d.gen.
[1311] Ebd., S. 114 = 1 d.gen..
[1312] Ebd., S. 118 =6 d.gen.
[1313] Ebd., S. 118 = 7 d.gen.
[1314] Ebd., S. 11 = 1.
[1315] Ebd., S. 11= 1,1.
[1316] Ebd.
[1317] Ebd., S. 11 = 1.

scheinbare Consenso und die Simmetria (E I, II; F III 2) der faschistischen *Rapporti collettivi* (Nazione-Ordinamento-*Disciplina del lavoro*-Inquadramento) mit Hitlers ‚schaffender Volksgemeinschaft', d.h. „alle[n] schaffenden Deutschen" (*AOG*-Ehre der Arbeit), driften in dem Moment auseinander, als das nationalsozialistische Terrorregime ohne Bezug zu Marx die „Arbeiterheere" (F I 3) für den Produktionssektor ideologisch unterschieden rekrutiert, somit seine kultbegründete Betriebsgemeinschaft ad absurdum führt und die vermeintlich ‚völkisch minderwertigen' Millionen nach einem perfiden, industriell angelegten und historisch einmaligen Selektionssystem durch das ‚Tor der Arbeit', die angeblich ‚freimacht', millionenfach in die Gaskammern treibt.

5. Zwitterstaat oder Stato corporativo?

Entstehung der Dyarchie. - Seit 1720 war Sardinien-Savoyen Königreich, seit 1848 kraft *Statuto Albertino* eine parlamentarische Monarchie, welche "nella fiducia di Dio"[1318] regierte. Sie bildete 1861 das Regno d'Italia[1319] (B V). Unter solcher Konstitution beauftragt Vittorio Emanuele III in chaotischer politischer Lage (B I) Mussolini zur Vermeidung eines Staatsstreiches durch seine Kampftruppen mit den Regierungsgeschäften (vgl. Hindenburg und Hitler). Mussolinis Governo-Ermächtigungen (B I; C II 1, VIII 3) führen bei äußerlicher Wahrung der Monarchie zur Entmachtung des Parlaments. Nachdem der König noch die *Disciplina dei Rapporti* unterschrieben hat, trägt er die ‚konstitutionelle Weisung' der *Carta del Lavoro* nicht mehr. Ihr ‚Edikt' mit Verfassungscharakter ohne königliche Gegenzeichnung (F I 4) und die Entscheidung des Ministerrats vom 30.XI.1940[1320] über „den wörtlich genommenen juristischen Wert" der als „Gesetz konstitutioneller Natur betrachteten *Carta*"[1321] (F III 4) spalten das staatsrechtliche.Gefüge.[1322] Praktisch wird spätestens mit der Ernennung zum Primo maresciallo sowohl Mussolinis (B I) wie des Königs,[1323] der laut Art.5 der *Costituzione Albertina* das Oberkommando bekleidet, das Duumvirat (B VII) offensichtlich.[1324] Der faschistische Duce selbst nennt es "diarchia".[1325] Er trachtet 1939 sogar danach, „mit der Casa Savoia" militärisch „Schluß zu machen".[1326] Der nächste Schritt erfolgt wieder

---

[1318] Pergolesi, Diritto costituzionale, S. 372.
[1319] Ebd., S. 390.
[1320] Ebd., S. 11/FN 3.
[1321] Ebd., S. 11.
[1322] Rauscher, Hitler und Mussolini, S. 458.
[1323] Candeloro, Storia IX, S. 443/444.
[1324] Vgl. ebd., S. 443-445, vgl. Schumann, Geschichte Italiens, S. 224; De Felice, Mussolini Fascista, S. 310/311.
[1325] Candeloro, Storia IX, S. 444 445; Schumann, Geschichte Italiens, S. 224; De Felice, Mussolini Fascista, S. 310.
[1326] Candeloro, Storia IX, S. 444, 444/FN 85.

auf dem Gebiete der Arbeitslegislation: die politische Einrichtung der Camera dei Fasci e delle Corporazioni. So ist Mussolinis Politik mit der Arbeit als Lebensinhalt (F II) Ursache administrativer und staatsrechtlicher Heterogenität geworden. Die neue ‚Akklamationsbehörde'[1327] vereinigt im Titel politische Kampfbünde und Korporationen. An Monarchie und Parlament erinnert nur der Sitzungsort "Camera".[1328] Darin hätten nach Art. 42 des *Albertinischen Statuts* die Deputati 5 Jahre gewählt sein müssen. Indessen fluktuieren jetzt die Abgeordneten (F III 3). Vereidigt werden die Abgeordneten auf die *Albertina* (F III 3), Militär und Beamte auf den König, die faschistische Miliz anfänglich auf den Duce,[1329] dann auf „Gott" und „Vaterland Italien",[1330] endlich auf „König" und "Duce".[1331] Die Parteigefolgschaft schwört eingedenk der Verpflichtung „*Credere–Obbedire-Combattere*"[1332] auf "Dio", "Italia" und "Duce"[1333] (B VIII), die "Leva Fascista" "nel nome di Dio e dell'Italia"[1334] auf den „Duce ohne jede Erörterung"[1335] und die Jugend, von Mussolini während der Massentreffen gleichsam auf die Arbeit eingeschworen[1336] (F II 2), auf König und Duce.[1337] (Im Dritten Reich leisten alle Dienenden „bei Gott diesen heiligen Eid" nur auf den „Führer".)[1338] *Statuto Albertino* und *Carta del Lavoro* bilden zusammen „die neue Verfassung des italienischen »monarchischen Staates faschistischer Prägung«", vereinfacht Panunzio.[1339] Am 11.IV.1929 ist nämlich das „Rutenbündel" kraft „kgl. Dekrets Nr. 504-867" „Staatssymbol" geworden.[1340] An dieser der römischen Geschichte nicht fremden Doppelspitze erklärt Mussolini am 21.IV.1930 (Roms Gründungstag) dem Volke verständlich die Entstehung der Regierungsakte: „Sie entspringen Entschlüssen, die ich in mir allein ausreifen lasse, und von denen niemand vorzeitig Kenntnis erhält. Nur ein Mensch wird rechtzeitig informiert: das Staasoberhaupt, Seine Majestät der König."[1341]

Der „repräsentative Volksstaat". - Den Staat sieht Costamagna im Duce und der faschistischen Partei „verkörpert", wertet jedoch den P.N.F. als „Antipartei",

---

1327 Schieder, Faschistische Regime, S. 3.
1328 Vgl. Schumann, Geschichte Italiens, S. 223/224.
1329 Stübler, Italien, S. 125.
1330 Mannhardt, Faschismus, S. 190.
1331 Heinrich, Faschismus, S. 33.
1332 Bodda, Diritto pubblico, S. 87.
1333 Ebd.
1334 Aquarone, Stato totalitario, S. 581: Art. 9; Heinrich, Faschismus, S. 30.
1335 Heinrich, Faschismus, S. 30.
1336 Diel, Duce, S. 119/120.
1337 Laut Auskunft der Zeitgenossen.
1338 Vogt, Beamten-Kalender 1938, S. 163; Reibert, Dienstunterricht, S. 29; Soldatenbriefe 1942, S. 76.
1339 Panunzio, Allgemeine Theorie, S. 48.
1340 Pergolesi, Diritto costituzionale, S. 174/175.
1341 Diel, Duce, S. 153.

weil er die „Herrschaft der Parteien“ abgelöst hat.[1342] Mit seiner „Revolution des Staates“ hat der Faschismus „die Revolutionen des Antistaates, die englische, französische und russische, überwunden“.[1343] Zanzucchi befürwortet die verfassungsrechtlich hybride Konstruktion. Er definiert „diesen unsern repräsentativen Staat“ als einfachste Folge staatsrechtlicher Bedingtheiten. “Assemblee legislative“ sind der vom König ausgewählte Senat und die Camera dei Fasci e delle Corporazioni.[1344] Erstere vertreten die „politischen Interessen“, letztere die „verschiedenen nationalen Erzeugungskategorien“. Die Fasci als “nùclei elementari del P.N.F.“[1345] und des „Staatsorgans“ Gran Consiglio „formen die Regierungsorgane“.[1346] Das „Oberhaupt der Partei“, welche das Volk vertritt, wird als Capo del Governo “organo rappresentativo del popolo“ und ernennt die „höchsten Amtsinhaber“, welche die “volontà del Paese“[1347] „unmittelbar zu interpretieren und zu verwirklichen suchen“.[1348] Die Faschismustheorie nennt den ”Stato monopartitico“[1349] ”democrazia totalitaria“[1350] ”di destra“[1351] und die ”discorsi di Mussolini“ ”immedesimazione delle masse con il capo“[1352] (= Sich eins fühlen = Wir-Gefühl;[1353] F II 2). Der Primo Ministro = Duce „verantwortet sich“ (im Gegensatz zum Führer und Reichskanzler) „vor König und Land“.[1354] Zanzucchi unterstellt: „Wenn seine Politik - welch widersinnige Unterstellung heutzutage! – dem Volkswillen entgegenstünde“, „dann müßte ihn der König abberufen.“[1355] „Also ist unser Staatswesen... *Stato rappresentativo popolare.*“[1356] Verknüpfte man jedoch die “volontà del Paese“[1357] mit der “volontà generale“[1358] (= „volonté générale“)[1359] des Liberalismus zur Überwindung der

---

[1342] Heinrich, S. 29.
[1343] Ebd., S. 119.
[1344] Zanzucchi, Diritto pubblico, S. 125.
[1345] Ebd.
[1346] Ebd.
[1347] Ebd.
[1348] Ebd., S. 125; vgl. dazu Jellinek bei: Costamagna, Diritto pubblico, S. 119.
[1349] Candeloro, Storia IX, S. 441.
[1350] De Felice, Intervista, S. XI; vgl. Candeloro, Storia IX, S. 441, 441/142/FN 79.
[1351] De Felice, Intervista, S. XI: Laut Jacob Talmon nicht “di sinistra“ = “comunismo”.
[1352] Ebd., S. 63.
[1353] Diel, Duce, S. 119/120.
[1354] Zanzucchi, Diritto pubblico, S. 126.
[1355] Ebd.
[1356] Ebd.
[1357] Ebd., S. 125.
[1358] Spirito, Il corporativismo, S. 108, 109.
[1359] Vgl. Bracher, Il Novecento, S. 158; ebd., S. 159: “attiva partecipazione fideistica“; ebd., S. 160: “*volonté générale* incarnata da un capo e da un partito.“ - Vgl. Rousseau, Contrat social, S. 112: «Chacun de nous met en commun sa volonté, ses biens, sa force et sa personne, sous la direction de la volonté générale, et nous recevons tous en corps chaque membre comme partie inalienable du tout.» - Vgl. Beccarla, Delitti, S. 112: ”patti di uomini liberi…la massima felicità divisa nel maggior numero.”

‚Polarität'[1360] (“non essere“ und “essere dello Stato“ bzw. “non essere” und “essere dell'individuo”),[1361] dann wäre die liberale Staatsdoktrin durch dialektischen Prozeß in eine diktatoriale ‚Konstitution' umgeformt.[1362] Dies entspräche Roccos „naturalistischer Vision der Nation“, die „einzig“ im „Staate“ „formbar“ ist.[1363] Aber Heinrich folgert im Sperrdruck: „Die faschistische Lehre stellt gegen die Volkssouveränität des Naturrechts den vollsouveränen Staat“.[1364] Zanzucchis *Istituzioni di diritto pubblico* mit der obigen „Unterstellung“ behaupten vor der unmittelbar bevorstehenden *Disfatta* 1943 in der 5. Auflage unbeirrt, dieser „Staat lebe noch jahrhundertelang”: “ipòtesi oggi assurda, ma lo Stato...vive nei sècoli!“[1365] Dagegen hebt *Quadragesimo Anno* (49) aus der kirchlichen Tradition des Novecento hervor: “l'uomo è anteriore allo Stato.“

Die zentralisierte „Demokratie“. - Mussolini nennt den Staat, der „das Volk nicht zurückstößt“, “democrazia organizzata, centralizzata, autoritaria“.[1366] Unbedenklich stellt er neben die „Religio Catholica“, “la sola Religione dello Stato“ im *Statuto del Regno di Sardegna*, Art.1, den „homo religiosus” und mit ihm den freireligiösen „homo ethicus” als Aspekte seines korporativen „homo oeconomicus“ (C III 3). Der Hegelianer kann sich auf den organisch konzipierenden deutschen Philosophen berufen, wonach „in einem“ „als eine in sich entwickelte, wahrhaft organische Totalität gedacht[en]“ „Volke“ „die Souveränität als die Persönlichkeit des Ganzen...die *Person des Monarchen“* ist.[1367] Erinnert sei an Costamagnas staatsrechtlichen Sophismus von der legislativen Berührungszone des “principio costituzionale“[1368] zwischen *Carta del Lavoro* und *Constitutio Albertina* (F I 3) und an Schumanns gegenteilige Feststellung, der Korporative Staat“ habe im Wahljahr 1929 „mit den letzten Resten des *Statuto albertino“* aufgeräumt[1369] (F I 3). Ihre ausweglose innenpolitische Rechtslage, die Tranfaglia zum Buchtitel *Labirinto italiano* veranlaßt, empfanden die Italiener selbst als hybrid, ja zwitterhaft[1370] (B VII). Gerade ‚die

---

[1360] Vgl. Spirito, Il corporativismo, S. 107/110.

[1361] Ebd., S. 108.

[1362] Bracher, Il Novecento, S. 160: ”*volonté générale* incarnata da un un capo e da un partito.” - Vgl. weiter oben Rousseau, Contrat social, S. 112: «Chacun de nous met en commun…». - Vgl. Beccaria, Delitti, S. 112: ”patti di uomini liberi…la massima felicità divisa nel maggior numero.”

[1363] Candeloro, Storia, S. 192.

[1364] Heinrich, Faschismus, S. 124.

[1365] Zanzucchi, Diritto pubblico, S. 126.

[1366] Mussolini, Dottrina, S. 849r. = Doktrin, S. 2

[1367] Hegel, Werke 7, S. 447 (= Philosophie des Rechts III 3 A I a:Die fürstliche Gewalt; §279).

[1368] Vgl. Costamagna, Diritto pubblico, S. 34/35.

[1369] Schumann, Geschichte Italiens, S. 227.

[1370] Das „Zwitterhafte“ des Jahrhunderts überhaupt hat der Herausgeber von Bracher, Il Novecento, mit dem senkrecht in zarenblauer Offiziersuniform und düsterem GPU-Kittel gespaltenen Träger auf einem “manifesto degli anni '20“ des Futuristen Vladimir Majakowskij (1893-1930) vor Augen geführt.

Tat' des Gran Consiglio, der seit der Einführung der Camera dei Fasci e delle Corporazioni (dt. KFK) entmachtet war, ‚rebelliert' mit Mussolinis Sturz am 25.VII.1943 gegen das faschistische ‚Recht' dieses ‚Geschichtsabschnittes' (wie im Motto am Anfang) und zerstört den "mito-abitudine del capo",[1371] Mussolinis Mythos ständiger Hoffnung, "questo mito, speranza e insieme, col tempo, abitudine".[1372] Jedoch die königliche und die faschistische 'Hälfte' dieses Rechtsgefüges sind seit dem Marsch auf Rom in "duplice fedeltà"[1373] so miteinander verzahnt, daß sie nach dem Waffenstillstand ("Armistizio") am 8.IX.1943 getrennt nicht mehr zu existieren vermögen. (Ein Vergleich sei gewagt: Im Mythos stürzt der letzte Kentaur, der unter seiner Doppelnatur psychosomatisch leidet, vor den Verfolgern dieses andersartigen Wesens in den Abgrund und wird von der scharfkantigen Klippe zerteilt. Endlich fühlen sich beide Hälften frei und finden, einander ledig, zu sich selbst – aber nur im letzten Atemzug des Lebens.) Das Regno del Sud überdauert die Repubblica Sociale Italiana um ein Jahr. Das Dritte Reich bricht jedoch ebenfalls auseinander, obwohl es ‚homogenisiert' worden war.

Auseinanderdriftende Strömungen. - Mussolini liebt - wie überhaupt Politiker - als Rhetoriker die „Trinome"[1374] den programmatischen Dreiklang. Am 14.IX.1929 hält er dem "famoso trinomio dell'89"[1375] («Liberté, Égalité, Fraternité») mit dem "risultato fatale della civiltà contemporanea, dominata dal lavoro e dalla macchina" seine eigene Formel entgegen: "autorità ordine e giustizia".[1376] In derselben Rede betont er die "necessità del comando unico".[1377] Er bemerkt, daß auch „schon" "oltre Alpe" "voci (= Stimmen) rinnegatrici" den liberal-französische Aufschrei „zurückweisen".[1378] Der Nationalsozialismus ruft ebenfalls im Dreiklang zur Einheit auf: „Ein Volk, ein Reich, ein Führer!" Italienische Zeitgenossen entsinnen sich eines hinter vorgehaltener Hand kursierenden Mottos der drei Gesinnungen: "Un Papa, un Re, un Duce." Es ist das Spiegelbild zum obigen Eid auf "Duce", "Italia" und "Dio" und der zur Einheit mahnenden "principî della Religione, della Patria e del Regime".[1379] Ihren Schutz vor „Verunglimpfung" in der „Fabrik" kraft "organizzazione del lavoro" und "disciplina" sah der § XXV im "[Progetto] C" der *Carta del Lavoro* vor (F I 3) vor.[1380] Je nach Überzeugung betonen die im Kriege uneins gewordenen Italiener die erste oder die letzte Autorität. Italiens „zau-

[1371] De Felice, Interpretazioni, S. 165.
[1372] De Felice, Mussolini fascista, S. 71.
[1373] Aquarone, Stato totalitario, S. 175.
[1374] Mussolini, Citazioni, S. 261/262.
[1375] Ebd., S. 262.
[1376] Ebd.
[1377] Ebd., S. 112.
[1378] Ebd., S. 262.
[1379] De Felice, Mussolini fascista, S. 537.
[1380] Ebd.

dernde[r]“[1381] Monarch pflegte mit seiner Familie die französische Muttersprache,[1382] mochte die Deutschen nie (ihm blieben „die Nationalsozialisten Verbrecher“).[1383] Er „haßt sie aus ganzer Seele“ (“bugiardi e porci“),[1384] „verachtete den Faschismus“ und „haßte Mussolini“ seit dem Gesetz vom 9.XII.1928[1385] über den Primat des Gran Consiglio zur Entscheidung über die Thronfolge[1386] „furchtbar“ (“odio tremendo“).[1387] In der Wertereihe seines allianzfeindlichen Volkes hielt er stets die Mitte.[1388] Hitler kommentiert 1941: „Der Duce hat Schwierigkeiten deshalb, weil seine Wehrmacht royalistisch denkt,[1389] weil in Rom die vatikanische Internationale ihren Sitz hat und weil der Staat im Gegensatz zum Volk nur zur Hälfte faschistisch eingestellt ist.“[1390] Der “marxista“ Arthur Rosenberg[1391] wertet Italien angesichts dieser Konstellation und dem Staat zugeordneter “gruppi capitalistici efficienti“ im “cosiddetto sistema corporativo“ und des Großgrundbesitzes als “paese ancora semifeudale“.[1392] Laut Rocco gehören „neun Zehntel“ dem “ceto agricolo“ an.[1393] De Felice betont Mussolinis (und natürlich auch Hitlers) Werbung um die “forze feudali e capitalistiche“.[1394] (Parallel zu den „drei Gesinnungen“ fällt die Ähnlichkeit der mittelalterlichen Standesgliederung König/Adel-Papst/Klerus-Bürger/Bauern auf.) Dem Vatikan stand die vom Konkordatsartikel 43 garantierte “Azione cattolica“ der Intellektuellen mit neuscholastischer Einflußnahme auf Kultur, Bildung und Syndikate nahe.[1395] Ziel war: “trasformare lo Stato fascista in uno Stato confessionale“.[1396] Die „philofaschistischen“ [1397] Kleriker (“Chiesa“)[1398] hatte Mussolini „in der Hoffnung auf eine kraftvolle Wiederaufnahme der katholischen politisch-sozialen Ideologie“ „in der Folge des Konkordats“ bestärkt.[1399] Die von den “filonazisti“[1400] erstrebten Rassengesetze von 1938 mit Besitzenteignung und Arbeitsverbot (F III 4) bringen

---

[1381] Rauscher, Hitler und Mussolini, S. 490, vgl. Montanelli/Cervi, Disfatta: S. 252/253.
[1382] Bertoldi, Salò, S. 14.
[1383] Rauscher, Hitler und Mussolini, S. 327.
[1384] Bertoldi, Umberto, S. 80.
[1385] De Felice, Mussolini fascista, S. 306/307.
[1386] Ebd, S. 311; vgl. S. 304; vgl. S. 306/307.
[1387] Ebd., S.306.
[1388] Ebd., S. 311.
[1389] Vgl. Ebd., S. 583: “Il re potrebbe ancora trovare un solido appoggio nell’esercito.” (= festen Halt im Heer).
[1390] Rauscher, Hitler und Mussolini, S. 458.
[1391] De Felice, Interpretaziioni, S. 54/FN 28: ps. Historicus.
[1392] Ebd., S. 54/55.
[1393] Aquarone, Stato totalitario, S. 132/FN 1.
[1394] De Felice, Interpretazioni, S. 61.
[1395] Candeloro, Storia IX, S. 316.
[1396] Ebd., S. 319.
[1397] Ebd., S. 445.
[1398] Ebd., S. 446.
[1399] Ebd., S. 445.
[1400] Ebd., S. 450.

Deklassierung und Verlust jüdischer „Wirtschaftskraft und Intelligenz“ (F III 3) mit sich und treiben zahlreiche Philofaschisten wieder ins vatikanische Lager.[1401] - Das ‚Flüstertrinom’ als Ausdruck der Ablehnung des “inquadramento“, die ideologische Unentschiedenheit sowie der Schwur auf den König allein oder auf ihn und den Duce kennzeichnen eine ‚dreifaltige Seelenlage’ und ‚gesplittete’ Souveränität gerade, wenn ein Korporativstaat entstehen soll. Staatsrechtlich verankert sind allerdings die beiden nichtfaschistischen Größen in L.n. 810-1503 (27.V.1929) über das Concordato con la Santa Sede[1402] mit der Schaffung des “Stato della Città del Vaticano“[1403] einerseits und im konstitutionellen R.d.n.754 (9.V.1936) mit der Proklamation des Königs zum Kaiser von Äthiopien andererseits:[1404] es beginnt das „Jahr I des Imperiums“.[1405] Damit sind die divergierenden Kräfte in einer hybriden Staatsform sanktioniert. Dabei hatte Mussolini schon im Mai 1928 vor dem 1. Kongreß der Arbeitnehmersyndikate in Rom prophezeit, in der Aufbaufolge werde „die dritte und letzte Periode der korporative Staat“ sein.[1406] Zu dieser Zeit des “fascismo regime“[1407] macht sich unter manchen zurückgesetzten “gerarchi“ wie etwa Italo Balbo[1408] und Farinacci[1409] „Desillusion“[1410] über “mortificazione della politica come libera attività e libero dibattito“ breit:[1411] „In den folgenden Jahren erweist sich“ die „Machtmonopolisierung“ nur als „ein Trugbild der Gedankenarmut“: “anche lo *ersatz* del corporativismo“ statt “vera politica“.[1412]

“*Arbeit als vierte Staatsfunktion.*“ - Mit Hegel ließen sich „das monarchische“ und „das ständische Element“ „in einem“ als „wahrhaft organische Totalität gedacht[en]“ „Volke“ qua „beratende[s] Moment“ „in der gesetzgebenden Gewalt“[1413] unter der „Person des Monarchen“ und „Persönlichkeit des Ganzen“ als speziell italienische staatsrechtliche Dualität sogar verteidigen.[1414] Sie ist „besonders in den Ständen“ „eine Garantie des öffentlichen Wohls und der vernünftigen Freiheit“.[1415] Carl Schmitt hatte 1929 „am faschistischen Staat

[1401] Ebd., S. 446-455.
[1402] Pergolesi, Diritto costituzionale, S. 107, 313-321.
[1403] Ebd., S. 315: Art. 5; vgl. ebd., S. 313-334.
[1404] Ebd., S. 364/365.
[1405] Diel, Duce, S. 309.
[1406] Heinrich, Faschismus, S. 178.
[1407] Candeloro, Storia IX, S. 442; Farinacci gab das “giornale *Regime fascista*”heraus.
[1408] Ebd.
[1409] Ebd.
[1410] Aquarone, Stato totalitario, S. 167.
[1411] Ebd., S. 168.
[1412] Ebd., S. 167/168: Ugo Ojetti am 1.VII.1929 anläßlich von Balbos politischer Flucht in die “aeronautica“.
[1413] Hegel, Werke 7, S. 468 = Philosophie des Rechts III 3 A I c: Die gesetzgebende Gewalt; § 300.
[1414] Ebd., S. 447 = III 3 A I a: Die fürstliche.Gewalt; §279.
[1415] Ebd., S. 470 = I II 3 A I c, §301.

gerühmt, daß er mit ‚antiker Ehrlichkeit wieder Staat sein wolle'".[1416] Panunzio vereinfacht für seine Studenten: Dieser „Staat der großen Massen" „sei" „ein typischer Volksstaat mit fast unmittelbarer Demokratie". So „kann er nicht mehr parlamentarisch sein, sondern muß Regierungsstaat werden".[1417] Das ist die Umkehrung der Hegelschen Staatsdeduktion. Mussolini stellt am 1.X.1930 in der Einweihungssitzung des "Consiglio nazionale delle Corporazioni" die Gleichung auf: "Stato fascista" = "corporativo".[1418] Panunzio sieht „im faschistischen Staat" gemäß Aristoteles' Entelechiebegriff „die gesellschaftliche Materie (die Syndikate) und die Staatsmacht oder Staatshoheit, also die Form, innerlich vollständig miteinander verschmolzen"; „nie" habe es „eine vollständigere und vollkommenere Verwirklichung und Inkarnation der Staatsidee" „gegeben".[1419] „Volk", „Gebiet" und „Herrschaft" „stellen" bei Panunzio „nicht beliebige formal-juristische Begriffe, sondern die drei wesentlichsten Hauptbestandteile des Staates" „dar".[1420] Er formuliert Quadragesimo Anno (49) entgegengesetzt: "La nazione...non è un *prius* dello Stato."[1421] „Aber der faschistische Staat" fügt „das vierte Element oder die vierte Dimension" hinzu: „die rechtliche Ordnung der Produktion und der Arbeit" qua „Syndikats- und Korporativverfassung".[1422] Folglich ist neben den „überlieferten" Staatsfunktionen" die „korporative" „wirkliche und echte vierte Staatsfunktion",[1423] was den Dich.I/II nicht widerspricht. Costamagna kehrt diese dem staatstheoretischen ‚Trinom' zugebilligte weitere Leistung in ihre Hauptfunktion um: „Aber wenn der Zweck der Wirtschaftseinheit nur ein Aspekt der Staatseinheit ist, dann sind die Prinzipien des Korporationsgefüges laut Auftrag der «Arbeitscharta» eindeutig dieselben, welche das juristische Staatsgefüge, ja sogar dasjenige der faschistischen Verfassung bestimmen."[1424]

Die ständischen Vorbilder. - Für Heinrich ist „der korporative Urgedanke",[1425] „daß das Gesamtganze einer Kultur in arteigenen Lebenskreisen, in Ständen geschichtlich in Erscheinung trete", folglich „dezentralistisch" sei.[1426] Die Fragen, ob der hier besprochene Stato corporativo ein Ständestaat, als welcher er konzipiert wurde, im Laufe der Entstehung so geblieben ist und ob die „turmhohen"[1427] Organisationskonstrukte (F III 4) Willensbildung nur von oben herab erlaubten, lassen sich nicht eindeutig beantworten, zumal der Faschismus

[1416] Seibt, Hegelianer, S. N5.
[1417] Panunzio, Allgemeine Teorie, S. 87.
[1418] Mussolini, Citazioni, S. 135.
[1419] Panunzio, Allgemeine Theorie, S. 19/20.
[1420] Ebd., S. 20.
[1421] Costamagna, Diritto pubblico, S. 55.
[1422] Panunzio, Allgemeine Theorie, S. 20.
[1423] Ebd., S. 21.
[1424] Costamagna, Diritto pubblico, S. 153.
[1425] Heinrich, Faschismus, S. 165: gesperrt gedruckt.
[1426] Ebd.
[1427] Müller, AOG, S. 119.

(wie der Nationalsozialismus) an das Wir-Gefühl appellierte (F II 2), wobei sich vielerorts seine körperschaftliche Heterogenität erwies. Die berufsständische Gliederung des römischen und ägyptischen Altertums und des europäischen Mittelalters – in Florenz sogar mit eigenen Straßen der jeweiligen Artes - war Thema von B III gewesen. Vom Handwerk her gesehen gab es eine solche Parallele z.B. im straffgeführten Aztekenstaat. Er räumte den von Generation zu Generation vererbten Handwerken der unterworfenen Stämme eigene Quartiere und den einzelnen Berufen "feste annuali". So organisiert fanden die Conquistadores 1519 Tenochtitlán vor.[1428] Sobald sich die Menschen in Zivilisationsgruppen zusammenfanden, formierten sie unter Betonung ihres jeweiligen Wir-Gefühls[1429] in der Ost- wie der Westfeste gesellschaftliche Stände. Die abendländische Hierarchie Adel-Klerus-Bürger-freies Bauerntum löst der Fürstenstaat mit den professionell privilegierten Offizieren und Beamten ab, bis der Tiers État in Frankreich auf die Ränge verzichtet und im bürgerlichen Jahrhundert die soziale Ordnung bestimmt, gegen die sich der Vierte Stand der Arbeiter auflehnt. Mussolini lenkt am 27.X.1930 in seiner „Wegzehrungsrede" für das Jahr IX zur ,Vergatterung' der oberen Parteiführer in die Geschichte zurück. Es gilt, mit „der Wiederherstellung des Charakters der Italiener fortzufahren";[1430] d.h.: um über die „eclissi dei sècoli della decadenza" oder „politischen, militärischen und moralischen Verfall[szeit]",[1431] d.h. zwischen 16. Jahrhundert und Risorgimento,[1432] einen Bogen bis hin zur Schaffung eines Staates zu spannen, der auf der Tugend der Italianità (B I, VII; C I, IV 3) gründete.[1433] Sachwalter der geschichtichen Sendung der Italianità[1434] als Ganzheit und Wesenheit der Nation (Dich.I) sind der „nationale[], autoritäre[] und vollsouveräne[] Staat[]" und seine neue Verfassung der korporativen Wirtschaft im „Stato corporativo".[1435] Der Begriff „italianità" wurde seit 1853 im Risorgimento (Cesare Graf Balbo 1789-1853; Gioberti [B I]; Cesare Cantù 1804-95) verwendet.

Italianità – Corporativismo. - Zanzucchis Definition des Stato rappresentativo schließt einen Berufsständestaat mit ständischem Eigenleben aus. In diesem Sinne wäre er auch nicht der Stato corporativo. Corradini hatte bereits als Vorkämpfer der Italianità dank seinem plastischen Vorstellungsvermögen die Nation einem „corpus mysticum" (C III 3) gleichgesetzt, von wo er den semasiologischen Schritt zum korporativen Element sprachlich vollzog. In seinem Werk *Die politische Reformation in Europa* hat „eine Revolution" zur

---

1428 Soustelle, Gli Aztechi, S. 31/32: Gli artigiani.
1429 Für Italien vgl. Diel, Duce, S. 119/120.
1430 Heinrich, Faschismus, S. 118.
1431 Mussolini, Citazioni, S. 189.
1432 Zusatz zur gleichen Rede bei: Heinrich, Faschismus, S.118.
1433 Ebd., S. 119: zweimal im Sperrdruck.
1434 Ebd., S. 118/119.
1435 Ebd., S. 123.

„Wiederaufrichtung der Souveränität des Staates“[1436] dank Faschismus stattgefunden: „das Individuum ist im biologischen Sinne staatlich, denn es lebt lediglich als Bestandteil einer Gesellschaft, deren Organisation eben der Staat ist.“[1437] Costamagna bezieht „korporativ“ auf die „Souveränität des Staates in ihrer vollen Intensität“.[1438] „der Staat“, „eine objektive Wesenheit“ in seinem „überindividuellen, geschichtlichen und gesellschaftlichen Wert“,[1439] ist „das Gesamtwerk des Volkes.“[1440] Costamagna[1441] und Corradini[1442] sehen „das Vorhandensein arteigener Organisationen (Stände) nicht begründet“,[1443] distanzieren sich jedoch vom „Staatssozialismus“. „Enti professionali, educativi, culturali“[1444] „sind nichts anderes als Staatsorgane“.[1445] Dem „korporative[n] Prinzip im Faschismus“ gemäß sind „die wirtschaftlichen und sozialen Kräfte“ „als staatliche“ „in sich befaßt“; „die Einzelnen“ und die „categorie, Berufsgruppen“ haben „dynamischen und funktionellen Wert“.[1446] Heinrich wendet ein, daß gerade „in der Idee der Italianità“[1447] „die Gesellschaft“ „geistige Ganzheit“ ist mit „geistigen und handelnden Teilganzen“,[1448] „die grundsätzlich selbständig sind“ und „der Staat“ „nicht die einzige Organisation“.[1449] Mussolini beschreibt am 5.XI.1933[1450] die Aufgabenverteilung: „Staat und öffentliche Körperschaften“ „ziehen“ „die in Frage kommenden Korporationen zu Rate“; „in der dritten Funktion“ obliegen sie „der selbständigen organischen Regelung der Produktion“.[1451] Der Duce distanziert sich damit vom „liberalen“ „laissez faire“[1452] (C III 1, IV 1) und dem oben erwähnten „Staatssozialismus“.[1453] Er gesteht dem sogenannten „*Alto capitalismo* (Sombart)“[1454] (F III 3) seit der „Jahrhundertwende“ die „ungewöhnliche Entwicklung“ der “«macchina» (*tecnicismo industriale*)“[1455] und der “«banca» (*razionalismo finanziario)*“ zu; allerdings „stünden die Leitgedanken von

[1436] Ebd., S. 127.
[1437] Ebd., S. 127/128.
[1438] Ebd., S. 132.
[1439] Ebd.
[1440] Ebd.
[1441] Ebd., S. 127, 127/FN 24.
[1442] Ebd., S. 127, 127/FN 25.
[1443] Ebd.,S. 132.
[1444] Ebd., S. 132, 133.
[1445] Ebd., S. 132.
[1446] Ebd.
[1447] Ebd., S. 130.
[1448] Ebd.
[1449] Ebd.: “e i n z i g e Organisation”; vgl. ebd., S. 170, 174.
[1450] Menzel, Staatsgedanke, S. 72/FN 3.
[1451] Ebd., S. 73.
[1452] Spirito, Il corporativismo, S. 91.
[1453] Ebd., Heinrich, Faschismus, S. 132.
[1454] Costamagna, Diritto pubblico, S. 304.
[1455] Ebd.

tecnica und *razionalizzazione* den Bedingungen der nationalen Ordnung noch entgegen.“[1456]

Kritik der "coscienza corporativa“.[1457] - Mussolini erklärt am 14.XI.1933 in der Generalversammlung des Nationalrats der Korporationen trotz der „Krise des Systems“[1458] als „konstitutionelle[r] Krankheit“[1459] (B VIII) erfolgsbewußt, daß „die berufsständische Volkswirtschaft in dem geschichtlich bestimmten Augenblick“ „entsteht“, „als“ „Kapitalismus und Sozialismus das geleistet hatten, was sie leisten konnten“[1460] (= mehr jedoch nicht). Da aber der Korporativstaat mannigfaltige Facetten aufweist, bleiben die zeitgenössischen Kritiker vor Hitlers Machtübernahme im Urteil uneins. Spirito tadelt 1930 Àrias' „Propaganda“ für die Economia corporativa und damit die sogenannte “coscienza corporativa“: es sei überhaupt kein „problema scientifico“,[1461] ob das „korporative Bewußtsein“ in den „Verknüpfungen von Stato corporativo und Individuum“ nun „Einheit oder Gezweitheit“ (“dualità“) „entdecke“.[1462] Der Stato corporativo respektiert ediktgemäß das Privateigentum und bewertet die Privatinitiative. Andererseits konzentriert er Kapital und wichtige Industrie, so daß Beobachter von einem „Experiment der Planwirtschaft auf privatwirtschaftlicher Grundlage“ (Hans Reupke) sprechen.[1463] Für Ludwig Bernhard ist „der Faschismus überhaupt kein in sich selbst ruhendes Staatssystem, sondern nur ein geschickt geformtes Instrument der einfachen Diktatur“. Er spricht von der „Planwirtschaft der Diktatoren von Italien und Rußland“ bzw. „einem vorsichtig experimentierenden Plan-Kapitalismus“. Den „faschistischen Korporativismus“ nennt er „ein als berufständischer Aufbau maskiertes Polizeisystem“.[1464] Heinrich hält 1932 dieser „ständisch geordneten Nationalwirtschaft“ „trotz starker zentralistischer Neigungen“ den „Charakter des romanischen Staatswesens“ mit „mangelnder Organisationsfreudigkeit des italienischen Volkes“ entgegen.[1465] Eschmann hebt die „Auftragsverwaltung auf wirtschaftlichem Gebiete“ heraus.; „der Staat, dem an sich grundsätzlich alle Lebensgebiete unterstehen,“ „übergibt“ „bestimmte Tätigkeitsbezirke Organisationen mit beschränkter Autonomie zur Verwaltung“.[1466] W. Andreae entdeckt das elitäre Phänomen in Staatssozialismus und Ständestaat (1931) und den „Stato Corporativo auf dem Wege zur Verständischung“, wobei er „heute aber noch mit den feindlichen Brüdern Sozialismus und Kapitalismus zu ringen hat“;

[1456] Ebd.
[1457] Terminus bei: Spirito, Il corporativismo, S. 279.
[1458] Wagenführ, Korporative Wirtschaft, S. 14.
[1459] De Luna, Mussolini, S. 88.
[1460] Meriggi, Faschismus, S. 31/32.
[1461] Spirito, Il corporativismo, S. 279.
[1462] Ebd.
[1463] Zitiert nach: Heinrich, Faschismus, S. 143/FN 41.
[1464] Ebd.
[1465] Ebd., S. 148: im Sperrdruck.
[1466] Eschmann, Faschistischer Staat, S. 93.

„Italien" habe „den Fortschrittsglauben an die Wunderkraft der modernen Technik und Wirtschaft nicht überwunden und demgemäß die kapitalistische Macht noch nicht endgültig gebrochen", jedoch „zu einem grundsätzlichen dezentralistischen Aufbau geführt"; Italien „besitz[e]" einen „staatstragenden Stand von Männern" „in einer ausgebildeten Organisation", „wie sie heute kein anderer Staat sein eigen nennen kann".[1467] E. v. Beckerath sieht 1943 angesichts der Verdrängung des „'Zweckliberalismus' der ersten Zeit"[1468] durch die Carta del Lavoro, wie „der Staat von sich aus die ‚Rangordnung öffentlichen und privaten Bedarfs' immer eigenwilliger vornahm". „Antithetisch zugespitzt", „wolle" „der Liberalismus" „das Staatswohl durch private Initative, der Kommunismus umgekehrt das Privatwohl durch kollektive Initiative realisieren"; es ließen sich demnach „Primat des Staates" und „freie Unternehmerwirtschaft" miteinander vereinbaren.[1469] E. v. Beckerath fährt fort: „"Die zeitgenössischen Urteile vor dem Einsetzen der partei-ideologischen ‚Partner'-Konkurrenz auf dem Arbeitsdektor erscheinen in ihrem breiten Spektrum wie Blitzlichter des jeweiligen Entwicklungsstandes und angesichts der verwirrenden Gesetzesflut von den ausländischen Beobachtern her deshalb auch begründbar."[1470]

Corporativismo integrale. - Spirito bezeichnet die Wirtschaftspolitik von 1926-1929 noch als sozialistisch, aber seit 1930 entwickele sie sich zum "corporativismo integrale",[1471] wobei an die "terza via"[1472] (F III 2) zu denken ist. Mussolini will den Aufbau des syndikal-korporativen Staates bis zum 12. Jahrestag des Marsches auf Rom (28.X.1934) im Prinzip vollendet sehen. Der Marxist Stübler beurteilt die Transformation ganz anders: „Um dem werktätigen Volk jede nur denkbare Möglichkeit, selbständig aufzutreten zu verwehren, griffen die Faschisten auf die Idee des Korporativstaates zurück. In der Carta del Lavoro...hatte sie propagandistisch bereits triumphiert.[1473] 1929 gab es jedoch nur ein Ministerium für Korporationen, indessen keine Korporationen. Nun griff Mussolini mit ellenlangen Reden selbst ein."[1474] Gemeint sind diejenigen vom 13./14.XI.1933[1475] vor dem Consiglio Nazionale delle Corporazioni über ihre tatsächliche Einrichtung für „große Produktionszweige"[1476] (F III) und den „Korporativismus" als „disziplinierte", „kontrollierte Wirtschaft"[1477] (F III 2). Mussolini verwahrt sich vor dem „Superkapitalismus" und dem „Staats-

[1467] Heinrich, Faschismus, S.144/145/FN 41.
[1468] Beckerath, Korporative Wirtschaftstheorie, S. 3.
[1469] Ebd.
[1470] Ebd.
[1471] Spirito, Il corporativismo, S. 398.
[1472] Brockhaus Enzyklopädie, Bd. XII, S. 382; Candeloro, Storia IX, S. 288.
[1473] Stübler, Italien, S. 138.
[1474] Ebd.
[1475] Beckerath, Korporative Wirtschaft, S. 13/14, 159.
[1476] Ebd., S. 119.
[1477] Mussolini, Citazioni, S. 135; vgl. Stübler, Italien, S. 138.

kapitalismus",[1478] der „nichts anderes" „als der umgekehrte Staatssozialismus" sei [1479] (B VI). Auch betont er noch vor der Aufrüstung, Italien müsse seine Mischwirtschaft ("economia mista") mit starker Landwirtschaft, kleiner bis mittlerer Industrie und vernünftiger Verbraucherversorgung bewahren.[1480] Wolfgang Schieder sieht Parallelen der Führerstaaten in der „Zusammenarbeit von Staat und Wirtschaft" dank eines „organisierten Kapitalismus"; ferner in Hitlers Arrangement mit den „Nationalkonservativen" der „Harzburger Front",[1481] der „ostelbische[n] Großgrundbesitzer" und Industriellen einerseits und Mussolinis "Patto Vidoni" (B VII, C II 1; E I) mit der Confederazione Generale dell'Industria (Confindustria), dem Gesamtverband der Industrie, und seiner Tuchfühlung mit den italienischen „Großagrariern" als Förderern einer „Art präventiver Konterrevolution" andererseits. Dank dieser „Vermittlungsdiktatur" mit „staatliche[r] Garantiepolitik" „für die Industrie" gelangen beide nach Entmachtung der „konservativen Bündnispartner" zum „totalitären Führerstaat".[1482] Rolf Petri stellt den „Konsens" nach „Wiederherstellung der politischen und wirtschaftlichen Ordnung" fest: „das korporative Wirtschaftsmodell wurde von den Unternehmern nicht als ungerechter Eingriff in die privatwirtschaftliche Sphäre betrachtet, sondern als Möglichkeit des institutionalisierten Interessenausgleichs".[1483] Maurice H. Dobb entdeckt 1950 den Zweck des "Stato corporativo" „außer der Schlichtung von Arbeitszwistigkeiten" im „Mechanismus" zur „Sanktionierung" „strengsten monopolistischen Industrieaufbaus".[1484] De Felice und Giorgio Lombardi[1485] erkennen einen „Faschismus als Bewegung" - «*fascismo movimento*»;[1486] "di lotta" = " al movimento" (la *Bewegung*)[1487] - vor der "crisi Matteotti".[1488] Beide unterscheiden ihn vom sich anschließenden „Faschismus als Herrschaft" («*fascismo regime*»,[1489] "di governo").[1490] Dieser bediente sich zur "normalizzazione" der "*fiancheggiatori*"[1491] (= Mitläufer; Vico im Motto: „per farsi séguito"), um eine "*seconda ondata*"[1492] („zweite Welle";[1493] C II) der Revolution («salto nel

---

[1478] Wagenführ, Korporative Wirtschaft, S. 15: im Sperrdruck.
[1479] Ebd.
[1480] Mussolini, Citazioni, S. 153.
[1481] Der Große Brockhaus, Bd. V, S. 283.
[1482] Schieder, Faschistische Regime, S. 3.
[1483] Zitiert nach: Klinkhammer/Nützenadel, Sozialgeschichtliche Probleme, S. 5.
[1484] De Felice, Interpretazioni, S. 52, 53, 53/FN 53: Übersetzung ins Deutsche.
[1485] Aquarone, Stato totalitario, S. XI-XXIII: "Lo Stato totalitario tra aspirazioni e realtà. Alcune riflessioni."
[1486] De Felice, Intervista, S. XI, 27.
[1487] Aquarone, Stato totalitario, S. XII.
[1488] De Felice, Intervista, S. 39.
[1489] Ebd., S. XI, 27.
[1490] Aquarone, Stato totalitario, S. XII.
[1491] Beckerath, Fascistischer Staat, S. 82; De Felice, Intervista, S. 39.
[1492] Beckerath, Fascistischer Staat, S. 82; L'Asino, S. 424: "termine caro…a Farinacci".

buio“»[1494] = Sprung ins Leere) zu vermeiden. De Felice wendet das Gegensatzpaar auf die Korporationen an. Demnach „weist“ der “fascismo regime“ D’Annunzios Projekt eines “corporativismo movimento“[1495] in der “Carta del Carnaro“[1496] „zurück“ und „reduziert die ‚Körperschaft der Bewegung’ auf einen ‘corporativismo regime’“ als „anmaßendes“, aber „bedeutungsloses“ „Verwaltungsinstrument“.[1497] Laut Candeloro „diente“ der “corporativismo“, anstatt „die Arbeitgeber zu kontrollieren“, dazu, die “classe operaia“ „im Geschirr (= imbrigliata) zu halten“.[1498] Das ”Ufficio Stampa“ des Duce hebt die “tranquillità laboriosa della maggioranza della Nazione“ hervor.[1499] De Felice ist der Ansicht, daß der Faschismus „paradoxerweise“ „gerade auf der Höhe seines Erfolges“ während des “maggior consenso“[1500] mit der Wirtschaft in “pace sociale“[1501] und „gewisser Lebenssicherheit scheiterte“.[1502] Candeloro charakterisiert den ”consenso popolare“ ”verso il fascismo” (in Parallele zur Volksgemeinschaft) als ”accettazione passiva di un regime imposto ormai da parecchio tempo“.[1503] Mit der Ereignissen von 1942/43 zerbricht der Konsens.[1504] An der wachsenden Resistenza innerhalb der Arbeiterschaft vor der drohenden militärischen Niederlage offenbart sich das Gesinnungsbekenntnis der „nach ihrer“ “intima sostanza“ ‚qualifizierten’ und ins Korporativsystem integrierten Syndikalisten[1505] als Trug - damit auch Casalinis Ideal des “Stato sindacale mùltiplo“[1506] in der Funktion eines „Ordners“ der “intera vita nazionale“[1507] (D I). In der staatspolitischen Schlußphase werden Partei und Syndikate mit ihren Gremien Gran Consiglio und Camera dei Fasci e delle Corporazioni durch einen autoritären Duce ihrer legislativen Funktionen schließlich entkleidet. Cordova zieht die Summe: „Der Korporativstaat“ „hätte einen einzigen Regierungsorganismus“ „ablösen sollen, verblieb aber“ nur „auf dem Papier oder in dem Vorstellungsvermögen seiner Theoretiker bis zum Fall des Faschismus“.[1508] Schumann reklamiert den amerikanischen Ursprung der durch Rossoni vermittelten korporativen Idee.[1509] Er bedauert, daß der „korpora-

---

[1493] Beckerath, Fascistischer Staat, S. 82; Schieder, Faschistische Regime, S. 3; De Luna, Mussolini, S. 55: «Mythos» der «zweiten Welle»; ebd., S. 56.
[1494] De Felice, Intervista, S. 38.
[1495] Ebd., S. 34.
[1496] Ebd., S. 34/FN 22.
[1497] Ebd., S. 34.
[1498] Candeloro, Storia IX, S. 149.
[1499] De Felice, Mussolini fascista, S. 557.
[1500] De Felice, Intervista, S. 51, 50.
[1501] Mussolinis Terminus, z.B. in: De Felice, Intervista, S. 51.
[1502] Ebd.
[1503] Candeloro, Storia IX, S. 316.
[1504] Klinkhammer/Nützenadel, Sozialgeschichtliche Probleme, S. 5.
[1505] Mussolini, Citazioni, S. 270.
[1506] Cordova, Sindacati fascisti, S. 162.
[1507] Ebd.
[1508] Ebd., S. 441/442.
[1509] Schumann, Geschichte Italiens, S. 226.

tive[] Staat" „lediglich einen Teil des Namens und der Grundgedanken borgte" und mit dem Verzicht auf „freie[] Vereinbarung" ein „Zwangsgebilde" entstand[1510] (B VII).

Ständische Triplizität. - Im Gegensatz zu Platons arbeiterfeindlicher Politeia gibt der Stato corporativo, „eine der wenigen politischen Eigenerfindungen italienischer Geschichte"[1511] (B III), dem mystischen Realismus des Homo faber (F II 1) den Vorzug, also dem arbeitenden Menschen. Die Stände der Politeia ("governanti", "custodi", "artèfici") beeindrucken manche politischen Systematiker. Ideologische Führung, militärische Aufrüstung und kollektive Erzeugung hat das Sowjetsystem für sich beansprucht. Die nationalsozialistischen Theoretiker teilten in Lehr-, Wehr- und Nährstand ein.[1512] Der Lehrstand hätte dann in der klassenlosen Lenin-Stalin-Diktatur „sowiety" und Politbüro sein müssen. Im Dritten Reich sollte der Arbeiter dem belehrenden „Rat" „des Betriebszellenobmannes der N.S.B.O." folgen.[1513] Mussolini deduziert aus der *Politeia*[1514] die Gleichung „Krieger" / "guerriero" = „Arm" / "braccio", „Priester" / "prete" = „Gehirn" / "cervello" und „Arbeiter" / "lavoratore" = „Bauch" / "ventre".[1515] Dabei verfälscht Mussolini den Sinn der Menenius-Agrippa-Fabel (B VII; C I, II 1, III 3, VI 3). Unter den „Priestern" versteht Mussolini die „Philosophen"[1516] und unterbewertet die katholisch-vatikanische Gesinnung eines Teiles der italienischen Bevölkerung. Den universalistischen Anspruch des Platonischen Staates findet der Mussoloni im deutschen Idealismus wieder: „Auch ich bin Hegelianer".[1517] Hitler hatte hingegen kaum Beziehungen zur Philosophie.[1518] Selbst wenn beide Diktatoren als „Könige" von Ständestaaten hätten Philosophen sein wollen, um „das Gesetz zu achten", ohne „die Gesetzgebung machthungrig voranzutreiben", wie Giambattista Vico Mahnung lautete, besaßen sie nicht die Gelassenheit, auf den

---

[1510] Ebd.

[1511] Mussolini, Citazioni, S. 8/9: Premessa (= Vorwort) von Prezzolini.

[1512] Vgl. Menzel, Staatsgedanke, S. 86.

[1513] Müller, AOG, S. 85.

[1514] Mussolinis Verhältnis zur *Politeia* in: Ludwig, Gespräche, S. 132 = Colloqui, S. 100.

[1515] Menzel, Staatsgedanke, S. 85, 85/FN 1; vgl. De Felice, Mussolini fascista, S. 181/182: Gleich den "tre principali categorie" = "tre caste" "della Repubblica di Platone" sollten im Mai 1926 auch die „Parteikategorien" nach "dignità", Tessera-Farben (der Ausweise) und Vertretergremiumsanteilen in der Zahl proportional absteigend (sei > tre > due) unterschieden werden: A) "valore intellettuale", „Verdienste" ("benemerenze politiche") ; B) "milizia...sempre pronta a combattere"; C) "coloro che non possiedono i requisiti (= Eigenschaften) delle altre due categorie"; "impiegati fascisti". - Vgl. C II 1: „M a g e n f r a g e" bei: Mannhardt, Faschismus, S. 274.

[1516] Menzel, Staatsgedanke, S. 85/FN 1: Auf den „kleine[n] Irrtum" weist Menzel hin.

[1517] Seibt, Hegelianer, S. N5.

[1518] Aber dem auf La Maddalena internierten Mussolini sandte er zum 60. Geburtstag Nietzsches Werke mit Widmung; Rauscher, Hitler und Mussolini, S. 491; vgl. De Luna, Mussolini, S. 131.

Gang des „Weltgeistes"[1519] zu lauschen. Der faschistische ‚Staatsmetaphysiker' glaubte, seine „berufsständische Ordnung [sei] auch auf andere Länder", den „totale[n] Staat" „neben der Einheitspartei" vorausgeschickt, „anwend[bar]"[1520] - so auch auf das Deutsche Reich von 1932 (F III 4). Er hatte sein Vorbild Hegel gründlich studiert und aus der Rechtsphilosophie („Der Staat" ab § 257) wesentliche Gedanken in die Dottrina del Fascismo einfließen lassen.[1521] In einem der hegelianischen Kapitel hätte er bei genauer Lektüre die immanent drohende Gefahr für den Stato corporativo erkennnen und ihr mit besonnener Körperschaftslegislation begegnen können: „Der Staat ist Organismus, das heißt Entwicklung der Idee zu ihren Unterschieden. Diese unterschiedenen Seiten sind so die verschiedenen Gewalten und deren Geschäfte und Wirksamkeiten, wodurch das Allgemeine sich fortwährend auf notwendige Weise hervorbringt und, indem es eben in seiner Produktion vorausgesetzt ist, sich erhält. Dieser Organismus ist die politische Verfassung; sie geht ewig aus dem Staate hervor, wie er sich durch sie erhält. Fallen beide auseinander, machen sich die unterschiedenen Seiten frei, so ist die Einheit nicht mehr gesetzt, die sie hervorbringt. Es paßt auf sie die Fabel vom Magen und den übrigen Gliedern. Es ist die Natur des Organismus, daß, wenn nicht alle Teile zur Identität übergehen, wenn sich einer als selbständig setzt, alle zugrunde gehen müssen."[1522]

[1519] Brockhaus Enzyklopädie, Bd. XXIV, S. 25: bei Hegel „der absolute Geist, insofern er sich in der Weltgeschichte als objektiver Geist verwirklichte".
[1520] Meriggi, Faschismus und Recht, S. 32.
[1521] Lieber, Politische Theorien, S. 795.
[1522] Hegel, Werke 7, S. 414 = Philosophie des Rechts III 3 A: Das innere Staatsrecht, §279: Zusatz.

G. Schlußbetrachtung

"La Nazione dal punto di vista economico è, in fondo, anche la Confederazione dei sindacati, cioè il grande Sindacato generale..."[1] Ist der im Jahre 1928 von Rossoni ausgesprochene Wunsch einer Nation als großer Generalgewerkschaft, den Jocteau als "la sua debole utopia"[2] (dt. schwache Utopie) abqualifiziert, am Ende erfüllt worden? Der Titel von F III 5- ‚Zwitterstaat oder Stato corporativo?' - stellte den Stato corporativo in Frage. Tranfaglia gemäß lebten nur die mit dem Mythos und der territorialen Expansion des Faschismus sowie den negativen Vorstellungen vom liberalen Prefascismo aufgewachsenen neuen Generationen im sogenannten korporativen Paradies („paradiso corporativo").[3] Sie waren leichter in das unanimistische Wir-Bewußtsein einzufangen ("più facilmente catturabili"[4]; F II 2). Dieselbe Begeisterung antizipiert die vom faschistischen Regime verbreitete Postkarte mit einem sitzenden nackten Jungen. Vor dem Hintergrund der unter Wimpeln mit ihrem 'fez con fiocchetto' (= Fez mit Troddel) links ins Morgenrot marschierenden 4-8jährigen ‚figli della lupa' (= Söhne der Wölfin, d.h. dt. Pimpfe) und rechts der flatternden Siegestrikoloren über den Stahlhelmen blickt es erwartungsvoll in die helle Zukunft: "I bimbi d'Italia son tutti Fascisti."[5]

Das Fragezeichen im o.a. Titel ‚Zwitterstaat oder Stato corporativo?' ist auch deshalb berechtigt, weil die italienische Staatsform bis zur Spaltung durch die militärische Niederlage im Jahr 1943 staatstheoretisch uneinheitliche ‚zwitterhafte' Merkmale aufweist: Der faschistische Zwitterstaat mußte infolge der Diarchie von Duce und König letztlich scheitern.

Die Verkündung der *Carta der Lavoro* am 21.IV.1927 stellt sich geschichtsbewußt an die Seite des seit dem italienischen Risorgimento (im 19. Jahrhundert) bestehenden liberal-parlamentarischen *Statuto Albertino* (1848). Die königliche Verfassung und die *Carta del Lavoro* als ‚Arbeitsverfassung' sollen sich nicht politisch-legislativ befehden, sondern einander ergänzen. Damit wird aus der konstitutionellen Monarchie gleichzeitig ein parteiideologisch auf dem Fundament gemeinsamer Arbeit gegründeter Zwitterstaat in Italien kreiert. Dieses verfassungsrechtliche Dilemma begleitet die staatsrechtliche Entstehung der *Carta del Lavoro*: Während die Disciplina (1926) noch vom König unterschrieben wurde, wurde die *Carta del Lavoro* (1927) weder von der Kammer noch vom

---

[1] Zitiert nach: Jocteau, Magistratura, S. 19. - Die wörtliche Übersetzung ins Deutsche lautet: Die Nation ist aus ökonomischer Sicht im Grunde genommen auch die Gewerkschaftsvereinigung, d.h. die große Generalgewerkschaft.

[2] Ebd.

[3] Tranfaglia; Labirinto, S. 74.

[4] Ebd.

[5] De Luna, Mussolini, S. 83: Buchstaben weiß auf schwarzem Grund. – Die Übersetzung ins Deutsche lautet: Die Kinder Italiens sind alle Faschisten.

Senat verfassungsmäßig verabschiedet. Sie wurde unter dem Vorsitz von Mussolini vom Großen Faschistischen Rat (Gran Consiglio Fascista) genehmigt, der damals lediglich höchstes Parteiorgan und erst durch das Gesetz vom 09.XII.1928 und vom 14.XII.1929 zum Staatsorgan wurde. Konsequenterweise kann die *Carta del Lavoro* formal nicht als Gesetz bezeichnet werden. Dennoch wurde sie als die große ‚Arbeitsverfassung' des faschistischen Staates verkündet, als fundamentales Dokument der politischen und sozialen Idee des Faschismus und somit die Richtschnur für die gesamte soziale Gesetzgebung.[6]

Mussolini, der ursprünglich Sozialist war, entwarf ein Gesellschaftsmodell, das die Arbeit als Lebensinhalt in den Mittelpunkt des gesellschaftlichen Lebens stellte. Mittels der *Carta del Lavoro* als zentrales Gesetzeswerk sollte das Modell des faschistischen korporativen Ständestaates den sozialistischen Klassenkampf mit seinem kollektivistischen Ziel der Vergesellschaftung der Produktionsmittel überwinden, indem die Klassengegensätze durch die Schaffung von 22 Korporationen aus Arbeitgeber- und Arbeitnehmer-Syndikaten aufgehoben werden sollten. Die faschistischen Korporationen sind - anders als im Mittelalter und wie in der teilweise als Vorbild dienenden *Carta del Carnaro* gemäß Alceste de Ambris (1874-1934), linkssozialistischer Gewerkschaftler und Interventionist, nun ‚innerhalb' des Staates als ‚staatsabhängige Gewerkschaften' angesiedelt. Um die Nation im Rossonischen Sinne zu einer einzigen ‚großen Generalgewerkschaft' umzugestalten, mußten jedoch die in der Natur der Sache liegenden Interessengegensätze zwischen Arbeitgebern und Arbeitnehmern überwunden werden.

Im Zuge der ‚Volksumerziehung' wird als Antipode zum leviathanischen Wolfs-Menschenbild und dem wirtschaftsliberal-utilitaristischen *homo oeconomicus* nun der *homo corporativus* zum faschistischen Idealtypus erhöht: Der *homo corporativus* gibt als Zoon politikon in dem modernisierten, harmoniesüchtigen Ständestaat mit Freude als Arbeiter und/oder Unternehmer seine Arbeitskraft zum Wohle der Gemeinschaft her. Den materialistischen Unanimismus von Mazzini wandelt Mussolini ab in das Trinom ‚Credere – ubbidire –combattere' (dt. Glauben – gehorchen – kämpfen) zum Zwangskollektivismus. Alle Beteiligten sollten sich in die faschistische Gemeinschaft eingliedern und den übergeordneten nationalen Interessen des Gemeinwohls dienen. Vor diesem Hintergrund sollte auf diktatorischer Basis sozialer Fortschritt erzielt werden.

Dennoch erweist sich der faschistische Korporativismus als Syndikalismuslüge, in deren Konsequenz die tradierten ‚Klassenkampf'instrumente bewusst ausgeschaltet wurden: Vor dem Hintergrund des Verbots von Streik und Aussperrung führten staatlich verfügte Lohnabsenkungen und Lohnfestsetzungen die Tarifautonomie ad absurdum - mit dem Resultat, daß im faschistischen Italien mit der

---

[6] Kassationshof-Urteil v. 09.06.1928. „Grundlage der Gesetzesinterpretation".

Senkung der Reallöhne gleichzeitig eine Verdoppelung der Profite von Industrie und Handel bis 1938 einherging. Noch einen Tag vor Verkündung der *Norme* am 1.VII.1926 hob Mussolini als ‚Capo del Governo' die Tagesarbeitszeit von 8 auf 9 Stunden an. Schließlich führte die Ohnmacht der Gewerkschaften – gemäß Rocco - zur ‚sozialen Befriedung'. Die Produktionsmittel blieben weiterhin in privatem Eigentum (von Industrie und Großgrundbesitz), wenngleich sie gemäß der faschistischen Doktrin in den Dienst der Gemeinschaft zu stellen waren. Die spätere, ab 1935 beginnende faschistisch-imperialistische Aggressionspolitik Italiens (Abessinienkrieg, Spanischer Bürgerkrieg, Eintritt in den II. Weltkrieg) veränderte innenpolitisch in gravierender Weise die sozio-ökonomischen Bedingungen, weil die Kriegswirtschaft den faschistischen Expansionsdrang über die Bedürfnisse der Bevölkerung im Inland stellte.

Der Zwitterstaat mit seiner Diarchie fällt auf Grund kriegsbedingter industrieller Überforderung, abnehmender Akzeptanz im Volk und militärischer Niederlagen schließlich in zwei selbständige Hälften auseinander. Die Absetzung Mussolinis im Juli 1943 durch die eigenen Mitstreiter ist der eindrucksvolle Schlußpunkt einer faschistischen Herrschaftsperiode, die sich fundamental vom nationalsozialistischen Führerstaat unterscheidet. Der große pragmatische Kompromiß des faschistischen Regimes mit dem italienischen Papsttum (Lateranverträge 1929), in dessen Folge die ‚Città del Vaticano' zum souveränen Staat und der Katholizismus offiziell zur herrschenden Religion Italiens wurde, was die Enzyklika *Quadragesimo Anno* 1931 eindruckvoll bestätigt, sollte einen realiter untauglichen Versuch darstellen, den das 20. Jahrhundert kennzeichnenden sozialistischen Klassenkampf ‚zum Wohle der Nation' zu beenden. Pius XI. begrüßte in seiner Enzyklika die *Carta del Lavoro*, da sie ‚auf friedliche Weise' den sozialistischen Klassenkampf zum Wohle der Nation beendet habe. Im Gegensatz zum NS-Staat (‚Ein Volk – Ein Reich – Ein Führer') lautete der Flüster-Slogan in Italien: ‚Un rè – un Papa – un Duce'. Nach dem Abessinien-Krieg (1935) ernannte Mussolini den König sogar zum ‚Imperatore'. Im Gegensatz zum Dritten Reich gab es in Italien jedoch nicht jenen extrem totalitären, rassisch begründeten, rassistischen und menschenvernichtenden Führer-Staat. Anders als im nationalsozialistischen Führerstaat unter Adolf Hitler mußten sich im faschistischen Italien König, Papst und Duce die Macht ‚teilen'.

Die bisherige Betrachtung hat die Anstrengungen eines Regimes gezeigt, welches zwischen den verschiedenen Staats- und Sozialmodellen hin und her ‚laviert'. Parlamentarische Monarchie, Diktatur, Parteien- und Korporativstaat, Privat- und Staatskapitalismus markieren die Jahrzehnte von Weltkrieg zu Weltkrieg; dazu inmitten von Weltwirtschaftskrisen als Tenor Massenarbeitslosigkeit, Autarkiewirtschaft, niedrige Löhne, die der Appell an das ‚nationale Gewissen' ideologisch-pragmatisch aufwerten soll. Mit der Einbettung des Individualismus und Liberalismus in einen mythisch-theokratischen Gesamtverband versucht das faschistische Governo den Schwierigkeiten der 1920er bis 1940er

Jahre ‚die Stirn zu bieten'. Im Bewußtsein seiner Augenblickserfolge verliert es wie manche geschichtlich gleichlaufenden Strukturen den Blick dafür, daß es diesen – laut Mussolini – „wilden (schrecklichen) totalitären Willen“[7] kaum durchhalten kann und nur ein ephemeres, wenn auch nachhaltiges Ereignis der Geschichte bleiben muß. Das faschistische Governo verliert das sozioökonomische Augenmaß beim Eintritt in die Weltpolitik, was auch den Sturz eben dieses Systems befördert. Gleichzeitig jedoch ist ersichtlich, wie das Gesetzgebungswerk mit seinem ‚missionarischen' Auftrag einer ‚Beseelung' der Arbeitswelt dank solcher revolutionären Vorgabe juristisch, vor allem mit der *Carta del Lavoro*, einen Raum schafft, der vorher nicht erschlossen war, weil bislang ‚mythos-lastige' Vorsätze nicht in ein Corpus iuris eingebracht wurden, ob nun naturrechtlicher oder positiver Rechtsnorm verbunden.

Es bleibt in letzter Konsequenz doch sehr fraglich, ob sich die ‚faschistische Disziplinierung' der Arbeit im Korporativstaat durch die Zeiten überhaupt ‚bewährt', ja sogar auf andere Volkswirtschaften beispielhaft ausgestrahlt und eingewirkt hätte. Denn die drei meist konstruktiv einander widerstreitenden Elemente Gran Consiglio einerseits und Partei wie Gewerkschaft in der Camera dei Fasci e delle Corporazioni andererseits werden im autoritären Staatssystem, welchem die natürliche Zirkulation der Eliten nichts mehr bedeutet, schließlich ihrer funktionalen Wesentlichkeit entkleidet.

Getreu Mussolinis Diktum ‚Wie immer beim Faschismus, war die Tat vor der Lehre da.' aus dem Jahre 1925 handelte der faschistische Staat gemäß der Devise ‚Ex facto oritur ius' (dt. ‚Aus der Tat entsteht das Recht.') innerhalb der italienischen Gesellschaft, die er mittels der *Carta del Lavoro* aus dem sogenannten ‚Sumpf' des Klassenkampfes zu befreien und in ein vermeintlich harmonisch geordnetes Ganzes zu überführen trachtet. Zuerst wurden die Ausführungsbestimmungen zur und erst nachträglich die *Carta del Lavoro* selbst als Krönung verkündet. ‚L'atto precede sempre la norma.' Die *Norme* (Juli 1926) sind Ausführungsbestimmungen zur *Disciplina* (April 1926), obwohl im Jahre 1925 Freizeitwerk „Feierabend“, das Fabrikhygienegesetz und der Mutterschutz bereits als Normen geregelt waren. Daraus ergibt sich die faschismusimmanente Konsequenz – stets dem Diktum Mussolinis aus dem Jahre 1925 folgend -, daß die *Carta del La*voro erst nachträglich als die große ‚Arbeitsverfassung' des faschistischen Staates verkündet wurde, und zwar als fundamentales Dokument der politischen und sozialen Idee des Faschismus und somit als die Richtschnur für die gesamte soziale Gesetzgebung. Die für die damalige Zeit maßgeblichen sozialpolitische Errungenschaften (u.a. Arbeitsgerichtsbarkeit mir paritätischer Besetzung, gesetzliche Kranken- und Arbeitslosenversicherung mit gegenseiti-

[7] Zitiert nach: Lieber, Politische Theorien, S. 894. - Mussolini spricht erstmals 1925 von der „feroce volontà totalitaria“ zur Kennzeichnung der von ihm geführten faschistischen Bewegung (ebd.).

ger Beitragspflicht, Kündigungsschutz mit Abfindungsregelung, Lohnfortzahlung im Krankheitsfall, Mutterschutz, Anspruch auf Zuschläge für Akkord- und Nachtarbeit) sind in die italienische Nachkriegs-Demokratie übernommen worden.

Ob sich der Korporativstaat mit seiner *Carta-del-Lavoro*-Botschaft außerhalb eines Weltkrieges exemplarisch hätte konsolidieren können, ist höchst fraglich. Denn in einer modernen Industriegesellschaft mit immer neuen Berufsbildern und technologischen Veränderungen hätte sich ein korporativer Staat mit Sicherheit als zu unflexibel erwiesen. Bereits in den 1930er Jahren zeichnete sich im faschistischen Italien eine Überbürokratisierung ab, die das Wirtschaftsleben lähmte und selbst Industrielle zusehends abschreckte. Die Bürokratie war nur noch mit sich selbst beschäftigt – mit ständiger Korporationen-Neubildung sowie permanenten Ministeriumsumbildungen innerhalb von wenigen Jahren. Und der Einfluß des Staates wuchs ständig. Rossonis Ziel, mittels des faschistischen Korporativstaates die Nation als ‚grande Sindacato generale' zu organisieren, ist in letzter Konsequenz zum Scheitern verurteilt gewesen.

Gemeinromanischer Denkweise ist der *Carta-del-Lavoro*-Geist nicht fremd gewesen, blieb er doch in seiner Ausprägung römischer Tradition und Legislation verpflichtet. Mit der Verwirklichung des Stato Corporativo aber war er weniger erfolgreich als geplant. Dagegen ging die nationalsozialistische Arbeitsordnung bei ihrer Realisierung praktischer und viel rücksichtsloser vor und schien die mächtigere ‚Erfolgsparallele' zu werden, weil hier die ursprünglich von den italienischen Faschisten propagierte „irreggimentazione delle masse"[8] (dt. Einreihung der Massen) konsequent und effektiv in Form der Deutschen Arbeitsfront durchgesetzt wurde. Die faschistische Gesetzgebung in Italien hingegen begründete das Konzept der *Disciplina* vor allem legislativ. Es fehlte jedoch die konsequente Realisierung, obwohl die Staatsführung sie öffentlich umso häufiger propagierte. Die militärische Niederlage des nationalsozialistischen Dritten Reiches, des faschistischen Impero und der kurzlebigen Sozialistischen Nachfolgerepublik ‚Repubblica di Salò' (1943-1945), in der schließlich Mussolinis Rückbesinnung auf den Marxismus (u.a. die Idee der Verstaatlichung der Produktionsmittel) einsetzte, bereitet jedem derartigen virtuellen Versuch der Missionierung anderer Volkswirtschaften faktisch das Ende.

[8] Tranfaglia, Stato, S. 122.

H. Literaturverzeichnis

I. Deklaration und Gesetz

Statuto Del Regno di Sardegna Carlo Alberto

Nel Primo Centenario dell'Unità d'Italia
Figure ed episodi del Risorgimento Italiano
Antologia a cura di Fiorella Bartoccini
Ente Nazionale per le Biblioteche Popolari e Scolastiche
Roma 1961
(Enthält: Statuto Del Regno di Sardegna Carlo Alberto und Costituzione della Repubblica Italiana)
(zitiert: Statuto Albertino)

Carta del Carnaro

Carta del Carnaro vom 28.08.1920
Comando di Fiume d'Italia: Bollettino ufficiale. La Reggenza Italiana del Carnaro
Disegno di un nuovo ordinamento dello Stato libero di Fiume: Quis contra nos?
in: Fiume d'Italia XXVII
Agosto MCMXX
(zitiert: Carta del Carnaro)

Carta del Lavoro

Carta del Lavoro vom 21.04.1924
La Carta del Lavoro – La Charte du Travail – Labour Charter – Die Arbeitsordnung – Carta del Trabajo
Edito in Roma dalla Confederazione Nazionale dei Sindacati Fascisti dell' Industria nel primo decennale dell'era fascista
Roma 1924
(zitiert: CDL)

Déclaration des Droits de l'homme et du citoyen

Déclaration des Droits de l'homme et du citoyen vom 26.08.1789
(zitiert: Déclaration)

Gesetz über die Errichtung der Kammer der Fasci und der Korporationen

„Das Gesetz über die Errichtung der Kammer der Fasci und der Korporationen vom 19. Januar 1939, Nr. 129 (Gazzetta Ufficiale vom 14. Februar 1939, Nr. 37)"
in: Italien-Jahrbuch 1939
S. 137-141
Essen 1940
(zitiert: Gesetz Fasci und Korporationen)

Mussolini, Benito — Die politische und soziale Doktrin desFaschismus. Übertragung aus dem Italienischen von Sels-Geviba
Leipzig 1933
(zitiert: Mussolini, Doktrin)

Ders. — La Dottrina del Fascismo
in: Enciclopedia Italiana
Seconda appendice. A - H 1938-1948 XIV
S. 847-851
Roma MCMXLVIII
(zitiert: Mussolini, Dottrina)

Norme — Norme per l'attuazione della legge 3 aprile 1926, n. 563, sulla disciplina giuridica dei rapporti collettivi del lavoro, Regio decreto 1 ° luglio 1926, n. 1130. Numero di pubblicazione 1428. Gazzetta ufficiale del Regno d'Italia. N. 155.
7-VII-1926. Roma.
(zitiert: Norme)

Proclama — Proclama del Quadrumvirato del 28 ottobre 1922
in: De Luna, Giovanni: Benito Mussolini mit Selbstzeugnissen und Bilddokumenten
Dargestellt von Giovanni de Luna
Übersetzung durch Liselotte Giannachi-Mangels
3. Auflage
S. 49
Reinbek bei Hamburg 1993
(zitiert: Proclama)

Quadragesimo Anno — Lettera enciclica di S. S. Pio XI.
in: http://www.vatican.va/holy_father/pius_xi/encyclicals/documents/hf_p-xi_enc_19310515_quadragesimo-anno_en.html
(zitiert: Quadragesimo Anno)

II. Juristische und sozioökonomische Interpretationen

Hueck, Alfred, Nipperdey, Hans Carl und Dietz, Rolf — Gesetz zur Ordnung der nationalen Arbeit
Kommentar
3. Auflage
München/Berlin 1939
(zitiert: Hueck pp., AOG)

Arias, Gino und Giuliano, Balbino und Codignola, Ernesto und De'Stefani, Alberto — Mussolini und sein Faschismus
Herausgegeben und übersetzt von Curt Sigmar Gutkind, eingeleitet von Benito Mussolini
Heidelberg1928
(zitiert: Arias pp., Mussolini)

Beccaria, Cesare — Dei delitti e delle pene
Facsimile dell'edizione originale pubblicata anonima in Livorno nel 1764 con le aggiunte delle successive edizioni e degli autografi registrate in margine e su carte allegate dal marchese Giulio Beccaria, figlio dell'Autore a cura di Luigi Firpo
Torino 1965
(zitiert: Beccaria, Delitti edizione originale)

Ders. — Dei delitti e delle pene
A cura di Franco Venturi
Milano 2001
(zitiert: Beccaria, Delitti)

Beckerath, Erwin von — „Die Kammer der Fasci und Korporationen"
in: Italien-Jahrbuch 1939, BD. 2
S. 131-137
Essen 1940
(zitiert: Beckerath, Kammer der Fasci und Korporationen)

Ders. — „Korporative Wirtschaftstheorie. Bemerkungen zu einem gleichnamigen Buche."
in: Schmollers Jahrbuch für Gesetzgebung, Verwaltung und Volkswirtschaft im Deutschen Reiche fortgesetzt von Arthur Spielhoff.
67. Jahrgang 1943. I. Halbband.
Drittes Heft. Herausgegeben von Jens Jessen.
S. 1-13 = S. 257-269
Berlin 1943
(zitiert: Beckerath, Korporative Wirtschaftstheorie)

Ders. — Wesen und Werden des fascistischen Staates
Mit einem Vorwort zum Neudruck von Norbert Kloten
(Nachdruck der Ausgabe Berlin: Verlag von Julius Springer 1927)
Darmstadt 1979
(zitiert: Beckerath, Fascistischer Staat)

Bodda, Pietro
Istituzioni di diritto pubblico
Dottrina generale dello stato
Ordinamento costituzionale amministrativo, sindacale e corporativo dello Stato Italiano.
Legislazione sociale
Torino 1940 - XVIII
(zitiert: Bodda, Diritto pubblico)

Bornhak, Conrad
Das Italienische Staatsrecht des Faschismus
Leipzig 1934
(zitiert: Bornhak, Staatsrecht)

Bouvier, Alban
Pareto aujourd'hui
[14 auteurs sous la direction d'Alban Bouvier]
Paris 1999
(zitiert: Bouvier, Pareto)

Codice Civile
Codice Civile spiegato Articolo per Articolo. Con la costituzione e le leggi su Adozione e Divorzio
VI Edizione
Napoli 2001
(zitiert: Codice Civile)

Colbus, Albert
Der Strafschutz der allgemeinen Anordnung des Treuhänders der Arbeit nach § 22 AOG
Köln 1937
(zitiert: Colbus, AOG: Treuhänder)

Costamagna, Carlo:
Elementi di diritto pubblico fascista
Unione Tipo-grafico-Editrice Torinese
Torino 1934 - XII
(zitiert: Costamagna, Diritto pubblico)

D'Amelio, Salvatore
"Ancora dei decreti-legge"
in: Rivista di diritto pubblico e della pubblica amministrazione in Italia
La giustizia amministrativa: Raccolta completa di giurisprudenza amministrativa esposta sistematicamente
Primo Presidente di Corte d'appello
La Giustizia amministrativa 1925
Roma. 1924-1938
(zitiert: Rivista di diritto pubblico 1925)

Depping, André

Rechts- und Handlungsfähigkeit der natürlichen Person im Entwurf eines Volksgesetzbuches und im italienischen Codice Civile von 1942
Ein historischer Rechtsvergleich
Università degli Studi di Milano
Dipartimento Giuridico-Politico. Quaderni della Sezione di Teoria Generale e Informatica del Diritto - 9 -
Milano 1997
(zitiert: Depping, Rechts- und Handlungsfähigkeit)

Gauser, Kurt

Die Tarifordnung
Köln 1935
(zitiert: Gauser, Tarifordnung)

Gebhardt, Jörg

Prügelstrafe und Züchtigungsrecht im antiken Rom und in der Gegenwart
Diss., Köln 1994
(zitiert: Gebhardt, Prügelstrafe)

Hacker, Jürgen

Die allgemeine Beschäftigung
Ihre Entwicklung, Begründung und Begrenzung
Marburg 1936
(zitiert: Hacker, Beschäftigung)

Haft, Fritjof

Aus der Waage der Justitia
Ein Lesebuch aus 2000 Jahren Rechtsgeschichte
2., leicht veränderte Auflage
München 1990
(zitiert: Haft, Justitia)

Hartmann, Arthur

Die Mafia und ihre Strukturen
Das Unternehmenskonzept der organisierten Kriminalität in der wissenschaftlichen Auseinandersetzung
in: Kriminalistik. Unabhängige Zeitschrift für die kriminalistische Wissenschaft und Praxis
Jahrgang 54
S. 642-649
Heidelberg 2000
(zitiert: Hartmann, Mafia)

Hausmaninger, Herbert

Das Schadensrecht der Lex Aquilia
Wien 1976
(zitiert: Hausmaninger, Lex Aquilia)

Heinersdorff, Ulrich

Das Arbeitsverhältnis im faschistischen Recht
Berlin 1930
(zitiert: Heinersdorff, Arbeitsverhältnis)

Heinrich, Walter	Der Faschismus. Staat und Wirtschaft im neuen Italien Zweite, neubearbeitete Auflage mit dem italienischen und deutschen Text der Carta del Lavoro München 1932 (zitiert: Heinrich, Faschismus)
Höhn, Reinhard	Der individualistische Staatsbegriff und die Juristische Staatsperson Berlin 1935 (zitiert: Höhn, Staatsbegriff und Staatsperson)
Honsell, Heinrich	Römisches Recht 2. Auflage Berlin/Heidelberg/NewYork 1992 (zitiert: Honsell, Römisches Recht)
Isselhorst, Heinz	Die Rechtsfragen aus § 19 AOG Duisburg 1936 (zitiert: Isselhorst, AOG)
Jocteau, Gian Carlo	La magistratura e i conflitti di lavoro durante il fascismo 1926/34 Prefazione di Nicola Tranfaglia Milano 1978 (zitiert: Jocteau, Magistratura)
Kaser, Max	Das römische Privatrecht 13. Auflage München 1983 (zitiert: Kaser, Das römische Privatrecht)
Kehr, Adolf	Die nach § 36 AOG als Verstöße gegen die Soziale Ehre zu sühnenden Verletzungen Köln 1938 (zitiert: Kehr, AOG: Soziale Ehre)
Kennedy, Paul	Aufstieg und Fall der großen Mächte Ökonomischer Wandel und militärischer Konflikt von 1500 bis 2000 Aus dem Englischen von Catharina Jurisch Historische Beratung Karin Schambach Frankfurt am Main 1989 (zitiert: Kennedy, Aufstieg und Fall)
Koesters, Paul-Heinz	Ökonomen verändern die Welt Wirtschaftstheorien, die unser Leben bestimmen 5. Auflage Hamburg 1982 (zitiert: Koesters, Wirtschaftstheorien)

Mason, Timothy W. — La politica sociale del terzo Reich
Bari 1980
(zitiert: Mason, Politica sociale)

Menzel, Adolf — Der Staatsgedanke des Faschismus
Eine geistesgeschichtliche Untersuchung

Leipzig/Wien 1935
(zitiert: Menzel, Staatsgedanke)

Meriggi, Lea — Faschismus und Recht
Vortrag, gehalten in der II. Vollsitzung der Akademie für Deutsches Recht am 29. Januar 1934.
(Im Anhang: „Bericht des Onorevole Mussolini über die Einrichtung und das Tätigkeitsgebiet der Korporationen, erstattet im Senat am 8. Januar 1934 (XII).“
Berlin/Leipzig 1934
(zitiert: Meriggi, Faschismus)

Müller, Werner — Der soziale Gedanke in der Arbeitsorganisation des faschistischen und des nationalsozialistischen Staates
Diss., Göttingen 1936
(zitiert: Müller, AOG)

Panunzio, Sergio — Allgemeine Theorie des faschistischen Staates
Aus dem Italienischen übersetzt von Privatdozent Dr. Harald Fick, Jena
Berlin/Leipzig 1934
(zitiert: Panunzio, Allgemeine Theorie)

Pareto, Vilfredo — L'Économie pure
Avertissement par G.-H. Bousquet
Alger, Université. Metroeconomica
Vol. VII
Trieste 1955
(zitiert: Pareto, Économie)

Ders. — Écrits épars
Textes réunis avec une introduction par Giovanni Busino
[Œuvres Complètes, Tome XVI]
Genève 1974
(zitiert: Pareto, Écrits)

Pareto, Vilfredo | Manuel d'économie politique
Traduit sur l'édition italienne par Alfred Bonnet (revue par l'auteur)
Deuxième édition
Paris 1927
(zitiert: Pareto, Manuel)

Pellegrini, Domenico | La riforma costituzionale: Il Gran Consiglio Del Fascismo
Napoli [1933]
(zitiert: Pellegrini, Gran Consiglio)

Pergolesi, Ferruccio | Manuale di diritto costituzionale italiano
Raccolta di testi legislativi con introduzione dottrinale. „Studium Urbis."
Roma 15-l-1941 - XIX
(zitiert: Pergolesi, Diritto costituzionale)

Riedler, Anton | Politische Arbeitslehre
Einführung in die weltanschauliche Begründung des Arbeitsrechtes
Berlin 1937
(zitiert: Riedler, Arbeitslehre)

Rocco, Alfredo, | La trasformazione dello Stato
Dallo Stato Liberale allo Stato Fascista
Roma 1927
(zitiert: Rocco, Stato)

Rößler, Werner | Faschismus und Nationalsozialismus
Eine Untersuchung sozialer und politischer Wesensunterschiede an Hand eines Vergleichs der Carta del Lavoro mit dem Gesetz zur Ordnung der nationalen Arbeit
Diss., Heidelberg 1938
(zitiert: Rößler, CDL und AOG)

Rousseau, Jean-Jacques | Discours sur les sciences et les arts
Texte présenté, établi et annoté par François Bouchardy
Paris 1964
(zitiert: Rousseau, Discours)

Ders. | Du Contrat social
précédé de Discours sur l'économie politique et de Du contrat social, première version, et suivi de Fragments politiques
Texte établi, présenté et annoté par Robert Derathé
Paris 1964
(zitiert: Rousseau, Contrat social)

Rousseau, Jean-Jacques — Discours sur l'origine et les fondements de l'inégalité parmi les hommes
Introduction, établissement du texte et commentaires de Claude Habib
Paris 1990
(zitiert: Rousseau, Inégalité)

Ders. — Emile ou De l'éducation
Texte ébabli par Charles Wirz, présenté et annoté par Pierre Burgelin
Paris 1969
(zitiert: Rousseau, Emile)

Sorel, Georges — Réflexions sur la violence
Préface de Jacques Julliard. Édition établie par Michel Prat
Paris 1990
(zitiert: Sorel, Réflexions)

Spirito, Ugo — Il corporativismo
Dall'economia liberale al corporativismo. I fondamenti della economia corporativa
Capitalismo e corporativismo
Con un'appendice di Arnaldo Volpicelli
Firenze 1970
(zitiert: Spirito, Il corporativismo)

Tatarin-Tarnheyden, Edgar — „Staat und Recht in ihrem begrifflichen Verhältnis. Eine Studie über die Konsequenzen der Stammlerschen Rechtslehre."
in: Festgabe für Rudolf Stammler zum 70. Geburtstage am 19. Februar 1926
Herausgegeben von Edgar Tatarin-Tarnheyden
Berlin/Leipzig 1926
(zitiert: Tatarin-Tarnheyden, Staat und Recht)

Ungari, Paolo — Rocco e l'ideologia giuridica del fascismo
Brescia 1963
(zitiert: Ungari, Rocco)

Wagenführ, Horst — Korporative Wirtschaft in Italien
Volk und Wirtschaft. Neue Lesestücke zur Politischen Ökonomie (Heft 2)
Herausgegeben von H.W. Junker und Dünnhaupt Verlag
Berlin 1934
(zitiert: Wagenführ, Korporative Wirtschaft)

Wehner, Bernhard — Die Einwirkung des Gesetzes zur Ordnung der nationalen Arbeit auf die Frage des Tarif-lohnverzichts
Köln/Düren 1936
(zitiert: Wehner, AOG: Tariflohnverzicht)

Westrich, Jacob — Der Treuhänder der Arbeit
Köln 1934
(zitiert: Westrich, AOG)

Zanzucchi, Marco T. — Istituzioni di diritto pubblico
Quinta edizione riveduta e aggiornata
Milano 1943 - XXI
(zitiert: Zanzucchi, Diritto pubblico)

III. Faschismustheorie

Altwegg, Jörg — „Teuflisches Paar. Kommunismus und Faschismus: François Furet vergleicht."
in: Frankfurter Allgemeine Zeitung v. 25.01.1995, S. 31
(zitiert: Altwegg, Teuflisches Paar)

Aquarone, Alberto — L'organizzazione dello Stato totalitario
Introduzione di Giorgio Lombardi
Torino 1965/1995
(zitiert: Aquarone, Stato totalitario)

Asor Rosa, Alberto — "Cesare Pavese - Che cosa rimane oltre il mito."
in: La Repubblica v. 14.07.2000, S. 44
(zitiert: Asor Rosa, Pavese)

Bracher, Karl Dietrich — Il Novecento
Secolo delle ideologie a cura di Enzo Grillo
Traduzione di Enzo Grillo (Titolo dell'edizione originale: Zeit der Ideologien, 1982/1999
(Seit 1989 nicht mehr erhältlich; deshalb italienische Formulierungen im Text verwendet.)
Bari 1999
(zitiert: Bracher, Il Novecento)

Christmann, Holger — „Griff in die Geschichte: Vor 75 Jahren marschierte Mussolini auf Rom. Weil es in Neapel nur regnete."
in: Die Welt v. 25.10.1997, S. G.2
(zitiert: Christmann, Griff in die Geschichte)

Cordova, Ferdinando — Le origini dei sindacati fascisti: 1918-1926
Firenze 1990
(zitiert: Cordova, Sindacati fascisti)

Cotza, Marco — Ein Wirtschaftstheoretiker zwischen kritischer Analyse und Bewunderung des italienischen Faschismus: Erwin von Beckerath (1889-1964)
(Geschichte in Köln, Zeitschrift für Stadt- und Regionalgeschichte. Heft 39)
Köln 1996
(zitiert: Cotza, Beckerath)

De Felice, Renzo — Il fascismo e i partiti politici
Testimonianze del 1921-23
Bologna 1966
(s. Jesse, Eckhard, Hrsg., in: Petersen, Jens: Die Entstehung des Totalitarismusbegriffs in Italien.)
(zitiert: De Felice, Partiti politici)

Ders. — Intervista sul fascismo
a cura di Michael A. Ledeen
Introduzione di Giovanni Belardelli
Bari 1997
(zitiert: De Felice, Intervista)

Ders. — Il fascismo
Le interpretazioni dei contemporanei e degli storici
Prefazione di Giovanni Sabbatucci
Bari 1988
(zitiert: De Felice, Fascismo)

Ders. — Le interpretazioni del fascismo
Settima edizione
Bari 2001
(zitiert: De Felice, Interpretazioni)

Fenske, Hans und Mertens, Dieter und Reinhard, Wolfgang und Rosen, Klaus — Geschichte der politischen Ideen
Von der Antike bis zur Gegenwart
Aktualisierte Neuausgabe
Frankfurt am Main 1996
(zitiert: Fenske/Mertens/Reinhard/Rosen, Geschichte der politischen Ideen)

Fenske, Hans
„Politisches Denken im 20. Jahrhundert“
in: Lieber, Hans-Joachim (Hrsg.),
Politische Theorien von der Antike bis zur Gegenwart
Zweite, durchgesehene Auflage
S. 657-880
Bonn 1993
(zitiert: Fenske, Politisches Denken)

Fiori, Simonetta
“Usi e costumi del ventennio nero nel ‘Vademecum dello stile fascista’ redatto dal segretario del PNF. Mise l’Italia in orbace (= Schwarzhemd) e finì sui muri ‘Starace chi legge’.”
in: La Repubblica v. 26.07.2000, S. 42-43
(zitiert: Fiori, Stile fascista)

Jocteau, Giancarlo
La magistratura e i conflitti di lavoro durante il fascismo 1926/34
Prefazione di Nicola Tranfaglia
Milano 1978
(zitiert: Jocteau, Magistratura)

Klinkhammer, Lutz und Nützenadel, Alexander
Sozialgeschichtliche Probleme des italienischen Faschismus 1922-1943
9. Internationale Tagung der Arbeitsgemeinschaft für die neueste Geschichte Italiens und des Deutschen historischen Instituts in Rom vom 13.-15. Oktober 1994 in Köln; AHF Information (Arbeitsgemeinschaft außeruniversitärer historischer Forschungseinrichtungen in der Bundesrepublik Deutschland e.V.) Nr. 70 v. 01.12.1994
(zitiert: Klinkhammer/Nützenadel, Sozialgeschichtliche Probleme)

Lieber, Hans-Joachim (Hrsg.)
Politische Theorien von der Antike bis zur Gegenwart
2., durchgesehene Auflage
Bonn 1993
(zitiert: Lieber, Politische Theorien)

Mason, Timothy W.
La politica sociale del Terzo Reich
Bari 1980
(zitiert: Mason, Politica sociale)

Nippel, Wilfried
"Politische Theorien der griechisch-römischen Antike"
in: Lieber, Hans-Joachim (Hrsg).,
Politische Theorien von der Antike bis zur Gegenwart
2., durchgesehene Auflage
S. 17-46
Bonn 1993
(zitiert: Nippel, Politische Theorien)

Petacco, Arrigo
"L'ultimo libro-intervista di Renzo De Felice scatena le polemiche: Una storia tutta da riscrivere. La tesi più scattante e destinata a far discutere è quella sulla morte di Mussolini."
in: Gazzetta del Sud, v. 03.09.1995, S. 15
(zitiert: Petacco, Renzo De Felice)

Petersen, Jens
„Die Entstehung des Totalitarismusbegriffs in Italien"
in: Jesse, Eckhard (Hrsg.), Totalitarismus im 20. Jahrhundert
Eine Bilanz der internationalen Forschung
(Schriftenreihe der Bundeszentrale für politische Bildung, Bd. 336)
S. 95-117
Bonn 1996
(Petersen zitiert auf S. 101 Fortunato, G.: Dopo la guerra Sovvertitrice, Bari 1921, in: Fortunato, G.: Il Mezzogiorno e lo stato italiano, Bd. 2, S. 685 ff., Florenz 1973)
(zitiert: Petersen, Totalitarismusbegriff)

Ders.
„Geschichte selbstgemacht. Angebliche Tagebücher Mussolinis und echte Notizen."
in: Frankfurter Allgemeine Zeitung v. 08.07.1994, S. 31
(zitiert: Petersen, Tagebücher Mussolinis)

Ders.
„Stumme Institutionen. Der Faschismus, Renzo de Felice und Italiens Historikerzunft."
in: Frankfurter Allgemeine Zeitung v. 07.12.1994, S. N5
(zitiert: Petersen, Stumme Institutionen)

Petersen, Jens, und Schieder, Wolfgang

Das Faschistische Italien als Gegenstand der Forschung
(Sonderdruck aus: Faschismus und Gesellschaft in Italien: Staat - Wirtschaft – Kultur)
Köln 1998
(zitiert: Petersen/Schieder, Das Faschistische Italien)

Platthaus, Andreas

„Die Gleichgültigen. Alberto Moravia und das faschistische Erbe im Neorealismus."
in: Frankfurter Allgemeine Zeitung v. 05.06.1996, S. N 5
(zitiert: Platthaus, Die Gleichgültigen)

Polaczek, Dietmar

„Ist es Widerstand? Ein Brandanschlag auf die Wohnung des italienischen Historikers Renzo De Felice."
in: Frankfurter Allgemeine Zeitung v. 17.02.1996, S. 27
(zitiert: Polaczek, Brandanschlag)

Ders.

„Winziger Widerstand. Churchill, Mussolini, Resistenza: Streit um Renzo De Felice"
in: Frankfurter Allgemeine Zeitung v. 21.09.1995, S. 39
(zitiert: Polaczek, Winziger Widerstand)

Sachs, Harvey

Musica e regime
Milano 1995
(Biblioteca musicale di Reggio Emilia).
(zitiert: Sachs, Musica e regime)

Salvatorelli, L.

"Contro la lotta politica"
in: La Stampa v. 02.01.1923
(Bei Petersen, Jens: Die Entstehung des Totalitarismusbegriffs in Italien.)
(zitiert: Salvatorelli, Lotta politica)

Schieder, Wolfgang

„Bildungskatastrophe auf faschistisch. Reaktionäre Reformen und revolutionäre Gegenreformen in Mussolinis Schulpolitik"
in: Frankfurter Allgemeine Zeitung v. 28.07.1995, S. 35
(zitiert: Schieder, Bildungskatastrophe)

Schlüter, Henning	„Von Hitler aus dem Bett geholt. Und was Mussolini sonst noch ärgerte" in: Frankfurter Allgemeine Zeitung v. 08.03.1999, S. 9 (zitiert: Schlüter, Hitler und Mussolini)
Schwan, Alexander	„Politische Theorien des Rationalismus und der Aufklärung" in: Lieber, Hans-Joachim, (Hrsg)., Politische Theorien von der Antike bis zur Gegenwart 2., durchgesehene Auflage S. 157-257 Bonn 1993 (zitiert: Schwan, Politische Theorien)
Seibt, Gustav	„Ich bin Hegelianer. Heros der Kultur: Deutsche Besucher bei Mussolini" in: Frankfurter Allgemeine Zeitung v. 13.03.1996, S. N5 (zitiert: Seibt, Hegelianer)
Tranfaglia, Nicola	Dallo Stato liberale al regime fascista: Problemi e ricerche Milano 1973 (zitiert: Tranfaglia, Stato)
Ders.	Labirinto italiano: il Fascismo, l'antifascismo, gli storici Firenze 1989 (zitiert: Tranfaglia, Labirinto)
Wirtz, Thomas	„Ewige Wiederkehr, rechts. Ein Rezeptionsunfall: Eine Tagung über den falschen Nietzsche" in: Frankfurter Allgemeine Zeitung v. 27.05.1998, S. 6 (zitiert: Wirtz, Ewige Wiederkehr)

IV. Darstellung der faschistischen Epoche

Bertoldi, Silvio	Contro Salò, nascita e morte del Regno del Sud Milano 1984 (zitiert: Bertoldi, Salò)
Ders.	Umberto. Da Mussolini alla Repubblica: storia dell'ultimo re d'Italia Milano 1983 (zitiert: Bertoldi, Umberto)

Candeloro, Giorgio — Storia dell'Italia moderna
IX Il fascismo e le sue guerre
Milano 1982
(zitiert: Candeloro, Storia IX)

Corradini, Enrico — Il nazionalismo italiano
Milano 1914
(zitiert: Corradini, Nazionalismo italiano)

Ders. — Il Volere d'Italia
Napoli 1911
(zitiert: Corradini, Italia)

De Felice, Renato — Mussolini il fascista
L'organizzazione dello Stato Fascista 1925-1929
Torino 1995
(zitiert: De Felice, Mussolini fascista)

De Luna, Giovanni — Benito Mussolini mit Selbstzeugnissen und Bilddokumenten
Dargestellt von Giovanni de Luna. Übersetzung durch Liselotte Giannachi-Mangels
3. Auflage
Reinbek bei Hamburg 1993
(zitiert: De Luna, Mussolini)

Diel, Louise — Mussolini, Duce des Faschismus
Nach Dokumenten und Gesprächen
9.-15. verbesserte und ergänzte Auflage
Leipzig 1939
(zitiert: Diel, Duce)

Eschmann, Ernst Wilhelm — Der faschistische Staat in Italien
Breslau 1930
(zitiert: Eschmann, Faschistischer Staat)

Görlitz, Walter und Quint, Herbert A. — Adolf Hitler
Eine Biographie
Stuttgart 1952
(zitiert: Görlitz/Quint, Hitler)

Goetz, H. — Die Beziehungen zwischen Pietro Mascagni und Benito Mussolini
in: Analecta Musicologica XVII
Köln 1976
(zitiert: Goetz, Mascagni und Mussolini)

Gramsci, Antonio

Le idee
Bde. 120-125
Nuova edizione riveduta e integrata.
Torino 1979
(120: Il materialismo e la filosofia di Benedetto Croce. Introduzione di Luciano Gruppi. 121: Gli intellettuali e l'organizzazione della cultura. 122: Il Risorgimento. 123: Note sul Machiavelli e sullo Stato moderno. 124: Letteratura e vita nazionale. 125: Passato e presente.)
(zitiert: Gramsci, Le idee)

Hiller, Carl

Die Grundlagen des faschistischen Staates
Berlin 1935
(zitiert: Hiller, Faschistischer Staat)

Himmler, Heinrich

Rede des Reichsführer-SS bei der SS-Gruppenführertagung in Posen am 04. Oktober 1943
Dokumentenanhang der Protokolle des Internationalen Militär-Tribunals (ITM)
Band 29, Dokument 1919 PS; Institut für Zeitgeschichte, Bibliothek Leonrodstr. 46 B, D–80636 München
(zitiert: Himmler, Rede vom 04.X.1943)

Hitler, Adolf

Mein Kampf
Zwei Bände in einem Band
881.-885. Auflage
München 1943
(zitiert: Hitler, Mein Kampf)

Hofer, Walther

Der Nationalsozialismus
Dokumente 1933-1945
Herausgegeben, eingeleitet und dargestellt von Walther Hofer
Frankfurt am Main 1957
(zitiert: Hofer, Nationalsozialismus)

Ludwig, Emil

Colloqui con Mussolini
Prefazione di Indro Montanelli. Traduzione di Tomaso Gnoli
Cles (TN) 2001
(zitiert: Ludwig, Colloqui)

Ders.

Mussolinis Gespräche mit Emil Ludwig
Berlin/Wien/Leipzig 1932
(zitiert: Ludwig, Gespräche)

Mack Smith, Denis

Garibaldi
Milano 1993
(zitiert: Mack Smith, Garibaldi)

Mannhardt, Johann Wilhelm — Der Faschismus
München MCMXXV
(zitiert: Mannhardt, Faschismus)

Mejias, Jordan — „Hitlers Bücher. Was hat er gelesen? Wer hat ihm Bücher geschenkt? Besuch in einer vergessenen Bibliothek"
[= Rare Book and Special Collections Division der Library of Congress, Washington]
in: Frankfurter Allgemeine Sonntagszeitung v 13.04.2003, S. 23
(zitiert: Mejias, Hitlers Bücher)

Mittermaier, Karl — Mussolinis Ende
Die Republik von Salò 1943-1945. Mit 40 Abbildungen
München 1995
(zitiert: Mittermaier, Mussolinis Ende)

Monicelli, Mino — La Repubblica di Salò
Roma 1995
(zitiert: Monicelli, Salò)

Montanelli, Indro und Cervi, Mario — L'Italia della disfatta (10 giugno 1940 -8 settembre 1943)
Milano 1982
(zitiert: Montanelli/Cervi, Disfatta)

Montanelli, Indro und Nozza, Marco — Garibaldi
Milano 1966
(zitiert: Montanelli/Nozza, Garibaldi)

Mussolini, Benito — Citazioni. Il Manuale delle Guardie nere
Premessa di Massimo di Massimo
Roma 1969
(zitiert: Mussolini, Citazioni)

Polaczek, Dietmar — „Bilder vom Untergang des Diktators Benito Mussolini. Das italienische Fernsehen hat bislang unbekannte Dokumente aus den letzten Kriegstagen ausgestrahlt: Chronistenpflicht oder Sensationslust?"
in: Frankfurter Allgemeine Zeitung v. 09.04.1994, S. 14
(zitiert: Polaczek, Untergang des Diktators)

Predappio Ufficio Propaganda — Ufficio Propaganda - Predappio: Predappio e dintorni
II. edizione
Milano 1940 - XVIII
(zitiert: Predappio Ufficio)

Raschhofer, Hermann — Der politische Volksbegriff im modernen Italien
Berlin 1936
(zitiert: Raschhofer, Politischer Volksbegriff)

Rauscher, Walter — Hitler und Mussolini
Macht, Krieg und Terror
Graz/Wien/Köln 2001
(zitiert: Rauscher, Hitler und Mussolini)

Reibert — Der Dienstunterricht im Heere
Ausgabe für den Kanonier der bespannten Batterie (Bd. 9)
Neubearbeitet von Hellmut Bergengruen, Hauptmann. Mit über 500 Abbildungen im Text
Zwölfte neubearbeitete Auflage
Berlin 1940
(zitiert: Reibert, Dienstunterricht)

Revel, Jean-François — Italien. Illusion und Wirklichkeit
Ein Bericht über einen Mythos
(Originalausgabe-Titel: Pour l'Italie)
Aus dem Französischen übersetzt von Walther Breinersdorf
Stuttgart 1959
(zitiert: Revel, Italien)

Schenkendorf, Leopold v. — Kampf um's Dritte Reich
Eine historische Bilderfolge. Textliche Gestaltung von Leopold von Schenkendorf
Lichtbilder von Heinrich Hoffmann
Altona Bahrenfeld 1933
(zitiert: Schenkendorff, Kampf um's Dritte Reich)

Ders. — Der Staat der Arbeit und des Friedens
Ein Jahr Regierung Adolf Hitler
Textliche Gestaltung von Leopold von Schenkendorf. Lichtbilder von Heinrich Hoffmann
Altona-Bahrenfeld 1934
(zitiert: Schenkendorff, Staat der Arbeit)

Schieder, Wolfgang — „Am Anfang war die Bewegung. Die faschistischen Regime in Italien und Deutschland."
in: Frankfurter Allgemeine Zeitung v. 28.09.1985
(Der Artikel erschien auf der 3. Seite in der samstäglichen Beilage „Bilder und Zeiten". Diese Beilage hat keine Seitenzählung.)
(zitiert: Schieder, Faschistische Regime)

Sturani, Enrico — Immagini e Storia
1. Mussolini. Otto milioni di cartoline per il Duce
Torino 1995
(zitiert: Sturani, Mussolini)

Tilgher, Adriano — Homo Faber
Storia del concetto di lavoro nella civiltà occidentale. Analisi filosofica di concetti affini
Roma 1929
(zitiert: Tilgher, Homo faber)

Widmann, Carlos — "Das Jahrhundert des Faschismus: Europas Verführer."
in: Der Spiegel 34/1999, S. 143-154.
(zitiert: Widmann, Europas Verführer)

Wörsdorfer, Rolf — „Italien ohne Italiener. Die Krise hat Ursachen in alter Zeit: noch eine verspätete Nation."
(Buchbesprechung von Jens Petersen: Quo vadis, Italia? Ein Staat in der Krise.)
in: Frankfurter Allgemeine Zeitung v. 06.04.1995, S. 8
(Wörsdorfer, Italien ohne Italiener)

V. Geschichte

Albertoni, Ettore A. — Histoire des doctrines politiques en Italie
Par Ettore A. Albertoni, Professeur d'histoire des doctrines politiques à l'Université d'Etat de Milan
Paris 1981
(zitiert: Albertoni, Doctrines politiques)

Altomonte, Antonio — Dante
Una vita per l'Imperatore
Milano 1985
(zitiert: Altomonte, Dante)

Barzini, Luigi — Die Italiener
(Originalausgabe unter dem Titel: The Italians)
Aus dem Amerikanischen übersetzt von Margrit Bode
Frankfurt am Main 1977
(zitiert: Barzini, Italiener)

Bartoccini, Fiorella — Figure ed Episodi del Risorgimento Italiano
Nel primo Centenario dell'Unità d'Italia
Antologia a cura di Fiorella Bartoccini
Collana diretta da A.M. Ghisalberti
Roma 1961
(zitiert: Bartoccini, Risorgimento)

Diodoro Siculo — Bibliotheca storica. Libri I-V
Introduzione di Luciano Canfora. Traduzione di Gian Franco Gianotti
Seconda edizione
Palermo 1988
(zitiert: Diodoro Siculo, Bibliotheca)

Eyck, Erich — Das persönliche Regiment Wilhelms II.
Politische Geschichte des Deutschen Kaiserreiches von 1890 bis 1914
Erlenbach-Zürich 1948
(zitiert: Eyck, Wilhelm II.)

Gebhardt (Hrsg.) — Handbuch der deutschen Geschichte
Herausgegeben von Herbert Grundmann
(Band 7, Karl Bosl: Staat, Gesellschaft, Wirtschaft im deutschen Mittelalter)
5. Auflage
München 1980
(zitiert: Gebhardt, Handbuch)

Kirkpatrick, Ivone — Mussolini
Mit 46 Abbildungen
(Titel der englischen Originalausgabe: Mussolini. Study of a Demagogue)
Nach der Originalausgabe übersetzt und leicht gekürzt von Horst Schneider
Frankfurt am Main/Berlin 1997
(zitiert: Kirkpatrick, Mussolini)

Koepke, Cordula — Sozialismus in Deutschland
München/Wien 1970
(zitiert: Koepke, Sozialismus)

Levi, Fabio — Storia d'Italia
A cura di Fabio Levi, Umberto Levi, Nicola Tranfaglia
Tomo I. La Nuova Italia
Firenze 1980
(zitiert: Levi, Storia d'Italia)

Mann, Golo — Deutsche Geschichte des XX. Jahrhunderts
Frankfurt am Main/Wien/Zürich 1964
(Zitiert: Mann, Deutsche Geschichte)

Piper, Ernst — Der Aufstand der Ciompi
Über den »Tumult«, den die Wollarbeiter im Florenz der Frührenaissance anzettelten
Zweite durchgesehene Auflage
Berlin 1981
(zitiert: Piper, Ciompi)

Schumann, Reinhold — Geschichte Italiens
Stuttgart/Berlin/Köln/Mainz 1983
(zitiert: Schumann, Geschichte Italiens)

Soustelle, Jacques — Gli Aztechi
(Titolo originale: Les Aztèques) Traduzione di Simonetta Giacobbe Columbu.
Roma 1994
(zitiert: Soustelle, Gli Aztechi)

Stübler, Dietmar — Italien. 1789 bis zur Gegenwart
Mit einem Prolog von Walter Markov
Berlin 1987
(zitiert: Stübler, Italien)

Toynbee, Arnold Joseph — Der Gang der Weltgeschichte
Aufstieg und Verfall der Kulturen
Übersetzt von Jürgen von Kempski
Zweite erweiterte Auflage
Stuttgart 1949
(zitiert: Toynbee, Weltgeschichte)

Villani, Giovanni — Nuova Cronica
A cura di Giuseppe Porta. Fondazione Pietro Bembo / Ugo Guanda
Parma 1990
(zitiert: Villani, Nuova Cronica)

VI. Philosophie und Theologie

Biblia Sacra — Vulgatae Editionis, Sixti V. Pontificis Max. jussu recognita, et Clementis VIII Auctoritate edita; versiculis distincta, Et ad singula Capita Argumentis aucta; Pluribusque Imaginibus, ad Historiarum notitiam politissime elaboratis, ornata; Indiceque Epistolarum, & Evangeliorum locupletata. Venetiis, Apud Nicolaum Pezzana. MDCCXLVIII (Venedig 1748) (zitiert: Biblia Sacra)

Campanella, Tommaso — La Città del Sole. A cura di Massimo Baldini. Roma 1995 (zitiert: Campanella, Città del Sole)

Hegel, Georg W. F. — Grundlinien der Philosophie des Rechts oder Naturrecht und Staatswissenschaft im Grundrisse: Mit Hegels eigenhändigen Notizen und den mündlichen Zusätzen. Auf der Grundlage der Werke von 1832-1845 neu edierte Ausgabe. 20 Bde. Redaktion Eva Moldenhauer und Karl Markus Michel. 4. Auflage. Frankfurt am Main 1995 (zitiert: Hegel, Werke 7)

Ders. — Enzyklopädie der philosophischen Wissenschaften im Grundrisse: 1830 (Erster Teil: Die Wissenschaft der Logik. Mit den mündlichen Zusätzen. Auf der Grundlage der Werke von 1832-1845 neu edierte Ausgabe. 20 Bde. Redaktion Eva Moldenhauer und Karl Markus Michel) 4. Auflage. Frankfurt am Main 1995 (zitiert: Hegel, Werke 8)

Hume, David — Untersuchung über den menschlichen Verstand. Nach der Ausgabe von Johann Hermann von Kirchmann bearbeitet von Heinz-Jürgen Steffen (Textgrundlage dieser Neuausgabe ist die vierte, von G. Giesserow durchgesehene Auflage, Heidelberg 1988) Essen 1994 (zitiert: Hume, Menschlicher Verstand)

Klaus, Goeorg /
Buhr, Manfred (Hrsg.)

Philosophisches Wörterbuch
3. Auflage
Leipzig 1965
(zitiert: Klaus/Buhr, Philosophisches Wörterbuch)

Klemmt, Alfred

Wissenschaft und Philosophie im Dritten Reich
Berlin 1938
(zitiert: Klemmt, Drittes Reich)

Machiavelli, Niccolò

Il Principe
in: Tutte le opere storiche e letterarie
A cura di Guido Mazzoni e Mario Casella
S. 1-51
Firenze 1929
(zitiert: Machiavelli, Principe)

Marx, Karl und
Engels, Friedrich

Werke
In 39 Bänden
Berlin 1989
(zitiert: Marx/Engels, Werke)

Montaigne, Michel de

Essais
Auswahl und Übersetzung von Herbert Lüthy
Fünfte Auflage
Zürich 1984
(zitiert: Montaigne, Essais)

Mounier, Emmanuel

Dalla proprietà capitalista alla proprietà umana
(De la propriété capitaliste à la propriété humaine, 1936/1961)
Traduzione di Lucia Sollecito
Bari 1983
(zitiert: Mounier, Proprietà capitalista)

Ders.

Il personalismo
(Titolo originale: Le personnalisme)
Roma 1964
(zitiert: Mounier, Personalismo)

Nietzsche, Friedrich

„Also sprach Zarathustra. Ein Buch für Alle und Keinen.“
in: Sämtliche Werke, Bd. 4
Kritische Studienausgabe in 15 Bänden
Herausgegeben von Giorgio Colli und Mazzino Montinori
München 1980
(zitiert: Nietzsche, Zarathustra)

Platon — Der Staat (Politeia)
Übersetzt und herausgegeben von Karl Vretska
Stuttgart 1982
(zitiert: Platon, Politeia)

La Sacra Bibbia — La Sacra Bibbia ossia l'Antico e il Nuovo Testamento
Tradotti da Giovanni Diodati
Roma. MCML
(zitiert: La Sacra Bibbia)

Seeberger, Kurt — Jean Jacques Rousseau oder Die Rückkehr ins Paradies
Biographie. I. Der Weg zum Ruhm
München 1978
(zitiert: Seeberger, Rousseau)

San Tommaso d'Aquino — La Somma Teologica
Traduzione e commento a cura dei domenicani italiani. - Testo latino dell' edizione leonina.
Volume XVII: La giustizia. Edizioni Studio Domenicano
Bologna 1984
(zitiert: San Tommaso d'Aquino, Somma Teologica)

Vico, Giambattista — La scienza nuova
Introduzione e note di Paolo Rossi
Quinta edizione
Milano 1994
(zitiert: Vico, Scienza nuova)

Voltaire — Candide ou l'optimisme
traduit de l'allemand de Mr. le docteur Ralph, avec les additions qu'on a trouvées dans la poche du docteur, lorsqu'il mourut à Minden, l'an de grâce 1759
Chronologie, Préface et notes par René Pomeau, professeur à la Sorbonne
in: Romans et contes
S. 179-259
Paris 1966
(zitiert: Voltaire, Candide)

Windelband, Wilhelm — Lehrbuch der Geschichte der Philosophie
Mit einem Schlußkapitel „Die Philosophie im 20. Jahrhundert" und einer „Übersicht über den Stand der philosophiegeschichtlichen Forschung"
Herausgegeben von Heinz Heimsoeth, Professor an der Universität Köln
Vierzehnte, ergänzte Auflage
Tübingen 1948
(zitiert: Windelband, Geschichte der Philosophie)

VII. Dichtung

D'Annunzio, Gabriele — Prose scelte
Solus ad solam / Notturno / da Le faville del maglio / Il libro segreto
A cura di Gianni Oliva
Introduzione di Giovanni Antonucci e Gianni Oliva
Roma 1995
(zitiert: D'Annunzio, Prose scelte)

Ders. — Trionfo della morte / Le vergini delle rocce
A cura di Gianni Oliva
Introduzione generale di Giovanni Antonucci e Gianni Oliva
Roma 1995
(zitiert: D'Annunzio, Trionfo)

Ders. — Tutte le poesie I
Primo vere / Canto novo / Intermezzo di rime / Isottèo / Chimera / Elegie romane / Poema paradisiaco
A cura di Gianni Oliva
Introduzione generale di Giovanni Antonucci e Gianni Oliva.
Roma 1995
(zitiert: D'Annunzio, Poesie I)

Ders. — Tutte le poesie II
Laudi del cielo del mare della terra e degli eroi: Maia / Elettra / Alcyone / Merope / Canti della guerra latina
A cura di Gianni Oliva
Introduzione generale di Giovanni Antonucci e Gianni Oliva
Roma 1995
(zitiert: D'Annunzio, Poesie II)

D'Annunzio, Gabriele

Tutte le poesie III
Poesie in dialetto, per canzoni e disperse
Introduzione generale di Giovanni Antonucci e Gianni Oliva.
Roma 1995
(zitiert: D'Annunzio, Poesie III)

Ders.

Tutto il teatro II
La fiaccola sotto il moggio. / Più che l'amore / La nave / Fedra
A cura di Giovanni Antonucci
Introduzione di Giovanni Antonucci e Gianni Oliva
Roma 1995
(zitiert: D'Annunzio, Teatro II)

Goethe, Wolfgang von

Wilhelm Meisters Wanderjahre
In: Goethes sämmtliche Werke in sechsunddreißig Bänden
Bde 2, 3
Stuttgart 1868
(zitiert: Goethe, Wanderjahre)

Kaiser, Bruno

Der Freiheit eine Gasse
Leben und Werk Georg Herweghs
Berlin 1948
(zitiert: Kaiser, Der Freiheit eine Gasse)

Mascagni, Pietro

Il Canto del Lavoro
Poesia di Edmondo Rossoni e Libero Bòvio
Musica di Pietro Mascagni
Edito dalla Confederazione Nazionale Sindacati Fascisti
Roma 1928 - VI
(zitiert: Mascagni, Canto del Lavoro)

Pavese, Cesare

Le poesie
A cura di Mariarosa Masoero
Introduzione di Marziano Guglielminetti
Torino 1998
(zitiert: Pavese, Poesie)

Russo, Luigi

I classici italiani
A cura di L. Russo - W. Binni – G. N. Orsini – G. Marzot - M. Fubini - G. Bettalli – P. Villa
Nuova edizione riveduta e accresciuta
Firenze 1947
(zitiert: Russo, Classici italiani)

VIII. Nachschlagewerke

Benseler, Gustav Eduard — Griechisch-deutsches Schulwörterbuch zu Homer, Herodot (usw.), soweit sie in Schulen gelesen werden
Von Dr. Gustav Eduard Benseler
Elfte, vielfach verbesserte Auflage
(Bearbeitet von Dr. Adolf Kaegi, Professor an der Universität zu Zürich)
Leipzig 1900
(zitiert: Benseler, Griechisch-deutsches Schulwörterbuch)

Berti, Enrico — Dizionario delle idee politiche
diretto da Enrico Berti e Giorgio Campanini
Roma 1993
(zitiert: Berti, Idee politiche)

Brockhaus — Brockhaus' Conversations-Lexikon
Allgemeine deutsche Real-Encyklopädie
Zwölfte umgearbeitete, verbesserte und vermehrte Auflage in fünfzehn Bänden
Leipzig 1875
(zitiert: Brockhaus 1875)

Ders. — Brockhaus' Conversations-Lexikon
Allgemeine deutsche Real-Encyklopädie
Dreizehnte vollständig umgearbeitete Auflage
Mit Abbildungen und Karten
In sechzehn Bänden
Leipzig 1882 ff.
(zitiert: Brockhaus 1882)

Ders. — Brockhaus Enzyklopädie in vierundzwanzig Bänden
Neunzehnte, völlig neubearbeite Auflage
Mannheim 1986-1994
(zitiert: Brockhaus Enzyklopädie)

Ders. — Der Große Brockhaus
Sechzehnte, völlig neubearbeitete Auflage in zwölf Bänden
Wiesbaden 1952 ff.
(zitiert: Der Große Brockhaus)

Brockhaus — Handbuch des Wissens in vier Bänden
Sechste gänzlich umgearbeitete und wesentlich vermehrte Auflage von Brockhaus' Kleinem Konversations-Lexikon
Leipzig 1922
(zitiert: Brockhaus Handbuch)

Carpiceci, Alberto Carlo — Pompeji vor 2000 Jahren
Übersetzung von Ingrid Holzapfel
Florenz 1977
(zitiert: Carpiceci, Pompeji)

Catalogo Unificato — Catalogo Unificato 1998
Presidente Paolo Frontini
XXIV Edizione
Milano 1998
(zitiert: Catalogo Unificato)

Collier's Enciclopedia with Bibliography and Index — Edited by William D. Halsey, Bernard Johnston
Macmillan Educational Company New York, P.F. Collier Inc.
London and New York 1987
(zitiert: Collier's Enciclopedia)

Dizionario di Politica — Dizionario di Politica diretto da Norberto Bobbio, Nicola Matteucci e Gianfranco Pasquino
Seconda edizione
Torino 1983
(zitiert: Dizionario di Politica)

Dizionario Teologico — Dizionario Teologico Interdisciplinare
Torino 1977
(zitiert: Dizionario Teologico)

Enciclopedia Italiana di scienze, lettere ed arti — Enciclopedia Italiana di scienze, lettere ed arti
Pubblicata sotto l'alto patronato di S.M. il Re d'Italia
Milano/Roma MCMXXXI - IX
(zitiert: Enciclopedia Scienze)

Enciclopedia Italiana — Enciclopedia Italiana
Seconda appendice. A - H 1938-1948
Roma MCMXLVIII
(zitiert: Enciclopedia Italiana)

Enciclopedia Italiana | Enciclopedia Italiana
Ristampa fotolitica
pubblicato nel 1932
Roma 1949
(zitiert: Enciclopedia)

Encyclopaedia Britannica | Encyclopaedia Britannica
Chicago/London/Toronto/Geneva 1962
(zitiert: Encyclopaedia Britannica)

Fischbach, Günter | SBZ von A bis Z
Ein Taschen- und Nachschlagebuch über die sowjetische Besatzungszone Deutschlands
Herausgegeben vom Bundesministerium für gesamtdeutsche Fragen
Zehnte, bearbeitete und erweiterte Auflage
Bonn 1966
(zitiert: Fischbach, SBZ)

Gamillscheg, Ernst | Etymologisches Wörterbuch der französischen Sprache
Zweite, vollständig neubearbeitete Auflage
Heidelberg 1969
(zitiert: Gamillscheg, Französische Sprache)

Georges, Karl Ernst | Kleines lateinisch-deutsches Handwörterbuch
Neunte verbesserte und vermehrte Auflage
Hannover/Leipzig 1909
(zitiert: Georges, Lt.-dt. Handwörterbuch)

Kerautret, Michel | Que sais-je? La littérature française du XVIIIe siècle
1re édition
Paris 1983
(zitiert: Kerautret, Littérature française)

Kluge, Friedrich | Etymologisches Wörterbuch der deutschen Sprache
22.-26. Auflage bearbeitet von Alfred Götze
(17. Auflage unter Mithilfe von Alfred Schirmer bearbeitet von Walther Mitzka)
Berlin 1957
(zitiert: Kluge, Deutsche Sprache)

Lagarde, André und Michard, Laurent | XVIIIe Siècle: Les grands auteurs français du programme
Anthologie et histoire littéraire
Paris 1985
(zitiert: Lagard/Michard, Auteurs français)

Langenscheidt	Langenscheidts Großwörterbuch Italienisch Teil I: Italienisch-Deutsch. Teil II: Deutsch-Italienisch Herausgeben vom Lexikographischen Institut Sansoni unter der Leitung von Vladimiro Macchi 2. Auflage Berlin/München/Wien/Zürich 1984 (zitiert: Langenscheidt Italienisch)
Larousse	Grand Dictionnaire Encyclopédique Larousse Dix volumes Paris 1982-1985 (zitiert: Larousse)
Lazzioli, C. und Winkler, K. Sassi	Novissimo dizionario commerciale della lingua italiana e tedesca Terminologia e fraseologia commerciale e merceologica Ristampa della terza edizione riveduta e ampliata Brescia 1978 (zitiert: Lazzioli/Winkler, Dizionario commerciale)
Lessico Universale Italiano	Lessico Universale Italiano Roma 1968 (zitiert: Lessico Universale 1968)
Ders.	Lessico Universale Italiano Roma 1970 (zitiert: Lessico Universale 1970)
Mayer, Anton	Geschichte der Musik Mit einem Vorwort von Georg Vollerthun Hamburg 1933 (zitiert: Mayer, Musik)
Paul, Otto	Deutsche Metrik Dritte vermehrte und verbesserte Auflage München 1950 (zitiert: Paul, Metrik)
Pawlak, Manfred	Zitate von A bis Z Herrsching 1989 (zitiert: Pawlak, Zitate)
Pompei	Edito a cura dell'Ente Provinciale per il Turismo di Napoli e dall'Azienda Autonoma di Cura Soggiorno Turismo di Pompei Pompei 1965 (zitiert: Pompei)

Renner, Hans | Das Wunderreich der Oper
Der Grosse illustrierte Führer durch die Oper und die klassische Operette
Berchtesgarden 1956
(zitiert: Renner, Oper)

Sachs-Villatte | Enzyklopädisches französisch-deutsches und deutsch-französisches Wörterbuch
Vierte Bearbeitung durch einen Nachtrag ergänzt
Berlin 1952
(zitiert: Sachs-Villatte)

Seydlitz, E. von | E. von Seydlitzsche Geographie für höhere Lehranstalten
Vierte Auflage
Breslau 1933
(zitiert: Seydlitz, Geographie)

Taschenatlas 1927 | Taschenatlas der ganzen Welt
24 Karten in Kupferstich aus dem Verlag von Justus Perthes/Gotha
Mit erläuterndem Text und geographisch-statistischen Nachweisen
63. neubearbeite Auflage
Kassel 1927
(zitiert: Taschenatlas 1927)

Vogt, Karl | Deutscher Beamten-Kalender 1938
Bearbeitet von Haupschriftleiter Dr. Karl Vogt.
Fachschaften Reichsverwaltungsbeamte und Länderbeamte
Berlin 1937
(zitiert: Vogt, Beamten-Kalender 1938)

Zingarelli, Nicola | Vocabolario della lingua italiana
Compilato da N. Z. Illustrato
Settima edizione interamente riveduta
35ª ristampa
Bologna 1954
(zitiert: Zingarelli)

IX. Zeitschriften

«"L'Asino è il popolo utile, paziente e bastonato" di Podrecca e Galantara (1892/1925)»
Presentazione di Giorgio Candeloro. Scelta e note di E. Vallini
Milano 1970
(zitiert: L'Asino)

Demokratie in den USA
Verfassung - Regierungssystem – Wahlen
Herausgegeben vom US-Informationsdienst
Bad Godesberg 1961
(zitiert: Demokratie USA)

Grundlehrgang für Beamte
1. Teil. 53. Sammelband der Schriftenreihe Soldatenbriefe zur Berufsförderung
Wiesbaden 1942
(zitiert: Soldatenbriefe 1942)

Italien
Informationen zur politischen Bildung
Bonn 1982
(zitiert: Italien Informationen)

Der italienische Staat und seine Verfassungsordnung
Ministerpräsidium der Republik Italien
Dienststellen für Information und literarisches Urheberrecht
Roma 1976
(zitiert: Der italienische Staat)

RECHTSHISTORISCHE REIHE

Band 1 Studien zu den germanischen Volksrechten. Gedächtnisschrift für Wilhelm Ebel. Vorträge gehalten auf dem Fest-Symposion anläßlich des 70. Geburtstages von Wilhelm Ebel am 16. Juni 1978 in Göttingen. Götz Landwehr (Hrsg.) 1982.

Band 2 Hans Poeschel: Die Statuten der Banken, Sparkassen und Kreditgenossenschaften in Hamburg und Altona von 1710 bis 1889. 1978.

Band 3 Thomas Kolbeck: Juristenschwemmen, Untersuchungen über den juristischen Arbeitsmarkt im 19. und 20. Jahrhundert. 1978.

Band 4 Norbert Hempel: Richterleitbilder in der Weimarer Republik. 1978.

Band 5 Rolf Stratmann: Die Scheinbußen im mittelalterlichen Recht. 1978.

Band 6 Martin C. Lockert: Die niedersächsischen Stadtrechte zwischen Aller und Weser. Vorkommen und Verflechtungen. Eine Bestandsaufnahme. 1979.

Band 7 Joachim Rückert/Wolfgang Friedrich: Betriebliche Arbeiterausschüsse in Deutschland, Großbritannien und Frankreich im späten 19. und frühen 20. Jahrhundert. Eine vergleichende Studie zur Entwicklung des kollektiven Arbeitsrechts. 1979.

Band 8 Peter Bender: Die Rezeption des römischen Rechts im Urteil der deutschen Rechtswissenschaft. 1979.

Band 9 Friedrich Karl Alsdorf: Untersuchungen zur Rechtsgestalt und Teilung deutscher Ganerbenburgen. 1980.

Band 10 Dietmar Willoweit/Winfried Schich (Hrsg.): Studien zur Geschichte des sächsisch-magdeburgischen Rechts in Deutschland und Polen (Sammelband). 1980.

Band 11 Brigitte Hempel: Der Entwurf einer Polizeiordnung für das Herzogtum Sachsen-Lauenburg aus dem Jahre 1591. 1980.

Band 12 Klaus-Detlev Godau-Schüttke: Rechtsverwalter des Reiches. Staatssekretär Dr. Curt Joël. 1981.

Band 13 Rainer Polley: Anton Friedrich Justus Thibaut (AD 1772-1840) in seinen Selbstzeugnissen und Briefen. Teil 1: Abhandlung. Teil 2: Briefwechsel. Teil 3: Register zum Briefwechsel. 1982.

Band 14 Michael Wettengel: Der Streit um die Vogtei Kelkheim 1275-1276. Ein kanonischer Prozeß.1981.

Band 15 Otto Wilhelm Krause: Naturrechtler des sechzehnten Jahrhunderts. Ihre Bedeutung für die Entwicklung eines natürlichen Privatrechts. 1982.

Band 16 Helga Spindler: Von der Genossenschaft zur Betriebsgemeinschaft. Kritische Darstellung der Sozialrechtslehre Otto von Gierkes. 1982.

Band 17 Holger Otte: Gustav Radbruchs Kieler Jahre 1919 - 1926. 1982.

Band 18 Rüdiger Teuner: Die fuldische Ritterschaft 1510 - 1656. 1982.

Band 19 Gerhard Dilcher/Rudolf Hoke/Gian Savino Pene Vidari/Hans Winterberg (Hrsg.): Grundrechte im 19. Jahrhundert. 1982.

Band 20 Karl-Hans Schloßstein: Die westfälischen Fabrikengerichtsdeputationen - Vorbilder, Werdegang und Scheitern. 1982.

Band 21 Birger Schulz: Der Republikanische Richterbund (1921-1933). 1982.

Band 22 Engelbert Krause: Die gegenseitigen Unterhaltsansprüche zwischen Eltern und Kindern in der deutschen Privatrechtsgeschichte. 1982.

Band 46 Bärbel Baum: Der Stabreim im Recht. Vorkommen und Bedeutung des Stabreims in Antike und Mittelalter. 1986.

Band 47 Hans Popp: Die nationalsozialistische Sicht einiger Institute des Zivilprozeß- und Gerichtsverfassungsrechts. 1986.

Band 48 John Karl-Heinz Montag: Die Lehrdarstellung des Handelsrechts von Georg Friedrich von Martens bis Meno Pöhls. Die Wissenschaft des Handelsrechts im ersten Drittel des 19. Jahrhunderts. 1986.

Band 49 Volker D. Anhäusser: Das internationale Obligationenrecht in der höchstrichterlichen Rechtsprechung des 19. Jahrhunderts. 1986.

Band 50 Udo Beer: Die Juden, das Recht und die Republik. Verbandswesen und Rechtsschutz 1919-1933. 1986.

Band 51 Herbert Grziwotz: Der moderne Verfassungsbegriff und die "Römische Verfassung" in der deutschen Forschung des 19. und 20. Jahrhunderts. 1986.

Band 52 Ralf Conradi: Karl Friedrich Eichhorn als Staatsrechtslehrer. Seine Göttinger Vorlesung über "Das Staatsrecht der deutschen Bundesstaaten" nach einer Kollegmitschrift aus dem Wintersemester 1821/22. 1987.

Band 53 Dieter Dannreuther: Der Zivilprozeß als Gegenstand der Rechtspolitik im Deutschen Reich 1871 - 1945. Ein Beitrag zur Geschichte des Zivilprozeßrechts in Deutschland. 1987.

Band 54 Stephan Felix Pauly: Organisation, Geschichte und Praxis der Gesetzesauslegung des (Königlich) Preußischen Oberverwaltungsgerichtes 1875 - 1933. 1987.

Band 55 Rüdiger Schulz: Die Entstehung des Seerechts des Allgemeinen Deutschen Handelsgesetzbuches unter besonderer Berücksichtigung der Bestimmungen über die Reederei, den Schiffer und die Schiffsmannschaft. 1987.

Band 56 Reinhold Reis: Deutsches Privatrecht in den Weistümern der Zenten Schriesheim und Kirchheim. 1987.

Band 57 Jürgen Christoph: Die politischen Reichsamnestien 1918 - 1933. 1987.

Band 58 Gerhard Oberkofler/Eduard Rabofsky: Hans Kelsen im Kriegseinsatz der k.u.k.-Wehrmacht. Eine kritische Würdigung seiner militärtheoretischen Angebote. 1988.

Band 59 Arne Wulff: Staatssekretär Prof. Dr. Dr. h.c. Franz Schlegelberger. 1876-1970. 1991.

Band 60 Gerhard Köbler (Hrsg.): Wege europäischer Rechtsgeschichte. Karl Kroeschell zum 60. Geburtstag. 1987.

Band 61 Rüdiger Hütte: Der Gemeinschaftsgedanke in den Erbrechtsreformen des Dritten Reichs. 1988.

Band 62 Markus Göldner: Politische Symbole der europäischen Integration. Fahne, Hymne, Hauptstadt, Paß, Briefmarke, Auszeichnungen. 1988.

Band 63 Wolfgang Kröner: Freiheitsstrafe und Strafvollzug in den Herzogtümern Schleswig, Holstein und Lauenburg von 1700 bis 1864. 1988.

Band 64 Werner Gaile: Die Norder Theelacht. 1988.

Band 65 Karl v. Kempis: Andreas Gaill (1526 - 1587). Zum Leben und Werk eines Juristen der frühen Neuzeit. 1988.

Band 66 Wolf-Rüdiger Osburg: Die Verwaltung Hamburgs in der Franzosenzeit. 1811-1814. 1988.

Band 67 Christian Schudnagies: Hans Frank. Aufstieg und Fall des NS-Juristen und Generalgouverneurs. 1988.

Band 68 Otmar Jung: Senatspräsident Freymuth. Richter, Sozialdemokrat und Pazifist in der Weimarer Republik. Eine politische Biographie. 1989.

Band 69 Joachim Lohner: Das landeshauptmannschaftliche Gericht in Oberösterreich zu Beginn der Neuzeit. Eine Darstellung des oberösterreichischen Prozeßrechts am obersten Territorialgericht des Landes anhand der oberösterreichischen Landtafel.1989.

Band 70 Bernd Klemann: Rudolf von Jhering und die Historische Rechtsschule. 1989.

Band 71 Adalbert Langer: Männer um die österreichische Zivilprozeßordnung 1895. Zusammenspiel / Soziales Ziel. 1990.

Band 72 Robert-Dieter Klee: Die Landessuperintendentur Lauenburg. Ursprung und Entwicklung sowie Ende der Sonderstellung des Kirchenkreises Herzogtum Lauenburg durch die nordelbische Kirchenvereinigung. 1989.

Band 73 Heinrich Herrmann: Die Gehöferschaften im Bezirk Trier. 1989.

Band 74 Wilhelm Brauneder, Franz Baltzarek (Hrsg.): Modell einer neuen Wirtschaftsordnung. Wirtschaftsverwaltung in Österreich 1914 - 1918. 1991.

Band 75 Thomas Dreyer: Die "Assecuranz- und Haverey-Ordnung" der Freien und Hansestadt Hamburg von 1731. 1990.

Band 76 Bernhard Sendler: Die Rechtssprache in den süddeutschen Stadtrechtsreformationen. 1990.

Band 77 Brigitte Lehmann: Ehevereinbarungen im 19. und 20. Jahrhundert. 1990.

Band 78 Michael Sunnus: Der NS-Rechtswahrerbund (1928-1945). Zur Geschichte der nationalsozialistischen Juristenorganisation. 1990.

Band 79 Stefan Schulz: Die historische Entwicklung des Rechts an Bienen. (§§ 961 - 964 BGB). 1990.

Band 80 Gerhard Lingelbach, Heiner Lück (Hrsg.): Deutsches Recht zwischen Sachsenspiegel und Aufklärung. Rolf Lieberwirth zum 70. Geburtstag dargebracht von Schülern, Freunden und Kollegen, herausgegeben von Gerhard Lingelbach und Heiner Lück. 1991.

Band 81 Manfred Krohn: Die deutsche Justiz im Urteil der Nationalsozialisten 1920 - 1933. 1991.

Band 82 Angelika Kühn: Privilegierung nationaler Minderheiten im Wahlrecht der Bundesrepublik Deutschland und Schleswig-Holsteins. 1991.

Band 83 Georg Brun: Leben und Werk des Rechtshistorikers Heinrich Mitteis unter besonderer Berücksichtigung seines Verhältnisses zum Nationalsozialismus. 1991.

Band 84 Wolfgang Simon: Claudius Freiherr von Schwerin. Rechtshistoriker während dreier Epochen deutscher Geschichte. 1991.

Band 85 Friedrich-Carl Wachs: Das Verordnungswerk des Reichsdemobilmachungsamtes. Stabilisierender Faktor zu Beginn der Weimarer Republik. 1991.

Band 86 Jens-Uwe Petersen: Die Vorgeschichte und die Entstehung des Mieterschutzgesetzes von 1923 nebst der Anordnung für das Verfahren vor dem Mieteinigungsamt und der Beschwerdestelle. 1991.

Band 87 Ulrike Haibach: Familienrecht in der Rechtssprache. Die historische Entwicklung zentraler Ausdrücke des geltenden Familienrechts. 1991.

Band 88 Joern Christian Nissen: Die Beratungen des Seeversicherungsausschusses der Akademie für Deutsches Recht zu einem neuen Seeversicherungsgesetz (1934-1939). Ein Beitrag zur Entwicklung der allgemeinen Lehren des Seeversicherungsrechts unter besonderer Berücksichtigung des Handelsgesetzbuchs und der Allgemeinen Deutschen Seeversicherungs-Bedingungen 1919. 1991.

Band 89 Diethard Bühler: Die Entstehung der allgemeinen Vertragsschluß-Vorschriften im Allgemeinen Deutschen Handelsgesetzbuch (ADHGB) von 1861. Ein Beitrag zur Kodifikationsgeschichte des Privatrechts im 19. Jahrhundert. 1991.

Band 90 Gerhard Oberkofler: Die Vertreter des Römischen Rechts mit deutscher Unterrichtssprache an der Karls-Universität in Prag. Vom Vormärz bis 1945. 1991.

Band 91 Ulrich Andermann: Ritterliche Gewalt und bürgerliche Selbstbehauptung. Untersuchungen zur Kriminalisierung und Bekämpfung des spätmittelalterlichen Raubrittertums am Beispiel norddeutscher Hansestädte. 1991.

Band 92 Heinz Marcus Hanke: Luftkrieg und Zivilbevölkerung. Der kriegsvölkerrechtliche Schutz der Zivilbevölkerung gegen Luftbombardements von den Anfängen bis zum Ausbruch des Zweiten Weltkrieges. 1991.

Band 93 Kirsten Kraglund: Familien- und Erbrecht. Materielles Recht und Methoden der Rechtsanwendung in der Rechtsprechung des Oberappellationsgerichts der vier Freien Städte Deutschlands zu Lübeck. 1991.

Band 94 Reinhard Lorenz: Die politische und rechtliche Stellung des Proletariats in Preußen in der Zeit zwischen den Reformen und der Revolution 1848/49. 1991.

Band 95 Eric Hilgendorf: Die Entwicklungsgeschichte der parlamentarischen Redefreiheit in Deutschland. 1991.

Band 96 Hans J. Reiter: Die Handelsgesellschaft Villeroy & Boch von der Gründung 1836 bis zum Jahr 1878. 1992.

Band 97 Martin Johannes Heller: Reform der deutschen Rechtssprache im 18. Jahrhundert. 1992.

Band 98 Michael Kotulla: Die Tragweite der Grundrechte der revidierten preußischen Verfassung vom 31.01.1850. 1992.

Band 99 Michael Siefener: Hexerei im Spiegel der Rechtstheorie. Das crimen magiae in der Literatur von 1574 bis 1608. 1992.

Band 100 Andreas Ebert-Weidenfeller: Hamburgisches Kaufmannsrecht im 17. und 18. Jahrhundert. Die Rechtsprechung des Rates und des Reichskammergerichtes. 1992.

Band 101 Enno Bommel: Die Entstehung der Verwirkungslehre in der Krise des Positivismus. 1992.

Band 102 Ralph Steppacher: Die Berücksichtigung der bäuerlichen Postulate bei der Entstehung des ZGB und der Revision des OR. Ein Beitrag zur schweizerischen Kodifikationsgeschichte (1893 - 1912). 1992.

Band 103 Martin Fleckenstein: Die Todesstrafe im Werk Carl Joseph Anton Mittermaiers (1787 - 1867). Zur Entwicklungsgeschichte eines Werkbereichs und seiner Bedeutung für Theorie- und Methodenbildung. 1992.

Band 104 Jörn Eckert: Der Kampf um die Familienfideikommisse in Deutschland. Studien zum Absterben eines Rechtsinstitutes. 1992.

Band 105 Jörg Grotkopp: Beamtentum und Staatsformwechsel. Die Auswirkungen der Staatsformwechsel von 1918, 1933 und 1945 auf das Beamtenrecht und die personelle Zusammensetzung der deutschen Beamtenschaft. 1992.

Band 106 Andreas Rohde: Die Garantiehaftung des Vermieters und ihr Verhältnis zum Unmöglichkeitsrecht in dogmengeschichtlicher und modernrechtlicher Sicht. 1992.

Band 107 Tjark Siefke Kunstreich: Gesamtvertretung. Eine historisch-systematische Darstellung. 1992.

Band 108 Jürgen Krüger: Blindheit und Königtum. Die Blindheit des Königs Georg V. von Hannover als verfassungsrechtliches Problem. 1992.

Band 109 Wolfgang Putschek: Ständische Verfassung und autoritäre Verfassungspraxis in Österreich 1933-1938 mit Dokumentenanhang. Verfassung und Verfassungswirklichkeit. Mit einem Anhang: Denkschriften von Rechtsanwalt Dr. Erich Führer 1936/37. 1993.

Band 110 Klaus Hofmann: Die Verdrängung der Juden aus öffentlichem Dienst und selbständigen Berufen in Regensburg 1933-1939. 1993.

Band 111 Franz Kilger: Die Entwicklung des Telegraphenrechts im 19. Jahrhundert mit besonderer Berücksichtigung der technischen Entwicklung. Telegraphenrecht im 19. Jahrhundert. 1993.

Band 112 Wilhelm Brauneder (Hrsg.): Heiliges Römisches Reich und moderne Staatlichkeit. 1993.

Band 113 Thomas Heinrich: Das preußische Nichtehelichenrecht: Von der Aufklärung zur Reaktion. 1993.

Band 114 Gerald Kohl: Jagd und Revolution. Das Jagdrecht in den Jahren 1848 und 1849. 1993.

Band 115 Christian Schudnagies: Der Kriegs- oder Belagerungszustand im Deutschen Reich während des Ersten Weltkrieges. Eine Studie zur Entwicklung und Handhabung des deutschen Ausnahmezustandsrechts bis 1918. 1994.

Band 116 Elisabeth Bellmann: Die Internationale Kriminalistische Vereinigung (1889-1933). 1994.

Band 117 Julia Pfannkuch: Volksrichterausbildung in Sachsen 1945-1950. 1993.

Band 118 Jörg Offen: Von der Verwaltungsgemeinschaft des BGB von 1896 zur Zugewinngemeinschaft des Gleichberechtigungsgesetzes von 1957. 1994.

Band 119 Dorothee Kohlhas-Müller: Untersuchungen zur Rechtsstellung Theoderichs des Großen. 1995.

Band 120 Monika Rose: Das Gerichtswesen des Herzogtums Pfalz-Zweibrücken im 18. Jahrhundert. Ein Beitrag zur territorialen Gerichtsbarkeit im Alten Reich. 1994.

Band 121 Jörn Eckert / Hans Hattenhauer (Hrsg.): Bibel und Recht. Rechtshistorisches Kolloquium 9. - 13. Juni 1992 an der Christian-Albrechts-Universität zu Kiel. 1994.

Band 122 Robert Martin Mizia: Der Rechtsbegriff der Autonomie und die Begründung des Privatfürstenrechts in der deutschen Rechtswissenschaft des 19. Jahrhunderts. 1995.

Band 123 Walther Graf von Plettenberg: Das Fortleben des Liber Iudiciorum in Asturien/León (8. - 13. Jh.). 1994.

Band 124 Wolfgang Schulz: Das deutsche Börsengesetz. Die Entstehungsgeschichte und wirtschaftlichen Auswirkungen des Börsengesetzes von 1896. 1994.

Band 125 Frank Hagemann: Der Untersuchungsausschuß Freiheitlicher Juristen. 1949 – 1969. 1994.

Band 126 Andreas Rethmeier: "Nürnberger Rassegesetze" und Entrechtung der Juden im Zivilrecht. 1995.

Band 127 Edith Grether: Die Poesie der Throne. Die Juristen in der Fruchtbringenden Gesellschaft. 1995.

Band 128 Anna Bartels-Ishikawa: Der Lippische Thronfolgestreit. Eine Studie zu verfassungsrechtlichen Problemen des Deutschen Kaiserreiches im Spiegel der zeitgenössischen Staats. 1995.

Band 129 Jörg Schmidt: Otto Koellreutter 1883-1972. Sein Leben, sein Werk, seine Zeit. 1995.

Band 130 Christian Hattenhauer: Wahl und Krönung Franz II. AD 1792. Das Heilige Reich krönt seinen letzten Kaiser - Das Tagebuch des Reichsquartiermeisters Hieronymus Gottfried von Müller und Anlagen. 1995.

Band 131 Jutta v. der Decken: Das Seearbeitsrecht im Hamburger Stadtrecht von 1301 bis 1603. 1995.

Band 132 Detlev Schmidt: Die Reform des Rechts der Handelsvertreter von 1953. 1995.

Band 133 Gabi Roßdeutscher: Privatautonomie im Scheidungsrecht. Scheidungsbezogene Vereinbarungen in den letzten 200 Jahren. 1995.

Band 134 Harald Kahlenberg: Leben und Werk des Rechtshistorikers Walther Merk. Ein Beispiel für das Verhältnis von Rechtsgeschichte und Nationalsozialismus. 1995.

Band 135 Michael Steitz: Adelbert Düringer am Reichsgericht (1902-1915). Seine aktienrechtlichen Entscheidungen und sein Einfluß auf das Aktienrecht in Deutschland. 1995.

Band 136 Christian Becker: Beata Justorum Translatio. Juristen in schleswig-holsteinischen Leichenpredigten. 1996.

Band 137 Christoph Seiler: Vom Allgemeinen Landrecht zum Bürgerlichen Gesetzbuch. Dargestellt am Beispiel der höchstrichterlichen Judikatur zum kaufrechtlichen Sachmängelgewährleistungsrecht. 1996.

Band 138 Bernd Mayer: Die Vertrauensmännerausschüsse auf den preußischen Steinkohlegruben an der Saar. Entstehung und Wirken. Eine rechtshistorische Untersuchung. 1996.

Band 139 Rochus Scholl: Juden und Judenrecht im Herzogtum Pfalz-Zweibrücken. Ein Beitrag zur Rechtsgeschichte eines deutschen Kleinstaates am Ende des alten Reiches. 1996.

Band 140 Meike Bursch: Judentaufe und frühneuzeitliches Strafrecht. Die Verfahren gegen Christian Treu aus Weener/Ostfriesland 1720-1728. 1996.

Band 141 Markus Hillenbrand: Fürstliche Eheverträge. Gottorfer Hausrecht 1544 - 1773. 1996.

Band 142 Ulf Häder: Das gemeinschaftliche Oberappellationsgericht thüringischer Staaten in Jena. Ein Beitrag zur Geschichte des Gerichtswesens im 19. Jahrhundert. 1996.

Band 143 Andreas Bauer: Das Gnadenbitten in der Strafrechtspflege des 15. und 16. Jahrhunderts. Dargestellt unter besonderer Berücksichtigung von Quellen der Vorarlberger Gerichtsbezirke Feldkirch und des Hinteren Bregenzerwaldes. 1996.

Band 144 Christian Wirth: Der Jurist Johann Andreas Georg Friedrich Rebmann zwischen Revolution und Restauration. 1996.

Band 145 Stefanie Müller: Die Rechtsprechung des Hanseatischen Oberlandesgerichts zum persönlichen Eherecht in Hamburgischen Gerichtsfällen von 1879 -1900. 1996.

Band 146 Jean-Nicolas Morisset: Der Frachtvertrag in der *Ordonnance de la marine* von 1681. 1996.

Band 147 Dirk Lentfer: Die Glogauer Landesprivilegien des Andreas Gryphius von 1653. 1996.

Band 148 Wencke Mull: Die Haftung für Einsturzschäden nach den §§ 836-838 BGB in der Rechtsprechung des Reichsgerichts. 1996.

Band 149 Renate Zelger: Teufelsverträge. Märchen, Sage, Schwank, Legende im Spiegel der Rechtsgeschichte. 1996.

Band 150 Guido Kraß: Das Arrestverfahren in Frankfurt am Main im Spätmittelalter. 1996.

Band 151 F. Benedict Heyn: Die Entwicklung des Eisenbahnfrachtrechts von den Anfängen bis zur Einführung des Allgemeinen Deutschen Handelsgesetzbuches (ADHGB). 1996.

Band 152 Thomas Lang: Die Staats- und Verfassungslehre Carl Salomo Zachariaes. 1996.

Band 153 Michael Hebeis: Karl Anton von Martini (1726-1800). Leben und Werk. 1996.

Band 154 Gerald Hubert: Die Diskussion um die rechtliche Natur der Bizone in den Jahren 1947-1949. 1996.

Band 155 Christof Horn: Die Rechtsprechung des Reichsgerichts in Ehescheidungssachen der Jahre 1900 bis 1905. 1996.

Band 156 Hermann Nehlsen / Georg Brun (Hrsg.): Münchener rechtshistorische Studien zum Nationalsozialismus. 1996.

Band 157 Jan Otto Clemens Kehrberg: Die Entwicklung des Elektrizitätsrechts in Deutschland. Der Weg zum Energiewirtschaftsgesetz von 1935. 1997.

Band 158 Johannes Tradt: Der Religionsprozeß gegen den Zopfschulzen (1791-1799). Ein Beitrag zur protestantischen Lehrpflicht und Lehrzucht in Brandenburg-Preußen gegen Ende des 18. Jahrhunderts. 1997.

Band 159 Dietmar Olsen: Das kaufrechtliche Sachmängelgewährleistungsrecht des Code civil in der Rechtsprechung deutscher Gerichte im 19. Jahrhundert. Ein Beitrag zur Ablösung der Partikularrechte durch das BGB. 1997.

Band 160 Ulrich Bernhardt: Die Deutsche Akademie für Staats- und Rechtswissenschaft „Walter Ulbricht" 1948-1971. 1997.

Band 161 Claudia Susan Hoppe: Die Bürgschaft im Rechtsleben Hamburgs von 1600 bis 1900. 1997.

Band 162 Franz-Rudolf Ecker: Die Entwicklung des Bergrechts im Saarbrücker Steinkohlenrevier bis zum Ende des 18. Jahrhunderts. Ein Vergleich mit dem älteren deutschen Bergrecht. 1997.

Band 163 Anne Katrin Rückert: Politik und Privatrecht in der „konservativen Revolution". 1997.

Band 164 Gisbert Laube: Der Reichskunstwart. Geschichte einer Kulturbehörde 1919-1933. 1997.

Band 165 Nicolas Lührig: Die Diskussion über die Reform der Juristenausbildung von 1945 bis 1995. 1997.

Band 166 Regula Gerber Jenni: Die Emanzipation der mehrjährigen Frauenzimmer. Frauen im bernischen Privatrecht des 19. Jahrhunderts. 1997.

Band 167 Mischa A. Färber: Das gemeinschaftliche Testament in der höchstrichterlichen Rechtsprechung zum Allgemeinen Preußischen Landrecht und zum BGB. Ein Beitrag zur Ablösung der Partikularrechte durch das BGB. 1997.

Band 168 Catherine Antoinette Gasser: Philipp Lotmar 1850-1922. Professor der Universität Bern. Sein Engagement für das Schweizerische Arbeitsrecht. 1997.

Band 169 Lars Immisch: Der sozialistische Richter in der DDR und seine Unabhängigkeit. Der Versuch eines Rechtsvergleiches zum Unabhängigkeitsbegriff in der bundesdeutschen Rechtsordnung. 1997.

Band 170 Jessica Jacobi: Besitzschutz vor dem Reichskammergericht. Die friedenssichernde Funktion der Besitzschutzklagen am Reichskammergericht im 16. Jahrhundert, dargestellt anhand von Kameralisten. 1998.

Band 171 Ewald Hügemann: Die Geschichte des öffentlichen und privaten Mietpreisrechts vom Ersten Weltkrieg bis zum Gesetz zur Regelung der Miethöhe von 1974. 1998.

Band 172 Lutz Rentzow: Die Entstehungs- und Wirkungsgeschichte der Vernewerten Landesordnung für das Königreich Böhmen von 1627. 1998.

Band 173 Sabine Stürmer: Mühlenrecht im Herzogtum Pfalz-Zweibrücken während des 18. Jahrhunderts. Ein Beitrag zum Wirtschaftsrecht eines deutschen Kleinstaates im Alten Reich. 1998.

Band 174 Mario Bogisch: *Nemo testis in re sua*. Das Problem der Zeugnisfähigkeit bei der Anwendung der deutschen Zivilprozeßordnung von 1877. 1998.

Band 175 Rainer Oßwald: Pactane sunt servanda? Freiwilligkeit, Zwang und Unverbindlichkeitserklärungen im islamischen Vertragsrecht malikitischer Schule. 1998.

Band 176 Bettina Kern: Der preußische BGB-Entwurf von 1842. 1998.

Band 177 Inken Fuhrmann: Die Diskussion über die Einführung der fakultativen Zivilehe in Deutschland und Österreich seit Mitte des 19. Jahrhunderts. 1998.

Band 178 Annette Rieck: Der Heilige Ivo von Hélory (1247-1303). Advocatus pauperum und Patron der Juristen. 1998.

Band 179 Frank Bottenberg: Die Hamburgische Strafprozeßordnung von 1869. 1998.

Band 180 Matthias Krauß: Das kursächsische Postrecht von seinen Anfängen bis zum Ende des Alten Reichs. 1998.

Band 181 Torsten Schmidt: Die Entmündigung von den Anfängen des BGB bis zu ihrer Ablösung durch das Institut der Betreuung. 1998.

Band 182 Christian Nunn: Rudolf Müller-Erzbach. 1874-1959. Von der realen Methode über die Interessenjurisprudenz zum kausalen Rechtsdenken (Leben und Werk). 1998.

Band 183 Christian Ortloff: Das staatskirchenrechtliche System Wilhelm Traugott Krugs. Glaubens- und Gewissensfreiheit – eine Forderung der Vernunft. 1998.

Band 184 Christian Hattenhauer: Schuldenregulierung nach dem Westfälischen Frieden. Der sog. § *de indaganda* und seine Umsetzung im Jüngsten Reichsabschied (AD 1648 und 1654). 1998.

Band 185 Werner Schubert: Preußen im Vormärz. Die Verhandlungen der Provinziallandtage von Brandenburg, Pommern, Posen, Sachsen und Schlesien sowie – im Anhang – von Ostpreußen, Westfalen und der Rheinprovinz (1841-1845). 1998.

Band 186 Silvia Schumacher: Das Rechtsverhältnis zwischen Eltern und Kindern in der Privatrechtsgeschichte. 1999.

Band 187 Kai Sommer: Die Strafbarkeit der Homosexualität von der Kaiserzeit bis zum Nationalsozialismus. Eine Analyse der Straftatbestände im Strafgesetzbuch und in den Reformentwürfen (1871-1945). 1998.

Band 188 Jan Erik Backhaus: Volksrichterkarrieren in der DDR. 1999.

Band 189 Ralf Ruhnau: Die Fürstlich Thurn und Taxissche Privatgerichtsbarkeit in Regensburg. Ein Kuriosum der deutschen Rechtsgeschichte. 1999.

Band 190 Antonio Grilli: Die französische Justizorganisation am linken Rheinufer 1797-1803. 1999.

Band 191 Stephanie Kammerloher-Lis: Die Entstehung des Gesetzes über die religiöse Kindererziehung vom 15. Juli 1921. 1999.

Band 192 Jan Telp: Ausmerzung und Verrat. Zur Diskussion um Strafzwecke und Verbrechensbegriffe im Dritten Reich. 1999.

Band 193 Kurt von Pannwitz: Die Entstehung der Allgemeinen Deutschen Wechselordnung. Ein Beitrag zur Geschichte der Vereinheitlichung des deutschen Zivilrechts im 19. Jahrhundert. 1999.

Band 194 Sylvia Busch: Die Entstehung der Allgemeinen Gerichtsordnung für die Preussischen Staaten von 1793/95. Ein Beitrag zur Geschichte der Kodifikationsbewegung und der Reform des Zivilprozesses in Preußen im 18. Jahrhundert. 1999.

Band 195 Dirk Bieresborn: Klage und Klageerwiderung im deutschen und englischen Zivilprozeß. Eine rechtshistorische und rechtsvergleichende Untersuchung unter besonderer Berücksichtigung der Beeinflussung durch das römisch-kanonische Verfahren. 1999.

Band 196 Andreas Thier / Guido Pfeifer / Philipp Grzimek (Hrsg.): Kontinuitäten und Zäsuren in der Europäischen Rechtsgeschichte. Europäisches Forum Junger Rechtshistorikerinnen und Rechtshistoriker München 22.-24. Juli 1998. 1999.

Band 197 Franz Smola: Die Fürstlich Liechtenstein'sche Kunstsammlung. Rechtsfragen zur Verbringung der Sammlung von Wien nach Vaduz in den Jahren 1944/45. 1999.

Band 198 Frank Martin Krauss: Das geteilte Eigentum im 19. und 20. Jahrhundert. Eine Untersuchung zum Fortbestand des Teilungsgedankens. 1999.

Band 199 Matthias Frey: Die spanische Aktiengesellschaft im 18. Jahrhundert und unter dem Código de Comercio von 1829. 1999.

Band 200 Alexandra Gilde: Die Stellung der Frau im Reichsstrafgesetzbuch von 1870/71 und in den Reformentwürfen bis 1919 im Urteil der bürgerlichen Frauenbewegung. Eine Analyse ausgewählter Straftatbestände. 1999.

Band 201 Malte Dießelhorst / Arne Duncker: Hans Kohlhase. Die Geschichte einer Fehde in Sachsen und Brandenburg zur Zeit der Reformation. 1999.

Band 202 Jörg Hillmann: Territorialrechtliche Auseinandersetzungen der Herzöge von Sachsen-Lauenburg vor dem Reichskammergericht im 16. Jahrhundert. 1999.

Band 203 Carsten Engler: Die Kommanditgesellschaft (KG) und die stille Gesellschaft im Allgemeinen Deutschen Handelsgesetzbuch (ADHGB) von 1861. 1999.

Band 204 Vesta Hoffmann-Steudner: Die Rechtsprechung des Reichsgerichts zu dem Scheidungsgrund des § 49 EheG (EheG 1938) in den Jahren 1938-1945. 1999.

Band 205 Michaela Thiele: Die Auflösung von Arbeitsverhältnissen aufgrund Anfechtung und außerordentlicher Kündigung nach der Rechtsprechung des Reichsarbeitsgerichts (1927-1945). 2000.

Band 206 Peter Landau / Hermann Nehlsen / Mathias Schmoeckel (Hrsg.): Karl von Amira zum Gedächtnis. 1999.

Band 207 Marcus Flinder: Die Entstehungsgeschichte des Zivilgesetzbuches der DDR. 1999.

Band 208 Boris Franz Leo Bromm: Die Entstehungsgeschichte des Berufs des Handelsvertreters. Unter besonderer Berücksichtigung der Sozialgesetzgebung in den Jahren von 1871-1933. 2000.

Band 209 Winfried C. J. Eberstein: Das Tierschutzrecht in Deutschland bis zum Erlaß des Reichs-Tierschutzgesetzes vom 24. November 1933. Unter Berücksichtigung der Entwicklung in England. 1999.

Band 210 Patrick Deller: Der „nach dem Vertrage" vorausgesetzte Gebrauch (§ 459 Absatz 1 Satz 1 BGB). Eine kaufrechtliche Untersuchung unter Berücksichtigung rechtshistorischer wie rechtsvergleichender Grundlagen. 2000.

Band 211 Eckard Freiherr von Bodenhausen: Haftung des Geschäftsherrn für Verrichtungsgehilfen im Straßen- und Schienenverkehr. Eine Analyse der Entscheidungen des Reichsgerichts zu § 831 BGB (1900-1945). 2000.

Band 212 Birte Gast: Der Allgemeine Teil und das Schuldrecht des Bürgerlichen Gesetzbuchs im Urteil von Raymond Saleilles (1855-1912). 2000.

Band 213 Hansjörg Michael Huber: Koloniale Selbstverwaltung in Deutsch-Südwestafrika. Entstehung, Kodifizierung und Umsetzung. 2000.

Band 214 Ulf Björner: Die Verfassungsgerichtsbarkeit im Norddeutschen Bund und Deutschen Reich (1867-1918). Eine rechtshistorische Untersuchung über Gerichtsbarkeit im Spannungsfeld von Politik und Recht innerhalb der von Bismarck geschaffenen deutschen Bundesstaaten. 2000.

Band 215 Mathias Freiherr von Rosenberg: Friedrich Carl von Savigny (1779-1861) im Urteil seiner Zeit. 2000.

Band 216 Reinhard Binder-Krieglstein: Österreichisches Adelsrecht 1868-1918/19. Von der Ausgestaltung des Adelsrechts der cisleithanischen Reichshälfte bis zum Adelsaufhebungsgesetz der Republik unter besonderer Berücksichtigung des adeligen Namensrechts. 2000.

Band 217 Claudia-Regine Nerius: Johannes Lehmann-Hohenberg (1851-1925). Eine Studie zur völkischen Rechts- und Justizkritik im Deutschen Kaiserreich. 2000.

Band 218 Ludger Meuten: Die Erbfolgeordnung des Sachsenspiegels und des Magdeburger Rechts. Ein Beitrag zur Geschichte des sächsisch-magdeburgischen Rechts. 2000.

Band 219 Christoph Alexander von Wilcken: Die Reformbestrebungen zum Genossenschaftsgesetz in der Frühzeit der Bundesrepublik. Die Beratungen der Sachverständigenkommission zur Überprüfung des Genossenschaftsrechts 1954 bis 1958 und der Referentenentwurf von 1962. 2000.

Band 220 Verein Junger RechtshistorikerInnen Zürich (Hrsg.): ¿Rechtsgeschichte(n)? ¿Histoire(s) du droit? ¿Storia/storie del diritto? ¿Legal Histori(es)? Europäisches Forum Junger Rechtshistorikerinnen und Rechtshistoriker Zürich 28.-30. Mai 1999. 2000.

Band 221 Hans Christian Schüler: Die Entstehungsgeschichte der Bundesnotarordnung vom 24. Februar 1961. 2000.

Band 222 Nils-Eberhard Schramm: Die Vereinigung demokratischer Juristen (1949-1999). 2000.

Band 223 Silke Anke Torp: Das Rechtsverhältnis zwischen den Eltern und ihren Kindern. Dienstleistungspflicht, Aussteuer und Ausstattung. Eine Analyse der Rechtsprechung des Reichsgerichts und des Reichsarbeitsgerichts zu den Vorschriften der §§ 1616 bis 1625 des Bürgerlichen Gesetzbuches in der Zeit von 1900 bis 1945. 2000.

Band 224 Martin Jürgen Maaß: Die Geschichte des Eigentumsvorbehalts, insbesondere im 18. und 19. Jahrhundert. 2000.

Band 225 Stefanie Langer: Rechtswissenschaftliche Itinerarien. Lebenswege namhafter europäischer Juristen vom 11. bis zum 18. Jahrhundert. 2000.

Band 226 Ulrich Schmitz: Der Unterhaltsanspruch des nichtehelichen Kindes gegen seinen Erzeuger. Die rechtsgeschichtliche und dogmatische Entwicklung im deutschen Recht. 2000.

Band 227 Sebastian Günther: Friedrich Carl von Savigny als Grundherr. 2000.

Band 228 Henning Ibs: Hermann J. Held (1890-1963). Ein Kieler Gelehrtenleben in den Fängen der Zeitläufe. 2000.

Band 229 Matthias Rücker: Wirtschaftswerbung unter dem Nationalsozialismus. Rechtliche Ausgestaltung der Werbung und Tätigkeit des Werberats der deutschen Wirtschaft. 2000.

Band 230 Hendrik Sandmann: Die Entwicklung von Begriff und Inhalt des Wirtschaftchsrechts durch die Rechtswissenschaft in der Weimarer Republik. 2000.

Band 231 Sibylle Müller: Gibt es Menschenrechte bei Samuel Pufendorf? 2000.

Band 232 Karin Olechowski-Hrdlicka: Die gemeinsamen Angelegenheiten der Österreichisch-Ungarischen Monarchie. Vorgeschichte – Ausgleich 1867 – Staatsrechtliche Kontroversen. 2001.

Band 233 Johannes Mierau: Die juristischen Abschluß- und Diplomprüfungen in der SBZ/DDR. Ein Einblick in die Juristenausbildung im Sozialismus. 2001.

Band 234 Jörg Wolff (Hrsg.): Stillstand, Erneuerung und Kontinuität. Einsprüche zur Preußenforschung. 2001.

Band 235 Friedo Schröder: Die anwaltliche Tätigkeit während der nationalsozialistischen Herrschaft. Eine Analyse der anwaltlichen Argumentation in Zivilprozessen anhand der vorhandenen Prozeßakten der Landgerichte Frankenthal, Wiesbaden, Limburg und Frankfurt und der Handakten der *jüdischen Konsulenten* des OLG-Bezirks Frankfurt. 2001.

Band 236 Der Code pénal des Königreichs Westphalen von 1813 mit dem Code pénal von 1810 im Original und in deutscher Übersetzung. Herausgegeben und mit einer Einleitung versehen von Werner Schubert. 2001.

Band 237 Klaus Richter: Deutsches Kolonialrecht in Ostafrika 1885-1891. 2001.

Band 238 Kai von Lewinski: Deutschrechtliche Systembildung im 19. Jahrhundert. 2001.

Band 239 Alexander Herzog: Sittenwidrige Rechtsgeschäfte in der höchstrichterlichen Rechtsprechung aus den Jahren 1948-1965. 2001.

Band 240 Claudia Rönnau: Die Beratungen des Wasserrechtsausschusses der Akademie für Deutsches Recht zu einem Reichswassergesetz (1934-1941). Ein Beitrag zur Dogmatik der Begriffe *Gemeingebrauch* und *Sondergebrauch* in der Zeit des Nationalsozialismus. 2001.

Band 241 Momme Rohlack: Kriegsgesellschaften (1914-1918). Arten, Rechtsformen und Funktionen in der Kriegswirtschaft des Ersten Weltkrieges. 2001.

Band 242 Rolf Geyer: Der Gedanke des Verbraucherschutzes im Reichsrecht des Kaiserreichs und der Weimarer Republik (1871-1933). Eine Studie zur Geschichte des Verbraucherrechts in Deutschland. 2001.

Band 243 Felix Lorenz Benjamin Lehmann: Der Rote Adlerorden. Entstehung und rechtliche Grundlagen (1705-1918). 2002.

Band 244 Marc Ludwig: Der Pfändungsschutz für Lohneinkommen. Die Entstehungs- und Entwicklungsgeschichte der Vorschriften zum Schutz vor Lohnpfändung in Deutschland. 2001.

Band 245 Alexander Wachter: Dorfschule zwischen Pastor und Schulmeister. Zur Säkularisierung des niederhessischen Schulwesens im 19. Jahrhundert. 2001.

Band 246 Richard Scholz: Analyse der Entstehungsbedingungen der reichsgerichtlichen Aufwertungsrechtsprechung. Untersuchung unter besonderer Berücksichtigung der konservativen Geldpolitik der Reichsbank und der Inflationspolitik der Reichsregierung. 2001.

Band 247 Judith Laeverenz: Märchen und Recht. Eine Darstellung verschiedener Ansätze zur Erfassung des rechtlichen Gehalts der Märchen. 2001.

Band 248 Christina Schenk: Bestrebungen zur einheitlichen Regelung des Strafvollzugs in Deutschland von 1870 bis 1923. 2001.

Band 249 Nils Werner: Die Prozesse gegen die Landvolkbewegung in Schleswig-Holstein 1929/32. Ein Beitrag zur Justizkritik in der späten Weimarer Republik. 2001.

Band 250 Wolfgang Walter: Das Duell in Bayern. Ein Beitrag zur bayerischen Strafrechtsgeschichte. 2002.

Band 251 Jörn Eckert / Kjell Å. Modéer (Hrsg.): Geschichte und Perspektiven des Rechts im Ostseeraum. Erster Rechtshistorikertag im Ostseeraum 8.–12. März 2000. 2001.

Band 252 Jan Könighaus: Die Inauguration der Christian-Albrechts-Universität zu Kiel 1665. Symbolgehalt und rechtliche Bedeutung des Universitätszeremoniells. 2002.

Band 253 Andreas Görgen: Rechtssprache in der Frühen Neuzeit. Eine vergleichende Untersuchung der Fremdwortverwendung in Gesetzen des 16. und 17. Jahrhunderts. 2002.

Band 254 Ralf Schäfer: Die Rechtsstellung der Haigerlocher Juden im Fürstentum Hohenzollern-Sigmaringen von 1634-1850. Eine rechtsgeschichtliche Untersuchung. 2002.

Band 255 Regine Schmalhorst: Die Tierhalterhaftung im BGB von 1896. Die Entstehung und Änderung des § 833 BGB sowie eine Analyse der Rechtsprechung des Reichsgerichts bis 1908. 2002.

Band 256 Thomas Hense: Konrad Beyerle. Sein Wirken für Wissenschaft und Politik in Kaiserreich und Weimarer Republik. 2002.

Band 257 Christian Mahlmann: Die Strafrechtswissenschaft der DDR. Klassenkampftheorie und Verbrechenslehre. 2002.

Band 258 Henning Kahmann: Die Bankiers von Jacquier & Securius 1933–1945. Eine rechtshistorische Fallstudie zur "Arisierung" eines Berliner Bankhauses. Mit einem Geleitwort von John Kornblum. 2002.

Band 259 Volker Friedrich Drecktrah: Die Gerichtsbarkeit in den Herzogtümern Bremen und Verden und in der preußischen Landdrostei Stade von 1715 bis 1879. 2002.

Band 260 Andreas Klass: Standes- oder Leistungselite? Eine Untersuchung der Karrieren der Wetzlarer Anwälte des Reichskammergerichts (1693-1806). 2002.

Band 261 Wolfgang Eder: Das italienische Tribunale Speciale per la Difesa dello Stato und der deutsche Volksgerichtshof. Ein Vergleich zwischen zwei politischen Gerichtshöfen. 2002.

Band 262 Albrecht Cordes / Bernd Kannowski (Hrsg.): Rechtsbegriffe im Mittelalter. 2002.

Band 263 Thomas Hildebrandt: Die Brandenburgischen Provinziallandtage von 1841, 1843, und 1845 anhand ausgewählter Verhandlungsgegenstände. 2002.

Band 264 Jan Finzel: Georg Adam Struve (1619–1692) als Zivilrechtler. 2003.

Band 265 Björn Carsten Frenzel: Das Selbstverständis der Justiz nach 1945. Analyse der Rolle der Justiz unter Berücksichtigung der Reden zur *Wiedereröffnung* der Bundes- und Oberlandesgerichte. 2003.

Band 266 Nils Reichhelm: Die marxistisch-leninistische Staats- und Rechtstheorie Karl Polaks. 2003.

Band 267 Raik Schneider: Altrechtliche Personenzusammenschlüsse. Ihre Entwicklung unter besonderer Berücksichtigung des Rechts des Großherzogtums Sachsen-Weimar-Eisenach sowie der Herzogtümer Sachsen-Meiningen und Sachsen-Gotha. 2003.

Band 268 Anke Meier: Die Geschichte des deutschen Konkursrechts, insbesondere die Entstehung der Reichskonkursordnung von 1877. 2003.

Band 269 Stefan Jens Jordan: Leben und Werk des Tübinger Rechtsprofessors Wilhelm Gottlieb Tafinger 1760–1813. 2003.

Band 270 Stefanie Hubig: Die historische Entwicklung des § 23 ZPO. Zum Ursprung und Fortleben des Vermögensgerichtsstandes im deutschen Prozeßrecht des 19. Jahrhunderts. 2003.

Band 271 Michael G. Perband: Der Grundsatz der freien Beweiswürdigung im Zivilprozeß (§ 286 ZPO) in der Rechtsprechung des Reichsgerichts. 2003.

Band 272 Mathias Bouveret: Die Stellung des Staatsoberhauptes in der parlamentarischen Diskussion und Staatsrechtslehre von 1848 bis 1918. 2003.

Band 273 Barbara Széchényi: Rechtliche Grundlagen bayerischer Zensur im 19. Jahrhundert. 2003.

Band 274 Sylvia Scharfenberg: Die Entstehungsgeschichte des Beurkundungsgesetzes vom 28. August 1969. 2003.

Band 275 Urte Nesemann: Die schwedische Familiengesetzgebung von 1734 bis zu den Reformgesetzen von 1915 bis 1920 und deren Einfluss auf die Gesetzgebungsprojekte der Weimarer Republik. Unter besonderer Berücksichtigung der Rechtsstellung der Frau und des unehelichen Kindes. 2003.

Band 276 Alexandra Brück: Die Polizeiordnung Herzog Christians von Braunschweig-Lüneburg vom 6. Oktober 1618. 2003.

Band 277 Torsten Landwehr: Das Kommissionsgeschäft in Rechtswissenschaft, Gesetzgebung und Rechtspraxis vom 16. bis zum Ende des 18. Jahrhunderts. 2003.

Band 278 Tassilo Wilhelm Maria Englert: Deutsche und italienische Zivilrechtsgesetzgebung von 1933–1945. Parallelen in der Rechtsetzung und gegenseitige Beeinflussung unter besonderer Berücksichtigung des Familien- und Erbrechts. 2003.

Band 299 Jürgen Busch: Das Germanenbild der deutschen Rechtsgeschichte. Zwischen Wissenschaft und Ideologie. Mit einem Vorwort von Herwig Wolfram. 2004.

Band 300 Jan Kohlmann: Der Marsch zu den Gräbern von Karl und Rosa. Geschichte eines Gedenktages. 2004.

Band 301 Christian Rainer Schlicht: Die kumulative Schuldübernahme in der Rechtsprechung des Reichsgerichts und in der zeitgenössischen Literatur. 2004.

Band 302 Hans Peter Glöckner: Positive Vertragsverletzung. Die Geburt eines Rechtsinstituts. 2004.

Band 303 João Manuel Azevedo Alexandrino Fernandes: Die Theorie der Interpretation des Gesetzes bei Francisco Suárez. 2005.

Band 304 René Funk: Die Wahlprüfung der volksgewählten Abgeordneten der Volksvertretungen im Frühkonstitutionalismus. Eine Untersuchung der Wahlprüfung in den Kammern der Abgeordneten des Großherzogtums Baden, des Königreichs Württemberg und des Großherzogtums Hessen. 2005.

Band 305 Carolin O'Sullivan. Die Ahndung von Rechtsbrüchen der Seeleute im mittelalterlichen hamburgischen und hansischen Seerecht (1301–1482). 2005.

Band 306 Martin Jürgens: Staat und Reich bei Ernst Rudolf Huber. Sein Leben und Werk bis 1945 aus rechtsgeschichtlicher Sicht. 2005.

Band 307 Florian G. Dürselen: Franz Beyerle (1885–1977). Leben, Ära und Werk eines Rechtshistorikers. 2005.

Band 308 Kai Bandilla: Urheberrecht im Kaiserreich. Der Weg zum Gesetz betreffend das Urheberrecht an Werken der Literatur und Tonkunst vom 19. Juni 1901. 2005.

Band 309 Stefan Mieth: Die Entwicklung des Denkmalrechts in Preußen 1701–1947. 2005.

Band 310 Catharina Lodemann: Die Geschichte des französischen *acte de gouvernement*. 2005.

Band 311 Christina Wicke: Kodifikationsbestrebungen und Wissenschaft in Hessen-Darmstadt im vorkonstitutionellen Zeitalter. Zu der Beteiligung der Gießener Rechtsprofessoren an den Gesetzgebungsarbeiten in Hessen-Darmstadt in der Zeit zwischen 1769 und 1820. 2005.

Band 312 Christiane Chlosta: Nur dem Gesetz unterworfen? Eine rechtsgeschichtliche Untersuchung zu Idee und Wirklichkeit richterlicher Gesetzestreue unter besonderer Berücksichtigung der Aufwertungsrechtsprechung und des richterlichen Prüfungsrechts. 2005.

Band 313 Kathrin Dirr: Hoheitsrechtliche Streitigkeiten zwischen den Kölner Erzbischöfen und der Stadt Köln auf Grundlage reichskammergerichtlicher Verfahren des 16. und 17. Jahrhunderts. 2005.

Band 314 Michael Racky: Die Diskussion über Gewaltenteilung und Gewaltentraining im Vormärz. 2005.

Band 315 Petra Thiemrodt: Die Entstehung des Staatshaftungsgesetzes der DDR. Eine Untersuchung auf der Grundlage von Materialien der DDR-Gesetzgebungsorgane mit zeitgeschichtlichen Bezügen. 2005.

Band 316 Julius F. Reiter: Entstehung und staatsrechtliche Theorie der italienischen *Carta del Lavoro*. 2005.

Band 317 André Book: Die Justizreform in der Frühzeit der Bundesrepublik. Die Beratungen der Kommission zur Vorbereitung einer Reform der Zivilgerichtsbarkeit in den Jahren 1955 bis 1961. 2005.

Band 318 Frank Zentz: Das amerikanische Strafverfahren als Element der Besatzungspolitik in Deutschland. Erziehung zur Demokratie durch den *Court of Appeals* 1948–1955. 2005.

ENTSTEHUNG UND STAATSRECHTLICHE THEORIE DER ITALIENISCHEN *CARTA DEL LAVORO*

Dissertation
zur Erlangung des akademischen Grades Dr. iur.

Eingereicht am 27.07.2004
bei der Juristischen Fakultät der Humboldt-Universität zu Berlin

von: Julius F. Reiter

geb. am 17.05.1964 in Neumünster

Präsident der Humboldt-Universität zu Berlin
Prof. Dr. Jürgen Mlynek

Dekan der Juristischen Fakultät der Humboldt-Universität zu Berlin
Prof. Dr. Michael Kloepfer

Gutachter:
1. Prof. Dr. Horst Schröder
2. Prof. Dr. Peter Bennöhr

Tag der mündlichen Prüfung: 14.03.2005

FSC
www.fsc.org
MIX
Papier | Fördert gute Waldnutzung
FSC® C083411

Kolibri 360 GmbH
Ferdinand-Jühlke-Straße 7
99095 Erfurt, Deutschland
produktsicherheit@kolibri360.de

Druck:
CPI Druckdienstleistungen GmbH
im Auftrag der
Kolibri 360 GmbH
Ferdinand-Jühlke-Str. 7
99095 Erfurt